Psychologie du vieillissement

Une perspective cognitive

Cet ouvrage constitue un véritable état des lieux des connaissances actuelles en matière de vieillissement cognitif : il dresse un bilan de ce que les psychologues savent au sujet des effets de l'âge sur la cognition humaine.

Le manuel se divise en deux parties : dans la première, les auteurs décrivent l'impact du vieillissement sur toutes les grandes fonctions cognitives (l'attention, la mémoire, la résolution de problèmes) et détaillent les mécanismes qui subissent les effets délétères de l'âge, ceux qui sont épargnés par le vieillissement et ceux dont le fonctionnement s'améliore au cours de la vie adulte ; la seconde partie qui porte sur les facteurs contribuant à modérer l'action de l'âge sur le déclin des capacités intellectuelles (la scolarité, le style de vie, etc.) présente les recherches sur les capacités d'apprentissage des personnes âgées ainsi que les résultats d'études longitudinales, transversales et longitudinales-transverses (ou séquentielles) ayant montré qu'il existe des modérateurs du vieillissement cognitif.

Ce manuel est principalement destiné aux étudiants en psychologie, médecine et psychiatrie, ainsi qu'aux différents praticiens des professions sociales et paramédicales travaillant avec un public plus âgé (neuropsychologues, assistants sociaux, kinésithérapeutes, ergonomes, ergothérapeutes, infirmiers). D'un accès aisé et progressif, il sera également lu avec intérêt par le grand public directement concerné.

Patrick Lemaire *a travaillé pendant quatre ans aux États-Unis à l'Université de Carnegie Mellon et à l'Université de Princeton. Chercheur au CNRS, il est aussi professeur de psychologie à l'Université de Provence et membre de l'Institut Universitaire de France. Ses enseignements et recherches portent sur la psychologie cognitive ainsi que sur la psychologie du développement et du vieillissement. Il est également l'auteur de l'ouvrage de référence* Psychologie cognitive *publié chez De Boeck.*

Louis Bherer *est diplômé en psychologie cognitive (Université Laval – Canada) et docteur en neuropsychologie (Université de Montréal). Il a travaillé pendant deux ans au Beckman Institute for Advanced Science and Technology (University of Illinois, USA) où il a conduit des recherches en neurosciences cognitives du vieillissement. Professeur de psychologie à l'Université du Québec à Montréal et chercheur au centre de recherche de l'Institut Universitaire de Gériatrie de Montréal, il mène aujourd'hui des recherches sur les modérateurs du déclin cognitif associé à l'âge et sur l'effet de l'entraînement cognitif sur le vieillissement cognitif.*

Ouvertures Psychologiques

Psychologie du vieillissement

Une perspective cognitive

Patrick **Lemaire** - Louis **Bherer**

de boeck

Pour toute information sur notre fonds et les nouveautés dans votre domaine de spécialisation, consultez notre site web : **www.deboeck.com**

Éditions De Boeck Université
Rue des Minimes 39, B-1000 Bruxelles

1re édition
3e tirage 2007

Imprimé en Belgique

Dépôt légal :
Bibliothèque Nationale, Paris : septembre 2005
Bibliothèque royale de Belgique, Bruxelles : 2005/0074/250

ISSN 1376-2273
ISBN 978-2-8041-4953-6

À nos parents et grands-parents

AVANT-PROPOS

Les vieux ne parlent plus...
Les vieux ne rêvent plus...
Les vieux ne bougent plus...

J. Brel « Les vieux ».

Nos images des personnes âgées, décrites par les poètes ou construites par nos propres expériences, correspondent-elles à la réalité du vieillissement ? Ces images ont-elles changé au cours du temps ? Vont-elles évoluer avec les découvertes scientifiques sur le vieillissement ? En quoi ces images conditionnent-elles nos attitudes, individuelles et collectives, vis-à-vis des personnes âgées ? Que savons-nous exactement de la réalité du vieillissement psychologique ?

Les découvertes réalisées par les psychologues du vieillissement sont tout à fait fascinantes et nous apprennent que nos images du vieillissement peuvent être en décalage par rapport à la réalité. Ainsi, tous les jours, nous découvrons comment évolue la cognition avec l'âge, comment certains mécanismes mentaux se dégradent ou se maintiennent intacts sous l'effet du vieillissement. Tous les jours, nous découvrons pourquoi certaines personnes se dégradent rapidement et précocement tandis que d'autres restent cognitivement alertes jusqu'à leur dernier souffle. Tous les jours, nous découvrons comment les personnes âgées parviennent à mettre en place des stratégies de compensation cognitive pour faire face aux défis posés par le déclin cognitif qui accompagne l'avancée en âge. Tous les jours, les psychologues évaluent l'efficacité de certains protocoles de stimulation ou de remédiation qui peuvent aider les personnes âgées à optimiser leur fonctionnement cognitif. Tous les jours, ces découvertes aident les praticiens qui s'occupent des personnes âgées à être plus efficaces dans l'aide et le soutien apportés. Les recherches sur le vieillissement ont ceci de fascinant qu'elles contribuent non seulement à l'avancée des connaissances fondamentales mais aussi qu'elles font partie de ces recherches scientifiques dont l'utilisation et la transposition dans la vie quotidienne sont immédiates et directes. Ainsi, par exemple, la multiplication des ateliers mémoires dans les centres d'accueil pour personnes âgées est directement le fruit des recherches conduites par les psychologues sur le vieillissement et la mémoire.

Dans cet ouvrage, vous allez apprendre ce qu'on sait aujourd'hui sur le vieillissement cognitif. En douze chapitres, il présente non seulement ce qu'on sait actuellement en matière de vieillissement cognitif, mais aussi ce qu'on ignore et les grandes questions de recherche, actuelles ou passées, auxquelles les scientifiques veulent répondre. Dans les sept premiers chapitres, vous étudierez l'impact du vieillissement sur toutes les grandes fonctions cognitives (e.g., attention, mémoire, résolution de problèmes, raisonnement). Vous examinerez en détail les mécanismes qui subissent les effets délétères de l'âge, ceux qui sont épargnés par le vieillissement et ceux dont le fonctionnement s'améliore au cours de la vie adulte. Vous découvrirez aussi avec quelles méthodes et techniques ingénieuses les psychologues du vieillissement cognitif travaillent pour comprendre les effets de l'âge sur la cognition. Dans les cinq derniers chapitres, vous verrez qu'il existe des facteurs qui contribuent à modérer le déclin de nos capacités intellectuelles avec l'âge. En particulier, les résultats d'études longitudinales, transversales et longitudinales-transverses (ou séquentielles) ont montré qu'il existe des modérateurs du vieillissement cognitif (ou facteurs qui diminuent le vieillissement cognitif). Dans ces chapitres également, vous verrez comment les résultats des études sur les capacités d'apprentissage des personnes âgées bouleversent complètement nos stéréotypes en la matière. Tous les travaux présentés dans ce manuel émanent de recherches scientifiques, en laboratoire ou hors du laboratoire.

Nous avons écrit cet ouvrage pour des étudiants, au sens large, c'est-à-dire pour toute personne qui n'a jamais eu d'enseignement ou lu d'ouvrage sur le vieillissement cognitif d'une part et sur la psychologie cognitive d'autre part. Nous avons cherché à proposer un livre qu'un étudiant débutant peut lire facilement, sans sacrifier à la complexité ou à l'exhaustivité du contenu. Ceci nous a conduit à adopter une présentation qui ne s'embarrasse par de faux jargon, qui n'alourdit pas le texte de notions et sophistications trop précocement introduites ou inutiles, qui soit le plus largement accessible et qui n'hésite pas à présenter les notions de plusieurs manières pour en faciliter la compréhension. A l'Université, l'un des objectifs de notre cours sur le vieillissement cognitif est, outre l'acquisition des notions et habiletés fondamentales, de montrer aux étudiants combien la psychologie du vieillissement cognitif est une discipline vivante et passionnante. Voir cette passion naître dans le regard d'un étudiant fait partie de l'une des satisfactions pédagogiques les plus savoureuses pour un enseignant. Nous espérons que cette passion sera partagée après la lecture de cet ouvrage !

Outre les objectifs relatifs aux contenus, ce manuel a été conçu de sorte à aider les étudiants à acquérir des habiletés académiques indispensables pour comprendre, analyser, discuter et critiquer les recherches sur le vieillissement cognitif. Ainsi, pour prendre quelques exemples, tout au long de ce livre, l'étudiant aura la chance d'apprendre à

- analyser les résultats d'une expérience et tirer les conclusions à partir de ces résultats,
- critiquer les résultats d'expériences et déterminer si les conclusions avancées par certains auteurs sont fondées compte tenu des données disponibles,
- conduire l'analyse d'une tâche cognitive permettant de faire la liste des opérations mentales mises en œuvre dans cette tâche et d'interpréter ainsi les données recueillies,
- avoir des idées de recherches à réaliser avec des personnes âgées pour répondre aux questions les plus importantes sur le vieillissement cognitif,

- conduire une réflexion importante sur une question de recherche ou une perspective de recherche à partir des éléments théoriques et empiriques disponibles ou manquants.

Là encore, c'est un immense plaisir pour un enseignant de voir petit à petit se mettre en place ces habiletés chez un étudiant.

1 Note à l'enseignant

Nous avons écrit ce manuel probablement comme bien d'autres manuels ont été réalisés. Il est le fruit d'enseignements que nous avons dispensés au cours des dernières années dans nos universités à l'Université de Provence à Aix-en-Provence et Marseille ainsi qu'à l'Université du Québec à Montréal. Ces enseignements ont pris plusieurs formes, du grand amphithéâtre rassemblant 500 étudiants au petit groupe de 35 étudiants. Chaque année, nous avons cherché à améliorer notre enseignement ; les remarques des étudiants à cet effet ont été très précieuses et ont, le plus souvent, modifié notre manière d'enseigner. Comme pour d'autres de nos enseignements, nous avons observé que le plus efficace était de demander aux étudiants de lire un chapitre par semaine avant de venir au cours. En cours, nous reprenons le contenu du chapitre et le complétons de nouvelles recherches non présentées dans le manuel ; nous présentons les recherches contenues dans le chapitre d'une autre manière ; nous illustrons le contenu de nombreuses anecdotes ; nous posons de nouvelles questions aux étudiants pour les amener à réfléchir et nous les aidons à établir des relations entre différentes parties d'un même chapitre ou entre différents chapitres. Cette approche nous a permis d'observer que non seulement les étudiants apprennent plus facilement, mais aussi que leurs apprentissages sont plus solides, ce qui leur permet d'acquérir une meilleure autonomie de pensée, favorisant d'autant leur passion émergente pour le vieillissement cognitif. En écrivant ce manuel, nous avons voulu donner aux enseignants la possibilité d'avoir un support de cours utilisable de plusieurs manières : comme notes de cours, mais aussi comme véritable manuel présentant le contenu d'une discipline de manière exhaustive et ordonnée. Nous sommes certains que ce manuel peut être amélioré. Nous vous serions très reconnaissants de nous envoyer vos suggestions, critiques et commentaires soit par courrier standard, soit par courrier électronique (adresses : lemaire@up.univ-mrs.fr ; bherer.louis@uqam.ca).

2 Note à l'étudiant

Cet ouvrage a été écrit pour vous. Vous pourrez bénéficier de l'aide d'un enseignant qui vous guidera dans l'acquisition des notions fondamentales. Mais, vous pourrez aussi le lire seul. Quelques outils pédagogiques faciliteront votre apprentissage. D'abord, chaque chapitre commence par le plan du chapitre et les points appelés « *Dans ce chapitre, vous allez apprendre* » afin de vous donner un aperçu général du chapitre. Ensuite, à la fin de chaque chapitre, le résumé reprend les points essentiels du chapitre.

Avant de lire ce résumé, essayez de faire votre propre résumé en 7 ou 8 points. Puis, comparez votre résumé à celui proposé.

De plus, les notions fondamentales sont en italiques et suivies de deux astérisques la première fois où elles apparaissent dans le texte (e.g., *validité interne***). Ces notions ont été rassemblées à la fin de chaque chapitre et dans un glossaire à la fin de l'ouvrage. Après avoir lu le chapitre, en essayant de donner votre propre définition de chacune de ces notions, puis en les confrontant aux définitions proposées, vous acquerrez ces notions plus efficacement et plus durablement.

Par ailleurs, pour vous aider à vous repérer dans votre apprentissage, chaque chapitre propose un test d'une vingtaine ou une trentaine de questions (« *Des questions pour mieux retenir* »). Si vous parvenez à répondre par vous-même à ces questions, c'est que vous avez vraiment acquis le matériel couvert dans le chapitre. Sinon, vous devriez pouvoir trouver aisément les réponses en relisant les parties correspondantes dans le chapitre.

Enfin, la dernière rubrique s'appelle « *Des questions pour mieux réfléchir* ». Chaque chapitre comprend plusieurs questions de réflexion permettant d'étudier le matériel de manière critique. Ces questions sont parfois très faciles, parfois moins faciles. Néanmoins, nous avons remarqué dans nos cours que les étudiants qui faisaient l'effort de tenter d'y répondre sont également ceux qui montrent une meilleure compréhension de la matière et un regard plus critique sur les conclusions qui en découlent. Au début, certaines de ces questions surprennent et il est difficile d'y répondre. Au bout d'un certain temps, les réponses surgissent plus aisément. Finalement, ce genre de questions se pose naturellement à nous dès lors que l'on prend connaissance d'une nouvelle recherche sur la cognition humaine.

3 Remerciements

Pour réaliser cet ouvrage, nous avons bénéficié du soutien de différentes personnes et institutions. Patrick Lemaire, grâce à sa nomination pour 5 ans comme Membre Junior de l'Institut Universitaire de France, a obtenu une dispense partielle de ses charges d'enseignement et a obtenu des fonds supplémentaires de recherche. Il a aussi toujours eu le soutien du Centre National de la Recherche Scientifique (CNRS) et de l'Université de Provence. Louis Bherer a obtenu un appui de 4 ans à titre de chercheur boursier du Fonds de Recherche en Santé du Québec (FRSQ), lui assurant aussi une dispense partielle d'enseignement. Il bénéficie également du soutien du centre de recherche de l'institut universitaire de gériatrie de Montréal et de l'Université du Québec à Montréal (UQAM). Cet ouvrage a été relu en tout ou en partie par bon nombre d'amis et collègues : leur lecture a nettement amélioré le produit. Nous tenons à les remercier tous et chacun : Laurence Arnaud, Caroline Babuleau, Isabelle Bonnotte, Ludovic Fabre, Delphine Gandini, Mireille Lecacheur, Jean Yves Miaux, Sylvie Rativeau, Nicolas Sennequier, François Maquestiaux, Mélanie Renaud et Marie-Christine Laferrière-Simard. Nous remercions aussi les personnes qui ont accepté que leur photographie paraisse dans cet ouvrage. Enfin, nous remercions les éditions De Boeck pour nous avoir soutenu dans cette entreprise tout au long de la conception et de la réalisation de cet ouvrage.

PARTIE 1
Le vieillissement cognitif

Sommaire

CHAPITRE 1
L'étude du vieillissement cognitif 13

CHAPITRE 2
Vieillissement et psychométrie 49

CHAPITRE 3
Vieillissement et ressources de traitement 71

CHAPITRE 4
Vieillissement et attention 93

CHAPITRE 5
Vieillissement et mémoire 119

CHAPITRE 6
Vieillissement et résolution de problèmes 159

CHAPITRE 7
Théories du vieillissement cognitif 195

CHAPITRE 1
L'étude du vieillissement cognitif

Sommaire

1. La psychologie du vieillissement cognitif 15
2. Le vieillissement démographique 16
3. Méthodologies en vieillissement cognitif 20
4. Vieillissement cérébral 36
5. Organisation du livre 40

Dans ce chapitre, vous allez

1. Découvrir quel est l'objet de la psychologie du vieillissement cognitif.
2. Lire des données sur le vieillissement démographique dans différents endroits du monde.
3. Voir quelques éléments d'information sur les modifications cérébrales liées au vieillissement.
4. Apprendre le type de méthodes et les plans d'étude utilisés dans les recherches sur le vieillissement cognitif.

À votre avis, notre mémoire diminue-t-elle avec l'âge ? Qu'en est-il de nos capacités langagières ? Quand nous vieillissons, conservons-nous cette capacité à prendre des décisions au mieux de nos intérêts ?

Oui, la mémoire diminue avec l'âge. Mais, elle ne diminue pas de la même manière chez tout le monde : certaines personnes vont conserver une excellente mémoire tout au long de leur vie et d'autres vont avoir des problèmes dès 30 ans. Certaines personnes vont connaître une évolution standard de leurs capacités cognitives, d'autres vont être atteintes d'une maladie neuro-dégénérative (type maladie d'Alzheimer) liée à l'âge. Pourquoi ? Pourquoi le vieillissement affecte-t-il certaines fonctions cognitives plus que d'autres, certains individus plus que d'autres, et pourquoi est-il plus accentué à certaines étapes de notre vie adulte qu'à d'autres ?

Ces questions sont fondamentales pour tout le monde et l'ont toujours été au cours de notre histoire. Toutefois, ce n'est que récemment que les recherches conduites par les psychologues du vieillissement cognitif commencent à pouvoir répondre à ces questions. Ceci n'a été possible qu'à partir du moment où les chercheurs ont adopté une approche scientifique du vieillissement.

Le but de cet ouvrage est de vous présenter ce qu'on sait actuellement sur le vieillissement cognitif. Les recherches faites par les psychologues, que vous allez découvrir au fur et à mesure des chapitres, sont absolument fascinantes. En effet, non seulement elles nous renseignent sur l'évolution de la cognition avec l'âge et, par là, contribuent à une réflexion générale sur la nature humaine. Mais elles sont également étonnantes par les méthodes ingénieuses que les psychologues développent pour mettre à jour ce qui se détériore et ce qui se maintient ou se développe au cours de notre vie adulte. Enfin, ces recherches ont accumulé, au cours des dernières années des découvertes encore inimaginables il y a une ou deux décennies. À la fin de cet ouvrage, vous maîtriserez les outils conceptuels et méthodologiques actuels qui permettent aux psychologues du vieillissement de révéler, d'observer, de décrire et d'expliquer l'impact de l'âge sur la mécanique de la pensée humaine.

Ce premier chapitre d'introduction générale devrait vous permettre d'avoir une idée claire de ce qu'est la psychologie du vieillissement cognitif et du type de recherches que conduisent les psychologues. Dans un premier temps, nous définissons le champ de la psychologie du vieillissement cognitif et en quoi ce champ est intéressant et important. Vous y apprendrez les questions clés auxquelles cherchent à répondre les psychologues du vieillissement cognitif. Puis, nous montrons comment le phénomène du vieillissement de la population peut, dans certains pays au moins, être à juste titre source de nombreuses inquiétudes et a pu motiver les psychologues à s'intéresser au vieillissement cognitif. Dans une troisième partie, nous décrivons les éléments de méthodologie nécessaires pour comprendre les recherches conduites par les psychologues sur le vieillissement cognitif. Vous y apprendrez comment les psychologues abordent l'évolution de performances intellectuelles en fonction de l'âge selon la méthode scientifique. Dans la dernière section, nous rappelons quelques phénomènes fondamentaux sur le vieillissement cérébral qui sous-tendent l'évolution de nos capacités cognitives avec l'âge. Enfin, nous présentons le contenu de cet ouvrage, chapitre par chapitre ou organisé autour de thèmes centraux sur le vieillissement cognitif.

1 La psychologie du vieillissement cognitif

La *psychologie*** est l'étude scientifique du comportement et des processus mentaux. La *psychologie du développement*** est une sous-discipline de la psychologie qui cherche à comprendre l'évolution avec l'âge des comportements et des processus mentaux. La psychologie cognitive est une sous-discipline de la psychologie qui cherche à comprendre les processus cognitifs impliqués dans de nombreuses activités intellectuelles comme la perception, la mémoire, le raisonnement, la résolution de problèmes ou la prise de décision. La *psychologie du vieillissement cognitif*** est une branche de la psychologie du développement. Son objectif est de comprendre les changements survenant avec l'âge au niveau de la cognition ou de nos capacités intellectuelles. La psychologie du vieillissement cognitif ne s'attache pas à étudier la cognition dans une tranche d'âge particulière (e.g., chez les plus de 70 ans). Elle examine le développement de la cognition au cours de la vie adulte.

Pour comprendre le développement cognitif des adultes, les psychologues cherchent à répondre à plusieurs questions importantes. Certaines sont générales ; d'autres sont spécifiques. Citons quelques exemples de questions générales : Comment évoluent nos capacités intellectuelles avec l'âge au cours de la vie adulte ? Quelles sont les capacités qui se détériorent et quelles sont celles qui se maintiennent stables, voire s'améliorent ? À partir de quel âge observons-nous un déclin intellectuel ? Ce déclin est-il le même chez tout le monde ou existe-t-il de grandes différences entre les individus ? À quoi sont dues ces différences ? À quelle vitesse nos capacités cognitives se détériorent-elles ? Cette détérioration est-elle continue et progressive ou brutale ? Est-elle réversible ? La vitesse et l'ampleur du déclin sont-ils prédictibles à partir d'un ensemble restreint de facteurs ? Quels sont les mécanismes par lesquels l'âge entraîne des effets délétères sur la cognition ?

Certaines questions sur le vieillissement cognitif sont plus spécifiques. La mémoire se détériore-t-elle plus avec l'âge que nos capacités de raisonnement ? Tous les processus mnésiques déclinent-ils chez les personnes âgées ? Comment la détérioration des processus attentionnels avec l'âge entraîne-t-elle une baisse des performances dans de nombreux domaines de la cognition ? Existe-t-il des stratégies de compensation utilisées par les personnes âgées pour contrecarrer les effets du vieillissement ? Ces stratégies sont-elles utilisables par tout le monde ? Existe-t-il des méthodes d'entraînement permettant aux personnes âgées d'optimiser leurs ressources cognitives ? Si oui, par quels mécanismes ces méthodes sont-elles efficaces ?

La psychologie du vieillissement cognitif cherche à répondre à toutes ces questions, et à bien d'autres. C'est ce que nous allons découvrir dans cet ouvrage. La réponse à ces questions nous montrera les multiples raisons pour lesquelles les psychologues ont récemment trouvé important et intéressant de conduire des recherches sur le vieillissement cognitif. D'un point de vue fondamental, en sachant comment évolue la cognition humaine avec l'âge, nous connaissons mieux l'Homme et la nature humaine, nous pouvons tester des théories générales et spécifiques sur la cognition, et nous pouvons faire de nouvelles découvertes dans certains domaines cognitifs que n'auraient pas permis des études restreintes à une population de personnes jeunes. D'un point de vue pratique, le vieillissement est un phénomène démographique récent, sans précédent dans l'histoire des peuples. Il pose donc des problèmes de société. En connaissant mieux les potentiels cognitifs des personnes âgées, les psychologues espèrent pouvoir contribuer à la réflexion plus générale sur la vie, personnelle mais aussi en société, au cours de notre dernière tranche de vie. C'est en connaissant mieux les caractéristiques de la vie psychologique aux 3e et 4e âges que la société toute entière devrait être mieux à même d'aider les personnes âgées à vivre leur vieillissement de manière épanouissante et de mieux répondre à leurs besoins.

2 Le vieillissement démographique

La population mondiale vieillit. Le nombre de personnes âgées de plus de 65 ans ou de plus de 80 ans a très fortement augmenté au cours de la deuxième moitié du 20e siècle. Il continuera d'augmenter au cours de la première moitié du 21e siècle. Ce phénomène, appelé vieillissement de la population, est illustré sur la Figure 1.

Tous pays confondus, les personnes âgées de plus de 65 ans étaient 130 949 000 (5.2 % de la population mondiale) en 1950 et 418 420 000 (6.9 %) en 2000. Les projections laissent anticiper qu'elles seront plus d'un milliard et demi (15.6 %) en 2050. Pour les personnes âgées de 80 ans ou plus, les statistiques laissent apparaître qu'elles étaient 13 781 000 (0.5 %) en 1950 et 69 247 000 en 2000 (1.1 %) ; elles seront environ 380 millions en 2050 représentant 4.1 % de la population totale. Les analyses statistiques font donc apparaître que le nombre de personnes dites âgées a triplé de 1950 à 2000 et va vraisemblablement encore tripler d'ici à 2050. En 1950, seulement 3 pays comptaient plus de 10 millions de personnes âgées de plus de 60 ans (Chine, Inde et USA). En 2000, ce nombre est passé à 12, et en 2050, ce nombre devrait monter à 33. Dans le monde entier, la population la plus âgée augmente plus vite que l'ensemble de la population. En effet, en 1950, le taux de croissance de la population générale était égal à celui des personnes âgées de plus de 60 ans (1.8 %). Aujourd'hui, ces taux sont respectivement de 1.2 % et 1.9 %. D'ici à 2050, la population âgée de 60 ans et plus (taux moyen d'augmentation = 2.8) augmentera environ 3.5 fois plus vite que la population totale (taux moyen d'augmentation = 0.8 %).

Derrière cette vision générale, se cachent des différences importantes entre les diverses parties du monde. Certaines régions ont un vieillissement plus important, qui a commencé plus tôt et qui augmente davantage que d'autres régions. Par exemple, les différents pays d'Europe connaissent un vieillissement de leur population plus important que certains autres pays, comme les pays d'Amérique latine ou l'Afrique. Ainsi, alors qu'aujourd'hui, 14.7 % des Européens ont au moins 65 ans, ils seront environ 29.2 % en 2050. Ces proportions sont respectivement 12.3 % et 21.4 %, pour l'Amérique du Nord, qui connaît un profil d'évolution voisin de celui de l'Europe. En Afrique, 3 % de la population a actuellement au moins 65 ans ; ce pourcentage sera d'environ 6.9 % en 2050. L'Amérique latine et les Caraïbes comptaient 3.7 % de la population âgée de plus de 64 ans en 1950 et 5.4 % en 2000. En 2050, ce pourcentage sera de 16.9 %. Ceci signifie que la proportion de personnes âgées de plus de 65 ans va être multipliée par trois environ dans certaines régions (comme l'Amérique latine ou l'Asie) et par deux dans

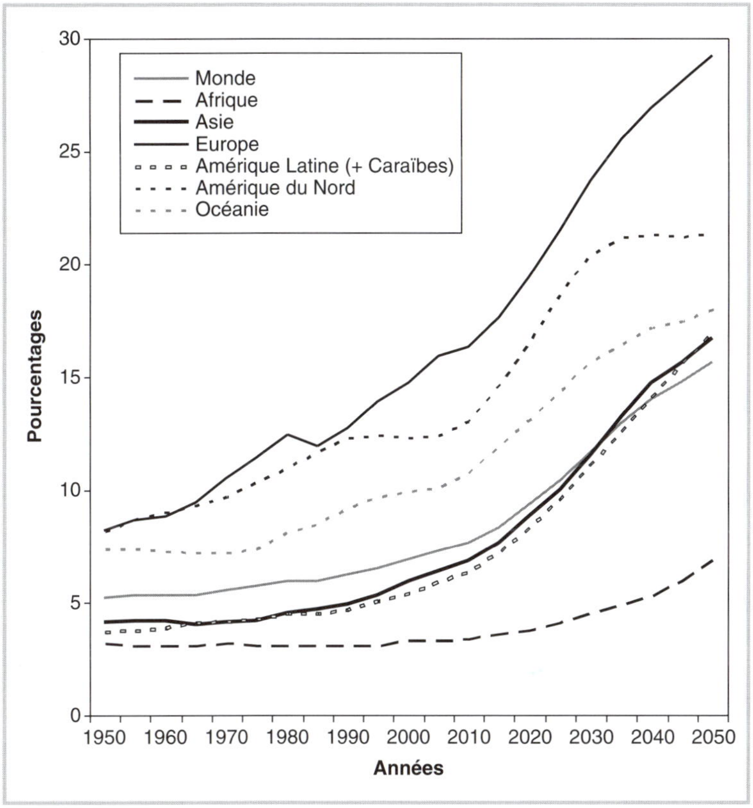

Figure 1

Évolution de la proportion des personnes âgées de plus de 65 ans de 1950 à 2050 (de 2000 à 2050 : projections). Ces données montrent que le vieillissement de la population est un phénomène mondial, même s'il existe une grande diversité à travers les régions du monde.

Source : Population Division of the Department of Economic and Social Affairs of the United Nations Secretariat, World Population Prospects : The 2000 Revision and World Urbanization Prospects : The 2001 Revision, http://esa.un.org/unpp/

d'autres régions (comme l'Europe et l'Amérique du Nord). Ce qui s'observe au niveau de l'évolution des 65 ans et plus est davantage accentué au niveau des personnes âgées de plus de 80 ans. Dans les régions les plus développées du monde, le pourcentage des personnes âgées de plus de 80 ans est passé de 1.0 % en 1950 à 3.1 % en 2000 (et sera de 9.6 % en 2050), tandis qu'il est passé de 0.3 % à 0.7 % dans les régions les moins développées (et sera de 3.3 % en 2050). Comme le montre la Figure 2, toutes les régions du monde ont un point commun : les personnes âgées sont surtout des femmes. Ainsi, par exemple, partout dans le monde, à 75 ans, il y a 3 femmes pour un homme. Remarquons que même si le phénomène a une moins grande ampleur dans les régions les moins développées du monde, il n'en reste pas moins qu'aux troisième et quatrième âges, les personnes âgées sont surtout des femmes.

Un autre indicateur du vieillissement d'une population est l'âge médian. L'*âge médian*** est l'âge qui sépare une population en deux sous populations, la première ayant un âge inférieur à l'âge médian et la deuxième un âge supérieur. Dans un pays où l'âge médian est de 25 ans, la moitié des habitants a moins de 25 ans et l'autre moitié a plus de 25 ans.

La Figure 3 présente l'évolution entre 1950 et 2050 de l'âge médian dans différentes régions du monde. En 1950 et 2000, l'âge médian était de 29.2 et 37.7 ans en Europe et de 23.6 et 26.5 ans, dans le monde. Par comparaison, l'âge médian était, en 1950 et

Figure 2

Pourcentages de femmes dans chaque tranche d'âge, en France, en Europe, dans le monde et dans les régions plus ou moins développées, en 2000.

Source : Population Division of the Department of Economic and Social Affairs of the United Nations Secretariat, World Population Prospects : The 2000 Revision and World Urbanization Prospects : The 2001 Revision, http://esa.un.org/unpp

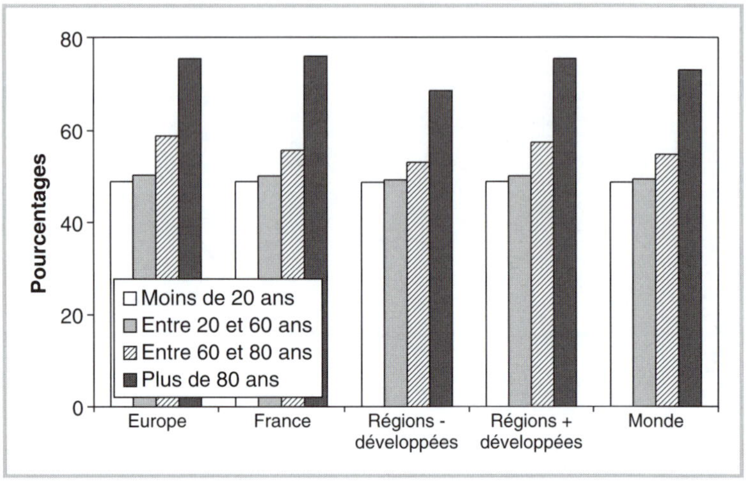

2000, de 19 et 18.4 ans en Afrique, 22 et 26.2 ans en Asie, 20.1 et 24.2 ans en Amérique latine (+ Caraïbes), 29.8 et 35.6 en Amérique du Nord et de 27.9 et 30.9 en Océanie. Même si toutes les régions du monde connaissent une augmentation de l'âge médian entre 1950 et 2000, celui-ci est donc encore nettement différent selon la région du monde où l'on habite en l'an 2000, l'Europe ayant un âge médian relativement élevé et l'Afrique relativement bas.

D'ici à 2050, la même augmentation est attendue, ainsi que des différences selon les régions comparables à celles observées au cours de la deuxième moitié du vingtième siècle. Par exemple, l'âge médian attendu pour les régions les plus développées du monde est de 46.4 ans et de 35 ans pour les régions les moins développées. Pour les pays francophones, cet âge médian attendu est de 45.1 ans pour la France, 45.8 ans pour le Canada, 46.3 pour la Belgique et de 50.6 ans pour la Suisse. Le pays qui aura l'âge médian le plus élevé au monde est vraisemblablement l'Espagne où un habitant sur deux aura plus de 55 ans.

En conclusion, la population mondiale vieillit. Que l'on examine le nombre absolu, le pourcentage des gens âgés de plus de 65 ans ou de plus de 80 ans, ou encore l'âge médian d'un pays, on observe une très nette augmentation entre 1950 et 2000. Cette augmentation va se poursuivre d'ici à 2050. Même s'il existe d'importantes différences selon les régions du monde, tous les pays connaissent un vieillissement de leur population.

Le vieillissement de la population s'explique par plusieurs facteurs. L'augmentation de la durée de la vie est un facteur important. Les origines de cette augmentation sont nombreuses (e.g., diminution de la mortalité infantile, progrès en matière d'hygiène et de soins). La durée de vie moyenne n'a en effet pas cessé d'augmenter tout au long de l'histoire. De 18 ans en moyenne au cours de la préhistoire, un individu peut à la naissance aujourd'hui espérer vivre jusqu'à environ 75 ans s'il habite dans l'une des régions les plus développées du monde et jusqu'à 64 ans s'il habite dans l'une des régions les moins développées. En 2050, ces espérances de vie seront respectivement de 82 ans et 75 ans.

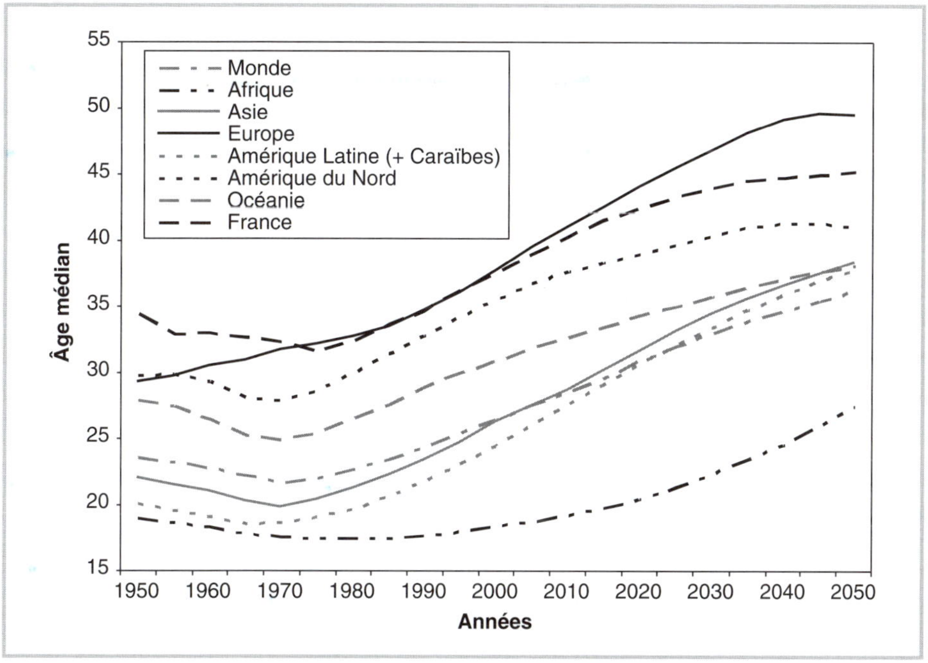

Figure 3

Évolution de l'âge médian dans différentes régions du Monde de 1950 à 2000 (2000 à 2050 : projections).
Source : Population Division of the Department of Economic and Social Affairs of the United Nations Secretariat, World Population Prospects : The 2000 Revision and World Urbanization Prospects : The 2001 Revision, http://esa.un.org/unpp/. Ces données montrent que l'augmentation de l'âge médian s'observe partout dans le monde.

La diminution du taux de fertilité est une autre cause importante du vieillissement des populations. Le *taux de fertilité*** est défini par le nombre moyen d'enfants qu'une femme peut mettre au monde au cours de sa vie reproductive (entre 15 et 49 ans en moyenne). Dans le monde en général, une femme donnait naissance à 5.02 enfants en moyenne au cours de sa vie en 1950. En 2000, ce taux était de 2.69 ; il sera aux alentours de 2.02 en 2050. Là encore, il existe de grandes disparités entre les différentes régions du monde. Ainsi, en Europe, les taux de fertilité étaient de 2.66 et 1.38 en 1950 et 2000 ; ce taux sera d'environ 1.84 en 2050. En Afrique, ces taux étaient de 6.71 et 4.97 en 1950 et 2000 ; il sera d'environ 2.4 en 2050. En d'autres termes, la diminution du taux de fertilité a été plus forte dans les régions du monde les moins développées où le nombre d'enfants mis au monde par chaque femme était en moyenne nettement plus élevé que celui mis au monde par chaque femme habitant l'une des régions du monde les plus développées.

Le vieillissement de la population n'est pas sans poser de problèmes sociaux et individuels. Qui va prendre en charge la retraite des personnes âgées, dans les pays où un système de retraite socialisée a été mis en place ? Qui va assurer le coût financier des soins (nécessairement importants) des personnes âgées ? Jusqu'à quel âge une personne âgée peut-elle vivre de manière autonome ? Quels milieux de vie organiser pour optimiser la vie des personnes âgées ? La question du vieillissement est donc une question complexe qui, pour y répondre, requiert des données aussi bien de sociologie que de psychologie. Dans cet ouvrage, vous allez prendre connaissance de données de psychologie. Plus particulièrement, vous apprendrez comment évolue la cognition au cours de la vie adulte et chez les personnes âgées en particulier. De telles données contribuent à notre réflexion collective sur la prise en charge des personnes âgées par la société.

3 Méthodologies en vieillissement cognitif

Pour comprendre le vieillissement cognitif, les psychologues conduisent des études en laboratoire. Ces études sont réalisées en suivant les principes de la méthode scientifique. Même si les chercheurs adoptent la méthode scientifique, cela ne signifie pas qu'ils ont tous recours à la même méthodologie, recueillent tous les mêmes types de données et analysent ces données de la même manière. Même s'ils sont d'accord sur le fait qu'une approche scientifique du vieillissement permet d'atteindre une compréhension de plus en plus objective, rigoureuse et exhaustive, le type d'étude conduite par les chercheurs dépend des questions posées dans les recherches. Dans cette section, nous décrivons les principes de l'approche scientifique adoptés par les chercheurs. Puis, nous décrivons les principes de validité et de fidélité caractérisant les mesures recueillies. Ensuite, nous distinguons les différents types d'observations recueillies et les logiques (corrélationnelles vs. expérimentales) de recherche en vieillissement. Enfin, nous présentons les plans de recherche mis au point par les chercheurs.

3.1 *Approche scientifique du vieillissement cognitif*

Principes de l'approche scientifique. En science, les chercheurs adoptent le postulat selon lequel toute croyance peut être fausse. Aussi, tant qu'une croyance n'a pas été testée, elle peut être vue au mieux comme une hypothèse ou une conjecture, c'est-à-dire une conception plus ou moins sophistiquée et plus ou moins fondée, et non une vérité établie. Si une hypothèse a été testée et qu'à maintes reprises les données ne sont pas en accord avec les attentes relatives à cette hypothèse, alors elle est abandonnée au profit d'une meilleure hypothèse.

L'approche scientifique d'une question se caractérise par quatre étapes :

- Étape 1 : Choisir, formuler et poser une question de recherche.
- Étape 2 : Formuler une (ou plusieurs) hypothèse(s) relative(s) à cette question.
- Étape 3 : Conduire une étude empirique pour tester cette (ces) hypothèse(s).
- Étape 4 : Répondre à la question de recherche à la lumière des données recueillies.

Pour illustrer la démarche scientifique, supposons qu'un chercheur se demande quels sont les prédicteurs du déclin mnésique avec l'âge (Figure 4). L'une des hypothèses relatives à cette question est que le niveau de départ en mémoire est un bon prédicteur du déclin mnésique. Ceci signifie que les personnes jeunes ayant une bonne mémoire verront leurs capacités mnésiques se détériorer moins que les personnes jeunes ayant une mauvaise mémoire. Une méthode assez évidente pour tester cette hypothèse serait d'évaluer les capacités mnésiques d'un groupe de personnes jeunes à 20 ou 30 ans et de tester à nouveau leur mémoire 40 ou 50 ans plus tard. Ces données devraient permettre de comparer les performances mnésiques obtenues à l'âge de 60 ou 70 ans par les individus qui, à 20 ou 30 ans, avaient de faibles performances mnésiques à celles obtenues par les personnes qui avaient une bonne mémoire. Il serait alors possible de voir si la diminution des performances mnésiques avec l'âge est moins importante pour les participants qui, jeunes, avaient une bonne mémoire.

L'étape 3 est unique à l'approche scientifique de la vérité. Il est toujours possible, par d'autres approches, de formuler une question de recherche et des hypothèses, ainsi que de penser à des arguments en faveur de l'une ou l'autre hypothèse. En revanche, mettre au point une méthodologie qui permette de recueillir des données fiables (i.e., reproductibles par n'importe qui d'autre) et valides (i.e., pertinentes pour répondre à la question posée) est le propre du scientifique dans (ou hors de) son laboratoire. En d'autres termes, avant d'adopter une réponse spécifique à une question de recherche, le scientifique considère les données recueillies. La convergence des données en faveur d'une hypothèse amène le scientifique à rejeter les hypothèses invalidées par les données. C'est à ce prix que des progrès en science sont possibles. Comme nous allons le voir dans cet

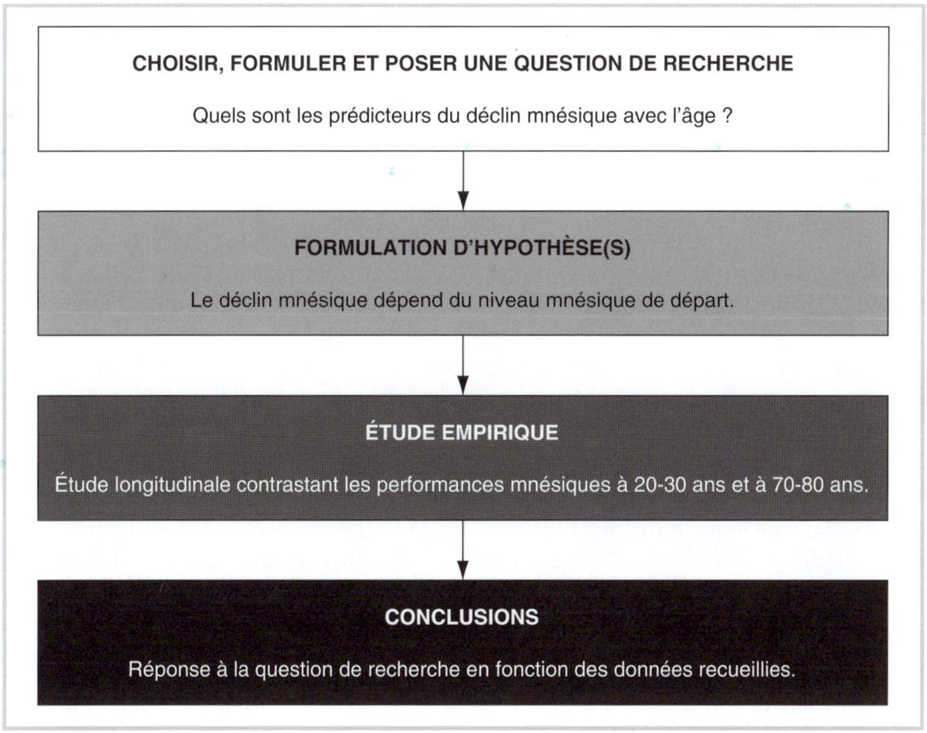

Figure 4

Étapes de l'approche scientifique

ouvrage, c'est ainsi que travaillent les psychologues du vieillissement adoptant une approche scientifique.

3.2 *Qualités d'une mesure*

Les conclusions d'une recherche relatives aux hypothèses testées vont dépendre de manière cruciale du type de données recueillies. Si les données ne sont pas pertinentes pour les questions posées, la réponse obtenue sera erronée ou incomplète. Un chercheur qui ferait l'hypothèse qu'une méthode d'entraînement cognitif est plus efficace qu'une autre chez des personnes âgées de plus de 60 ans mesurerait les bénéfices cognitifs (en termes de pourcentages d'amélioration par exemple) chez deux groupes d'individus, chacun entraîné avec l'une des deux méthodes. Évaluer le bien-être ou le contrôle émotionnel produit par ces deux méthodes, pour intéressantes que soient ces mesures, ne serait pas valide. Aucune de ces deux mesures ne permettrait de savoir laquelle des deux méthodes d'entraînement est la plus efficace. Outre la pertinence d'une mesure par rapport aux hypothèses testées, il existe deux autres caractéristiques d'une mesure à garder à l'esprit dans les recherches sur le vieillissement cognitif : la fidélité et la validité.

La *fidélité*** d'une mesure est élevée lorsque deux évaluations indépendantes aboutissent à la même mesure. Supposons qu'un individu passe deux fois le même test de mémoire, à trois jours d'intervalle. Normalement, si le test est fiable, l'individu devrait obtenir un score identique ou équivalent d'une passation à l'autre. En effet, un test mémoire fiable ou fidèle est un test qui permet d'obtenir le même score (ou une performance équivalente) d'une passation à l'autre. Un test fiable devrait permettre de situer un individu parmi une population de référence de la même façon d'une passation à l'autre. Si un individu se situe dans les 10 % meilleurs avec un test la première fois où il le passe, il devrait également se situer dans les 10 % meilleurs la deuxième fois. Cette forme de fidélité est dite *fidélité test-retest*** ou fidélité inter-observations. Elle se distingue de la *fidélité inter-observateurs***. Deux observateurs d'un comportement devraient aboutir à la même observation. Par exemple, deux psychologues évaluant le niveau de dépression d'une personne âgée devraient aboutir à une évaluation équivalente. Si l'un des deux diagnostique une dépression et l'autre une démence, c'est que les mesures recueillies soit ne sont pas les mêmes, soit ne sont pas valides pour évaluer la dépression. Sans un accord entre observateurs ou entre mesures, il n'est pas possible d'évaluer les résultats et les conclusions d'une recherche, car personne ne sait lequel des deux observateurs ou laquelle des deux mesures est exact. De manière analogue, un pèse-personne est fiable ou fidèle si en pesant deux fois de suite la même personne, il fournit le même poids.

La *validité*** d'une mesure caractérise le fait qu'une mesure évalue bien ce qu'elle est censée évaluer. Ainsi, un test de mémoire devrait évaluer la mémoire et non la résolution de problèmes ou l'attention. Si une personne âgée est très anxieuse pendant un test de mémoire, il y a fort à parier que le test ne fournira pas une mesure adéquate de ses capacités mnésiques ; vraisemblablement, ses capacités seront sous-évaluées. La validité d'une mesure est augmentée si cette mesure corrèle avec d'autres mesures connues pour évaluer la même chose ou la même habileté. Par exemple, un nouveau test d'intelligence a des chances de véritablement mesurer l'intelligence s'il corrèle avec d'autres tests déjà connus pour évaluer l'intelligence de manière valide. C'est-à-dire qu'un individu qui se situe dans les 10 % meilleurs à ce nouveau test devrait aussi se situer dans les 10 % meilleurs à un autre test (valide) d'intelligence. En d'autres termes, la validité d'une mesure peut être évaluée par sa convergence avec une autre mesure censée évaluer le même construit. Complémentairement, une mesure ne sera pas valide si elle corrèle avec une mesure censée évaluer un autre construit. Par exemple, un test de mémoire ne devrait pas corréler avec un test d'attention, sauf si le test mémoire comprend une composante attentionnelle. De manière analogue, il ne faut pas demander à un pèse-personne d'indiquer la taille de quelqu'un.

Il existe deux formes de validité auxquelles les chercheurs font très attention : la validité interne et la validité externe. La *validité interne*** concerne le fait que le comportement observé est bien le résultat des facteurs étudiés par le chercheur. Par exemple, supposons que nous cherchions à améliorer les performances cognitives d'un groupe de personnes âgées de 75 ans par un programme d'entraînement cognitif. À la fin de ce programme, plusieurs participants ont amélioré leurs performances. Un tel résultat n'est pas suffisant pour valider l'efficacité du programme d'entraînement dans la mesure où un autre facteur (e.g., le simple fait de participer) pourrait expliquer ces progrès.

La *validité externe*** caractérise la possibilité de généraliser les conclusions d'une recherche à d'autres contextes ou participants que ceux de la recherche particulière. Ainsi, pour toutes recherches, se posent des questions comme : obtiendrions-nous ces résultats sur une autre population de personnes âgées que celles testées ? Les personnes âgées sont-elles représentatives de l'ensemble des personnes âgées et, sinon, en quoi, les conclusions peuvent (ou pas) être généralisées à l'ensemble des personnes âgées ? Les résultats obtenus avec le matériel et les conditions de cette expérience sont-ils aussi valides avec des conditions et du matériel légèrement différents ? Dans une expérience particulière, nous cherchons toujours à recueillir des données qui autorisent les conclusions les plus générales. Bien sûr, une seule expérience n'est jamais suffisante pour cela. D'autres expériences, changeant plusieurs paramètres, sont souvent nécessaires pour établir la généralité (et donc la validité externe) de certaines conclusions.

3.3 Données d'observation, données d'expérimentation en vieillissement cognitif

Pour tester empiriquement (i.e., avec des données) une hypothèse, les chercheurs peuvent utiliser deux types de données : des données d'observation et des données d'expérimentation.

3.3.1 Données d'observation

Il existe plusieurs formes d'observation. L'*observation* peut être *naturelle***. Cette méthode, qui consiste à observer et à noter ce qui se passe, est appropriée lorsque l'objectif de la recherche est de décrire le comportement d'une personne âgée dans un certain milieu (e.g., comment fait-elle ses courses et comment cherche-t-elle à se rappeler sa liste de course). L'observation est dite naturelle car elle suppose une intervention minimale de la part du chercheur qui observe, le plus discrètement possible, le comportement étudié. L'interview (« Comment vous y prenez-vous, dans un supermarché, pour vous souvenir des courses à faire ? ») est une autre forme d'observation naturelle ou non standardisée. Il existe des interviews plus ou moins structurées (ou plus ou moins directives). L'observation naturelle offre une richesse de données que ne contiennent pas les observations systématiques ou standardisées. Il appartient alors au chercheur de faire le tri entre les observations pertinentes pour la question étudiée et les observations non pertinentes.

L'observation peut être plus systématique ou standardisée. Le chercheur peut créer une situation (e.g., faire jouer les gens aux échecs) et noter les comportements étudiés (e.g., stratégies de planification) et ce que verbalisent les participants en jouant. La méthode de l'agenda utilisée dans les études sur la mémoire constitue un autre exemple d'observation plus systématique. Selon cette méthode, on demande, par exemple, aux participants de noter chaque soir sur un agenda ce qu'ils ont fait au cours de la journée, pendant une semaine. Au bout d'une semaine, les participants viennent au laboratoire avec leur agenda et sont interrogés sur les événements consignés dans l'agenda. Le psychologue cherche ainsi à voir ce dont les participants se souviennent. L'observation standardisée offre l'avantage de la systématicité. Tous les participants peuvent être confrontés à la même situation, ce qui n'est pas forcément le cas avec l'observation naturelle. Par exemple, l'étude de la mémoire dans un supermarché peut avoir l'avantage d'observer directement comment les gens font pour se souvenir des courses à acheter. En revanche, des gens jeunes et âgés n'ayant pas les mêmes courses (ni autant de courses), il est possible que les différences observées au niveau des stratégies de rappel proviennent plus des différences de courses à faire que de l'âge.

L'observation systématique a donc l'avantage de confronter tous les participants à la même situation. L'une des limites de l'observation systématique concerne l'expérience vécue par le participant. Sauf dans un entretien très structuré ou très directif, questionnant directement les participants sur leur vécu, l'observation systématique se focalise sur le comportement observable et ne fournit pas de donnée sur la manière dont les gens vivent et se représentent la situation. En vieillissement, et notamment en clinique, il est souvent important non seulement d'avoir des mesures objectives de la mémoire des participants, mais aussi leurs impressions quant au fonctionnement de leur mémoire (ou leur plainte mnésique).

L'ensemble des méthodes de recherche en vieillissement peut se caractériser par une position sur un continuum allant de l'observation systématique à l'observation naturelle. Ces méthodes se distinguent par leur validité. Plus une observation est naturelle, plus sa validité externe (ou écologique) est élevée. En revanche, sa validité interne peut être faible. Plus une méthode est systématique et rigoureuse, plus la validité interne des données et des conclusions tirées de ces données est élevée. En revanche, la validité externe peut être limitée. Pour chaque question de recherche, le chercheur vise à trouver un protocole d'observation qui lui offrira les niveaux de validité interne et externe les plus élevés.

3.3.2 Corrélation et expérimentation

Les gens sont différents à bien des égards. Ils diffèrent par leur sexe, leur âge, leur niveau socio-économique, leur niveau de formation scolaire, leurs trajectoires de vie, etc. L'un des objectifs des recherches en psychologie du vieillissement cognitif est de comprendre comment ces variables sont reliées entre elles, soit en termes d'association soit en termes de causalité.

L'association entre deux variables s'appelle une *corrélation***. Lorsque deux variables sont fortement corrélées, connaître l'une permet de connaître (ou prédire) l'autre. Par exemple, supposons que l'âge corrèle fortement avec les performances en mémoire. Connaître l'âge de quelqu'un permet d'avoir une bonne idée de (de prédire) ses capacités mnésiques. Les corrélations peuvent être positives, négatives ou nulles. Une corrélation positive entre deux variables signifie que quand les valeurs associées à une variable augmentent, celles associées à l'autre variable augmentent aussi. Par exemple, comme nous le verrons dans le Chapitre 6, il existe une corrélation positive entre l'âge et la sagesse. Cela signifie que la sagesse augmente avec l'âge. Une corrélation négative signifie que quand les valeurs d'une variable augmentent, celles de l'autre diminuent. Par exemple, comme nous le verrons dans le Chapitre 5, la corrélation négative entre l'âge et la mémoire indique que nos performances mnésiques diminuent avec l'âge. Une corrélation nulle signifie que les variations des valeurs d'une variable ne sont pas liées à celles d'une autre variable. Par exemple, jusqu'à 60 ou 70 ans, les performances linguistiques et l'âge ne corrèlent pas, dans la mesure où les capacités linguistiques restent stables entre 20 et 30 ans.

La force d'une corrélation se quantifie par un indice appelé *coefficient de corrélation***. Ce coefficient de corrélation prend une valeur qui va de −1 à +1. Une valeur comprise entre 0 et −1 indique une corrélation négative ; une corrélation comprise entre 0 et 1 indique une corrélation positive ; et une corrélation égale à 0 est une corrélation nulle. Plus la valeur absolue du coefficient de corrélation est élevée, plus forte est la relation entre deux variables. Ces trois types de corrélation sont illustrés à la Figure 5. Comme nous le verrons en détail dans le Chapitre 2, la corrélation entre l'âge et les différentes fonctions cognitives est très variable d'une fonction à l'autre, voire d'une étude à l'autre. Ainsi, par exemple, l'âge corrèle plus avec le raisonnement inductif qu'avec l'orientation spatiale. Les deux corrélations étant négatives, ceci signifie que nos capacités de raisonnement inductif se détériorent plus avec l'âge que nos capacités à nous orienter dans l'espace.

Quand deux variables corrèlent, il est tentant de penser que l'une est la cause de l'autre. Par exemple, la corrélation négative entre l'âge et la mémoire pourrait laisser penser que l'âge est la cause de la diminution des capacités mnésiques. En fait, corrélation ne signifie pas forcément causalité. Deux variables peuvent être corrélées entre elles parce qu'elles résultent de l'effet d'une troisième variable. Par exemple, plus une ville a de prisonniers, plus son taux de criminalité est élevé. Le nombre de prisonniers n'est pas la cause de la criminalité (il suffirait alors de ne mettre personne en prison pour supprimer totalement la criminalité). Ces deux phénomènes sont associés à un troisième facteur au moins, à savoir la taille de la ville. Les nombres de criminels et de prisons sont d'autant plus élevés qu'une ville comprend d'habitants. De la même manière, l'âge n'est pas la cause de la diminution des capacités mnésiques. Le déclin physiologique qui accompagne le vieillissement est déterminant.

Deux variables peuvent être associées ou corrélées. Elles peuvent également avoir un lien de causalité : des variations de l'une entraînent des variations systématiques de l'autre. On dit que les variations de l'une sont une condition nécessaire et suffisante pour entraîner des variations de l'autre. Pour déterminer si une variable est la cause de l'autre, les chercheurs utilisent la logique expérimentale. Le raisonnement derrière la logique expérimentale est le suivant. Si deux groupes d'individus présentent exactement les mêmes caractéristiques, que chaque groupe vit une expérience strictement identique sauf sur un point, qu'après ou pendant l'expérience les deux groupes adoptent des comportements différents, alors cette différence peut être imputable à la différence d'expérience. Cette différence d'expérience est donc la cause de la différence de comportements entre les deux groupes.

En psychologie, il est souvent plus difficile que dans d'autres sciences d'avoir au départ deux groupes présentant exactement les mêmes caractéristiques. Pourtant, ceci est crucial si l'on veut pouvoir attribuer les différences de comportements uniquement à l'expérience pour les deux groupes de participants. En effet, si les deux groupes ne sont pas strictement identiques, les différences observées peuvent être dues à des différences entre les groupes pré-existentes à l'expérience. Prenons l'exemple d'un chercheur qui voudrait comparer l'effet de deux programmes d'entraînement cognitif chez des personnes âgées. Supposons que le programme A est suivi par des personnes âgées en

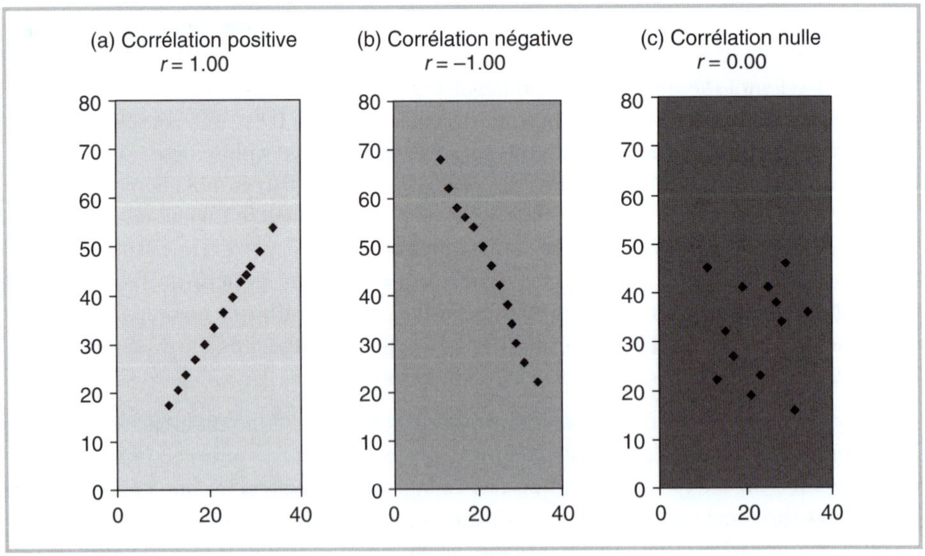

Figure 5

Représentations de corrélations positive (a), négative (b) et nulle (c).

Une corrélation positive indique que quand les valeurs d'une variable augmentent, celles de l'autre variable augmentent aussi. Une corrélation négative indique que, quand les valeurs d'une variable augmentent, celles de l'autre diminuent. Une corrélation nulle indique que les deux variables ne sont pas associées.

moyenne de 75 ans et le programme B par des personnes âgées de 85 ans en moyenne. Les résultats montrent que les participants au programme A ont plus amélioré leurs performances cognitives que les participants au programme B. Il n'est pas possible dire que le programme A est plus efficace que le programme B, car la différence de performances peut provenir de la différence d'âge des participants, les participants plus jeunes profitant mieux d'un programme d'entraînement cognitif. On dit que les deux variables, programme d'entraînement cognitif et âge des participants, sont des *variables confondues***. Deux variables sont confondues lorsqu'il est impossible de savoir si les résultats observés sont dus à l'une ou l'autre variable.

Deux procédures sont utilisées afin d'éviter que des variables soient confondues : l'aléatorisation et le contrôle. L'*aléatorisation*** consiste à affecter chaque participant à un groupe expérimental de manière aléatoire ou au hasard. Chaque individu a une chance équivalente de se retrouver dans un groupe plutôt que dans l'autre. Lorsque les groupes aléatoirement répartis sont de taille suffisamment grande (au moins une vingtaine ou une trentaine de participants par groupe), alors les différences initiales entre les individus tendent à s'annuler et les groupes de sujets aléatoirement répartis devraient être comparables au niveau de n'importe quelle variable sauf celle étudiée.

La deuxième procédure mise en œuvre pour éviter les variables confondues est le *contrôle***. L'idée est de rendre comparables les groupes dont on veut étudier les performances. Il s'agit de neutraliser autant que possible les variables confondues en les égalisant. Dans l'exemple de l'étude comparant l'efficacité de deux programmes d'entraînement cognitif chez des personnes âgées de 75 et 85 ans, une manière de neutraliser l'effet de l'âge est d'avoir deux groupes ayant en moyenne le même âge en répartissant les individus de sorte à égaliser cet âge moyen. De la même manière, si l'on soupçonne que l'effet des programmes d'entraînement pourrait être différent chez les hommes et les femmes, le nombre d'hommes et de femmes dans les groupes sera le même. Il en est ainsi lorsqu'on compare des participants jeunes et âgés : on cherche à neutraliser les effets éventuels du niveau d'éducation (en prenant des jeunes et des âgés ayant fait le même nombre d'années d'étude), du niveau de santé (en comparant deux groupes qui s'estiment à un niveau de santé comparable ou en écartant des participants ayant des problèmes de santé), etc.

Dans une expérience, le chercheur manipule et mesure des variables. La variable qu'il manipule s'appelle une *variable indépendante*** (ou facteur) ; elle définit les conditions de l'expérience. La variable mesurée, ou l'indicateur du comportement, s'appelle la *variable dépendante***. Dans l'expérience sur les méthodes d'entraînement chez les personnes âgées, les méthodes d'entraînement constituent la variable indépendante et les progrès cognitifs réalisés la variable dépendante.

Pour prendre un autre exemple illustratif, supposons qu'un chercheur teste l'hypothèse selon laquelle la fabrication d'images mentales contribue à l'amélioration des performances mnésiques chez les personnes âgées (voir Figure 6). Cela signifie que les personnes âgées qui apprennent en se représentant mentalement les items à apprendre sous la forme d'images vont mieux mémoriser que les personnes âgées ne faisant pas d'image. Pour tester son hypothèse, le chercheur peut prendre 40 personnes âgées, les diviser aléatoirement en deux groupes en veillant à ce que les deux groupes aient le même âge moyen, le même nombre d'hommes, le même niveau scolaire, etc. Les deux groupes vont avoir à apprendre la même liste de 24 mots chacun. À un groupe, le groupe dit expérimental, l'expérimentateur va donner la consigne d'apprendre la liste de mots et de fabriquer des images mentales avec chaque mot pour faire cet apprentissage (e.g., « Pour apprendre le mot *carotte*, vous vous représentez mentalement l'image d'une carotte »). Le deuxième groupe de participants, dit groupe contrôle, recevra exactement la même consigne, sans la phrase concernant la fabrication d'images mentales. Après avoir vu les mots une fois, l'expérimentateur demande aux participants de rappeler le plus de mots possible et relève le pourcentage de mots correctement rappelés. Dans cette expérience, la variable « fabrication d'images mentales » est une variable indépendante et la variable « pourcentage de mots correctement rappelés » est une variable dépendante. Les participants ont bien été répartis aléatoirement (après appariement sur l'âge et autres caractéristiques individuelles) et la même liste de mots a été donnée aux participants. Si l'expérimentateur observe que les participants du groupe expérimental obtiennent de meilleurs scores que ceux du groupe contrôle, il est raisonnable de penser que cette différence ne peut être que due au fait que les participants du groupe expérimental ont encodé les mots en faisant des images mentales.

Chaque fois qu'il le peut, le chercheur utilise la logique expérimentale. Son avantage est de permettre des inférences relatives aux causes du comportement qu'il analyse. Son inconvénient est double. D'une part, les conditions de laboratoire s'éloignent parfois des conditions naturelles (e.g., est-ce qu'apprendre une liste de mots dans un laboratoire est la même chose que chercher à stocker une liste de courses et récupérer cette liste dans un supermarché ?). D'autre part, il n'est pas toujours possible d'appliquer la logique expérimentale. En effet, dans une étude comparant deux groupes de participants (e.g., des jeunes et des âgés), l'idéal serait de pouvoir affecter n'importe quel participant de manière aléatoire soit dans un groupe (les jeunes), soit dans l'autre (les âgés). Or, dans les études sur le vieillissement, l'âge d'un participant, tout comme son sexe ou autres caractéristiques personnelles, n'est pas manipulable. Il faut dans ce cas appliquer la logique dite quasi expérimentale. C'est-à-dire que les participants vont être répartis dans des groupes différents sur la base de leurs caractéristiques comme leur âge (e.g., les gens âgés de 20 à 30 ans vont faire partie du groupe des jeunes et ceux de 80 à 90 ans du groupe des âgés). Le chercheur va par ailleurs essayer d'égaliser les groupes de participants sur le plus de variables possibles (comme le niveau scolaire, le nombre d'hommes et de femmes dans chaque groupe, le niveau de vocabulaire, l'état de santé des participants, etc.) afin de rendre les deux groupes les plus semblables sauf sur l'âge. Si les groupes ont été le plus possible égalisés et que les jeunes ont des performances différentes des âgés, alors l'âge (ou d'autres processus qui jouent à travers l'âge) sera considéré comme responsable de la différence observée entre les groupes.

3.4 *Les plans de recherche en vieillissement cognitif*

Pour étudier les effets de l'âge sur la cognition, les psychologues utilisent trois types de plans de recherche : les plans longitudinaux, transversaux et séquentiels.

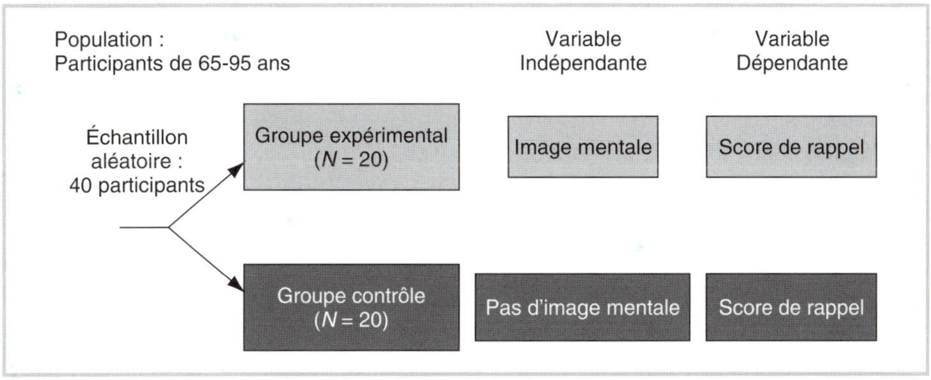

Figure 6

Exemple d'expérience sur la mémoire.

Dans cette expérience, les 40 participants doivent apprendre une liste de 24 mots. Ils sont répartis aléatoirement soit dans le groupe expérimental (groupe auquel l'expérimentateur indique de fabriquer des images mentales avec les mots à apprendre) soit dans le groupe contrôle (à qui l'expérimentateur ne mentionne pas la fabrication d'images mentales). L'effet de la variable indépendante (images mentales) sur la variable dépendante (score en rappel) est étudié.

3.4.1 Les plans transversaux

Les *plans transversaux*** sont les plus faciles à utiliser pour décrire l'évolution cognitive avec l'âge (voir Tableau 1). Ils consistent à étudier, à un moment donné, les performances ou les habiletés cognitives chez des adultes d'âge différent. Très souvent dans les études sur le vieillissement, les chercheurs commencent par comparer les performances entre participants jeunes et âgés, voire entre participants jeunes, moyennement jeunes, moyennement âgés et âgés. L'objectif des plans transversaux est d'abord d'étudier les différences liées à l'âge. Pour cela, il suffit de comparer les performances ou habiletés de participants jeunes et âgés (approche comparative). Une fois les différences observées, la question est de savoir à quel âge surviennent ces différences. Il importe alors de ne pas se limiter à comparer des participants jeunes et âgés, mais d'inclure aussi des groupes d'adultes d'âge intermédiaire comme les tranches 40-55 ans et 55-65 ans (voir Figure 7 pour une illustration).

Tableau 1

Exemple d'un plan transversal comparant 4 groupes d'adultes (jeunes, moyennement jeunes, moyennement âgés et âgés) dans un testing ayant lieu en 2005.

	Groupe 1 : Jeunes	Groupe 2 : Moyennement jeunes	Groupes 3 : Moyennement âgés	Groupe 4 : âgés
Année de naissance	1980	1960	1940	1920
Âge en 2005	25	45	65	85

Les plans transversaux sont beaucoup utilisés dans les études sur le vieillissement cognitif, car ils sont très pratiques et très faciles à mettre en œuvre. Ils permettent aussi de décrire avec précision les similarités et les différences entre des participants d'âge différent. Toutefois, ils peuvent s'avérer limités dans certaines situations. En effet, une fois les différences entre participants d'âge différent observées, il importe aux chercheurs de savoir à quoi sont dues ces différences. Ces différences peuvent être liées à l'âge. Mais, elles peuvent aussi être liées à d'autres facteurs. Le premier facteur concerne les cohortes étudiées. Un effet de cohorte est le résultat du fait qu'avoir 70 ans en 1900 ou en 2000 n'est pas du tout la même chose. Avoir 70 ans en 2000 est nettement plus fréquent qu'en 1900. Une personne de 70 ans en 2000 a aussi beaucoup moins de chances d'être malade qu'une personne de 70 ans en 1900. Enfin, la probabilité qu'une personne de 70 ans en 2000 soit allée plus longtemps à l'école qu'une personne de 70 ans en 1900 est très élevée. Les progrès de la médecine et de la scolarisation, entre autres, ont entraîné de telles différences (voir sur la Figure 7a les différences d'apparence de 4 personnes de la même famille, à 4 générations différentes, à l'âge de 25 ans). Ainsi, par exemple, de nombreuses études conduites dans différents endroits de la Terre ont montré une augmentation du quotient intellectuel au cours du 20e siècle. Ceci

Figure 7

(a) Photographie transversale de quatre personnes de générations différentes dans la même famille (i.e., la grand-mère, la mère, la fille et la petite fille), (a) à 25 ans (la petite fille a eu 25 ans en 2004 et la grand-mère en 1919), (b) Photographie des mêmes personnes, excepté la petite fille, à 50 ans (la fille a eu 50 ans en 2002), et (c) Photographie de la grand-mère et de la mère à 80 ans (la mère a eu 80 ans en 2001).

(a) ▶

Figure 7 (suite)

▼ (b)

Figure 7 (suite)

◀ (c)

Effet Flynn.
générat° dift = exp.
dift. => effet de
l'âge sur la cognit°

signifie que, lorsqu'elles avaient 20 ans, les personnes de 80 ans aujourd'hui avaient un QI plus faible que les jeunes de 20 ans aujourd'hui. Cet effet, appelé effet Flynn, entraîne une exagération des effets du vieillissement. Lorsque nous comparons des stratégies de mémorisation utilisées par des participants de 20 ans et de 80 ans, nous comparons non seulement des participants d'âge différent, mais également des participants qui sont encore scolarisés (et chez qui, donc, la mémoire est fréquemment mobilisée) à des participants qui ne sont plus scolarisés. En d'autres termes les *effets de cohorte*** tiennent à des expériences sociales et individuelles uniques aux générations comparées, expériences qui peuvent contribuer aux effets de l'âge sur la cognition.

Les plans transversaux comportent également les deux limites suivantes. D'une part, ces plans ne permettent pas de savoir si les différences observées entre les individus d'un âge donné sont présentes tout au long de la vie. Par exemple, les jeunes ayant la meilleure mémoire resteront-ils les adultes âgés ayant la meilleure mémoire ? En d'autres termes, il s'agit de savoir si les différences individuelles sont stables ou évoluent au cours du vieillissement. D'autre part, les plans transversaux ne nous indiquent pas les changements au niveau individuel. Les changements observés concernent des changements au niveau d'un groupe. Ainsi, par exemple, la comparaison de la mémoire à 20 et à 80 ans laisse apparaître une diminution des capacités mnésiques avec l'âge. Cette diminution concerne-t-elle tout le monde ou seulement certains individus ? Pour le savoir, il faut utiliser les plans longitudinaux.

3.4.2 Les plans longitudinaux

Dans un *plan d'étude longitudinale***, l'évolution des performances d'un même groupe de participants est étudiée sur une période prolongée (voir Tableau 2 ; illustration Figure 8). Par exemple, Hultsch et ses collaborateurs ont testé la mémoire d'un même groupe de participants pendant 6 années de suite dans une étude longitudinale appelée l'« Étude longitudinale de Victoria ». Ils ont testé 487 individus âgés de 55 à 86 ans une première fois en 1986, une deuxième fois en 1989 et une troisième fois en 1992 (Hultsch *et al.*, 1998).

Deux paramètres au moins caractérisent une étude longitudinale : sa durée et la densité des observations recueillies. Les études longitudinales peuvent avoir des durées variables. Cette durée dépend de la vitesse des changements étudiés. Si les changements liés à l'âge s'étalent sur une longue période, il sera nécessaire de conduire une étude longitudinale sur une période plus longue que si ces changements ont lieu sur une période assez courte. Chez les enfants par exemple, période de la vie où les changements sont rapides et nombreux, il n'est souvent pas nécessaire de conduire une étude longitudinale pendant une longue période pour comprendre l'évolution d'une fonction cognitive avec l'âge. En revanche, chez les adultes, l'évolution cognitive est plus lente. Aussi, les études longitudinales peuvent prendre plus de temps.

	Âge au moment du testing
Âge en 1950	20 ans
Âge en 1960	30 ans
Âge en 1970	40 ans
Âge en 1980	50 ans
Âge en 1990	60 ans
Âge en 2000	70 ans
Âge en 2010	80 ans

Tableau 2

Exemple d'un plan longitudinal comparant les performances d'un même groupe d'individus nés en 1930. Les performances de chaque individu sont évaluées tous les 10 ans.

Figure 8

Photographie longitudinale de la même personne à différentes étapes de sa vie (20, 25, 35, 40, 50, 60, 70 et 80 ans).

La deuxième caractéristique d'une étude longitudinale est la densité des observations recueillies. Les participants sont fréquemment testés dans certaines études longitudinales et plus rarement dans d'autres. L'un des facteurs déterminant la fréquence des passations est la vitesse avec laquelle surviennent les changements. Certains changements cognitifs peuvent survenir rapidement et d'autres peuvent prendre de nombreuses années. Chez les adultes, la durée d'une étude longitudinale et la densité des observations dépendent également de l'âge des participants. Dans certaines tranches de vie (e.g., début de la vie adulte), les changements étudiés s'étalent sur une longue durée et ne sont pas très rapides ni très nombreux. Dans ce cas, il importe de conduire une étude longitudinale qui s'étale sur une longue période avec quelques passations espacées. Dans une autre tranche de vie, la même fonction cognitive peut connaître des changements d'importants, nombreux et rapides. Dans ce cas, les chercheurs conduisent une étude longitudinale plus courte et comprenant plus de passations.

Les études longitudinales ont deux inconvénients qui limitent leur utilisation. D'abord, il est difficile de tester des adultes sur une période prolongée. Certains déménagent ; d'autres se démotivent au cours de l'étude et abandonnent ; d'autres enfin meurent ou tombent malades. C'est ce qu'on appelle la *mortalité expérimentale***. Cette disparition ou abandon des participants en cours d'étude a pour conséquence que l'échantillon suivi du début à la fin de l'étude risque d'être assez peu représentatif de l'échantillon de départ. L'une des conséquences de la mortalité expérimentale est que les participants pour lesquels des mesures ont été recueillies depuis le début jusqu'à la fin de l'étude longitudinale présentent des caractéristiques particulières (e.g., ce sont les plus résistants, les plus solides, les plus cognitivement alertes, etc.) qui compromettent la généralité des conclusions qu'il sera alors possible de tirer de ces mesures.

Le second inconvénient des études longitudinales tient aux passations répétées. Si un participant passe plusieurs fois de suite une épreuve, il est possible qu'il obtienne de meilleures performances la deuxième fois par simple familiarité avec la tâche au cours de la deuxième passation et pas du tout à cause de changements cognitifs. Chez les personnes âgées, ces *effets de familiarisation à la tâche*** ou de sensibilisation peuvent contrecarrer les effets de l'âge et, donc, entraîner une sous-estimation des effets du vieillissement. En effet, si les personnes âgées font mieux à la deuxième passation parce qu'elles sont plus familières avec la tâche, alors les effets délétères de l'âge seront neutralisés ou amoindris. De la même manière, pour une habileté cognitive qui se caractérise par des progrès avec l'âge, les progrès dus à une familiarisation peuvent entraîner une surestimation des progrès réels liés à l'âge. En d'autres termes, dans une étude longitudinale, les effets liés à l'âge peuvent être confondus avec ceux liés à la familiarisation. Une manière de contrôler autant que possible ces effets de familiarisation est de varier le matériel utilisé. Par exemple, dans une étude sur la mémoire, les participants ne voient pas les mêmes mots d'une liste à apprendre à chaque passation, même si les mots des différentes listes sont strictement comparables du point de vue d'un certain nombre de caractéristiques (comme leur longueur ou leur fréquence dans la langue). Une autre manière de contrôler les effets de familiarisation dans une étude longitudinale consiste à sélectionner des tâches pour lesquelles des passations répétées ne changent rien aux résultats. De telles tâches existent ; nous en verrons de nombreuses dans ce manuel.

En résumé, l'avantage des plans longitudinaux est la possibilité d'étudier la stabilité des différences individuelles et d'étudier les changements au niveau intra-individuel. Les inconvénients concernent les problèmes de mortalité expérimentale et de familiarisation avec la tâche. Un dernier problème commun aux plans transversaux et longitudinaux concerne les effets de période de mesure. Cet effet caractérise le fait que comparer des performances cognitives au cours de la vie adulte peut aussi revenir à comparer des performances obtenues à des époques différentes. Ainsi, imaginons un psychologue intéressé par comprendre la représentation mentale que se font les jeunes et les âgés sur l'avortement. Tester des jeunes et des âgés dans les années 50 n'aboutira probablement pas aux mêmes conclusions que les tester dans les années 70. La différence jeunes-âgés sur la représentation mentale du concept « avortement » sera influencée par les différences dues à l'époque (des représentations plus libérales émergeront davantage dans les années 70, surtout chez les jeunes). Pour neutraliser les effets de période de passation, Schaie et ses collaborateurs ont proposé d'utiliser des plans séquentiels.

3.4.3 Les plans séquentiels

Les *plans séquentiels*** ou longitudinaux transverses représentent différentes combinaisons des variables d'âge, de cohorte et d'époque de mesure. Il existe plusieurs types de plans séquentiels. Un plan séquentiel simple comprend deux études transversales conduites à deux époques différentes (e.g., séparées par 10 ou 20 ans) et sur des échantillons différents. Ainsi, par exemple, la mémoire de deux groupes de participants (âgés en moyenne de 20 ans pour l'un et de 70 ans pour l'autre) est testée en 1970 et celle de deux autres groupes de mêmes âges est testée en 1990 (Tableau 3). Ainsi, les différences observées entre les jeunes et les âgés ne peuvent pas être dues à une époque particulière si ces différences sont comparables en 1970 et en 1990.

Tableau 3

Exemple de plan séquentiel consistant en deux plans transversaux à deux époques différentes (en 1970 et en 1990). Grâce à ce plan, les différences observées entre les jeunes et les âgés ne peuvent être dues à des effets de cohorte ou des effets d'époque de mesure si ces différences sont les mêmes en 1970 et en 1990.

	Groupes testés en 1970		Groupes testés en 1990	
	Groupe 1 : Jeunes	Groupe 2 : Âgés	Groupes 3 : Jeunes	Groupe 4 : Âgés
Année de naissance	1950	1900	1970	1920
Âge au testing	20 ans	70 ans	20 ans	70 ans

2e

Une variante d'étude séquentielle serait une combinaison des plans transversaux et longitudinaux où plusieurs cohortes de participants d'âge variable sont suivies longitudinalement pendant un certain temps. Ainsi, par exemple, des participants âgés de 20 ans en 1950 seront testés tous les dix ans (1950, 1960, 1970, 1980, 1990, 2000 et 2010). En 1960, de nouveaux participants, âgés de 20 ans, sont inclus dans l'étude et seront eux aussi testés tous les 10 ans. En 1970, de nouveaux participants, eux aussi âgés de 20 ans, seront inclus dans l'étude, et ainsi de suite à chaque passation (Tableau 4).

Tableau 4

Plan séquentiel combinant plans transversaux et longitudinaux afin de contrôler les effets de cohorte et d'époque de mesure et d'évaluer les changements intra-individuels avec l'âge.

Années du testing	Participants nés en 1950	Participants nés en 1960	Participants nés en 1970	Participants nés en 1980	Participants nés en 1990
1970	20 ans	--	--	--	--
1980	30 ans	20 ans	--	--	--
1990	40 ans	30 ans	20 ans	--	--
2000	50 ans	40 ans	30 ans	20 ans	--
2010	60 ans	50 ans	40 ans	30 ans	20 ans

Une variante encore plus complète et combinant plusieurs plans transversaux et longitudinaux consisterait à tester tous les dix ans les mêmes participants, âgés de 20 à 80 ans, et à ajouter à chaque fois un nouveau groupe de participants de 20 à 80 ans. Chaque groupe ajouté serait aussi suivi longitudinalement. Comme nous le verrons au Chapitre 2, c'est ce plan qu'ont utilisé Schaie (1996) et ses collaborateurs, dans leur étude sur l'évolution des habiletés mentales primaires.

Les différents plans séquentiels permettent de contrôler les éventuels effets de cohorte et d'époque de mesure. Leurs limites concernent surtout la lourdeur de leur utilisation et les problèmes de mortalité expérimentale, déjà mentionnés pour les plans longitudinaux. Un plan séquentiel n'est pas forcément le plus approprié. Comme toujours, la pertinence d'un plan ou d'une méthode d'étude est subordonnée à la question de recherche. S'il s'agit simplement de déterminer si le vieillissement affecte les performances des participants dans une tâche cognitive, une étude transversale comparant deux groupes de participants, l'un jeune et l'autre âgé, est suffisante. S'il s'agit de savoir si l'effet du vieillissement est continu et progressif ou brutal, alors un plan comparatif comprenant des individus de chaque tranche d'âge sera nécessaire. S'il s'agit d'étudier les effets du vieillissement au niveau intra-individuel, le chercheur utilisera une étude longitudinale. Enfin, s'il importe de contrôler certains effets comme l'effet de cohorte ou l'effet d'époque, un plan séquentiel sera utilisé. Au-delà de la pertinence d'un plan par rapport à une question d'étude, chaque plan a ses avantages et ses inconvénients (voir Tableau 5).

4 Vieillissement cérébral

Dans cet ouvrage, vous allez apprendre comment les psychologues du vieillissement cognitif ont utilisé ces différentes méthodes pour comprendre comment l'évolution de la cognition avec l'âge. Vous verrez en particulier que certaines habiletés se détériorent et d'autres restent intactes, voire s'améliorent. En fait, l'âge affecte le cerveau, les mécanismes mentaux et les comportements. La plupart du temps, les chercheurs en vieillissement cherchent à comprendre les effets de l'âge sur la cognition au sein de leur discipline, c'est-à-dire qu'ils se cantonnent à leur niveau d'étude (e.g., chimique, anatnomique, physiologique, cognitif, comportemental). Aucun psychologue, aussi précis, rigoureux et exhaustif soit-il dans ses études du vieillissement cognitif, ne perd de vue que le déterminant majeur de ces manifestations dites fonctionnelles des effets de l'âge sur la cognition est le vieillissement cérébral. En effet, il se passe un certain nombre d'événements sur le plan anatomique (concernant la structure du cerveau) et physiologique (relatif au fonctionnement) qui sont à la source du vieillissement cognitif. Même si cet ouvrage ne concerne pas le vieillissement cérébral, il importe de garder à l'esprit certains phénomènes fondamentaux concernant ce vieillissement lorsque nous étudions le déclin des performances cognitives avec l'âge. Dans cette section, nous rappelons brièvement ces phénomènes d'abord au plan anatomique ensuite au plan physiologique.

Plan	Définition	Avantages	Inconvénients
Étude transversale	Comparer à un moment donné des individus différents n'appartenant pas aux mêmes groupes d'âge	• permet d'obtenir des données utiles sur les différences liées à l'âge • est très facile et rapide à utiliser	• effets de cohortes • n'apporte pas d'informations relatives à la stabilité/variabilité des différences individuelles au cours de la vie • n'apporte aucun renseignement sur les changements individuels
Étude longitudinale	Comparer sur une certaine durée les mêmes individus n'appartenant pas aux mêmes groupes d'âge	• donne des indications sur la stabilité/variabilité des différences individuelles au cours de la vie • permet de décrire les changements cognitifs au niveau individuel	• problème de mortalité expérimentale • effets de familiarisation
Étude séquentielle	Comparer sur une certaine durée plusieurs cohortes d'individus	• permet de contrôler les effets de cohorte et d'époque de mesure • donne des indications sur la stabilité/variabilité des différences individuelles au cours de la vie et permet de décrire les changements cognitifs intra-individuels	• extrêmement lourd à mettre en place. • problème de mortalité expérimentale

Tableau 5

Caractéristiques des plans d'étude en vieillissement

4.1 *Changements anatomiques*

Le cerveau peut être divisé en deux grandes parties : le cortex et les structures sous-corticales. Comme le montre la Figure 9, le cortex comprend quatre grandes zones ou lobes : lobes occipital, frontal, temporal et pariétal. Chacun de ces lobes assure des fonctions différentes. Ainsi, le lobe occipital prend en charge les traitements visuels. Le lobe frontal assure la planification, la coordination et la production du langage. Le lobe temporal réalise les traitements auditifs et comprend les zones affectées à la compréhension du langage. Enfin, le lobe pariétal assure diverses fonctions comme l'intégration sensorielle et certains traitements symboliques (e.g., calcul, graphie, espace).

La zone sous-corticale comprend des structures aussi importantes que (a) le système limbique (gyrus cingulaire, gyrus dentatus et gyrus parahippocampique, cortex enthorinal, hypothalamus, noyaux thalamiques antérieurs, amygdale, hippocampe et substance noire), affecté à l'apprentissage et à la mémoire ainsi qu'au comportement émotionnel et (b) les ganglions de la base (globus pallidus, noyaux caudés et putamen) jouant un rôle clé dans le contrôle du mouvement.

Les changements anatomiques liés au vieillissement s'observent aussi bien au niveau du cerveau tout entier que de ses différents lobes (voir Raz, 2000, pour une synthèse). L'un des changements les plus frappants dans le cerveau concerne l'évolution de son poids avec l'âge. Le cerveau pèse entre 350 et 400 grammes à la naissance et environ 1400 grammes chez l'adulte de 20 ans. Ensuite, jusqu'à la fin de la vie, ce poids diminue régulièrement, d'abord très peu puis un peu plus à partir de 45-50 ans pour atteindre, à la fin de la vie, entre 80 et 90 % du poids qu'il avait à 20 ans. Le rapport volume de cerveau/volume du crâne est de .92 (jusqu'à 55 ans) à .83 à 90 ans.

Cette diminution du poids du cerveau résulte de la mort des cellules nerveuses et d'une dégénérescence des axones (ou fibres entre neurones) notamment les axones plus gros. Le rapport substance grise (corps cellulaire)/substance blanche (fibres) est de 1:13 chez une personne de 60 ans et de 1:55 chez une personne de 90 ans, du fait de la diminution importante de la substance blanche dans cette tranche d'âge.

Toutes les zones corticales et sous-corticales ne sont pas également affectées par les pertes neuronales. Ainsi, le vieillissement entraîne la mort des neurones plus importante dans

- le lobe frontal (notamment le gyrus –ou protubérance- frontal supérieur) et dans le gyrus précentral (le volume de l'ensemble du lobe frontal diminue d'un peu plus de 1 % tous les deux ans),

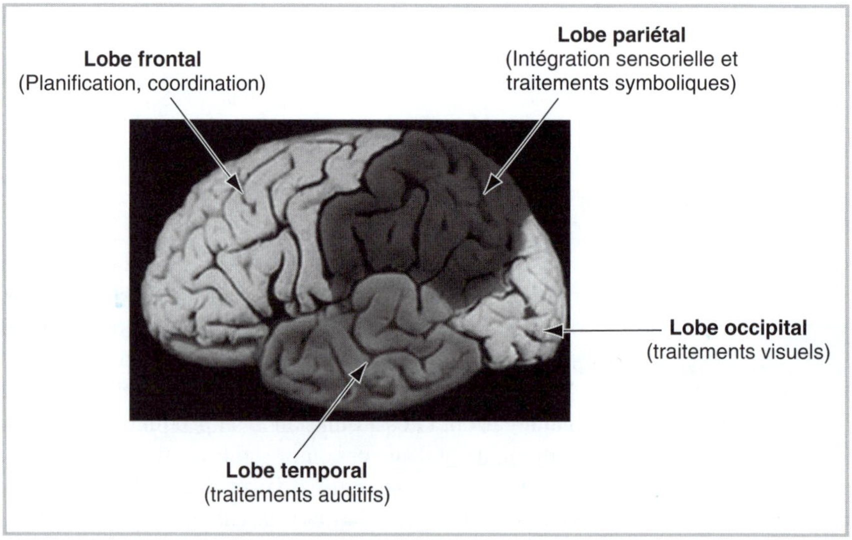

Figure 9
Représentation de la division du cortex en lobes (face externe).

- le lobe temporal (et plus particulièrement dans le gyrus temporal supérieur) dont le volume diminue de 0.28 %/an,
- l'aire striée ou cortex visuel.

D'autres zones corticales sont moins affectées par la mort des neurones et des fibres. Ainsi, la perte des neurones est moins importante, ou inexistante, dans le gyrus post-central ou dans le gyrus temporal inférieur.

Des changements neuronaux s'observent également dans certaines structures sous corticales. Par exemple, une perte importante de cellules pyramidales et granulaires a été observée dans l'hippocampe et l'amygdale (de 3 à 9 % par décennie), ainsi que dans la substance noire. Par exemple encore, on observe un élargissement des ventricules.

Outre la perte des neurones avec l'âge, le vieillissement entraîne aussi une diminution de l'arborisation dendritique. Les dendrites sont les fibres qui assurent la transmission de l'information des autres neurones au noyau cellulaire. Ainsi, l'arborisation dendritique d'un individu de plus de 60 ans est inférieure d'environ 20 % par comparaison à celle d'un individu plus jeune. Cette diminution est très importante dans l'hippocampe, centre de la mémoire.

4.2 *Changements physiologiques*

D'importants changements avec l'âge surviennent au niveau des activités physiologiques et neurochimiques (ou chimie du cerveau). Ces changements contribuent au vieillissement cognitif de manière aussi importante que la perte des neurones et des fibres. Ces changements neurochimiques concernent, entre autre, la communication entre neurones. Cette communication est assurée par des neuromédiateurs. Les neuromédiateurs sont des molécules chargées électriquement qui transmettent le signal nerveux au niveau des synapses en se fixant sur des récepteurs post-synaptiques. Il existe plusieurs catégories de neuromédiateurs, comme les acides aminés (acides inhibiteurs : e.g., GABA ; glycocolle ; acides excitateurs : e.g., aspartate ; glutamate), les catécholamines (e.g., dopamine, noradrénaline, norépinéphrine) et les neuropeptides (opiacés : e.g., endorphine, enképhalines ; non opiacés : e.g., substance P, somatostatine). En général, chaque neurone produit un, deux ou plusieurs neuromédiateurs. Ces neuromédiateurs peuvent être synthétisés (ou fabriqués) grâce à des enzymes présents dans le corps du neurone ou dans les terminaisons synaptiques.

La synthèse des neuromédiateurs dans certaines régions cérébrales est affectée par le vieillissement. Ainsi, par exemple, les systèmes cholinergiques et glutamatergiques, qui jouent un rôle central dans la cognition, se détériorent avec l'âge, ce qui entraîne une réduction de l'acéthylcoline transférase. Ainsi encore, dans les régions hippocampiques, mais aussi dans le lobe frontal, on assiste à une perte de glutamate d'environ 50 % après 40 ou 50 ans. Par exemple encore, l'âge entraîne une diminution importante des récepteurs muscariniques de type cholinergique et des récepteurs nicotiniques dans le cortex cérébral. Par exemple encore, l'âge s'accompagne d'une réduction des niveaux de tyrosine hydroxylase (en particulier dans le putamen et le noyau caudé), d'une diminution de sérotonine dans le noyau dorsal du raphé et d'une diminution de la dopamine (en particulier dans le putamen et la substance noire). Par exemple enfin, avec le vieillissement, on observe une diminution du nombre de récepteurs D2 de la dopamine dans diverses régions comme le cortex cingulaire antérieur (réduction de 13 %/décade), le cortex frontal (11 %/décade), l'hippocampe (10 %/décade) ou l'amygdale (7 %/décade). Notons que ces changements dopaminergiques liés à l'âge s'observent de manière accentuée dans certaines pathologies pouvant déboucher sur des démences comme la maladie de Parkinson (disparition importante des neurones dopaminergiques dans la substance noire). Notons aussi que ces changements physiologiques sont liés aux changements cognitifs (e.g., voir, pour le lien entre le déclin cognitif et celui des systèmes cholinergique Arnsten, 1998 ; Hasselmo, 1999 ; Mac Rae *et al.*, 1988 ; Li *et al.*, 2001). Ainsi, certains travaux suggèrent que, dans le cortex préfrontal, la dopamine module notre capacité à utiliser efficacement des représentations mentales brièvement activées afin de ne pas être en permanence dépendant des indices fournis par l'environnement et pour diriger notre attention sur les aspects pertinents d'une tâche (e.g., Arnsten, 1998). Ainsi encore, la diminution de la densité des récepteurs de la dopamine est associée à une augmentation du temps de réaction (e.g., Bäckman *et al.*, 2000 ; MacRae *et al.*, 1988).

Résumé

En résumé, le vieillissement cérébral est caractérisé par des pertes neuronales, une diminution de l'arborisation dendritique, ainsi qu'une détérioration des systèmes neurochimiques permettant la communication entre neurones et la circulation de l'information dans le système nerveux. Ces changements gouvernent l'évolution de nos capacités intellectuelles. Dans cet ouvrage, nous nous focalisons sur ces capacités intellectuelles, même si une compréhension approfondie et détaillée du vieillissement se doit d'intégrer l'ensemble des niveaux du vieillissement cérébral affecté par l'âge.

5 Organisation du livre

Ce manuel peut être lu soit de manière linéaire, chapitre par chapitre, soit de manière thématique en considérant les thèmes centraux. Nous détaillons le contenu de ce manuel selon chacune des deux perspectives dans cette dernière section.

5.1 *Organisation chapitre par chapitre*

Ce manuel est divisé en deux parties. La première partie comprend les Chapitres 1 à 7. Elle présente les données actuellement disponibles sur les effets du vieillissement pour les principales fonctions cognitives. La deuxième partie, comprenant les Chapitres 8 à12, décrit les modérateurs du vieillissement cognitif, les expériences de stimulation et de vitalité cognitives conduites chez les personnes âgées.

Le premier chapitre que vous venez de lire a tenté de définir le champ de la psychologie du vieillissement cognitif, les motivations (scientifiques et sociétales) à étudier le vieillissement cognitif et les éléments de méthodologie nécessaires pour comprendre les recherches (et leurs conclusions) relatives aux effets de l'âge sur la cognition. Le Chapitre 2 présente les travaux conduits dans une perspective dite psychométrique. Ces travaux ont surtout utilisé des tests d'intelligence adultes et ont cherché à voir les effets globaux de l'âge sur les activités cognitives principales (e.g., mémoire, arithmétique, espace). Le Chapitre 3 rapporte les données relatives aux effets du vieillissement sur les contraintes cognitives générales (à savoir la mémoire de travail et la vitesse de traitement de l'information) que l'on retrouve dans tous les domaines de la cognition. Les Chapitres 4 à 6 se focalisent sur l'attention (Chapitre 4), la mémoire (Chapitre 5) et la résolution de problèmes (Chapitre 6). Des études détaillées sur chacune de ces fonctions nous informent sur les mécanismes impliqués et les aspects affectés ou épargnés par l'âge. Dans ces trois chapitres, vous découvrirez non seulement comment chacune de ces fonctions est étudiée en laboratoire (i.e., quelles méthodes sont utilisées), mais aussi les principaux résultats disponibles dans la littérature. Le Chapitre 7 résume les conclusions principales relatives aux effets de l'âge sur les différents domaines de la cognition et présentent les théories générales du vieillissement cognitif actuellement disponibles.

La seconde partie comprend 5 chapitres. Dans le Chapitre 8, vous verrez comment le niveau de scolarité affecte les performances cognitives de façon générale et vous comprendrez son influence sur le déclin cognitif associé au vieillissement. Le chapitre suivant traite de l'influence du style de vie sur la cognition, par le biais des études portant sur les activités de loisir ou professionnelles, et de leur impact sur le profil de déclin lié à l'âge. Le chapitre 10 aborde les études conduites auprès d'experts ayant développé au cours de leur vie une expérience particulière qui nécessite des habiletés cognitives spécifiques. Les Chapitres 11 et 12 s'inscrivent dans une approche complémentaire mais différente des Chapitres 8 à 10. Là où les Chapitres 8 à 10 présentaient des données de nature corrélationnelles, les Chapitres 11 et 12 présentent des données expérimentales. Dans le Chapitre 11, vous étudierez les recherches portant sur l'entraînement cognitif en laboratoire dans lesquelles on cherche à voir comment la pratique soutenue peut modifier certaines fonctions cognitives et leur évolution avec l'âge. Dans le Chapitre 12, vous verrez comment l'entraînement physique, visant à améliorer la santé cardiorespiratoire, peut aussi avoir un impact positif sur la cognition des personnes âgées.

5.2 *Les thèmes centraux*

Le vieillissement cognitif peut être étudié fonction par fonction. Il peut aussi être étudié sous l'angle de thèmes récurrents dans toutes les fonctions cognitives. Les huit thèmes récurrents sont les suivants :

1. Qu'est-ce qui change avec l'âge dans la cognition humaine ? Quelles fonctions cognitives subissent les effets délétères ou bénéfiques de l'âge ? Existe-t-il des fonctions qui restent stables tout au long de la vie adulte ? Parmi les fonctions qui évoluent, certaines évoluent-elles plus et plus vite que d'autres ?
2. Au sein d'une même fonction, existe-t-il des aspects plus affectés que d'autres, voire des aspects épargnés au cours du vieillissement ? Quelles sont les caractéristiques générales des capacités cognitives qui déclinent avec l'âge et de celles qui résistent aux effets du vieillissement ?
3. Quelles sont les formes d'évolution cognitive avec l'âge ? Les changements sont-ils précoces, de grande ampleur, rapides, continus et progressifs ou, au contraire, tar-

difs, de relativement petite amplitude, lents, discontinus et brusques ? Les changements cognitifs observés au niveau des différentes fonctions cognitives prennent-ils tous la même forme, se font-ils tous avec la même vitesse et la même ampleur ? Existe-t-il des tranches d'âge où les effets du vieillissement sont les plus importants ?

4. Les différences liées à l'âge au cours de la vie adulte sont-elles quantitatives (e.g., les personnes âgées traitent les informations plus lentement) et/ou qualitatives (e.g., les personnes âgées traitent l'information différemment et mettent en œuvre des processus cognitifs différents des personnes jeunes) ? Quel est le niveau d'analyse le plus pertinent des effets de l'âge sur la cognition humaine ?
5. Quels sont les facteurs responsables (ou les causes) de l'évolution de la cognition avec l'âge ? Les différentes formes, vitesses et importances de déclin cognitif au cours du vieillissement résultent-elles d'un même ensemble de facteurs ou sont-elles le résultat de causes différentes ?
6. Les changements cognitifs observés au cours du vieillissement sont-ils inéluctables ou peuvent-ils être, sinon contrecarrés, du moins amoindris ? S'ils ne sont pas inéluctables, qu'est-ce qui peut contribuer à infléchir l'involution cognitive au cours de la vie adulte ? Des facteurs comme l'expérience, le niveau de formation initiale, le style de vie et le maintien d'activités cognitives sophistiquées ont-ils un effet bénéfique sur l'agilité cognitive des personnes âgées ?
7. Quels sont les mécanismes de compensation spontanément mis en œuvre par les personnes âgées pour lutter contre le déclin cognitif associé au vieillissement ? Existe-t-il des prothèses cognitives pour contrecarrer les effets du vieillissement plus efficaces que d'autres ?
8. Comment évoluent les différences individuelles avec l'âge ? Ces différences diminuent-elles ou, au contraire, augmentent-elles ? A quoi est due cette évolution des différences individuelles avec l'âge chez les adultes ?

Une stratégie simple de lecture de ce manuel est de relire ces thèmes, réfléchir aux réponses que vous auriez spontanément envie de donner pour chaque fonction abordée. Ensuite, pour chaque chapitre, réfléchissez à la manière dont ces thèmes lient les différents aspects cognitifs étudiés et l'impact de l'âge sur ces aspects. Enfin, demandez-vous comment, dans l'état actuel de nos connaissances, il serait possible de faire des progrès sur le vieillissement cognitif en gardant en tête ces thèmes récurrents.

Résumé

1 L'étude du vieillissement cognitif contribue à mieux comprendre la cognition, l'évolution des performances cognitives avec l'âge et la nature humaine. Elle permet aussi d'obtenir les informations nécessaires pour aider les personnes âgées à mieux vivre leur vieillissement.

2 Les recherches sur le vieillissement cognitif visent à mieux comprendre comment évolue la cognition avec l'âge (ce qui est affecté ou ce qui est épargné), les causes de cette évolution et les différences individuelles au cours du vieillissement.

3 Le vieillissement de la population (augmentation importante du pourcentage de la population âgée de plus de 65 ou 80 ans) concerne tous les pays. Il existe de grandes différences selon les endroits de la planète, entre les pays pauvres et les pays riches. Ceci est dû entre autres à l'allongement de la durée de vie et à la diminution du taux de fertilité.

4 Les psychologues du vieillissement cognitif étudient l'évolution de la cognition avec l'âge en adoptant la logique scientifique et fondent leurs conclusions sur des données empiriques. Pour cela, ils veillent à ce que les données recueillies, au cours d'observations naturelles ou systématiques, soient fidèles (reproductibles) et valides (adéquates).

5 Les données corrélationnelles caractérisent l'association entre deux variables (ou plus) ; les données expérimentales caractérisent le lien de causalité entre deux variables (ou plus). Les liens de causalité sont garantis par le contrôle (e.g., aléatorisation, neutralisation) de variables confondues.

6 Pour évaluer le type de relations qu'il existe entre l'âge et la cognition, les psychologues utilisent au moins trois types de plan d'étude : les plans transversaux (comparaison de groupes indépendants d'individus), longitudinaux (suivi d'un même groupe d'individus) ou séquentiels (suivi longitudinal de plusieurs groupes indépendants).

7 Le vieillissement cognitif est sous-tendu par le vieillissement cérébral qui entraîne de nombreux changements anatomiques (e.g., réduction du poids du cerveau suite à la mort des cellules nerveuses dans différentes zones cérébrales) et physiologiques (e.g., détérioration de la synthèse des neuromédiateurs, responsables de la communication inter-neurone).

Des questions pour mieux retenir

1. Quel est l'objet d'étude de la psychologie ?
2. Quel est l'objet d'étude de la psychologie du développement ?
3. Quel est l'objet d'étude de la psychologie du vieillissement cognitif ?
4. Est-il juste de dire que la psychologie du vieillissement cognitif ne s'attache pas uniquement à étudier la cognition dans une tranche d'âge particulière (i.e., chez les personnes âgées) ? Pourquoi ?
5. En quoi la psychologie du vieillissement fait-elle partie de la psychologie du développement ?

Des questions pour mieux retenir

6. Le vieillissement des populations touche-t-il l'ensemble de la planète ?
7. Quelles parties du monde sont actuellement les plus touchées par le vieillissement démographique ? Quelles sont celles qui seront les plus touchées dans les années 2050 ?
8. Le vieillissement de la population va-t-il ralentir dans certaines parties du monde à partir de 2030-2050 ? Si oui, dans quelles parties du monde ?
9. Citez trois changements cérébraux anatomiques principaux associés au vieillissement.
10. Citez deux changements physiologiques principaux associés au vieillissement.
11. Quel est le postulat de départ de l'approche scientifique de la vérité ?
12. Quelles sont les quatre grandes étapes d'une recherche scientifique ?
13. Dans quels contextes dirons-nous que les données d'une recherche ont une grande fidélité ? Illustrez à l'aide d'exemples.
14. Pour quelles raisons les conclusions d'une recherche pourraient-elle être jugées non valides ?
15. Pourquoi une recherche étudiant l'effet de l'âge sur les capacités de la mémoire ne pourrait-elle pas être considérée comme une recherche strictement expérimentale ? A quelles conditions pourrait-elle l'être ?
16. Quand disons-nous que deux variables sont confondues ?
17. Quelles sont les procédures de contrôle disponibles pour éviter le problème des variables confondues dans une recherche ?
18. Qu'est-ce qu'un plan transversal ? Quand est-il nécessaire et suffisant d'utiliser un tel plan ?
19. Plan longitudinal. Définition, intérêts et limites.
20. Décrivez au moins deux types de plans séquentiels et leurs caractéristiques.
21. Existe-t-il un plan d'étude plus intéressant qu'un autre ? Sinon, dites pourquoi.
22. Qu'appelle-t-on effet de cohorte ? Illustrez votre réponse à l'aide d'un exemple.
23. Qu'appelle-t-on effet de familiarisation avec la tâche ? En quoi un tel effet peut compromettre les conclusions d'une recherche sur le vieillissement ?
24. Qu'appelle-t-on variables indépendantes et variables dépendantes ?

Des questions pour mieux refléchir

1. Prenez un exemple de question de recherche et illustrez les étapes d'une recherche scientifique ayant pour objectif de répondre à cette question.
2. Pourquoi est-il toujours préférable d'utiliser la logique expérimentale pour répondre à une question expérimentale ? Dans quelles conditions est-il possible d'utiliser cette approche ? Illustrez vos réponses à l'aide d'exemples tirés de deux domaines cognitifs différents.
3. Voici trois expériences. Que pensez-vous des conclusions tirées de ces expériences ?

   Expérience 1. Un groupe de psychologues veut démontrer qu'en apprenant aux personnes âgées à faire des images mentales avec les items à mémoriser, les personnes n'auront plus jamais de problèmes de mémoire. Pour cela, les psychologues testent des sujets âgés avant et après leur avoir enseigné comment faire des images mentales. Les résultats montrent que les sujets âgés ont doublé leurs performances entre le pré-test et le post-test. Les psychologues affirment qu'ils ont découvert le moyen d'empêcher les personnes âgées d'avoir des problèmes de mémoire.

   Expérience 2. Un psychologue veut comparer les performances des sujets jeunes et âgés à la tâche de balayage mémoire de Sternberg (1969). Les participants voient pendant une brève durée des ensembles amorces de lettres ou des ensembles amorces de chiffres. Puis, ils voient une lettre ou un chiffre cible dont ils doivent dire s'il était ou non présent dans l'ensemble amorce. Comme le psychologue veut savoir si la taille des ensembles amorces affecte le temps de décision des participants, les ensembles amorces de lettres contiennent 3 ou 4 éléments, tandis que les ensembles amorces de chiffres contiennent 5 ou 6 éléments. Il observe que les petits ensembles amorces sont réussis plus rapidement que les ensembles amorces de grande taille, et ce aussi bien chez les participants jeunes que chez les participants âgés. Il en conclut que le sondage de la mémoire de travail est une activité cognitive épargnée par l'âge.

   Expérience 3. Deux psychologues veulent démontrer que nous disposons de ressources cognitives en réserve lorsque nous sommes âgés et que nos performances cognitives peuvent s'améliorer si on parvient à mobiliser ses ressources. Pour cela, ils mettent au point un programme d'entraînement portant sur l'intelligence fluide (e.g., tâche de raisonnement inductif). Les résultats montrent que les personnes âgées, contrairement aux participants jeunes, n'augmentent pas leurs performances cognitives après l'entraînement. Les deux populations étaient pourtant strictement comparables. Ils concluent que l'hypothèse de réserve de ressources cognitives est falsifiée.

Des questions pour mieux refléchir

4. Des psychologues veulent démontrer que les personnes âgées ne peuvent améliorer leur mémoire par méthode des loci (i.e., s'imaginer que chaque mot d'une liste à apprendre se trouve à un endroit dans un parcours qui conduit d'un endroit à l'autre dans une ville). Pour cela, ils ont testé 40 sujets jeunes et 40 sujets âgés à qui ils ont demandé d'utiliser la méthode des loci pour apprendre une liste de 20 mots. Les psychologues ont aussi demandé aux mêmes participants d'apprendre une autre liste de 20 mots sans utiliser la méthode des loci. À partir des résultats obtenus, rapportés dans le tableau ci-dessous, les auteurs concluent qu'ils ont vérifié leur hypothèse. Que pensez-vous de cette recherche et de ces résultats ?

Nombre moyen de mots correctement rappelés (sur 20) par les participants jeunes et âgés dans une tâche d'apprentissage de liste de mots avec et sans la méthode des loci.

Groupes	Méthode des loci	Pas de méthode
Jeunes	12	10
Âgés	8	6

Des lectures pour aller plus loin

Fontaine, R. (1999). *Manuel de Psychologie du vieillissement.* Paris : Dunod.

Lemaire, P. (1999). *Le vieillissement cognitif.* Paris : Presses Universitaires de France (Que-Sais-Je, n° 3486).

Lemaire, P. (1999). *Psychologie Cognitive.* Bruxelles : De Boeck Université.

Park, D., & Schwarz, N. (2000). *Cognitive Aging. A Primer.* Philadelphia : Psychology Press.

Stuart-Hamilton, I. (2000, 3e éd.). *The psychology of aging.* Londre/Philadelphie : Jessica Kingsley Publishers.

Robert, L. (2003). *Le vieillissement du cerveau.* Paris : Flammarion.

Vézina, J., Cappeliez, P., & Landreville, P. (1994). *Psychologie gérontologique.* Paris/Montréal : Gaëtan Morin Editeur.

Mots clés

- Âge médian
- Coefficient de corrélation
- Corrélation
- Effet de cohorte
- Effet de familiarisation de la tâche
- Fidélité
- Fidélité inter-observateur
- Fidélité test-retest
- Observation naturelle
- Plans longitudinaux
- Plans séquentiels
- Plans transversaux
- Psychologie
- Psychologie du développement
- Psychologie du vieillissement cognitif
- Taux de fertilité
- Validité
- Validité externe
- Validité interne
- Variable dépendante
- Variable indépendante

CHAPITRE 2
Vieillissement et psychométrie

Sommaire

1. **Évolution avec l'âge des scores aux tests uni-factoriels** 51

2. **Évolution avec l'âge des scores aux tests multi-factoriels** 53

3. **Vieillissement cognitif et différences individuelles** 60

4. **Approche psychométrique : intérêts et limites** 63

Dans ce chapitre, vous allez

1. Apprendre (ou revoir) quelles sont les principales méthodes d'étude de l'intelligence.
2. Découvrir qu'il existe plusieurs conceptions de l'intelligence et donc plusieurs modes d'évaluation de nos capacités intellectuelles.
3. Comprendre comment évolue notre intelligence avec l'âge.
4. Savoir pourquoi certaines personnes connaissent une dégradation précoce et relativement rapide de leurs capacités intellectuelles et d'autres personnes une dégradation plus tardive et moins importante.
5. Pouvoir réfléchir sur les limites de l'approche psychométrique pour comprendre l'intelligence et son évolution avec l'âge.

*Les premiers travaux cherchant à évaluer comment évoluent nos capacités cognitives avec l'âge ont été conduits au début du siècle juste après la première guerre mondiale. Ces premiers travaux ont été réalisés dans le cadre de l'approche psychométrique de l'intelligence. Selon cette approche, l'intelligence est évaluée par le score qu'obtient un individu à des tests standardisés. Sans entrer dans le détail des différents tests ni de l'histoire de leur construction et des conceptions sous-jacentes (voir : Huteau, 2002 ; Huteau & Lautrey, 1997, pour des présentations plus détaillées en français), il est pertinent de retenir, pour la compréhension du vieillissement cognitif, qu'il existe deux grandes familles de conceptions de l'intelligence. La première est que l'intelligence est caractérisée par un seul facteur, le facteur g (général). La seconde conception avance que l'intelligence comprend un ensemble d'habiletés cognitives distinctes. Chacune des conceptions a donné lieu à deux types de tests : les tests uni-factoriels** et les tests multi-factoriels**. Les deux types de tests ont été utilisés pour évaluer l'évolution de l'intelligence avec l'âge. Nous présentons d'abord les résultats aux tests uni-factoriels, puis ceux aux tests multi-factoriels. Enfin, nous concluons en considérant les limites de l'approche psychométrique.*

1 Évolution avec l'âge des scores aux tests uni-factoriels

L'un des plus célèbres tests uni-factoriels est le *test des matrices de Raven*** (Raven, Raven, & Court, 1998). Dans ce test, les participants voient une série de matrices comportant 9 cases (réparties sur 3 lignes × 3 colonnes). Pour chacune des matrices, huit de ces 9 cases présentent une figure (voir Figure 1) ; la dernière case est vide. Les figures sont ordonnées de sorte à suivre une règle que le participant doit découvrir. Le participant doit choisir, parmi plusieurs figures présentées (voir Figure 1), celle qui complète la série. Dans l'exemple, la série des figures est caractérisée par des petites lettres formant des grandes lettres. La règle de cette série avance que les petites lettres de chaque figure suivent l'ordre alphabétique (A, B, C, E, F, G, H), tandis que les grandes lettres représentent une lettre sur deux (B, D, F, H, J, L, N, P). Ainsi, les petites lettres A forment un grand B, les petites lettres B forment un grand D, les petites lettres C un grand F, etc. Après les petits H formant un grand P, on s'attend donc à avoir des petites lettres I formant un grand R. La bonne réponse est donc la figure 3 parmi les réponses proposées. Les participants accomplissent la tâche en temps limité (40 minutes) ou en temps libre. Le nombre de séries correctement remplies (ou le temps mis pour réaliser l'ensemble des items) constitue le score de réussite à cette tâche, sachant que le participant doit compléter le maximum de séries parmi les 36 séries proposées. Il existe deux versions du test des matrices, la version avancée (testée auprès de populations ayant le baccalauréat) et la version standard (testée auprès des autres populations).

La Figure 2 présente les scores de participants âgés en moyenne de 20 ou 70 ans au test des matrices de Raven (version avancée) pour trois groupes de participants : ceux obte-

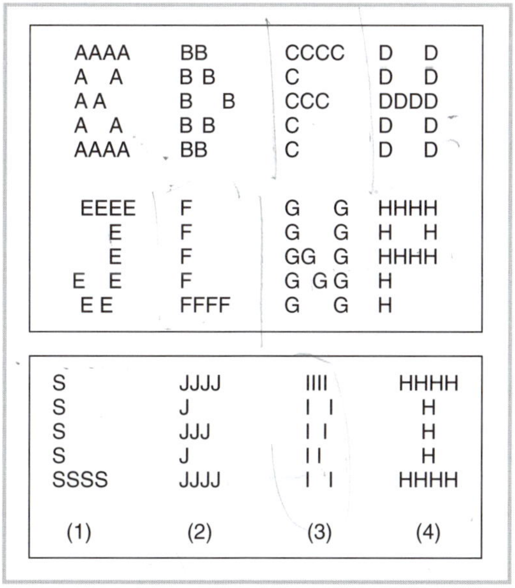

Figure 1

Exemple d'item au test des matrices de Raven.

Dans ce test, les participants doivent sélectionner parmi les 8 figures du bas proposées laquelle complète la série du haut. Ici, les participants doivent choisir le carré rayé (item 3) pour compléter la série.

Figure 2

Performances au test des matrices de Raven (version avancée) pour les participants obtenant le score se situant parmi les scores les plus élevés (i.e., 95e percentile), les scores moyens (i.e., 50e percentile) et les scores les moins élevés (i.e., 5e percentile).

Données issues de la standardisation de 1992. Ces données montrent que, quel que soit le niveau d'intelligence générale, les performances se dégradent avec l'âge.

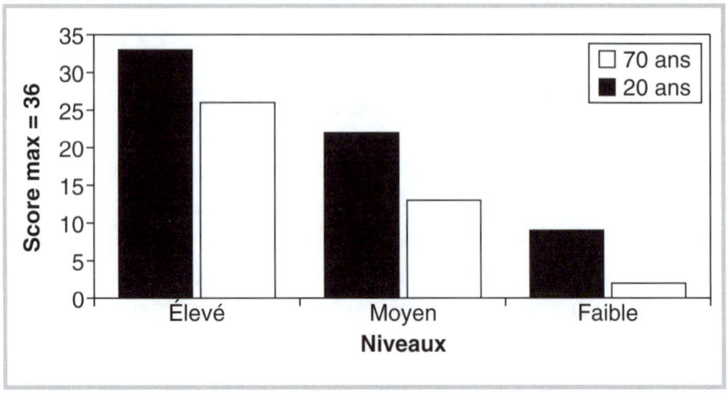

nant les meilleurs scores, ceux obtenant les scores les moins bons et ceux obtenant des scores moyens. Quel que soit le groupe de participants, ces données montrent que le score au test des matrices diminue avec l'âge. Il passe de 33 à 26 entre 20 et 70 ans pour les participants obtenant les meilleurs scores, de 22 à 13 pour ceux obtenant un score moyen et de 9 à 2 pour ceux obtenant les moins bons scores.

Les études ne se focalisant pas sur la version avancée (i.e., la plus difficile) des matrices aboutissent aux mêmes conclusions. Comme l'illustre la Figure 3 où apparaissent les données recueillies par Heron-Chown (1967) sur 540 participants âgés entre 20 et 70 ans et plus, le score diminue en fonction de l'âge. Pratiquement toutes les études ayant utilisé le test des matrices de Raven ont observé une diminution des performances avec l'âge, pour les hommes comme pour les femmes, quelle que soit la taille de l'échantillon. Les corrélations entre âge et scores sont toutes négatives, allant de $r = -.27$ à $r = -.62$. Ces corrélations signifient que plus l'âge augmente, plus le score diminue.

L'intérêt des études utilisant le test des matrices de Raven (ou d'autres tests mesurant l'intelligence générale) est qu'elles concentrent l'efficacité cognitive d'une personne en un seul score. L'inconvénient est qu'elles suggèrent que l'ensemble des habiletés cognitives diminue avec l'âge, ce qui n'est pas le cas. En effet, les études psychométriques de l'intelligence ayant adopté une conception (et donc des épreuves) multi-factorielle(s) de l'intelligence (i.e., l'intelligence est définie comme comprenant plusieurs habiletés différentes) ont révélé que certaines habiletés cognitives se détériorent avec l'âge tandis que

Figure 3

Évolution des performances des hommes et des femmes aux tests des matrices (versions standard et avancée) en fonction de l'âge (données d'après Heron-Chown, 1967).

Ces données montrent que la diminution de l'intelligence touche aussi bien les hommes que les femmes.

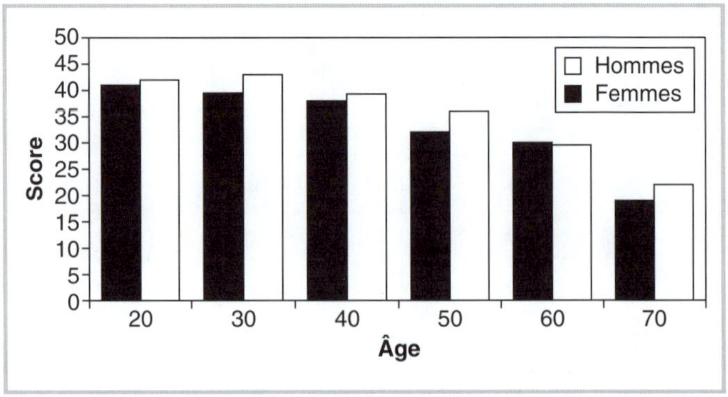

d'autres restent intactes. À titre d'illustrations, nous considérons l'évolution des performances aux deux tests les plus utilisés dans les études sur l'évolution cognitive en fonction de l'âge : le test de Wechsler et le test des habiletés mentales primaires.

2 Évolution avec l'âge des scores aux tests multi-factoriels

Deux tests multi-factoriels ont souvent été utilisés pour comprendre l'évolution cognitive avec l'âge chez les adultes. Il s'agit du test de Wechsler et du test des habiletés mentales primaires. D'autres tests ont été utilisés (e.g., Horn & Cattel, 1966), mais les résultats vont tous dans le même sens. Nous présentons l'évolution des performances d'abord au test de Wechsler, puis au test des habiletés primaires.

2.1 *Le test de Wechsler (WAIS-R/WAIS-III)*

Le test de Wechsler est l'un des tests les plus utilisés avec les adultes (voir Figure 4). Il conçoit l'intelligence comme comprenant plusieurs habiletés cognitives, chacune évaluée par un sous-test. Ce test a été standardisé d'abord en 1939, puis au cours de révisions successives (1955 et 1981).

Figure 4

Personne âgée testée par une psychologue à la WAIS.

La WAIS comprend deux familles d'épreuves : les épreuves dites « verbales » et les épreuves dites de « performance ». Les épreuves verbales ont pour objectif d'évaluer l'intelligence verbale et les connaissances générales (en histoire, littérature, sciences par exemple). Les épreuves de performance mettent l'accent sur le traitement du matériel non verbal et la capacité à trouver des solutions nouvelles à un problème. Les onze sous-tests de la WAIS-R sont présentés au Tableau 1, et des exemples illustratifs d'items pour les épreuves de performance apparaissent à la Figure 5.

Tableau 1

Liste des épreuves, des tâches et exemples (pour les épreuves verbales) des sous-tests de la WAIS-R.

Épreuves	Tâches	Exemples
	Épreuves verbales	
*Information*** (29 items)	Répondre à des questions de culture générale	« Où est la Finlande ? » « À quoi servent les poumons ? »
*Compréhension*** (14 items)	Répondre à des questions de sens commun	« Pourquoi devons-nous respecter le code de la route ? » Que signifie « Faire d'une pierre deux coups » ?
*Vocabulaire*** (40 items)	Donner la signification d'une série de mots	Que signifient « Prudent » « Universalité »
*Similitudes*** (13 items)	Dire en quoi deux objets se ressemblent	« Qu'ont un tournevis et un marteau en commun ? »
*Arithmétique*** (14 items)	Résoudre des problèmes comprenant des nombres	« Si cinq oranges coûtent 1 euro, combien coûtent dix oranges ? »
*Mémoire de chiffres***	Répéter une suite de nombres	Répéter dans l'ordre : 7-4-8-7 Répéter dans l'ordre inverse : 3-4-8-7-7-1-9
	Épreuves de performance	
*Codes*** (90 secondes)	Le participant voit un tableau de correspondances entre 9 chiffres et 9 symboles dans lequel chaque chiffre correspond à un symbole (par exemple « 1 » = « * », « 2 » = « O »). Puis, le participant voit un tableau de chiffres. Pendant 90 secondes, il doit écrire le symbole auquel chaque chiffre correspond. Il doit donc établir le plus de correspondances possibles en temps limité.	
*Assemblage d'objets*** (4 items)	Le participant voit l'image d'une figure qu'il doit reproduire à l'aide de cubes. La surface est recouverte des fragments de l'image (puzzle).	
*Arrangement d'images*** (8 items)	Le participant a un ensemble de cartes. Chacune comporte une image. Les images doivent être ordonnées de manière à former une histoire.	
*Complètement d'images*** (21 items)	Le participant doit identifier les parties manquantes dans une image représentant des objets communs.	
*Épreuve des cubes***	Le participant voit un ensemble de petits cubes (2,5 cm de côté) dont les faces sont peintes soit en rouge et noir, soit en noir et blanc. Ces cubes doivent être arrangés afin de former un motif spécifique.	

Figure 5

Exemples d'épreuves de performances (a : arrangement d'image ; b : assemblage d'objets ; c : épreuve des cubes ; d : complètement d'images).

En 1993, Grégoire a publié une étude à grande échelle sur les scores obtenus par une population de participants francophones. Il a analysé les scores à toutes les épreuves de la WAIS-R de 700 participants, âgés de 25 à 79 ans et représentatifs de la population française, en contrôlant l'impact du niveau scolaire. La Figure 6 présente l'évolution des scores pour chacun des onze sous-tests en fonction de l'âge. De manière générale, ces données montrent

- Un déclin de l'intelligence générale avec l'âge : plus on avance en âge, plus les scores diminuent ;
- Un déclin différent selon les habiletés évaluées.

De manière plus détaillée, on observe que les scores à certaines épreuves (i.e., épreuves verbales) diminuent très peu voire augmentent ou restent stables, tandis que les scores à d'autres épreuves (i.e., épreuves de performance) diminuent de manière nette. Cette différence d'évolution des scores aux épreuves verbales et non verbales en fonction de l'âge est appelée *profil classique du vieillissement cognitif***. Ce profil a été retrouvé dans la plupart des données sur l'évolution des performances à la WAIS avec l'âge ou dans d'autres études faisant la différence entre les aspects mécaniques (i.e., processus ou mécanismes) de l'intelligence et les aspects relatifs aux connaissances et à la culture (voir Baltes, Lindenberger, & Staudinger, 1998 ; McArdle, Ferrer-Caja, Hamagami, & Woodcock, 2002, pour des approches contemporaines de cette distinction). Un exemple de profil classique du vieillissement cognitif, rapporté par Li *et al.* (Li, Lindenberger, Hommel, Aschersleben, Prinz, & Baltes, 2004), dans une étude transversale testant des enfants, des adolescents et des adultes d'âge variable, est présenté à la Figure 7.

En conclusion, de manière convergente aux données recueillies avec des tests unifactoriels (comme le test des matrices de Raven), les données obtenues avec des tests multi-

Figure 6
Évolution des scores à chaque sous-test de la WAIS en fonction de l'âge pour les sub-tests verbaux (Figure 6a) et non verbaux (Figure 6b).
Ces données, recueillies auprès d'un échantillon Français et publiées par Grégoire (1993) montrent que les performances verbales restent relativement stables avec l'âge, tandis que les performances non verbales diminuent.

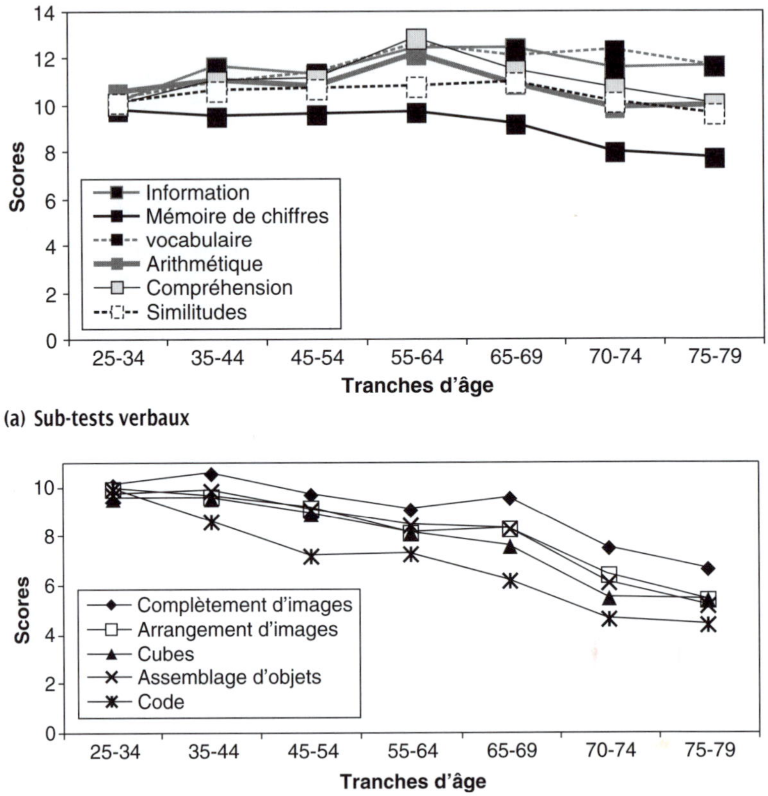

(a) Sub-tests verbaux

(b) Sub-tests non-verbaux

factoriels (comme la WAIS-R) permettent d'avancer de manière générale que les capacités cognitives déclinent avec l'âge et, de manière plus spécifique, que les capacités affectées par l'âge concernent les capacités mesurées par les épreuves non verbales. Les capacités mesurées par les épreuves verbales restent relativement épargnées par l'âge.

2.2 Le test des habiletés mentales primaires (PMA)

Toutes les recherches sur l'évolution de l'intelligence en fonction de l'âge conduites avec les épreuves de Wechsler ont utilisé la méthode transversale, testant des groupes différents de participants pour chaque tranche d'âge. Or, compte-tenu des limites de la méthode transversale discutées en détail au Chapitre 1, il est possible de se demander si l'évolution des performances observée résulte d'un effet du vieillissement ou d'autres effets. Rappelons que les études transversales comportent les artefacts suivants : (a) effets de cohorte (i.e., différence entre générations), (b) effets de santé (i.e., des individus en mauvaise santé ont de moins bonnes performances intellectuelles, ce

études transversales → raisons pk = no good.

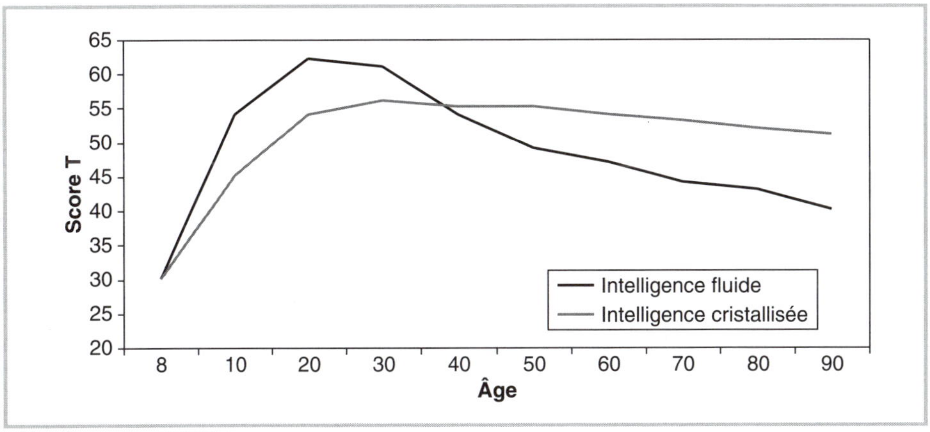

Figure 7

Profil classique du vieillissement montrant, après 20 ans, un déclin de l'intelligence non verbale et un maintien de l'intelligence verbale (d'après Li et al., 2004).

Le profil classique du vieillissement cognitif consiste en une stabilité des performances verbales ou cristallisées et une diminution des performances non verbales ou fluides avec l'âge.

qui concerne plus les personnes âgées que les jeunes), (c) effets de phase terminale (i.e., on observe une chute importante du QI dans la dernière année de la vie). Ainsi, les individus les plus âgés, même lorsqu'est égalisé le nombre d'années d'étude, ont été confrontés à des contenus scolaires et environnements socio-culturels très différents et/ou peuvent être dans un état de santé moins bon que les jeunes. Ces différences peuvent être à la source des effets du vieillissement discutés dans la littérature.

Pour contrôler les éventuels artefacts liés aux plans transversaux, plusieurs études longitudinales (i.e., suivi des mêmes individus pendant une certaine durée) ont été conduites (e.g., Bayley & Oden, 1955 ; Berkowitz & Green, 1963 ; Cunningham & Owens, 1983 ; Nisbett, 1957). L'une des plus célèbres d'entre elles est l'étude longitudinale de l'Université de Duke (Siegler & Botwinick, 1979). L'étude a commencé en 1956 avec 270 volontaires âgés de 60 à 94 ans. Toutefois, seuls 44 participants ont participé aux 11 évaluations au cours des 17 ans qu'a duré l'étude, d'où ce que les psychologues appellent une forte mortalité expérimentale (i.e., beaucoup de personnes n'ont pas participé à toutes les évaluations pour diverses raisons, comme le décès, la maladie, le manque de motivation, etc.). Le résultat général de l'étude est que le déclin intellectuel observé longitudinalement est nettement moins important que celui mesuré transversalement et que, lorsqu'il apparaît, il survient nettement plus tard (i. e., à partir de 70 ans). Il est important de noter que la diminution de l'échantillon a également changé la nature de l'échantillon. Les 44 personnes ayant accepté de se soumettre à toutes les passations étaient vraisemblablement des personnes présentant des caractéristiques particulières (e.g., elles étaient les plus vaillantes, intellectuellement les plus performantes au départ, les plus motivées, etc.). Ces caractéristiques peuvent être associées à un maintien intellectuel prolongé dans ce groupe de participants.

Pour contrôler les problèmes méthodologiques inhérents aux plans transversaux et longitudinaux, Schaie (voir son ouvrage de 1996 pour une présentation de l'ensemble de l'étude) a proposé d'utiliser les plans dits séquentiels (voir Chapitre 1 pour une présentation détaillée) ou encore longitudinaux transverses. Dans un plan séquentiel, plusieurs cohortes de participants sont suivies longitudinalement, si bien que l'on peut comparer les résultats longitudinalement et transversalement. Schaie et ses collaborateurs ont utilisé le plan séquentiel dans une vaste étude comprenant au total plus de 2800 participants. Au cours de cette étude, appelée l'étude longitudinale de Seattle et commencée en 1956, les participants ont été testés tous les 7 ans (1956, 1963, 1970, 1977, 1984, 1991). Les habiletés cognitives ont été évaluées par le *test des habiletés mentales primaires***, test mis au point par Thurstone et Thurstone dans les années 40 (1941, 1949). Ce test comporte cinq sous-tests, chacun évaluant une habileté cognitive particulière. Ces cinq sous-tests sont décrits au Tableau 2.

Tableau 2

Liste des épreuves, des tâches et exemples des sous-tests du test des habiletés mentales primaires.

Épreuves	Tâches	Exemples
*Signification verbale*** (50 items)	Choisir le synonyme d'un mot parmi plusieurs mots proposés	JOYEUX Triste, jeune, petit, content
*Aptitude spatiale*** (20 items)	Choisir parmi 6 figures géométriques celle qui est la même que la figure cible bien que représentée sous un angle différent.	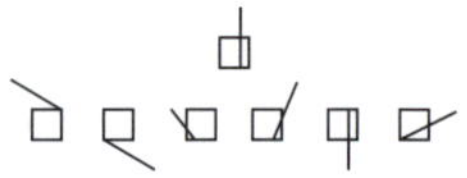
*Fluidité verbale***	Dire le plus de mots possible commençant par la lettre S en 5 minutes.	
*Aptitude numérique*** (70 items)	Additionner des nombres à deux chiffres et indiquer si la somme proposée est vraie ou fausse.	27+54+80+10=174 Vrai ? Faux ?
*Raisonnement*** (30 items)	Choisir parmi un ensemble de lettres proposées celles qui continuent la série.	DEYFGYHIYJKY__ : B-M-L-Y-X

La Figure 8 présente l'évolution longitudinale des scores à chaque habileté cognitive. Les résultats montrent que

- Les habiletés testées ne semblent pas se détériorer avant 60 ans, contrairement aux données transversales qui suggèrent un déclin dès 20 ou 30 ans,
- De manière convergente aux données transversales, toutes les habiletés cognitives ne sont pas également affectées par le vieillissement : la fluence verbale et les aptitudes numériques semblent les plus affectées tandis que la compréhension des mots isolés est la plus épargnée.

En conclusion, les données aux tests multifactoriels confirment la diminution des capacités intellectuelles observées avec les tests unifactoriels. La courbe d'évolution obtenue aux études transversales laisse apparaître que ces capacités se développent jusqu'au début de la vie adulte et commencent à décliner ensuite. Les études longitudi-

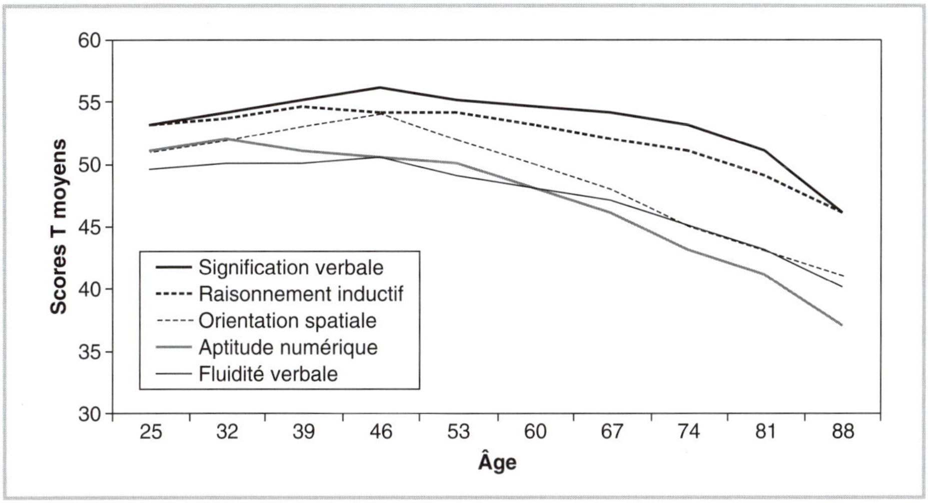

Figure 8

Évolution longitudinale des performances cognitives aux sous-tests des habiletés mentales primaires (d'après Schaie, 1994).

Les données montrent une vitesse d'évolution avec l'âge différente selon les habiletés.

nales ont laissé apparaître qu'en fait nos capacités intellectuelles se développent jusqu'au début de l'âge adulte, se maintiennent stables (ou continuent à augmenter) pendant une durée assez longue et diminuent à partir d'environ 60 ans, connaissent une diminution accélérée à partir de 70 ans. Notons toutefois que les données longitudinales peuvent être biaisées par certains facteurs, comme ceux que les psychologues appellent la « mortalité expérimentale ». Au cours d'une étude longitudinale, certaines personnes ne participent pas à toutes les séquences d'observations, parce qu'elles meurent, déménagent ou simplement n'ont plus envie. Dans un tel échantillon, la probabilité de trouver des personnes cognitivement moins habiles est plus élevée que dans l'échantillon des personnes qui passeront les tests jusqu'au bout de l'étude longitudinale. Les personnes les moins alertes cognitivement auront plus tendance à se retirer du suivi longitudinal que les personnes qui obtiennent de bonnes performances au départ. En d'autres termes, les observations longitudinales et longitudinales transverses ont davantage de chances de porter sur un échantillon restreint de la population qui présente le meilleur profil de vieillissement cognitif. Ceci signifie que le déclin observé dans les études longitudinales est d'autant plus réel qu'il émane d'un échantillon de personnes en bonne santé, avec un niveau de formation initiale relativement bon et qui continuent à vivre dans un environnement assez stimulant.

3 Vieillissement cognitif et différences individuelles

3.1 *Combien d'habiletés se détériorent avec l'âge ?*

Les résultats aux études longitudinales et transversales décrites dans la section précédente pourraient laisser supposer que l'involution intellectuelle est la même pour tout le monde. Chacun d'entre nous connaîtrait inexorablement un déclin de ses capacités intellectuelles avec l'âge. Pourtant, il existe d'importantes différences individuelles. Certains individus connaissent un vieillissement plus massif et plus rapide que d'autres.

Les données rapportées par Schaie (1989) illustrent ces différences individuelles. Schaie a examiné le pourcentage cumulé à chaque âge de personnes chez lesquelles de une à cinq habiletés se détériorent avec l'âge. Les données apparaissent aux Figures 9 et 10 et ont laissé apparaître que

- Dès la trentaine, certaines personnes ont déjà une ou deux habiletés cognitives qui déclinent (pas forcément la ou les mêmes chez tout le monde),
- À partir de 65 ans, tout le monde a au moins une habileté cognitive qui décline,
- À partir de 80 ans, deux habiletés ont décliné chez au moins 80 % des gens,
- A 90 ans, trois habiletés se sont détériorées chez environ 50 % de la population,
- Même à 90 ans, personne ne connaît une détérioration dans les 5 habiletés.

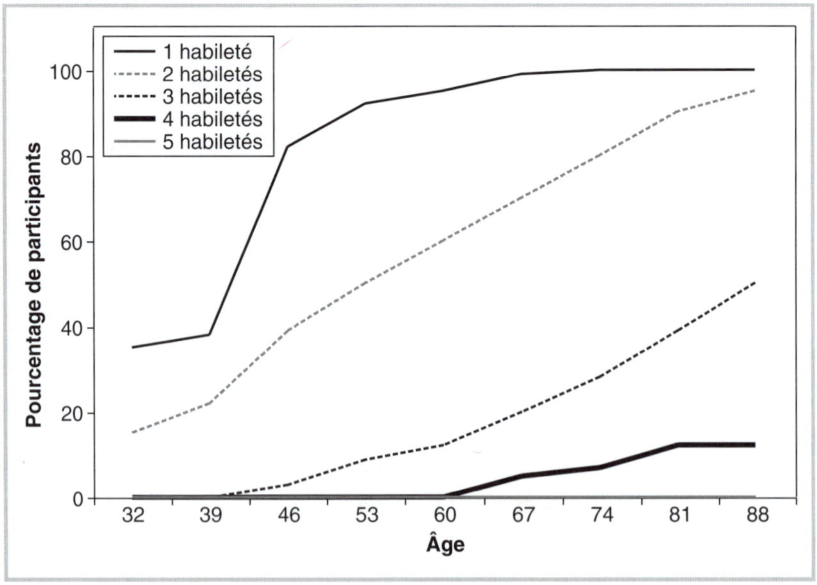

Figure 9

Évolution en fonction de l'âge de la proportion cumulée de gens chez qui une (ou plusieurs) habileté(s) se détériore(nt) (d'après Schaie, 1989).

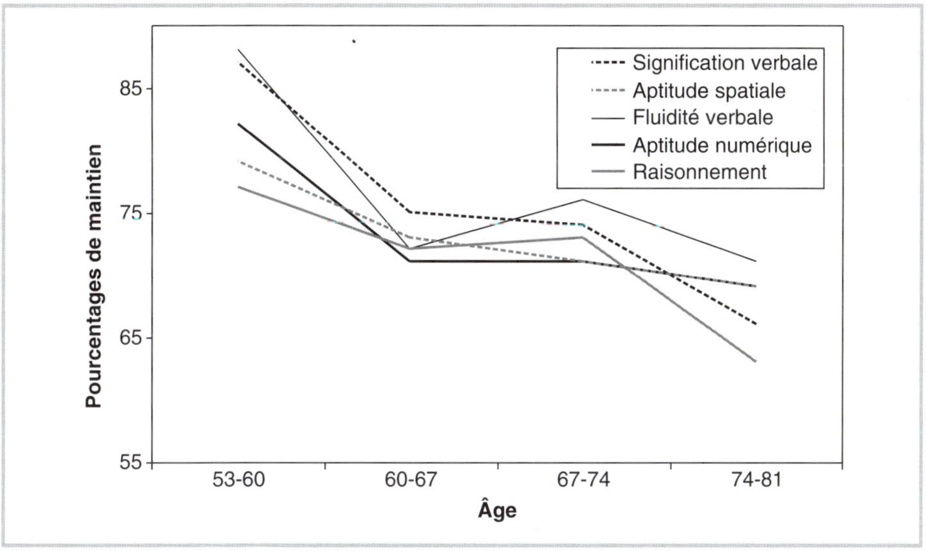

Figure 10

Pourcentages de maintien entre chaque passation dans l'étude longitudinale de Seattle (données d'après Schaie, 1989). Ces données montrent que le nombre d'individus chez qui chaque habileté mentale reste stable ou décline d'une passation à l'autre varie selon les habiletés testées.

Les différences individuelles observées au test des habiletés mentales primaires ont été aussi observées au test de Wechsler (e.g. Grégoire, 1993). Outre des différences inter-individuelles au niveau du nombre d'habiletés touchées par le vieillissement, les données psychométriques ont fait apparaître les phénomènes empiriques suivants :

- Les performances aux tests sont influencées par des facteurs situationnels qui, au-delà des effets d'âge, contribuent au déclin des performances cognitives chez les personnes âgées. Parmi ces facteurs situationnels, il est possible de mentionner l'anxiété (les personnes âgées sont plus anxieuses dans une situation d'examen psychologique que les personnes jeunes), la fatigabilité (les personnes âgées se fatiguent plus vite que les jeunes) et le perfectionnisme ou le manque de confiance en soi (les personnes âgées ont tendance à ne fournir une réponse à un item que si elles sont certaines que cette réponse est correcte, n'obtenant pas les points supplémentaires que les jeunes obtiennent par le simple fait du hasard).
- Même si tout le monde est concerné, le déclin cognitif avec l'âge est caractérisé par de grandes différences inter-individuelles au niveau de la précocité (il touchera certaines personnes très tôt dans la vie et d'autres plus tard) et de la vitesse (il sera très rapide chez certaines personnes, beaucoup plus lent chez d'autres). Parmi les facteurs caractérisant les différences individuelles à la source d'un vieillissement différentiel, les données suggèrent que les variables suivantes sont importantes (Bherer, Belleville, & Peretz, 2001 ; Schooler, 1989 ; Schooler, Mulatu, & Oats, 1999 ; Schaie, 1984 ; Schaie, Plomin, Willis, Gruber-Baldini, & Dutta, 1992) : niveau de formation initiale (les individus ayant une

bonne formation scolaire ont tendance à décliner plus tard et plus lentement), le niveau de formation initiale du conjoint (un conjoint avec une formation initiale élevée a des chances de constituer un élément stimulant de l'environnement), le statut marital (les gens avec une vie affective stable déclinent plus tard et plus lentement), l'environnement intellectuel après 60 ans (les gens vivant dans un environnement intellectuel stimulant se maintiennent plus longtemps), la santé (l'absence de maladies cardiovasculaires ou autres maladies chroniques réduit les risques d'un déclin cognitif), les traits de personnalité (une personnalité flexible reste intellectuellement alerte plus longtemps).

L'observation de différences individuelles aussi importantes dans les variations cognitives avec l'âge a eu deux conséquences : une au niveau des précautions à prendre dans les recherches et une relative au vieillissement cognitif. Au niveau des recherches, comme nous le verrons dans la suite de cet ouvrage, dans toutes les études, les psychologues prennent en compte ces différences individuelles autant qu'ils le peuvent. Ils essaient de les neutraliser le plus possible (e.g., en égalisant le niveau scolaire initial des participants) ou de les prendre en compte dans les analyses statistiques. Par ailleurs, ces différences individuelles suggèrent que le vieillissement atteint chacun d'entre nous différemment probablement parce qu'entre autre, chacun essaie d'optimiser son fonctionnement cognitif de différentes manières. Ceci conduit au maintien de certaines habiletés et au déclin d'autres. Ce profil différencié du vieillissement s'observe, comme nous allons le voir dans les chapitres à venir, au niveau de presque toutes les activités cognitives.

3.2 *Comment évolue la structure des habiletés intellectuelles avec l'âge ?*

Le premier phénomène massivement observé dans toutes les études psychométriques est la diminution des performances intellectuelles avec l'âge. Un phénomène tout aussi robuste concerne l'évolution de la structure des habiletés intellectuelles. Les habiletés mesurées par chacun des tests peuvent être très distinctes (ou différenciées) ou au contraire être les facettes d'une même habileté (facteur G). La mise au point de tests multifactoriels, comme nous l'avons vu, relève d'une conception selon laquelle il existe des habiletés intellectuelles différenciées. Les relatives faibles corrélations entre les scores obtenus aux tests mesurant chacune de ces habiletés suggèrent que ces habiletés sont distinctes. Toutefois, la tendance généralement observée est une relative *dédifférenciation*** de ces habiletés au cours du vieillissement. Ceci est attesté par une augmentation des corrélations entre les scores obtenus aux différents tests mesurant les habiletés.

Ainsi, par exemple, Hayslip et Stern (1979) ont observé que les corrélations entre des tests d'intelligence fluide et des tests d'intelligence cristallisée étaient plus élevées chez les participants âgés que chez les participants jeunes. Par exemple encore, Baltes et Lindenberger (1997) ont observé que les corrélations entre cinq habiletés intellectuelles élémentaires (mémoire, raisonnement, culture générale, fluence verbale et vitesse de traitement), chacune mesurées séparément par un ensemble de tests, étaient plus élevées chez les âgés ($r = .71$) que chez les jeunes ($r = .37$). Cette dédifférenciation est illustrée à la Figure 11 où apparaissent les corrélations chez les jeunes et les âgés entre les capacités sensorielles (vision, audition) et ces habiletés intellectuelles élémentaires. Comme il est aisé de le voir sur la Figure 11, ces corrélations sont nettement plus faibles chez les adultes jeunes que chez les adultes âgés, et ce pour chacune des habiletés intellectuelles testées. Ce phénomène de dédifférenciation a été observé avec de nombreuses épreuves et dans des contextes très différents (e.g., Babcock, Laguno, & Roesch, 1997 ; Baltes, Cornelius, Spiro, Nesselroade, & Willis, 1980 ; Granick, Kleban, & Weiss, 1976 ; Lieberman & Crott, 1964 ; McHugh & Owens, 1954 ; Salthouse, Hancock, Meinz, & Hambrick, 1996).

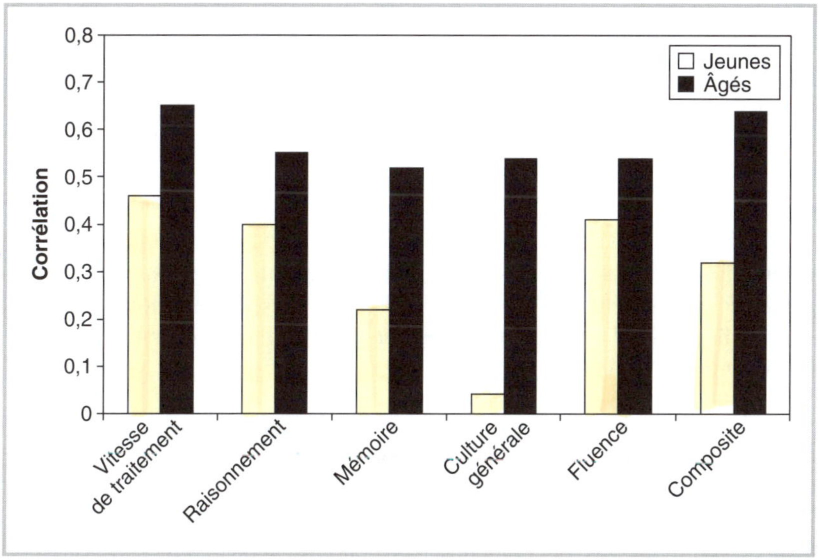

Figure 11

Corrélations entre les capacités sensorielles et intellectuelles chez les jeunes et les âgés (données d'après Baltes & Lindenberger, 1997).

Ces données montrent que ces corrélations sont plus faibles chez les jeunes que chez les âgés, en accord avec l'hypothèse selon laquelle les habiletés testées sont moins différenciées chez les âgés.

4 Approche psychométrique : intérêts et limites

Les résultats aux tests uni- et multi-factoriels sont convergents. Nos capacités intellectuelles diminuent avec l'âge. Cette diminution a été observée dans les études aussi bien transversales que longitudinales. Les études longitudinales suggèrent que le déclin n'intervient pas avant 60 ans et qu'il a lieu par paliers, tandis que les études transversales suggèrent que ce déclin est continu et commence dès après 20 ans. Enfin, les résultats suggèrent que les capacités intellectuelles ne sont pas toutes affectées par le vieillissement. Les capacités verbales (ou intelligence cristallisée) semblent se maintenir avec l'âge tandis que les capacités non verbales (ou intelligence fluide) se détériorent. Notons que les études ayant évalué l'évolution de la corrélation entre l'intelligence fluide et l'intelligence cristallisée ont observé une augmentation avec l'âge de cette corrélation. Ainsi, par exemple, Li *et al.* (2004) ont observé que cette corrélation passait d'environ $r = .40$ entre 20 et 40 ans à $r = .70$ après 60 ans. Ce résultat a été retrouvé de nombreuses fois (e.g., Baltes, Cornelius, Spiro, Nesselroade, & Willis, 1980 ; Hertzog & Bleckley, 1989 ; Hertzog & Schaie, 1986 ; Horn, 1968, 1970 ; McArdle, Ferrer-Caja, Hamagmi, & Woodcock, 2002 ; Schaie, 1996).

L'intérêt des données psychométriques est multiple. Ces données fournissent une image assez claire de l'évolution des capacités intellectuelles avec l'âge, puisqu'elles précisent si les capacités et performances intellectuelles diminuent avec l'âge, quelles sont les capacités qui diminuent ou restent stables, dans quelle mesure les capacités affectées par le vieillissement déclinent et s'il existe des différences inter-individuelles (i.e., entre les individus) et intra-individuelles (i.e., chez un même individu, à différentes étapes de la vie ou dans différents domaines intellectuels). En d'autres termes, l'approche psychométrique a révélé un ensemble de phénomènes relatifs au vieillissement cognitif qu'il convient d'expliquer. Il n'est pas exagéré de dire que l'approche psychométrique a constitué le domaine du vieillissement cognitif. En montrant qu'il s'agissait d'un phénomène complexe, riche et présentant plusieurs facettes, l'approche psychométrique du vieillissement cognitif a fait de ce champ de recherche un champ intéressant à étudier pour les psychologues.

L'approche psychométrique comporte toutefois quelques limites pour comprendre le vieillissement cognitif. Ces limites sont à la fois théoriques et empiriques. Sur le plan théorique, l'approche psychométrique n'a pas proposé de véritables explications des effets de l'âge sur la cognition. Elle a mis en évidence un ensemble de phénomènes. Mais les mécanismes expliquant ces phénomènes n'ont pas réellement été proposés par l'approche psychométrique. Les rares cadres théoriques ont tenté tout au plus de faire des distinctions entre différents types d'habiletés. Ces distinctions (e.g., intelligence verbale vs. non verbale) ont été utiles pour guider la description des phénomènes, mais elles ne les expliquent pas. Comme toute théorisation, celle permettant de comprendre le vieillissement cognitif devrait aboutir à un ensemble de postulats relatifs aux mécanismes (et à leur fonctionnement) responsables du déclin et/ou du maintien cognitifs avec l'âge. Ceci requiert que, pour chaque tâche utilisée, le chercheur conduise une analyse conceptuelle de la tâche. Ce genre d'analyse permet de déterminer l'ensemble des processus cognitifs nécessairement mis en œuvre pour réussir la tâche en question. Cette analyse est validée (ou modifiée) par les données empiriques.

Cette limite est importante. En effet, il n'est pas suffisant de situer quelqu'un parmi une population de référence pour savoir quels sont les facteurs affectant les performances de cet individu en particulier (sont-ils les mêmes que ceux observés dans la population générale ?). Situer un individu parmi une population de référence, pour intéressant que cela puisse être à certaines fins diagnostiques, ne nous permet pas de savoir comment cet individu accomplit la tâche ou comment il a obtenu ses performances. En d'autres termes, il est impossible de savoir avec plus de précisions par quels processus un individu réussit ou échoue une tâche et, donc, quels sont, chez cet individu, les processus cognitifs atteints versus épargnés par l'âge.

L'approche psychométrique est également limitée au niveau empirique. Même dans les tests où plusieurs épreuves et items sont utilisés pour mesurer une habileté, il n'est pas certain que ces outils mesurent l'ensemble de l'habileté. Par exemple, dans un test comme la WAIS, le sous-test mémoire est censé évalué toute la mémoire et rien que la mémoire. Par exemple encore, le sous-test raisonnement dans le test PMA est censé évaluer l'ensemble des capacités de raisonnement d'un individu. Ceci signifie qu'un individu qui obtient un mauvais score au sous-test mémoire sera considéré comme ayant une mauvaise mémoire ; un individu ayant un bon score au sous-test de raisonnement aurait de bonnes capacités à raisonner sur tout type de matériel et en toutes circonstances. Dans ces conditions, il devient difficile de comprendre pourquoi ce même individu, s'il est testé sur du matériel familier, pourra avoir des performances deux fois plus importantes que s'il est testé avec du matériel non familier, en mémoire comme en raisonnement. Il est également difficile de comprendre pourquoi un même individu testé dans des contextes différents n'obtient pas les mêmes performances. L'une des limites empiriques de l'approche psychométrique concerne donc l'exhaustivité des habiletés évaluées et la compréhension des facteurs déterminant les performances sur ces habiletés.

Les limites de l'approche psychométrique pour comprendre le vieillissement cognitif sont importantes à plusieurs niveaux. Ces niveaux concernent la connaissance fondamentale du vieillissement cognitif, la capacité à diagnostiquer de manière précise et discriminative les troubles cognitifs (normaux ou pathologiques) liés au vieillissement et la capacité d'aider une personne à se maintenir cognitivement alerte. Par exemple, lorsqu'on dit que la mémoire décline avec l'âge, est-ce que cela signifie que tous les processus mnésiques se détériorent sous l'effet du vieillissement ? Existe-t-il des processus mnésiques épargnés par l'âge et, si oui, lesquels ? De la même manière, pourquoi, au-delà des dégradations physiologiques, les personnes âgées ont-elles une moins bonne mémoire que les personnes jeunes ? Parce qu'elles ne s'en servent pas de la même manière (i.e., ne mettent pas en œuvre les mêmes mécanismes mnésiques) ou parce qu'elles utilisent les mêmes processus mais avec une efficacité moindre ? Ne pas pouvoir répondre à de telles questions empêche le psychologue praticien d'avoir une action (diagnostique ou thérapeutique) efficace auprès des personnes âgées. Ceci empêche également le psychologue théoricien de connaître les effets réels de l'âge sur la mémoire. Pour cela, il faut regarder la mémoire et toutes les fonctions cognitives autrement. Il faut concevoir la cognition de manière mécanique. Ceci signifie qu'il faut envisager de considérer la cognition comme le résultat de la mise en œuvre d'opérations mentales (ou mécanismes ou processus) élémentaires sur des représentations mentales qu'il convient de découvrir par les recherches empiriques et théoriques. Cette approche est adoptée par les travaux conduits en psychologie cognitive dans une perspective de traitement de l'information.

La perspective de traitement de l'information considère la cognition comme une fonction mentale caractérisée par des mécanismes (ou processus) qui manipulent (ou traitent) de l'information (représentée sous des formats différents). Dans cette perspective, l'objectif de la psychologie cognitive (voir Lemaire, 1999, pour une présentation détaillée en français) est de comprendre les processus cognitifs par lesquels un individu accomplit une tâche cognitive et les représentations mentales (symboliques ou non symboliques) sur lesquelles opèrent ces mécanismes. Quel que soit le domaine de la cognition humaine (e.g., perception, mémoire, raisonnement, jugement, prise de décision, langage, traitements numériques et linguistiques), les psychologues cherchent à comprendre comment une tâche est accomplie et quels sont les facteurs déterminant les performances des individus.

Pour comprendre la cognition en termes de traitement de l'information, les psychologues conduisent des expériences de laboratoire dans lesquelles le chercheur étudie l'effet de plusieurs types de variables sur les performances. Ces variables peuvent caractériser les problèmes à résoudre ou les items à mémoriser, les situations ou contextes dans lesquels une tâche est accomplie ou encore les individus. Cette démarche permet, pour chaque fonction cognitive, de décrypter les processus cognitifs mis en œuvre. Elle permet également de voir comment en utilisant les mêmes processus, mais mobilisés de manière différente, les performances cognitives changent. Même s'il existe encore de nombreux processus à étudier, les psychologues du vieillissement ont profité des progrès réalisés par la psychologie cognitive pour mieux comprendre le vieillissement, en adoptant les cadres conceptuels (i.e., les théories et modèles) et méthodologiques (i.e., les tâches et paradigmes) de la psychologie cognitive du traitement de l'information. Dans les chapitres qui suivent, nous examinons les données recueillies par les psychologues du vieillissement travaillant implicitement ou explicitement avec les postulats de la psychologie cognitive.

Résumé

1 L'intelligence est évaluée par des épreuves standardisées mesurant un facteur général (épreuves uni-factorielles) ou plusieurs facteurs (épreuves multi-factorielles). Le test des matrices de Raven est un exemple d'épreuve uni-factorielle et les tests de Wechsler ou des habiletés mentales primaires sont des exemples d'épreuves multi-factorielles.

2 Les résultats aux tests uni-factoriels montrent que l'intelligence générale diminue progressivement avec l'âge, aussi bien chez les hommes que chez les femmes.

3 Les scores aux tests multi-factoriels diminuent aussi avec l'âge. Toutefois, les scores aux épreuves verbales diminuent moins que les scores aux épreuves non verbales. Les épreuves verbales font davantage appel aux connaissances accumulées au cours de la vie et les épreuves non verbales évaluent les ressources de traitement.

4 Dans les scores uni- et multi-factoriels, il existe de grandes différences individuelles relatives aux effets du vieillissement sur la diminution de l'intelligence : certaines personnes vieillissent plus vite (et plus tôt) que d'autres.

5 L'approche psychométrique du vieillissement cognitif comporte un certain nombre de limites, comme par exemple le fait qu'elle ne nous permet pas de connaître les causes fonctionnelles du vieillissement ou le fait de savoir précisément quels sont les mécanismes affectés et épargnés par le vieillissement. Ces limites sont en partie dépassées par la perspective du traitement de l'information adoptée par la psychologie cognitive contemporaine.

→ Matrice Raven
→ compléter.

Des questions pour mieux retenir

1. Citer et décrire au moins un test uni-factoriel de l'intelligence.
2. Citer et décrire au moins deux tests multi-factoriels de l'intelligence. → Wescler.
3. Quelle conclusion relative au vieillissement cognitif est-il possible de tirer à partir des résultats au test des matrices ?
4. Cette conclusion est-elle valide pour tous les individus, quels que soient leur sexe et leur niveau de performance globale ?
5. Quelle conclusion générale sur le vieillissement cognitif est-il possible de tirer à partir des performances globales aux tests multi-factoriels de l'intelligence ?
6. Toutes les habiletés intellectuelles diminuent-elles avec l'âge ? Sinon, quelles sont les habiletés qui diminuent ?
7. Qu'appelle-t-on « profil classique du vieillissement cognitif » ?
8. Qu'est-ce que l'intelligence verbale et qu'est-ce que l'intelligence non verbale ?
9. Quels sont les avantages et les inconvénients des tests uni-factoriels pour la compréhension du vieillissement cognitif ?
10. Les conclusions relatives au vieillissement cognitif sont-elles les mêmes à partir des résultats aux études transversales et longitudinales ? Quels sont les facteurs responsables des différences ?
11. Citer trois phénomènes importants observés par Schaie et ses collaborateurs dans ses études longitudinales, transversales et/ou séquentielles avec le test des habiletés mentales primaires.
12. Quelles sont les limites théoriques de l'approche psychométrique pour comprendre le vieillissement cognitif ?
13. Que devrait faire un théoricien du vieillissement cognitif pour proposer une théorie expliquant le vieillissement cognitif ?
14. En quoi le dépassement des limites théoriques et empiriques de l'approche psychométrique permet-il de faire des progrès dans le domaine du vieillissement cognitif ?
15. Qu'est-ce qui caractérise l'approche de la cognition en termes de traitement de l'information ?
16. Pour quelles raisons des progrès plus importants peuvent être attendus en utilisant l'approche du traitement de l'information par rapport à l'approche psychométrique pour comprendre le vieillissement cognitif ?
17. Quelles sont les variables caractérisant les individus qui sont susceptibles d'entraîner un vieillissement cognitif accéléré et accentué ?

Des questions pour mieux retenir

18. Quels sont les types de vie entraînant un maintien intellectuel prolongé ?
19. Les hommes connaissent-ils un vieillissement cognitif plus important et/ ou plus précoce que les femmes ?

Des questions pour mieux réfléchir

1. L'approche du traitement de l'information est-elle contradictoire avec la possibilité d'observer, de décrire et d'expliquer un vieillissement cognitif global ? Justifiez votre réponse.
2. En quoi l'approche psychométrique a-t-elle permis au domaine du vieillissement cognitif de devenir un champ de recherche constitué et intéressant ?
3. Les approches psychométrique et cognitive du vieillissement sont-elles exclusives ? Si oui, en quoi ? Sinon, en quoi peuvent-elles être complémentaires ?
4. Pourquoi (par quels mécanismes) un individu avec une personnalité flexible a-t-il moins de chances de connaître un déclin cognitif important qu'un individu avec une personnalité rigide ? Comment tester empiriquement votre proposition ?

Des lectures pour aller plus loin

Gilles P.Y. (2000). *Psychologie différentielle.* Rosny sous Bois : Bréal.

Huteau, M.(2002) *Psychologie différentielle Cours et exercices.* Paris : Dunod, (2nde édition).

Kausler, D.H. (1994). *Learning and memory in normal aging.* New York : Academic Press.

Salthouse, T.A. (1991). *Theoretical perspectives on cognitive aging.* Hilllsdale, New Jersey : Lawrence Erlbaum Associates, Publishers.

Schaie, K.W. (1996). *Intellectual development in adulthood. The Seattle longitudinal study.* Cambridge : Cambridge University Press.

Mots clés

- Dédifférenciation
- Épreuve d'aptitude numérique
- Épreuve d'aptitude spatiale
- Épreuve d'arithmétique
- Épreuve d'arrangement d'images
- Épreuve d'assemblage d'objets
- Épreuve des codes
- Épreuve des cubes
- Épreuve de complètement d'images
- Épreuve de compréhension
- Épreuve de fluidité verbale
- Épreuve d'information
- Épreuve de mémoire des chiffres
- Épreuve de raisonnement
- Épreuve de signification verbale
- Épreuve de similitude
- Épreuve de vocabulaire
- Profil classique du vieillissement cognitif
- Test des habiletés mentales primaires
- Test des matrices de Raven
- Test multi-factoriel
- Test uni-factoriel
- WAIS/WAIS-R

CHAPITRE 3
Vieillissement et ressources de traitement

Sommaire

1. **La mémoire de travail** 73
2. **La vitesse de traitement de l'information** 83
3. **Vieillissement et ressources de traitement : conclusions** 88

Dans ce chapitre, vous allez

1 Voir quelles sont les mesures de la mémoire de travail et de la vitesse de traitement de l'information.

2 Étudier comment évoluent nos capacités de mémoire de travail et notre vitesse de traitement de l'information au cours de la vie adulte.

3 Apprendre les contributions relatives des différentes contraintes cognitives générales au déclin des performances avec l'âge.

4 Apprendre à évaluer le rôle du ralentissement global et spécifique au cours du vieillissement cognitif.

Dans tous les domaines de la cognition, pour réussir une tâche, les participants mettent en œuvre des mécanismes cognitifs généraux et des mécanismes spécifiques aux tâches. Dans ce chapitre, nous allons voir comment l'âge affecte les contraintes cognitives générales. Ces contraintes comprennent les ressources de traitement, comme la mémoire de travail (MDT), la vitesse de traitement de l'information, l'attention et le contrôle attentionnel, ainsi que les stratégies. Il s'agit de contraintes cognitives générales dans la mesure où elles sont impliquées dans (presque) toutes les activités cognitives. L'attention et le contrôle attentionnel seront étudiés au Chapitre 4 ; et les stratégies seront étudiées dans le Chapitre 6. Dans ce chapitre, nous présentons les résultats des recherches visant à déterminer si la MDT et la vitesse de traitement de l'information évoluent avec l'âge au cours de la vie adulte et, si oui, comment cette évolution contribue au déclin des performances chez les personnes âgées.

1 La mémoire de travail

Depuis le début de la psychologie scientifique au XIXe siècle, les psychologues ont toujours fait la distinction entre deux types de mémoire : la mémoire à court terme (aujourd'hui appelée *mémoire de travail***) et la *mémoire à long terme***. Les informations sont provisoirement et temporairement traitées et stockées en mémoire de travail (MDT) alors qu'elles sont plus définitivement stockées en mémoire à long terme (MLT). La MLT est étudiée au Chapitre 5. La MDT, qui est cette partie du système cognitif où sont stockées et traitées des informations pendant une courte durée, est une ressource cognitive fondamentale et ses capacités caractérisent de nombreuses différences cognitives inter-individuelles, y compris des différences liées à l'âge. La MDT joue un rôle fondamental dans la cognition et est impliquée dans des activités cognitives aussi diverses que le traitement du langage, la récupération ou l'encodage d'information en MLT, le raisonnement, la résolution de problèmes ou la prise de décision. Une diminution des capacités de la MDT avec l'âge aurait des conséquences importantes sur les performances cognitives des personnes âgées. C'est pourquoi les chercheurs ont essayé de déterminer si le vieillissement affecte la MDT. Pour cela, plusieurs mesures de la MDT ont été utilisées.

1.1 *Mesures d'empan*

Il existe deux types d'empan : *des empans de simple stockage temporaire*** et des *empans de stockage et de traitement***. Pour évaluer les empans de simple stockage temporaire, on donne aux participants des listes d'items (e.g., listes de mots, nombres, images). Les items sont présentés un par un séquentiellement. Puis, le participant doit rappeler le plus d'items possibles dans l'ordre où ils ont été présentés. Le nombre d'items correctement restitués constitue une mesure de l'empan de simple stockage temporaire. Certaines études comparant les empans de plusieurs groupes d'âge n'ont rapporté aucune différence entre jeunes et âgés (e.g., Craik, 1977), tandis que d'autres ont rapporté une diminution de la taille des empans avec l'âge. Dans leur méta-analyse (i.e., analyse combinant toutes ou presque toutes les études déjà réalisées sur une question), Verhaeghen, Marcoen et Goosens (1993) ont calculé une corrélation moyenne à travers plus d'une dizaine d'études entre l'âge et la taille de l'empan. Ils ont observé une corrélation significative de $r = -.53$. Ceci signifie que plus l'âge augmente, plus la taille de l'empan mnésique diminue.

L'empan de lecture est une des mesures d'empan de la MDT ; il a été mis au point par Daneman et Carpenter (1980). L'*empan de lecture*** est mesuré en demandant aux participants de lire et de comprendre des phrases tout en se souvenant du dernier mot de chaque phrase. Le nombre de phrases composant un item varie de 2 à 7 phrases. Le participant voit d'abord les séries de 2 phrases, puis de 3 phrases, puis de 4 phrases, et ainsi de suite. Pour chaque série, le participant voit au moins trois séries. L'épreuve s'arrête à partir du moment où le participant a échoué à deux séries, à l'épreuve de compréhension ou à l'épreuve de mémorisation.

La Figure 1 illustre cette épreuve avec la série suivante de 3 phrases. « *Il renversa deux cyclistes et termina sa course entre les bras d'un policier. D'une main qui tremblait, il se coiffa puis, sans détourner la tête, gagna la sortie. Sans rien dire, il s'asseyait près du feu et buvait un alcool.* ». Pour chaque phrase, les participants doivent répondre à une question de compréhension (e.g., dans la première phrase, ils doivent répondre à la question : « Où termina-t-il sa course ? »). De plus, ils doivent rappeler le dernier mot de chaque phrase « policier, sortie, alcool ». La série est considérée comme réussie si le participant donne une réponse correcte à la question de compréhension et s'il rappelle correctement le dernier mot de chaque phrase. S'il échoue à l'une ou l'autre épreuve (compréhension ou rappel immédiat), la série est considérée comme erronée. Deux séries sur trois au moins doivent être réussies avant de passer à une série de taille supérieure. Ainsi, un participant ayant réussi deux séries sur trois de 5 phrases, mais ayant échoué à deux séries sur trois comprenant 6 phrases, sera considéré comme ayant un empan de 5.

Il existe une variante arithmétique à ce test (*empan calculatoire***). Les participants doivent résoudre une série de problèmes d'additions (e.g., 8+4 ; 7+5 ; 9+7) tout en se souvenant du résultat de chaque addition (e.g., 4, 5, 7). Comme pour l'empan de lecture, l'âge entraîne une diminution de l'empan calculatoire (voir la Figure 2). Dans une étude où ils ont répliqué cette diminution de la taille de l'empan avec l'âge, Salthouse et Babcock (1991) ont estimé, grâce à des analyses statistiques de régression, que la capacité de la MDT diminue de 0.40 item tous les 10 ans. Ce déclin des capacités de la MDT avec l'âge a été retrouvé par plusieurs auteurs (e.g., Dobbs &Rule, 1989 ; Hedden, Lauten-

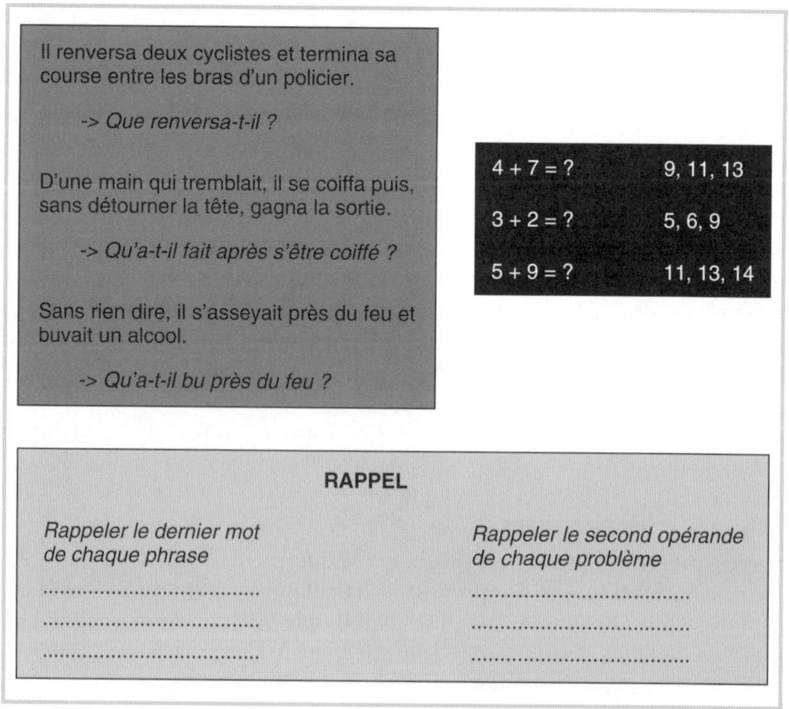

Figure 1

Illustration des épreuves d'empan de lecture et calculatoire.

Dans l'empan de lecture, les participants doivent lire des phrases, répondre à des questions de compréhension et retenir le dernier mot de chaque phrase. Dans l'empan calculatoire, ils résolvent des additions simples et doivent en retenir le second opérande.

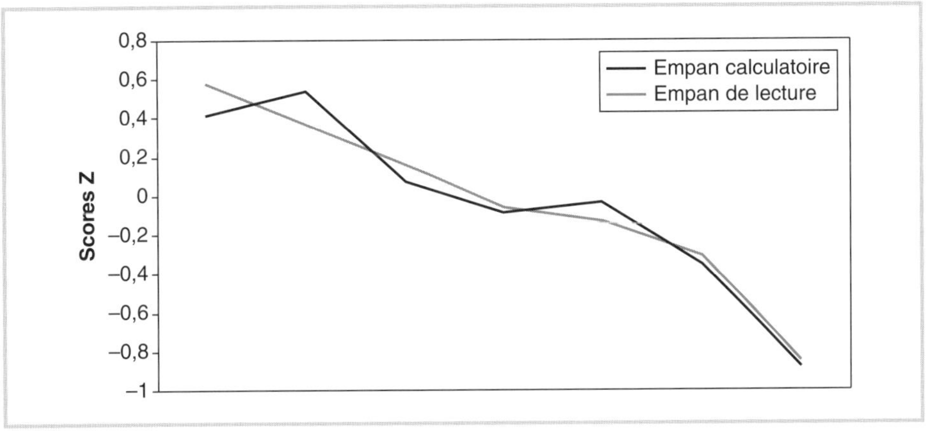

Figure 2

Évolution des empans (en scores standardisés) de lecture et de calcul montrant une diminution des capacités de la MDT avec l'âge (données d'après Park et al., 1996).

schlager, & Park, 2005 ; Salthouse & Meinz, 1995 ; Wingfield, Stine, Lahar, & Aberdeen, 1988 ; Salthouse, 1992 ; Dede, Caplan, Kemtes, & Waters, 2004).

1.2 *Mesures fonctionnelles*

Les mesures d'empan sont des mesures a-théoriques du fait qu'elles n'ont pas été dictées par une théorie de la MDT. Certaines évaluations des capacités de la MDT ont été plus ou moins directement mises au point à partir d'une théorie de la MDT. Ainsi, la théorie de Baddeley et ses collaborateurs a conduit à évaluer la MDT autrement que par des mesures d'empan. D'abord, nous présentons brièvement la théorie de Baddeley et ses collaborateurs sur la MDT. Puis, nous présentons les évaluations qui en ont découlé.

1.2.1 Modèle de Baddeley

Baddeley et ses collaborateurs ont conduit un programme de recherches visant à décrire la structure et le fonctionnement de la MDT. Leurs travaux ont beaucoup influencé les recherches relatives aux effets du vieillissement sur la MDT. Selon le modèle de Baddeley (Baddeley & Hitch, 1974), la MDT comprend trois composants (voir Figure 3) : un système central exécutif (ou administrateur central) et deux systèmes esclaves (le calepin visuo-spatial et la boucle phonologique). Le système central exécutif a pour fonction de contrôler l'allocation des ressources attentionnelles, de gérer la mise en œuvre et la coordination des deux systèmes esclaves, de déclencher la boucle phonologique d'auto-répétition mentale, de transférer les informations en MLT et de prendre des décisions. La boucle phonologique (ou boucle articulatoire) serait responsable de la mise en œuvre des processus articulatoires (impliqués dans la compréhension du langage) et de l'auto-répétition mentale permettant de maintenir l'information en MDT ou de la transférer en MLT. Enfin, le calepin visuo-spatial gère et coordonne les processus impliqués dans des tâches d'imagerie mentale (comme les tâches de rotation

Figure 3
Représentation schématique du modèle de la MDT selon Baddeley et ses collaborateurs.

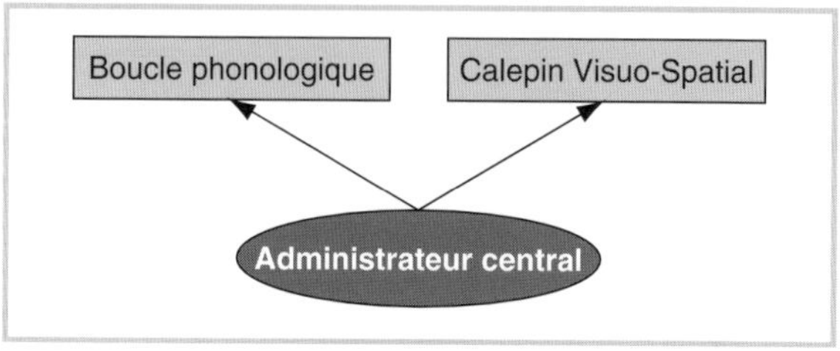

mentale) et de recherche visuo-spatiales (comme les tâches de parcours mental). Cette distinction entre plusieurs composants a conduit les chercheurs en vieillissement à se demander si chacun de ces composants se dégrade au cours du vieillissement.

1.2.2 Évaluations des composants de la MDT

Dans une étude publiée en 1994, Van der Linden, Brédart et Beerten ont testé l'effet de l'âge sur l'administrateur central de la MDT avec une tâche dite de *running span*** (tâche de mise à jour dans littérature francophone, voir Belleville et Bherer, 2000). Dans une tâche de running span, telle que proposée par Morris et Jones (1990), les participants voient des séquences de consonnes de longueur différente sans savoir à l'avance la taille de ces séquences. À la fin de chaque série, le participant doit rappeler les quatre dernières consonnes. Dans leur étude, Van der Linden *et al.* ont montré à des jeunes et âgés des séries de consonnes (e.g., C,X,Z,D,F). Ces séries étaient de taille variable : elles comprenaient 6, 8, 10, ou 12 consonnes. Les participants devaient rappeler les quatre dernières consonnes. Les participants n'étaient pas informés avant chaque essai de la taille de la liste et ne pouvaient donc pas se concentrer seulement sur les quatre derniers items de la liste. En effet, un participant sachant qu'il verra une liste comprenant 8 consonnes pourrait négliger les quatre premières et ne faire attention qu'aux 4 dernières. En ignorant la taille de la liste d'un essai à l'autre, les participants devaient sans arrêt mettre la liste des consonnes à jour en MDT. Les données rapportées par Van der Linden et ses collaborateurs apparaissent à la Figure 4. Elles montrent que

a) plus la taille des listes de consonnes était importante, plus les participants avaient du mal à rappeler les quatre dernières consonnes,

b) la différence jeunes-âgés était d'autant plus importante que la taille des listes de consonnes augmentait. Ceci signifie que, pour les listes comprenant 10 ou 12 consonnes, les participants âgés avaient beaucoup plus de mal à rappeler les 4 dernières consonnes que les participants jeunes, tandis qu'ils n'avaient guère plus de difficultés pour les listes comprenant 6 ou 8 consonnes.

Les résultats rapportés par Van der Linden et ses collègues suggèrent que l'âge s'accompagne d'un déclin de l'administrateur central de la MDT (voir aussi Andres & Van der Linden, 2000 ; Bherer, Belleville, & Hudon, 2004 ; Collette & Van der Linden, 2002 ; Collette *et al.*, 1999 ; Daigneault & Braun, 1993 ; Daigneault, Braun, & Whitaker, 1992 ; Fisk & Warr, 1996 ; Hartley & Little, 1999 ; Salmon *et al.*, 1996 ; Van der Linden *et al.*, 1998 ; 1999 ; Verhaeghen, Steitz, Sliwinski, & Cerella, 2003).

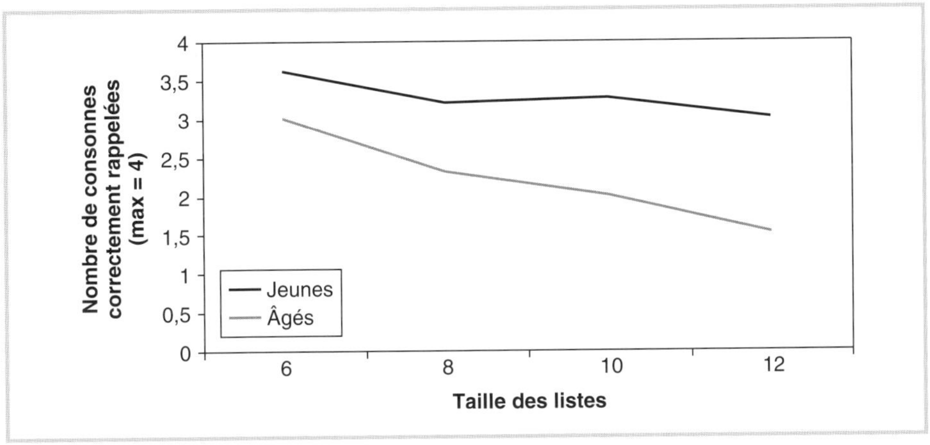

Figure 4

Nombre de consonnes correctement rappelées en fonction de la taille des listes de consonnes dans l'expérience de Van der Linden et al. (1994).

Ces données indiquent que les participants âgés ont plus de mal à mettre leur MDT à jour. Tout se passe comme si l'administrateur central de la MDT était affecté au cours du vieillissement.

Les données rapportées par Salthouse, Kausler et Saults (1988) ont permis d'évaluer l'évolution du calepin visuo-spatial et de la boucle phonologique de la MDT. Les auteurs ont comparé le déclin avec l'âge de la mémorisation d'informations spatiales et verbales. Ils ont testé 362 adultes, âgés de 20 à 79 ans, dans une tâche de mémorisation à court terme d'informations verbales et d'informations spatiales. Les participants voyaient une grille comportant des lettres présentées soit sur fond sombre soit sur fond blanc (voir Figure 5a). Pour certains items, les participants devaient apprendre les emplace-

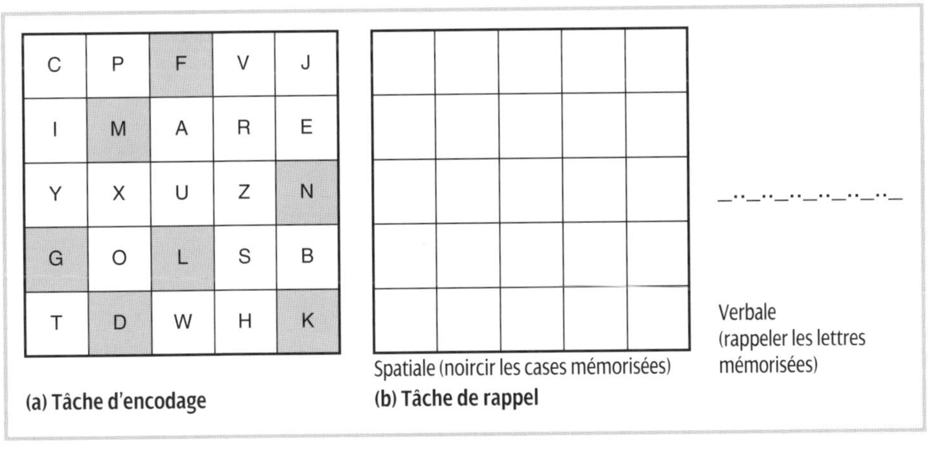

Figure 5

Protocole expérimental utilisé par Salthouse et al. (1988) pour comparer le déclin de la mémoire verbale et de la mémoire spatiale.

(a) Grille à mémoriser (soit les emplacements, soit les lettres), (b) tests de la mémoire spatiale vs. verbale.

ments assombris (e.g., troisième case de la première ligne, deuxième case de la seconde ligne). Pour d'autres items, ils devaient apprendre les lettres placées dans les cases (e.g., F, M). Au rappel, les participants devaient indiquer les emplacements des items en noircissant les cases mémorisées (sur une grille vierge) ou en écrivant les lettres cibles (voir Figure 5b). Les résultats présentés à la Figure 6 montrent un déclin parallèle avec l'âge pour les informations spatiales et verbales. Les analyses statistiques de l'évolution des performances avec l'âge ont révélé que les participants retenaient 0.20 item spatial ou verbal de moins à chaque décennie (ou 1 item tous les 50 ans).

Dans une perspective moins directement reliée à la théorie de Baddeley, Oberauer et ses collaborateurs ont conduit une série d'études visant à déterminer plus spécifiquement les aspects de la MDT affectés par le vieillissement. Ces études ont montré que l'une des difficultés des personnes âgées concerne le maintien temporaire des informations en MDT (Oberauer, Wendland, & Kliegl, 2003 ; Oberauer, 2002 ; Oberauer, Demmrich, Mayr, & Kliegl, 2001). La procédure utilisée par Oberauer *et al.* est illustrée par la Figure 7.

Les participants jeunes et âgés voyaient de 1 à 4 chiffres à retenir, à quatre endroits différents sur un écran d'ordinateur. Par exemple, les participants voyaient 3, 6 et 7 sur l'écran et devaient se souvenir de 3, 6 et 7. Ensuite, lorsque les participants appuyaient sur la barre espace, les 3 chiffres disparaissaient et un nombre apparaissait à l'un des endroits où un chiffre avait été préalablement présenté.

Par exemple, les participants voyaient +5 à l'endroit où le chiffre 6 était apparu sur l'écran précédent. Les participants devaient alors ajouter le nombre au nombre précédent. Ils devaient ainsi ajouter 5 à 6. Les participants devaient alors retenir 3, 11 et 7. Les participants appuyaient ensuite sur la barre espace, ce qui faisait apparaître un nombre. Par exemple, –2 apparaissait au même endroit. Les participants devaient alors retrancher 2 à 7 et retenir 3, 11 et 5. Et ainsi de suite jusqu'à ce que les participants aient accompli 13 opérations arithmétiques. À la fin des 13 opérations, les participants devaient rappeler les 3 nombres résultats. Comme le montre la Figure 8, faisant appa-

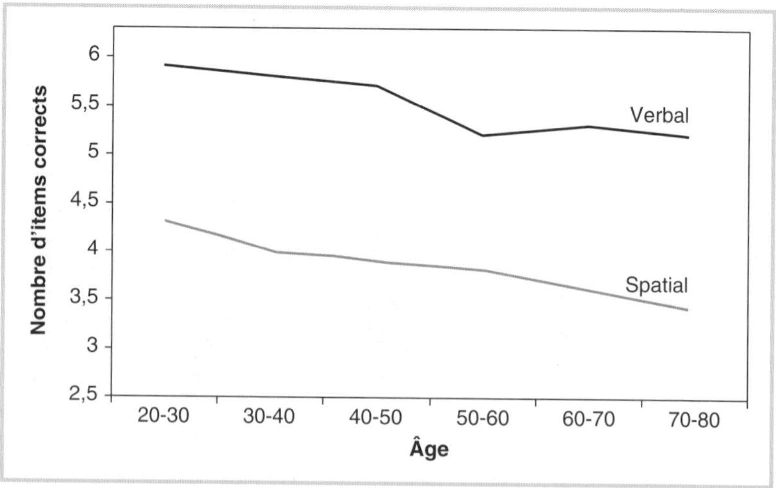

Figure 6

Déclin avec l'âge des performances aux épreuves de rappel spatial et verbal (d'après Salthouse et al., 1988). Ces données montrent que le nombre d'items verbaux et spatiaux diminue progressivement avec l'âge et indiquent des effets du vieillissement parallèles sur du matériel verbal et spatial.

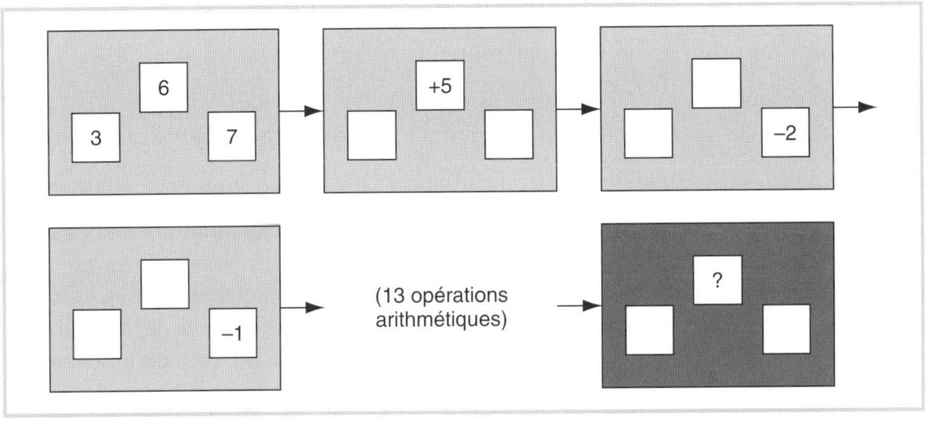

Figure 7

Procédure utilisée par Oberauer et ses collaborateurs pour étudier les effets du vieillissement sur différentes fonctions de la MDT.

Les participants voient d'abord une série de chiffres. Puis, une suite d'opérations à effectuer sur le chiffre situé aux emplacements correspondants. Enfin, ils doivent restituer les résultats.

raître le temps mis par les participants pour effectuer chaque opération intermédiaire, plus le nombre de chiffres à maintenir en MDT était élevé, plus il fallait de temps aux participants pour effectuer leurs calculs. Par ailleurs, l'augmentation du nombre de chiffres à maintenir en MDT (i.e., l'augmentation de la quantité d'information à maintenir temporairement en MDT) entraînait une augmentation du temps de calcul plus importante chez les âgés que chez les jeunes. Tout se passe comme si les personnes âgées avaient plus de difficultés que les personnes jeunes à maintenir temporairement en MDT des informations dès lors que la quantité d'informations devenait un tant soit peu importante.

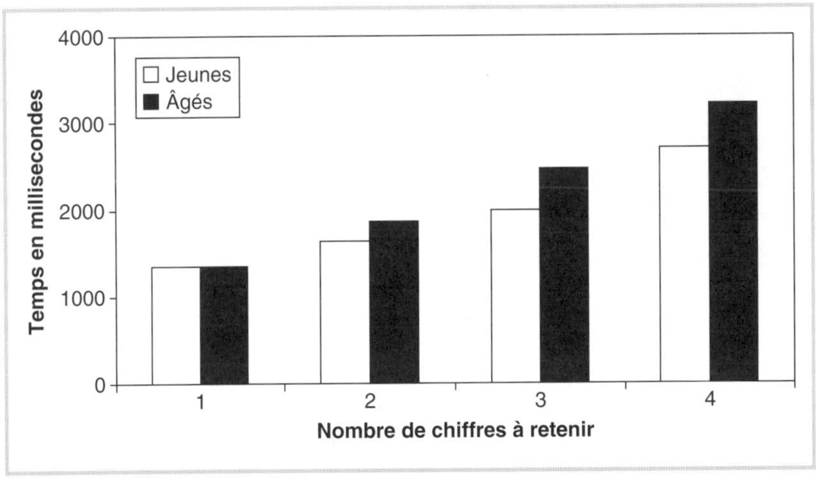

Figure 8

Temps moyens entre deux appuis chez les jeunes et les âgés en fonction de la charge en mémoire (nombre de chiffres) rapportés par Oberauer et al., 2003.

Ces données montrent que plus le nombre de chiffres est important, plus la différence entre les deux groupes d'âge augmente. Ceci est en accord avec l'hypothèse selon laquelle les personnes âgées ont des difficultés à retenir temporairement l'information stockée en MDT.

1.2.3 Évaluations par le paradigme de la double tâche

Le *paradigme de la double tâche*** a été une autre stratégie de recherche utilisée pour évaluer l'impact du vieillissement sur la MDT. Dans ce paradigme, le participant est d'abord soumis à une tâche cognitive dite tâche principale seule (e.g., résoudre un problème arithmétique), puis à une tâche cognitive dite tâche secondaire seule (e.g., produire une séquence aléatoire de lettres comme « CAWXZLSE » ou produire des suites de lettres dans l'ordre alphabétique). Enfin, le participant accomplit les deux tâches simultanément (voir Figure 9). Les performances à chacune des deux tâches principale et secondaire passées isolément sont alors comparées à celles obtenues dans la condition où les deux tâches sont réalisées ensemble. Si ces performances se dégradent, c'est que la MDT est impliquée. L'idée est que la coordination de tâches concurrentes sollicitent l'administrateur central, qui devra entre autre, coordonner les activités des systèmes esclaves.

La logique du paradigme de la double tâche est la suivante (voir Hartley & Little, 1999 ou Verhaeghen *et al.*, 2004, pour des présentations détaillées de cette logique dans les recherches sur le vieillissement). Les ressources en MDT sont limitées. Accomplir deux tâches cognitives en parallèle consomme une quantité de ressources qui dépasse le stock disponible. Aussi, faut-il sacrifier (i.e., accomplir moins efficacement ou en prenant plus de temps) l'une des deux tâches ou les deux, ce qui conduit à une détérioration

Figure 9

Représentation schématique du paradigme de la double tâche utilisé pour étudier les capacités de la MDT.
Les participants accomplissent deux tâches en parallèle. Par exemple, ils doivent résoudre un problème arithmétique (e.g., 8 × 7= ?) et produire des séquences aléatoires de lettres (e.g., « CAWXZLSE ») à raison d'une ou deux lettres par seconde ou répéter « blabla ».

des performances. Le paradigme de la double tâche a été utilisé avec des adultes jeunes dans de nombreux domaines de la cognition. Il a également été utilisé dans des études sur le vieillissement dans des domaines aussi divers que le raisonnement inductif (Salthouse, 1993), le raisonnement syllogistique (Gilinsky & Judd, 1994), la mémoire prospective (Logie, Maylor, Della Sala, & Smith, 2004), la résolution de problème et la planification (Phillips Gilhooly, Logie, Della Sala, & Wynn, 2003) ou la compréhension du langage (Zelinski, 1988). Illustrons cette démarche avec la recherche publiée par Feyereisen et Van der Linden (1997).

Dans l'étude de Feyereisen et Van der Linden (1997) sur le rôle de la MDT dans la mémorisation de différents types de stimulus, les participants devaient apprendre des listes d'items d'abord seules, puis en condition de double tâche. Deux tâches secondaires ont été testées afin de surcharger la boucle phonologique et le calepin visuo-spatial. Pour surcharger la boucle phonologique, les participants devaient répéter les chiffres 1,2,3,4,5 pendant l'encodage des items, à raison de 1 chiffre/1.5 seconde. Pour surcharger le calepin visuo-spatial, les participants devaient pointer avec l'index successivement et dans le sens des aiguilles d'une montre 4 blocs de bois disposés en carré. Quatre types d'items ont été testés pour la tâche principale de mémorisation :

- *Gestes symboliques* : les participants devaient mémoriser des gestes de la main ayant des sens différents (comme un doigt sur une tempe pour désigner « fou ») ;
- *Signes gestuels alphabétiques* analogues à ceux de la langue des signes pour malentendants ;
- *Localisations spatiales* : les participants devaient mémoriser des suites d'emplacements sur des blocs de bois (blocs de Corsi) ;
- *Mots* : les participants devaient mémoriser des listes de mots.

Les données apparaissent dans le Tableau 1 et ont fait apparaître les phénomènes suivants.

- Les participants jeunes obtenaient de meilleures performances que les participants âgés dans la condition contrôle comme dans les deux conditions de surcharge.
- Les participants avaient tendance à avoir de meilleures performances pour la mémorisation des mots et des localisations spatiales que pour celle des gestes.
- La différence jeunes-âgés n'était pas la même selon le type d'item et de tâche secondaire. Ainsi, par exemple, en condition contrôle, la différence jeunes-âgés était plus importante pour les signes gestuels alphabétiques et les localisations spatiales et moins importante pour les mots et les gestes symboliques. Par rapport à la condition contrôle, les différences jeunes-âgés en condition de surcharge du calepin visuo-spatial ont augmenté pour tous les types de stimulus sauf pour les signes gestuels alphabétiques. En condition de surcharge phonologique, les différences jeunes-âgés n'ont augmenté que dans la mémorisation de localisations spatiales ; elles n'ont pas changé pour la mémorisation de gestes symboliques et ont légèrement diminué pour les signes gestuels alphabétiques et les mots. Dans l'ensemble, ces résultats suggèrent que la diminution des capacités de la MDT avec l'âge a pénalisé les âgés.

Types d'items	Âge	Contrôle	Tâche secondaire spatiale	Tâche secondaire phonologique
Gestes symboliques	Jeunes	4.8	4.8	4.3
	Âgés	3.7	3.1	3.2
Signes gestuels alphabétiques	Jeunes	5.0	4.4	3.4
	Âgés	2.9	2.7	2.5
Localisations spatiales	Jeunes	6.3	5.8	6.4
	Âgés	4.9	4.0	4.7
Mots	Jeunes	5.3	5.3	4.0
	Âgés	4.3	4.0	3.2
Moyennes	Jeunes	5.4	5.1	4.5
	Âgés	3.9	3.5	3.4

Tableau 1

Nombre d'items moyens correctement rappelés par les participants jeunes et âgés dans les trois conditions de surcharge en MDT selon le type d'items (données rapportées par Feyereisen & Van der Linden, 1997).

Ces données suggèrent que la MDT diminue avec l'âge, même si cette diminution est plus accentuée pour certains types d'items et selon la tâche secondaire.

En résumé, pour évaluer le déclin de la MDT avec l'âge et le rôle de ce déclin sur la diminution des performances cognitives, les chercheurs ont utilisé diverses approches. Les travaux utilisant des mesures d'empan ont révélé que l'empan mnésique diminue avec l'âge. Les mesures construites sous l'impulsion du modèle de Baddeley ont répliqué ces résultats. Les personnes âgées peuvent stocker temporairement et traiter moins d'informations en MDT que les personnes jeunes. Cette diminution des capacités de la MDT avec l'âge a un rôle important dans le vieillissement cognitif. Les études ayant utilisé le paradigme de la double tâche ont en effet montré qu'en surchargeant la MDT, les performances cognitives diminuent chez les jeunes, mais diminuent encore plus chez les personnes âgées. Cette plus grande diminution tient au fait que les capacités de base de la MDT des personnes âgées sont moins importantes au départ que celles des personnes jeunes. Surcharger la MDT augmente encore pour elles la difficulté de la tâche cognitive principale. En effet, un bref survol des études utilisant des tâches de MDT auprès des aînés tend à suggérer que si le niveau de performance de base est considéré ou contrôlé expérimentalement, la diminution de performance des aînés en condition de double tâche tend à être réduite, voire annulée (Belleville & Bherer, 2000 ; Belleville, Rouleau & Caza, 1998).

2 La vitesse de traitement de l'information

Comme la mémoire de travail, la vitesse de traitement de l'information est une ressource cognitive générale. Elle constitue l'une des caractéristiques fondamentales de notre système cognitif et est à la base d'un nombre important de différences cognitives inter-individuelles, y compris les différences liées à l'âge. Les individus les plus rapides sont aussi ceux qui obtiennent les meilleures performances cognitives. Le *ralentissement cognitif*** s'observe par une diminution de la vitesse avec laquelle les opérations cognitives sont déclenchées et exécutées. La réduction de la vitesse de traitement de l'information est conçue comme contribuant de manière très importante au déclin des performances cognitives avec l'âge. Les psychologues ont donc d'abord cherché à savoir si l'âge s'accompagne d'un ralentissement cognitif et si ce ralentissement médiatise le déclin des performances associées au vieillissement.

2.1 *Évaluations de la vitesse de traitement de l'information et de son évolution avec l'âge*

L'évaluation de la vitesse de traitement de l'information doit obéir aux critères suivants.

- *Cette évaluation doit se faire à l'aide de tâches cognitives simples.* Ainsi, les différences entre individus peuvent être attribuées à la rapidité avec laquelle les différentes opérations mentales impliquées dans le test sont réalisées plutôt qu'à d'autres différences, comme des différences de connaissances. Par exemple, dans une tâche de décision lexicale (i.e., dire le plus rapidement et exactement possible si une suite de lettres présentées sur un écran forme un mot ou un non mot), il est difficile de savoir si le temps de décision lexicale provient de la vitesse de traitement de l'information ou des connaissances linguistiques. C'est pourquoi une tâche de décision lexicale, en apparence simple, ne peut être utilisée pour évaluer la vitesse de traitement de l'information d'un groupe d'individus. De manière plus générale, il est préférable d'avoir une mesure de vitesse de traitement de l'information qui peut être interprétée sans ambiguïté (i.e., qui n'implique pas plusieurs facteurs confondus).
- *Le test de vitesse de traitement ne doit pas être simplement un test évaluant des processus sensoriels* (*e.g., perception, sensation*) *ou moteurs* (*e.g., vitesse de déplacement de la main d'un point à un autre*). Dans ce cas, il ne refléterait pas la durée d'une opération cognitive autre que les traitements périphériques, en entrée et/ou en sortie du système cognitif. Il est préférable que la mesure de vitesse de traitement reflète des traitements cognitifs centraux (e.g., comparaison entre deux patterns ou deux séries de lettres).
- *Une évaluation de la vitesse de traitement doit se faire à l'aide de plusieurs tests.* En effet, aucune mesure d'un construit psychologique (comme la vitesse de traitement) ne fournit une mesure pure de l'habileté évaluée. Chaque épreuve évaluant un même construit comporte une variance spécifique, indépendante de l'habileté testée. Évaluer une habileté avec plusieurs épreuves permet d'augmen-

ter la validité de construit (i.e., fait d'évaluer le construit et pas un autre), dans la mesure où les effets spécifiques à certaines épreuves s'annulent. Annuler ou diminuer les effets spécifiques à certaines épreuves permet de ne conserver que la variance commune aux différentes épreuves. Cette variance commune caractérise le construit évalué par les différentes épreuves. Dans le cas qui nous intéresse, cette variance commune sera associée à la vitesse de traitement de l'information. Enfin, évaluer un construit à l'aide de plusieurs épreuves permet d'augmenter la fidélité de cette évaluation (i.e., fait de retrouver le même score avec plusieurs évaluations).

Dans le domaine du vieillissement, les chercheurs ont donc utilisé plusieurs épreuves pour évaluer la vitesse de traitement de l'information. Les deux catégories d'épreuves les plus utilisées sont l'épreuve des codes et l'épreuve de comparaison de lettres ou de patterns.

Épreuve des codes. Dans cette épreuve, extraite du test d'intelligence pour adulte (WAIS-R ; Wechsler, 1981), les participants voient une table de correspondances comprenant deux lignes et neuf colonnes. Sur la première ligne, les participants voient des chiffres de 1 à 9. Sur la deuxième ligne, ils voient des symboles comme « X » ou « = » (voir Figure 10). Chaque chiffre correspond à un symbole. Sous cette table, les participants voient également une suite de chiffres. Sous chaque chiffre, ils doivent recopier le symbole correspondant dans la table. Ainsi, par exemple, chaque fois qu'ils voient le chiffre 8, ils doivent inscrire sous ce chiffre le symbole « X ». Chaque fois qu'ils voient le chiffre 9, ils doivent écrire le symbole « = ». Dans cette épreuve, la performance d'un participant correspond au nombre de correspondances correctement établies en 90 secondes. Plus la vitesse de traitement d'un participant est élevée, plus il établit de correspondances dans le temps limité à 90 secondes. Il existe une variante, l'épreuve de correspondance des chiffres, où les symboles sont remplacés par des chiffres. Les par-

Table des correspondances

®	&	#	ß	≠	*	¶	X	=
1	2	3	4	5	6	7	8	9

Items Tests

3	4	1	9	5	3	4	8	2

5	9	1	1	4	6	7	1	6

Figure 10

Exemple d'items analogues à ceux de l'épreuve des codes (adapté d'après Wechsler, 1981) permettant d'évaluer la vitesse de traitement.

Les participants doivent faire correspondre chaque chiffre au symbole auquel il est associé dans la table des correspondances. Ainsi, par exemple, dès que le participant voit 2, il doit écrire & dans la case juste en dessous. Plus un(e) participant(e) établit de correspondances en 90 secondes, plus sa vitesse de traitement de l'information est élevée.

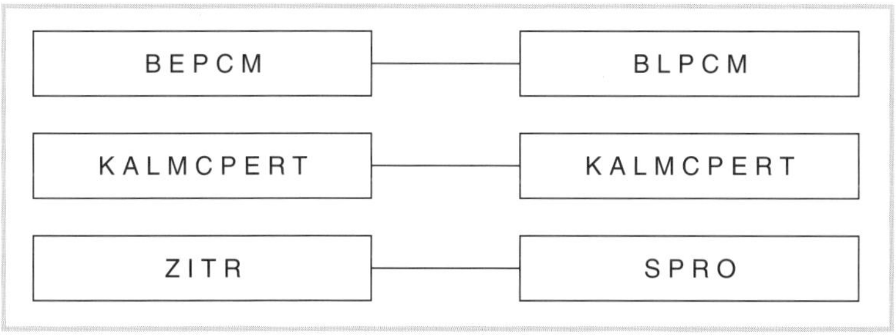

Figure 11

Exemple d'items à une épreuve perceptive de comparaison de lettres permettant d'évaluer la vitesse de traitement.

Les participants doivent dire si les lettres de chaque paire sont identiques ou différentes en écrivant respectivement I ou D sur la ligne horizontale entre les lettres.

ticipants doivent alors, en 90 secondes, faire correspondre le plus de chiffres possibles à d'autres chiffres d'après la table des correspondances.

Épreuves de comparaison de lettres. Dans ces épreuves, les participants voient des paires de séries lettres ou de patterns séparées par une ligne horizontale. Ils doivent écrire « I » si les lettres ou les patterns sont identiques et « D » s'ils sont différents (voir Figure 11). Ils ont 90 secondes pour juger le plus de paires possibles. La performance correspond au nombre de paires correctement jugées en 90 secondes. Plus la vitesse de traitement est rapide, plus ce nombre est élevé.

Il existe différentes variantes ainsi que des versions informatisées de ces épreuves évaluant la vitesse de traitement de l'information. Par exemple, dans la version informatisée de l'épreuve des codes, les participants voient en haut de l'écran d'un ordinateur la table des correspondances et, au centre de l'écran, un symbole et un chiffre. Ils doivent appuyer sur une touche de l'ordinateur pour dire si le symbole et le chiffre sont associés dans la table des correspondances ou sur une autre touche quand le symbole et le chiffre ne sont pas associés. Dans une version informatique de l'épreuve de comparaison de lettres, les participants voient deux séries de lettres à l'écran et doivent dire si les deux séries comportent les mêmes lettres ou non en appuyant sur une touche de l'ordinateur correspondante. Dans ces versions informatiques, le temps moyen de réponse est un bon indicateur de la vitesse de traitement de l'information.

Dans la plupart des études utilisant ces épreuves, les chercheurs ont observé que la vitesse de traitement de l'information diminue avec l'âge. La Figure 12 illustre cette diminution en faisant apparaître la moyenne de différentes mesures standardisées de vitesse de traitement de l'information en fonction de l'âge (données recueillies par Salthouse, 1993). Ce ralentissement cognitif avec l'âge a été observé à maintes reprises (e.g., Birren, Woods, & Williams, 1980 ; Cerella, 1985 ; Rogers, Hertzog, & Fisk, 2000 ; Salthouse, 1985, 1996). La corrélation entre âge et vitesse de traitement de l'information est comprise entre -.50 et -.90 (plus cette corrélation est élevée, plus le ralentissement est important), selon les épreuves et les études.

Observer que la vitesse de traitement de l'information diminue avec l'âge a conduit les psychologues du vieillissement à se demander quel est le rôle de ce ralentissement dans le déclin des performances au cours du vieillissement ? La section suivante répond à cette question.

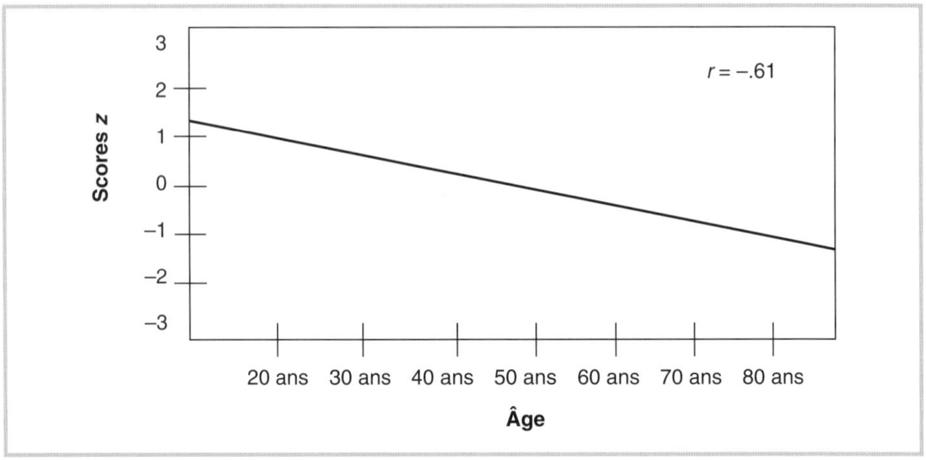

Figure 12

Évolution de la vitesse de traitement de l'information en fonction de l'âge. La vitesse a été évaluée chez 221 adultes âgés de 20 à 80 ans à l'aide de plusieurs épreuves (données d'après Salthouse, 1993).
Les résultats à chaque épreuve ont été convertis en scores standardisés (notes z dont la moyenne est égale à 0 et la variance à 1) puis moyennés. Ces données laissent apparaître une diminution avec l'âge de la vitesse de traitement de l'information.

2.2 *Rôle du ralentissement dans le vieillissement cognitif*

En vieillissement, les psychologues ont cherché à savoir si la diminution des performances avec l'âge est due au ralentissement cognitif (i.e., diminution de la vitesse de traitement de l'information) ou au vieillissement lui-même (i.e., effet unique de l'âge). Pour cela, ils ont conduit un certain nombre d'analyses des données dont le principe est intuitivement très simple. Il revient à comparer les performances cognitives des adultes jeunes et âgés dont la vitesse de traitement de l'information est la même. S'il reste une différence entre jeunes et âgés, comme l'effet du ralentissement a été neutralisé, cette différence ne peut pas s'expliquer par le ralentissement, mais vraisemblablement par l'âge. Dans ce cas, on dit que l'âge a un effet unique sur le déclin cognitif (par opposition à effet partagé avec l'effet du ralentissement). En d'autres termes, il s'agit d'évaluer l'effet de l'âge sur la diminution des performances cognitives à partir du moment où l'on a enlevé les effets du ralentissement.

Prendre en compte les effets du ralentissement dans l'évaluation de l'impact de l'âge sur la diminution des performances cognitives peut se faire à l'aide de différentes techniques d'analyse statistiques. L'une des plus utilisées est la régression hiérarchique. Par ces techniques, on analyse d'abord l'impact de l'âge sur la diminution des performances cognitives. Le carré du coefficient de corrélation (qui s'écrit R^2) entre l'âge et les performances cognitives donne une indication de l'intensité des effets de l'âge sur l'activité cognitive (ou de la relation entre l'âge et la performance). Puis, on analyse cet impact une fois la vitesse de traitement contrôlée (i.e., corrélation entre âge et performance cognitive, partialisée de la corrélation entre l'âge et la vitesse de traitement de l'information). Le R^2 obtenu indique la force de liaison (ou la puissance explicative ou le pouvoir prédictif) entre l'âge et les performances cognitives, une fois la vitesse de traitement de l'information prise en compte. En d'autres termes, on évalue ce qui reste de l'effet de l'âge, une fois égalisée la vitesse de traitement de l'information. Intuitivement, cette procédure revient à comparer les performances cognitives de deux individus qui traiteraient l'information à la même vitesse de traitement de l'information, mais qui différeraient seulement par leur âge. Si le R^2 relatif au lien entre l'âge et les performances cognitives diminue de manière très importante après avoir pris en compte la vitesse de traitement, voire n'est plus significatif, alors ceci suggère que le lien entre âge et performances cognitives est médiatisé par la vitesse de traitement de l'information.

De nombreuses études ont utilisé cette démarche statistique pour évaluer l'impact de l'âge sur le déclin des performances cognitives, une fois la vitesse de traitement prise en compte. Par exemple, dans une étude sur le raisonnement inductif, Salthouse et Prill (1987) ont cherché à voir si le déclin des performances en raisonnement inductif était dû au ralentissement cognitif. Pour cela, ils ont demandé à des participants jeunes et âgés d'accomplir une tâche de complètement de séries numériques. Dans cette tâche, les participants voyaient des séries de nombres comme 19-22-25-28-31 et devaient indiquer le nombre venant après 31 (ici 34). Ils ont par ailleurs testé la vitesse de traitement de l'information des participants à l'aide de l'épreuve des codes. Ils ont conduit des régressions hiérarchiques évaluant d'abord le pouvoir prédictif de l'âge sur les performances en complètement de séries, puis ce pouvoir après avoir contrôlé la vitesse de traitement de l'information. Les données, résumées dans la Figure 13, montrent clairement que le pouvoir prédictif de l'âge diminue de manière très importante une fois la vitesse de traitement statistiquement contrôlée. Le R^2 est en effet passé de .518 à.194, soit une diminution de plus de 60 % (.518 .194/.518). En d'autres termes, la variance dans les performances au test d'inférence inductive associée à l'âge est due pour 60 % au ralentissement cognitif. Dans une autre étude (Salthouse, 1996), le rôle médiateur de la vitesse de traitement a été testé dans une tâche de Stroop où les participants devaient dire la couleur de l'encre (voir les résultats sur la Figure 13, panneau de droite). Comme le montre la Figure 13, l'effet de l'âge était expliqué (à 81 %) par le ralentissement cognitif. Ce rôle médiateur du ralentissement cognitif a été observé dans pratiquement tous les domaines de la cognition (voir Salthouse, 1996). En moyenne, le R^2 associé à l'âge diminue d'au moins 50 % lorsque la vitesse de traitement de l'information est statistiquement contrôlée. L'influence médiatrice de la vitesse de traitement a été retrouvée dans de nombreux domaines cognitifs comme la mémoire épisodique (e.g., Bryan & Luszcz, 1998), la résolution de problèmes (e.g., Duverne & Lemaire, 2004 ; Salthouse, 1993 ; Salthouse & Coon, 1994), le raisonnement (e.g.,Salthouse, 1992 ; Salthouse & Prill, 1987 ; Verhaegen & Salthouse, 1997), le traitement du langage (e.g., Waters & Caplan, 2001 ; 2002 ; Brébion, Smith, & Ehrlich, 1997), la perception du temps (Perbal, Droit-Volet, Isingrini, & Pouthas, 2002), mais aussi de manière plus générale sur différentes mesures psychométriques de l'intelligence (e.g., Bors & Forrin, 1995 ; Hertzog, 1989 ; Lindenberger, Mayr, & Kliegl, 1993 ; Salthouse, 1991 ; Schaie, 1989). Notons que plusieurs recherches ont observé que l'évolution de la vitesse de traitement avec l'âge est corrélée avec l'évolution des marqueurs biologiques et physiologiques comme l'acuité visuelle et auditive (e.g., Anstey, Dear, Christensen, & Jorm, 2005 ; Lindenberger & Baltes, 1994 ; McCoy, Tun, Cox, Colangelo, Stewart, & Wingfield, 2005). Ce type d'observation a suggéré à certains auteurs l'hypothèse dite de la cause commune : le déclin des fonctions physiologiques et sensorielles et le ralentissement cognitif pourraient être la signature d'une dégradation générale au niveau du système nerveux central.

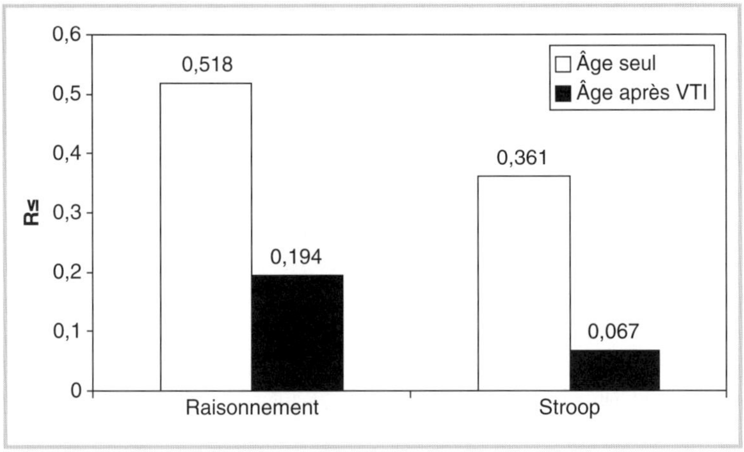

Figure 13

Effet médiateur de la vitesse de traitement de l'information dans une tâche de raisonnement inductif (données d'après Salthouse & Prill, 1987) et dans une tâche de Stroop (Salthouse,1996).

Ces données montrent qu'une fois la vitesse de traitement prise en compte, le pouvoir prédictif de l'âge est significativement diminué. Ceci est en accord avec l'hypothèse selon laquelle le ralentissement cognitif médiatise le déclin lié à l'âge.

3 Vieillissement et ressources de traitement : conclusions

Il existe plusieurs types de ressources de traitement. Les deux types de ressources principalement étudiées dans la littérature concernent la MDT et la vitesse de traitement. Les travaux conduits sur la MDT ont montré que cette MDT décline avec l'âge. Que ce soit avec des tâches d'empan simple de stockage temporaire, des tâches d'empan de stockage et de traitement ou que ce soit avec différentes mesures fonctionnelles (comme les tâches évaluant les composants de la MDT ou les doubles tâches), les données montrent que la MDT se détériore avec l'âge. Ce déclin est d'autant plus pénalisant que les ressources en MDT sollicitées par une tâche cognitive principale sont plus importantes. Comme la MDT est impliquée dans la plupart des tâches cognitives que nous accomplissons dans la vie quotidienne, son déclin entraîne une diminution des performances cognitives avec l'âge.

Il en est de même pour la vitesse de traitement. Toutes les épreuves utilisées pour mesurer la vitesse de traitement d'un individu ont révélé que cette vitesse décline avec l'âge. Dans la mesure où cette vitesse est cruciale dans de nombreuses tâches cognitives, il est aisé de comprendre comment le ralentissement cognitif peut entraîner une diminution des performances cognitives, et ce d'autant plus que la tâche à accomplir est complexe.

La question de savoir si la MDT et la vitesse de traitement sont en fait les faces d'une même pièce reste à l'heure actuelle encore ouverte. Certaines données suggèrent que c'est le cas, tandis que d'autres suggèrent une contribution indépendante de ces deux types de ressources de traitement.

Résumé

1 Pour évaluer les capacités de la MDT, les psychologues utilisent deux types de mesures : des empans de simple stockage temporaire et des empans de stockage et de traitement. Le nombre d'items d'une liste correctement rappelés juste après les avoir encodés constitue l'empan de simple stockage temporaire et les empans de lecture ou calculatoire constituent des mesures d'empan de stockage et de traitement. Dans les tâches d'empan de stockage et de traitement, les participants lisent une série de phrases et répondent à des questions sur cette série (ou résolvent une série d'opérations arithmétiques) et retiennent le dernier item de la série. Les études utilisant les empans de stockage et les empans de traitement suggèrent que les capacités de la MDT diminuent au cours du vieillissement.

2 Le vieillissement affecte tous les composants (boucle phonologique, calepin visuo-spatial et administrateur central) de la MDT ainsi que les fonctions de maintien temporaire des informations en MDT. Ces conclusions sont tirées de données utilisant le paradigme de la double tâche où les participants accomplissent une tâche principale et une tâche secondaire.

3 Il existe plusieurs mesures de la vitesse de traitement de l'information comme l'épreuve des codes de la WAIS (où les participants doivent, en 90 secondes, établir le plus de correspondances entre deux systèmes de code) ou les épreuves de vitesse perceptive (où les participants doivent dire si chaque paire d'items d'une série comporte des items identiques ou différents). Les données collectées auprès d'adultes de 20 à plus de 90 ans ont toutes révélé des corrélations négatives (de plus de .50) entre l'âge et les mesures de traitement de l'information. Ceci montre que la vitesse de traitement de l'information diminue avec l'âge. Ce ralentissement cognitif contribue à la diminution des performances avec l'âge.

4 Le vieillissement entraîne une réduction de la vitesse de traitement de l'information, donc un ralentissement cognitif. Cette réduction explique une grande part des effets de l'âge sur la cognition.

Des questions pour mieux retenir

1. Qu'est-ce que la mémoire de travail ?
2. Qu'est-ce qu'une mesure d'empan ? Qu'est-ce qu'un empan de mémoire à court terme ? Qu'est-ce qu'un empan de MDT ?
3. Qu'est-ce que l'empan de lecture ? Qu'est-ce que l'empan calculatoire ? Décrivez les épreuves permettant de mesurer ces empans.
4. Comment évoluent les empans de lecture et de calcul avec l'âge au cours de la vie adulte ?
5. Quels sont les composants du modèle de la MDT proposé par Baddeley et ses collaborateurs ?
6. Décrivez une ou deux expériences conduites avec le modèle de Baddeley comme cadre de référence pour évaluer l'évolution des capacités de la MDT en fonction de l'âge.
7. Comment Salthouse et Kausler (1985) ont-ils découvert que les mémoires stockant et traitant des informations spatiales et verbales connaissent une évolution parallèle avec l'âge ?
8. Comment Oberauer et ses collaborateurs ont-ils testé l'hypothèse selon laquelle le vieillissement affecte le maintien temporaire des informations en MDT ? Quel est le résultat principal de leur étude ?
9. En quoi consiste le paradigme de la double tâche ? Quand est-il utilisé ?
10. L'étude de Feyereisen et Van der Linden (1997) a-t-elle montré que le stockage temporaire de seulement un certain type d'informations décline avec l'âge ?
11. Qu'appelle-t-on ralentissement cognitif ?
12. Citez et décrivez deux types d'épreuves permettant d'évaluer la vitesse de traitement de l'information ?
13. Quelles sont les caractéristiques générales d'une bonne épreuve de vitesse de traitement de l'information ?
14. Comment évolue la vitesse de traitement en fonction de l'âge ? Ce résultat est-il robuste ?
15. Le ralentissement cognitif médiatise-t-il la diminution des performances cognitives avec l'âge ? Si oui, comment ceci a-t-il été empiriquement et statistiquement montré ?

Des questions pour mieux refléchir

1. Dans l'étude de Duverne et Lemaire (2004), les auteurs ont observé que les participants jeunes allaient plus vite pour vérifier des inégalités comme $8 + 4 < 19$ que pour vérifier des inégalités comme $8 + 4 < 13$. Conduisez une analyse de la tâche qui permette d'expliquer, en termes de mécanismes cognitifs, ce résultat. À partir de cette analyse, indiquez les hypothèses permettant d'expliquer comment les personnes âgées obtiennent des temps de vérification équivalents pour les deux types de problèmes, alors que les jeunes sont plus rapides pour vérifier $8 + 4 < 19$.
2. Quelles prédictions est-il possible de faire dans une expérience où des personnes jeunes et âgées sont comparées dans l'épreuve des matrices de Raven, en condition de surcharge en MDT par rapport à une condition sans surchage ?
3. Est-il possible que la diminution avec l'âge aux tests d'intelligence unifactoriels soit due à une diminution des ressources en MDT ? Si oui, quel protocole expérimental pourrait le tester et quels résultats serait en accord avec cette hypothèse ?
4. Trois psychologues veulent savoir si la diminution des performances cognitives avec l'âge résulte d'une diminution des ressources cognitives. Pour tester cette hypothèse, ils décident d'avoir recours au paradigme de la double tâche. La tâche principale choisie par les auteurs est une tâche de résolution de problèmes arithmétiques (e.g., 23 + 78), la tâche secondaire est une tâche de répétition mentale du mot « le » (i.e., les participants doivent répéter sans cesse « lelele... » à raison d'au moins un « le » toutes les secondes pendant qu'ils résolvent les problèmes arithmétiques). D'après les résultats obtenus aux problèmes faciles et difficiles, et rapportés dans le tableau suivant, les auteurs concluent que la diminution des ressources cognitives est responsable de la diminution des performances cognitives avec l'âge. Ils ont en effet observé une interaction Difficulté × Âge. La différence jeunes/âgés était plus grande sur les problèmes difficiles que sur les problèmes faciles. Que pensez-vous de cette recherche, de ces résultats et de la conclusion qu'en tirent les auteurs ?

Temps moyens (en sec.) et pourcentages d'erreurs (entre parenthèses) obtenus par des participants jeunes et âgés à la tâche de calcul en situation de double tâche. Les problèmes faciles avaient une somme inférieure à 50 (e.g., 18+23) tandis que les problèmes difficiles avaient une somme supérieure à 50 (e.g., 38+74).

Groupes	Problèmes faciles	Problèmes difficiles
Participants âgés	12 (3)	10 (5)
Participants jeunes	8 (5)	6 (9)

5. Proposez un protocole de recherche permettant de déterminer si la diminution avec l'âge à l'épreuve des matrices de Raven résulte soit d'une diminution soit de la vitesse de traitement, soit des capacités de la MDT. Précisez également les prédictions testées avec ce protocole.

Des lectures pour aller plus loin

Craik, F.I.M., & Salthouse, T.A. (2000). *The handbook of aging and cognition.* Mahwah, New Jersey : Lawrence Erlbaum Associates, Publishers

Perfect., T.J., & Maylor, E.A. (2000). *Models of cognitive aging.* New York : Oxford University Press.

Salthouse, T.A. (1991) *Theoretical perspectives on cogntiive aging.* Hillsdale, New Jersey : Lawrence Erlbaum Associates, Publishers.

Salthouse, T.A. (1996). The processing-speed theory of adult age differences in cognition. *Psychological Review, 103,* 403-428.

Mots clés

- Empan calculatoire
- Empan de lecture
- Empan de simple stockage temporaire
- Empan de stockage et de traitement
- Épreuve de vitesse perceptive
- Mémoire de travail (MDT)
- Mesures d'empan
- Paradigme de la double tâche
- Ralentissement cognitif

CHAPITRE 4
Vieillissement et attention

Sommaire

1. L'attention sélective 95
2. L'attention partagée ou attention divisée 102
3. La flexibilité attentionnelle 106
4. La concentration 109
5. L'attention préparatoire 112
6. Vieillissement et attention : conclusions 114

Dans ce chapitre, vous allez

1 Apprendre quelles sont les cinq fonctions principales de l'attention.

2 Découvrir comment évolue chacune des fonctions de l'attention en fonction de l'âge.

3 Comprendre pourquoi l'attention, ressource cognitive fondamentale, est facilement perturbée chez les personnes âgées.

4 Savoir pourquoi les psychologues voient l'attention comme l'une des ressources cognitives qui, du fait de sa diminution, entraîne un déclin des performances avec l'âge dans de nombreux domaines de la cognition.

*L'attention** est impliquée dans toutes les tâches cognitives et dans de nombreuses activités de la vie quotidienne (e.g., conduite automobile, apprentissages scolaires). Elle est le réservoir énergétique de nos activités cognitives et se caractérise par plusieurs fonctions qui ont guidé son étude. En effet, l'attention est utilisée pour :*

- *traiter une source d'information aux dépens d'autres sources (il s'agit de l'attention sélective),*
- *traiter simultanément plusieurs informations (attention partagée),*
- *traiter en alternance différentes sources d'informations (flexibilité attentionnelle),*
- *traiter de manière soutenue et prolongée une information (concentration),*
- *se préparer à traiter des stimulus (attention préparatoire).*

Les études relatives aux effets du vieillissement sur l'attention ont été guidées par ces différentes fonctions. Aussi, nous présentons les travaux relatifs aux effets du vieillissement sur chacune de ces fonctions.

1 L'attention sélective

Nous sommes sans cesse bombardés d'informations. Certaines sont pertinentes pour la tâche que nous sommes en train accomplir ; d'autres non. L'*attention sélective*** permet de sélectionner une information pertinente pour une tâche cognitive. C'est grâce à l'attention sélective que nous parvenons à ne pas nous laisser perturber ou distraire par des informations ou aspects non pertinents de la tâche cognitive. L'attention sélective est sous-tendue par un mécanisme clé, à savoir l'inhibition, même s'il existe vraisemblablement différents types d'inhibition (e.g., Kok, 1999 ; Nigg, 2000), Les travaux sur le vieillissement ont cherché à déterminer si, avec l'âge, les capacités à ne pas se laisser distraire par des informations non pertinentes évoluent ou restent stables. Cette capacité a été étudiée par au moins trois types de tâche, des tâches d'amorçage négatif, des tâches de Stroop et des tâches de recherche visuelle.

Les tâches d'*amorçage négatif*** ont été très souvent utilisées pour étudier l'évolution avec l'âge de l'attention sélective (voir May, Kane, & Hasher, 1995 ; Harnishfeger, 1995, pour des revues). Il existe plusieurs tâches d'amorçage négatif. Dans l'une d'elles, illustrée à la Figure 1, le participant voit des paires de lettres. L'une des lettres est écrite en bleu, l'autre en rouge. Le participant doit dire, pour chaque paire, la lettre écrite en rouge. Le temps pour identifier la lettre cible est analysé pour deux types d'items, des items dits d'inhibition ou séquentiels et des items contrôles. Les items séquentiels présentent une paire de lettres dont la lettre cible était la lettre non-cible (ou la lettre inhibée) dans l'essai précédent. Aucune des lettres d'un item contrôle n'était présente à l'essai précédent.

Comme le montre la Figure 2, les données recueillies auprès de participants jeunes laissent apparaître qu'il faut plus de temps pour identifier une lettre cible dans un item séquentiel que dans un item contrôle. En revanche, chez les âgés, le temps d'identification est le même aux deux types d'essai. Les jeunes mettent plus de temps sur les items séquentiels, car la lettre cible a été (ignorée) inhibée à l'essai précédent. Sur les items contrôle, la lettre à identifier n'ayant pas été présentée à l'essai précédent n'a pas été inhibée et peut donc être rapidement identifiée. Chez les âgés, la lettre cible n'a pas été (suffisamment) inhibée à l'essai précédent pour les items séquentiels. Les items séquentiels sont donc comme des items contrôles, la lettre à identifier n'ayant pas été préalablement inhibée par les participants âgés, contrairement aux jeunes.

Essai N°	Condition séquentielle	Condition contrôle
1	A V	E B
2	T A	T A

Figure 1

Illustration du paradigme d'amorçage négatif.
À chaque essai, les participants doivent dire la lettre rouge. Dans la condition items séquentiels, la lettre cible à l'essai était la lettre ignorée (inhibée) à l'essai précédent. Dans la condition contrôle, la lettre cible n'était pas présente à l'essai précédent.

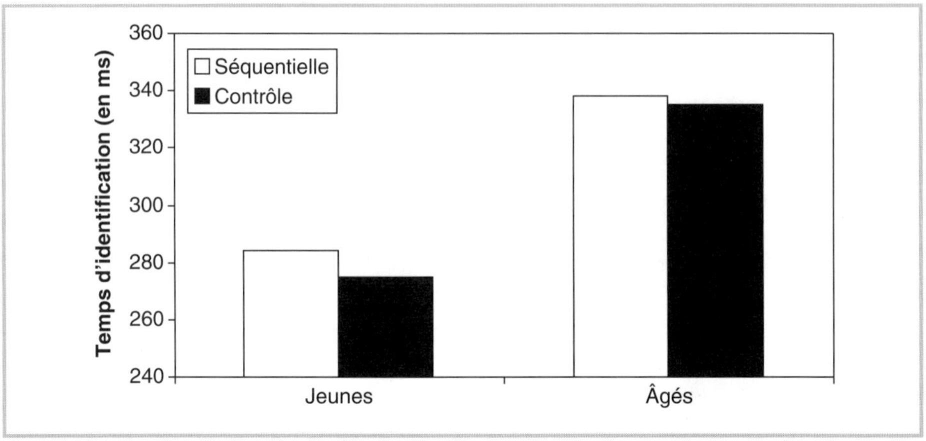

Figure 2

Temps moyen d'identification de la lettre cible dans la condition séquentielle (où la lettre cible était inhibée à l'essai précédent) et dans la condition contrôle (où la lettre cible n'était pas inhibée à l'essai précédent). Ces données montrent des effets d'amorçage négatif (i.e., temps d'identification en condition séquentielle plus longs qu'en condition contrôle) seulement chez les participants jeunes (données d'après Hasher et al., 1991). Ceci suggère une dégradation de l'attention sélective avec l'âge.

La disparition de l'effet d'amorçage négatif avec l'âge a été observée de nombreuses fois dans la littérature et avec différents types de tâche (e.g., Kane, Hasher, Stoltzfus, Zacks, & Connelly, 1994 ; Kane, May, Hasher, Rahhal, & Stolzfus, 1997 ; McDowd, 1997 ; McDowd & Oseas-Kreger, 1991 ; Stoltzfus, Hasher, Zacks, Ulivi, & Goldstein,1993 ; Stoltzfus *et al.*, 1991 ; voir Gamboz, Russo, & Fox, 2002 ; Verhaeghen & De Meersman, 1998a pour des méta-analyses). Toutefois, certaines études ont observé des effets d'amorçage négatif chez des adultes âgés (e.g., Karmer, Humphrey, Larish, Logan, & Strayer, 1994 ; Schooler, Neuman, Caplan, Roberts, 1997 ; Kieley & Hartley, 1997).

Le deuxième type de tâche utilisée pour évaluer les effets du vieillissement sur l'attention visuelle est la tâche de Stroop. Il existe plusieurs variantes de la tâche de Stroop. Dans la variante princeps, les participants doivent dire le nom de la couleur des stimulus. Ces stimulus sont soit des noms de couleur, soit des X. Trois conditions sont testées : (a) condition congruentes : la couleur de l'encre dans laquelle sont écrits les nom et la couleur désignée par les noms sont les mêmes (e.g., ROUGE écrit à l'encre rouge) ; (b) condition non congruente : la couleur de l'encre et la couleur désignée par le nom diffèrent (e.g. ROUGE écrit à l'encre bleue) ; (c) condition neutre : les stimulus sont des X écrits avec des encres de couleur différente. Dans une autre variante de la tâche de Stroop (illustrée aux Figures 3 et 4), les participants voient des chiffres ou des X. Ils doivent dire le nombre de chiffres ou de X. Dans la condition congruente, le nombre de chiffres est le même que les chiffres tandis que, dans la condition non congruente, les deux sont différents. Dans la condition neutre, le participant voit des X.

Les participants sont plus lents dans la condition non congruente (panneau du milieu de la Figure 4) que dans la condition neutre (panneau de droite dans la Figure 4) ; ils sont plus lents dans la condition neutre que dans la condition congruente (panneau de gauche dans

Figure 3

Participant à une expérience de Stroop testant l'attention sélective.

Le participant doit dire le nom de la couleur des stimulus. Ici, il est tenté de dire « vert » car il lit automatiquement le mot « vert ». Cette lecture crée un conflit avec l'identification de la couleur.

la Figure 4). Le ralentissement observé dans la condition non congruente s'appelle l'*effet d'interférence Stroop*** (ou simplement effet d'interférence ou simplement effet Stroop). La lecture automatique des noms de couleur interfère (ou de noms de nombre) avec la dénomination de la couleur de l'encre (ou avec la quantification du nombre d'items). Les participants doivent inhiber la lecture automatique des noms de couleur, sélectionner la dénomination de la couleur de l'encre (ou le nombre de nombre) et se focaliser sur cette activité. De nombreuses études ont montré que les performances diminuent avec l'âge dans le sens d'une augmentation de l'effet d'interférence chez les personnes âgées. La Figure 5 illustre les données de l'une de ces études conduite par Commalli, Wapner et Werner (1962) dans une tâche de Stroop Coulon. Même si certaines études n'ont pas montré de différences liées à l'âge dans l'effet Stroop (e.g., Little & Hartley, 2000), l'ensemble des données disponibles suggère qu'avec l'âge, nous avons de plus en plus de mal à ne pas nous laisser distraire par les informations activées automatiquement en mémoire de travail (e.g., Burke, 1997 ; Connelly & Hasher, 1993 ; Coulon, Comblez, Lamerand, & Toe, 1995 ; Dulaney & Rogers, 1994 ; Earles *et al.*, 1997 ; Juhel & Auffray, 1998 ; Juhel, Salicé, & Aufray, 2000 ; Kane *et al.*, 1994 ; McDowd, 1997 ; McDowd *et al.*, 1991 ; Rouleau & Belleville, 1996 ; Salthouse & Meinz, 1995 ; Salhtouse, Atkinson, & Berish, 2003 ; Spieler, Balota, & Faust, 1996 ; Tipper, 1991 ; Verhaegen & De Meersman, 1988b ; West & Bell, 1997).

3 3 3	3 3	X X X
(a)	(b)	(c)

Figure 4

Stimulus utilisés dans une tâche de Stroop.

Les participants doivent indiquer le nombre de chiffres.

(a) condition congruente (b) condition non congruente (c) condition neutre

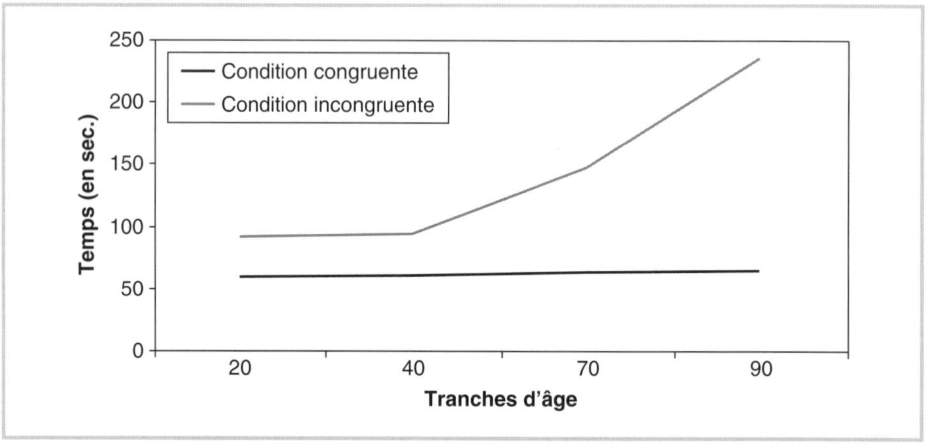

Figure 5

Évolution avec l'âge du temps mis pour indiquer la couleur dans les conditions congruente et non congruente d'une tâche de Stroop (données d'après Commalli et al., 1962).

Note. Ces données montrent des temps de dénomination de la couleur d'un stimulus plus longs en condition non congruente qu'en condition congruente (effet d'interférence) et une augmentation de cet effet d'interférence. Cette augmentation caractérise une diminution de l'attention sélective avec l'âge.

L'effet délétère du vieillissement sur nos capacités d'attention sélective a été également observé dans des tâches de recherche visuelle. Ces tâches reconstruisent en laboratoire des situations de vie quotidienne où nous devons, par exemple, repérer quelqu'un dans une foule. Il existe plusieurs variantes de tâches de recherche visuelle. Par exemple, le participant voit deux ensembles d'items (lettres ou formes) à l'écran. L'un de ces ensembles contient un item cible (lettre ou forme) à repérer. Le participant doit indiquer le plus rapidement possible dans quel ensemble d'items se trouve l'item cible (voir Figure 6 pour une illustration). Le temps mis pour identifier l'ensemble avec l'item cible est un indicateur des capacités d'attention sélective. En effet, il dépend directement de notre capacité à nous focaliser sur l'item cible et à ne pas nous laisser distraire par les autres items.

Une variante de cette tâche de recherche visuelle consiste à demander aux participants de rechercher un item cible parmi plusieurs items distracteurs ressemblant à l'item cible recherché. Le temps mis pour cette recherche est comparé à celui nécessaire pour rechercher un item parmi des distracteurs ne ressemblant pas à l'item cible. Par exemple, Farkas et Hoyer (1980) ont présenté à leurs participants la lettre T avec une rotation de 90° dans trois conditions. Dans la première condition, la lettre apparaissait seule. Dans la seconde, elle apparaissait avec des distracteurs ne ressemblant pas à la lettre T. Dans la troisième condition, les distracteurs étaient similaires à la lettre T. Les résultats apparaissant à la Figure 7 montrent que le temps mis pour détecter la lettre T était nettement influencé par la présence de distracteurs chez les personnes âgées, mais pas chez les jeunes. Ainsi, chez les âgés, comparativement à la condition où la lettre T était présentée seule, le temps de détection était plus important en présence de distrac-

Figure 6

Exemple de stimulus utilisé dans une tâche de recherche visuelle permettant d'étudier l'attention sélective. L'un de ces deux ensembles contient au moins une fois la lettre P. La tâche du participant est d'indiquer cet ensemble.

teurs non similaires et encore plus long lorsque les distracteurs étaient similaires. Chez les jeunes, les temps de détection n'étaient pas influencés par la présence et la nature des distracteurs.

Les résultats de Farkas et Hoyer ont été répliqués récemment par Hommel, Li, et Li (2004) qui ont présenté à des participants adultes d'âge variable des items dans lesquels

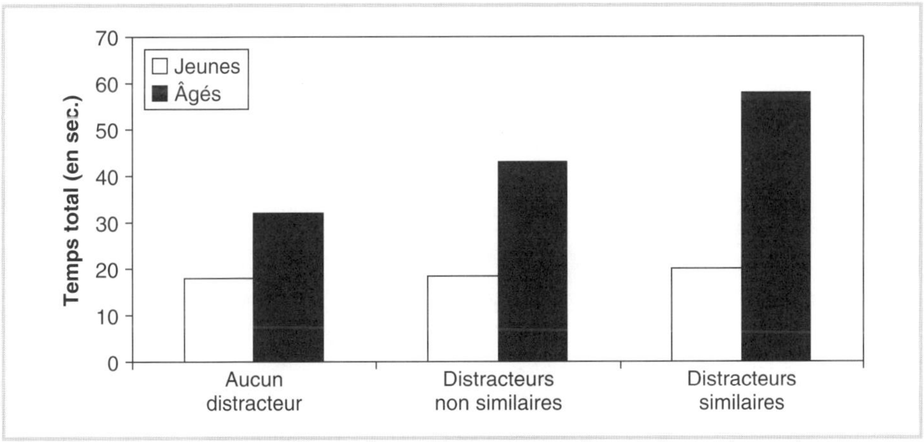

Figure 7

Temps mis pour détecter la lettre T en présence (ou en l'absence) de distracteurs (similaires ou non) dans l'étude de Farkas et Hoyer (1980).

Ces données montrent que la présence de distracteurs perturbe seulement les personnes âgées et encore plus lorsque les distracteurs ressemblent à l'item cible. Ceci montre une perturbation de l'attention sélective avec l'âge.

pouvait ou non se trouver un cercle blanc rempli (voir Figure 8). Plusieurs facteurs étaient manipulés. En particulier, il était intéressant de comparer le temps de détection pour les conditions homogènes (les distracteurs étaient tous des cercles blancs non remplis) et hétérogènes (les distracteurs étaient pour moitié des cercles blancs non remplis et pour moitié des carrés blancs non remplis) selon que le nombre de distracteurs était 1, 7 ou 13. Ces temps sont présentés à la Figure 9 pour les conditions où les participants avaient 7 et 13 distracteurs et où les cercles cibles étaient présents.

Ces données montrent plusieurs phénomènes intéressants :

- Les participants jeunes et âgés mettaient plus de temps pour détecter la présence d'une cible lorsque les distracteurs étaient homogènes que lorsqu'ils étaient hétérogènes.
- Les participants jeunes et âgés prenaient plus de temps avec 13 distracteurs qu'avec 7 distracteurs.
- Les participants jeunes étaient plus rapides que les participants âgés.
- La différence entre les jeunes et les âgés était plus importante avec 13 distracteurs qu'avec 7 distracteurs, surtout dans la condition où les distracteurs n'étaient pas homogènes.

Ces données montrent qu'avec l'âge, nous avons de plus en plus de mal à inhiber les informations non pertinentes. Ces résultats peuvent aussi s'interpréter différemment dans le contexte de la théorie d'intégration des attributs d'Anne Treisman (Treisman, 1987 pour un bref exposé en français), selon laquelle la détection d'un stimulus simple nécessite deux étapes : (1) l'identification automatique des attributs simples ou des caractéristiques (e.g., couleur), une étape peu sensible à la quantité d'information à traiter, et (2) l'intégration des attributs ou caractéristiques, cette dernière étape nécessitant l'attention volontaire. L'intégration est cruciale lorsque la distinction entre la cible et les distracteurs nécessitent de combiner plus d'un attribut comme dans la condition hétérogène (Figure 8, panneau de droite). Cette étape est sensible à la quantité de distracteurs. Selon cette approche, Il est donc possible que les aînés aient plus de difficulté à faire attention à plusieurs attributs à la fois, du moins en modalité visuelle.

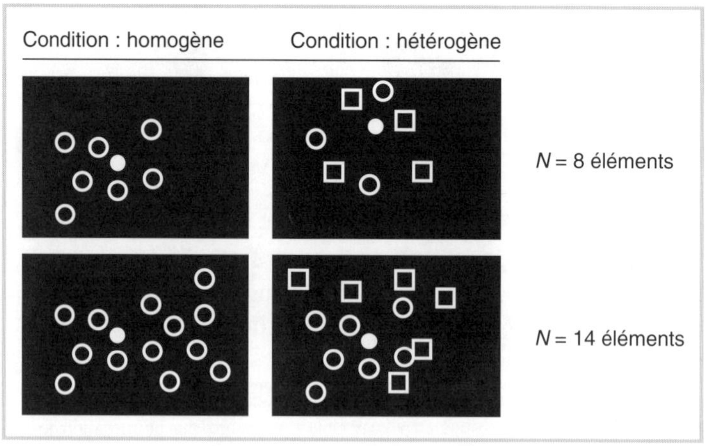

Figure 8

Illustration des différentes conditions utilisées par Hommel et al. (2004) pour étudier l'évolution avec l'âge de la recherche visuelle.
À chaque essai, les participants devaient dire si un cercle blanc plein était présent ou absent.

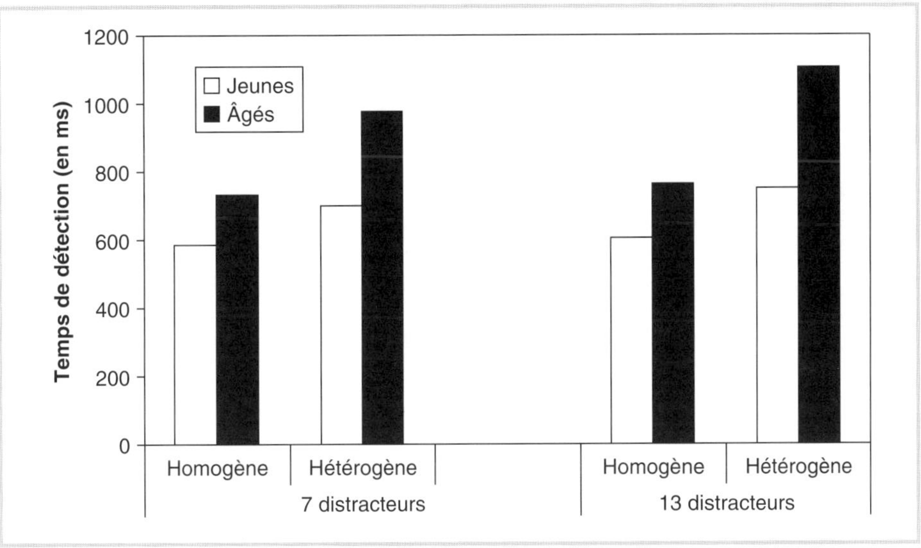

Figure 9

Temps moyen de détection des cibles chez les adultes d'âge variable dans les conditions où il y avait 7 et 13 distracteurs et selon que ces distracteurs étaient homogènes ou hétérogènes (données d'après Hommel et al., 2004).

Ces données montrent que plus les participants étaient âgés, plus ils étaient gênés par les distracteurs surtout quand ces distracteurs étaient hétérogènes. Ceci résulte vraisemblablement de la difficulté de plus en plus grande avec l'âge d'inhiber les informations non pertinentes.

Ces effets du vieillissement dans des tâches de recherche visuelle ont été reproduits de nombreuses fois (e.g., Bedard *et al.*, 2002 ; Folk & Lindcourt, 1996 ; Forster, Behrmann, & Stuss, 1995 ; Ho & Scialfa, 2002, Humphrey & Kramer, 1997 ; Madden, Pierce, & Allen, 1996 ; Madden et al., 2004a et b ; Oken, Kishyiyama, & Kaye, 1994 ; Plude & Hoyer, 1981 ; Plude & Doussard-Roosevelt, 1989 ; Scialfa, Essay, & Joffe, 1998 ; Scialfa, Jenkins, Hamaluk, & Skaloud, 2000 ; Scialfa & Joffe, 1997, 1998 ; Trick & Enns, 1998 ; Whiting, Madden, Pierce, & Allen, 2005).

Notons que les effets du vieillissement sur l'attention sélective se généralisent à d'autres tâches que les tâches de recherche visuelle, comme dans des tâches de tri de cartes (voir Hoyer, Rebok, & Sved, 1979, pour des effets analogues dans des tâches d'identification de concepts). Par exemple, Rabitt (1965) a donné à des participants jeunes et âgés des cartes à trier. Sur ces cartes se trouvait une lettre cible (soit A, soit Y) avec un nombre variable de lettres distractrices. Les résultats (apparaissant à la Figure 10) montrent que le temps de tri augmente avec le nombre de distracteurs et que cette augmentation est plus importante chez les âgés. Ce résultat suggère que les participants âgés ont plus de difficultés que les jeunes à ne pas traiter les informations non pertinentes (i.e., lettres distractrices) et se laissent plus facilement perturber par ces informations.

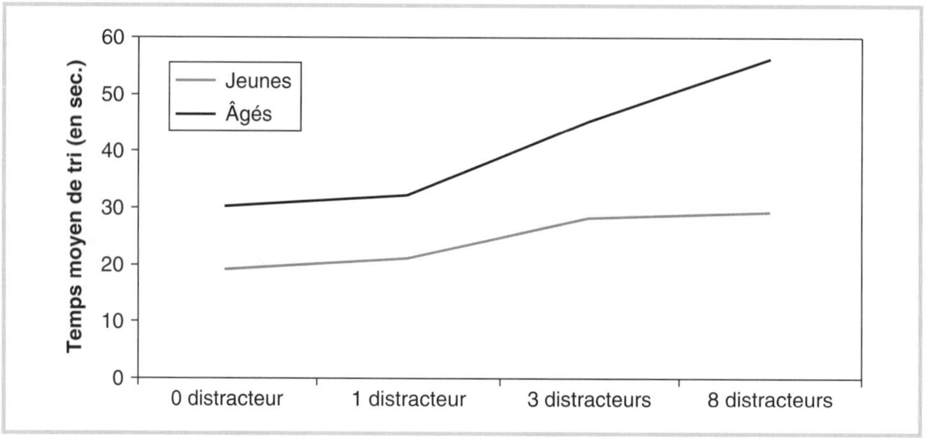

Figure 10

Effet du nombre de distracteurs sur le tri de cartes par des participants jeunes et âgés (d'après Rabitt, 1965).

Ces données montrent que les personnes âgées se laissent plus facilement distraire que les jeunes par des informations non pertinentes de la tâche.

Les effets du vieillissement sur l'attention sélective ne sont pas restreints à la modalité visuelle. Plusieurs études ont testé la modalité auditive. Ainsi, par exemple, Gaeta, Frideman, Ritter et Cheng (2001 ; voir aussi Scialfa, Kline, & Lyman, 1987) ont demandé à leurs participants d'indiquer si un son cible (présenté à 1500 HZ) était fort ou faible en appuyant sur un bouton correspondant. Juste avant le son cible, les participants entendaient un son proche (700 HZ) du son cible ou un son éloigné (500 HZ). Les sons proches représentaient plus des trois quarts des sons. Les données (voir Figure 11) montrent que le temps pour identifier le son cible était plus élevé chez les âgés. Elles montrent aussi que la différence entre les temps d'identification des sons proches et éloignés était plus grande chez les âgés que chez les jeunes. Ceci suggère que les âgés se sont laissés plus facilement perturber par le son précédent qu'ils avaient pour consigne d'ignorer, surtout le son éloigné (plus rare).

En résumé, les effets du vieillissement sur l'attention sélective, étudiés avec différentes tâches, convergent pour conclure à une dégradation avec l'âge de nos capacités d'attention sélective. Il semble qu'avec l'âge nous ayons de plus en plus de difficulté à sélectionner la caractéristique pertinente d'un stimulus pour une tâche et à résister au traitement des dimensions ou stimulus non pertinents.

2 L'attention partagée ou attention divisée

L'*attention partagée*** est impliquée dans diverses activités de la vie quotidienne comme lorsque nous conduisons notre voiture et écoutons la radio (ou poursuivons une conversation) en même temps. Nous devons allouer nos ressources attentionnelles

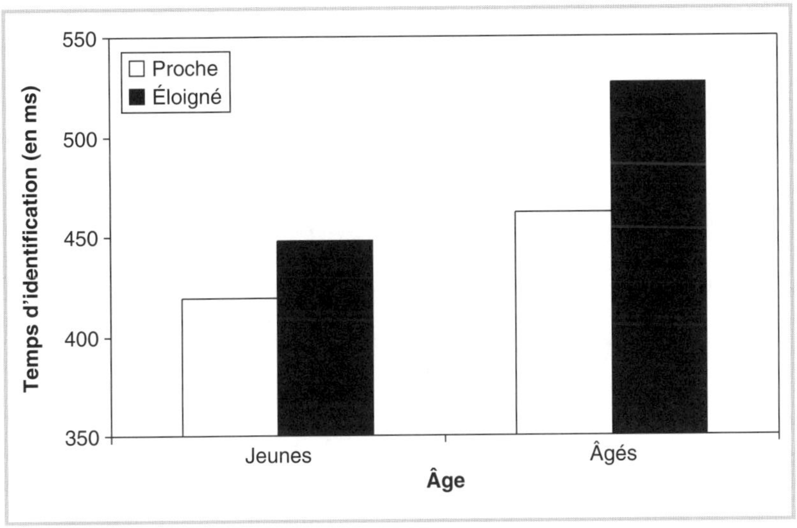

Figure 11

Temps d'identification d'un son cible après avoir entendu un son proche ou éloigné chez des participants jeunes et âgés (d'après Gaeta et al., 2001).

Ces données montrent que les personnes âgées ont plus de mal que les personnes jeunes à ignorer un stimulus non pertinent pour la tâche à accomplir et se laissent plus facilement perturber par ce stimulus.

alternativement aux informations et activités relatives à la conduite (e.g., informations visuelles sur la route ; passer les vitesses ; accélérer ou freiner) et relatives à la conversation (e.g., encoder le message de l'interlocuteur, lui répondre). Les recherches sur l'attention partagée étudient nos capacités à traiter en parallèle plusieurs informations et à gérer l'allocation de nos ressources attentionnelles sur plusieurs cibles simultanément. Les études sur l'évolution de l'attention partagée avec l'âge permettent de comprendre comment cette capacité évolue au cours de la vie adulte. La technique de l'écoute dichotique est une méthode souvent utilisée pour déterminer comment l'attention divisée évolue avec l'âge.

Dans une situation d'écoute dichotique (Figure 12), les participants écoutent simultanément deux messages différents, un dans chaque oreille. On comptabilise le nombre d'items correctement rappelés pour chaque oreille. Plus ce nombre est élevé, mieux le participant gère l'allocation de ses ressources attentionnelles sur deux canaux. La plupart des études ont observé que l'âge s'accompagne d'une détérioration des capacités à partager l'attention entre plusieurs cibles.

Par exemple, Inglis et Caird (1963) ont étudié l'évolution avec l'âge des performances en situation d'écoute dichotique. Dans cette expérience, les participants devaient écouter des chiffres présentés simultanément dans chaque oreille (e.g., 8 était présenté dans l'oreille gauche et 3 dans l'oreille droite). Ils devaient ensuite rappeler ces chiffres par oreille (ou canal). Par exemple, les participants entendaient la série : 8/3, 4/7 et 2/5, le premier chiffre étant présenté dans l'oreille gauche et le second dans l'oreille droite. Les participants devaient ensuite rappeler 8, 4, 2 puis 3, 7, 5. Les résultats (résumés à la Figure 13) montrent que, même si l'âge n'affecte pas le rappel des stimulus présentés dans le premier canal, le nombre moyen de chiffres rappelés diminuait pour le deuxième canal. Ce résultat est en accord avec l'hypothèse selon laquelle, avec l'âge, il est de plus en plus difficile de partager son attention entre plusieurs sources d'information. Notons toutefois que, dans une telle tâche, les auteurs n'ont pas contrôlé l'accent

Figure 12

Situation d'écoute dichotique.
Le participant écoute deux messages différents, un dans chaque oreille. Il doit rappeler les deux messages.

relatif mis par les participants sur chaque tâche. Les jeunes ont pu répartir leurs ressources attentionnelles équitablement sur chaque canal et les âgés plutôt sur le premier canal. Les auteurs n'avaient en outre collecté aucune mesure de base indiquant le niveau de performance selon l'âge à chacune des tâches considérées isolément.

La difficulté des personnes âgées à alterner entre deux ou plusieurs tâches a été plus clairement mise en évidence dans les études où les participants avaient plusieurs tâches à gérer et où était contrôlé l'accent mis sur chacune des tâches. Ainsi, par exemple, Salthouse et ses collègues ont développé une procédure ingénieuse pour faire ce contrôle. Dans une étude publiée en 1984 avec Rogan et Prill, ils ont demandé aux participants

Figure 13

Nombre moyen de chiffres correctement rappelés dans chaque canal selon l'âge (d'après Inglis & Caird, 1973).
Ces données montrent qu'avec l'âge, il est de plus en plus difficile de partager son attention entre plusieurs sources d'informations.

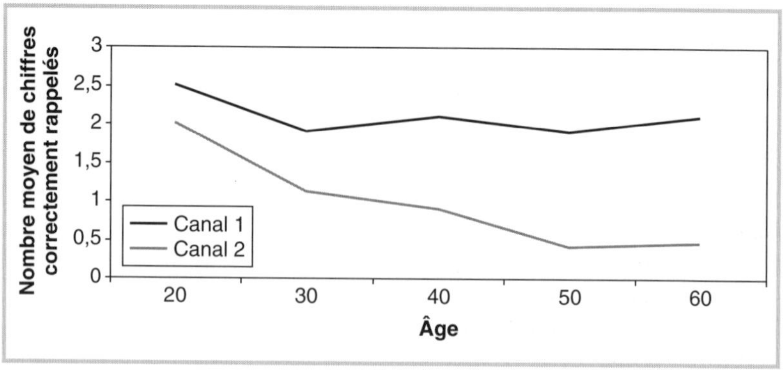

d'accomplir deux tâches en parallèle, à savoir mémoriser des séries de lettres et mémoriser des séries de chiffres. En payant les participants, ils leur ont demandé de mettre l'accent sur l'une ou l'autre tâche. Par exemple, pour mettre l'accent sur la mémorisation des lettres, les participants étaient payés pour chaque série de lettres correctement rappelées. Cette condition définissait une condition dite 100/0 (l'accent était mis à 100 % sur la mémorisation de lettres et à 0 % sur la mémorisation de chiffres). Ils ont ainsi fait varier l'accent mis sur la mémorisation de lettres versus la mémorisation de chiffres. Plusieurs conditions permettaient de réaliser cet objectif :

- *Condition 20/80* : l'accent était mis à 20 % sur la mémorisation des lettres et à 80 % sur la mémorisation des chiffres,
- *Condition 40/60* : l'accent était mis à 40 % sur la mémorisation des lettres.
- *Condition 60/40* : l'accent était mis à 60 % sur la mémorisation des lettres.
- *Condition 80/20* : l'accent était mis à 80 % sur la mémorisation des lettres.

En examinant les pourcentages de chiffres correctement rappelés en fonction de l'accent mis sur la mémorisation des chiffres (voir Figure 14), on observe que les personnes âgées ont eu plus de difficultés que les jeunes à gérer l'allocation des ressources attentionnelles sur les deux tâches. Notons que cette difficulté n'est pas apparue lorsque les deux tâches –dire si A était présent ou absent à l'apparition d'un stimulus sur un écran ou dire si B était présent ou absent— étaient relativement simples (Somberg & Saltouse, 1982).

Les mêmes conclusions relatives à une dégradation des capacités d'attention partagée avec l'âge ont pu être tirées des résultats obtenus dans des situations de double tâche où les participants ont à exécuter deux tâches en parallèle (e.g., De Ribeaupierre & Ludwig, 2000 ; Hartley & Little, 1999 ; Kramer *et al.*, 1995 ; 1999 ; Kray & Lindenberger, 2000 ; Kray, Li, & Lindenberger, 2002 ; Light & Prull, 1995 ; Perfect & Rabitt, 1993 ; Salthouse & Mils, 200 ; Salthouse *et al.*, 1995 ; Tsang & Shaner, 1998 ; Tun &

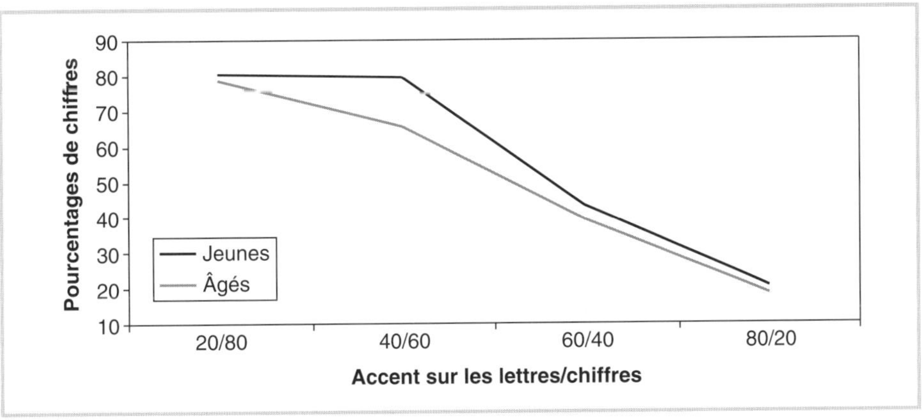

Figure 14

Pourcentages de séries de chiffres correctement rappelées en fonction de l'accent mis sur cette mémorisation dans l'expérience de Salthouse et al. (1984).

Ces données montrent que les personnes âgées ont eu plus de difficultés à gérer la priorité accordée à deux tâches accomplies en parallèle.

Winglfield, 1994, 1995 ; Tun *et al.*, 1992 ; voir Verhaegen, Steitz, Sliwinski, & Cerella, 2003 pour une méta-analyse récente des effets de l'âge sur les performances en situation de double tâche).

3 La flexibilité attentionnelle

Il n'est pas toujours possible de diviser son attention entre plusieurs informations. Il est même souvent crucial d'alterner de manière flexible notre attention sur différentes sources à différents moments. Ainsi, par exemple, lorsque nous conduisons dans un embouteillage ou sur un chemin inconnu, il peut s'avérer nécessaire de s'arrêter de parler pour se concentrer sur la conduite, quitte à revenir à la conversation une fois l'embouteillage passé. Cette capacité à alterner notre attention entre différentes sources d'informations s'appelle le *switching attentionnel*** ou *flexibilité attentionnelle***.

L'évolution avec l'âge de nos capacités à nous concentrer alternativement sur différents objets a été étudiée par les psychologues du vieillissement cognitif à l'aide de deux types de tâches dites tâches de switching, switching inter-stimulus et switching inter-tâches. Dans une *tâche de switching inter-stimulus***, on demande aux gens de focaliser leur attention sur une partie d'un stimulus (e.g., les deux lettres centrales d'un mot) pendant plusieurs essais et sur l'ensemble du stimulus (e.g., le mot entier) pendant les essais suivants. Les participants peuvent aussi avoir à traiter des stimulus présentés oralement et visuellement et avoir à se concentrer alternativement sur l'une puis l'autre modalité. On examine le temps qu'il faut aux participants pour faire ce changement (i.e., ce switching) d'une modalité à l'autre ou d'une partie du stimulus à l'ensemble. En général, le coût cognitif associé à ce changement se traduit par un allongement du temps. Ce coût est plus élevé chez les personnes âgées que chez les jeunes qui passent d'une modalité à l'autre plus rapidement que les âgés (e.g., Hartley & McKenzie, 1991 ; Madden & Gottlob, 1997 ; Hawkins *et al.*, 1992 ; Salthouse *et al.*, 1998).

Folk et Hoyer (1992) ont testé une tâche typique de switching visuo-spatial (parfois aussi appelé tâche d'indiçage spatial ; voir Siéroff & Piquard, 2004). Ils ont demandé à leurs participants d'identifier l'une des deux cibles pouvant apparaître dans l'un des quatre coins entourant la zone centrale de l'écran (i.e., haut-droite, haut-gauche, bas-droite, bas-gauche de la zone centrale). Juste avant l'apparition de la cible, les participants voyaient un indice (e.g., une flèche apparaissait en direction de l'écran central à gauche). Folk et Hoyer ont comparé plusieurs types d'indices (Figure 15). Cet indice pouvait être valide (la cible apparaissait à l'endroit indiqué) ou invalide (la cible apparaissait à un autre endroit). Ils ont également fait varier le délai entre la présentation de l'indice et de la cible.

Sur la Figure 16, apparaissent les temps de détection des cibles pour les items sans indice, avec indice valide et avec indice invalide, lorsque l'indice était présenté 50 ms avant la cible. Les auteurs ont examiné les effets de switching en fonction de l'âge. Ces effets sont mesurés par la différence entre le temps mis lorsque l'indice est invalide et soit le temps mis lorsque l'indice est valide soit le temps mis lorsqu'aucun indice n'est présenté. Comme le montre la Figure 16, les résultats laissent apparaître des effets de switching plus importants chez les participants âgés que chez les jeunes. Ces données

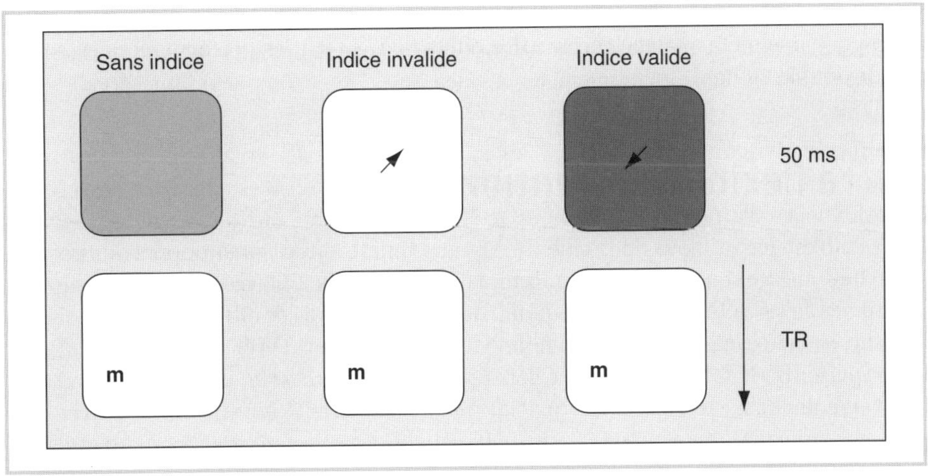

Figure 15

Protocole expérimental utilisé par Folk et Hoyer (1992) pour étudier le switching attentionnel.
Les participants devaient indiquer quelle lettre cible apparaissait dans l'un des quatre cadrans de l'écran, après avoir vu ou pas un indice valide (présenté dans le même cadran) ou un indice invalide (présenté dans un cadran différent).

laissent apparaître que la différence entre les participants jeunes et âgés est plus grande dans la condition indice valide que dans la condition sans indice et plus grande encore dans la condition indice invalide. Ceci suggère que la flexibilité attentionnelle (ou *concentration***) est perturbée avec l'âge. Pour accomplir cette tâche, les participants devaient en effet défocaliser leur attention sur l'endroit indiqué par la cible invalide, puis

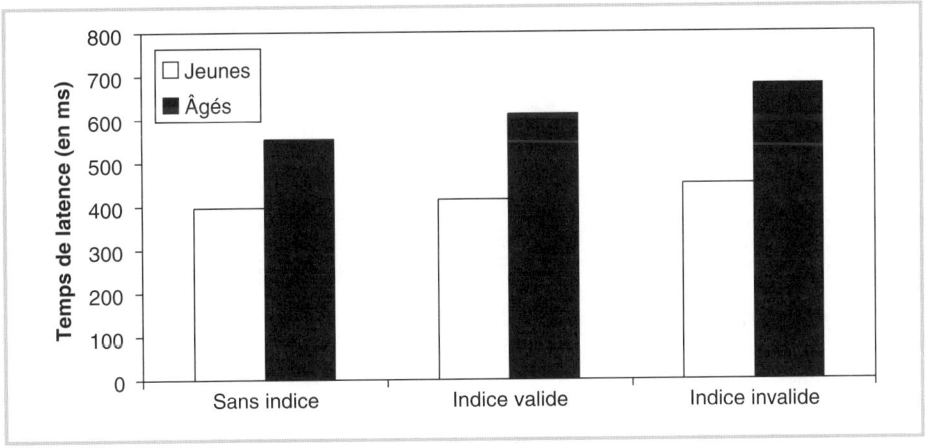

Figure 16

Temps de détection correcte des cibles dans l'étude de Folk et Hoyer (1992) en fonction des indices présentés.
Ces données montrent que les temps de détection d'une cible sont plus importants chez les âgés et d'autant plus importants que l'indice spatial est invalide. Ceci est en accord avec une diminution des capacités de concentration avec l'âge.

focaliser leur attention sur l'endroit où la cible apparaissait réellement. Ces mécanismes de désengagement et réengagement attentionnels exigent une attention soutenue tout au long de l'expérience où sont mélangés des essais avec (ou sans) indices valides et invalides.

Les effets de switching observés dans les conditions d'indiçage invalide peuvent se comprendre comme le temps nécessaire pour qu'un participant désengage ses ressources attentionnelles d'un endroit (indiqué par l'indice invalide) pour les ré-engager sur un autre endroit (localisation de la cible). Ce temps reflète le coût attentionnel des processus de désengagement et de ré-engagement attentionnels. Ce coût plus élevé chez les personnes âgées a été répliqué dans plusieurs laboratoires avec différentes variantes de la tâche de switching inter-stimulus (e.g., Atchley & Kramer, 1998 ; Greenwood & Parasumraman, 1994 ; Greenwood *et al.*, 1993 ; 1997 ; Lincourt *et al.*, 1997 ; Madden *et al.*, 1994 ; Yamaguchi *et al.*, 1995).

Dans une *tâche de switching inter-tâche***, le changement de focus attentionnel demandé aux participants ne concerne pas les stimulus, mais le type de tâche à accomplir. La Figure 17 illustre une tâche de switching inter-tâche où le temps de faire des additions et des soustractions en alternance est comparé au temps mis pour accomplir chaque

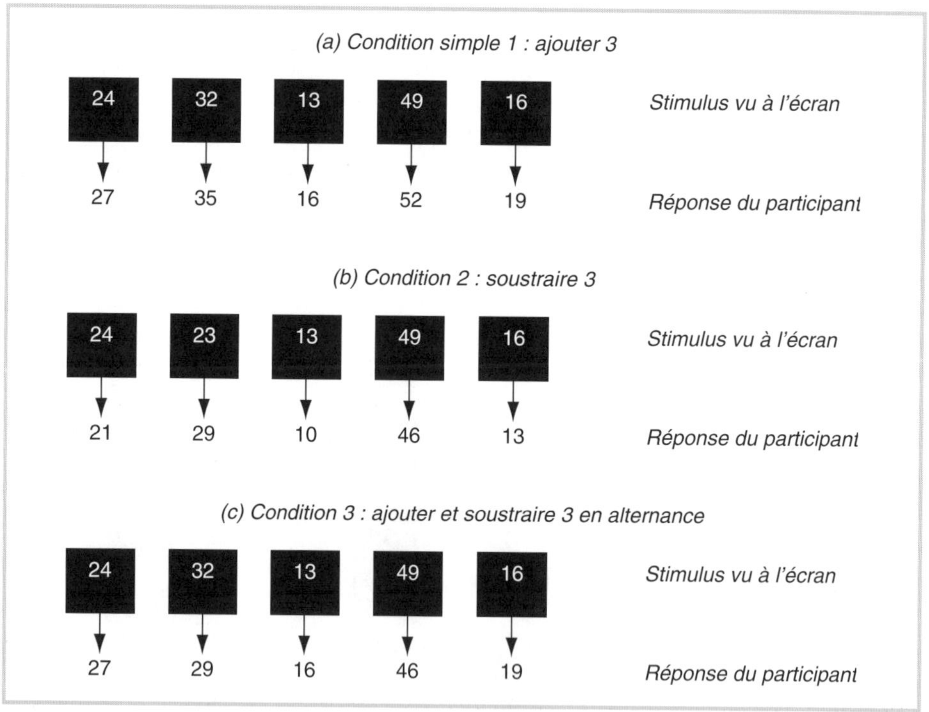

Figure 17

Protocole expérimental visant à étudier la flexibilité attentionnelle (ou le switching attentionnel).
Dans ce protocole, la performance des participants dans une condition où ils doivent accomplir deux tâches en alternance (i.e., ajouter 3 au nombre apparaissant en rouge ; soustraire 3 au nombre apparaissant en noir) est comparée aux conditions où les deux tâches sont accomplies séparément.

opération isolément (e.g., Jersild, 1927 ; Hartley, Kieley, & Slabach, 1990 ; Kray & Lindenberger, 1990 ; Kray, Li, & Lindenberger, 2002 ; Kramer, Hahn, & Gopher, 1999 ; Spector & Biderman, 1976 ; Verhaeghen & Basak, 2005 ; Wasylyshyn, Verhaeghen, & Sliwinski, sous presse).

Ainsi, par exemple, Hawkins *et al.* (1992) ont donné à leurs participants une tâche où ils leur ont demandé de discriminer entre des stimulus visuels ou auditifs, ou les deux. Pour les stimulus visuels, les participants voyaient sur un écran d'ordinateur soit la suite de lettres « semakh » soit la suite de lettres « pe ». À l'apparition de « semakh » ils devaient appuyer le plus rapidement possible sur une touche du clavier avec l'auriculaire de la main droite. À l'apparition de « pe », ils devaient appuyer le plus rapidement possible sur une touche du clavier avec l'index de la main droite. Pour les stimulus auditifs, les participants devaient appuyer sur une touche du clavier de l'ordinateur à l'apparition d'un son grave avec l'auriculaire de la main gauche et sur une autre touche à l'apparition d'un son aigu avec l'index de la main gauche. Dans la condition où les deux modalités étaient combinées, les participants voyaient un stimulus visuel sur certains essais et entendaient un stimulus auditif sur d'autres, de manière aléatoire. Si un son était présenté, les participants devaient répondre avec l'index ou l'auriculaire de la main gauche pour dire s'ils avaient entendu un son grave ou aigu. Si une suite de lettres apparaissait à l'écran, les participants devaient répondre avec l'index ou l'auriculaire de la main droite pour indiquer quelle suite de lettres ils avaient vue. En d'autres termes, dans la condition « présentation combinée », les participants devaient alterner leur attention entre deux modalités pour distinguer deux types de stimulus dans chaque modalité. La différence de temps de réponse entre la condition combinée (i.e., avec switching attentionnel) et les conditions modalité unique (i.e., sans switching attentionel) était un indicateur de coût attentionnel ou de la capacité à jongler entre plusieurs tâches. Si le vieillissement affecte cette capacité, alors ce coût devrait être plus important.

Comme le montrent les données apparaissant à la Figure 18, tous les participants étaient plus lents dans la condition où les deux modalités étaient présentées que dans les conditions où une seule modalité était présentée. En outre, les participants âgés étaient plus ralentis que les jeunes dans cette condition dite de « switching attentionnel » (voir aussi Salthouse *et al.*, 1998). Ceci signifie que les personnes âgées avaient plus de difficultés que les personnes jeunes à alterner leur attention sur différentes sources à différents moments.

4 La concentration

La concentration (parfois appelée attention soutenue), quatrième fonction de l'attention, concerne notre capacité à soutenir notre attention pendant une durée relativement longue afin de traiter en profondeur une ou plusieurs informations. Elle renvoie aussi à notre capacité à rester éveillé pendant l'accomplissement d'une tâche cognitive plus ou moins monotone. Elle est cruciale dans les apprentissages, notamment ceux pour lesquels nous sommes peu motivés, ou dans la vie quotidienne comme lorsque nous conduisons sur une autoroute monotone. Les travaux sur le vieillissement ont cherché à déterminer si nos capacités de concentration changent avec l'âge.

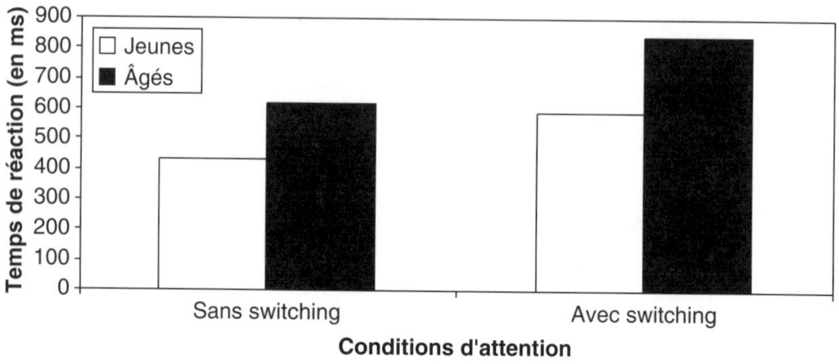

Figure 18

Temps moyen de discrimination entre plusieurs stimulus et tâches en fonction des conditions d'attention chez les participants jeunes et âgés dans l'expérience de Hawkins et al. (1992).

La différence de temps de réaction entre les jeunes et les âgés était plus importante en condition avec switching qu'en condition sans switching, révélant la plus grande difficulté des âgés à alterner leurs ressources attentionnelles entre différentes informations.

Deux types de tâches ont été mises au point pour étudier l'attention soutenue : les tâches dites de concentration ou de vigilance et les tâches de détection. La tâche de la pendule de MacWorth est un exemple de tâche de concentration. Dans cette tâche, les participants fixent une pendule dont l'aiguille fait un mouvement toutes les secondes. De temps en temps, elle fait deux mouvements en une seconde ou un mouvement toutes les deux secondes. Les participants doivent appuyer le plus vite possible sur un bouton pour indiquer quand l'aiguille ne suit pas les mouvements réguliers. Les données rapportées par Giambra et Quilter (1988 ; voir aussi Giambra, 1993 ; Bunce *et al.*, 1996 ; Davis & Parasuraman, 1982 ; Quilter & Giambra, 1983 ; Survillo & Quilter, 1964 ; Talland, 1967) montrent que les participants âgés ont repéré moins de mouvements irréguliers et mettaient plus de temps à les repérer (voir Figure 19). Ceci suggère que nos capacités à rester concentré longtemps (même sur une tâche simple) diminuent avec l'âge.

Dans une tâche de détection, les participants voient apparaître une lettre cible soit à droite, soit à gauche sur un écran d'ordinateur. Ils doivent appuyer sur un bouton correspondant pour indiquer où apparaît la cible. Auparavant, ils peuvent avoir un signal (une flèche en direction de l'endroit où apparaîtra la cible) valide (la cible apparaît là où la flèche l'a indiqué) ou invalide (la cible apparaît à un autre endroit). Quand cette tâche est réalisée sur une longue durée, l'attention des participants diminue et leurs temps de détection augmentent. La différence de temps mis pour détecter les cibles avec signal invalide et avec signal valide en fonction du temps est un indicateur de concentration des participants. Il existe assez peu de différences liées à l'âge dans ces tâches (e.g., Mouloua & Parasuraman, 1995 ; Parasuraman & Giambra, 1991), au-delà des effets simples de ralentissement global chez les personnes âgées.

Toutefois, lorsque les chercheurs ont étudié en détail, et non plus globalement, les performances des participants dans les tâches de détection, ils ont observé une diminution

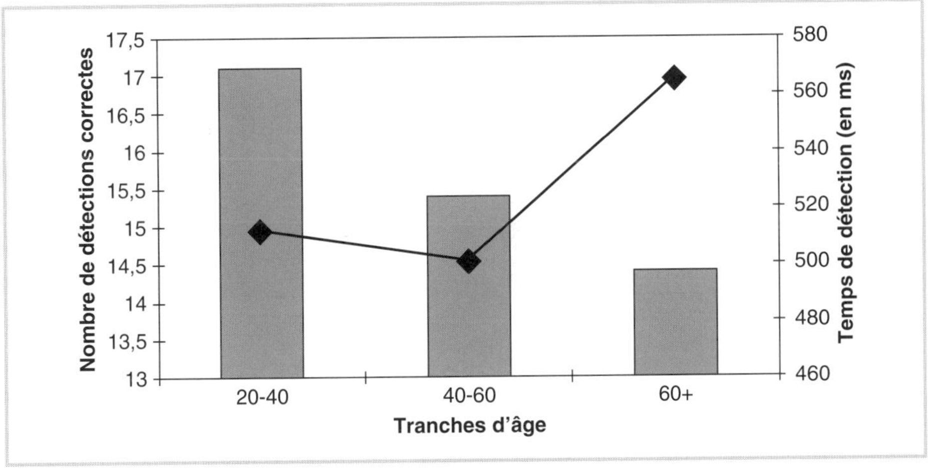

Figure 19

Nombre de détections correctes et temps moyens de détection dans l'expérience de Giambra et Quilter (1988).

Ces données montrent que les personnes âgées repèrent moins facilement les mouvements de pendule erronés et mettent plus de temps à les détecter que les jeunes, en accord avec l'hypothèse d'une diminution des capacités de concentration avec l'âge.

liée à l'âge des capacités de concentration. Ainsi, par exemple, Mouloua et Parasuraman (1995) ont donné une tâche de détection de cibles à des participants jeunes et âgés. À chaque essai, une lettre cible pouvait apparaître ou non sur l'un des quatre coins de l'écran d'ordinateur (i.e., haut-droite, haut-gauche, bas-droite ou bas-gauche). Les participants devaient indiquer le plus rapidement possible dans quel coin apparaissait la lettre cible. La tâche durait 30 minutes. Les auteurs ont manipulé deux variables intéressantes : le taux d'apparition des cibles (beaucoup vs. peu de cibles toutes les minutes) et la proportion d'items valides (faible, moyenne, élevée). Deux résultats suggèrent une diminution de la vigilance avec l'âge. Le premier concerne le taux de détections correctes. Comme le montre la Figure 20, lorsque les participants n'avaient pas à choisir le cadran dans lequel apparaissait la cible (i.e., condition d'incertitude faible où la proportion d'items valides était élevée), il n'y avait aucune différence entre jeunes et âgés. En revanche, plus l'incertitude spatiale était élevée, plus la différence jeunes-âgés augmentait. Ce premier résultat reproduit les données obtenues dans la recherche sur le switching attentionnel. Par ailleurs, les auteurs ont comptabilisé le nombre de fois où les participants étaient longs à répondre (i.e., plus de 1000 ms pour un temps moyen d'environ 500 ms). Dans la condition cibles fréquentes/validité faible, le nombre de ces longues réponses était plus faible chez les jeunes que chez les âgés et augmentait d'autant plus qu'on s'approchait de la fin de l'expérience. Ces deux résultats n'ont pu apparaître que parce que le niveau de vigilance diminuait chez les participants âgés au cours de l'expérience. Ceci est en accord avec l'hypothèse d'une diminution des capacités de concentration avec l'âge (voir aussi Bunce *et al.*, 1996 ; Neuchterlein *et al.*, 1983).

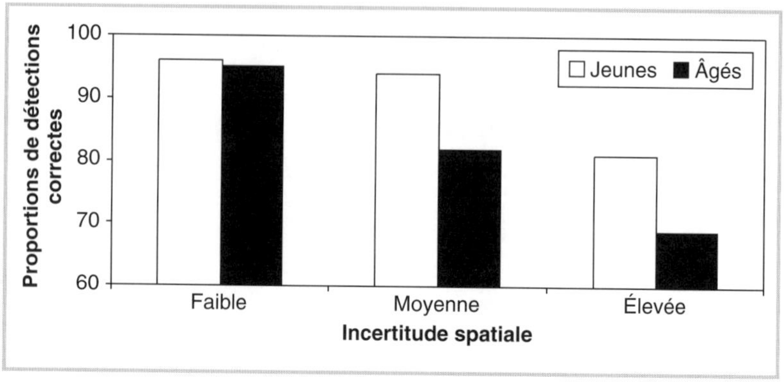

Figure 20

Proportions de détections correctes chez les jeunes et les âgés dans l'expérience de Mouloua et Parsuraman (1995). Ces données montrent que les proportions de détections correctes diminuent avec l'augmentation de l'incertitude spatiale, et ce plus fortement chez les participants âgés. Ceci est en accord avec l'hypothèse que la vigilance se détériore avec l'âge.

5 L'attention préparatoire

L'*attention préparatoire*** est une autre fonction de l'attention à avoir été étudiée par les psychologues (Salthouse, 1985). Se préparer à répondre est un aspect de l'attention fréquemment sollicité dans la vie quotidienne (comme se préparer à traverser une rue au feu vert pour piétons). L'attention préparatoire caractérise notre capacité à développer et maintenir un traitement optimal juste avant l'exécution d'un mouvement (voir Jeannerod, 1997 ; Niemi & Näätänen, 1981, pour des présentations générales). La préparation à répondre concerne aussi bien des actes moteurs (coordination visuomotrice dans les comportements de saisie manuelle) que des actes cognitifs (détection d'un signal visuel). Les psychologues du vieillissement ont rapporté un certain nombre de données qui suggèrent une augmentation de la difficulté à préparer une action avant son exécution. Cette augmentation peut être la source de difficultés à réaliser des activités complexes qui reposent sur la coordination d'actions plus simples.

De nombreuses études ont montré que l'attention préparatoire se détériore avec l'âge. Ainsi, par exemple, Bherer et Belleville (2004) ont soumis des participants jeunes et âgés à une tâche d'attention préparatoire (Figure 21). À l'apparition du mot « OK » au milieu de l'écran d'ordinateur, les participants devaient appuyer sur l'un des trois boutons d'une boîte à boutons. Cet appui déclenchait un signal sonore. Puis, alors que les participants maintenaient leur doigt appuyé sur l'un des trois boutons pendant une durée variable (appelée intervalle préparatoire), un cercle noir était présenté au centre de l'écran de l'ordinateur. À l'apparition du cercle noir, les participants devaient appuyer sur un autre bouton. Le temps mis pour appuyer sur ce deuxième bouton à l'apparition du cercle noir était nettement influencé par la préparation pendant l'intervalle préparatoire. Mieux les participants se préparaient à répondre à l'apparition du cercle, plus vite ils répondaient. Les auteurs ont fait varier la durée de l'intervalle préparatoire en comparant trois ensembles de durées dites courtes (1, 3 et 5 secondes) et trois ensembles de durées dites longues (5, 7 et 9 secondes). Dans une condition où la période préparatoire varie de 1, 3 ou 5 secondes, plus le temps passe, plus les participants sont prêts à répondre rapidement. Donc, leur temps de réponse tend à diminuer en fonction du délai. Dans l'expérience de Bherer et Belleville, la durée de 5 secondes

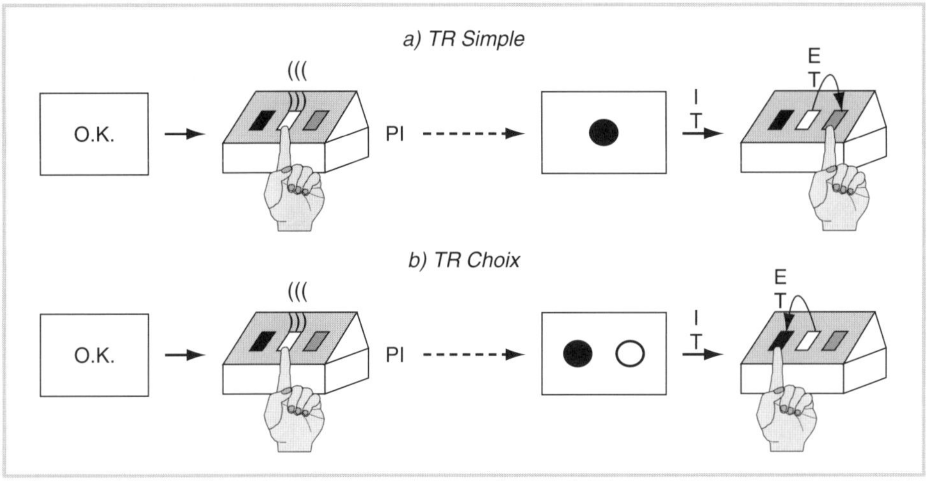

Figure 21

Protocole utilisé par Beher et Belleville (2004) pour étudier l'évolution de l'attention préparatoire avec l'âge.

permet de comparer la performance des participants pour une même durée absolue lorsque celle-ci engendre une bonne préparation (dans la courte fenêtre de 1, 3, 5 secondes) ou lorsque celle-ci permet peu de préparation (dans la longue fenêtre de 5, 7 et 9 secondes) due à sa faible probabilité.

Les données sont présentées à la Figure 22 pour le délai le plus court et celui le plus long (1 et 9 secondes) avec la comparaison au délai contrôle de 5 secondes.

Comme le montrent les données, les auteurs ont observé

- Un effet de préparation : les participants répondent plus vite après un intervalle préparatoire long qu'après un intervalle court. Par exemple, pour les durées courtes, les participants jeunes répondaient plus rapidement à 5 secondes (environ 275 ms) qu'à 1 seconde (environ 325 ms) ; la différence correspondante entre intervalles long et court était de 70 ms chez les participants âgés.
- Aux intervalles préparatoires courts, l'effet de préparation était plus important chez les participants jeunes que chez les participants âgés. En effet, la différence âgés-jeunes était plus grande à 1 seconde (environ 30 ms) qu'à 5 secondes (entre 10 et 15 ms).

Tout se passe comme si les participants âgés avaient plus de difficultés à se préparer à répondre aux délais les plus courts et comme s'il leur fallait plus de temps pour se préparer. Des expériences contrôles ont permis aux auteurs de comprendre que cette difficulté provenait en partie de la difficulté des personnes âgées à traiter les délais improbables pour deux raisons : (1) même dans les longues fenêtres temporelles, le délai le plus court cause problème aux aînés, et (2) si on présente plus souvent, donc plus fréquemment, le délai court, les personnes âgées se préparent aussi bien que les jeunes, même avec des délais aussi courts qu'une seconde.

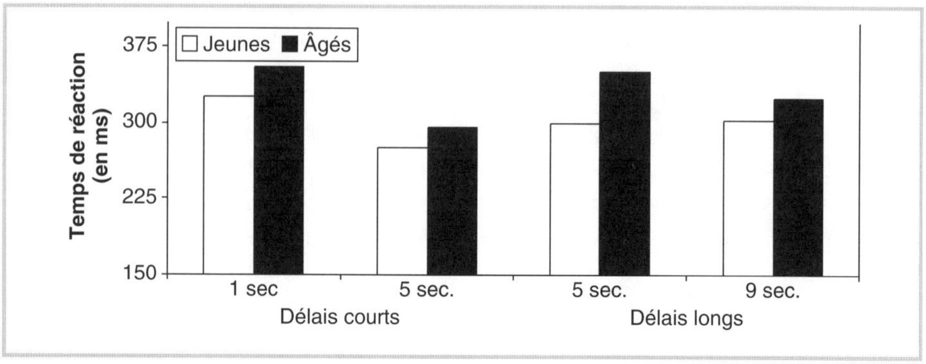

Figure 22

Temps de réaction en fonction de la durée de l'intervalle préparatoire chez les jeunes et les âgés dans l'une des expériences de Bherer et Belleville (2004).

Ces données indiquent que la diminution entre 1 et 5 secondes dans la courte fenêtre temporelle est plus importante chez les jeunes que chez les âgés (et l'inverse dans la longue fenêtre temporelle). Elles suggèrent que les personnes âgées ont plus de difficultés à se préparer à répondre que les jeunes, surtout lorsqu'un événement est peu probable, la durée la plus courte ayant 1/3 de chance d'apparaître en début d'essai..

L'impact de l'âge sur l'attention préparatoire a été de nombreuses fois observé (e.g., Botwinick, 1965 ; Ferraro & Moody, 1996 ; Gottsdanker, 1982 ; Lahtela, Niemi, & Kuusela, 1985 ; Loveless & Sandford, 1974 ; Nebes & Brady, 1993 ; Rabitt, 1984 ; Strauss, Wagman, & Quaid, 1983). L'attention préparatoire se détériore donc réellement avec l'âge.

6 Vieillissement et attention : conclusions

Pour évaluer l'impact du vieillissement sur l'attention, les psychologues se sont inspirés des travaux conduits en psychologie cognitive de l'attention (e.g., Camus, 1996 ; Cowan, 1995 ; Miyake *et al.*, 2000 ; Parasuraman, 1998 ; Pashler, 1998). Ces travaux ont mis en évidence l'existence de différentes fonctions de l'attention, chacune étudiée avec des méthodes spécifiques. Les recherches sur le vieillissement ont essayé de déterminer si l'âge affecte chacune de ces fonctions (voir pour des revues McDowd & Shaw, 2000 ; Mayr, Kliegl, & Krampe, 2001 ; Verhaeghen & Cerella, 2002 ; Verhaeghen, Cerella, Bopp, & Basak, sous presse).

L'attention sélective, appréhendée par des tâches d'amorçage négatif, de recherche visuelle et de Stroop, permet de sélectionner les informations pertinentes pour une tâche cognitive. Les recherches sur les effets du vieillissement ont montré qu'avec l'âge, nous avions de plus en plus de difficultés à faire cette sélection. Il est en effet de plus en plus difficile de repérer les informations importantes, d'inhiber les informations inutiles pour une tâche et, donc, de ne pas se laisser perturber par ces informations non pertinentes.

Le partage de l'attention est étudié, notamment, par des techniques d'écoute dichotique. Cette fonction de l'attention concerne notre capacité à répartir nos ressources de traitement entre différentes informations, toutes pertinentes pour réussir la tâche. Avec l'âge, il est de plus en plus difficile de diviser et allouer en parallèle notre attention sur plusieurs sources d'information. Les différences liées à l'âge en attention divisée ont aussi été mises en évidences à l'aide du paradigme de tâche double, surtout dans le contexte du modèle théorique de mémoire de travail d'Alan Baddeley (voir Chapitre 3).

Le switching attentionnel caractérise notre capacité à alterner successivement notre focalisation attentionnelle d'une source d'information à une autre. Il est étudié par des tâches dites de switching inter-stimulus ou inter-tâches. Là encore, le vieillissement entraîne une dégradation des capacités à jongler entre différentes tâches ou entre différents types d'informations.

L'attention soutenue, étudiée avec des tâches comme la tâche de la pendule de McWorth, concerne nos capacités de concentration. Les données montrent qu'avec l'âge, nous avons de plus en plus de mal à rester attentif ou concentré pendant une durée relativement longue.

Enfin, l'attention préparatoire caractérise notre capacité à développer et maintenir un traitement optimal juste avant l'exécution d'un mouvement ou d'un autre acte cognitif. Testée avec des tâches dites tâches d'attention préparatoire, elle s'avère elle aussi une des facettes de l'attention qui se détériore avec l'âge.

En résumé, chacune des dimensions de l'attention semble affectée par le vieillissement. Comme le montrent les données rapportées dans ce chapitre, aucune de ces fonctions ne disparaît complètement chez les personnes âgées. Elles sont fonctionnellement moins efficaces. Dans la mesure où elles sont toutes impliquées dans de nombreuses activités quotidiennes, ce déclin a un impact important dans la vie des personnes âgées et dans leur manière de traiter et de mémoriser des informations.

Résumé

1 L'attention se caractérise par plusieurs fonctions. L'attention sélective consiste à traiter une source d'information en négligeant d'autres sources non pertinentes pour la tâche à accomplir. L'attention partagée consiste à traiter plusieurs sources d'information importantes pour réussir la tâche. Le switching attentionnel permet de traiter de manière alternative différentes sources d'information. La concentration permet de traiter de manière soutenue et prolongée une source d'information particulière. Enfin, l'attention préparatoire permet de se préparer à traiter un stimulus.

2 L'attention sélective est affectée par l'âge. En vieillissant, il est de plus en plus difficile de ne pas se laisser distraire par des informations non pertinentes.

3 L'attention partagée se détériore avec l'âge. Avec les années, il est de plus en plus difficile de traiter en parallèle plusieurs sources d'information.

4 Le switching attentionnel se dégrade au cours de la vie adulte. Il est de plus en plus dur de jongler entre différentes sources d'information.

5 L'attention soutenue subit les effets délétères du vieillissement. Il devient de plus en plus difficile de rester concentré pendant une période prolongée.

6 L'attention préparatoire, ou capacité à se préparer à accomplir une action, se dégrade avec l'âge.

Des questions pour mieux retenir

1. Quelles sont les cinq fonctions principales de l'attention ?
2. Qu'est-ce que l'attention sélective ?
3. Qu'est-ce que l'attention partagée ?
4. Qu'appelle-t-on switching attentionnel ?
5. Comment définir la concentration ?
6. Qu'appelle-t-on amorcage négatif ? Que permet de mesurer ce phénomène ?
7. Décrire une tâche d'amorcage négatif.
8. Donner un ou deux exemples de tâche d'attention sélective.
9. Donner un ou deux exemples de tâche d'attention partagée.
10. Donner un exemple de tâche de concentration.
11. L'attention sélective diminue-t-elle avec l'âge ? Décrire une étude et son résultat principal qui le démontre.
12. Comment évolue l'attention partagée chez les personnes âgées ? Décrire une étude et son résultat principal qui le démontre.
13. La concentration diminue-t-elle avec l'âge ?
14. Décrire la tâche de Stroop et dire en quoi c'est une tâche appropriée pour évaluer l'effet de l'âge sur l'attention sélective ?
15. Qu'est-ce qui caractérise l'évolution de l'attention préparatoire avec l'âge. Décrire un résultat expérimental qui a mis en évidence cette caractéristique.
16. Qu'est-ce qu'une tâche de recherche visuelle ? Les personnes âgées ont-elles des performances moins bonnes que les participants jeunes à ce type de tâche ?
17. Pourquoi les personnes âgées ont-elles de moins bonnes performances dans une tâche d'écoute dichotique ? Que signifie cette diminution avec l'âge du point de vue de l'évolution des capacités d'attention partagée ?
18. Pourquoi les résultats de Maloua et Parasuraman (1993) suggèrent-ils une diminution des capacités de concentration avec l'âge, contrairement aux résultats précédemment rapportés ?
19. A quoi sert l'attention préparatoire ? Comment évolue-t-elle avec l'âge ?

Des questions pour mieux refléchir

1. En quoi la distinction entre les différentes fonctions de l'attention pourrait apparaître comme artificielle, non seulement chez des adultes jeunes mais aussi chez des personnes âgées ?
2. Quelles preuves empiriques seraient nécessaires pour valider la distinction entre les différentes fonctions de l'attention ?
3. Dans les recherches sur l'attention préparatoire, quel type de données permettrait de savoir si la diminution des performances avec l'âge provient de la plus grande difficulté des personnes âgées à traiter les intervalles préparatoires courts ?
4. Comment démontrer que l'inhibition est le mécanisme à la base de l'attention sélective et que la diminution de l'efficacité des mécanismes d'inhibition avec l'âge est responsable des effets du vieillissement sur l'attention sélective ?

Des lectures pour aller plus loin

Camus, J.F. (1996). *La psychologie de l'attention.* Paris : Arman Colin.

Cowan, N. (1997). *Attention and memory.* Oxford : Oxford University Press.

Hartley, A.A., & Little, D.M. (1999). Age-related differences and similarities in dual-task interference. *Journal of Experimental Psychology : General, 128*, 416-449.

McDowd, J.M., & Shaw, R.J. (2000). Attention and aging : A functional perspective. In F.I.M. Craik, & T.A. Salthouse (Eds.), *Handook of aging and cognition* (2nd ed., pp. 221-292). Hillsdale, NJ : Erlbaum.

Madden, D.J., Whiting, W.L., & Huettel, S.A. (2004). Age-related changes in neural activity during visual perception and attention. – dans Cabeza *et al.* (2004). *Cognitive neuroscience of aging : Linking cognitive and cerebral aging.* Oxford : Oxford University Press.

Mayr, U., Kliegl, R., Krampe, R.T. (2000). *Aging and executive control.* New York : Routledge.

Parasuraman, R. (1998). *The attentive brain.* Cambridge, MA : The MIT Press.

Pashler, H. (1998). *The psychology of attention.* Cambridge, MA : The MIT Press.

Rogers, W.A. (2000). Attention and aging. In D. Park & Schwartz, N. *Cognitive aging. A primer.* Philadelphia, PA : Taylor & Francis.

Mots clés

- Amorçage négatif
- Attention
- Attention partagée
- Attention préparatoire
- Attention sélective
- Concentration
- Effet d'interférence Stroop
- Inhibition
- Switching attentionnel
- Tâche de recherche visuelle
- Tâche de switching inter-stimulus
- Tâche de switching inter-tâche

CHAPITRE 5
Vieillissement et mémoire

Sommaire

1. Rappels sur la mémoire 121
2. Effets importants de l'âge sur la mémoire 127
3. Effets moins importants de l'âge sur la mémoire 145
4. Vieillissement et mémoire : conclusions 152

Dans ce chapitre, vous allez

1. Apprendre (ou revoir) quelles sont les principales méthodes d'étude de la mémoire et les phénomènes mnésiques les plus importants.
2. Découvrir comment évoluent la mémoire déclarative et la mémoire procédurale avec l'âge.
3. Comprendre les mécanismes à la base des changements mnésiques liés à l'âge.
4. Savoir pourquoi certaines fonctions mnésiques restent relativement intactes avec l'âge.
5. Pouvoir réfléchir sur l'utilisation potentielle des capacités mnésiques de réserve pour contrecarrer ou compenser les effets délétères du vieillissement sur la mémoire.

La mémoire est l'une des fonctions cognitives les plus importantes. Elle est à la base de toutes les activités cognitives et est cruciale pour la compréhension de nous-même, la construction de notre identité et nos rapports aux autres et au monde environnant. Les problèmes de mémoire sont ceux dont les personnes âgées se plaignent le plus souvent. Avant même d'avoir atteint un certain âge, nous avons tous l'impression que nos capacités mnésiques diminuent. Compte tenu de son importance, il n'est pas étonnant que la mémoire soit l'une des fonctions mentales les plus étudiées par les psychologues intéressés par la cognition ou le vieillissement cognitif. Dans ce chapitre, nous verrons d'abord comment la mémoire est étudiée ainsi que les informations recueillies sur la structure et le fonctionnement de la mémoire humaine. Nous verrons ensuite que le vieillissement affecte objectivement la mémoire, et certains aspects mnésiques plus que d'autres. Ceci nous permettra de comprendre quels sont les aspects de la mémoire affectés et/ou épargnés par le vieillissement.

1 Rappels sur la mémoire

Dans cette section, nous passons en revue les méthodes (d'observation et d'expérimentation) mises au point par les psychologues cognitivistes étudiant la mémoire. Nous rappelons également les principaux phénomènes mnésiques. En particulier, nous allons voir qu'il n'existe pas *une* mémoire, mais plusieurs. Ces rappels nous permettront ensuite de voir comment la mémoire évolue avec l'âge.

1.1 *Méthodes d'étude de la mémoire*

Les psychologues cognitivistes ont étudié la mémoire avec deux types de méthodes : la *méthode d'observation*** et d'enquête et la *méthode expérimentale***.

1.1.1 Méthodes d'observation

Les méthodes d'observation et d'enquête sont souvent utilisées pour comprendre l'évolution de la *mémoire autobiographique***. Cette mémoire gère le stockage, le maintien et le rappel de nos souvenirs personnels. Ainsi, par exemple, l'investigateur demande aux individus de noter par écrit tous les souvenirs les plus marquants relatifs à des événements qui leur sont arrivés avant 20 ans, entre 20 et 30 ans, entre 40 et 60 ans, après 60 ans. Bien que cette méthode n'offre pas une validité élevée (i.e., rien ne garantit que les souvenirs évoqués correspondent aux événements réellement survenus), elle offre une fiabilité importante (si un individu accomplit cette tâche à plusieurs reprises, les mêmes souvenirs sont rappelés). Cette méthode peut être combinée à la *technique du journal*** où l'on demande aux individus de remplir tous les jours un journal en dressant la liste de ce qu'ils ont fait dans la journée. Au bout d'un certain temps, les participants viennent au laboratoire avec leur journal. Un investigateur les questionne sur les événements notés dans leur journal afin de voir comment les participants se souviennent de ces événements. Dans ces études, il est difficile de contrôler les facteurs gouvernant les phénomènes observés (e.g., comment savoir si la liste des événements consignées dans le journal a réellement eu lieu ?). Néanmoins, des données intéressantes quant à la mémoire des événements personnels tout au long de la vie ont été obtenus. La Figure 1 illustre un exemple de phénomène répliqué dans pratiquement toutes les études sur l'évolution de la mémoire autobiographique avec l'âge. Lorsqu'on examine, parmi l'ensemble des souvenirs rapportés, le pourcentage de souvenirs relatifs à des événements survenus à différents âges, on observe que

- Les souvenirs les plus nombreux correspondent à des événements survenus avant la vingtième ou trentième année,
- Qu'entre 30 et 50 ou 60 ans, les souvenirs rapportés sont les moins fréquents,
- La fréquence des souvenirs rapportés recommence à augmenter après 60 et 70 ans (correspondant à des événements récemment arrivés).

1.1.2 Méthode expérimentale

Dans la méthode expérimentale, les chercheurs réalisent une expérience dont le déroulement est illustré à la Figure 2. D'abord, l'expérimentateur demande aux partici-

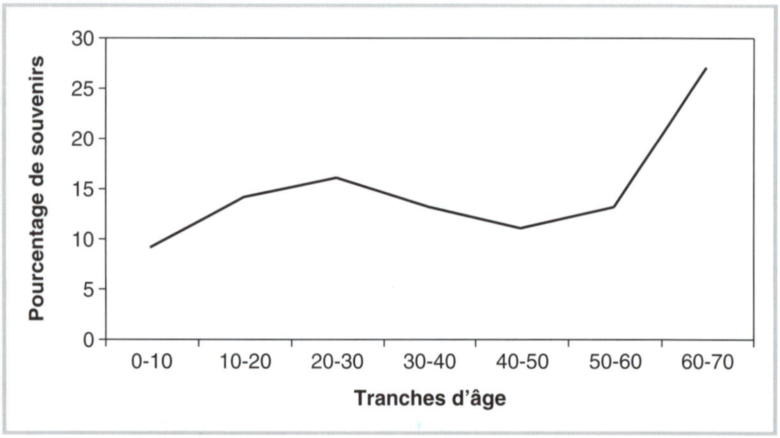

Figure 1

Pourcentages de souvenirs correspondant à des événements survenus dans différentes tranches d'âge (données d'après Rubin & Shulkind, 1997).
Ces données montrent que les souvenirs les plus fréquemment évoqués correspondent à des événements qui nous sont arrivés ou bien avant 30 ans ou bien récemment. La saillance et la récence des événements déterminent la disponibilité des souvenirs autobiographiques.

pants de mémoriser du matériel. Celui-ci peut être une liste de mots, d'images, d'objets ou autre. Pendant cette phase, dite de stockage, l'expérimentateur laisse les participants libre de stocker le matériel comme ils le veulent (e.g., en s'auto-répétant le matériel, en fabriquant des images mentales) ou peut leur imposer une stratégie (ou méthode) de stockage (comme fabriquer des images mentales ou construire des phrases avec le matériel à apprendre). Ensuite, après un délai variable (de quelques minutes à quelques jours, voire quelques semaines ou mois), les participants doivent restituer le matériel qu'ils ont stocké.

Il existe deux grandes catégories de tâches de restitution auxquelles les participants peuvent être soumis : une tâche de rappel ou une tâche de reconnaissance (ou les deux). Dans une tâche de reconnaissance, les participants voient du matériel (e.g., une liste de mots ou de paires de mots) et doivent dire si le matériel présenté est nouveau ou fait partie de la liste apprise. Dans une tâche de rappel, on demande aux participants de rappeler le matériel préalablement appris. Il existe plusieurs variantes des tâches de rappel. Ainsi, le rappel peut être indicé ou non. Dans le rappel non indicé, les participants sont invités à dire ou écrire tous les mots dont ils se souviennent (dans l'ordre où ils les ont appris ou dans l'ordre qu'ils veulent). Dans le cas du rappel indicé, les participants voient, par exemple, le premier mot de chaque paire de mots et doit donner le second (ou l'inverse) ou bien encore le nom d'une catégorie et doivent rappeler tous les exemplaires de la catégorie figurant dans la liste stockée. Chaque fois que les psychologues conduisent une étude pour évaluer les effets de l'âge sur la mémoire, ils accordent beaucoup d'importance au type de tâche utilisée. En effet, les facteurs affectant la mémoire, et les effets du vieillissement sur la mémoire, diffèrent en fonction de la tâche. Ainsi, par exemple, dans une étude publiée en 2003, Bastin et Van der Linden ont comparé les effets de l'âge dans des tâches de reconnaissance et de choix portant sur des visages. Dans une tâche de reconnaissance, les participants voyaient des visages déjà appris et d'autres nouveaux ; ils devaient dire si chaque visage était nouveau ou ancien. Dans une tâche de choix forcé, ils voyaient deux visages (ou plus) et devaient indiquer lequel faisait partie de la liste apprise. Les auteurs ont observé que les personnes jeunes avaient de meilleures perfor-

Choix Forcé

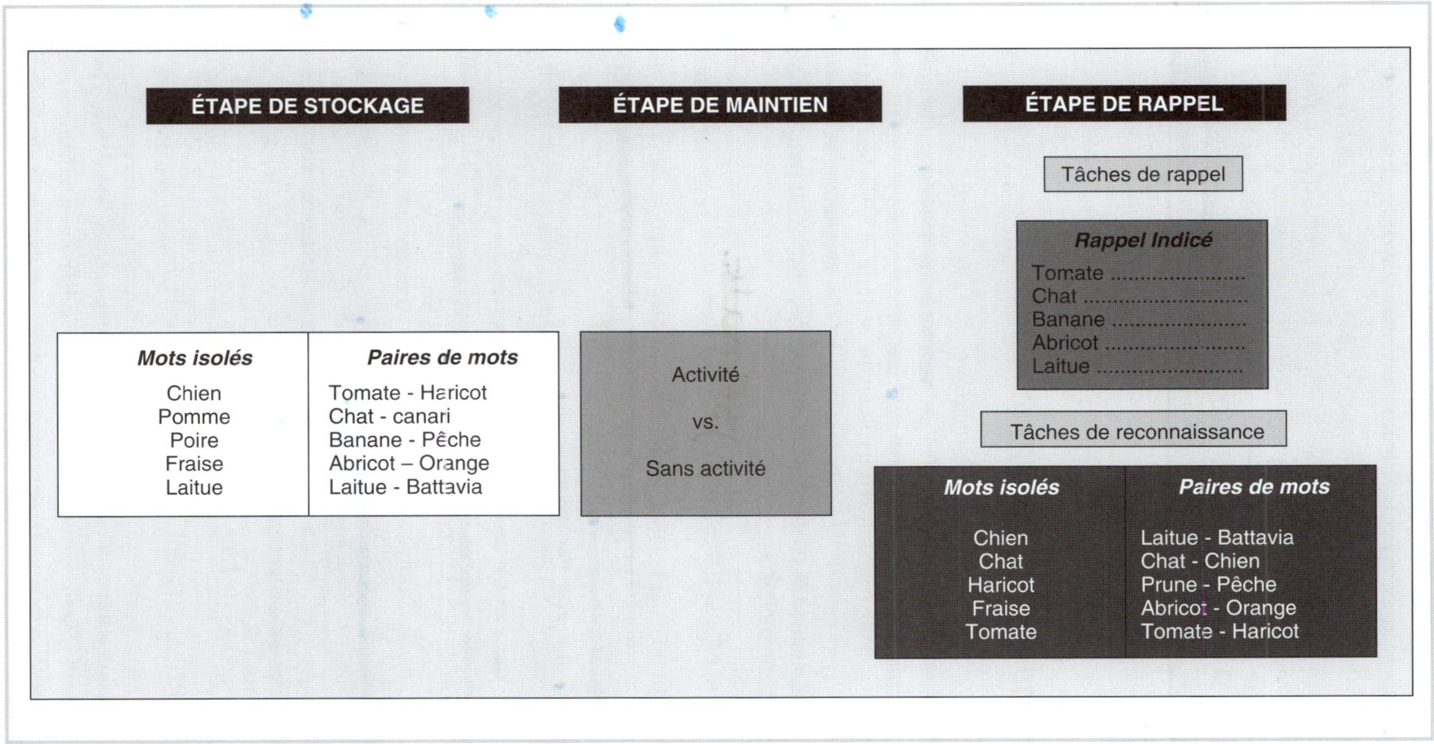

Figure 2

Déroulement d'une expérience sur la mémoire.

mances dans la tâche de reconnaissance que dans la tâche de choix forcé tandis que les personnes âgées avaient les meilleures performances dans la tâche de choix forcé.

Les travaux expérimentaux sur la mémoire ont répliqué la diminution globale des performances mnésiques avec l'âge observée avec les tests psychométriques. En outre, ils ont mis en évidence de nouveaux phénomènes robustes (i.e., qui s'observent dans la plupart des expériences sur la mémoire) et valides (i.e., qui correspondent et se généralisent aux phénomènes vécus par n'importe qui dans sa vie quotidienne). Ces phénomènes ont permis aux psychologues de mieux comprendre la structure et le fonctionnement de la mémoire humaine. Ces phénomènes ont également guidé l'étude des effets du vieillissement sur la mémoire.

1.2 *Les principaux phénomènes mnésiques*

Les recherches expérimentales sur la mémoire ont visé à mieux comprendre la structure ou l'organisation du système mnésique (approche structurale), ainsi que les facteurs influençant le fonctionnement mnésique (approche fonctionnelle). Chacune des approches contribue à mieux comprendre la mémoire humaine. Elles ont fait apparaître l'existence de plusieurs systèmes mnésiques différents, et le fait que le fonctionnement de la mémoire est affecté par la manière dont le participant appréhende le matériel à apprendre ou à rappeler.

1.2.1 Plusieurs systèmes mnésiques

L'approche structurale a permis de découvrir qu'il est impossible de parler de « la » mémoire, car il existe en fait plusieurs mémoires. Différentes distinctions entre systèmes mnésiques ont été proposées. Ainsi par exemple, les chercheurs ont distingué la *mémoire épisodique*[**] et la *mémoire sémantique*[**]. Dans la mémoire épisodique, nous stockons et récupérons les événements qui nous sont arrivés (que ce soit notre participation à une surprise-partie ou le stockage d'une liste de mots au cours d'une expérience de psychologie sur la mémoire à laquelle nous avons participé). Dans la mémoire sémantique, nous stockons et récupérons des connaissances générales (comme le fait que la capitale du Canada est Ottawa). Dans chacune de ces mémoires, les informations sont situées différemment les unes par rapport aux autres. En mémoire épisodique, les événements sont organisés de manière temporelle (i.e., rôle important du moment et du contexte où les événements ont été vécus) tandis que, dans la mémoire sémantique, les informations sont organisées conceptuellement (i.e., les informations vont être stockées de manière très proche en mémoire, même si elles ont été apprises avec plusieurs mois d'intervalle, parce qu'elles sont proches sémantiquement, comme le fait que Paris est la capitale de la France pourra être stocké non loin du fait que Ottawa est la capitale du Canada).

Ces deux types d'organisation sont illustrés à la Figure 3. Dans les deux types de mémoire, les concepts sont représentés par des nœuds. Les liens entre ces nœuds représentent les relations entre concepts. La nature de ces relations distingue les deux types de mémoire : ces liens sont de nature sémantique en mémoire sémantique, tandis qu'ils sont contingents en mémoire épisodique. La portion relative à la mémoire sémantique

(Figure 3, panneau de droite) correspond au réseau mémoire représentant l'organisation de noms de fruits tels qu'ils pourraient être stockés de manière permanente dans la mémoire de quelqu'un. En mémoire sémantique, les informations peuvent être hiérarchiquement organisées, avec les concepts sur-ordonnés (comme « animal ») plus éloignés en mémoire des concepts sous-ordonnés (comme « caniche ») que les concepts de base comme « chien ». La portion relative à la mémoire épisodique de la Figure 3 (panneau de gauche) correspond à une expérience que vous pourriez faire en venant à Marseille et en allant manger à « Une Table au Sud », un (très bon) restaurant situé sur le Vieux Port (l'un des quartiers principaux de la ville). Dans ce restaurant, la vue est superbe et donne, d'un côté, sur le Fort Saint Nicolas (un Fort à l'entrée du Vieux Port) et les Iles du Frioul (Iles où certains touristes et marseillais se rendent parfois pour passer une journée très agréable dans un site superbe), et de l'autre, sur la Canebière (l'une des artères principales de Marseille).

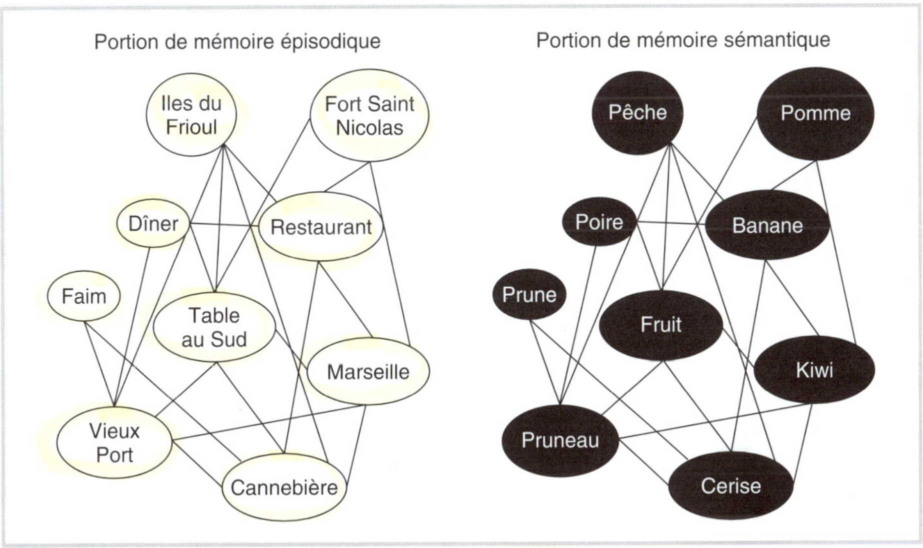

Figure 3

Organisation des mémoires épisodique et sémantique

La distinction entre mémoire déclarative et mémoire procédurale constitue une autre distinction entre systèmes mnésiques émergeant des travaux conduits dans le cadre de l'approche structurale de la mémoire. Cette distinction est au cœur de plusieurs grandes théories sur l'architecture cognitive. L'une de celles-ci est illustrée à la Figure 4. Selon une telle architecture, la mémoire à long terme comprend une mémoire déclarative et une mémoire procédurale. Dans la *mémoire déclarative*** sont stockées des informations factuelles et conceptuelles (appelées *connaissances déclaratives***, comme le fait qu'« un chien est un animal »). Ces informations peuvent être regroupées (ces regroupements s'appellent des « chunks ») ou isolées. Dans la *mémoire procédurale***, sont stockées des informations relatives à des procédures sous la forme de règles de production (appelées *connaissances procédurales***). Une *règle de production*** est aussi appelée une règle « condition-action », car elle précise les conditions dans lesquelles une action peut être accomplie, comme par exemple « si le feu est vert, je passe » ou « si le nom est au pluriel, je mets un *s* ».

Enfin, une dernière distinction importante pour les études visant à comprendre les effets du vieillissement sur la mémoire concerne la *mémoire explicite*** versus la *mémoire implicite***. La mémoire explicite est la mémoire sollicitée dans les tâches expérimentales de rappel ou de reconnaissance où le participant doit intentionnellement et consciemment utiliser les informations préalablement stockées. Ainsi, pour dire si un mot présenté dans une tâche de reconnaissance était présent dans une liste de mots préalablement apprise, le participant doit explicitement récupérer les mots qu'il a appris. Dans une tâche de mémoire implicite, les participants ne rappellent pas intentionnellement et consciemment le matériel préalablement appris pour accomplir la tâche qui leur est demandée. Par exemple, les participants peuvent voir apparaître sur un écran d'ordinateur des suites de lettres formant ou non un mot de la langue française et avoir à dire si chaque suite de lettres forme ou non un mot de la langue française. Certaines des suites de lettres formant un mot correspondent à des mots préalablement appris au cours d'une phase de stockage ; d'autres n'ont pas été appris. Les données montrent que les gens vont plus vite pour répondre lorsque les suites de lettres forment un mot préalablement appris (Jacoby & Dallas, 1981). Tout se passe comme si les mots préalablement appris sont activés en mémoire au moment où les participants doivent dire si la suite de lettres forme un mot pour les mots appris. Cette activation facilite leur décision et accélère leur réponse. Les participants ne récupèrent pas explicitement les mots appris pour accomplir cette tâche de jugement lexical.

1.2.2 Comment fonctionne la mémoire ?

Les travaux sur la mémoire conduits dans une perspective fonctionnaliste ont permis de comprendre comment sont stockées et récupérées les informations en mémoire. Ils ont aussi permis de dégager un ensemble de facteurs dont certains sont cruciaux pour expliquer les différences entre le fonctionnement de la mémoire chez les jeunes et chez les âgés. La répétition mentale et le niveau de traitement du matériel à mémoriser sont des exemples de facteurs cruciaux que nous présentons avant d'examiner les effets du vieillissement sur la mémoire.

Le nombre de fois qu'un participant répète un item augmente la probabilité de rappeler cet item correctement, comme l'ont démontré de nombreuses expériences. À titre d'illustration, en 1981, Anderson a publié un article dans lequel il rapporte une étude relative au rôle de la répétition mentale sur la mémoire. Au cours de la phase de stoc-

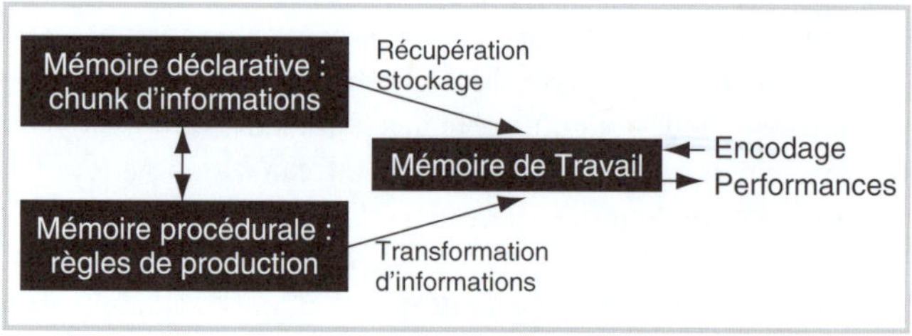

Figure 4
Représentation schématique de l'architecture cognitive selon le modèle ACT-R (d'après Anderson & Lebière, 1998).

kage, les participants voyaient des paires d'items (un nom — un nombre ; e.g., chat — 4). Au cours de la phase de rappel, les participants devaient rappeler 4 lorsqu'on leur présentait chat. Les participants ont eu sept opportunités pour apprendre et rappeler les listes d'items. La Figure 5 montre que le pourcentage d'items correctement rappelés augmente avec le nombre de répétitions (ce que les psychologues ont appelé effet d'*auto-répétition mentale***).

Le niveau auquel un participant traite l'information s'est révélé également crucial dans le fonctionnement de la mémoire. En effet, une information est d'autant mieux rappelée qu'elle est traitée profondément. Un traitement profond de l'information consiste à ne pas simplement se contenter de s'auto-répéter mentalement l'item à mémoriser, mais à fabriquer des images mentales avec cet item (e.g., imaginer un chien peint en vert si l'item à mémoriser est « chien »), construire des phrases (e.g., stocker l'item « chien » en se disant « les chiens ne sont pas toujours méchants »), trouver des mots auxquels fait penser l'item à mémoriser (« chat), etc. Là encore, de nombreuses données expérimentales ont maintes fois démontré le rôle du niveau de traitement de l'information sur la mémoire. Par exemple, Hyde et Jenkins (1973) ont demandé à leurs participants d'apprendre des groupes de 24 mots présentés à un rythme d'un mot toutes les 3 secondes. Un groupe avait à vérifier si chaque mot contenait la lettre *e* ou *g*, l'autre avait à évaluer le caractère agréable de l'objet désignant le mot. Les participants rappelaient 39 % des mots dans la première condition et 68 % dans la deuxième. Le jugement du caractère agréable a sollicité de la part des participants un traitement plus profond (faisant notamment appel au sens des mots) que l'identification de lettres. Ce traitement plus profond a entraîné une meilleure mémorisation.

2 Effets importants de l'âge sur la mémoire

De nombreuses expériences ont étudié les effets du vieillissement sur la mémoire. Elles ont permis d'observer des effets délétères soit importants, soit réduits. Comme nous allons le voir dans cette section, les effets importants ont été observés avec du matériel varié et sur chacune des activités de maintien et de rappel.

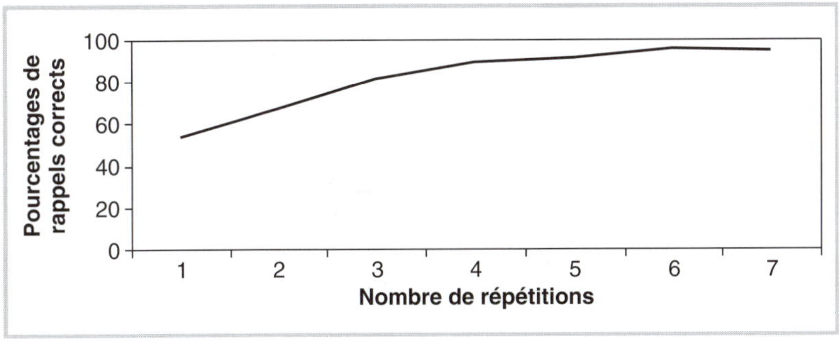

Figure 5

Pourcentages d'items correctement rappelés en fonction du nombre de répétitions dans une expérience d'apprentissage de paires mots-chiffres (d'après Anderson, 1981). Ces données illustrent le rôle de l'auto-répétition mentale de maintien sur la mémoire : plus on s'auto-répète un matériel à mémoriser, plus on le rappelle facilement,.

Quelle que soit la nature des informations à mémoriser, le vieillissement entraîne des détériorations de la mémoire. En effet, que le matériel à stocker et à rappeler soit des mots (informations lexicales), des textes (informations textuelles et sémantiques), un film (informations visuelles et sémantiques), des chemins pour aller d'un endroit à un autre (informations spatiales) ou qu'il s'agisse d'actions à accomplir dans un futur proche (informations procédurales), plus on est âgé, plus il est difficile d'apprendre et rappeler ce matériel. De nombreuses démonstrations expérimentales ont été apportées sur le déclin des performances mnésiques avec l'âge pour chaque type d'information. Nous les illustrons avec un exemple d'étude pour chaque matériel.

2.1 *Matériel verbal*

Les effets du vieillissement sur la mémoire du matériel verbal ont été étudiés aussi bien avec des mots isolés qu'avec du matériel plus complexe comme des phrases ou des textes.

2.1.1 Effet de l'âge sur le rappel de mots isolés

Le déclin de la mémoire a été le plus étudié en utilisant les tâches de rappel (indicé ou libre) et de reconnaissance classiques portant sur des listes de mots isolés. Par exemple, Smith (1977) a lu une liste de 20 mots une seule fois à des adultes jeunes (20-40 ans), d'âge intermédiaire (40-60/70 ans) et âgés (plus de 60/70 ans) et a testé leur mémoire avec soit une tâche de rappel libre, soit une tâche de rappel indicé. Les performances des participants en fonction de leur âge, apparaissant à la Figure 6, montrent que, quelle que soit la modalité de rappel, le nombre de mots correctement restitués diminue régulièrement avec l'âge. Ces données montrent également que, au-delà du fait que les participants de chaque tranche d'âge ont de meilleures performances en rappel

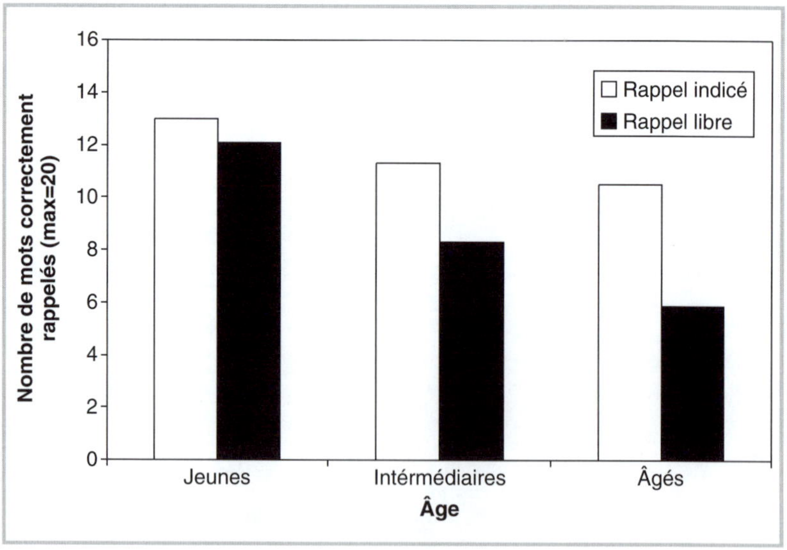

Figure 6

Nombre de mots correctement rappelés en fonction de l'âge et du type de rappel (d'après Smith, 1977). Ces données montrent que le nombre de mots correctement rappelés diminue avec l'âge et que cette diminution est plus importante en rappel libre. Ceci suggère que l'effet de l'âge sur la mémoire est d'autant plus important que le type de rappel est difficile.

indicé qu'en rappel libre, ce dernier est plus affecté par l'âge. En effet, les performances diminuent de manière plus importante avec le vieillissement en rappel libre qu'en rappel indicé. Les raisons tiennent vraisemblablement au fait que la tâche de rappel libre est plus difficile (incluant notamment des mécanismes de recherche attentionnelle des items stockés en mémoire à long terme). Cet impact du vieillissement plus important sur les performances à des tâches cognitives plus difficiles est classique en vieillissement cognitif et s'appelle l'effet d'interaction Âge × Complexité (se dit « Âge par Complexité »). Il s'observe dans pratiquement tous les domaines de la cognition.

2.1.2 Effets de l'âge sur le rappel de textes

La mémoire du contenu d'un texte est nettement moins bonne chez les participants âgés que chez les participants jeunes. Par exemple, Morrow, Leirer, et Altiere (1992 ; voir aussi Morrow, Leirer, Altiere, & Fitzsimmons, 1994 ; Tsang & Voss, 1996) ont donné à des participants pilotes d'avion et des participants non-pilotes deux types de récits à lire : des récits racontant une histoire d'aviation et des récits racontant des histoires sans lien avec l'aviation. Lorsqu'ils ont étudié le pourcentage moyen de propositions rappelées par les participants, pilotes et non pilotes (voir Figure 7), ils ont observé que

- Les participants jeunes rappelaient plus de propositions que les participants âgés, quelle que soit leur expertise.
- L'expertise en pilotage, même si elle permettait à tous les participants d'obtenir de meilleures performances sur les récits d'aviation, ne contrecarrait pas les effets du vieillissement.

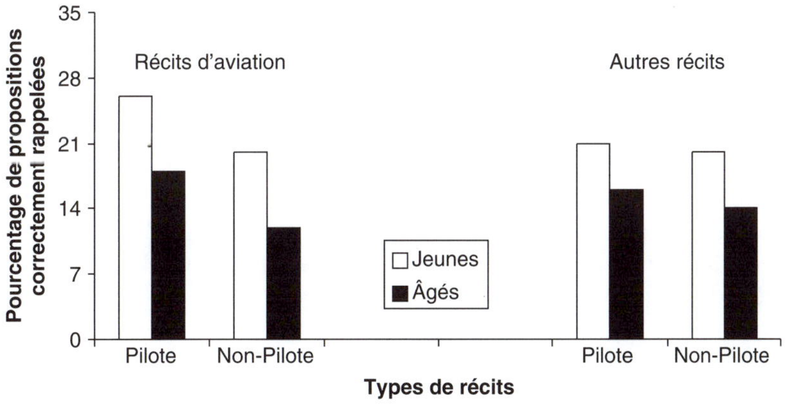

Figure 7

Pourcentages de propositions correctement rappelées en fonction du type de récits (récits d'aviation vs. autres récits), de l'âge des participants (jeunes vs. âgés) et de l'expertise des participants par rapport au contenu du texte (pilotes vs. non-pilotes).

Données d'après Morrow et al. (1992). Ces données montrent que la diminution de la mémoire avec l'âge n'est pas limitée à la mémorisation de mots isolés et qu'elle concerne aussi du matériel textuel et que l'expertise dans un domaine ne contrecarre pas forcément le vieillissement de la mémoire dans ce domaine.

- Comme le montrent les données sur les autres récits, l'effet de l'âge n'est pas spécifique aux récits d'aviation.

Les nombreuses recherches sur la différence entre les participants jeunes et âgés dans le stockage et le rappel d'informations textuelles ont permis d'observer que cette différence est modulée par plusieurs variables. En effet, la supériorité des jeunes sur les âgés diminue d'autant plus que le texte est mieux organisé, les idées principales sont mises en avant et bien présentées et que le participant âgé peut prendre son temps pour lire le texte. En d'autres termes, l'effet du vieillissement est d'autant plus important que

- le texte est dense et les informations mal organisées,
- le texte doit être lu rapidement,
- le participant doit faire de nombreuses inférences pour comprendre le texte et
- les capacités verbales des participants âgés sont faibles (Gordon-Salant & Fitzgibbons, 1997 ; Hartley, Stojack, Mushaney, Annon, & Lee, 1994 ; Stine, Wingfield, & Poon, 1986 ; Wingfield & Lindfield, 1995 ; Wingfield & Stine, 1986 ; Wingfield & Stine-Morrow, 2000).

2.2 *Informations spatiales*

L'évolution des performances aux épreuves psychométriques (WAIS ou PMA) d'aptitudes spatiales ont depuis longtemps montré que la mémorisation d'informations spatiales diminue très nettement avec l'âge. Plusieurs études expérimentales ont confirmé et précisé cet effet. Par exemple, Light et Zelinski (1983) ont demandé à des participants jeunes et âgés de mémoriser des objets et leur emplacement sur une carte. Les participants étaient testés soit en condition d'apprentissage intentionnel (i.e., ils devaient apprendre les items et les emplacements) soit en condition d'apprentissage incident (i.e., ils avaient pour consigne d'apprendre les objets et n'étaient pas informés que leur mémoire des emplacements allait aussi être testée). Lors de la phase de rappel, les participants devaient reconnaître parmi 18 objets présentés les 12 objets originaux et trouver leur emplacement sur une carte vierge. Comme le montre la Figure 8, les performances étaient nettement moins bonnes chez les personnes âgées et encore plus dans la condition apprentissage incident (interaction Âge × Condition d'apprentissage). Cet effet a été maintes fois répliqué, par exemple lorsque les participants devaient apprendre les emplacements d'objets disposés en ligne et en colonne (Denney *et al.*, 1992 ; Waddell & Rogoff, 1981).

Ce déclin de la mémoire spatiale avec l'âge s'observe également dans des situations plus écologiques. Par exemple, Kirasic (1991 ; voir aussi Arbuckle *et al.*, 1994 ; Li *et al.*, 2001 ; Lipman, 1991 ; Lipman & Caplan, 1992 ; Park, Puglisi, & Smith, 1986 ; Titus & Everett, 1996) a demandé à des adultes jeunes et âgés de trouver le meilleur chemin possible pour faire des achats dans un supermarché familier ou non. Les adultes jeunes étaient plus performants que les âgés, quel que soit le supermarché. Toutefois, notons que les adultes âgés obtenaient de meilleures performances lorsqu'ils devaient accomplir la tâche dans leur supermarché habituel par rapport à un nouveau supermarché.

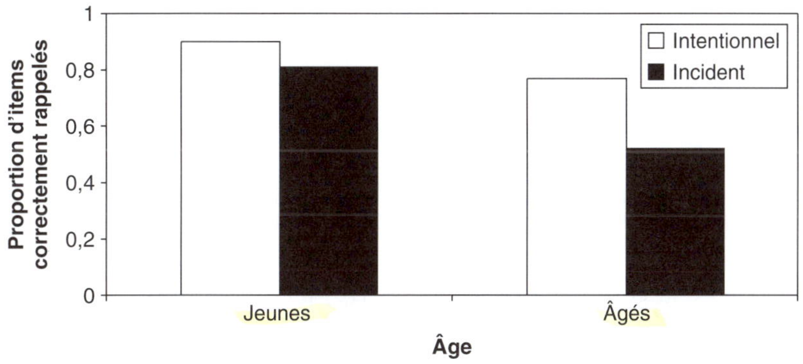

Figure 8

Proportions d'items correctement rappelés en fonction de l'âge et du type d'apprentissage (d'après Light & Zelinski, 1983).

Ces données montrent une moins grande proportion d'items correctement rappelés par les participants âgés dans les deux conditions d'apprentissage. Ceci indique que le vieillissement de la mémoire s'observe aussi bien pour l'apprentissage intentionnel que l'apprentissage incident.

2.3 *Connaissances procédurales*

Pour savoir si le déclin de la mémoire procédurale avec l'âge est parallèle à celui de la mémoire déclarative, Charness et Campbell (1988) ont enseigné à des participants jeunes, moyennement âgés et âgés un algorithme (i.e., suite de procédures) permettant de calculer le carré de n'importe quel nombre à deux chiffres (e.g., $12 \times 12 = 144$). Formellement, cet algorithme comprenait les six étapes suivantes (voir Figure 9) : (a) trouver une constante (C) à ajouter ou enlever du nombre (N1) afin d'arrondir N1 à la dizaine la plus proche (DIZ), (b) ajouter ou enlever C à N1 pour trouver un autre nombre (N2), (c) multiplier N2 par DIZ en multipliant d'abord les dizaines pour obtenir le produit des dizaines (PRODIZ), (d) multiplier les unités de N2 par DIZ pour obtenir PRODUNIT, (e)

Algorithme
Élever au carré un nombre à 2 chiffres comme 43

- Trouver une constante C (3) à ajouter ou enlever du nombre N1 (43) afin d'arrondir N1 à la dizaine la plus proche (DIZ = 40).
- Ajouter ou enlever C à N1 pour trouver un autre nombre (N2 = 46).
- Multiplier N2 par DIZ en multipliant d'abord les dizaines pour obtenir le produit des dizaines (PRODIZ = $40 \times 40 = 1600$).
- Multiplier les unités de N2 par DIZ pour obtenir PRODUNIT ($6 \times 40 = 240$).
- Ajouter PRODIZ + PRODUNIT (1840) et mettre la constante C au carré (9)
- Ajouter ces deux dernières quantités pour avoir le résultat (1849)

Figure 9

Illustration de l'algorithme utilisé pour mettre au carré un nombre à deux chiffres, enseigné par Charness et Campbell (1988) à des adultes d'âge variable.

ajouter PRODIZ + PRODUNIT et mettre la constante C au carré, (f) ajouter ces deux dernières quantités pour avoir le carré du nombre recherché.

Les courbes d'acquisition pour chaque groupe d'âge apparaissent à la Figure 10. Il est aisé de voir qu'au cours des six séances d'entraînement, le profil était équivalent pour les participants jeunes, moyennement âgés et âgés. En effet, les trois courbes laissent apparaître trois phases dans l'acquisition de l'algorithme :

- une première phase où la diminution du temps d'apprentissage est très rapide ; cette phase correspond au stockage et à l'utilisation de plus en plus rapide de chacune des procédures comprises dans l'algorithme ;
- au cours de la seconde phase, l'accélération des temps d'exécution de l'algorithme est nettement moins importante ; cette phase correspond à l'automatisation des procédures ;
- les temps d'exécution ont atteint leur niveau asymptotique (i.e., ils ne se modifieront pratiquement plus) dans la troisième phase ; cette phase est une phase de simple application des procédures de l'algorithme.

L'important à retenir dans ces résultats est que l'âge n'affecte pas les étapes d'acquisition de connaissances procédurales : à tous les âges de la vie, ces acquisitions sont caractérisées par trois étapes. Ce qui change avec l'âge est

- la vitesse d'exécution des procédures à chaque étape (les âgés sont plus lents),
- la vitesse d'acquisition et de passage d'une étape à l'étape suivante (les âgés progressent légèrement moins vite),
- le niveau asymptotique (les âgés exécutent moins rapidement les procédures, même une fois atteint le niveau de rapidité maximale).

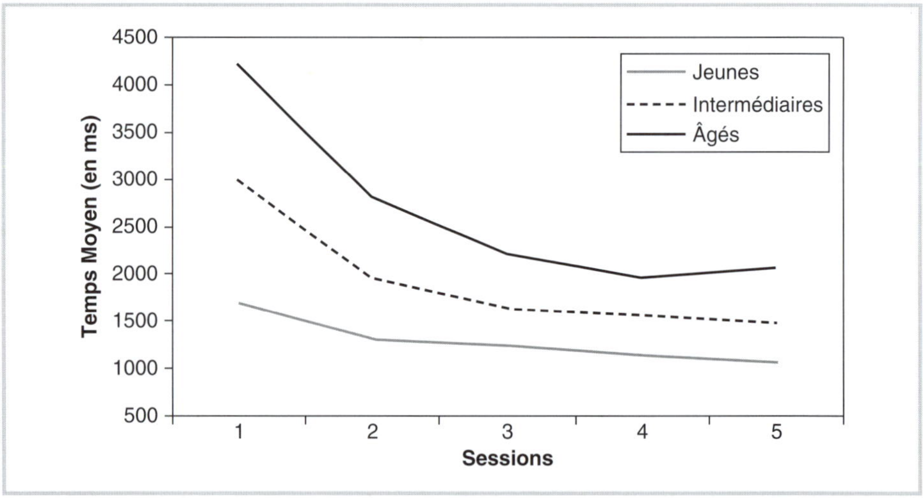

Figure 10

Courbes d'acquisition de l'algorithme testé par Charness et Campbell (1988) auprès de personnes jeunes, moyennement âgées et âgées. Ces données indiquent que les personnes jeunes et âgées connaissent les mêmes phases d'apprentissage (d'abord diminution rapide, puis lente et enfin stabilisation). Seuls, le niveau asymptotique et la vitesse d'apprentissage diminuent avec l'âge.

Un autre exemple de l'effet de l'âge sur la mémoire procédurale peut être illustré par l'étude de Chasseigne, Lafon et Mullet (2002). Ils ont demandé aux participants de prédire le risque d'avoir le cancer à partir de leurs consommations d'alcool et de tabac. Ils montraient des cartes aux participants sur chacune desquelles étaient inscrites une quantité donnée d'alcool consommée et de cigarettes fumées chaque jour. Ces quantités variaient de manière multiplicative (voir Figure 11). C'est-à-dire que (a) plus les gens fument, plus les risques de cancer sont importants, (b) plus les gens consomment d'alcool, plus les risques augmentent, (c) les risques ne s'additionnent pas, mais se multiplient dans le sens où lorsque les gens fument et boivent beaucoup, les risques sont énormes (i.e., plus que l'addition de chacun des risques associés au tabac et alcool pris isolément). Les résultats ont permis aux auteurs de conclure qu'avant 75 ans (de 18 à 75 ans), les participants n'ont eu aucune difficulté à apprendre la règle multiplicative, tandis que les plus de 75 ans ont eu plus de mal à apprendre cette règle. Lorsqu'ils ont demandé aux participants si les risques obéissaient à une règle additive ou multiplicative, ils ont observé que 23 % des jeunes répondaient que la règle était additive et 77 % qu'elle était multiplicative. Chez les âgés de plus de 75 ans, 43 % des participants répondaient que la règle était additive et 57 % qu'elle était multiplicative (voir Chasseigne *et al.*, 1997 ; 1999, pour des difficultés analogues liées à l'âge dans des tâches d'apprentissage de probabilité).

L'ensemble de ces résultats montre donc que la mémoire procédurale, si elle n'est pas épargnée par l'âge, n'est pas détruite (voir Hoyer, Cerella, & Onyper, 2003 ; Touron, Hoyer, & Cerella, 2004, pour des données convergentes dans des tâches de résolution de problèmes arithmétiques simples). Comme pour la mémoire déclarative, l'âge s'accompagne d'un déclin des performances mnésiques procédurales.

Observer une diminution des performances mnésiques avec l'âge est intéressant pour comprendre l'effet du vieillissement sur la mémoire. Découvrir que cet effet est relati-

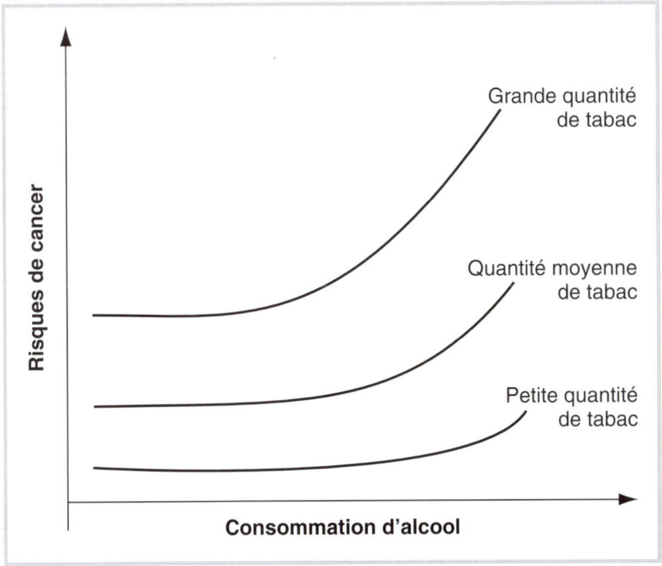

Figure 11

Risques objectifs d'avoir le cancer selon la consommation d'alcool et de tabac.

Ces fonctions ont été testées par Chasseigne et al. (2002) afin de voir si des adultes d'âge divers étaient capables de comprendre la relation multiplicative entre risques de cancer et consommation d'alcool et de tabac. Ces courbes montrent que les effets de la consommation du tabac et de l'alcool sur les risques de cancer ne s'additionnent pas, mais se multiplient.

vement général, quel que soit le type de matériel à apprendre, et qu'il est modulé par certaines caractéristiques (du matériel, de la tâche et des participants) permet de mieux connaître les relations entre mémoire et vieillissement. Toutefois, la mise en évidence de ces phénomènes ne nous permet pas de déterminer quels sont les processus mnésiques affectés versus épargnés par le vieillissement. Les psychologues cognitivistes, qui ont pu isoler plusieurs processus mnésiques plus ou moins indépendants, se sont demandés si l'ensemble des processus mnésiques se détériore avec l'âge ou si le déclin mnésique tient son origine de certains processus spécifiquement affectés au cours du vieillissement. Ainsi, les psychologues ont conduit des recherches permettant de savoir si les processus d'encodage ou de stockage, d'une part, et de rappel, d'autre part, sont affectés par le vieillissement. Les études relatives aux effets du vieillissement sur ces processus ont montré de très nettes différences entre participants jeunes et âgés.

2.4 *Stratégies d'encodage*

Comme nous l'avons vu dans une précédente section, plus un individu s'autorépète mentalement (i.e., se redit intérieurement) les mots d'une liste à apprendre, meilleure est sa mémorisation. Plusieurs études ont montré que la répétition mentale de maintien se détériore avec l'âge. Par exemple, Sanders, Murphys, Schmitt et Wash (1980) ont donné des listes de 16 mots à apprendre à des participants jeunes et âgés. Lorsqu'ils ont examiné le nombre d'autorépétitions mentales en fonction de la position sérielle des mots dans une liste, ils ont observé que, pour les mots du début de la liste, les personnes âgées s'autorépètent moins souvent les mots à mémoriser que les person-

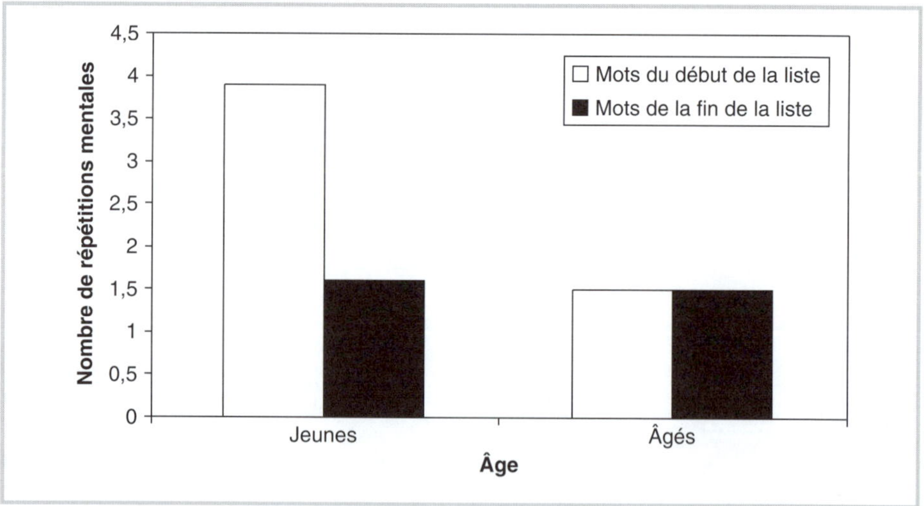

Figure 12

Nombre de répétitions mentales réalisées par les participants jeunes et âgés pour les mots situés en début et en fin de liste (d'après Sanders et al., 1980).

Ces données montrent que les personnes âgées s'auto-répètent moins fréquemment le matériel à mémoriser que les personnes jeunes.

nes jeunes. (voir Figure 12). Pour les mots de la fin de la liste, les deux populations ne s'autorépètent pratiquement pas les mots à apprendre. Cet effet du vieillissement sur le nombre d'autorépétitions mentales a été observé de nombreuses fois et dans des contextes expérimentaux différents (e.g., Hultsch, 1975 ; Kausler & Kleim, 1978 ; Rabinowitz & Craik, 1986 ; Smith, 1977 ; Ward & Maylor, 2005).

Dans une série d'expériences où ils ont étudié les stratégies d'encodage spontanément utilisées par des participants jeunes et âgés pour mémoriser des listes de mots, Dunlosky et Hertzog (2001) ont observé des différences jeunes — âgés importantes. Ils ont demandé à des adultes jeunes et âgés d'apprendre 46 paires de mots (comme CHAISE-CHIEN). Pour chaque paire, les participants pouvaient utiliser l'une des trois stratégies suivantes (voir Figure 13) : production de phrases, auto-répétition de maintien et fabrication d'images mentales. Pour la stratégie de production de phrases, les participants devaient faire une phrase avec les deux items (e.g., le chien est assis sur une chaise). Pour l'auto-répétition mentale de maintien, les participants devaient s'auto-répéter mentalement chaque paire d'items (chien-chaise ; chien-chaise ; chien-chaise). Pour la fabrication d'images mentales, les participants devaient se faire une image mentale incluant les deux items de chaque paire (e.g., se faire une image d'un chien assis sur une chaise). Les participants étaient également informés qu'ils pouvaient utiliser toutes les autres stratégies qu'ils voulaient ou ne pas utiliser de stratégies. Le pourcentage d'utilisation de chaque stratégie apparaît sur la Figure 14. Ces données montrent que les participants n'utilisaient pas les stratégies disponibles dans des proportions équivalentes. Ainsi, les personnes âgées avaient moins fréquemment que les jeunes recours à la fabrication d'images mentales et à l'auto-répétition mentale de maintien et utilisaient plus fréquemment la stratégie de construction de phrases ou pas de stratégie.

Figure 13

Protocole utilisé par Dunlosky et Hertzog (2001) pour étudier l'impact des stratégies d'encodage en mémoire chez des participants jeunes et âgés.

Les participants pouvaient choisir entre trois stratégies (production de phrases, auto-répétition et fabrication d'images mentales) pour mémoriser des listes de paires de mots.

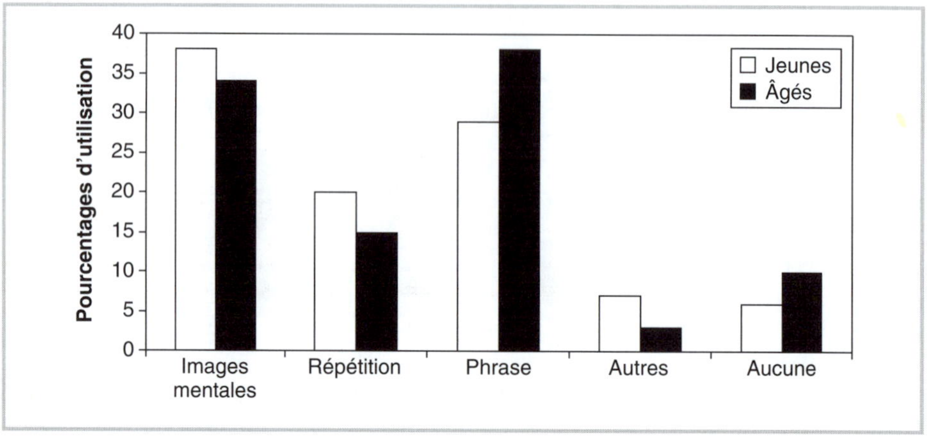

Figure 14

Pourcentages d'utilisation de chacune des stratégies de mémorisation chez les jeunes et les âgés (données rapportées par Dunlosky & Hertzog, 2001).

Ces données montrent que les deux groupes de participants n'utilisent pas les stratégies disponibles dans des proportions identiques.

Il est possible que cette différence de distribution stratégique entre les jeunes et les âgés provienne du fait que les chercheurs aient fixé *a priori* le type de stratégies disponibles ou aient explicitement défini les stratégies aux participants avant l'expérience. Dunlosky et Hertzog ont observé le même type de données lorsque les participants utilisaient spontanément les stratégies dont ils disposaient (voir aussi Dunlosky & Hertzog, 1998, 2000, 2001). Par ailleurs, certaines études ayant manipulé directement le type de stratégies mises en œuvre par les participants ont abouti aux mêmes conclusions.

L'une des études princeps cherchant à manipuler les stratégies d'encodage utilisées par les participants a été conduite par Eysenck (1974). Il a testé quatre groupes de participants jeunes et âgés. Dans le premier groupe, il a simplement demandé aux participants de compter le nombre de lettres dans chaque mot de la liste des 24 mots à apprendre (e.g., le mot « chien » comprend 5 lettres). Dans le deuxième groupe de participants, il leur a demandé de donner un mot qui rime avec le mot à apprendre (e.g., le mot « bain » rime avec « chien »). Le troisième groupe de participants devait donner un adjectif qui qualifie le mot-cible (e.g., « poilu »). Enfin, dans le dernier groupe, les participants devaient fabriquer une image mentale du mot-cible et évaluer l'intensité de cette image. Les participants devaient ensuite rappeler le plus de mots possible. Les résultats apparaissent à la Figure 15. Ces résultats montrent

- un effet classique du niveau de traitement de l'information : l'information était d'autant mieux mémorisée qu'elle avait été traitée profondément lors de l'encodage,
- un effet classique de l'âge : les jeunes ont rappelé plus de mots que les âgés,
- une interaction Âge × Niveau de traitement : les traitements profonds étaient moins bénéfiques aux personnes âgées qu'aux jeunes.

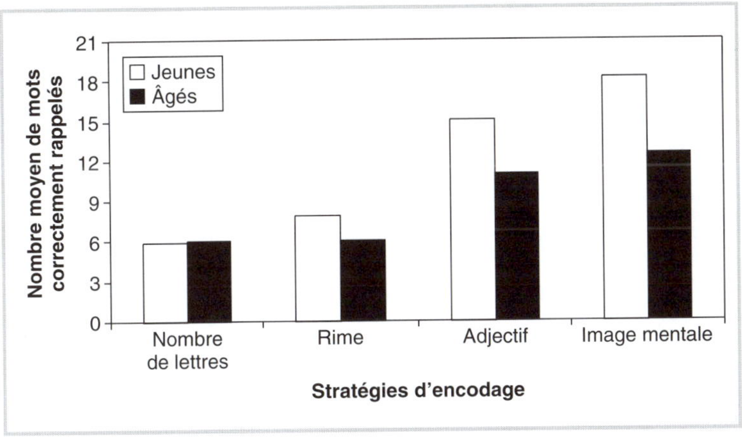

Figure 15

Nombre de mots correctement rappelés en fonction du niveau de traitement de l'information par des participants jeunes et âgés (d'après Eysenck, 1974).

Ces données montrent que le nombre de mots rappelés augmente avec le niveau de traitement de manière moins importante chez les âgés que chez les jeunes. Ceci indique que les âgés ont plus de difficultés à mettre en œuvre et appliquer des traitements profonds, d'où leurs difficultés de mémorisation.

Taconnat et Isingrini (2004) ont également manipulé le type de stratégies utilisées par les participants pour encoder les items à apprendre. Pour cela, les auteurs ont comparé les performances à une tâche de rappel libre de participants jeunes, âgés et très âgés. Ils ont demandé aux participants d'apprendre le deuxième mot de chaque paire de mots contenue dans une liste de 40 paires de mots. La moitié des paires comprenait des mots phonologiquement associés (e.g., carotte-capote) et l'autre moitié des mots sémantiquement associés (e.g., carotte-poireau). Les auteurs ont également manipulé les conditions (ou stratégies) d'encodage. Dans une première condition, les participants devaient lire les paires de mots. Dans la deuxième condition, les participants devaient compléter le deuxième mot (e.g., ils voyaient CAROTTE-CAP___ ou CAROTTE-POIR___ et devaient compléter CAP____ par CAPOTE ou POIR___ par POIREAU). Les résultats concernant les paires de mots sémantiquement associés apparaissent à la Figure 16 a et ceux pour les paires de mots phonologiquement associés à la Figure 16 b. Ces données montrent :

- Un effet classique de l'âge : le pourcentage de mots correctement rappelés diminue avec l'âge.
- Un effet des conditions d'encodage : globalement, les performances sont meilleures dans la condition où les participants ont eu à produire le mot associé que dans la condition où ils ont eu simplement à le lire.
- Un effet du type d'association : les mots sémantiquement associés étaient mieux rappelés que les mots phonologiquement associés.
- Une interaction Âge × Encodage × Type de mots : les effets d'encodage étaient présents chez les jeunes uniquement pour les paires de mots phonologiquement associés et dans les trois groupes d'âge pour les paires de mots sémantiquement associés.

Comme le discutent les auteurs dans leur article, ces résultats sont intéressants car ils suggèrent que lorsque les paires de mots ont une relation sémantique, les participants, quel que soit leur âge, ont pu utiliser cette relation pour exécuter un traitement plus profond dans les deux conditions d'encodage. En revanche, pour les paires de mots phonologiquement associés, seuls les jeunes ont pu bénéficier d'un encodage profond. Ceci

associato phonologique : seulement les jeunes Bénéficient.

suggère que la mise en œuvre de traitements profonds n'est pas complètement détériorée chez les personnes âgées, mais qu'elle peut avoir lieu lorsque toutes les caractéristiques de la tâche (i.e., condition d'encodage et de rappel, type de matériel) sont les plus favorables.

En résumé, les travaux sur les stratégies d'encodage ont montré que la difficulté à mettre en œuvre des traitements profonds contribue à de moins bonnes performances mnésiques (en reconnaissance et en rappel) chez les personnes âgées. Là encore, cet effet a été observé de nombreuses fois (e.g., Bunce & Macready,2005 ; Canestrari, 1968 ;

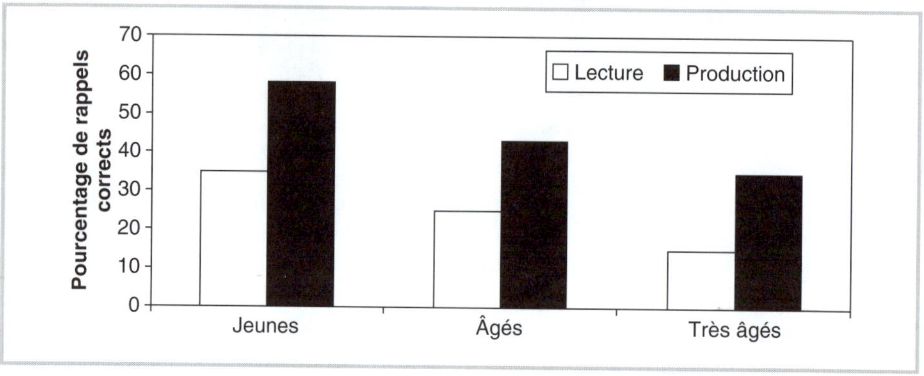

Figure 16a

Pourcentages de mots correctement rappelés par des participants jeunes, âgés et très âgés en fonction de la condition d'apprentissage (lecture et production) de mots sémantiquement associés (données d'après Taconnat & Isingrini, 2004). Ces données montrent que les participants les plus âgés, comme les plus jeunes, ont de meilleures performances lorsqu'ils ont à produire un mot sémantiquement associé que lorsqu'ils ont simplement à lire ce mot, au moment de l'encodage.

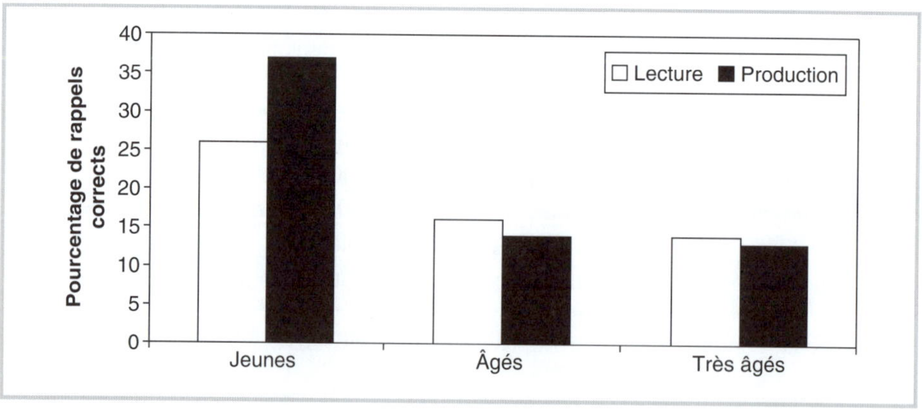

Figure 16b

Pourcentages de mots correctement rappelés par des participants jeunes, âgés et très âgés en fonction de la condition d'apprentissage (lecture et production) de mots phonologiquement associés (données d'après Taconnat & Isingrini, 2004). Ces données montrent qu'une différence entre un traitement superficiel (lecture) et un traitement plus profond (production) n'est présente que chez les jeunes.

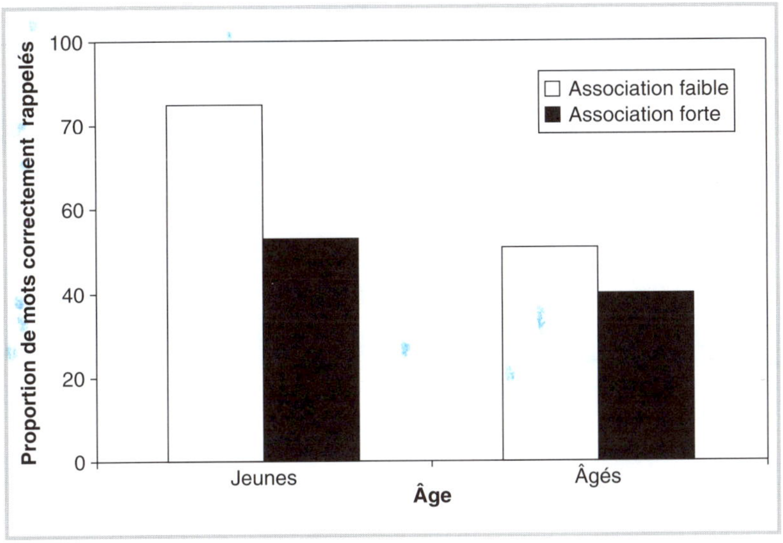

Figure 17

Pourcentages de mots correctement rappelés en fonction de l'âge des participants (jeunes ou âgés) et des associations (faibles ou fortes) entre mots indices et mots cibles. (D'après Pulgisi et al., 1988).

Ces données montrent que le pourcentage de rappels corrects est plus élevé chez les participants jeunes que chez les participants âgés, même pour les items facilitant le rappel. Ceci suggère que les personnes âgées ont plus de mal à utiliser les indices de récupération pour faciliter le rappel.

Cohen, 1979 ; Craik & Massani, 1967 ; Fontaine, Isingrini, Gauthier, & Cochez, 1991 ; Grady *et al.*, 1995 ; Light & Anderson, 1983 ; Mitchell, Hunt, & Schmitt, 1986 ; Mathey & Portal, 2003 ; Plaie & Isingrini, 1999 ; Rabinowitz & Ackerman, 1982 ; Rowe & Schnore, 1971 ; Sauzeon, N'Kaoua, Lespinet, Guillem, & Claverie, 2000 ; Stine & Wingfield, 1987).

2.5 *Stratégies de rappel*

Plusieurs effets expérimentaux suggèrent que les processus de rappel sont affectés par le vieillissement. Le premier est relatif aux indices de récupération. L'un des résultats importants sur la mémoire est que les performances mnésiques sont meilleures lorsque les participants peuvent utiliser des indices qui vont faciliter la récupération des informations en mémoire à long terme. Plusieurs études suggèrent qu'avec l'âge, nous avons plus de difficultés à nous donner des indices de récupération (e.g., Sauzeon, N'Kaoua, & Claverie, 2001 ; Pulgisi *et al.*, 1988). Dans l'une des premières études montrant que les personnes âgées ont plus de difficultés que les personnes jeunes à utiliser efficacement des indices de récupération, Pulgisi *et al.* (1988) ont demandé à des participants jeunes et âgés d'apprendre des paires de mots. Toutes ces paires comprenaient des mots faiblement associés (e.g., pomme-chat). Lors du rappel, les participants voyaient un mot-indice et devaient donner l'autre mot. Le mot indice était soit le mot d'origine (faiblement associé au mot cible à rappeler), soit un autre mot (fortement associé au mot cible). Par exemple, les participants ayant appris la paire « pomme-chat » voyaient soit « pomme », soit « chien » et devaient rappeler « chat ». Les données, présentées à la Figure 17, montrent que le pourcentage de mots correctement rappelés est plus élevé pour les paires de mots faiblement (ou pas) associés. Ces paires correspondent aux items pour lesquels, au moment du rappel, le mot-cible a pu servir d'indice au participant pour récupérer en mémoire la paire de mots stockés. Cet indice n'était pas disponible pour les paires de mots fortement associés, les associations fortes empêchant les participants de récupérer correctement le mot en mémoire. Le résultat le plus important reste l'interaction Âge × Association. Comme le montre clairement la Figure 17, l'effet d'association (et donc d'indice à la récupération) était plus important chez les jeunes que chez les âgés. Ceci suggère que les personnes âgées ont plus de difficultés à retrouver des indices leur facilitant la récupération du matériel préalablement stocké.

La deuxième catégorie d'effets expérimentaux qui suggèrent que les adultes âgés n'utilisent pas les mêmes stratégies de rappel que les adultes jeunes concerne les effets de rappel des informations contextuelles. Ces effets concernent notre capacité à rappeler non seulement les informations stockées en MLT, mais aussi le contexte dans lequel nous avons stocké ces informations. Il s'agit, par exemple, de la personne qui nous a donné l'information, du lieu où nous avons stocké les informations, du fait d'avoir appris ces informations par la télévision, la radio ou un ami, etc. Un effet contextuel particulier est l'effet dit de la source et concerne la source des informations stockées : Qui nous a transmis l'information ? Cet événement nous est-il réellement arrivé ou l'avons-nous seulement imaginé ? De nombreuses études ont observé qu'avec l'âge, nous avons de plus en plus de difficultés à nous souvenir des sources des informations ou d'autres informations contextuelles comme la couleur, la police et la casse (CHIEN vs. Chien) des mots écrits à mémoriser ou comme la hauteur (grave vs. aiguë) avec laquelle les mots à apprendre sont oralement prononcés ou s'ils ont été dits par une voix masculine versus féminine (e.g., Baylen & Murnane, 1996 ; Cohen & Faulkner, 1989 ; Guttentag & Hunt, 1988 ; Haarman, Ashling, Davelaar, & Usher, 2005 ; Hashtroudi, Johnson *et al.*, 1989 ; 1990 ; 1994 ; Kausler & Puckett, 1981 ; Naveh-Benjamin & Craik, 1995 ; Schacter, Koustaal, & Norman, 1997 ; Souchay, Isingrini, Clarys, Taconnat, & Eustache, 2004).

L'étude de Jacoby (1999) illustre très bien la difficulté qu'ont les personnes âgées à stocker les informations contextuelles. Jacoby a demandé à des participants jeunes et âgés d'abord de lire des listes de mots dans lesquelles certains mots se trouvaient une fois, deux fois ou trois fois. Ensuite, les participants ont entendu une liste de 20 mots. Les participants étaient au préalable informés qu'ils devaient faire attention à tous les mots, car leur mémoire de ces mots (présentés à l'écrit et à l'oral) serait testée ultérieurement. Enfin, les participants accomplissaient une tâche de reconnaissance dans laquelle ils devaient dire si les mots présentés faisaient partie de la liste des mots entendus. Ils étaient prévenus qu'ils devaient faire attention à ne pas confondre les mots lus et les mots entendus et qu'ils devaient dire pour chaque mot cible s'il avait été entendu. Les résultats sont présentés à la Figure 18.

Comme le montre la Figure 18, les jeunes ont dit correctement plus fréquemment « oui » pour les mots entendus que les âgés. Le résultat le plus intéressant concerne le pourcentage de fois où les participants ont dit (incorrectement) « oui » aux mots contenus dans la liste lue. Les jeunes ont dit « oui » d'autant moins souvent que les mots à lire étaient fréquemment présentés. Par contraste, les âgés ont dit « oui » d'autant plus souvent que les mots à lire étaient fréquemment présentés. Les jeunes ont dit incorrectement « oui » d'autant moins souvent que les mots avaient été fréquemment présentés, car la répétition des mots avait entraîné une meilleure mémorisation et donc une moindre confusion quant à la source de ces mots. Les jeunes savaient clairement que les mots

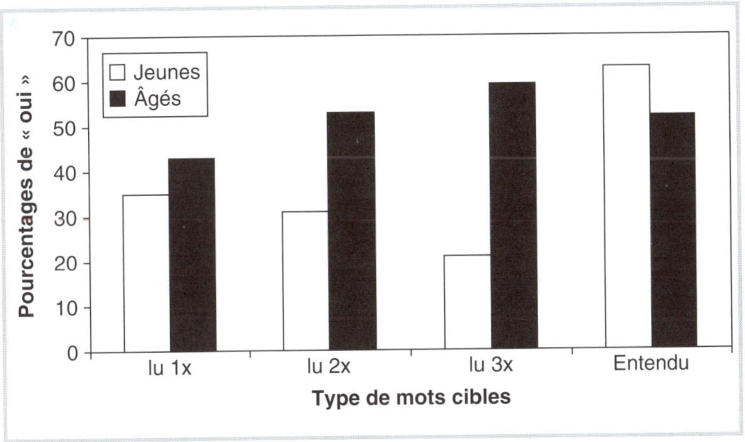

Figure 18

Pourcentages moyens de mots pour lesquels les participants jeunes et âgés ont indiqué qu'ils avaient entendu un mot cible soit entendu soit lu 1, 2 ou 3 fois (Données d'après Jacoby, 1999).

Ces données montrent que les personnes âgées ont tendance à croire qu'elles ont entendu un mot lu plusieurs fois, tandis que les jeunes discriminent entre les mots lus et entendus. Ceci indique une difficulté plus grande chez les personnes âgées à faire la distinction entre différentes sources d'informations, comme lorsqu'elles ont tendance à oublier qui leur a dit quoi ou à qui elles ont dit quelque chose (plusieurs fois).

lus plusieurs fois ne faisaient pas partie des mots entendus. Les âgés, en revanche, confondaient davantage les listes de mots (lus vs. entendus). Plus les mots avaient été lus fréquemment, plus les âgés avaient l'impression que ces mots faisaient partie de la liste des mots entendus et donc, plus fréquemment ils répondaient « oui ». Cet *effet dit d'amnésie de la source*** illustre la plus grande difficulté des personnes âgées à encoder les informations contextuelles en plus des informations cibles à stocker. Par ailleurs, cet effet souvent répliqué expérimentalement correspond à l'expérience décrite par les personnes âgées elles-mêmes lorsqu'elles sont capables de nous raconter une histoire ou nous donner des informations sans pouvoir se rappeler qui leur a raconté ladite histoire ou donné ladite information, ou encore en nous racontant la même histoire plusieurs fois sans se rappeler nous l'avoir déjà racontée.

Un autre exemple de phénomène caractérisant la difficulté des personnes âgées à traiter les informations contextuelles est celui dit de la *fausse célébrité***. Dywan et Jacoby (1990) ont demandé à des participants jeunes et âgés de lire une liste de noms de gens inconnus. Puis, les participants avaient une autre liste de noms comprenant le nom des gens inconnus de la première liste, le nom d'autres gens inconnus et le nom de gens relativement célèbres. Les participants étaient informés qu'aucun des noms de la première liste n'était le nom de personnes célèbres. Les participants devaient indiquer pour chacun des noms de la seconde liste s'il était le nom de quelqu'un de célèbre. Les auteurs ont observé que les personnes âgées avaient plus tendance que les jeunes à dire que les noms de la deuxième liste faisant partie des noms de la première liste correspondaient au nom de gens célèbres. Ils étaient davantage victimes que les jeunes de l'effet dit de fausse célébrité.

Selon l'interprétation actuelle de ces effets d'amnésie de la source, les personnes âgées auraient davantage de difficultés à discriminer entre plusieurs sources d'informations et seraient donc victimes de plus d'interférence que les personnes jeunes. Cette plus grande interférence résulterait notamment d'une plus grande difficulté à inhiber les sources d'informations inappropriées et, en conséquence, ne leur permettrait pas une aussi bonne discrimination que les jeunes qui, eux, n'ont pas de problèmes d'inhibition (voir Zack, Hasher, & Li, 1999, pour une synthèse).

2.6 *Apprentissage implicite*

L'*apprentissage implicite*** survient lorsque nous extrayons inconsciemment des régularités de l'environnement. Par exemple, nous assistons à une réunion où 75 % des présents sont des femmes. Sans le remarquer consciemment, il est possible que notre système cognitif encode ce pourcentage. Cette extraction inconsciente et non intentionnelle d'une régularité ou d'une propriété statistique d'un ensemble de stimulus a lieu quotidiennement (e.g., lorsque nous extrayons les règles de grammaire d'une langue, les coutumes d'un nouveau pays ou d'un nouveau milieu, avant de les apprendre formellement et consciemment). Ce n'est que récemment que les psychologues ont réussi à mettre au point des protocoles expérimentaux permettant de reconstruire en laboratoire ce phénomène et d'en étudier les déterminants (Cleeremans, Destrebecqz, & Boyer, 1998). Les psychologues du vieillissement ont étudié les effets de l'âge sur l'apprentissage implicite.

La tâche de réaction à des séries (ou tâche de temps de réaction sériel) a été l'une des premières tâches d'apprentissage implicite utilisée pour étudier les effets du vieillissement sur les mécanismes d'apprentissage implicite (voir Figure 19). Dans cette tâche, mise au point par Nissen et ses collègues (e.g., Nissen & Bullemer, 1987), les participants voient quatre cases côte à côte sur un écran d'ordinateur. Les participants doivent appuyer le plus rapidement possible sur le bouton situé en dessous de la case où apparaît un astérisque. Dès qu'ils appuient sur le bouton, l'astérisque disparaît et un autre apparaît au dessous de la même case soit d'une autre case. Plusieurs séries sont ainsi présentées aux participants. Les participants ne sont pas informés que les séries suivent des séquences régulières. Ainsi, par exemple, si les cases sont numérotées de 1 à 4, une série de 10 éléments respectant une règle très simple peut être : 1223334444 (la règle est la suivante : la première case est présentée une fois, la deuxième deux fois, la troisième trois fois et la quatrième quatre fois). Les participants voient plusieurs blocs contenant environ une dizaine de séries comme celle-ci. Ensuite, pour savoir si les participants ont (implicitement) appris les séries, ils voient des séries aléatoires. Le temps mis pour répondre à chaque astérisque correspondant à une série organisée est comparé au temps mis pour répondre à chaque astérisque correspondant à une série aléatoire. L'apprentissage implicite s'observe par une plus grande rapidité à répondre aux séries organisées.

Dans un article publié en 1992, Howard et Howard ont comparé l'apprentissage implicite chez les jeunes et les âgés dans une tâche de réaction à des séries. Les données de l'une de leurs expériences sont présentées à la Figure 20. Comme le montrent les données, le temps mis pour répondre aux séquences organisées est plus court que celui mis pour répondre aux séquences aléatoires car les participants ont appris les séquences organisées. Le fait qu'ils étaient incapables de décrire verbalement ces séquences suggère que l'apprentissage était implicite. Cet apprentissage implicite leur permettait d'encoder plus rapidement la case où apparaissait l'astérisque et de sélectionner le bou-

Figure 19

Représentation schématique de la tâche de détection de séries utilisée par Howard et ses collaborateurs pour étudier les effets du vieillissement en apprentissage implicite.

ton sur lequel appuyer. Pour les séquences aléatoires, il n'était pas possible au participant d'anticiper les cases où allaient apparaître les astérisques car ces cases étaient imprévisibles. Le plus important dans les résultats de Howard et Howard est que cet effet d'apprentissage implicite était comparable dans les deux groupes de participants, jeunes et âgés. Cet absence d'effet du vieillissement sur l'apprentissage implicite a également été retrouvé par plusieurs auteurs dans cette tâche d'apprentissage sériel (Cherry & Stadler, 1995 ; Curran, 1997 ; Frensch & Miner, 1994 ; Howard & Howard, 1989 ; Salthouse, Guthrie, & Hambrick, 1999) et dans une tâche d'apprentissage de grammaire artificielle, autre tâche d'apprentissage implicite (e.g., McGeorge, Crawford, & Kelly, 1997 ; Salthouse *et al.*, 1999).

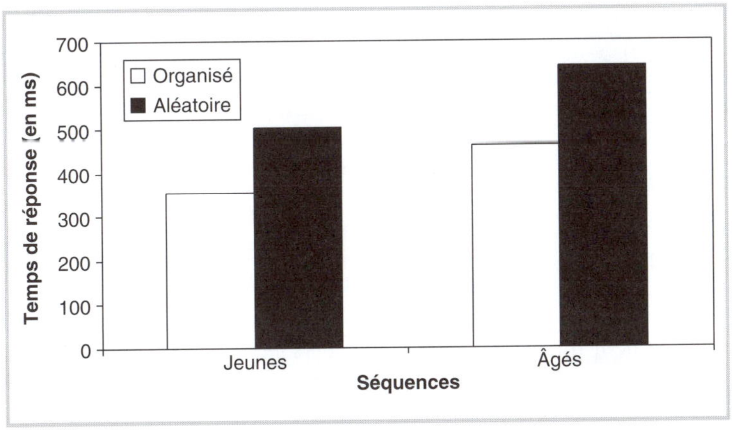

Figure 20

Temps de réponse à la tâche de réaction à des séries utilisée par Howard et Howard (1992) pour étudier l'évolution de l'apprentissage implicite avec l'âge. Ces données montrent que le temps pour répondre aux séquences organisées est plus court que celui mis pour répondre aux séquences aléatoires, chez les jeunes comme chez les âgés. Ceci suggère que les mécanismes d'apprentissage implicite pourraient être épargnés par le vieillissement.

Les quelques recherches suggérant une absence de vieillissement en apprentissage implicite soulèvent la question suivante. L'âge épargne-t-il réellement l'apprentissage implicite ou les études réalisées n'ont-elles pas permis de révéler l'effet qui existe en réalité ? Il est en effet possible que l'âge ne s'accompagne pas d'un maintien des capacités d'apprentissage implicite. Mais, les effets de l'âge sont suffisamment subtils pour ne pouvoir être détectés avec les méthodes d'étude utilisées. Si d'autres méthodologies devraient permettre d'observer un tel effet, ceci indiquerait que les études précédentes ont manqué de puissance expérimentale et n'ont pas révélé cet effet. Plusieurs études ont observé des effets de l'âge sur l'apprentissage implicite, soit avec des tâches de réaction à des séries, soit avec de nouvelles tâches.

Dans une série d'études utilisant une variante de la tâche de réaction à des séries, Howard et ses collaborateurs (Howard & Howard, 1992 ; 1997 ; 2001 ; Howard, Howard, Japikse, Di Yanni, Thompson, & Somberg, 2004) ont testé des participants de 20 à plus de 80 ans. Rappelons que dans la tâche de réaction à des séries, les participants voient quatre cases (cases 1, 2, 3 et 4) côte à côte sur un écran d'ordinateur. À chaque essai, un astérisque apparaît sous l'une des quatre cases. Les participants doivent appuyer sur l'une des quatre touches correspondantes sur le clavier de l'ordinateur. Dans leurs expériences utilisant une variante de cette tâche de réaction à des séries, Howard et ses collaborateurs ont montré aux participants des séries ordonnées (e.g., 135241352413524). Mais entre chaque nombre d'une série ordonnée, un (ou deux) nombre(s) aléatoirement choisi(s) apparaissai(en)t. Ainsi, pour cet exemple, les participants pouvaient voir 1*r*3*r*5*r*2*r*4*r*1*r*3*r*5*r*2*r*4*r*1*r*3*r*5*r*2*r*4, *r* désignant l'une des quatre positions aléatoirement choisies. Les différences liées à l'âge dans cette tâche d'apprentissage implicite apparaissent à la Figure 21. Les données sur cette figure révèlent que

Figure 21

Proportions d'items corrects aux items ordonnés — proportions d'items corrects aux items aléatoires chez les jeunes et les âgés pour les séries dites 1-item aléatoire (i.e., avec un item aléatoire entre les items ordonnés) et pour les séries dites 2-items aléatoires (i.e., avec deux items aléatoires entre les items ordonnés).
Ces données (d'après Howard et al., 2004) montrent que l'apprentissage implicite diminue avec l'âge dès lors que les régularités d'une série ne sont pas contiguës.

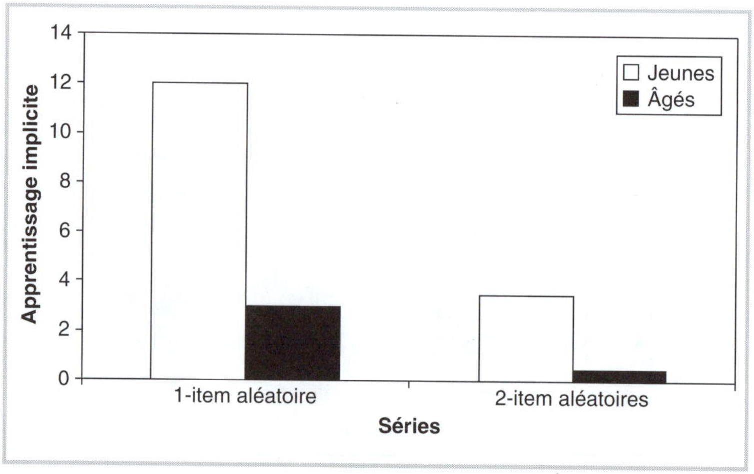

- pour les séries où 1 item aléatoire était présenté entre les séries ordonnées, l'effet d'apprentissage implicite, bien que présent dans les deux groupes d'âge, était plus faible chez les participants âgés,
- pour les séries où 2 items aléatoires étaient présentés entres les séries ordonnées, l'effet d'apprentissage n'existait plus que chez les personnes jeunes (bien que fortement diminué).

Tout se passe comme si l'apprentissage implicite n'était affecté par l'âge qu'à partir du moment où les régularités contenues dans un environnement n'étaient pas trop difficiles à extraire. Le fait d'avoir inséré des items aléatoires entre les items ordonnés a rendu plus difficile l'extraction de l'ordre contenu dans les séries chez les participants jeunes. À un certain niveau de difficulté (i.e., 2 items aléatoires insérés), les personnes âgées ne sont plus en mesure de faire cette extraction.

Les mécanismes attentionnels constituent l'une des raisons sous-jacentes aux effets du vieillissement sur l'apprentissage implicite de régularités complexes. En effet, pour extraire les régularités, les participants doivent maintenir activés les éléments de la série constituant une règle. Dès lors que ces éléments sont espacés et qu'ils ne sont pas simultanément activés en MDT, il est plus difficile d'extraire la règle qui les relie. C'est ce qui se passe dans la variante de la tâche de réaction à des séries. Les cases aléatoires entraînaient vraisemblablement, sinon une désactivation, du moins une réduction de l'activation des éléments en MDT, rendant plus difficile la découverte même implicite des liens entre ces éléments.

En résumé, les mécanismes de détection de co-variation semblent perturbés avec le vieillissement dès lors qu'ils doivent être mis en œuvre sur du matériel complexe. Ceci survient car, pour détecter ces co-variations, même implicitement, le système cognitif doit utiliser une certaine quantité de ressources attentionnelles. Or, avec l'âge, ces ressources diminuent. En d'autres termes, la diminution des ressources attentionnelles avec l'âge entraîne la diminution d'efficacité des mécanismes d'apprentissage implicite.

imp. mécanismes de détecto de la covariato = perturbés.

3 Effets moins importants de l'âge sur la mémoire

Les travaux concernant les effets de l'âge sur la mémoire, conduits dans une perspective de traitement de l'information, ont répliqué la diminution de nos capacités mnésiques avec l'âge, déjà observée par l'approche psychométrique. Ils ont en outre permis de préciser le type de capacités mnésiques affectées par l'âge au-delà du simple constat que la mémoire diminue avec l'âge. Le plus intéressant toutefois reste la découverte de capacités mnésiques épargnées par le vieillissement. Cette découverte est importante non seulement pour qui veut connaître comment fonctionne la mémoire humaine tout au long de la vie, mais aussi pour qui veut aider les personnes âgées à garder une bonne mémoire. En effet, c'est à partir de ces capacités mnésiques encore en place que la personne âgée va pouvoir utiliser au mieux sa mémoire. Dans cette section, nous rapportons les données qui montrent quelles sont ces capacités mnésiques que l'âge ne semble pas affecter ou altérer dans une moindre mesure.

3.1 *Organisation des informations en MLT*

L'organisation des informations en mémoire ne semble pas se détériorer avec l'âge. Cette organisation a été étudiée notamment par la tâche dite tâche d'amorçage. Cette tâche est illustrée à la Figure 22.

Dans une tâche d'amorçage, le participant voit d'abord un signal (comme le « + » dans la Figure 22) pendant un temps relativement bref (500 ms). Puis, il voit un mot, dit mot amorce (comme « abricot » ou « infirmière ») pendant une durée variable (comme 150 ou 450 millisecondes). Ensuite, il voit une suite de lettres cibles qui peuvent former un mot (comme « docteur) ou un non-mot (comme « xuxtnap »). La tâche du participant est de dire le plus rapidement possible et sans erreur si la suite de lettres forme un mot. D'autres variantes existent. Par exemple, le participant ne voit que des mots cibles et doit dire si le mot-cible désigne un être vivant ou non. L'effet d'amorçage consiste à observer que les participants vont plus vite pour dire que « docteur » est un mot après avoir vu « infirmière » en amorce qu'après avoir vu « abricot ». Cette plus grande rapidité s'explique par le fait que, en mémoire, « docteur » et « infirmière » sont des entités plus proches que « docteur » et « abricot », du fait de la relation sémantique entre « docteur » et « infirmière » (i.e., ils exercent une profession médicale). Ce phénomène d'amorçage s'est révélé très fructueux en psychologie cognitive pour étudier l'organisation des informations en MLT (voir Bonin, 2003, ou Ferrand, 2001, pour des présentations et discussions plus détaillées en français).

De nombreuses études ont cherché à savoir si les effets d'amorçage changeaient avec l'âge. La plupart des études trouvent des effets comparables chez les participants jeunes et âgés, suggérant que l'organisation des informations en MLT reste stable avec l'âge. Par exemple, Howard *et al.* (1986) ont donné une tâche de décision lexicale à des parti-

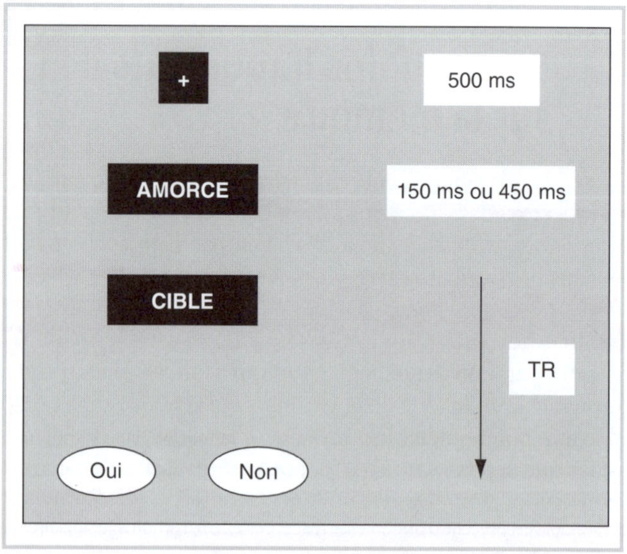

Figure 22

Illustration d'une tâche d'amorçage sémantique utilisée pour étudier l'organisation des informations en mémoire.

Le participant voit sur un écran d'ordinateur d'abord un + pendant 500 ms, puis un stimulus AMORCE (e.g., un mot comme « abricot » ou « infirmière ») pendant une durée variable (e.g., 150 ou 450 ms), enfin un stimulus CIBLE (e.g., un mot comme « docteur » ou un non-mot comme « xuxtnap »). Le participant doit dire si le stimulus cible forme un mot ou un non-mot. Le temps mis entre la présentation de la cible et la réponse du participant constitue le temps de réponse (TR).

cipants jeunes et âgés et ont manipulé deux variables : le temps de présentation de l'amorce (150, 450 et 1000 ms) et le type de paires amorce-cible (avec des amorces sémantiquement reliées comme « infirmière — docteur » et des amorces non reliées comme « abricot — docteur »). Leurs résultats (voir Figure 23) ont permis d'observer que l'effet d'amorçage (mesuré par la différence de temps entre les amorces reliées et non reliées) était présent chez les jeunes et les âgés lorsque l'amorce était vue pendant 450 et 1000 ms. Ceci suggère que, chez les jeunes comme chez les âgés, l'amorce a activé en mémoire les nœuds sémantiques correspondant à l'amorce et que cette activation, appelée *activation diffusante***, s'est automatiquement répandue aux items associés (dont le mot-cible). Par ailleurs, l'effet d'amorçage n'était présent que chez les jeunes lorsque l'amorce était présentée pendant 150 ms. Ceci suggère que le ralentissement de l'activation automatique des informations en mémoire chez les âgés n'a entraîné aucune facilitation de l'amorce sur la cible pour un délai aussi court.

En résumé, ces effets d'amorçage, suggèrent que la représentation et l'organisation des informations en MLT ne sont pas altérées par le vieillissement, même si les mécanismes d'activation automatique à la base de l'amorçage sont exécutés plus lentement chez les personnes âgées. Notons que ces effets ont été répliqués de nombreuses fois et dans des tâches variées (e.g., Auriacombe, Fabrigoule, Lafont, Amieva, Jacqmin-Gadda, & Dartigues, 2001 ; Balota *et al.*, 1992 ; Bowles & Poon, 1985 ; Burke *et al.*, 1987 ; Chiarello *et al.*, 1985 ; Didierjean & Lemaire, sous presse ; Eustache, Desgranges, Valerie, & Platel, 1998 ; Fabre & Lemaire, 2006 ; Giffard, Desgranges, Kerrouche, Piolino, & Eustache, 2003).

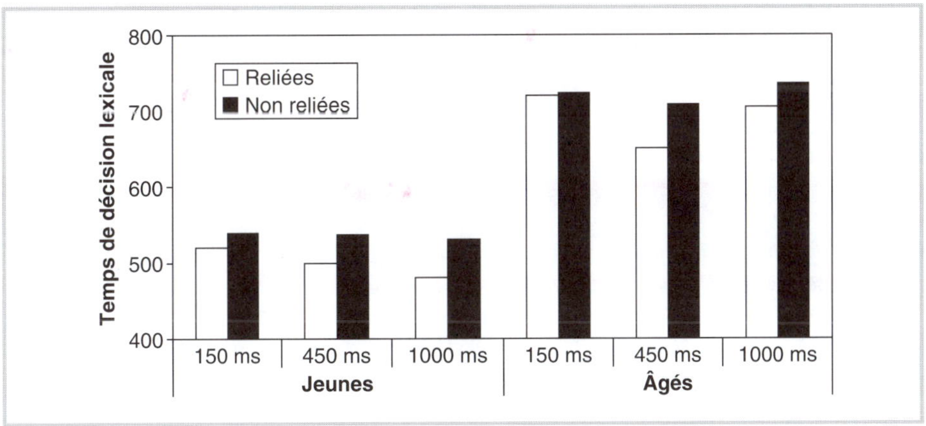

Figure 23

Temps de décision lexicale des participants jeunes et âgés en fonction du type de paires amorce-cible et de la durée de présentation de l'amorce (données d'après Howard et al., 1986).

Ces données montrent que, chez les jeunes comme chez les âgés, le temps de décision lexicale est plus court lorsque l'item cible est précédé d'une amorce reliée. Ces effets d'amorçage similaires chez les jeunes et les âgés suggèrent un maintien de la mémoire sémantique avec l'âge.

3.2 Mémoire implicite

Dans les études sur la mémoire, les participants doivent explicitement chercher à rappeler du matériel préalablement appris. En fait, dans la vie quotidienne, nous utilisons très souvent notre mémoire sans le faire explicitement. Par exemple, lorsque nous utilisons une fourchette et un couteau pour couper de la viande, nous ne cherchons pas explicitement à nous rappeler de toutes les procédures à mettre en œuvre pour nous en servir. Cette utilisation de la mémoire a été qualifiée de mémoire implicite et a été étudiée en laboratoire grâce à des tâches mises au point par les psychologues. Certaines de ces tâches ont été aussi administrées à des personnes âgées afin d'étudier l'impact de l'âge sur la mémoire implicite.

L'une des premières recherches sur le vieillissement de la mémoire implicite a été publiée par Light et Singh (1987). Dans cette étude, les auteurs ont demandé à deux groupes de participants, des jeunes et des âgés, de lire une liste de 20 mots et de dire, pour chacun des mots, s'il évoque quelque chose d'agréable. Ensuite, au moment du rappel, la moitié des participants avait une tâche de mémoire explicite et l'autre moitié un test de mémoire implicite. Dans le test de mémoire explicite, les participants voyaient la racine des mots appris (e.g., *car*_______ était présenté pour un mot cible à rappeler « *carotte* ») et devaient utiliser les racines des mots pour essayer de rappeler le plus possible de mots préalablement vus (tâche de complètement de racine). L'autre groupe avait une tâche d'association spontanée : il voyait les mêmes racines et devait donner le premier mot qui leur venait à l'esprit. Ils pouvaient ainsi compléter la racine par « *carotte* », « *caractère* » ou encore par « *cartable* ».

Bien sûr, les auteurs ont aussi donné des racines correspondant à des mots nouveaux pour lesquelles les performances des jeunes et des âgés étaient similaires. Comme le montrent les données de la Figure 24, les auteurs ont trouvé un effet classique du vieillissement sur la mémoire explicite (i.e., les performances des âgés étaient inférieures à celles des jeunes). Ils ont par ailleurs observé qu'à la tâche d'associations spontanées, les jeunes et les âgés avaient des performances comparables (la différence entre les deux groupes n'était pas statistiquement significative). Cette dissociation entre mémoires explicite et implicite (effet de l'âge sur la mémoire explicite mais pas sur la mémoire implicite) a été retrouvée de nombreuses fois (voir toutefois Fleischamn, Wilson, Gabrieli, Bienias, & Bennett, 2004 ; Graf, Shimamura, & Squire, 1985 ; Keane, Gabrieli, Monti, Fleischman, Cantor, & Noland, 1997) et avec d'autres tâches de mémoire implicite portant sur du matériel verbal ou des images (Clarys, Isingrini, & Haerty, 2000 ; Jenning & Jacoby, 1993 ; Howard, 1991 ; Light, 1991 ; Light & Albertson, 1989 ; Light & LaVoie, 1993 ; Mitchell, 1993 ; Mitchell, Brown, & Murphy, 1990 ; Park & Shaw, 1992 ; Schacter, Cooper, & Valdiserri, 1992 ; Wiggs, 1993 ; voir synthèses de Howard, 1996 ; Rybash, 1996 ; Fleischman & Gabrieili, 1998).

3.3 Mémoire prospective

La *mémoire prospective*** correspond aux actions à accomplir ou aux informations à se rappeler ultérieurement, comme par exemple se rappeler d'un rendez-vous

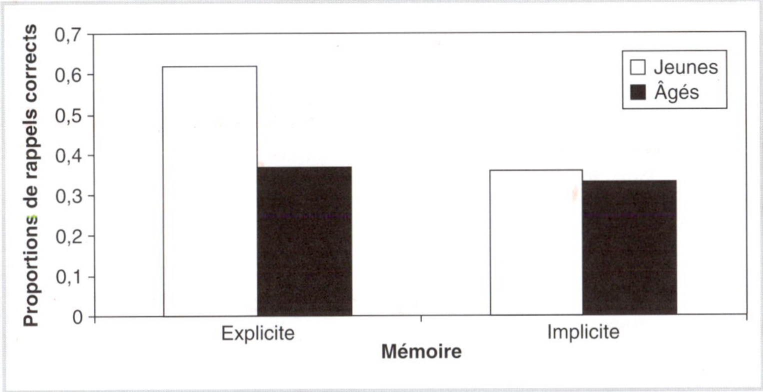

Figure 24

Proportions de rappels corrects dans l'étude de Light et Singh (1987).

Ces données indiquent que les pourcentages de mots correctement rappelés sont meilleurs chez les jeunes que chez les âgés lorsque testés en mémoire explicite mais équivalents dans un test de mémoire implicite. Ceci suggère que le vieillissement affecte la mémoire explicite mais pas ou peu la mémoire implicite.

chez le dentiste ou penser à dire quelque chose à un ami que l'on verra dans l'après-midi. La mémoire prospective se distingue de la *mémoire rétrospective*** qui correspond au rappel d'actions déjà accomplies ou d'informations préalablement stockées. La mémoire prospective a été récemment étudiée en laboratoire, ainsi que les effets du vieillissement sur cette mémoire. La question posée était de savoir si, avec l'âge nous avons tendance à oublier de plus en plus nos rendez-vous ou de faire quelque chose que nous avons planifié. Il s'agissait aussi de savoir si le déclin de la mémoire prospective survient quel que soit le contexte.

Le principe d'une expérience testant la mémoire prospective est simple. Les participants doivent accomplir une tâche, dite tâche contexte, comme apprendre une liste de mots ou évaluer le caractère plaisant de chaque mot d'une liste. En parallèle, ils doivent accomplir une autre tâche, dite tâche de mémoire prospective, comme se souvenir d'appuyer sur une touche de l'ordinateur chaque fois qu'un mot cible (e.g., « pomme ») apparaîtra dans la liste. Le mot cible est présenté entre 3 et 6 fois dans la liste. Le pourcentage de fois où les participants ont pensé à appuyer sur une touche de l'ordinateur constitue le score de mémoire prospective. Avec ce type d'expérience, les chercheurs ont découvert dans quelles conditions la mémoire prospective est affectée par le vieillissement ou ne l'est pas. Il semble que les deux facteurs critiques soient la difficulté de la tâche contexte (ou le nombre de tâches contextes) et le niveau de formation scolaire (ou d'intelligence générale) des participants.

Le rôle de la difficulté ou du nombre de tâches contextes peut être illustré dans l'étude publiée par Einstein, Smith, McDaniel et Shaw (1997 ; voir aussi Einstein *et al.*, 2003). Les auteurs ont demandé à des participants jeunes et âgés d'accomplir une tâche de mémoire prospective avec une ou deux tâches contextes. La condition où les participants avaient une première tâche contexte était soumise à tous les participants. Dans cette tâche contexte, les participants voyaient une série de mots un par un sur un écran d'ordinateur. Ils devaient évaluer chaque mot sur l'une des dimensions suivantes : « caractère agréable », « familiarité », « concret/abstrait ». Chaque mot était présenté avec la dimension sur laquelle l'évaluer ainsi qu'une échelle de 1 à 7. Par exemple, les participants voyaient « liberté — concret/abstrait — 1—7. Cela signifie qu'ils devaient dire, sur une échelle de 1 (concret) à 7 (abstrait), si le mot « liberté » était concret ou abstrait. Par ailleurs, les participants étaient informés que l'un des mots serait souligné en jaune et qu'ils devaient se souvenir de ce mot. En effet, pour la tâche de mémoire prospective, les participants devaient appuyer sur une touche de l'ordinateur dès qu'apparaissait le mot cible, préalablement vu souligné en jaune. Les auteurs ont comparé les performances d'un groupe ne voyant pas d'autre tâche contexte que celle d'évaluation des mots à celles d'un groupe voyant une autre tâche contexte. Cette autre tâche contexte était une tâche de détection. Les participants étaient informés qu'ils allaient entendre des séries de chiffres lus à voix haute et qu'ils devaient appuyer sur une manette chaque fois qu'ils entendraient le chiffre 9. En d'autres termes, le score de mémoire prospective des jeunes et des âgés était comparé dans une condition où les participants n'avaient qu'une tâche contexte à accomplir à celui où ils avaient deux tâches contextes (voir Figure 25). Les résultats apparaissent sur la Figure 26. Ils ont montré trois phénomènes intéressants :

- La différence entre les participants jeunes (.71) et âgés (.53), bien qu'en faveur des personnes jeunes, n'était pas statistiquement significative lorsque les participants n'avaient qu'une seule tâche contexte à accomplir,
- Les deux groupes avaient de moins bonnes performances lorsqu'ils avaient deux tâches contextes à accomplir que lorsqu'ils n'en n'avaient qu'une,
- La différence entre participants jeunes (.58) et âgés (.25) était significative lorsque les participants avaient deux tâches contextes à accomplir.

Ces résultats indiquent que la mémoire prospective ne subit pas les effets de l'âge tant que les participants n'ont pas trop de choses à faire en même temps qu'à penser à la tâche prospective. En revanche, dès lors qu'ils ont plus d'une chose à faire ou qu'ils ont une seule chose mais qui mobilise beaucoup de ressources attentionnelles, les performances en mémoire prospective diminuent. En d'autres termes, les personnes âgées oublieront moins de prendre leurs médicaments si elles n'ont pas trop de choses à faire, mais les oublieront si elles font plusieurs choses ou si elles sont fortement impliquées dans une activité. L'effet de l'âge sur la mémoire prospective est donc modulé par la complexité de la tâche contexte et/ou par le nombre de tâches contextes. Cette modu-

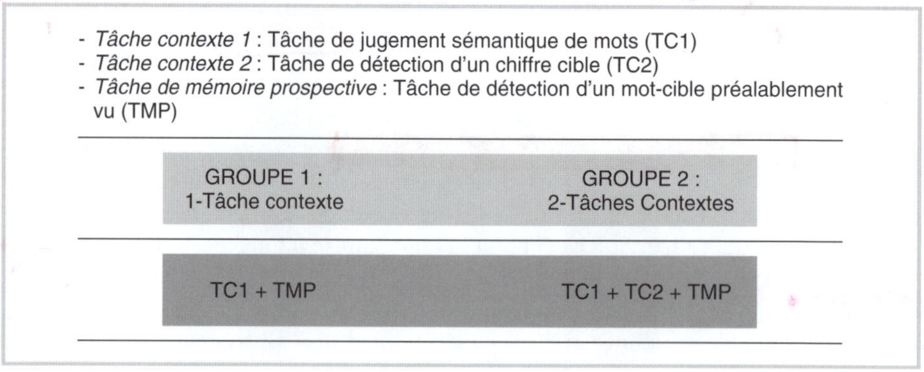

Figure 25

Illustration du paradigme expérimental utilisé par Einstein et al. (1997).

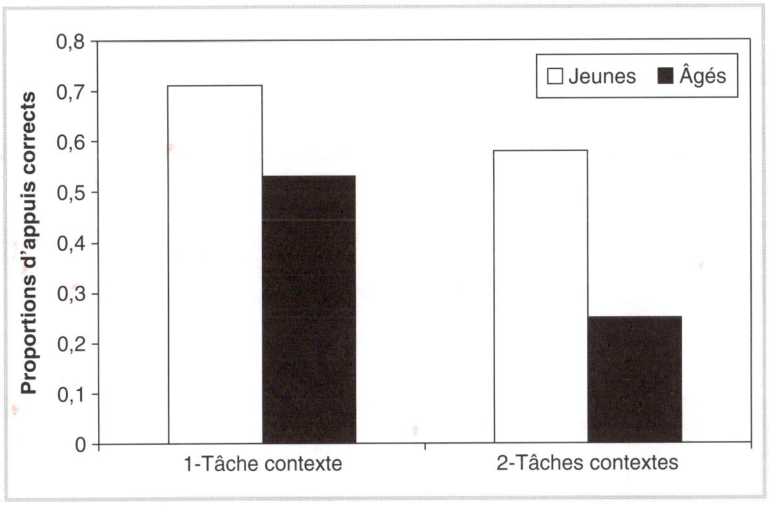

Figure 26

Scores de mémoire prospective (proportions d'appuis corrects sur une touche de l'ordinateur à l'apparition du mot cible) chez les participants jeunes et âgés selon le nombre de tâches contextes (données d'après Einstein et al., 1997).

Les données montrent que la mémoire prospective est affectée par l'âge seulement quand les personnes âgées font au moins deux choses en même temps.

lation explique en grande partie pourquoi certaines études n'avaient pas observé de différence de score de mémoire prospective entre participants jeunes et âgés (e.g., Martin, 1986 ; West, 1988 ; voir Einstein & McDaniel, 1996, pour une revue), tandis que d'autres ont observé des différences (e.g., Mantyla, 1994 ; Maylor, 1993a et b, 1996 ; McDaniel *et al.*, 2003). Notons que Einstein, Holland, McDaniel et Guynn (1992) ont par ailleurs démontré le rôle modulateur de la difficulté de la tâche prospective : les effets de l'âge sont plus importants lorsque la tâche prospective est plus difficile (voir aussi Bastin & Meulemans, 2002 ; Einstein *et al.*, 2000 ; Henri, MacLeod, Phillips, & Crawford, 2004).

Le second facteur critique dans la relation âge-mémoire prospective est le niveau de formation scolaire ou d'intelligence générale. Par exemple, Cherry et LeCompte (1999) ont

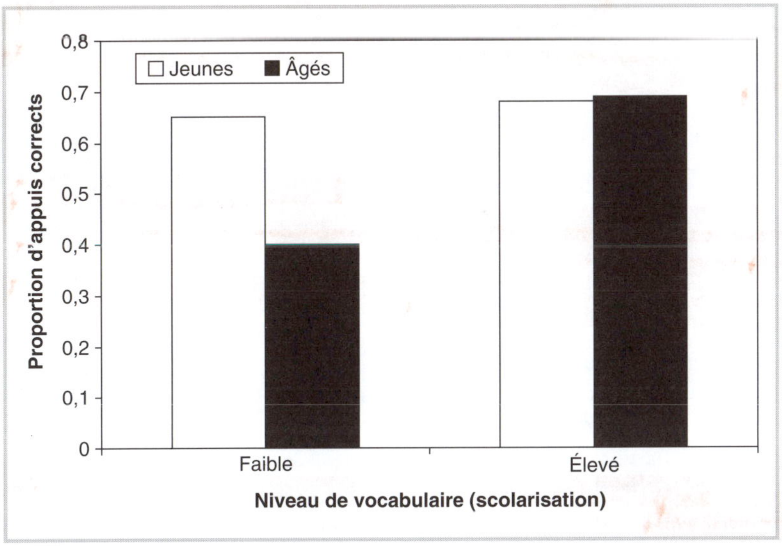

Figure 27

Scores de mémoire prospective chez les participants jeunes et âgés ayant un niveau faible ou élevé de vocabulaire et de scolarisation (données d'après Cherry & LeCompte, 1999).

Ces données montrent que la différence jeunes - âgés était présente seulement lorsque les participants avaient un faible niveau de vocabulaire, comme si la mémoire prospective était épargnée par le vieillissement à partir du moment où les participants sont allés suffisamment longtemps à l'école.

testé deux groupes de participants jeunes et âgés. L'un des groupes obtenait une note faible à un test de vocabulaire (et était allé moins longtemps à l'école), l'autre un score élevé (et avait un haut niveau de scolarisation). Les participants voyaient une série de mots à apprendre. Parmi ces mots étaient présentés plusieurs fois deux mots cibles (« *boat* » et « *dress* »). Les participants devaient penser à appuyer sur une touche de l'ordinateur (« F9 ») chaque fois qu'ils voyaient l'un des deux mots cibles. Les données, présentées à la Figure 27, font clairement apparaître que, lorsque les participants ont un niveau élevé de vocabulaire, leur score de mémoire prospective est le même, qu'ils soient jeunes ou âgés. En revanche, la différence entre participants jeunes et âgés était significative dès lors que les participants avaient un faible niveau de vocabulaire. Tout se passe comme si la mémoire prospective était épargnée par le vieillissement lorsque notre intelligence générale (ici appréhendée par le score de vocabulaire) est élevée.

En conclusion, la mémoire prospective est affectée par l'âge à partir du moment où les participants ne sont pas allés longtemps à l'école (et ont donc un niveau assez faible de vocabulaire et/ou d'intelligence générale) et à partir du moment où le nombre de tâches contextes à accomplir devient important, ou bien encore à partir du moment où ces tâches ne sont pas trop accaparantes.

4 Vieillissement et mémoire : conclusions

Pour comprendre les effets du vieillissement sur la mémoire, il est possible d'étudier les phénomène mnésiques soit en considérant les différents systèmes mémoires que comprend la mémoire humaine, soit en catégorisant les effets du vieillissement sur la mémoire en fonction de leur intensité. De nombreuses études ont montré que l'âge affecte les différents systèmes mnésiques dans des proportions différentes. Par exemple, Piolino, Desgranges, Benali et Eustache (2003) ont rapporté un certain nombre d'observations qui confirment que la mémoire épisodique est plus atteinte par l'âge que la mémoire autobiographique. Il est encore difficile de dire aujourd'hui si les différents effets du vieillissement sur la mémoire résultent d'une spécificité de certains systèmes mnésiques ou de caractéristiques spécifiques à la tâche et au matériel, indépendamment du système testé. La seule chose dont on est à peu près sûr est que le vieillissement a des effets plus ou moins importants sur la mémoire.

Les recherches empiriques sur la mémoire ont montré que l'âge entraînait d'importantes dégradations des performances mnésiques, quand on teste du matériel verbal aussi bien que du matériel spatial, et des connaissances déclaratives comme des connaissances procédurales. Ces effets de l'âge sur la mémoire sont d'autant plus importants que le matériel à stocker et à récupérer est complexe.

Certains travaux suggèrent que la diminution des performances mnésiques avec l'âge pourrait résulter d'une déficience de certains mécanismes. Ainsi, par exemple, les effets de la profondeur du traitement de l'information au cours de la vie adulte suggèrent que les mécanismes d'encodage et de stockage de l'information sont de moins en moins efficaces. Ainsi encore, les effets de contexte suggèrent que les stratégies de récupération ne sont pas aussi efficaces (voire sont différentes) chez les participants jeunes et âgés.

Enfin, quelques résultats suggèrent que toutes les dimensions de la mémoire ne se détériorent pas au cours de la vie adulte. Ainsi, par exemple, l'organisation des informations en MLT ou l'activation automatique des informations en MLT ne sont pratiquement pas touchées par le vieillissement (ou le sont très peu). Ainsi encore, il semble que nos capacités à faire des inférences inductives implicites soient beaucoup moins touchées par le vieillissement que l'apprentissage explicite.

Résumé

1 Il existe plusieurs méthodes d'étude de la mémoire. Les méthodes d'observation (utilisées par exemple pour étudier la mémoire autobiographique) permettent de recueillir des informations riches mais non contrôlées. La méthode expérimentale permet de contrôler rigoureusement les expériences de mémorisation auxquelles sont confrontés les participants et d'évaluer les déterminants du fonctionnement mnésique.

2 Les travaux sur la mémoire ont mis en évidence un certain nombre de phénomènes mnésiques qui ont guidé les études sur le vieillissement : existence de plusieurs mémoires (e.g., mémoires déclarative/procédurale) ; rôle de la répétition mentale de maintien ou d'élaboration ; rôle des stratégies de mémorisation et de rappel.

3 Les recherches sur le vieillissement de la mémoire ont montré que, quel que soit le matériel ou le type de connaissances (mots isolés ou matériel textuel et phrastique, informations spatiales, connaissances procédurales et stratégiques), l'âge s'accompagne d'une détérioration importante de nos capacités mnésiques, même s'il existe de grandes différences individuelles.

4 Dès lors que le matériel est familier, que la tâche n'est pas trop difficile ou les processus mnésiques sont automatiques ou implicites ou encore que les participants sont experts dans le domaine testé, la détérioration de la mémoire avec l'âge est moins importante. Ceci concerne la mémoire rétrospective aussi bien que la mémoire prospective.

5 L'organisation des informations en MLT, la mémoire implicite et la mémoire prospective sont moins affectées par le vieillissement que la mémoire explicite, la mémoire rétrospective ou les processus d'encodage et de récupération.

Des questions pour mieux retenir

1. En quoi consistent les méthodes d'observation et d'expérimentation utilisées par les psychologues pour étudier la mémoire ?
2. Comment évolue la mémoire autobiographique en fonction de l'âge ?
3. Quels sont les systèmes mnésiques distingués par les psychologues ?
4. Comment les informations sont-elles organisées en mémoire sémantique et en mémoire épisodique ?

Des questions pour mieux retenir

5. En quoi consistent les effets d'auto-répétition mentale de maintien et d'élaboration ? Comment ont-ils été démontrés ?
6. Quel est l'effet de l'âge sur le rappel de mots isolés ?
7. L'effet du vieillissement sur du matériel textuel ou phrastique est-il plus important que sur du matériel verbal isolé ?
8. Est-il justifié de dire que l'effet du vieillissement sur la mémorisation d'informations spatiales est plus important que sur la mémorisation d'informations verbales ?
9. L'effet du vieillissement sur la mémorisation d'informations spatiales ne s'observe-t-il que dans les situations de laboratoire ?
10. Comment Salthouse et ses collaborateurs en 1988 ont-ils comparé les effets du vieillissement sur la mémorisation d'informations spatiales et verbales ?
11. Est-il légitime de dire que l'âge n'entraîne pas de détérioration des capacités à apprendre des connaissances procédurales ?
12. Qu'ont permis de conclure les résultats recueillis par Charness et Campbell (1988) dans leur expérience d'apprentissage de l'algorithme permettant d'élever au carré un nombre à deux chiffres ?
13. Quelles différences entre participants jeunes et âgés ont été observées dans les courbes d'apprentissage de connaissances procédurales ?
14. Qu'ont permis de découvrir les travaux de Chasseigne, Lafon et Mullet (2002) sur les effets de l'âge sur l'apprentissage des relations entre variables ?
15. Quelles sont les causes de la diminution des performances mnésiques avec l'âge ?
16. Décrire un résultat qui montre que l'une des difficultés mnésiques des personnes âgées se situe dans la mise en œuvre de traitements profonds de l'information au cours de l'étape de stockage ?
17. Les stratégies de rappel utilisées par les jeunes et les âgés sont-elles les mêmes ? Comment ceci a-t-il été découvert ?
18. Qu'est-ce que l'effet d'amnésie de la source ? Quel est l'impact de l'âge sur cet effet ?
19. Comment évolue l'organisation des informations en mémoire à long terme ? Quelle tâche permet de tester cette organisation ? Quel résultat atteste de cette évolution ?
20. Le vieillissement a-t-il un impact sur les mécanismes d'apprentissage implicite ?
21. Comment évolue la mémoire implicite avec l'âge ?

Des questions pour mieux réfléchir

1. Pourquoi est-il important de partir des études de psychologie cognitive fondamentale sur la mémoire pour évaluer les effets du vieillissement sur nos capacités mnésiques ?
2. En quoi les données du vieillissement cognitif contribuent-elles à une meilleure compréhension générale de la mémoire humaine ?
3. Quelles seraient les empiries nécessaires pour montrer une évolution différentielle des divers aspects de la mémoire ?
4. Quelles études serait-il possible de conduire pour montrer que la structure de la personnalité d'une personne âgée est déterminante dans l'évolution de ses capacités mnésiques, toutes choses égales par ailleurs ?
5. Des psychologues veulent démontrer que les personnes âgées ne peuvent améliorer leur mémoire par la méthode des loci (i.e., s'imaginer que chaque mot d'une liste à apprendre se trouve à un endroit dans un parcours qui conduit d'une ville à une autre). Pour cela, ils ont testé 40 sujets jeunes et 40 sujets âgés à qui ils ont demandé d'utiliser la méthode des loci pour apprendre une liste de 20 mots. Les psychologues ont aussi demandé aux mêmes sujets d'apprendre une autre liste de 20 mots sans utiliser la méthode des loci. À partir des résultats obtenus, rapportés dans le Tableau 1, les auteurs concluent qu'ils ont vérifié leur hypothèse. Que pensez-vous de cette recherche et de ces résultats ?

Tableau 1

Nombre moyen de mots correctement rappelés (sur 20) par les participants jeunes et les sujets âgés dans une tâche d'apprentissage de liste de mots avec et sans la méthode des loci.

Groupes	Méthode des loci	Pas de méthode
Jeunes	12	10
Âgés	8	6

Des questions pour mieux réfléchir (suite)

6. Dans une expérience portant sur la mémoire, Worden et Meggisson (1984) ont demandé à des participants jeunes et âgés d'apprendre des listes de mots. Au préalable, les participants devaient classer les mots en un nombre variable de catégories. Au rappel, les participants ont obtenu les performances suivantes.

Nombre moyen de mots correctement rappelés par les sujets jeunes et âgés selon le nombre de catégories distinguées pendant l'encodage.

	Nombre de catégories			
Groupes	**2**	**4**	**6**	**8**
Jeunes	12	19	26	25
Âgés	17	21	18	20

Questions :

(a) Rappeler le contexte théorique de cette expérience (en 10 lignes maximum).

(a) Quel est l'objectif des auteurs dans cette expérience ? Quelle est la question de recherche ? Quelle est l'hypothèse testée ? Quelle est l'hypothèse opérationnelle (prédiction) ?

(c) Quels sont les effets (principaux et interaction) observée par les auteurs ? Représentez chacun de ces effets graphiquement et décrivez ces effets en une ou deux phrases (pour chaque effet). La prédiction des auteurs est-elle falsifiée ?

(d) Quels prolongements de recherches pouvez-vous imaginer à cette étude ?

7. Dans une étude sur la mémoire, un psychologue a testé 480 participants. La moitié des participants étaient jeunes, l'autre moitié âgés. La moitié des participants étaient des hommes et l'autre moitié des femmes. La moitié des participants devait apprendre des listes de mots, l'autre moitié des listes de phrases. Enfin, un tiers des participants voyaient la condition « traitement superficiel » (i.e., ils devaient dire si le mot à apprendre ou l'un des mots de la phrase rimait avec « bain ») ; un tiers voyait la condition « traitement profond » (i.e., ils devaient dire si le mot à apprendre ou l'un des mots de la phrase était synonyme du mot « plaisir ») ; le dernier tiers des participants n'avaient aucune indication particulière ; ils devaient simplement apprendre les items. Le psychologue mesurait le nombre de fois qu'une liste de 30 mots devait être répétée pour être parfaitement restituée. Les résultats de cette expérience hypothétique apparaissent dans le Tableau 1.

Des questions pour mieux réfléchir(suite)

Nombre moyen de répétitions pour chaque condition expérimentale.

Groupes	Hommes		Femmes	
	Jeunes	Âgés	Jeunes	Âgés
		Mots isolés		
Traitement superficiel	12	16	13	17
Traitement profond	8	17	9	18
Contrôle	13	15	14	16
		Phrases		
Traitement superficiel	17	26	16	25
Traitement profond	13	27	12	26
Contrôle	18	25	17	24

(a) Quelles sont les variables indépendantes et dépendantes ? D'autres variables dépendantes étaient-elles possibles ?

(b) Combien de participants par groupe y avait-il ?

(c) Chacune des variables avait-elle un effet ? Y avait-il des effets d'interaction ? Donner vos réponses sous forme de graphiques et de descriptions.

(d) Quelles sont les trois conclusions empiriques qu'il est possible de tirer de cette expérience ?

(e) Comment interprétez-vous les effets observés ?

Des lectures pour aller plus loin

Feyereisen, P., & Hupet, M. (2002). *Parler et communiquer chez les personnes âgées.* Paris : Presses Universitaires de France.

Howard, J.L., & Howard, D.V. (1996). The aging of implicit and explicit memory. In F. Blanchard-Fields & T.M. Hess (Eds.), *Perspectives on cognitive change in adulthood and aging* (pp. 221-254). New York : McGraw-Hill.

Gaonac'h D., & Larigauderie, P. (2000). *Mémoire et fonctionnement cognitif.* Paris : Armand Colin.

Graf, P., & Ohta, N. (2002). *Lifespan development of human memory.* Cambridge, MA : MIT Press.

Hultsch, D.F., Hertzog, C., Dixon, R.A., & Small, B.J. (1998). *Memory changes in the aged.* Cambridge : Cambridge University Press.

Kausler, D.H. (1994). *Learning and memory in normal aging.* New York : Academic Press.

Schacter, D.L. (1999). *À la recherche de la mémoire.* Bruxelles : De Boeck Université.

Tiberghein, G. (1997). *La mémoire oubliée.* Liège : Mardaga.

Mots clés

- Activation diffusante
- Apprentissage implicite
- Auto-répétition mentale
- Effet de la profondeur du traitement de l'information
- Effet d'amnésie de la source
- Effet de la fausse célébrité
- Mémoire autobiographique
- Mémoire déclarative
- Mémoire épisodique
- Mémoire explicite
- Mémoire implicite
- Mémoire procédurale
- Mémoire prospective
- Mémoire rétrospective
- Mémoire sémantique
- Méthode d'observation
- Méthode expérimentale
- Règle de production
- Technique du journal

CHAPITRE 6
Vieillissement et résolution de problèmes

Sommaire

1. Généralités sur la résolution de problèmes 161
2. Vieillissement et situations problèmes bien définies 167
3. Vieillissement et situations problèmes mal définies 183
4. Vieillissement et résolution de problèmes : conclusions 190

Dans ce chapitre, vous allez

1 Apprendre (ou revoir) quelles sont les méthodes d'étude utilisées en raisonnement et en résolution de problèmes, ainsi que les principaux phénomènes relatifs à ces domaines.

2 Découvrir comment évoluent avec l'âge nos capacités à penser.

3 Comprendre les mécanismes à la base de ces changements liés à l'âge.

4 Savoir pourquoi certaines capacités à penser restent relativement intactes avec l'âge, alors qu'elles impliquent les mécanismes cognitifs les plus sophistiqués.

5 Pouvoir réfléchir sur le type de recherches nouvelles à conduire pour mieux comprendre les effets du vieillissement sur la cognition de haut niveau.

Comme nous l'avons déjà vu, l'objectif général des psychologues est de comprendre les mécanismes cognitifs mis en œuvre pour accomplir toute tâche cognitive. Dans ce chapitre, nous abordons les mécanismes cognitifs impliqués dans la résolution de problèmes. Le terme résolution de problèmes est pris, ici, au sens large, c'est-à-dire qu'il recouvre aussi bien la résolution de problèmes que le raisonnement ou la prise de décision. Il existe de nombreuses définitions de la résolution de problèmes. Toutes envisagent cette activité comme consistant à transformer une situation d'un état initial à un état final. Cette définition générale caractérise différentes catégories de problèmes. Elle couvre aussi bien des problèmes quotidiens (comme l'organisation d'un repas pour des convives) que des problèmes abstraits (comme les problèmes de mathématiques ou de physique que nous résolvons à l'école). Dans l'ensemble de ces problèmes, il est nécessaire d'utiliser des connaissances stockées en mémoire à long terme, d'intégrer et de coordonner en mémoire de travail différentes sources d'informations et d'anticiper les conséquences relatives à ces différentes sources d'informations. Dans ce chapitre, nous verrons d'abord comment est étudiée la résolution de problèmes en psychologie cognitive et comment nous résolvons différents types de problèmes. Ensuite, nous verrons que le vieillissement affecte la résolution de problèmes et que certains mécanismes sont épargnés par l'âge. Dans une dernière partie, nous verrons comment le vieillissement affecte la résolution d'une catégorie particulière de problèmes qu'on appelle les problèmes mal définis. Ce genre de problèmes concerne par exemple la créativité ou les jugements moraux (la sagesse).

1 Généralités sur la résolution de problèmes

1.1 *Les distinctions et les tâches utilisées*

Distinctions. Il existe au moins deux types de problèmes : des problèmes bien définis et des problèmes mal définis. Un problème est dit bien défini lorsque l'état initial et l'état final sont clairement énoncés. Un problème est dit mal défini lorsqu'il ne comporte pas d'état final clairement établi. La résolution d'un problème arithmétique comme 34 × 76 est un problème bien défini** car le produit correct 2584 représente un état final clair. En revanche, peindre un coucher de soleil est un problème mal défini** car il n'existe pas d'état final du problème correspondant à un tableau du coucher de soleil dont il est possible de dire « il est terminé ». Les psychologues ont surtout étudié des situations expérimentales où les participants sont confrontés à des problèmes bien définis, car ces situations sont plus faciles à étudier et les inférences à partir des performances permettent d'aboutir à des interprétations et des conclusions claires (i.e., non ambiguës) et précises.

Tâches utilisées. Quels que soient les problèmes testés, les psychologues ont mis au point deux types de tâches pour étudier la résolution de problèmes : des tâches de production** et des tâches de vérification**. Dans une tâche de production, le participant voit un problème et doit trouver lui-même la solution. Par exemple, le participant voit le problème de raisonnement suivant :

> « *Pierre et Marie ont trois enfants : Jacques, Hélène et Julien. Hélène est plus jeune que Jacques. Julien est plus jeune qu'Hélène. Qui est le plus âgé des trois enfants ?* »

Le participant doit trouver lui-même la réponse et la fournir à l'expérimentateur. De la même manière, dans une tâche de production visant à étudier la résolution d'un problème arithmétique, le participant devra dire quelle est la solution de « 8 × 7 ».

Dans une tâche de vérification, le participant voit un problème et une solution proposée. Il doit dire si la solution proposée est correcte ou incorrecte. Par exemple, dans le problème de raisonnement relatif à l'enfant le plus âgé, le participant pourrait avoir à dire si la réponse « *Jacques est le plus jeune* » est vraie ou fausse. Dans le problème arithmétique, le participant pourrait avoir à indiquer si, oui ou non, 58 est le produit correct de 8 × 7.

Des effets expérimentaux communs, mais aussi différents, aux tâches de production et de vérification ont été observés. Des effets communs et différents du vieillissement ont également été décrits dans chacune des tâches. Comme pour les autres domaines de la cognition, même s'il existe des effets globaux du vieillissement en résolution de problèmes, des effets spécifiques ont été mis en évidence dans certaines tâches. Ceci résulte du fait que certains processus sont communs à plusieurs tâches et d'autres sont spécifiques aux tâches de résolution de problèmes. À titre d'illustration, supposons que nous voulions comprendre les effets du vieillissement dans le calcul mental. Une tâche de production consisterait par exemple à présenter un problème comme 24 × 31 sur un écran d'ordinateur et à demander au participant de trouver la solution. Un problème de vérification consisterait à présenter 24 × 31 = 744 et à demander au participant d'indiquer si l'équation est vraie ou fausse. Ces deux tâches testant le calcul mental comportent des processus communs tels qu'encoder le problème ou récupérer en MLT des faits arithmétiques élémentaires comme $3 \times 4 = 12$. Elles comportent aussi des processus spécifiques comme la comparaison entre la réponse calculée et la réponse proposée (pour la tâche de vérification). En bref, l'existence de processus cognitifs communs et spécifiques aux tâches utilisées rend nécessaire de toujours spécifier le type de tâches dans lesquelles des effets du vieillissement ont été observés.

1.2 *Effets expérimentaux*

Deux principaux effets expérimentaux, maintes fois reproduits avec divers problèmes bien définis, ont guidé les études sur le vieillissement. Il s'agit des effets de la structure des problèmes et du type de *stratégies*** utilisées.

1.2.1 Effets de la structure des problèmes

Dans la résolution de problèmes de raisonnement, l'*effet de la structure des problèmes*** peut être illustré grâce aux résultats rapportés par Evans (1977). Il a donné à des participants jeunes des problèmes de *raisonnement déductif*** à résoudre. Ainsi, les participants voyaient des *prémisses*** comme « *S'il fait beau, je mets mon short* ». Que puis-je conclure avec la prémisse « *Il fait beau* » ? Les participants devaient répondre à cet énoncé, appelé modus ponens en logique, « *Je mets mon short* ». Evans a manipulé deux types de variables caractérisant la structure des problèmes : les règles logiques et la formulation. Les quatre règles de la logique (*modus ponens***, *modus tollens***, *affirmation de la conséquente*** et *déni de l'antécédente***) ont été testées, ainsi que des formulations affirmatives et négatives. Les différents énoncés et les pourcentages moyens de réussite apparaissent au Tableau 1. Les données montrent clairement que la structure des énoncés influence fortement les performances des participants : les modus ponens affirmatifs et négatifs sont les mieux réussis tandis que les modus tollens et dénis de l'antécédent sont les moins bien réussis surtout lorsque la conséquente est négative dans la prémisse.

Un autre exemple d'effet du type de problèmes souvent cité en raisonnement a été obtenu dans la tâche des 4 cartes de Wason (1960). Wason a donné aux participants 4 cartes. Une lettre était inscrite sur un côté de chaque carte et un chiffre sur l'autre. Les participants devaient indiquer quelle(s) carte(s) retourner pour savoir si la règle suivante est vraie ou fausse : « *Si une carte comporte une voyelle sur une face, alors elle a un nombre pair sur l'autre face* ». Les 4 cartes que voyaient les participants présentaient par exemple les lettres E et K et les nombres 4 et 7. Wason a observé que seulement 4 % des participants réussissaient ce problème en retournant une voyelle et un nombre impair. En 1982, Griggs et Cox ont testé le même problème, mais en demandant aux participants de tester la règle suivante : « *Si une personne boit une bière, alors elle doit avoir au moins 20 ans* » et en leur présentant 4 cartes sur chacune desquelles ils pouvaient lire « bière, coca, 16 ans et 22 ans ». Dans cette situation, le taux de réussite était de 74 %.

En résolution de problèmes arithmétiques, l'effet de la structure des problèmes a également été maintes fois démontré. Par exemple, dans des tâches d'arithmétique simple où les participants ont à indiquer la solution à un problème comme 8×4, toutes les études

	Modus ponens	Déni de l'antécédente	Affirmation de la conséquente	Modus tollens
SI A ALORS B S'il fait beau, je mets mon short.	Il fait beau. (100)	Il ne fait pas beau. (69)	Je mets mon short. (75)	Je ne mets pas mon short (75)
SI A ALORS NON B S'il fait beau, je ne mets pas mon short.	Il fait beau. (100)	Il ne fait pas beau. (12)	Je ne mets pas mon short. (31)	Je mets mon short (56)
SI NON A, ALORS B S'il ne fait pas beau, je mets mon short	Il ne fait pas beau. (100)	Il fait beau. (50)	Je mets mon short. (81)	Je ne mets pas mon short. (12)
SI NON A, ALORS NON B S'il ne fait pas beau, je ne mets pas mon short.	Il ne fait pas beau. (100)	Il fait beau. (19)	Je ne mets pas mon short. (81)	Je mets mon short. (25)

Tableau 1

Structure des énoncés conditionnels utilisés par Evans (1977) avec exemples illustratifs, ainsi que pourcentages de réussites. Par exemple, le participant voyait « *S'il fait beau, je mets mon short. Il fait beau* ». Le participant devait alors dire ce qu'il est possible de conclure de ces deux prémisses. La réponse correcte était « Je mets mon short ».

ont observé que le temps de résolution et le pourcentage d'erreurs augmentent avec la taille des nombres dans le problème : les participants ont de meilleures performances sur des problèmes comme 3×4 que sur des problèmes comme 8×7 (voir Zbrodoff & Logan, 2005, pour une revue).

Un autre exemple d'effet de la structure des problèmes sur les performances des participants analogue à celui observé avec la tâche des 4 cartes de Wason, a été rapporté par Kaplan et Simon (1990). Les auteurs ont donné le problème de l'échiquier mutilé sous deux formats (voir Figures 1a et b pour une illustration). Les participants lisaient l'énoncé suivant :

> « Vous avez un échiquier et 32 dominos. Chaque domino couvre exactement deux carrés adjacents sur l'échiquier. Les 32 dominos couvrent donc les 64 cases de l'échiquier. Supposons que deux cases de l'échiquier ont été retirées sur des coins opposés de l'échiquier (i.e., en haut à gauche et en bas à droite). Est-il possible de placer 31 dominos sur l'échiquier de sorte à couvrir les 62 cases restantes ? Si oui, comment pouvons-nous le faire ? Sinon, prouvez que c'est impossible ».

Lorsque les participants voyaient l'échiquier présenté sur la Figure 1a, la plupart d'entre eux échouaient, tandis qu'ils réussissaient presque tous en voyant l'échiquier présenté sur la Figure 1b. Le problème est cognitivement plus facile dans la version « pain-beurre », car les participants peuvent se construire une représentation adéquate du problème. Dans la représentation de la version domino, les participants ont du mal à traiter l'information critique selon laquelle un domino doit toujours couvrir un carré blanc et un carré noir, retirer les deux carrés aux coins des diagonales revient à retirer deux carrés de même couleur et, donc, qu'il n'est pas possible que chacun des 31 dominos restants recouvrent un carré noir et un carré blanc.

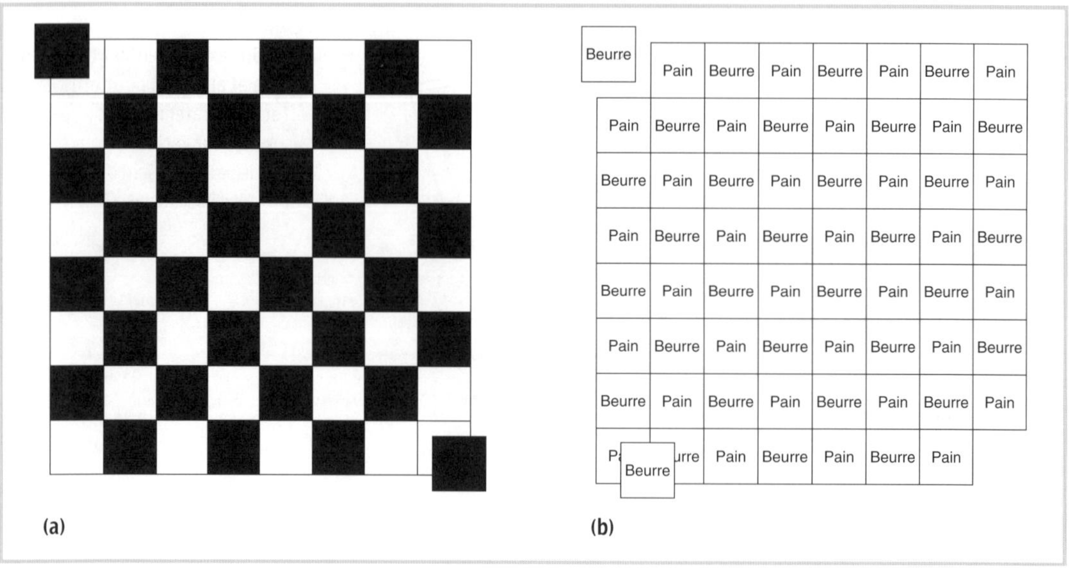

Figure 1 a et b
Problème de l'échiquier mutilé présenté sous deux formats différents.

1.2.2 Effets des stratégies

Le type de stratégies utilisées pour résoudre des problèmes influence les performances des participants (voir Lemaire & Fabre, sous presse, pour une présentation détaillée). Cet effet des stratégies a été observé dans différentes tâches de résolution de problèmes et sur du matériel varié. Ces effets peuvent être illustrés en raisonnement verbal et en résolution de problèmes arithmétiques.

Dans une *tâche de raisonnement verbal*** classiquement utilisée en psychologie cognitive, Reichle et ses collaborateurs (2000) ont mis en évidence l'impact des stratégies de raisonnement sur les performances des participants (voir aussi Bucciarelli & Johnson-Laid, 1999 ; Johnson-Laird, Savary, & Bucciarelli, 2000, pour des données équivalentes dans des tâches de raisonnements conditionnel et syllogistique). Le dispositif expérimental est illustré par la Figure 2.

Les participants voyaient sur un écran d'ordinateur d'abord une phrase décrivant un arrangement d'objets (e.g., « *Le carré est au dessus du triangle* »), puis une image. Certaines images vérifiaient les énoncés ; d'autres les falsifiaient. Quatre types de conditions ont été testés :

- *Phrase vraie affirmative* : la phrase était affirmative et l'image validait l'énoncé (« Le carré est au dessus du triangle »).
- *Phrase fausse affirmative* : la phrase était affirmative et l'image falsifiait l'énoncé (« le carré est au dessous du triangle).
- *Phrase vraie négative* : la phrase était négative et l'image validait la phrase (« le triangle n'est pas au dessus du carré »).

Figure 2

Dispositif expérimental utilisé par Reichle et al. (2000) pour étudier l'effet des stratégies en raisonnement verbal.

Les participants devaient dire si la phrase décrivait l'image.

- *Phrase fausse négative* : la phrase était négative et l'image falsifiait la phrase (« Le triangle n'est pas en dessous du carré »).

Par ailleurs, les participants devaient d'abord utiliser l'une des deux stratégies disponibles, puis l'autre, sur l'ensemble des items. Ces deux stratégies étaient la stratégie verbale ou la stratégie visuelle. Pour la stratégie verbale, les participants recevaient la consigne suivante : « *Lisez rapidement chaque phrase à son apparition. N'essayez pas de fabriquer une image mentale des éléments de la phrase. Essayez plutôt de lire la phrase suffisamment longtemps pour vous en rappeler jusqu'à ce que l'image apparaisse sur l'écran. Après l'apparition de l'image, décidez si la phrase décrit l'image.* ». Pour la stratégie visuelle, ils recevaient la consigne suivante : « *Lisez chaque phrase attentivement et fabriquez mentalement une image du contenu. Ensuite, à l'apparition de l'image sur l'écran, décidez si la phrase décrit l'image.* ». Les temps de résolution des problèmes verbaux obtenus par Reichle et ses collaborateurs apparaissent à la Figure 3. Les données laissent apparaître que, pour chaque type d'énoncés, les participants étaient plus rapides lorsqu'ils utilisaient la stratégie visuelle. Par ailleurs, la différence de temps entre stratégie visuelle et stratégie verbale était la plus importante pour les phrases vraies négatives et la plus faible pour les phrases vraies affirmatives. Ces données montrent donc qu'en raisonnement les stratégies utilisées par les participants affectent leurs performances et que ces stratégies interagissent avec le type de problèmes.

L'effet des stratégies a aussi été observé en résolution de problèmes arithmétiques. Par exemple, Lemaire et Lecacheur (2002) ont observé cet effet dans une étude sur les stratégies utilisées dans des tâches d'estimation calculatoire. Dans une tâche d'estimation calculatoire (voir Figure 4), les participants doivent trouver une solution approximative à un problème arithmétique sans en calculer la réponse exacte (e.g., 4500 est un produit estimé au problème 87×49). Dans leur étude, Lemaire et Lecacheur ont donné

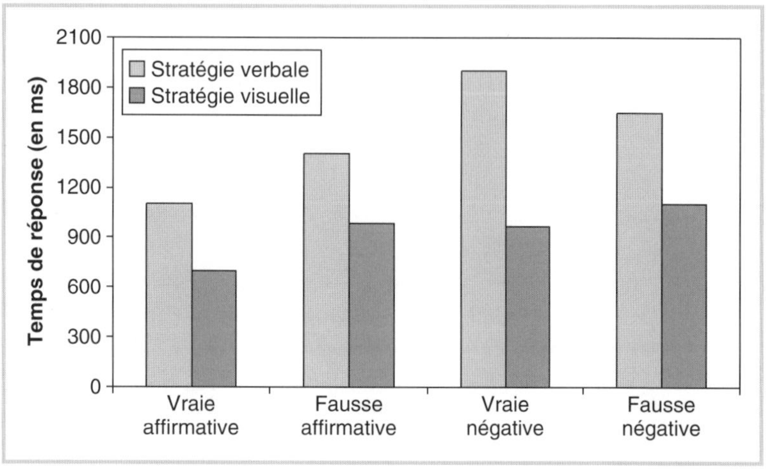

Figure 3

Temps de réponse (en ms) dans une tâche de raisonnement verbal selon le type de stratégie utilisée pour chaque condition (d'après Reichle et al., 2000).
Ces données montrent que les temps d'exécution de la stratégie verbale sont nettement plus influencés par le type d'énoncés que ceux de la stratégie visuelle, dans une tâche de raisonnement verbal. Ceci indique que les performances des participants sont affectées par les stratégies utilisées et par les caractéristiques des problèmes.

à des participants adultes et enfants des additions de deux nombres à trois chiffres comme 758 + 479. Les participants devaient fournir le plus rapidement possible une somme approximative en utilisant d'abord la stratégie dite d'arrondi inférieur (i.e., arrondir les deux opérandes aux dizaines inférieures comme résoudre 758 + 479 en faisant 750 + 470) puis la stratégie d'arrondi supérieur (i.e., arrondir les deux opérandes aux dizaines supérieures comme résoudre 758 + 479 en faisant 760 + 480). La somme des chiffres des unités était grande dans certains problèmes (e.g., 428 + 849) et petite dans d'autres problèmes (e.g., 751 + 472). Les pourcentages moyens de déviation

Figure 4

Protocole utilisé par Lemaire et Lecacheur (2002) pour étudier les stratégies en estimation calculatoire.
Les participants utilisaient la stratégie d'arrondi inférieur (arrondir les deux opérandes aux dizaines inférieures) ou la stratégie d'arrondi supérieur (arrondir les deux opérandes aux dizaines supérieures).

de la somme estimée par rapport à la somme exacte, apparaissant à la Figure 5, montrent que la qualité des estimations variait en fonction des stratégies et des problèmes présentés. Là encore, ces données peuvent s'interpréter en termes de représentations que permet de se construire chaque stratégie. Par exemple, lorsqu'il utilise la stratégie visuelle pour traiter l'énoncé vrai affirmatif « *Le carré est au-dessus du triangle* », au moment d'encoder l'image, le participant a déjà active en MDT l'image d'un carré au dessus d'un triangle. Son encodage de l'image cible est favorisé par l'image qu'il a en MDT. Par ailleurs, comme les deux images correspondent, la comparaison entre les deux images est facilitée et donc sa réponse « vrai » est accélérée. En revanche, lorsqu'il utilise la stratégie verbale, au moment où apparaît l'image d'un carré au dessus d'un triangle, n'ayant aucune image correspondante en MDT, le participant devra prendre plus de temps pour encoder l'image cible, la comparer à l'énoncé, prendre sa décision « vrai/faux » et donner sa réponse. Ces processus sont le plus difficile à mettre en œuvre avec les énoncés faux négatifs.

2 Vieillissement et situations problèmes bien définies

Rappelons qu'un problème bien défini est un problème pour lequel la solution peut être clairement établie ; les critères de réussite peuvent être objectivement évalués. Dans cette section, nous rapportons les résultats et conclusions des travaux rela-

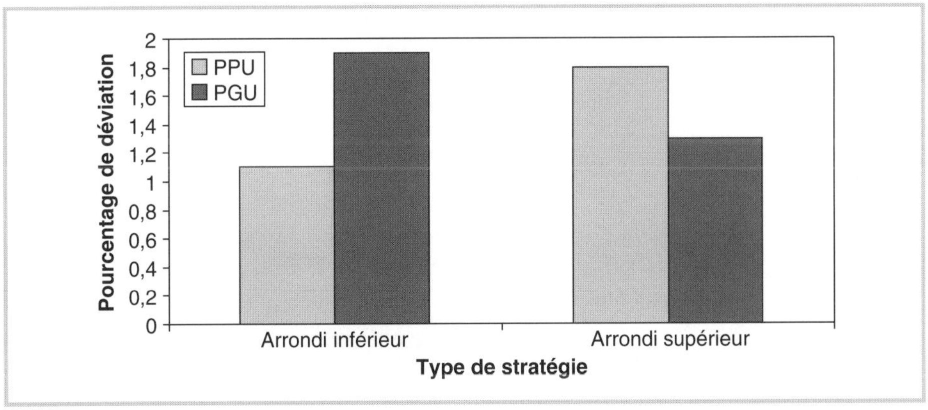

Figure 5

Pourcentages moyens de déviation selon le type de stratégie et de problème dans la tâche d'estimation calculatoire de Lemaire et Lecacheur (2002).

PPU = Problèmes à petites unités (e.g., 751 + 472) ; PGU = Problèmes à grandes unités (e.g., 758 + 479). Stratégie d'arrondi inférieur (e.g., 751 + 472 résolu en faisant 750 + 470) ; Stratégie d'arrondi supérieur (e.g., 758 + 479 résolu en faisant 760 + 480). Ces données montrent que la qualité des deux stratégies d'estimation calculatoire diffère selon le type de montant à convertir. Comme en raisonnement, les stratégies et les caractéristiques des problèmes déterminent les performances.

tifs aux effets du vieillissement sur la résolution de problèmes bien définis. Dans un premier temps, nous considérons les données relatives aux effets du vieillissement sur différents types de problèmes. Ensuite, nous décrivons comment ces effets du vieillissement sont modulés par les stratégies que les participants utilisent.

2.1 Vieillissement, raisonnement déductif et structure du matériel

Salthouse et ses collaborateurs ont conduit un important programme de recherches étudiant les effets du vieillissement sur le raisonnement déductif (i.e., dériver les implications de prémisses) et inductif (i.e., découvrir les règles générales communes à des exemples particuliers). Ainsi par exemple, en 1992, il a donné une tâche de raisonnement déductif à des participants adultes âgés de 20 à 75 ans ou plus. Dans cette tâche, les participants voyaient de une à trois prémisses et une question (voir Figure 6). Ils devaient dire si la réponse à la question était « oui » ou « non ». Le nombre de prémisses était manipulé afin de déterminer si les effets du vieillissement étaient plus importants sur des problèmes plus complexes (i.e., comportant plus de prémisses). Les données présentées à la Figure 7 montrent qu'en effet, les performances sur des problèmes plus complexes sont davantage affectées par le vieillissement. L'interaction Âge × Complexité montre que, pour les problèmes à une prémisse, il n'y a aucun effet du vieillissement, tandis que pour les problèmes à 2 et surtout à 3 prémisses, le nombre de problèmes correctement résolus diminue avec l'âge (voir aussi Light, Zelinski, & Moore, 1982 ; voir aussi Fisk & Sharp, 2002 et Gilinsky & Judd, 1994, pour des données équivalentes en raisonnement syllogistique, et Pennequin, Fontaine, Plaie, & Maupoux, 2002 ; Fontaine, & Pennequin, 2000, dans des tâches d'évaluation d'inclusion des classes).

Problème à une prémisse

C et D vont dans le même sens.

Si C augmente, est-ce que D diminue ?

Problème à deux prémisses

H et I vont dans le même sens ; G et H vont dans un sens opposé.

Si G augmente, est-ce que I diminue ?

Problème à trois prémisses

W et X vont en sens opposé. V et W vont dans le même sens. X et Y vont en sens opposé.

Si V augmente, est-ce que Y augmente aussi ?

Figure 6

Exemples de problèmes à une, deux et trois prémisses utilisés par Salthouse et ses collaborateurs (1989 ; 1992) pour étudier les effets du vieillissement sur le raisonnement déductif.

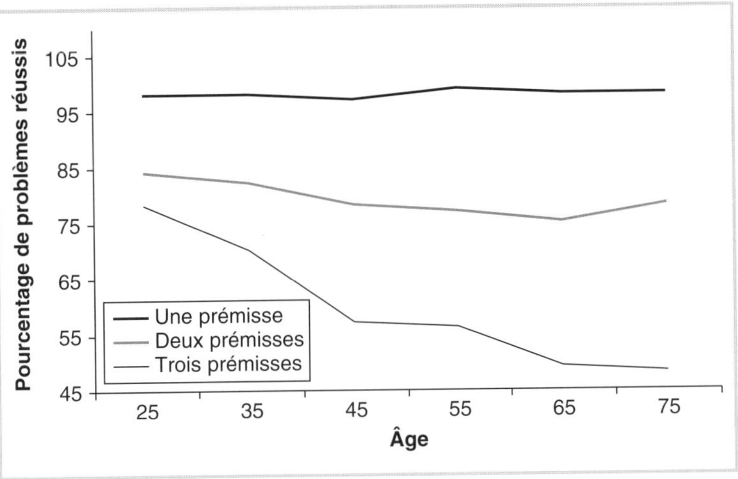

Figure 7

Pourcentages moyens de problèmes correctement réussis selon l'âge et le nombre de prémisses (d'après Salthouse, 1992).

Ces données montrent que le nombre de problèmes de raisonnement correctement résolus diminue d'autant plus avec l'âge que le problème comprend plus de prémisses. Ceci indique que l'effet délétère du vieillissement en raisonnement est d'autant plus marqué que le problème est difficile.

2.2 *Vieillissement, raisonnement inductif et structure du matériel*

Il existe plusieurs tâches intéressantes pour étudier le *raisonnement inductif***. Les effets du vieillissement sur le raisonnement inductif semblent apparaître dans la plupart d'entre elles. Pour l'illustrer, nous présentons les études de Arenberg (1982) et de Salthouse et collaborateurs (e.g., Salthouse, 1993 ; Salthouse & Prill, 1987). Dans son étude de 1982, Arenberg rapporte l'évolution des performances avec l'âge à la tâche du repas empoisonné. Dans cette tâche, les participants lisent la consigne suivante :

> « Un repas comporte 4 plats (A, B, C, D). Par exemple entrée, viande, légume et dessert. Pour chaque plat, deux nourritures (1 ou 2) peuvent être choisies. Par exemple, il est possible de manger des crudités ou de la charcuterie en entrée, de la glace ou un fruit en dessert. Certains repas sont empoisonnés. Ceci peut être déterminé par le type de nourriture choisi pour chaque plat. Trouvez le repas empoisonné en composant des menus dont on vous dira s'ils sont ou non empoisonnés. ».

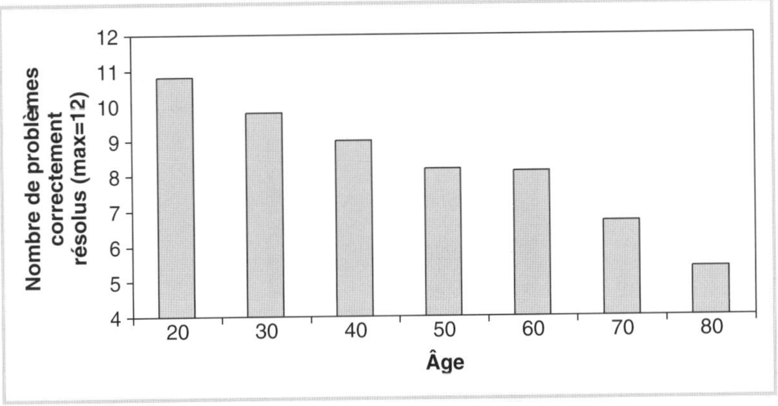

Figure 8

Évolution des réussites à la tâche du repas empoisonné en fonction de l'âge des participants (d'après Arenberg, 1982).

Ces données montrent que le nombre de problèmes de raisonnement inductif correctement réussis diminue avec l'âge, indiquant une diminution des capacités de raisonnement inductif avec l'âge.

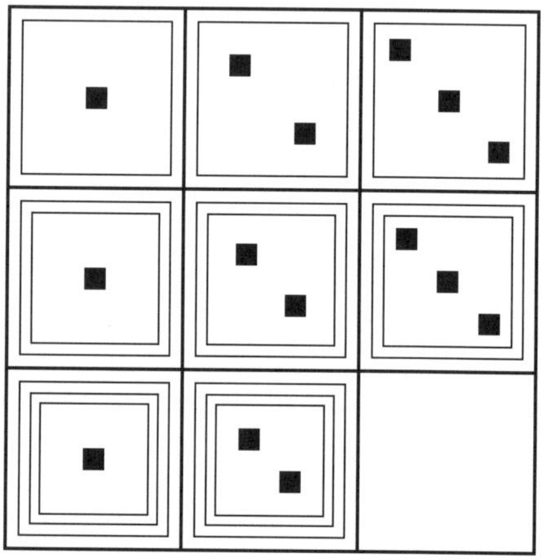

Figure 9

Exemple d'items dans le test des matrices utilisé par Salthouse (1993).

Dans cet item, les participants devaient comprendre que le nombre de carrés augmente en colonne et de contours en ligne.

Comme le montrent les données présentées à la Figure 8, le nombre de problèmes correctement résolus diminue de manière continue avec l'âge.

Une diminution des performances en raisonnement inductif a également été observée par Salthouse (1993) dans le test des matrices. Rappelons que dans ce test, les participants voient des planches de 9 items dont un manque. Les 8 items présents entretiennent une relation que le participant doit découvrir afin de choisir lequel, parmi une série d'items possibles, respecte cette relation. En 1993, Salthouse a conduit plusieurs études dans lesquelles il a manipulé la structure des items (voir Figure 9 pour un exemple d'item). Certains items étaient faciles, d'autres moyennement difficiles et d'autres encore difficiles.

Les résultats, apparaissant à la Figure 10, montrent que

- les jeunes ont obtenu de meilleures performances que les âgés : le nombre de problèmes correctement réussis était plus élevé chez les jeunes que chez les âgés. Par ailleurs, les auteurs ont rapporté que la corrélation entre l'âge et le nombre de problèmes correctement réussis était de –.84 ;

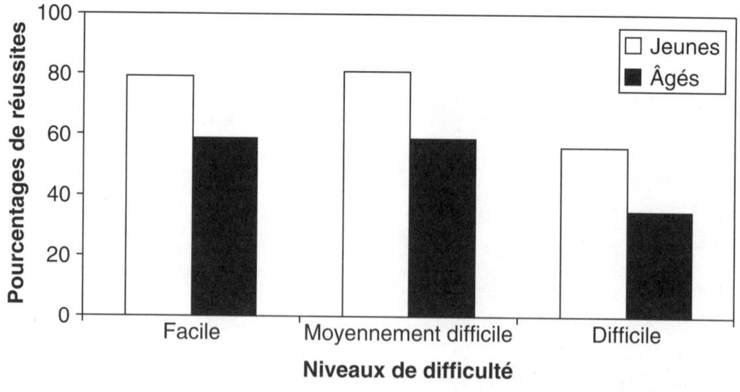

Figure 10

Pourcentages moyens de problèmes des matrices correctement réussis par les participants jeunes et âgés selon la difficulté des problèmes (d'après Salthouse, 1993).

Ces données montrent que la différence jeunes-âgés augmente en raisonnement inductif d'autant plus que le problème est difficile. Ceci indique que, comme en résolution de problèmes et en raisonnement déductif, les effets du vieillissement sont plus importants sur les problèmes les plus difficiles.

- tous les participants sont affectés par la structure des items : les items les plus difficiles ont été moins bien réussis que les autres items, chcz les jeunes comme chez les âgés,
- plus les items étaient difficiles, plus la différence jeunes — âgés était importante. Les corrélations entre l'âge des participants et le nombre de problèmes réussis étaient respectivement de .60, .55 et.45 pour les problèmes faciles, moyennement difficiles et difficiles.

Enfin, dans une tâche de suites numériques, Salthouse et Prill (1987) ont observé une interaction Âge × Complexité. Dans une tâche de suites numériques, les participants voient des suites de nombres et doivent indiquer le nombre qui continue la suite (voir Figure 11). Salthouse et Prill ont ainsi donné des séries de 5 nombres (e.g., 19-22-25-28-31) aux participants jeunes et âgés. Les participants devaient indiquer quel nombre venait après le cinquième nombre pour continuer la série (ici 34).

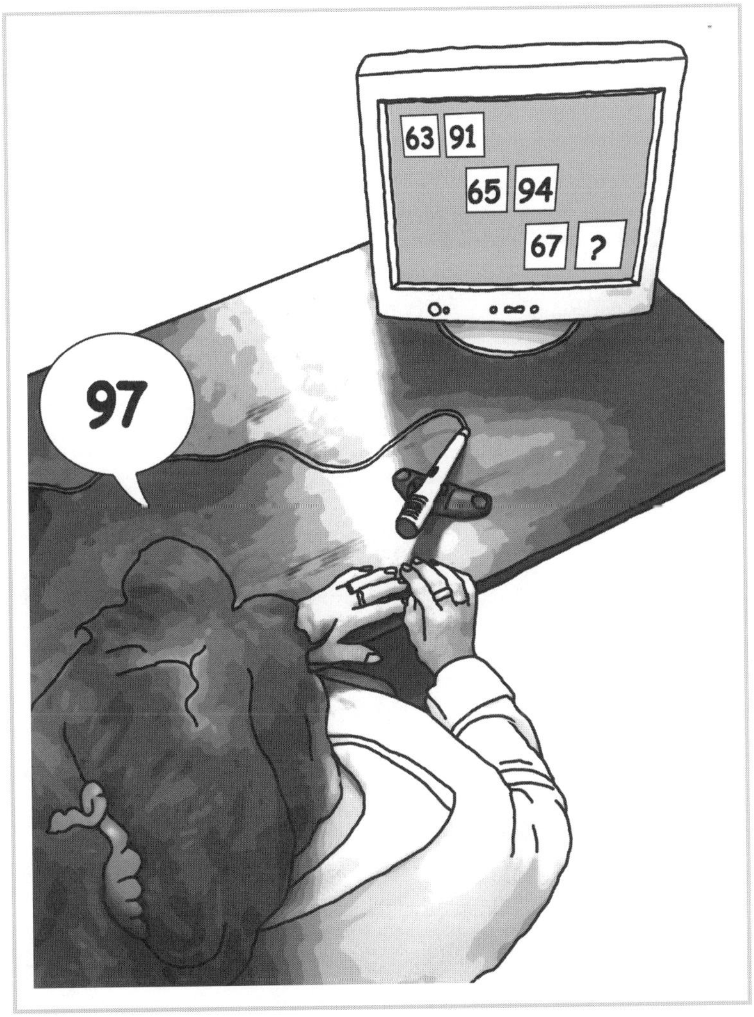

Figure 11

Protocole utilisé par Salthouse et Prill (1987) pour étudier l'évolution de l'induction en fonction de l'âge grâce à une tâche de suites numériques.

Les participants devaient indiquer quel nombre vient après les 5 premiers nombres formant une suite.

Trois types de suites étaient à poursuivre (voir Figure 12) : (a) faciles : 19-22-25-28-31 ; (b) moyennement difficiles : 63-91-65-94-67 ; et (c) difficiles : 84-66-52-42-36. La difficulté des séries dépendait de la relation (constante ou variable) entre les nombres et selon que les relations concernaient des nombres adjacents ou pas. Les résultats à cette expérience, apparaissant sur la Figure 13, montrent que les temps pour compléter les séries étaient plus courts chez les jeunes et sur les séries les plus faciles. Par ailleurs, la différence entre les jeunes et les âgés augmentait avec l'accroissement de la difficulté des séries : elle était plus grande pour les séries difficiles que pour les séries moyennement difficiles ou faciles. Les mêmes résultats étaient observés sur les pourcentages de réponses correctes.

2.3 *Vieillissement, résolution de problèmes arithmétiques et structure du matériel*

En 1954, Clay a donné à des participants jeunes et âgés le problème des tableaux numériques à résoudre. Dans ce type de problème, les participants voient une matrice

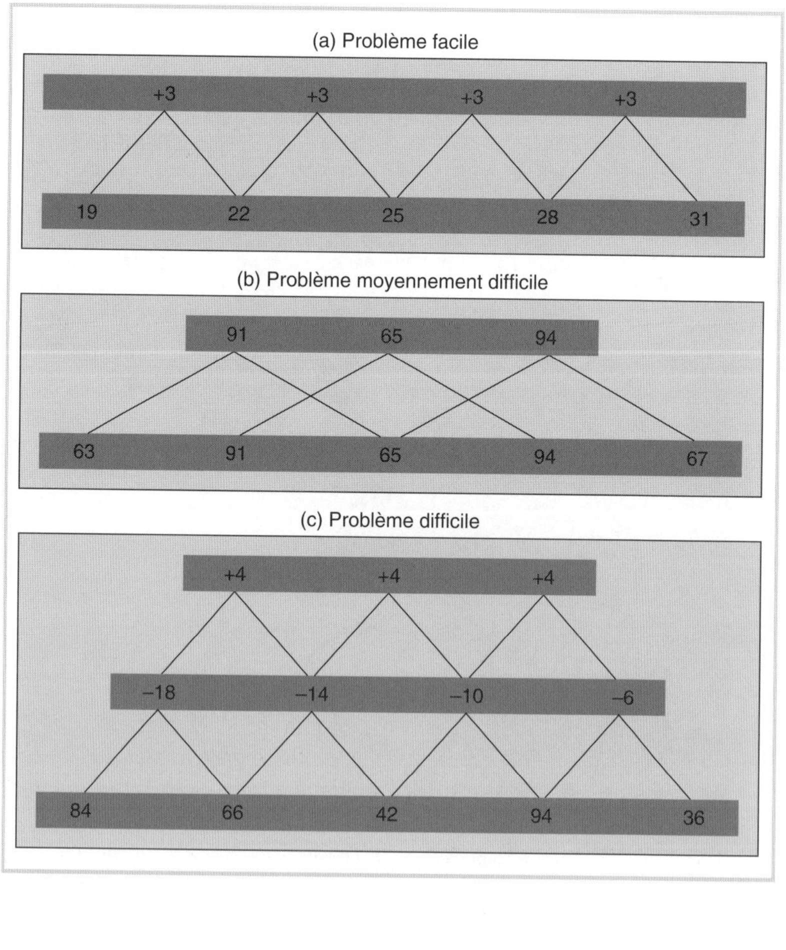

Figure 12

Structure des problèmes utilisés par Salthouse et Prill (1987) dans leur étude sur les effets du vieillissement en raisonnement inductif.

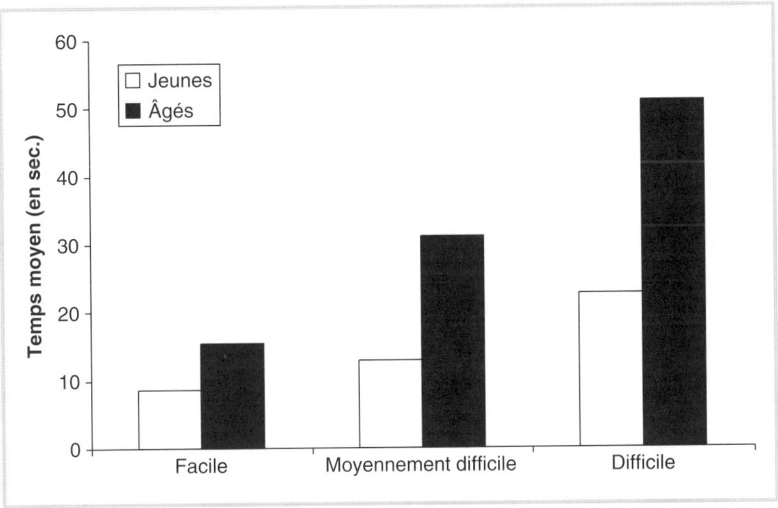

Figure 13

Temps moyens de résolution des problèmes en fonction de la difficulté des séries (d'après Salthouse & Prill, 1987).
Ces données montrent que la différence jeunes-âgés augmente avec la difficulté des séries à compléter. Ceci réplique le fait qu'en raisonnement inductif, les effets du vieillissement sont d'autant plus importants que le problème est difficile.

dont la taille diffère et des sommes en lignes et en colonnes. Ils voient également les nombres disponibles. La tâche consiste à mettre un nombre dans chaque case du tableau de sorte que la somme de ces nombres en lignes et en colonnes corresponde aux sommes indiquées. La taille des tableaux correspond à la difficulté du problème si bien que des tableaux de petite taille seront plus faciles que des tableaux de grande taille. Des exemples de problèmes faciles et difficiles sont présentés à la Figure 14.

Lorsque Clay a examiné le pourcentage de réussites en fonction de l'âge des participants et de la difficulté des problèmes (voir Figure 15), il a observé que les jeunes avaient un taux de réussite supérieur aux âgés et que plus le problème était difficile, plus le taux de réussite diminuait. De manière plus intéressante, la différence entre jeunes et âgés augmentait avec la difficulté croissante des problèmes.

En résumé, qu'il s'agisse du raisonnement inductif ou déductif ou qu'il s'agisse de la résolution d'autres catégories de problèmes, les études expérimentales comparant les performances des personnes jeunes et âgées ont montré que (a) les personnes jeunes ont toujours de meilleures performances que les personnes âgées, (b) les jeunes comme les âgés sont fortement influencés par la structure du matériel et (c) l'effet de la structure du matériel est plus important chez les âgés que chez les jeunes. Comme les différents exemples d'études empiriques l'ont illustré, la structure du matériel correspond la plupart du temps à la difficulté du matériel. Il est donc aisément compréhensible que le matériel le plus difficile aboutisse à des performances plus faibles. Le plus intéressant néanmoins est qu'à mesure qu'augmente la difficulté, l'effet du vieillissement est plus important. Tout se passe comme si le vieillissement avait un effet délétère sur les performances en résolution de problèmes d'autant plus important que la difficulté du matériel à traiter augmente. Ceci correspond, exactement comme nous l'avons vu pour la mémoire, à l'interaction Âge × Difficulté (ou Âge × Complexité).

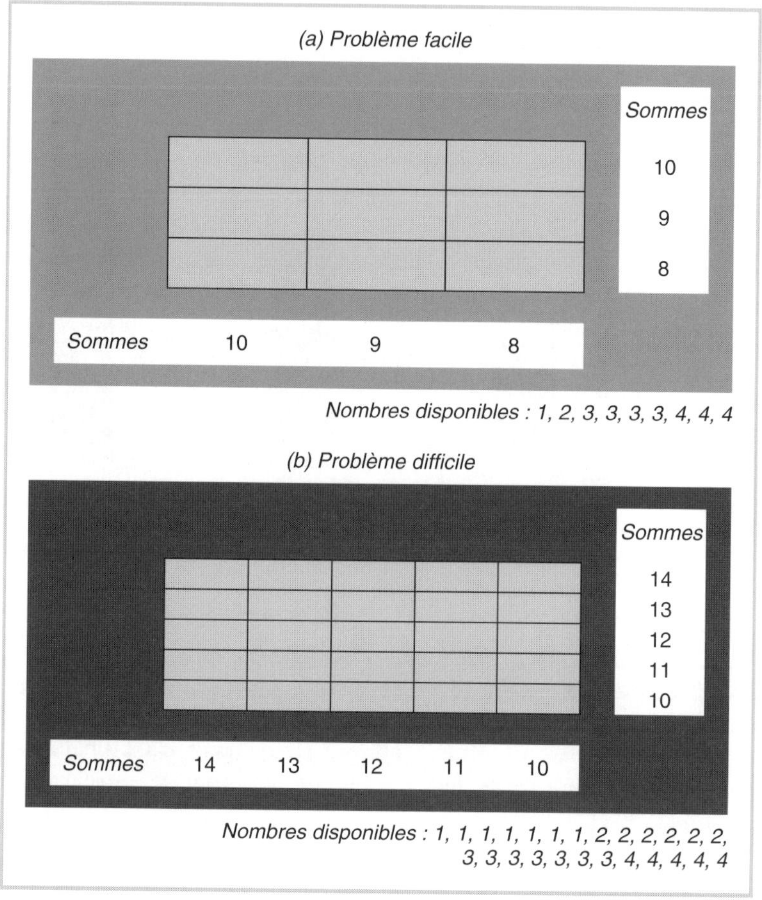

Figure 14

Exemples de problèmes des tableaux numériques facile et difficile utilisés par Clay (1954).

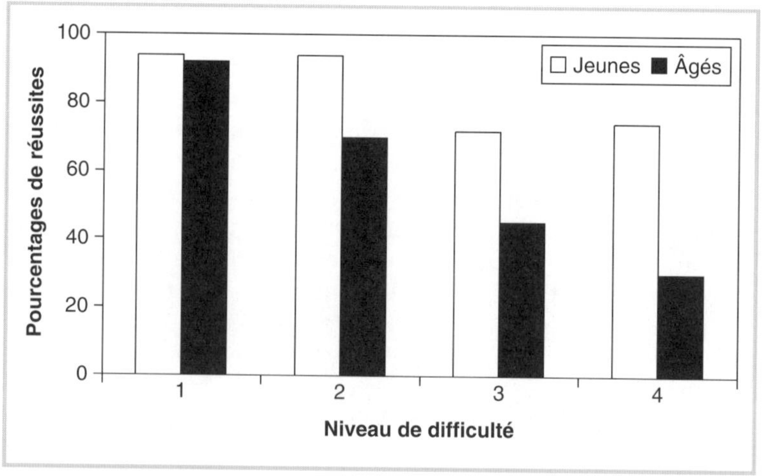

Figure 15

Pourcentages moyens de réussites au problème des tableaux numériques chez les jeunes et les âgés en fonction du niveau de difficulté des problèmes (d'après Clay, 1954). Ces données montrent que les âgés réussissent aussi bien les problèmes faciles que les âgés, mais moins bien les problèmes difficiles. Cette interaction Âge × Complexité indique que le vieillissement pénalise les participants d'autant plus que la solution d'un problème est difficile à trouver.

2.4 Vieillissement et stratégies

Une *stratégie*** est une méthode utilisée pour accomplir une tâche ou résoudre un problème. Cette méthode comprend un processus ou un ensemble de processus et n'est pas forcément consciemment mise en œuvre. Les psychologues ont cherché à déterminer si des *variations stratégiques*** sont systématiquement associées au vieillissement.

Pour étudier les variations stratégiques dans des tâches cognitives et le développement de ces variations avec l'âge, Lemaire et Siegler (1995) ont proposé un cadre conceptuel distinguant plusieurs dimensions stratégiques (voir revues de Duverne & Lemaire, 2005 ou Lemaire & Arnaud, 2004). Comme l'illustre la Figure 16, il est possible d'étudier le répertoire, la distribution, l'exécution et la sélection stratégiques.

- Le *répertoire stratégique*** comprend l'ensemble des stratégies (ou méthodes) dont disposent les participants pour accomplir une tâche cognitive.
- La *distribution stratégique*** concerne le pourcentage d'utilisation de chaque stratégie disponible.
- L'*exécution stratégique*** caractérise la vitesse et la précision avec lesquelles les stratégies sont mises en œuvre.
- La *sélection stratégique*** renvoie aux choix stratégiques sur chaque problème.

Chacune des dimensions stratégiques peut contribuer à l'évolution des performances cognitives avec l'âge, aussi bien chez les enfants que chez les adultes. Ainsi, une évolution du répertoire stratégique peut se caractériser par la découverte de nouvelles stratégies ou par la disparition d'une ou plusieurs stratégies. L'évolution de la distribution stratégique s'observe lorsque, avec l'âge, les participants utilisent les stratégies disponibles dans des proportions différentes. Les changements dans l'exécution stratégique sont marqués, pour chaque stratégie, par une augmentation (ou une diminution) de la vitesse et une baisse (ou un accroissement) du nombre d'erreurs. Ces changements peuvent aussi consister en l'utilisation de différentes variantes d'une même stratégie. Enfin, la sélection stratégique évolue avec l'âge lorsque le type de problème sur lesquels chaque stratégie est utilisée diffère. Une stratégie pourra être utilisée sur une certaine caté-

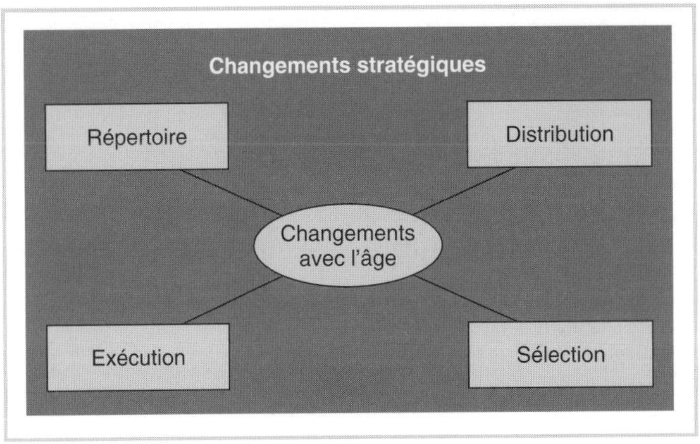

Figure 16
Cadre conceptuel proposé par Lemaire et Siegler (1995) pour distinguer plusieurs dimensions stratégiques au cours du développement.

gorie de problèmes à un âge donné et sur une autre catégorie à une autre étape de la vie. Examinons l'évolution avec l'âge de chacune de ces dimensions stratégiques dans des activités de raisonnement et de résolution de problèmes.

2.4.1 Effets du vieillissement sur le répertoire stratégique

Le répertoire stratégique concerne les stratégies disponibles pour réaliser une tâche cognitive. Comme nous l'avons déjà vu, une *stratégie*** peut être définie comme « *une procédure ou ensemble de procédures permettant aux sujets d'atteindre un but cognitif* » (Lemaire & Reder, 1999, p. 365). En d'autres termes, une stratégie est l'ensemble des processus qu'un individu utilise pour accomplir une tâche cognitive. Il est donc important, dans n'importe quel domaine cognitif, de connaître le répertoire stratégique si nous voulons savoir comment les participants approchent les tâches auxquelles on les soumet. Il existe quelques données qui suggèrent que, dans certains domaines au moins, l'âge affecte le répertoire stratégique.

Geary et Wiley (1991) ont recueilli les *protocoles verbaux*** (i.e., les gens verbalisent ce qu'ils font au moment où ils sont en train de le faire ou juste après l'avoir fait) chez des participants jeunes et âgés pendant qu'ils résolvaient des additions simples du type 8 + 7 = ?. Les deux groupes d'âge ont utilisé la stratégie de récupération en MLT (i.e., retrouver directement en MLT la réponse au problème) et la stratégie de décomposition (i.e., diviser un problème en sous problèmes comme en faisant 7 + 3 + 2 pour résoudre 7 + 5). En revanche, seuls les participants jeunes utilisaient la stratégie de comptage verbal (i.e., faire 7 + 1 + 1 + 1 + 1 pour résoudre 7 + 4).

Des résultats similaires ont été observés dans des tâches de résolution de soustractions simples (i.e., 9 – 3 = ?) et complexes (i.e., 47 – 9 = ?). Pour les soustractions simples, Geary *et al.* (1993) ont observé que, contrairement aux adultes jeunes, les âgés n'utilisaient pas la stratégie de comptage par décrémentation (e.g., faire 9 – 1 – 1 – 1 pour résoudre 9 – 3). Pour les soustractions complexes, les adultes âgés utilisaient presque toujours la résolution colonne par colonne (i.e., soustraire les unités du second opérande à celles du premier puis les dizaines) et presque jamais la décomposition ou le comptage par décrémentation (voir aussi Geary & Lin, 1998, pour des différences dans diverses tâches numériques ou Johnson, 1990 et Finucane *et al.*, 2005, dans des tâches de prise de décision).

Notons que, pour un domaine comme l'arithmétique, appris à l'école, il est difficile de savoir si les différences observées résultent d'effets de cohorte ou d'effets du vieillissement. En effet, il est possible que les adultes jeunes aient moins bien mémorisé les tables à l'école que les adultes âgés.

2.4.2 Effets du vieillissement sur la distribution stratégique

Même si les participants jeunes et âgés utilisent les mêmes stratégies, certaines études ont montré que les deux groupes de participants peuvent recourir aux stratégies disponibles dans des proportions différentes.

Ainsi, Hartley et Wilson (1983) ont étudié les stratégies en raisonnement inductif. Ils ont testé 32 participants jeunes et 32 âgés dans une variante de la tâche des 20 questions. Dans cette tâche, les participants devaient trouver la case à laquelle pense l'expérimentateur parmi plusieurs cases formant une grille. Pour cela, les participants devaient poser des questions à l'expérimentateur auxquelles il était possible de répondre par « oui » ou par « non ». Les auteurs ont testé les participants dans quatre conditions :

- *Condition 1* : les participants devaient trouver la case cible dans une grille de 8 × 8 cases ;
- *Condition 2* : même tâche mais en temps limité à 60 secondes ;
- *Condition 3* : les participants devaient trouver une case dans une grille de 16 × 16 cases ;
- *Condition 4* : les participants devaient trouver deux cases dans une grille de 8 × 8 cases.

Les auteurs ont examiné le nombre de participants utilisant les stratégies optimale, sub-optimale et non optimale. La stratégie optimale est celle qui divise l'incertitude (i.e., l'ensemble des cases possibles) par deux (e.g., la case se trouve-t-elle dans la moitié inférieure ?), tandis que les deux autres stratégies apporte moins d'informations (e.g., la case se trouve-t-elle dans la rangée du haut dans le quart supérieur ? La case est-elle celle qui se trouve en haut à droite ?). Les données montrent que les personnes âgées utilisent moins fréquemment la stratégie optimale que les personnes jeunes (voir Figure 17). En fait, Hartley et Wilson ont observé que la stratégie la plus utilisée par les personnes âgées était la stratégie sub-optimale (voir aussi Hartley, 1986).

Cette différence de distribution stratégique entre les jeunes et les âgés a été retrouvée dans d'autres tâches de raisonnement inductif, comme la tâche du tri de cartes de Wisconsin (e.g., Haaland *et al.*, 1987 ; Heaton, 1981 ; Boon *et al.*, 1993 ; Kramer *et al.*, 1994 ; Nagaham *et al.*, 1997 ; Parkin & Lawrence, 1994 ; Rhodes, 2004). Elle a été aussi retrouvée en résolution de problèmes.

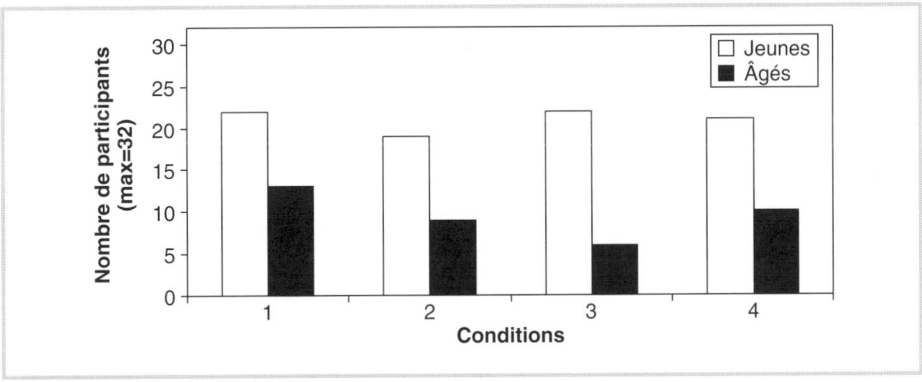

Figure 17

Nombre de participants ayant utilisé la stratégie optimale dans chaque groupe d'âge selon les conditions, dans l'expérience d'Hartley et Wilson, 1983 (condition 1 : le participant doit trouver la case cible dans une grille de 8 x 8 cases ; condition 2 : même tâche mais en temps limité à 60 secondes ; condition 3 : le participant doit trouver une case dans une grille de 16 x 16 cases ; condition 4 : le participant doit trouver deux cases dans une grille de 8 x 8 cases).

Ces données montrent que le nombre de participants utilisant une stratégie de questionnement optimal dans la tâche des 20 questions est moins important chez les participants âgés que chez les participants jeunes. Ceci indique que les âgés n'utilisent pas une stratégie de questionnement optimal aussi fréquemment que les jeunes.

En 2001, avant le passage à l'Euro, Lemaire et Lecacheur ont conduit, en France, une étude sur les conversions monétaires. Les participants devaient convertir en Euros des montants en Francs (ou vice versa). Dans une première condition, sur chaque problème, ils pouvaient choisir entre deux stratégies (voir Figure 18) : la stratégie *ajouter la moitié* ou la stratégie *multiplier par trois*. La stratégie ajouter la moitié consistait à diviser le montant par 2, ajouter ce résultat au montant en Francs, puis diviser le résultat par 10 pour obtenir le montant en Euro. Par exemple, 100 F = 15 Euros (100/2 = 50 ; 100 + 50 = 150 ; 150/10 = 15). La stratégie multiplier par trois consistait à multiplier le montant par 3, puis diviser le résultat d'abord par 2 puis par 10. Par exemple, 100 F = 15 Euros (100 × 3 = 300 ; 300/2 = 150 ; 150/10 = 15). Lemaire et Lecacheur ont relevé le pourcentage de montants convertis avec la stratégie ajouter la moitié (voir Figure 19).

Les adultes jeunes avaient tendance à utiliser plus fréquemment que les âgés la stratégie ajouter la moitié sur les petits montants uniquement. En d'autres termes, les jeunes et les âgés se différenciaient au niveau des pourcentages moyens d'utilisation des stratégies sur certains problèmes (voir aussi Allen *et al.*, 1992 ; 1997 ; Geary & Wiley, 1991 ; Geary *et al.*, 1993 ; Lemaire, Arnaud, & Lecacheur, 2004 ; Salthouse & Coon, 1994 ; Siegler & Lemaire, 1997).

2.4.3 Effets du vieillissement sur l'exécution stratégique

L'exécution stratégique concerne la vitesse et la précision associées à chaque stratégie. Les personnes âgées sont plus lentes (et/ou moins précises) que les jeunes sur certaines stratégies et aussi rapides (et/ou précises) sur d'autres stratégies.

Pour évaluer l'exécution stratégique toutes choses égales par ailleurs, Siegler et Lemaire (1997) ont proposé la méthode choix/non-choix. Selon cette méthode, les participants sont testés dans deux conditions : une condition choix et un ensemble de conditions non-choix. Dans la condition choix, les participants accomplissent la tâche avec

Figure 18

Stratégies de conversion monétaire des Francs aux Euros étudiées par Lemaire & Lecacheur (2001).
Les participants devaient convertir en Euros des montants présentés en Francs en utilisant soit la stratégie ajouter la moitié soit la stratégie multiplier par 3.

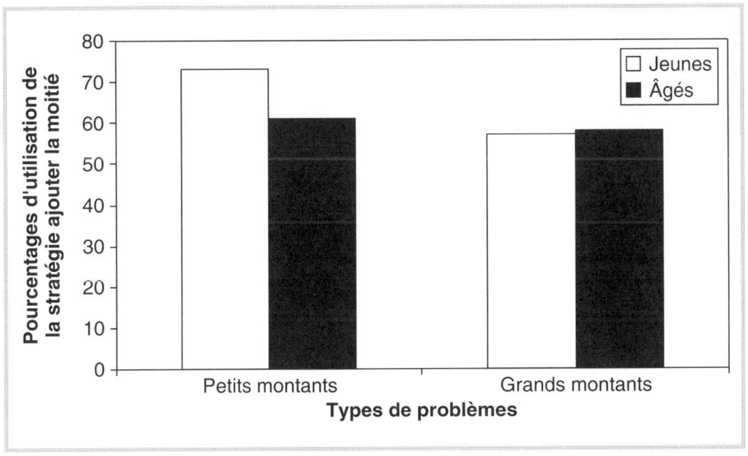

Figure 19

Pourcentages moyens d'utilisation de la stratégie ajouter la moitié chez des participants jeunes et âgés dans la tâche de conversion Francs-Euros portant sur des petits ou grands montants (d'après Lemaire & Lecacheur, 2001).

Ces données montrent que sur les grands montants, le nombre de fois où la stratégie ajouter la moitié a été utilisée est le même chez les jeunes et les âgés, contrairement aux petits montants. Ceci indique que les préférences stratégiques ne sont pas les mêmes sur certains problèmes selon l'âge des participants.

les différentes stratégies disponibles. S'ils disposent de deux stratégies, ils peuvent choisir entre ces deux stratégies pour résoudre chaque problème ; s'ils en ont trois, ils choisissent entre ces trois, etc. Il existe une condition non-choix par stratégie : si deux stratégies sont disponibles, deux conditions non-choix, une pour chaque stratégie, sont testées ; si les participants mobilisent trois stratégies, l'expérience comportera trois conditions non-choix. L'avantage des conditions non-choix est que chaque stratégie est exécutée sur tous les problèmes par tous les participants. L'exécution stratégique peut alors être comparée dans différents groupes d'âge sans que cette exécution ne soit contaminée par des biais de sélection stratégique.

La méthode choix/non-choix a été utilisée chez des adultes jeunes et âgés dans différentes études (e.g., Lemaire & Lecacheur, 2001 ; Lemaire *et al.*, 2004 ; Siegler & Lemaire, 1997). Par exemple, Lemaire et Lecacheur (2001) l'ont utilisée dans leur étude sur les conversions monétaires où ils ont évalué l'effet de l'âge sur deux stratégies de conversion Euros-Francs. La première stratégie était la stratégie de *division par trois* et la deuxième la stratégie de *multiplication par six*. Selon la stratégie de division par trois, le participant devait d'abord diviser le montant en Euros par trois (e.g., 150 Euros/ 3 = 50), le multiplier le quotient par 2 (50 × 2 = 100), puis multiplier le produit par 10 (100 × 10 = 1000 Francs). Selon la stratégie de multiplication par six, le participant multipliait d'abord le prix en Euros par six (e.g., 150 × 6 = 900), puis ajoutait 10 % au produit (900 + 90 = 990). Dans chaque condition non-choix, les participants devaient convertir 24 montants avec chacune des stratégies. Les temps de conversion apparaissent à la Figure 20. Ils montrent que la différence entre les jeunes et les âgés n'était pas significative pour la stratégie de division par 3. Pour la stratégie de multiplication par six, plus difficile (puisqu' imposant la gestion d'un calcul de pourcentage) que l'autre stratégie, les âgés étaient plus lents que les jeunes. Il est intéressant de noter que le vieillissement n'aboutit pas nécessairement à une baisse des performances cognitives, puisque les deux groupes étaient aussi rapides en utilisant la stratégie de division par 3 (les mêmes résultats apparaissaient sur les erreurs). Une telle observation est possible lors-

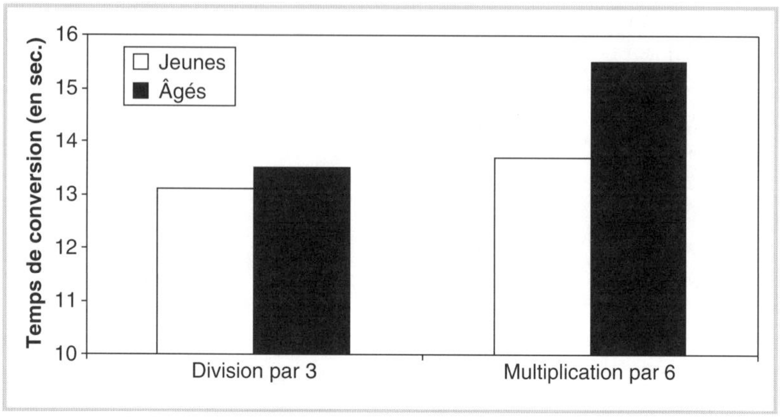

Figure 20

Temps de conversion (en sec.) pour chaque stratégie exécutée par des participants jeunes et âgés, dans l'étude de Lemaire et Lecacheur (2001). Ces données montrent que l'exécution des stratégies est affectée par le vieillissement, mais que cet effet est différent selon les stratégies.

que ces performances sont analysées en fonction du type de stratégie que les participants utilisent.

En résumé, les participants âgés exécutent moins efficacement les stratégies que les participants jeunes, surtout lorsque cette exécution implique la mise en œuvre de processus consommant davantage de ressources cognitives. Notons que ces effets du vieillissement sur les performances cognitives existent même lorsque, grâce à la méthode choix/non-choix, l'on contrôle le fait que les participants jeunes et âgés n'utilisent pas les mêmes stratégies ou utilisent les mêmes stratégies dans des proportions différentes. Ceci provient du fait que les mêmes processus sont déclenchés et exécutés plus lentement chez les personnes âgées.

2.4.4 Effets du vieillissement sur la sélection stratégique

La sélection stratégique concerne la capacité à choisir sur chaque problème une stratégie parmi les stratégies disponibles. Les mécanismes à la base de la sélection stratégique permettent de choisir la stratégie optimale, c'est-à-dire qui aboutit à la meilleure performance tout en minimisant la quantité de ressources cognitives requises. Les données montrent que l'âge affecte ces mécanismes (i.e., les participants deviennent de moins en moins efficaces en vieillissant), mais ne les détruit pas complètement (i.e., les personnes âgées continuent à sélectionner les stratégies sur chaque problème de manière relativement systématique et adaptive).

Par exemple, Lemaire, Arnaud et Lecacheur (2004) ont demandé à des adultes jeunes et âgés d'accomplir une tâche d'estimation calculatoire. L'estimation calculatoire est une activité cognitive accomplie chaque jour lorsque nous essayons de calculer le prix des courses, nous faisons des conversions monétaires ou lorsque nous cherchons approximativement le résultat à une opération arithmétique sans calculer le résultat exact. Pour étudier l'estimation calculatoire en laboratoire, les participants voient un problème arithmétique comme 57×82 sur un écran d'ordinateur et doivent donner une solution approximative sans calculer la réponse exacte. Dans l'étude de Lemaire, Arnaud et Lecacheur, les participants pouvaient choisir entre deux stratégies (voir Figure 21) : la stratégie d'arrondi aux dizaines inférieures (e.g., pour estimer 57×82, ils devaient faire 50×80 et donner 4000 comme produit approximatif) ou la stratégie d'arrondir aux dizaines supérieures (e.g., pour estimer 57 × 82, ils devaient faire 60 × 90 et donner 5400 comme réponse). La stratégie d'arrondi aux dizaines inférieures aboutissait à un produit approximatif plus proche du produit exact que la stratégie d'arrondi aux dizaines inférieures sur la moitié des problèmes et plus éloigné du produit exact sur l'autre moitié. Les participants avaient pour consigne de choisir la meilleure stratégie afin de se rapprocher le plus possible de la réponse exacte. La meilleure stratégie était la stratégie d'arrondi aux dizaines inférieures pour les problèmes dont la somme des chiffres des unités étaient de petite taille comme 71 × 46 et la stratégie d'arrondi aux dizaines supérieures pour les problèmes dont la somme des chiffres des unités était de grande taille comme 49 × 64. En effet, pour un problème comme 71 × 46, la différence au produit exact est plus petite avec la stratégie d'arrondi aux dizaines inférieures qu'avec la stratégie d'arrondi aux dizaines supérieures, et l'inverse avec un problème comme 49 × 64. Les données ont fait apparaître que les jeunes utilisaient la meilleure stratégie significativement plus fréquemment que les âgés. Ce résultat, reproduit dans plusieurs expériences, suggère que l'efficacité des mécanismes de sélection stratégique décline avec l'âge.

Le déclin de la sélection stratégique avec l'âge a aussi été observé par Duverne et Lemaire (2004) dans une tâche de vérification de problèmes arithmétiques simples ou complexes (voir également El Yagoubi, Lemaire, & Besson, 2003 ; 2005). Dans cette étude, des participants jeunes, moyennement âgés et plus âgés avaient à vérifier des inégalités du type 8 + 4 < 13 ou 8 + 4 < 19. Dans les deux cas, les participants devaient répondre « vrai ». La différence entre ces deux inégalités est que la réponse proposée est proche de la réponse correcte dans la première et éloignée dans la seconde. En général, les participants sont plus rapides quand la réponse proposée est éloignée de la réponse correcte que quand elle est proche. La raison est qu'ils utilisent deux stratégies différentes sur chaque type de problème. Ils utilisent une stratégie de calcul complet quand la réponse proposée est proche de la réponse correcte et une stratégie de calcul

Figure 21

Représentation schématique de l'expérience de Lemaire, Arnaud, & Lecacheur (2004).

Les participants étaient assis devant un écran d'ordinateur où ils voyaient défiler des problèmes comme 57 × 82. Pour chaque problème, ils devaient, le plus rapidement possible, donner un produit approximatif (comme 4800). Ils pouvaient choisir d'arrondir les deux opérandes soit à la dizaine inférieure (50 × 80 = 4 000) soit à la dizaine supérieure (60 × 90 = 5400).

incomplet quand la réponse proposée est éloignée de la réponse correcte. En effet, 19 est une réponse tellement peu plausible qu'il n'est pas nécessaire d'aller rechercher la réponse exacte (12) en mémoire pour la comparer à la réponse proposée avant de décider si l'équation est juste ou fausse et émettre sa réponse. Le calcul complet mettant en œuvre l'ensemble de ces processus est nécessairement plus lent. C'est ce qui conduit les participants à mettre plus de temps pour vérifier une inégalité comme $8 + 4 < 13$ que comme $8 + 4 < 19$.

Duverne et Lemaire (2004) ont cherché à savoir si la capacité à utiliser chaque stratégie de manière appropriée sur chaque type de problème évolue avec l'âge (voir Figure 22). Leurs données apparaissent à la Figure 23. Ces données montrent une nette diminution avec l'âge de la différence de temps de vérification entre problèmes proches et éloignés. Cette différence était de 307 ms chez les jeunes, de 220 ms chez les moyennement âgés et de 112 ms chez les âgés. Le fait que ces différences soient significatives est en accord avec l'hypothèse selon laquelle les participants de tous les groupes utilisaient différentes stratégies sur chaque type de problème (le calcul complet sur les problèmes proches et le calcul approximatif sur les problèmes éloignés). Le fait que cette différence diminue de manière significative avec l'âge suggère que, plus les participants étaient âgés, moins ils sélectionnaient les stratégies de manière systématique en fonction du type de problème. Il est ainsi vraisemblable que les participants âgés avaient tendance à plus utiliser le calcul exact sur les deux types de problèmes, même s'ils avaient tendance à utiliser, de temps en temps, le calcul approximatif sur les problèmes éloignés.

En résumé, les données sur les variations stratégiques associées au vieillissement cognitif montrent que les quatre dimensions stratégiques (répertoire, distribution, exécution et sélection) proposées par Lemaire et Siegler (1995) sont intéressantes à prendre en compte. Elles permettent d'étudier différentes facettes des performances cognitives et comportements des participants jeunes et âgés. Elles ouvrent également la voie à une vision du vieillissement plus riche et plus proche de la réalité, puisqu'elles guident

Figure 22

Représentation schématique de l'expérience de Duverne et Lemaire (2004).

Les participants étaient assis devant un écran d'ordinateur où ils voyaient défiler des inégalités comme $8 + 4 < 13$ (inégalités proches de la somme correcte) ou $8 + 4 < 19$ (inégalités éloignées de la somme correcte). Ils devaient dire le plus rapidement possible si chaque inégalité était juste ou fausse.

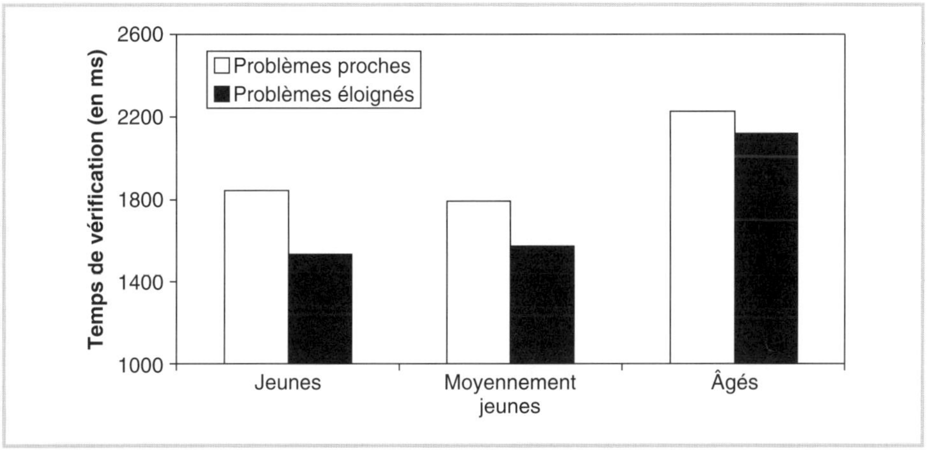

Figure 23

Temps de vérification des inégalités proches et éloignées dans l'étude de Duverne et Lemaire (2004).
Ces données montrent une diminution avec l'âge de la différence de temps de vérification entre les deux types de problèmes. Elles suggèrent que la sélection stratégique est de moins en moins efficace avec l'âge.

l'étude des aspects cognitifs épargnés ou affectés au cours du vieillissement. Des exemples illustratifs ont été détaillés ici sur la résolution de problèmes (voir Thornton & Dumke, 2005, pour une méta-analyse concernant la résolution de problèmes de vie quotidienne). Néanmoins, les effets du vieillissement peuvent être aussi analysés pour toutes les activités cognitives pour lesquelles les stratégies, ainsi que les méthodes pour mettre ces stratégies en évidence, sont connues.

3 Vieillissement et situations problèmes mal définies

L'ensemble des problèmes vus jusqu'à présent caractérise des situations problèmes bien définies, où l'état final peut être objectivement évalué et où les critères d'arrêt lors de la recherche de solution sont clairs. Dans ces situations, le vieillissement affecte les performances sur certains types de problèmes et stratégies plus que sur d'autres. Qu'en est-il des situations où la solution est moins objectivement évaluable, ces situations dites situations problèmes mal définies ? Le vieillissement a-t-il là aussi un effet délétère ? Par quelles variables est-il modulé ? Pour répondre à ces questions, les psychologues ont recueilli des données dans deux domaines particuliers, à savoir la créativité et, plus récemment, la sagesse. Nous examinons ces données dans cette section.

3.1 *Vieillissement et créativité*

Avec l'âge, devenons-nous moins créatif ? Mettons-nous en œuvre des processus différents afin de résoudre des problèmes de créativité ? Pour répondre à ces questions, il faudrait déjà savoir ce qu'est la créativité et comment la mesurer. Comme l'ont plusieurs fois noté différents psychologues (e.g., Ausubel, 1968), la créativité est l'un des concepts les plus flous en psychologie. Sans définition conceptuelle précise, pas de définition opérationnelle rigoureuse ! Pas étonnant que de nombreuses définitions et perspectives conceptuelles et méthodologiques aient été avancées sur la créativité. Ceci est dommage, car une définition minimale du comportement créatif, qui avance qu'une activité créatrice consiste à trouver une solution inattendue à un problème mal défini, suggère qu'une meilleure compréhension de la créativité permettrait de faire des progrès sur les mécanismes cognitifs impliqués dans des situations problèmes mal définies.

La créativité est encore un domaine émergent en psychologie. Les questions auxquelles cherchent actuellement à répondre les psychologues sont loin d'être aussi avancées que dans d'autres domaines, et les méthodes loin d'être aussi sophistiquées. Par exemple, les psychologues se sont demandés si, avec l'âge, la créativité diminue. Leurs recherches ne permettent pas encore de dresser la liste des mécanismes cognitifs à la base du comportement créatif (voir Klahr, 2000). On ne sait donc pas quels sont les processus responsables de l'évolution de la créativité avec l'âge, ni les facteurs déterminants. Ceci tient en partie à la complexité d'une situation impliquant un problème de créativité et, donc, à la grande difficulté à reconstruire en laboratoire une telle situation afin d'en examiner les déterminants avec rigueur et précision.

Deux grandes perspectives sur la créativité ont été adoptées. La première étudie la créativité dite exceptionnelle, la seconde la créativité dite ordinaire. L'étude de la créativité exceptionnelle se focalise sur la production de grandes figures, comme Einstein, Freud, Shakespeare, Picasso. L'étude de la créativité ordinaire s'intéresse à la créativité de l'homme de la rue dans ses comportements quotidiens. Examinons les données disponibles sur chaque type de créativité.

3.1.1 Créativité exceptionnelle

On sait depuis longtemps que bien des Prix Nobel ont publié leur premier article scientifique à fort impact avant l'âge de 30 ans. Cette observation est-elle anedoctique ? En se concentrant sur les productions d'artistes ou de scientifiques importants (ces productions étant vues comme des créations), plusieurs chercheurs ont découvert que, de manière générale, la créativité diminue avec l'âge (e.g., Dennis, 1966, 1968 ; Lehman, 1953, 1960 ; Mumford & Gustafson, 1988 ; Simonton, 1988, 1990, 1997). Par exemple, Lehman (1953) a étudié l'évolution du pourcentage des publications scientifiques qui ont eu un impact important dans leur domaine. Il a observé une diminution significative et régulière après la quarantaine (voir Figure 24).

Notons que le déclin de la créativité avec l'âge observé par Lehman pourrait résulter du critère utilisé pour évaluer la créativité, à savoir des contributions à fort impact. Certains auteurs ont cherché à déterminer si ce déclin est toujours présent avec des critères moins sévères. Ainsi, par exemple, Dennis (1966) a étudié la productivité totale et pas uniquement les productions les plus significatives. Il a observé que l'évolution des productions avec l'âge varie selon les domaines. Ainsi, en sciences et dans les disciplines artistiques, la production totale tend à augmenter jusqu'à la quarantaine puis à diminuer. Pour les sciences humaines, les productions se maintiennent stables après la trentaine.

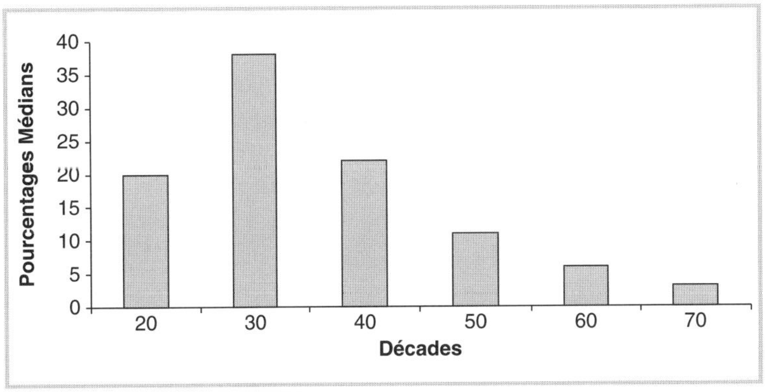

Figure 24

Évolution des productions les plus significatives au cours de la vie, toutes disciplines artistiques et scientifiques confondues (d'après Lehman, 1953).

Ces données indiquent que les productions les plus significatives apparaissent à la trentaine et qu'elles diminuent ensuite. Ceci suggère que la créativité atteint un pic très tôt dans la vie et diminue régulièrement par la suite.

Dans une autre étude portant sur des artistes et scientifiques qui ont vécu jusqu'à 80 ans au moins, Dennis (1968) a recueilli plusieurs observations intéressantes. D'abord, l'une des décennies les plus créatives dans la vie de ces individus est, en moyenne, la soixantaine : 20 % de leur production totale a été réalisée au cours de la soixantaine. De nombreux inventeurs ont produit plus de la moitié de leurs inventions après 60 ans. Par ailleurs, de nombreuses œuvres importantes ont été réalisées tard dans la vie. Pour ne donner que quelques exemples : Sophocle a écrit *Œdipe Roi* à l'âge de 75 ans ; Claude Monet a commencé à peindre la série des Nénuphars à 73 ans ; Frank Lloyd Wright a achevé le musée Guggenheim à 91 ans. Enfin, il est intéressant de noter que la plupart des lauréats du Prix Nobel continuent à publier des articles dans des revues scientifiques académiques après 70 ans. Il semble donc que, comme l'écrit Simonton (1988, p. 253), les personnes les plus créatives « ont tendance à commencer tôt, finir tard et ont un niveau de production largement au dessus de la moyenne tout au long de leur vie » (voir Gardner, 1985, pour une étude biographique d'individus particulièrement créatifs et dont les parcours de vie présentent des invariants intéressants ; voir aussi Miller, 2000).

3.1.2 Créativité ordinaire

La créativité ordinaire a été étudiée par des épreuves psychométriques. Par exemple, Alpauh et Birren ont observé que, chez les 111 enseignants âgés de 20 à 84 ans qu'ils ont testés avec des batteries psychométriques de créativité, les scores diminuaient après 30 ans (voir aussi Ruth & Birren, 1985 ; Schaie & Hertzog, 1983).

L'une des études les plus complètes et intéressantes sur la créativité ordinaire est celle publiée par McCrae, Arenberg et Costa (1987). Cette étude a été conduite dans le cadre de l'étude longitudinale de Baltimore comprenant 825 hommes âgés de 17 à 101 ans et s'est déroulée entre 1959 et 1972. Ces auteurs ont combiné les plans longitudinal, transversal et séquentiel. Tous les participants ont passé plusieurs tests dits de pensée divergente (tests qui sont réussis si le participant fournit une réponse originale à un item comme « que peut-on faire avec une casserole ? »). Par exemple, les participants devaient fournir des synonymes, écrire des mots commençant par certaines lettres, écrire des mots contenant certaines lettres ou encore imaginer des dénouements insolites à certaines situations. Les résultats ont montré que les scores aux mesures de créativité déclinent avec l'âge, même si les corrélations entre l'âge et ces scores n'étaient pas très élevées (entre -.10 et -.30). Ces corrélations assez faibles s'expliquent en partie par le fait que la plupart des épreuves de créativité étaient chronométrées et administrées dans des conditions très standardisées, ce qui tend à défavoriser les personnes âgées.

3.1.3 Conclusions

Qu'il s'agisse de la créativité ordinaire ou exceptionnelle, les données suggèrent un déclin avec l'âge. Malgré l'imperfection des mesures et des définitions conceptuelles et opérationnelles, cette diminution est intéressante et s'apparente à la diminution de l'intelligence fluide décrite dans le Chapitre 3. Toutefois, il serait important de connaître les déterminants de ce déclin. S'agit-il d'une tendance programmée ? Les événements de la vie et/ou les évolutions professionnelles des individus sont-ils responsables de ce déclin ?

Les travaux conduits dans une perspective contextualiste (i.e., avançant que les différents événements de la vie déterminent nos comportements) suggèrent que les parcours professionnels et individuels contribuent au déclin de la créativité avec l'âge. Jean et Michael Romaninuk (1981) ont illustré cette perspective en analysant le parcours d'enseignants universitaires. Le début de la carrière, dans cette catégorie professionnelle, est marqué par une forte créativité, mais aussi par des pressions à la production (pour des raisons de titularisation et stabilisation professionnelles ou de promotions). Plus tard, ces enseignants chercheurs se voient confier un certain nombre de responsabilités administratives dans leur institution et dans leur milieu professionnel, les détournant de la recherche. Par ailleurs, l'exploration de nouvelles questions de recherche ayant lieu plutôt en début de carrière, la seconde partie de carrière est souvent consacrée à des raffinements des premiers travaux. Évaluer dans quelle mesure ces événements contribuent au déclin des productions créatives avec l'âge est un défi pour les recherches à venir. Les chercheurs devront aussi se demander si les événements eux-mêmes ne sont pas le résultat du déclin de la créativité avec l'âge. Ainsi, il est possible que, du fait d'un déclin de créativité, les universitaires prennent plus de responsabilités administratives, ce qui leur permet de continuer d'apporter une contribution sociale. Pour répondre à ce genre de questions, il faudrait, par exemple, examiner les données comparant des enseignants chercheurs qui endossent des responsabilités administratives et ceux qui n'en endossent pas, toutes choses égales par ailleurs, bien sûr.

Une autre limite de ces premiers travaux concerne les mécanismes à la base de la créativité. Lorsque des recherches orientées sur les processus mettront à jour ces mécanismes et que nous en aurons une représentation détaillée et précise, il sera alors possible de se demander si le déclin de la créativité avec l'âge résulte de la dégradation de chacun de ces processus ou de quelques-uns seulement.

3.2 *Vieillissement et sagesse*

Assez récemment, Baltes et ses collaborateurs au Max Planck Institute à Berlin ont lancé un programme de recherches sur la sagesse et son évolution avec l'âge. La sagesse est considérée comme un système expert pourvu, comme tous les systèmes experts, de connaissances et de procédures. Ces connaissances ne portent pas sur des matières académiques (comme la physique ou la biologie par exemple), mais sur la vie personnelle et sociale. Baltes et ses collaborateurs considèrent que concevoir la sagesse comme un système expert permet d'aboutir à un jugement supérieur sur différents aspects de la vie. Par exemple, en 1993, Baltes et Staudinger proposent de définir la sagesse comme « ...une expertise sur les aspects pragmatiques de la vie qui permet une exceptionnelle clairvoyance, un jugement aiguisé et une capacité à fournir des conseils éclairés sur les aspects les plus incertains de la vie » (p. 76).

Envisager la sagesse comme un système expert est intéressant pour plusieurs raisons. D'abord, ceci permet de naturaliser la sagesse, c'est-à-dire que la sagesse est une entité comportementale qui peut être un objet d'étude au même titre que toutes les autres entités (e.g., mémoire, attention, résolution de problèmes) ; c'est un jugement portant sur des objets particuliers, qui peut être scientifiquement étudié. La sagesse ne reste pas dans les limbes du mystère ; elle est problématisée et chaque question de recherche à son sujet peut recevoir une réponse scientifique. Ensuite, concevoir le système expert à la base de la sagesse comme n'importe quel autre système expert (i.e., comprenant des connaissances et des procédures de gestion de ces connaissances), c'est adopter une vision computationnelle de la sagesse. Cela signifie qu'une théorie du comportement sage devrait pouvoir être implémentée sur ordinateur afin de proposer des simulations informatiques des caractéristiques du jugement sage. Par ailleurs, et par voie de conséquence, de la même manière que, en sciences cognitives, la construction de systèmes experts informatiques a permis de proposer des postulats clairs et opérationnalisables sur l'expertise dans différents domaines comme le jeu d'échecs ou l'expertise médicale, il devient possible d'étudier la sagesse de manière empirique et théorique afin de comprendre l'architecture cognitive affectée à ce système. Enfin, les chercheurs sont contraints de faire des propositions claires et précises sur les représentations mentales (ou bases de connaissances) et procédures de traitement dont les recherches empiriques et théoriques peuvent évaluer la nécessité et la suffisance.

Baltes et ses collaborateurs (Baltes & Baltes, 1990 ; Staudinger, Smith, & Baltes, 1992 ; Baltes *et al.*, 1995) ont proposé que le système expert affecté à la sagesse comprend plusieurs bases de connaissances qui évoluent avec l'expérience (voir Figure 25) :

- *Une base de connaissances dites factuelles.* Ces connaissances factuelles concernent le sens donné à notre vie, ce qui inclut une clairvoyance sur les motivations sous-jacentes à nos choix de vie, nos émotions, notre vulnérabilité et la finitude de la vie, ainsi que les normes sociales.
- *Une base de connaissances dites stratégiques.* Ces connaissances concernent les différents dispositifs utilisés par la personne pour gérer sa vie, ce qui inclut notamment l'analyse des coûts et des bénéfices associés à chaque choix de vie et des moyens disponibles pour atteindre ses objectifs.
- *Une base de connaissances dites contextuelles.* Ces connaissances concernent les différents contextes ou milieux de vie. Par exemple, les objectifs de vie évoluent au cours de la vie (i.e., ils diffèrent selon que l'on est en âge d'avoir des enfants ou des petits enfants, dans une phase précoce de la carrière professionnelle ou dans une phase plus avancée). Par exemple encore, les rôles ou représentations

sociales associés au masculin et au féminin évoluent selon la culture, les époques et les étapes de la vie.

- *Une base de connaissances dites relativistes.* Ces connaissances concernent le caractère non absolu de certaines dimensions de la vie. Par exemple, les choix de vie ont une valeur pour un individu (une culture) en particulier et une valeur différente pour un autre individu (une autre culture). Ces différences sont comprises et respectées et s'articulent à un ensemble de principes universels (e.g., « Tu ne tueras pas ton prochain »).
- *Une base de connaissances dites des incertitudes.* La vie est pleine d'incertitudes (combien d'enfants sera-t-il possible d'avoir ? Certains enfants tomberont-ils gravement malades ? Quelles seront les réussites professionnelle et amoureuse ? Aurons-nous une maladie grave ?). Cette base de connaissances comprend ces incertitudes.

Les travaux empiriques conduits par Baltes et ses collaborateurs montrent que la sagesse peut être raisonnablement conçue comme un système expert. Par exemple, en 1992, Staudinger *et al.* ont testé plusieurs groupes de participants sur le problème dit « problème du passage de sa vie en revue » (voir aussi Baltes & Staudinger, 1993 ; Baltes *et al.*, 1995 ; Staudinger & Baltes, 1996). Ce problème, illustré dans le Tableau 2, concerne un personnage (jeune ou âgé) réfléchissant sur ses choix de vie (carrière professionnelle ou famille) présents ou passés. Les scores, attribués par des juges indépendants, reflétaient la prise en compte des cinq bases de connaissances. Ainsi, les juges évaluaient si les réponses comprenaient des explications en termes de motivations personnelles (e.g., désir d'enfants), d'événements de vie déterminants (e.g., offre d'emploi allèchante), en termes de stratégies de gestion de vie (e.g., que veut une femme dans sa vie, à différents moments de sa vie ? Comment peut-elle s'y prendre pour y parvenir ?), etc.

Staudinger *et al.* ont testé plusieurs groupes de participantes : des psychologues cliniciennes jeunes (environ 32 ans) ou âgées (environ 71 ans) et des femmes non psychologues (comme des comptables, des architectes, des journalistes). Les participantes étaient appariées sur leur niveau d'intelligence cristallisée, sur leur niveau de formation initiale et sur leur niveau socio-économique.

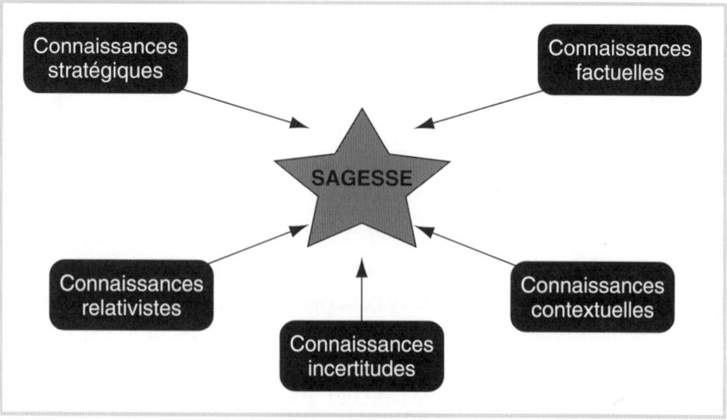

Figure 25

Composants du système expert à la base de la sagesse selon Baltes et ses collaborateurs.

Tableau 2

Exemple de problèmes de passage de sa vie en revue mis au point et testés par Staudinger et al. (1993).

Version Jeune

Martha, une jeune femme, a décidé de fonder une famille plutôt que d'avoir une carrière. Elle est mariée et a des enfants. Un jour, Martha rencontre l'une de ses amies qu'elle n'avait pas vue depuis longtemps. Cette amie a décidé d'avoir une carrière plutôt qu'une famille. Elle est juste sur le point de commencer une brillante carrière.

Version Âgée

Martha, une dame âgée, avait décidé de fonder une famille plutôt que d'avoir une carrière. Ses enfants ont déjà quitté la maison depuis plusieurs années. Un jour, Martha rencontre une amie qu'elle n'avait pas vue depuis longtemps. Cette amie avait décidé d'avoir une carrière plutôt qu'une famille. Elle était à la retraite depuis plusieurs années.

Questions

Cette rencontre a provoqué une réflexion chez Martha sur sa vie.

1. A quoi pourrait ressembler le passage en revue de sa vie ?
2. De quels aspects de sa vie pourrait-elle se souvenir ?
3. Comment pourrait-elle expliquer sa vie ?
4. Comment rétrospectivement pourrait-elle évaluer sa vie ?

Les résultats obtenus par Staudinger *et al.* sont clairs et montrent que

- Les participantes âgées obtenaient de meilleures réponses (définies par la méthode des juges, c'est-à-dire évaluées par une série de participants indépendants) que les jeunes lorsque le problème concernait une femme âgée, tandis que les deux groupes d'âge obtenaient des réponses comparables lorsque le problème concernait une femme jeune.
- Lorsqu'ils ont examiné les 25 % meilleures réponses au problème du passage de sa vie en revue, Staudinger *et al.* ont observé que ces réponses étaient les plus fréquemment fournies par des psychologues cliniciennes âgées (voir Figure 26).

Ces résultats sont intéressants car ils montrent que, contrairement à l'intelligence fluide, la sagesse ne se détériore pas avec l'âge. Elle s'apparente plus à l'intelligence cristallisée fortement influencée par les expériences personnelles et les connaissances accumulées au cours de la vie. Par ailleurs, comme le montre le fait que les meilleures performances étaient obtenues par les participantes âgées sur le problème concernant une femme âgée, l'âge interagit avec les expériences de vie, au-delà du simple fait qu'avec l'âge, l'expérience personnelle est plus grande. Cette interaction devra être étudiée de manière plus approfondie dans des recherches ultérieures pour savoir si ces résultats ne sont pas biaisés par le matériel (contenu psychologique) et la population (psychologues/non-psychologues) étudiés par Baltes et ses collaborateurs.

En conclusion, les recherches sur la sagesse suggèrent qu'il s'agit là d'un domaine intéressant pour étudier le vieillissement cognitif. Conçu comme un système caractérisé par plusieurs bases de connaissances, la sagesse peut être étudiée scientifiquement en sciences cognitives. Les études à conduire permettront de (a) mieux caractériser les connaissances impliquées, (b) préciser les phénomènes empiriques (notamment le rôle de l'âge) et (c) construire un système expert artificiel (i.e., simulation informatique) permettant de proposer une théorie de la sagesse.

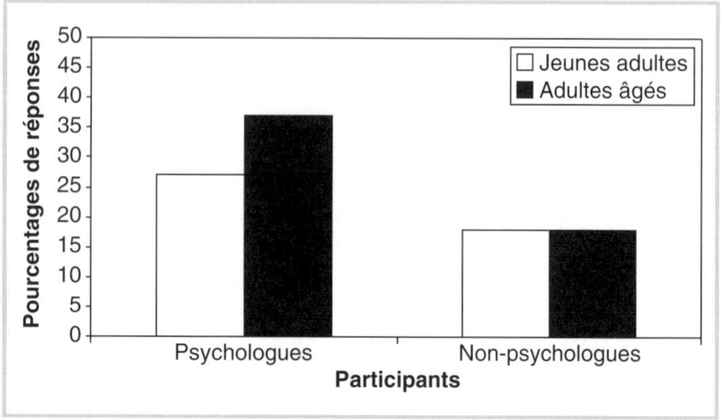

Figure 26

Distribution des 25 % meilleures réponses au problème du passage de sa vie en revue (d'après Baltes & Staudinger, 1993).

Ces données montrent que les meilleures réponses au problème du passage de sa vie en revue étaient plus fréquentes dans le groupe des psychologues cliniciennes âgées, comme si l'âge n'entraînait pas de déclin de la sagesse, mais plutôt une augmentation.

4 Vieillissement et résolution de problèmes : conclusions

Pour comprendre l'évolution avec l'âge des performances cognitives en résolution de problèmes, les psychologues du vieillissement endossent la distinction proposée par la psychologie cognitive entre problèmes bien et mal définis. Qu'il s'agisse du raisonnement et de la résolution de problèmes (pour les situations problèmes bien définies) ou de la créativité (pour l'une des situations problèmes mal définies), les performances cognitives diminuent avec l'âge d'autant plus que le problème est difficile.

Les recherches empiriques en résolution de problèmes bien définis ont permis de découvrir que plus le problème est complexe, plus les effets négatifs du vieillissement sont importants. Ceci signifie que le type de problèmes est un modulateur du vieillissement, dans la mesure où le vieillissement n'affecte pas ou très peu les performances des participants dans les situations où les problèmes à résoudre sont relativement peu complexes. L'autre modulateur du vieillissement mis à jour par les psychologues concerne les stratégies utilisées par les participants. Lorsque ces stratégies sont cognitivement coûteuses (i.e., qu'elles impliquent plus d'opérations mentales et requièrent davantage de ressources cognitives pour être sélectionnées et exécutées), les effets du vieillissement sont plus importants. En conclusion, dans les situations caractérisées par un but clair et des opérateurs disponibles chez les jeunes comme chez les âgés, les performances cognitives sont épargnées par l'âge sur les problèmes simples et les différences jeunes-âgés augmentent avec la complexité du problème et des stratégies.

Les données empiriques recueillies dans les situations problèmes mal définies (comme la créativité) révèlent également une diminution des performances avec l'âge. Toutefois, les données suggèrent que, dans certaines situations problèmes dites mal définies comme la sagesse, le vieillissement s'accompagne d'une amélioration des performances. Ces conclusions contradictoires dans ces deux types de situations (créativité et sagesse) proviennent vraisemblablement des faits suivants : (a) la sagesse n'est pas vraiment une situation problème mal définie, tandis que la créativité l'est, (b) la sagesse a été évaluée dans un domaine (psychologie) et les données ne révèlent rien d'autre que des compétences acquises avec l'âge dans ce domaine, (c) dans les deux domaines, les processus cognitifs spécifiques sont encore à découvrir.

Résumé

1 Deux distinctions importantes ont structuré les recherches sur la psychologie de la résolution de problèmes. La première concerne le type de situations problèmes étudiées et la seconde le type de tâches utilisées. Dans une situation problème bien définie, le but à atteindre est clair et peut être évalué à l'aide de critères objectifs et précis, tandis qu'il est plus difficile à évaluer dans une situation problème mal définie. Dans une tâche de production, les participants doivent trouver eux-mêmes la solution, alors qu'ils doivent dire si une solution proposée est vraie ou fausse dans une tâche de vérification.

2 Les deux effets expérimentaux importants en raisonnement et résolution de problèmes qui ont influencé les recherches sur le vieillissement caractérisent les problèmes et les stratégies utilisées par les participants. Les performances des participants sont meilleures sur certains problèmes (i.e., les plus faciles à résoudre car soit requérant peu de ressources cognitives soit ayant fait l'objet d'apprentissages préalables). De plus, les performances sont meilleures lorsque certaines stratégies sont utilisées, en particulier sur certains problèmes.

3 Dans des situations problèmes bien définies, la différence jeunes-âgés augmente avec la difficulté des problèmes. Cette interaction Âge × Complexité montre que l'effet du vieillissement est plus important sur les problèmes les plus difficiles. Sur les problèmes les plus faciles, les différences jeunes-âgés sont soit faibles soit inexistantes.

4 La différence jeunes-âgés augmente avec la difficulté de la stratégie. Cette interaction Âge x Stratégie montre que les performances des participants âgés sont nettement moins bonnes que celles des jeunes lorsque la stratégie utilisée est difficile à exécuter (car elle sollicite beaucoup de ressources cognitives ou elle a été peu utilisée dans le passé et n'a donc pas été automatisée). La différence jeunes-âgés est soit absente soit faible pour les stratégies faciles à mettre en œuvre.

5 Les variations stratégiques comprennent le répertoire (ou quelles stratégies sont utilisées), la distribution (ou dans quelles proportions les stratégies sont utilisées), l'exécution (ou avec quelle- vitesse et quels niveaux de précision les stratégies sont mises en œuvre) et la sélection stratégiques (ou comment sont choisies les stratégies sur chaque problème). Dans différents domaines de la cognition, les données ont montré que le vieillissement peut affecter une, plusieurs ou toutes les variations stratégiques.

6 Les effets délétères du vieillissement sur la résolution de problèmes mal définis ont été observés dans certaines situations (e.g., créativité), mais pas dans d'autres (e.g., sagesse). Qu'il s'agisse de créativité exceptionnelle ou ordinaire, l'âge s'accompagne d'une diminution régulière des productions. En revanche, la sagesse semble augmenter avec l'âge. Toutefois, la sagesse, telle qu'elle a été évaluée pour le moment, se caractérise moins comme une situation problème mal définie que comme un système expert (résolvant des problèmes bien définis).

Des questions pour mieux retenir

1. Qu'appelle-t-on situations problèmes bien définies et situations problèmes mal définies ?
2. Quels sont les deux types de tâches utilisées dans l'étude de la cognition de haut niveau ?
3. A quoi correspond l'effet de structure des problèmes en raisonnement ?
4. A quoi correspond l'effet de structure des problèmes en résolution de problèmes ?
5. Rappelez une étude qui montre le rôle des stratégies utilisées par les participants sur leurs performances en résolution de problèmes.
6. Décrivez une recherche qui montre que, selon les stratégies utilisées, les participants obtiennent des performances différentes en raisonnement.
7. Les effets des stratégies et de la structure des problèmes s'additionnent-ils ou interagissent-ils ?
8. De manière générale, les performances en raisonnement et en résolution de problèmes diminuent-elles avec l'âge ?
9. Les effets du vieillissement sur les performances en résolution de problèmes sont-ils modulés par le type de problèmes résolus ? Si oui, comment cela a-t-il été montré ?
10. Les effets du vieillissement sur les performances en raisonnement inductif sont-ils les mêmes sur tous les problèmes de raisonnement ?
11. Le raisonnement inductif est-il plus affecté par le vieillissement que le raisonnement déductif ?
12. Décrivez une étude conduite en raisonnement déductif et montrant une interaction Âge x Type de problème.
13. En quoi l'exécution stratégique dans les études de Reichle *et al.* (2000) et de Lemaire et Lecacheur (2001) n'est pas confondue avec les choix stratégiques ou les caractéristiques des participants ?
14. Quels sont les 4 types de variations stratégiques postulés par Lemaire et Siegler (1995) pour étudier le développement cognitif ?
15. Est-il possible de conclure, avec les données aujourd'hui disponibles, que le répertoire stratégique est affecté par le vieillissement ?
16. Comment évolue la distribution stratégique au cours de la vie adulte ? Citez une ou deux études illustrant cette conclusion. Même question pour l'exécution stratégique.
17. Savons-nous aujourd'hui si la capacité à sélectionner la meilleure stratégie sur un problème est affectée par l'âge au cours de la vie adulte ? Si oui, qu'est-ce qui nous permet de le savoir ?

Des questions pour mieux retenir (suite)

18. En quoi les études sur la créativité nous renseignent-elles sur les processus cognitifs impliqués dans des situations problèmes mal définies (et leur évolution avec l'âge) ?
19. Existe-t-il un effet du vieillissement différent en créativité exceptionnelle et en créativité ordinaire ?
20. Les études sur la créativité exceptionnelle montrent-elles toutes un effet délétère de l'âge sur la créativité ?
21. Par quels types d'épreuves les effets de l'âge sur la créativité ont-ils été évalués ?
22. Pourquoi n'est-il pas possible de dire que les recherches ont déjà permis d'isoler les types de processus affectés versus épargnés par l'âge en créativité ?
23. Qu'ont démontré les recherches empiriques relatives aux effets du vieillissement sur la sagesse ? Comment s'y sont-elles prises ?
24. Décrivez la conception de la sagesse selon Baltes et ses collaborateurs ?

Des questions pour mieux refléchir

1. En quoi la distinction entre les différentes activités cognitives de haut niveau pourrait-elle apparaître comme artificielle ?
2. Quelles preuves empiriques seraient nécessaires pour valider la distinction entre ces différentes activités ?
3. Les recherches conduites dans les différentes activités cognitives de haut niveau ont-elles permis de déterminer si tous les processus sont affectés par le vieillissement ou si seulement certains se détériorent ? Comment pourrait-on déterminer si la détérioration d'une partie seulement des processus cognitifs est responsable de la détérioration des performances avec l'âge dans des tâches cognitives de haut niveau ?
4. Supposons que, en tant que psychologues, vous désiriez déterminer si, en plus des facteurs relatifs à la structure des problèmes et aux stratégies utilisées par les participants, les caractéristiques de personnalité modulent les effets du vieillissement dans la résolution de problèmes de raisonnement (ou de problèmes numériques). Quelle(s) recherche(s) conduiriez-vous ?
5. Qu'est-ce qui manque à l'heure actuelle dans les recherches sur la sagesse pour pouvoir dire que c'est une question de recherche déjà réglée ?

Des lectures pour aller plus loin

Craik, F., & Salthouse, T. (2000). The handbook of Aging and Cognition. Mahwah, New Jersey : Lawrence Erlbaum Associates, Publishers.

George, C. (1997). Polymorphisme du raisonnement humain. Paris : Presses Universitaires de France.

Lemaire, P. (1999). *Le vieillissement cognitif.* Paris : Presses Universitaires de France (coll. QSJ).

Richard, J.F. (1995). *Les activités mentales : Comprendre, raisonner, trouver des solutions.* Paris : Armand Colin.

Robertson, S.I. (2001). *Problem Solving.* Hove : Psychology Press.

Simonton, D.K. (1997). Creative productivity : A predictive and explanatory model of career trajectories and landmarks. *Psychological Review, 104*, 66-89.

Van der Linden, M., & Hupet, M. (1994). *Le vieillissement cognitif.* Paris : Presses Universitaires de France.

Mots clés

- Affirmation de la conséquente
- Déni de l'antécédente
- Distribution stratégique
- Effet de la structure des problèmes
- Exécution stratégique
- Modus Ponens
- Modus Tollens
- Prémisse
- Problème
- Problème bien défini
- Problème mal défini
- Raisonnement déductif
- Raisonnement inductif
- Répertoire stratégique
- Stratégie
- Sélection stratégique
- Tâche de production
- Tâche de raisonnement verbal
- Tâche du repas empoisonné
- Tâche de vérification
- Variations stratégiques

CHAPITRE 7
Théories du vieillissement cognitif

Sommaire

1. Contraintes empiriques à la théorisation 197
2. Une théorie non computationnelle : la théorie du ralentissement cognitif 199
3. Une théorie computationnelle symbolique : SPAN 205
4. Une théorie computationnelle non symbolique : la théorie de la neuromodulation de Li et collaborateurs 210
5. Conclusions générales 217

Dans ce chapitre, vous allez

1. Apprendre les différents types de théories proposées pour expliquer le vieillissement cognitif.
2. Étudier un exemple de théorie non computationnelle : la théorie du ralentissement cognitif proposée par Salthouse.
3. Étudier un exemple de théorie computationnelle symbolique : la théorie SPAN proposée par Byrne.
4. Étudier un exemple de théorie computationnelle sub-symbolique : la théorie de la neuromodulation proposée par Li et ses collaborateurs.
5. Voir les développements attendus dans les prochaines années sur le vieillissement cognitif.

*En vieillissement cognitif, comme dans n'importe quel autre domaine scientifique, l'objectif est non seulement de décrire aussi précisément et avec autant de détails que possible ce qui se passe, mais aussi d'expliquer comment ces phénomènes surviennent. En d'autres termes, il faut bien décrire les phénomènes du vieillissement pour en comprendre les causes, c'est-à-dire les mécanismes qui en sont responsables. Lorsque les phénomènes sont bien connus et les mécanismes responsables de ces phénomènes suffisamment bien compris, il est possible de les articuler en une théorie. Construire une théorie**, c'est donc construire une représentation des phénomènes observés et des mécanismes envisagés pour expliquer ces phénomènes. En vieillissement, il existe plusieurs familles de théories. Pour simplifier, ces théories peuvent être divisées en deux grandes catégories : les théories computationnelles et les théories non computationnelles. Une théorie est dite computationnelle** si elle a été implémentée ou simulée sur ordinateur. C'est-à-dire que le théoricien a construit une représentation des phénomènes et des mécanismes et écrit un programme informatique qui, une fois exécuté, reproduit ces phénomènes. Une théorie non computationnelle** est aussi une représentation des phénomènes à expliquer et des mécanismes responsables de ces phénomènes qui n'a pas été implémentée sur ordinateur. Pour illustrer ces deux types de théories, nous présentons une théorie non computationnelle (i.e., la théorie du ralentissement cognitif) et deux théories computationnelles (i.e., SPAN et la théorie de la neuromodulation). Pour chacune de ces théories, nous présentons les principaux postulats et quelques résultats illustratifs. Avant de présenter ces théories, nous rappelons les contraintes empiriques que toute théorie du vieillissement cognitif doit intégrer.*

1 Contraintes empiriques à la théorisation

Toute théorie se doit de décrire et d'expliquer les phénomènes établis. Une théorie a par ailleurs une valeur importante lorsqu'elle est capable de diriger l'attention des chercheurs vers des phénomènes ou effets expérimentaux non encore mis en évidence ; elle permet de formuler de nouvelles prédictions. En vieillissement, nous avons vu deux choses : (a) certains aspects de la cognition sont affectés par l'âge, tandis que d'autres sont épargnés, et (b) certains effets sont massifs, robustes et globaux (ils concernent plus d'une fonction cognitive), tandis que d'autres sont moins importants, plus aléatoires et spécifiques à certains domaines cognitifs.

Dans toutes les fonctions cognitives étudiées dans ce manuel, les chercheurs ont observé certains aspects épargnés et d'autres affectés au cours du vieillissement. Par exemple, lorsqu'ils ont testé des participants adultes avec des tests d'intelligence multifactoriels, les chercheurs ont observé que l'intelligence fluide diminue avec l'âge, tandis que l'intelligence cristallisée reste stable. En attention, nos capacités à traiter une source d'information en ne prêtant pas attention à certains aspects non pertinents de la tâche, à répartir nos ressources attentionnelles entre plusieurs sources d'information, à traiter en alternance diverses informations ou à effectuer des tâches différentes, à rester concentré pendant un certain temps sur une tâche ou à nous préparer à traiter des stimulus, déclinent avec l'âge. Certaines de ces capacités (e.g., attention partagée) peuvent rester stables dès lors que les demandes en ressources cognitives n'excèdent pas la quantité disponible. Dans le domaine de la mémoire, nous avons vu que la mémorisation et le rappel d'informations verbales ou non verbales, isolées ou en contexte, déclaratives ou procédurales, la capacité à déployer des stratégies de traitement profond mais aussi superficiel, l'apprentissage implicite ou explicite, la mémoire rétrospective ou prospective sont affectés par le vieillissement. Nous avons également observé que certains aspects de la mémoire se détériorent moins que d'autres : la mémoire implicite, par exemple, est moins touchée que la mémoire explicite. Enfin, dans les domaines du raisonnement et de la résolution de problèmes, l'âge entraîne des effets délétères sur nos capacités à faire des inférences inductives et déductives, sur nos capacités à déployer ou exécuter les meilleures stratégies de résolution et sur notre créativité. Toutefois, l'âge n'a pas d'effets négatifs (voire a des effets positifs) sur la sagesse ou même sur la capacité à réaliser des inférences ou à chercher la solution à un problème bien défini si la charge en MDT imposée par ces activités n'est pas trop importante.

Il est possible de dire globalement que le vieillissement cognitif se caractérise par une diminution avec l'âge de nos capacités à :

- Activer, représenter et maintenir activées en MDT des informations importantes pour la réussite d'une tâche,
- Focaliser notre attention et nous concentrer sur des informations cruciales tout en ignorant des informations non pertinentes,
- Déclencher et exécuter rapidement divers mécanismes de traitement de l'information,
- Déployer des stratégies de traitement coûteuses en ressources mentales.

Ces capacités concernent toutes les fonctions cognitives. C'est pourquoi le vieillissement s'accompagne d'un déclin des performances dans la plupart des domaines de la cognition. Certaines autres capacités mentales ou certains mécanismes sont plus spécifiques à certaines activités cognitives. Par exemple, l'inférence inductive est spécifique au raisonnement et le comptage est spécifique au calcul mental. La plupart des activités cognitives sollicitent des mécanismes généraux et spécifiques. Cela ne signifie pas que les mécanismes généraux sont affectés par le vieillissement et les mécanismes spécifiques épargnés. Il est possible d'avoir des mécanismes généraux épargnés ou moins affectés par le vieillissement (comme l'activation automatique des informations en MLT) et des mécanismes spécifiques affectés (comme l'inférence déductive en raisonnement spatial).

L'ensemble de ces caractéristiques ou de ces contraintes va avoir un impact important pour le théoricien qui veut construire un modèle ou une théorie du vieillissement. Le premier élément à considérer concerne le niveau de généralité de la théorie. En effet, en vieillissement, comme dans n'importe quel domaine, le caractère général d'une théorie est un critère d'évaluation de cette théorie. Une théorie est d'autant plus générale qu'elle explique un nombre important de phénomènes. Une théorie spécifique explique moins de phénomènes qu'une théorie générale. Lorsqu'il s'agit de porter un jugement sur deux théories en compétition, le scientifique préférera toujours la théorie la plus générale, toutes choses égales par ailleurs. Il se réfère pour cela au *principe de puissance explicative*** selon lequel une théorie est d'autant plus importante ou puissante qu'elle explique un nombre plus élevé de phénomènes. Bien évidemment donc, chaque fois qu'un chercheur met au point une théorie, il vise à la construire de sorte à expliquer le plus de phénomènes possibles au sein d'un même domaine cognitif, voire dans plusieurs domaines.

Le deuxième critère de jugement utilisé pour apprécier une théorie concerne le nombre de mécanismes postulés. Entre deux théories expliquant tout autant les phénomènes, l'une postulant deux mécanismes, l'autre postulant trois mécanismes, le chercheur préférera celle avançant deux mécanismes. Le chercheur se réfère au *principe d'économie explicative*** ou principe de parcimonie, selon lequel une théorie est préférable à une autre théorie lorsqu'elle comporte moins de postulats ou de mécanismes.

Dans les théories proposées en vieillissement cognitif, comme dans n'importe quel autre domaine, ces critères sont très importants. Quel que soit le type de théorie (computationnelle ou non computationnelle), le chercheur retiendra toujours la théorie la plus puissante et la plus économique. Le plus délicat est que, souvent, ces deux critères ne vont pas dans le même sens (une théorie peut augmenter en puissance tout en perdant en économie). Il s'agit donc de trouver un bon équilibre entre les deux critères. Personne ne perd de vue que la puissance et l'économie explicatives d'une théorie peuvent évoluer au fur et à mesure des différentes versions d'une même théorie. Par ailleurs, dans son jugement entre des théories rivales, le chercheur garde toujours à l'esprit que l'objectif principal est de rendre compte des observations, c'est-à-dire de ce qui se détériore (ou non) avec l'âge.

2 Une théorie non computationnelle : la théorie du ralentissement cognitif

2.1 *Postulats de la théorie du ralentissement cognitif*

La théorie du ralentissement cognitif est partie de l'observation d'une diminution de la vitesse de traitement de l'information avec l'âge et du fait que cette diminution médiatise le déclin des performances dans de nombreux domaines de la cognition. Observer que la diminution de la vitesse de traitement de l'information médiatise le vieillissement cognitif est intéressant, mais n'explique pas la diminution des performances avec l'âge ou par quels mécanismes le ralentissement exerce son influence déterminante. Il existe plusieurs théories du ralentissement cognitif (Birren, 1965, 1974 ; Cerella, 1985 ; 1990 ; Myerson, Hale, Wagstaff, Poon, & Smith, 1990). La plus élaborée, en termes de mécanismes, est celle proposée par Salthouse (1996). Cette théorie est schématisée à la Figure 1.

D'après la théorie du ralentissement cognitif proposée par Salthouse, la diminution de la vitesse de traitement entraîne un déclin cognitif par l'intermédiaire de deux mécanismes : le mécanisme du temps limité et le mécanisme de la simultanéité.

- *Mécanisme du temps limité***. Les opérations cognitives sont exécutées trop lentement pour être entièrement réalisées dans le temps imparti. Or, une activité cognitive met en œuvre une suite d'opérations cognitives. Comme les premières opérations cognitives sont exécutées trop lentement, il reste peu de temps pour l'exécution des dernières opérations. Dans ce contexte, ces dernières opérations sont réalisées moins précisément que si le temps imparti à ces opérations n'était pas limité. En d'autres termes, le temps utilisé pour mettre en œuvre les opérations cognitives les plus tardives est raccourci par le fait qu'une grande proportion du temps disponible est utilisé pour exécuter les opérations les plus précoces. Ceci a pour conséquence que toutes les opérations cognitives nécessaires à la réussite d'une activité ne peuvent être mises en œuvre ou exécutées correctement.

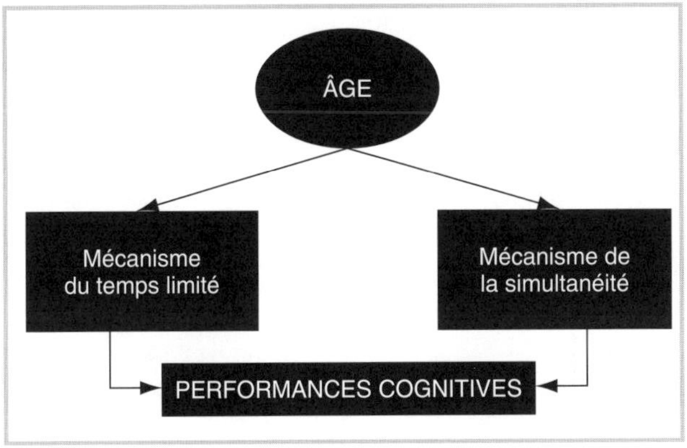

Figure 1

Représentation schématique de la théorie du ralentissement cognitif proposée par Salthouse (1996).

- *Mécanisme de la simultanéité***. Un traitement lent réduit la quantité d'informations simultanément ou ultérieurement disponibles pour des traitements plus profonds. En d'autres termes, l'information issue des premiers traitements est perdue au moment des traitements suivants. Ceci signifie que l'information devient de moins en moins disponible (en quantité et en qualité) avec le temps, ce qui complique encore les traitements ultérieurs. Les derniers processus ont non seulement moins de temps pour être exécutés correctement, mais opèrent sur une information de moins bonne qualité ou sur une information non disponible.

2.2 *Validations empiriques*

L'ensemble des données rapportées dans les chapitres précédents s'accorde avec la théorie du ralentissement cognitif. Cette théorie comporte également des prédictions spécifiques. Par exemple, le mécanisme du temps limité permet de prédire que moins les participants disposent de temps pour accomplir une tâche cognitive, plus la différence jeunes-âgés devrait être importante. Ce mécanisme prédit également que les participants jeunes devraient avoir besoin de moins de temps que les âgés pour obtenir une performance cognitive maximale. Cette prédiction est compatible avec les données rapportées par Kliegl, Mayr et Krampe (1994 ; voir aussi Kliegl, 1995 ; Mayr, Kliegl, & Krampe, 1996 ; Verhaeghen, 2000 ; Verhaeghen, Vandenbroucke, & Dierckx, 1998). Les auteurs ont soumis plusieurs tâches cognitives à des participants jeunes et âgés et ont testé plusieurs durées de présentation. Pour ne prendre qu'un exemple, les participants avaient une tâche de reconnaissance indicée. Ils devaient apprendre des paires d'items, présentées selon des durées variables. Ensuite, ils devaient reconnaître parmi deux items proposés celui qui se trouvait associé à un item cible pendant la phase d'apprentissage. Les données, illustrées à la Figure 2, montrent que :

- Les participants jeunes, comme les participants âgés, réussissaient d'autant mieux que la durée de présentation augmentait ;
- Les participants jeunes atteignaient leurs performances maximales bien avant les participants âgés et étaient moins affectés par la durée de présentation avant

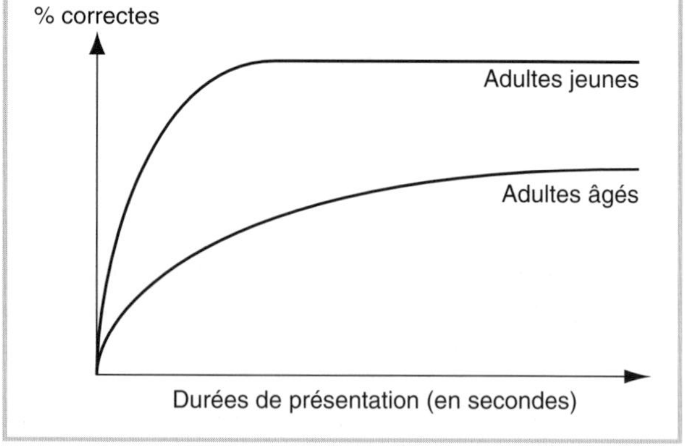

Figure 2

Pourcentages de réponses correctes en fonction du temps de présentation à l'encodage dans une tâche de mémoire (d'après Kliegl et al., 1993).

Ces données montrent que la durée de présentation est une contrainte plus importante chez les personnes âgées que chez les jeunes comme l'atteste le fait que la performance maximale est atteinte à des délais nettement plus courts chez les participants jeunes.

ce maximum. Ainsi, un délai de présentation entre 2 et 3 secondes était suffisant aux personnes jeunes pour obtenir 100 % de reconnaissances correctes. Pour atteindre ce taux de réussite, les personnes âgées avaient besoin d'un délai de 10 à 12 secondes.

En résumé, la théorie du ralentissement cognitif proposée par Salthouse présente l'intérêt d'expliquer un nombre important de données en vieillissement (voir néanmoins critiques de Fisk, Fisher, & Rogers, 1992, entre autres). Elle part du postulat selon lequel, avec l'âge, la vitesse avec laquelle nous exécutons les processus cognitifs diminue. Cette diminution est à l'origine du déclin des performances cognitives dans de nombreux domaines. L'impact du ralentissement sur la cognition en général intervient par deux mécanismes : le mécanisme du temps limité (selon lequel le temps consacré aux processus précoces est trop long et ne permet pas d'exécuter les processus plus tardifs dans des conditions de durée optimale) et le mécanisme de simultanéité (selon lequel l'information issue des processus précoces de traitement est de moindre qualité ou déjà oubliée lorsqu' interviennent les traitements les plus tardifs). Enfin, selon cette théorie, d'autres facteurs peuvent se trouver à la source du déclin des performances cognitives avec l'âge et certains processus spécifiques peuvent être affectés tandis que d'autres sont épargnés au cours du vieillissement. Notons que, d'après la théorie du ralentissement cognitif, la diminution de la vitesse de traitement n'aboutit pas à un déclin cognitif brutal ou total ou à la destruction complète d'un processus. En revanche, cette diminution entraîne une réduction diffuse et progressive de l'efficacité des processus cognitifs.

2.3 Ralentissement cognitif global ou spécifique

Les différentes versions de la théorie du ralentissement cognitif ont toutes pour point commun de conduire à se demander si le ralentissement touche tous les processus (ralentissement général) et/ou seulement certains processus (ralentissement spécifique). Pour le déterminer, il était important d'abord de quantifier le ralentissement général puis de voir si, à ce ralentissement général, s'ajoute un ralentissement spécifique à certains processus.

Pour évaluer l'importance du *ralentissement général*** (i.e., touchant tous les processus cognitifs mis en œuvre pour accomplir une tâche ou une série de tâches), il existe plusieurs méthodes. Une méthode très utilisée est la méthode dite des *graphes de Brinley*** (voir Perfect, 1994 ; Cerella, 1990). Sa mise en œuvre repose sur une démarche en trois temps :

- *Étape 1* : Construire un graphique dans lequel l'axe des abscisses est l'axe des performances des adultes jeunes et celui des ordonnées l'axe des performances des adultes âgés. Les performances des jeunes et des âgés ont été préalablement classées par ordre croissant (i.e., les individus les plus rapides sont classés en premiers, suivis des individus les moins rapides). Supposons, à titre d'illustration, que 4 participants jeunes ont eu les performances suivantes à une tâche cognitive. Le 1er participant a mis 800 ms, le 2e 1000 ms, le 3e 1200 ms et le 4e 1400 ms. Les 4 participants âgés ont eu les latences suivantes : 1200, 1500, 1810 et 2200 ms. La Figure 3a fait apparaître les performances des âgés en fonction de celles des jeunes. Le premier point correspond au participant jeune ayant mis 800 ms et au participant âgé ayant mis 1200 ms, le second point aux latences 1000 et 1500 ms, et ainsi de suite.

- *Étape 2* : Joindre les points par une droite, puis calculer l'équation de cette droite. Ceci revient à faire une régression prédisant les performances des âgés en fonction (à partir) de celles des jeunes. La Figure 3b fait apparaître cette droite de régression, la valeur des paramètres et le coefficient de détermination ou le R^2. Comme il est aisé de le voir sur cette figure, les performances des âgés peuvent être prédites avec une très grande précision ($R^2 = .99$) à partir de celles des jeunes grâce à l'équation TR âgés = 1.53 (TR jeunes).
- *Étape 3* : Interpréter la valeur du coefficient de la droite de régression en termes de ralentissement général lié au vieillissement. Dans cet exemple, 1.53 signifie que les âgés ont en moyenne un temps de latence de 53 % supérieur à celui des jeunes. En d'autres termes, les jeunes vont 1.53 fois plus vite que les âgés. (Si le coefficient avait été égal à 1.89, ceci aurait signifié que les jeunes vont 1.89 fois plus vite que les âgés ; un coefficient de 2.0 aurait signifié que les âgés sont deux fois moins rapides que les jeunes ou 100 % plus lents.) Ceci se comprend aisément lorsqu'on revient aux données montrant que, par exemple, le plus rapide des participants âgés obtenait une latence moyenne de 1200 ms et le plus rapide des jeunes obtenait 800 ms (1200 est pratiquement égal à 1.53 × 800). Il est nor-

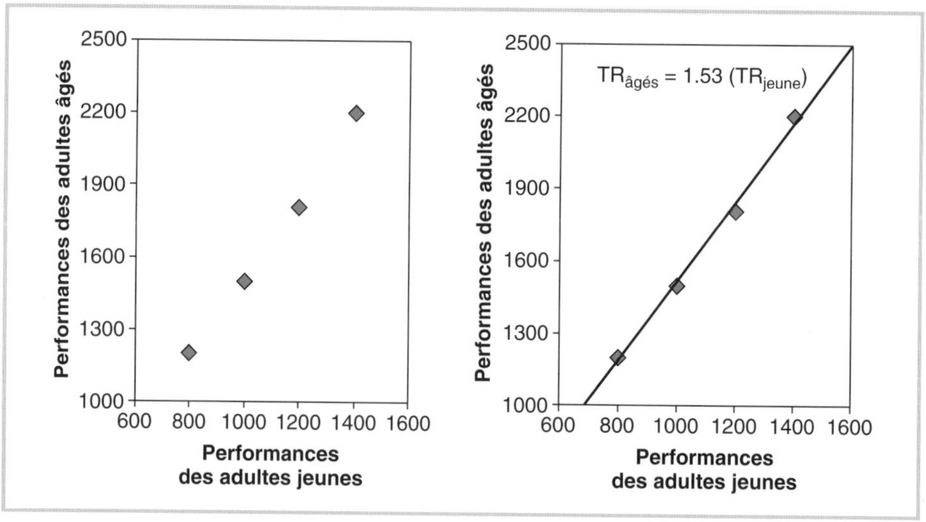

Figure 3

Graphes de Brinley permettant d'évaluer l'importance du ralentissement cognitif avec l'âge : (a) chaque point correspond à une paire d'individus jeune et âgé, des plus rapides aux plus lents, (b) droite de régression prédisant les performance des âgés à partir de celles des jeunes et indiquant le coefficient de ralentissement cognitif (1.53) ainsi que la qualité de l'ajustement (.99).

Ces données montrent que les âgés sont 1.53 fois plus lents que les jeunes et que ce ralentissement général concerne tous les individus.

mal que, pour les temps les plus rapides, le temps des âgés soit légèrement inférieur à 1.53 fois le temps des jeunes (e.g., 1200 < 1.53 × 800) et que, pour les temps, les plus longs, le temps des âgés soit légèrement supérieur à 1.53 fois le temps des jeunes (e.g., 2200 > 1.53 × 1400). Ceci signifie que, même si, en moyenne, le temps des âgés est 1.53 fois supérieur à celui des jeunes, ce ralentissement pénalise d'autant plus les participants qu'ils sont lents. En conclusion, le ralentissement général lié au vieillissement, dans cet exemple, est de 1.53 (ou de 53 %).

Au-delà de cet exemple illustratif, un ralentissement général a été maintes fois retrouvé par les chercheurs qui ont rapporté des coefficients de ralentissement allant de 1.5 à 2 (ou plus), avec un ralentissement plus important pour les activités non verbales que pour les activités verbales (e.g., Cerella, 1990 ; Myerson *et al.*, 1990). Notons que les graphes de Brinley permettent de représenter des données inter-sujets (chaque donnée provient d'un participant différent : un jeune et un âgé). Il est aussi tout à fait possible de représenter des données intra-sujets en représentant les performances d'un même participant testé dans deux conditions différentes. Dans ce cas, le graphe s'appelle un *graphe des traces*** (voir Mayr, Kliegl, & Krampe, 1996 ; Verhaeghen, Steitz, Sliwinski, & Cerella, 2004). Dans un graphe des traces, les performances obtenues dans une condition apparaissent en fonction des performances obtenues dans une autre condition. Il est alors possible de faire un graphe des traces chez les jeunes et un chez les âgés.

La méthode des graphes de Brinley permet également de savoir si, au-delà d'un ralentissement général, il existe un *ralentissement spécifique*** à un ou plusieurs processus. Pour cela, il est nécessaire d'inclure dans l'étude une manipulation expérimentale permettant de tester un processus particulier. Cette manipulation devrait permettre de comparer deux conditions, l'une où le processus n'est pas mis en œuvre (ou mis en œuvre dans une moindre mesure) et l'autre où il l'est.

Prenons un exemple. Supposons que nous comparions des adultes jeunes et âgés en train de résoudre des problèmes arithmétiques. Les performances des jeunes et des âgés à deux types de problèmes peuvent être comparées. Problème 1 : 5 + 4 + 2 – 3 – 2 + 9 ; Problème 2 : [(5 + 4) + (2 – 3 – 2) + 9]. Les deux types de problèmes comprennent les mêmes opérandes et le même résultat. Seul change l'ordre des opérations. Dans le deuxième type de problème, il est important de respecter l'ordre des opérations, tel qu'indiqué par les parenthèse et les crochets, tandis que les nombres peuvent être ajoutés et retranchés successivement dans le premier type de problèmes. En d'autres termes, pour résoudre correctement le deuxième type de problèmes, les participants doivent mettre en œuvre des processus contrôlant l'ordre des opérations, processus non nécessaires dans le premier type de problèmes. Ces processus gérant l'ordre des opérations sont appelés, dans la littérature, des processus de séquençage car ils permettent de gérer la séquence des opérations.

Construire un graphe de Brinley différent pour chaque type de problèmes permet d'évaluer si les processus de séquençage mis en œuvre dans les problèmes avec parenthèses et crochets subissent spécifiquement des effets délétères de l'âge (voir Figure 4). Supposons que les données utilisées à la Figure 3 correspondent aux latences obtenues par les participants pour résoudre des problèmes dits simples (i.e., problèmes sans parenthèse ni crochet). Supposons qu'aux problèmes complexes (i.e., problèmes avec parenthèses et crochets), les mêmes quatre participants jeunes obtiennent les performances suivantes : 900, 1100, 1300 et 1500 ms. Les mêmes participants âgés mettent 1550, 1890, 2230 et 2590 ms.

Si nous faisons le graphe de Brinley pour les problèmes complexes, nous observons que le coefficient de ralentissement lié à l'âge est de 1.72. Comme le montre la Figure 4, le coefficient de ralentissement est plus élevé pour les problèmes complexes que pour les problèmes simples (1.72 vs. 1.53). Graphiquement, il est aisé de voir que, plus les latences sont élevées, plus les courbes s'éloignent l'une de l'autre. Normalement, si les problèmes complexes subissaient l'effet du ralentissement général, et aucun autre effet de ralentissement spécifique, on devrait avoir le même coefficient pour les deux types de problèmes, même si globalement tous les participants sont plus lents aux problèmes complexes. La différence dans les coefficients de ralentissement indique que le ralentissement lié à l'âge est plus important sur les problèmes complexes que celui attendu compte tenu du ralentissement général. Ce ralentissement plus important résulte vraisemblablement du ralentissement spécifique aux mécanismes de séquençage mis en œuvre pour gérer l'ordre des calculs tel qu'indiqué par les parenthèses et les crochets. Notons que ce ralentissement spécifique des mécanismes de séquençage des calculs a effectivement été observé dans la littérature (voir Mayr & Kliegl, 1993 ; Mayr, Kliegl & Krampe, 1996 ; Verhaeghen *et al.*, 1997 ; 2002). Les auteurs n'ont observé, en fait, aucun ralentissement lié à l'âge sur les problèmes simples (i.e., les âgés étaient aussi rapides que les jeunes pour résoudre les problèmes simples). Le ralentissement lié à l'âge ne concernait que les problèmes complexes, ce qui a permis aux auteurs de conclure que les mécanismes de séquençage étaient spécifiquement affectés par le vieillissement.

D'une manière générale, il est possible de conclure au ralentissement d'un processus spécifique qui ne soit pas dû à un ralentissement général si la différence entre deux conditions (l'une avec l'autre sans le processus en question) est plus importante chez les âgés que ce à quoi on peut s'attendre compte tenu du ralentissement général. C'est-à-dire que la différence liée à l'âge entre une condition de base (sans le processus en question) et une condition complexe (avec le processus en question) devrait être significati-

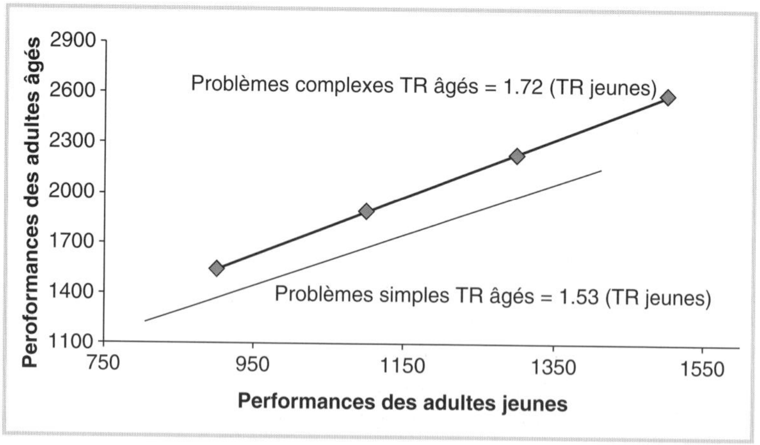

Figure 4

Graphe de Brinley représentant les performances des adultes âgés en fonction de celles des jeunes pour les problèmes simples et complexes.

Comme le montre la différence de la pente (1.72 vs. 1.53), les processus de contrôle permettant de gérer l'ordre des calculs est spécifiquement affecté par le vieillissement (i.e., il est davantage ralenti que ne le laisserait prédire le ralentissement général associé au vieillissement).

vement plus grande que la différence attendue compte tenu du ralentissement général lié à l'âge. En d'autres termes, l'effet de l'âge sur la différencc entre une condition de base et une condition complexe devrait être plus important que l'effet lié à l'âge résultant du seul effet de ralentissement général. Grâce à ce type d'analyse et de raisonnement, il est possible de comprendre les effets globaux (i.e., qui touchent tous les processus cognitifs) et les effets spécifiques du vieillissement (i.e., qui ne touchent que certains processus ou qui touchent certains processus plus que d'autres).

3 Une théorie computationnelle symbolique : SPAN

3.1 *Postulats de la théorie SPAN*

SPAN (Speed, Parallelism, Activation, Noise ; ou Vitesse, Parallélisme, Activation, Bruit) est une théorie computationnelle dont l'objectif est d'expliquer comment la réduction de la vitesse de traitement de l'information avec l'âge entraîne le déclin des capacités de la MDT. Cette théorie, mise au point et implémentée par Byrne (1998), comporte plusieurs caractéristiques et plusieurs postulats. Les trois postulats principaux sont les suivantes :

- *Postulat 1 : SPAN est une théorie mécanique.* Elle décrit la réalisation d'une tâche cognitive par une série d'étapes (ou de mécanismes) de traitement de l'information. Par exemple, Byrne (1998) a voulu simuler une version informatisée de l'épreuve des codes. Rappelons que, dans cette épreuve, les participants voient des correspondances entre des symboles et des chiffres. Dans la version informatisée, la table des correspondances reste affichée sur l'écran de l'ordinateur tout au long de l'épreuve. Les participants voient un nombre et un symbole. Ils doivent indiquer si la paire présentée correspond à une paire de nombre et symbole de la table. Certaines paires sont dans la table, d'autres n'y sont pas. Selon SPAN, pour accomplir l'épreuve informatisée des codes, le système met en œuvre les étapes suivantes (illustrées à la Figure 5) : (a) encodage de la cible ; (b) déplacement du regard sur la table des correspondances ; (c) encodage de la table des correspondances ; (d) test 1 : la cible est-elle présente dans la table ? (e) Si la cible est présente dans la table, alors comparer la cible et la table ; (f) Si la cible est absente, commencer à apprendre la table par cœur, puis déplacer son regard pour encoder la cible à nouveau et re-comparer la cible et la table ; (g) donner sa réponse OUI ou NON. L'autre exemple de tâche modélisée est la tâche d'empan calculatoire, très utilisée pour évaluer les capacités de la MDT (voir Chapitre 2). Dans l'une des versions de cette tâche, les participants voient des problèmes arithmétiques simples (comme $4 + 5 = ?$) et doivent choisir, parmi trois réponses proposées, la réponse correcte. Après une série de problèmes, ils doivent rappeler le 2e opérande de chaque opération résolue. Par exemple, s'ils ont résolu $4 + 5$, $6 + 3$ et $9 + 8$, ils doivent ensuite rappeler 5, 3 et 8. Dans la théorie SPAN, la partie résolution de problèmes de cette tâche met en œuvre les étapes suivan-

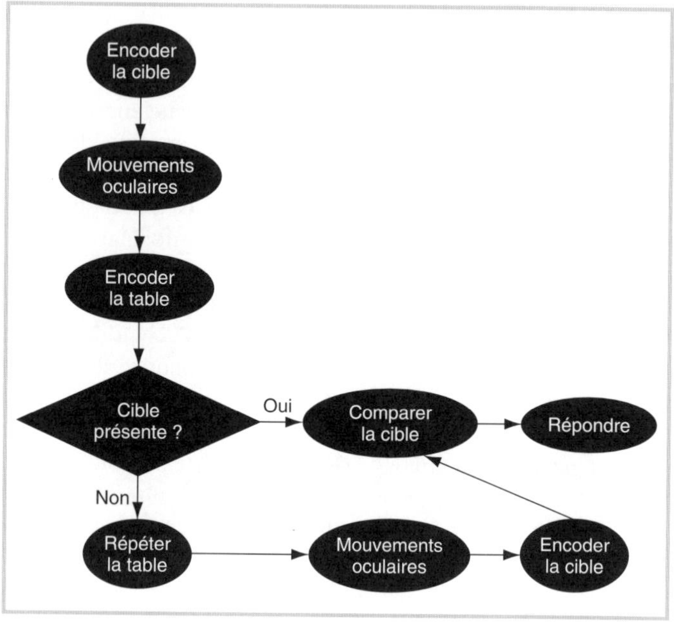

Figure 5

Mécanismes mis en œuvre pour accomplir l'épreuve des codes selon la théorie SPAN (Byrne,1998).

Le modèle postule l'existence d'une suite d'étapes de traitement qui vont de l'encodage à la réponse du participant.

tes (voir Figure 6) : (a) encoder le problème, (b) répéter l'opérande à retenir, (c) récupérer la réponse correcte, (d) choisir la réponse correcte parmi celles proposées et (e) appuyer sur « entrée ».

- *Postulat 2 : SPAN est une théorie symbolique.* C'est un système de production du même type que celui proposé par Anderson et ses collaborateurs (cf. Chapitre 5 sur la mémoire). Dans ce système, les unités élémentaires d'information peuvent être déclaratives ou procédurales. Les connaissances déclaratives sont des faits simples (comme « *Le symbole 3 signifie 3* » ou « *La somme de 3 et 4 est 7* »). Les règles de production caractérisent les connaissances procédurales. Ces règles sont de type « SI-ALORS ». Par exemple, si dans la table des correspondances de l'épreuve des codes, le nombre 3 et une figure représentant un triangle sont associés, la règle de production sera « *Si 3, alors triangle* ». Selon la théorie SPAN, plusieurs règles de production peuvent s'activer en parallèle (d'où le P pour « parallélisme » dans l'acronyme SPAN). Les règles ont des seuils d'activation différents. Une règle dont le seuil d'activation est bas s'activera plus facile-

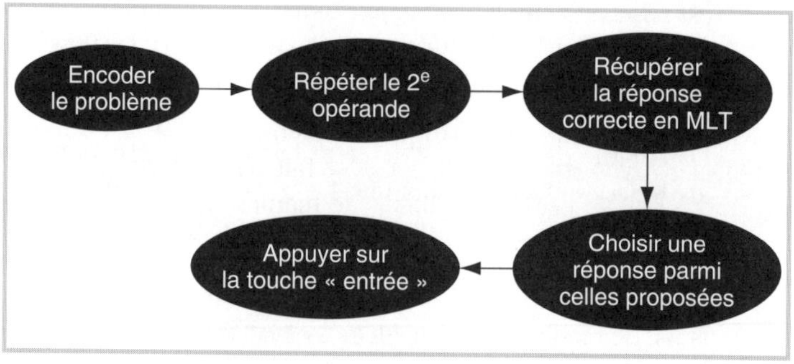

Figure 6

Mécanismes mis en œuvre pour accomplir l'épreuve d'empan calculatoire selon la théorie SPAN (d'après Byrne, 1998).

Comme pour l'épreuve des codes, le modèle postule une suite d'étapes de traitements qui vont de l'encodage à la réponse du participant.

ment qu'une règle alternative dont le seuil est plus élevé. La règle qui est la plus activée est celle qui sera la plus profondément traitée en MDT.

- *Postulat 3 : Le mécanisme clé de traitement de l'information dans SPAN est l'activation des informations.* Quand le système encode le stimulus (e.g., les symboles de la table des correspondances dans l'épreuve des codes ou les opérandes dans l'épreuve d'empan calculatoire), cet encodage entraîne l'activation d'informations déclaratives et procédurales. Cette activation se répand dans le réseau mémoire où sont stockées toutes les informations en relation (ou pas) avec la tâche. L'information la plus pertinente ou l'information cible (e.g., correspondance entre un symbole et un nombre ; résultat à une addition) sera la plus activée si son niveau d'activation dépasse celui d'autres informations. Le niveau d'activation d'une information va dépendre de la stimulation reçue par cette information, du niveau d'activation de base (une information bien stockée en mémoire a un niveau d'activation de base plus faible qu'une information moins bien stockée), de la vitesse de propagation de l'activation d'une information à une autre et d'une certaine quantité de bruit (e.g., activation n'ayant rien à voir avec les informations pertinentes). Une fois activée, cette information cible est transmise en MDT pour être ensuite émise par le système. Ainsi, par exemple, dans l'épreuve informatisée des codes, supposons que le participant voit un symbole et un chiffre à l'écran juste au dessous de la table des correspondances et doit dire si le symbole et le chiffre sont associés dans la table. Supposons que le participant ait déjà réalisé cette tâche pendant suffisamment d'essais pour avoir stocké en mémoire certaines des correspondances de la table. Après l'encodage de la paire à juger, plusieurs paires de symboles vont être activées. Si la paire correcte est la plus activée, le participant va la reconnaître en MDT et décider de répondre OUI. C'est exactement ce que Byrne a cherché à simuler dans les différentes implémentations computationnelles de SPAN.

3.2 Implémentations computationnelles

Comme dans toutes les théories computationnelles de la cognition, SPAN a été implémenté sur ordinateur. Chacun des postulats relatifs aux composants (e.g., mémoire, informations procédurales et déclaratives, mécanismes) de SPAN a fait l'objet d'une implémentation claire et précise. Ainsi, SPAN dispose d'une mémoire dans laquelle les informations procédurales et déclaratives ont été stockées, ou sont stockées au cours de l'apprentissage. De plus, pour fonctionner, le système informatique met en œuvre les mécanismes (e.g., encodage, activation, réponse) postulés par SPAN. L'un des mécanismes clés dans SPAN est l'activation des connaissances.

Dans les simulations informatiques, implémentant SPAN, l'activation des connaissances (déclaratives et procédurales) ne se fait pas en tout ou rien (s'active ou ne s'active pas), mais se fait progressivement, de manière graduelle, par cycle. À chaque cycle, l'activation d'une information a lieu en fonction de plusieurs paramètres comme l'indique l'équation d'activation suivante :

$$a_{i,t} = a_{i,\,t-1} - \delta_t + (\gamma/\Omega_t)\beta_i \Sigma p_i.$$

À chaque cycle d'activation, chaque élément ($a_{i,t}$) du système est activé en fonction de son activation antérieure ($a_{i,\, t-1}$) moins un effacement de la trace (δ_t) plus une activation accrue sur cet élément. Cet accroissement d'activation dépend de quatre paramètres : l'input qui est associé dans la table à la cible (p_i), l'activation de base ou le biais relatif à cet élément (β_i), une propagation de base de l'activation (γ) et la quantité de bruit au sein du cycle d'activation (Ω_t). Le paramètre crucial, dans ce modèle, est le paramètre de propagation de l'activation (γ) : plus ce paramètre a une valeur élevée, plus le système traite rapidement l'information, moins il oublie des informations partielles, moins le système est affecté par le bruit. Dans SPAN donc, la capacité de traitement résulte de la dynamique entre la vitesse de propagation de l'activation de l'information et le bruit (qui varient en sens inverse).

De manière intuitive et simplifiée, SPAN fonctionne de la manière suivante pour l'épreuve des codes de la WAIS. Une fois la paire à juger encodée (i.e., création d'une représentation en MDT de cette paire), le système commence à s'auto-répéter cette paire, et plusieurs connaissances (i.e., plusieurs symboles et plusieurs chiffres, ainsi que des associations bonnes ou mauvaises) s'activent en mémoire. Les informations cibles (i.e., chiffre, symbole et associations entre le chiffre et le symbole à juger) vont recevoir de plus en plus d'activation. Si, en mémoire le chiffre et le symbole sont associés, l'activation entre les deux va augmenter et l'association chiffre-symbole va devenir de plus en plus activée en MDT. Le système compare l'association activée et l'association cible stockée en MDT au moment de l'encodage. Si les deux paires correspondent, le système va répondre OUI ; si elles ne correspondent pas, le système répondra NON.

La valeur des paramètres de l'équation caractérisant le fonctionnement de SPAN a été choisie sur la base de modèles computationnels antérieurs. Ainsi, le temps d'un cycle d'activation est de 50 ms (choisis d'après le modèle EPIC de Meyer & Kieras, 1997) ; le temps de déplacement du regard est de 200 ms (choisi d'après ACT-R ; Anderson, Matessa, & Douglass, 1995) ; le temps pour extraire le symbole du buffer visuel est de 250 ms (aussi d'après EPIC) ; le temps pour déclencher une commande motrice et donner sa réponse est de 70 ms (choisi d'après MHP de Card, Moran, & Newell, 1983) et le temps pour appuyer sur une touche réponse est de 100 ms (aussi choisi d'après EPIC). Avec ces valeurs, le système accomplit l'épreuve des codes en 1020 ms (ce qui est très proche du temps mis par des participants jeunes dans l'étude de Salthouse et Coon, 1994, par exemple).

3.3 *Résultats des simulations*

Byrne a simulé les effets du vieillissement à l'épreuve des codes et à l'épreuve d'empan calculatoire. Pour reproduire les différences jeunes-âgés observées dans ces épreuves, Byrne a manipulé le paramètre de propagation de l'activation (γ). Le modèle a été implementé afin de voir comment évolue le temps de réalisation de chaque tâche en fonction de ce paramètre.

Comme le montrent les Figures 7 (pour l'épreuve des codes) et 8 (pour l'épreuve d'empan calculatoire), l'augmentation du paramètre Gamma (γ), toutes choses égales par ailleurs, entraîne une accélération. En d'autres termes, plus l'activation se propage

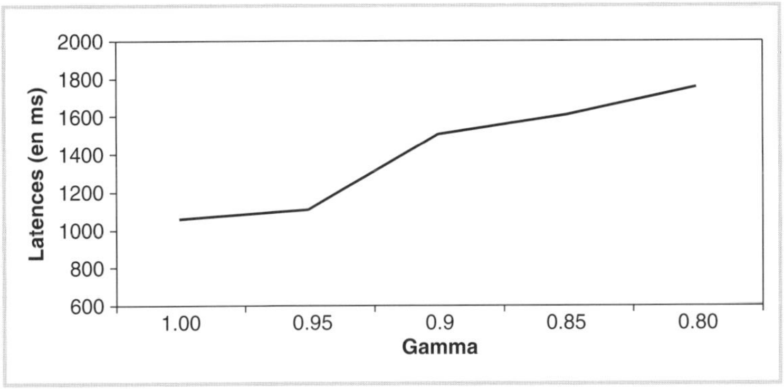

Figure 7

Temps de réalisation de l'épreuve des codes par le modèle SPAN en fonction du paramètre Gamma (vitesse de propagation de l'activation dans le système).
Les données montrent que plus la valeur de Gamma diminue, plus le temps de réponse augmente.

lentement dans le système, plus le système a besoin de temps pour accomplir la tâche (ou a des performances plus faibles). Dans l'épreuve des codes, pour une valeur de Gamma = 1, le temps de latence est de 1055 ms. Pour une valeur de Gamma = 0.80, le temps de latence est de 1748 ms. Ces valeurs sont très proches de celles rapportées par Salthouse et Coon (1994) qui avaient observé que les adultes jeunes accomplissaient la tâche en 1039 ms et les âgés en 1754 ms.

Au-delà des détails d'implémentation du modèle, non seulement SPAN permet de reproduire les données observées, mais il en fournit également une explication claire, précise et économique. Ainsi, une diminution de 20 % du paramètre de la vitesse de propagation de l'activation dans le système conduit le système à être 70 % plus lent. Ceci correspond à ce que Salthouse et Coon (1994) avaient observé. Par ailleurs, le ralentissement cognitif ne provient pas du fait que toutes les opérations cognitives sont ralenties ; le ralentissement de ces opérations est une conséquence de la diminution de la vitesse de propagation de l'activation. En d'autres termes, avec le vieillissement, le ralentissement est dû, en très grande partie, à un paramètre : la vitesse de propagation de l'activation dans le système. Cette diminution a plusieurs conséquences. Elle entraine un effacement plus rapide de la trace des informations en MDT, ce qui conduit à devoir encoder plusieurs fois les mêmes informations ; à la fin de l'essai, le système est

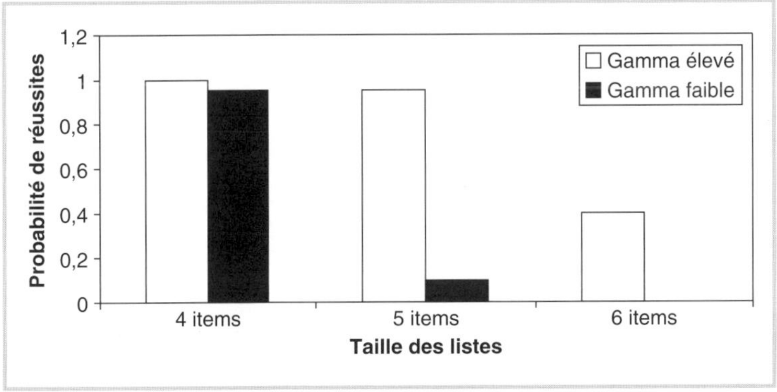

Figure 8

Probabilité de réussites des séries de problèmes arithmétiques de taille variable dans SPAN en fonction de la valeur de gamma.
Les données montrent qu'une valeur faible de gamma (G = .80 ; simulant les âgés) entraîne de moins bonnes performances qu'une valeur élevée (G = 1 ; simulant les jeunes).

moins rapidement réinitialisé et conserve des informations non pertinentes ; les autres mécanismes cognitifs sont, par voie de conséquence, ralentis.

4 Une théorie computationnelle non symbolique : la théorie de la neuromodulation de Li et collaborateurs

Li et ses collaborateurs ont proposé une théorie computationnelle de la neuromodulation pour expliquer la diminution des performances cognitives avec l'âge (Li *et al.*, 1999 ; 2000 ; 2001 ; 2002). Comme la théorie SPAN, cette théorie repose sur plusieurs postulats et a été implémentée sur ordinateur.

4.1 *Les postulats de la théorie de la neuromodulation*

- *Postulat 1.* Un système cognitif performant est un système qui représente bien l'information et au sein duquel la circulation de l'information est efficace. Une information bien représentée est une information claire et précise, que l'on ne confond pas avec une autre information et qui peut être rapidement récupérée en cas de besoin. Ainsi, deux concepts (e.g., *poire* et *pomme*) seront plus faciles à discriminer si, en MLT, la représentation mentale associée à chacun de ces concepts est claire, précise et distincte. Par ailleurs, une circulation efficace de l'information dans le système caractérise le fait que l'information peut être activée rapidement et être transmise d'une étape de traitement à la suivante sans subir de dégradation. Toujours selon la théorie, une bonne représentation et une bonne circulation de l'information supposent que le système neuronal assurant le traitement de l'information fonctionne au mieux, c'est-à-dire que les unités élémentaires (les neurones) ne soient pas endommagées et que la neurochimie de ces neurones soit fonctionnelle (e.g., pas de défaillance dans la fabrication et la transmission des neuromédiateurs).
- *Postulat 2.* Le vieillissement cognitif met en jeu une chaîne d'événements se déroulant à des niveaux multiples (neurobiologiques et psychologiques) de la structure et du fonctionnement du système nerveux central. Du point de vue psychologique, comme nous l'avons vu dans les chapitres précédents, les capacités de traitement de l'information diminuent avec l'âge, entraînant un déclin des performances dans tous les domaines de la cognition. Du point de vue neurobiologique, comme nous l'avons vu au Chapitre 1, l'âge entraîne un déficit des systèmes de neuromodulation. C'est-à-dire que l'âge entraîne un déclin de la synthèse et de la transmission des neurotransmetteurs, comme la dopamine. Par exemple, dans le cortex frontal, le nombre de récepteurs dopaminergiques diminue de 11 % tous les dix ans après l'âge de 20 ans.
- *Postulat 3.* Selon la théorie de la neuromodulation, ce déclin entraîne une diminution de l'efficience cognitive par une chaîne d'événements résumée dans la Figure 9. La modulation dopaminergique (diminution de la production, synthèse

et capture de la dopamine) déficiente dans diverses régions du cerveau (le striatum, les ganglions de la base et le cortex pré-frontal) entraîne une augmentation du bruit neuronal et une moins grande distinctivité corticale. Le *bruit neuronal*** consiste en une activation spontanée et désordonnée des neurones, contrairement à une activation synchronisée au service d'un but poursuivi. La *distinctivité corticale*** correspond à la représentation neuronale de l'information permettant, par exemple, à un groupe de neurones de s'activer ensemble lors du traitement d'un concept spécifique et pas d'un autre concept. À leur tour, l'augmentation du bruit neuronal et la diminution de la distinctivité corticale entraînent un déclin dans l'efficience de la transmission de l'information dans le système cognitif et une réduction des capacités de traitement de l'information, d'où les moins bonnes performances cognitives.

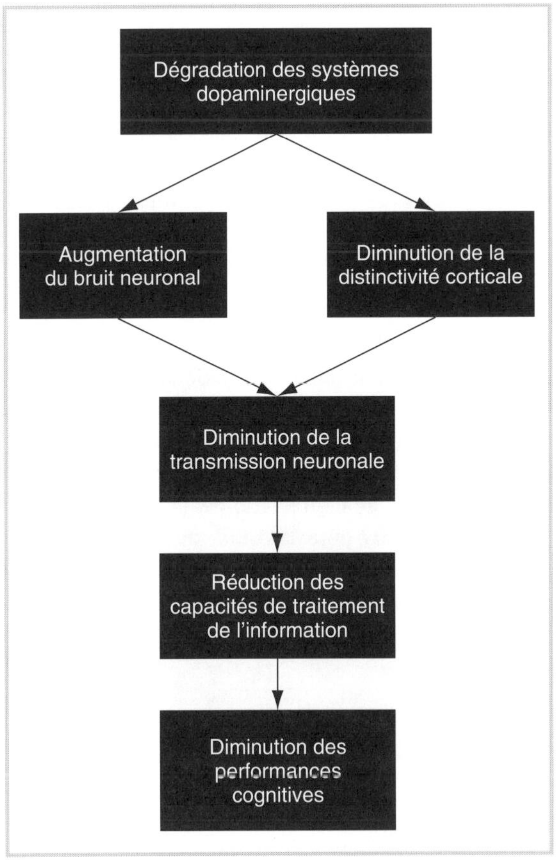

Figure 9

Illustration de la théorie de la neuromodulation proposée par Li et ses collaborateurs (Li et al., 1999). La théorie de la neuromodulation explique le vieillissement cognitif par une chaîne d'événements allant du déclin des systèmes gérant la production et la transmission des neuromédiateurs aux manifestations comportementales et cognitives.

4.2 *Implémentation computationnelle de la théorie*

Pour implémenter leur théorie, Li *et al.* ont conduit un certain nombre de simulations informatiques. Ils ont fait varier le paramètre critique, à savoir le paramètre *G* (ou gain). Ce paramètre est sensé capturer les fluctuations dans la libération des neuromédiateurs (dopamine). Ces fluctuations modulent la représentation et la transmission de l'information au sein du système nerveux central. Cela signifie qu'avec une valeur élevée, *G* est sensé représenter un système jeune au sein duquel les systèmes dopaminergiques n'ont aucune déficience. En abaissant la valeur de *G*, le système ressemble à un système cognitif âgé produisant moins de dopamine et ayant perdu bon nombre de récepteurs de la dopamine.

Li *et al.* ont implémenté leur théorie sous la forme de réseaux connexionnistes (voir Lemaire, 1999, pour une présentation générale des modèles connexionnistes). Ces réseaux sont constitués de cellules élémentaires (ou neurones formels) disposées en couches (voir Figure 10) interconnectées. L'information y est codée sous la forme de patrons d'activation et circule au sein du réseau d'une couche à l'autre. Pour être récupérée, l'information doit être activée. Cette activation dépend de deux paramètres qui vont caractériser la réactivité de la cellule (ou sa capacité à réagir à une stimulation) : l'intensité avec laquelle la cellule est stimulée et un biais de réponse. Concernant l'intensité de la stimulation, une stimulation de plus forte intensité va entraîner une réaction plus importante de la cellule. Concernant le biais de réponse, il correspond au niveau d'activation de base de la cellule, certaines cellules ayant un niveau de base plus faible que d'autres cellules, ou une tendance à réagir plus rapidement/intensément à une stimulation. Dans la théorie de la modulation, ces deux paramètres — intensité de la stimulation et biais de réponse — sont pondérés par un troisième paramètre, le gain *G*. Ce paramètre simule la neuromodulation (ou modulation de l'information par les neuromédiateurs).

Illustrons le principe de fonctionnement du modèle avec un exemple numérique simple et fictif. Supposons que nous examinions l'activation de deux cellules, chacune recevant un niveau de stimulation comparable et ayant un biais de réponse identique. Les deux cellules ne varient que par leur jeunesse : l'une est issue d'un réseau de cellules jeunes, l'autre d'un réseau âgé. Les deux cellules reçoivent une stimulation d'une valeur arbitraire de 1.2 et ont un biais de réponse arbitrairement quantifié de 1. Par ailleurs, la valeur de *G* est de 0.98 pour la cellule jeune et de 0.67 pour la cellule âgée. Cette valeur est plus faible pour la cellule âgée car le système dopaminergique des jeunes est plus efficace et permet à la cellule de réagir plus efficacement aux stimulations. Puisque *G*

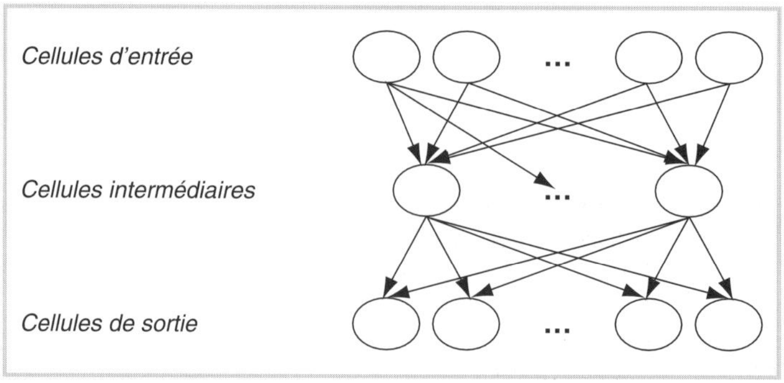

Figure 10

Réseau de neurones du type de ceux utilisés par Li et ses collaborateurs dans leurs simulations des effets du vieillissement.

Dans un tel réseau, l'information est codée sous la forme de patrons d'activation de chacune des cellules et se transmet d'une couche de cellules à la suivante, depuis les cellules d'entrée jusqu'aux cellules de sortie.

permet de pondérer la stimulation, en multipliant G par la stimulation et en ajoutant à ce produit le biais de réponse, nous obtenons la valeur d'activation de chaque cellule. Ainsi, la valeur d'activation sera $(1.2 \times 0.98) + 1 = 2.176$ pour la cellule jeune et $(1.2 \times 0.67) + 1 = 1.804$ pour la cellule âgée. Cette valeur est plus faible pour la cellule âgée caractérisant le fait qu'elle s'active moins facilement, à niveaux de stimulation et de biais de réponse pourtant égaux.

La fonction réelle d'activation utilisée par Li et ses collaborateurs n'est pas, comme dans l'exemple précédent, un simple produit entre des valeurs de gain et d'activation auquel on ajoute un biais de réponse. Ils ont utilisé la fonction suivante (qui permet de contenir les valeurs d'activation entre 0 et 1) :

$$\text{Activation} = \frac{1}{1 + e^{-(\text{gain} \times \text{stimulation} + \text{biais})}}$$

En prenant l'exemple numérique ci-dessus, il est aisé de voir comment l'activation de la cellule âgée (activation=0.15) est plus faible que celle de la cellule jeune (activation = 0.22). Lorsqu'on regarde l'évolution de cette activation pour différentes valeurs de stimulation, on obtient l'évolution présentée à la Figure 11. La Figure montre comment la cellule jeune réagit davantage aux variations de stimulation. La courbe de la cellule jeune augmente plus vite en fonction de la stimulation et atteint le maximum (asymptote) d'activation avant la cellule âgée. Pourtant, les valeurs de stimulation (allant de – 6 à + 6) et le biais de réponse (ici = 0) sont identiques.

Cette démarche, illustrée ici de manière simplifiée sur une seule cellule jeune et une cellule âgée, peut s'appliquer à un ensemble de cellules. C'est ce qu'ont fait Li *et al.* pour implémenter leur théorie de la neuromodulation. Ils ont construit des ensembles de cellules ou réseaux de neurones formels (voir Figure 10) interconnectés (d'où le nom de

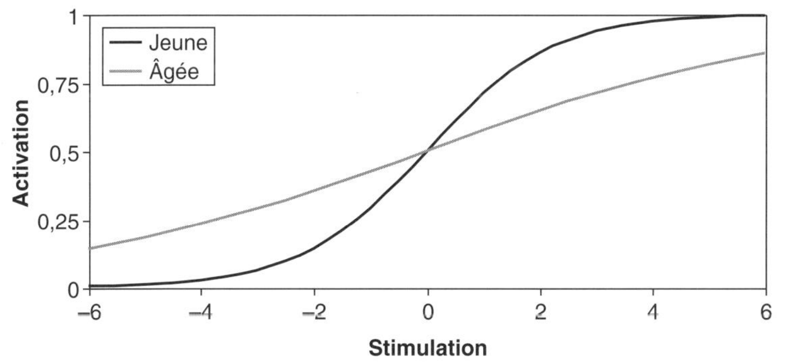

Figure 11

Évolution de l'activation d'une cellule jeune et d'une cellule âgée en fonction de la stimulation et du paramètre G (le biais de réponse est fixé à 0).

Une valeur de G plus petite (cellule âgée) produit une distribution plus plate de la fonction d'activation qu'une valeur plus élevée (cellule jeune). Cette évolution montre que la cellule jeune est plus sensible aux variations de la stimulation que la cellule âgée. Le paramètre G pondère l'impact de la stimulation. Les variations de G simulent le rôle modulateur des neuromédiateurs.

réseaux connexionnistes). Ils ont étudié le comportement de ces réseaux formels en fonction des paramètres de Gain *G*. Les résultats de leurs simulations montrent que leurs réseaux reproduisent assez fidèlement les résultats comportementaux rapportés dans la littérature.

4.3 Résultats des simulations

Li et ses collaborateurs ont simulé les effets du vieillissement sur la mémoire, dans des tâches de stockage et de rappel de listes de paires de mots. Rappelons que, dans ce type de tâche, les participants apprennent des paires de mots comme *chien-armoire*. Au rappel, ils voient le premier mot (*chien*) et doivent dire le second (*armoire*). Li *et al.* ont cherché à reproduire les effets de l'âge sur certains phénomènes mnésiques importants. En particulier, ils ont simulé la supériorité des jeunes sur les âgés dans des tâches de mémoire épisodique, la susceptibilité à l'interférence pro-active plus importante chez les âgés ou encore l'interaction Âge × Difficulté.

Diminution des performances avec l'âge. Pour reproduire la diminution des performances en mémoire épisodique au cours du vieillissement, Li *et al.* ont conduit un certain nombre de simulations dans lesquelles ils ont fait varier le paramètre de gain *G*. Les résultats obtenus apparaissent à la Figure 12. Comme le montrent très clairement ces données de simulation, le modèle était capable de reproduire la supériorité des jeunes sur les âgés. Les valeurs *G* moyennes étaient 0.8 pour les jeunes et 0.3 pour les âgés. Les réseaux âgés étaient capables de taux de rappel inférieurs à ceux produits par les réseaux jeunes. Par ailleurs, les auteurs ont testé les performances des différents modèles en cours d'apprentissage. Ainsi, par exemple, les performances ont été testées après 15 sessions d'apprentissage ou après 25 et 35 (ou plus) sessions d'apprentissage. Les données, représentées à la Figure 12, montrent qu'à toutes les étapes de l'apprentissage, les réseaux jeunes obtiennent de meilleures performances que les réseaux âgés. Ces données montrent également que les réseaux jeunes atteignent leurs performances maximales (ou asymptotiques) avant les réseaux âgés. Ceci suggère que les réseaux jeunes apprennent non seulement plus d'informations, mais aussi les apprennent plus vite que les réseaux âgés (exactement comme les êtres humains). Le modèle en réseaux de

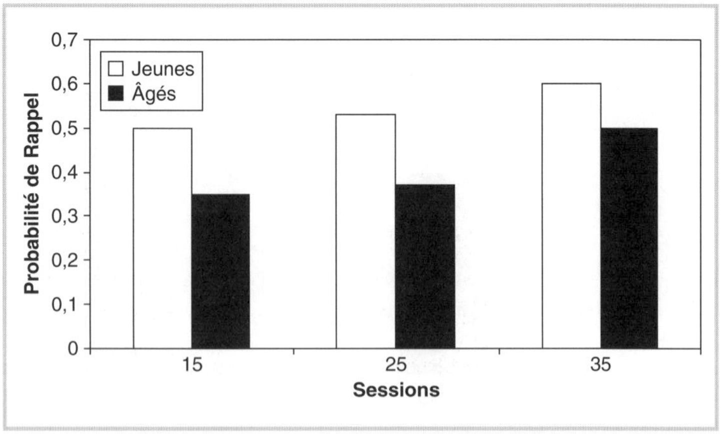

Figure 12

Performances en rappel des réseaux jeunes et âgés, différant par un seul paramètre (le facteur G, ou gain) à différentes étapes de l'apprentissage (d'après Li et al., 2000).

Ces données de simulation reproduisent les données d'expérimentation avec des êtres humains, à savoir que les jeunes ont de meilleures performances mnésiques que les âgés (ils apprennent plus d'informations) et atteignent leurs performances maximales avant les âgés (ils apprennent plus vite).

neurones formels proposé par Li et ses collaborateurs est donc capable, grâce à la variation d'un seul paramètre, de rendre compte de la différence de performances mnésiques entre les jeunes et les âgés et de la capacité des jeunes à stocker des informations en MLT plus rapidement que les âgés.

Susceptibilité à l'interférence pro-active. Les recherches empiriques ont révélé que les effets d'interférence pro-active sont plus importants chez les personnes âgées que chez les jeunes (e.g., Lair, Moon, & Kausler, 1969). L'*interférence pro-active*** caractérise le fait que des apprentissages anciens perturbent des apprentissages nouveaux. C'est ce qui se passe, par exemple, lorsque nous apprenons une deuxième langue vivante étrangère et que nous confondons les mots de cette nouvelle langue avec les mots appris dans la première langue étrangère ou que nous apprenons les mots de la deuxième langue moins rapidement que ceux de la première langue. Si nous avons appris l'Anglais en premier, puis l'Allemand, il n'est pas rare que l'apprentissage de l'Allemand soit perturbé par l'étude préalable de l'Anglais. Ce phénomène d'interférence pro-active est plus important chez les personnes âgées. Li et ses collaborateurs ont simulé cette interaction Âge × Interférence. Leurs données de simulation apparaissent à la Figure 13. Lorsqu'ils ont examiné le nombre d'essais nécessaires à l'apprentissage de listes de paires de mots par des réseaux de neurones formels jeunes et âgés, ils ont observé que les réseaux âgés avaient besoin de plus d'essais que les jeunes. Ils ont également observé que les listes dites de forte interférence aboutissaient à une différence jeunes-âgés plus importante que les listes dites de faible interférence, comme chez les êtres humains. Dans leurs simulations, les listes de faible et de forte interférence se distinguaient sur la base de l'apprentissage initial. Les listes de paires de mots ont initialement été apprises pendant 50 essais pour les listes de faible interférence et pendant 200 essais pour les listes de forte interférence. Là encore, ce résultat s'explique également par les variations du paramètre *G*, les réseaux jeunes ayant une valeur moyenne de *G* plus élevée que les réseaux âgés.

Interaction Âge × Complexité. Comme nous l'avons vu dans les chapitres précédents, dans tous les domaines de la cognition, plus la difficulté de la tâche augmente, plus la différence jeunes-âgés est grande. Cette interaction Âge × Complexité a été maintes fois observée dans les études sur la mémoire (e.g., McDowd & Craik, 1988) et peut aisé-

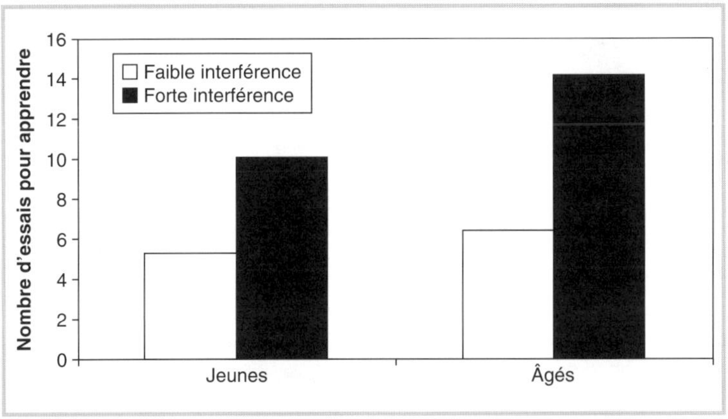

Figure 13

Illustration de l'interaction Âge x Interférence dans les modélisations computationnelles de Li et al. (2000) : nombre d'essais nécessaires au système pour apprendre les listes de paires de mots.

Ces données de simulation reproduisent les données d'expérimentation montrant que les phénomènes d'interférence pro-active (ou difficulté d'un apprentissage nouveau causée par un apprentissage ancien) sont plus importants chez les âgés que chez les jeunes.

ment s'expliquer dans le cadre de la théorie de la neuromodulation proposée par Li et ses collaborateurs. Dans leurs simulations, ils ont modélisé la difficulté de la tâche par la taille de la liste des paires de mots à apprendre. Les petites listes contenaient 3 paires de mots ; les listes de taille moyenne contenaient 5 paires de mots, et les grandes listes en comprenaient 8. Comme le montrent leurs données (résumées à la Figure 14), la différence entre la qualité de rappel pour les réseaux jeunes (paramètre *G* élevé) et les réseaux âgés (paramètre *G* plus faible) était plus importante pour le rappel des grandes listes que pour le rappel des petites listes.

En résumé, les simulations conduites par Li *et al.* dans le cadre de leur théorie de la neuromodulation ont été capables de reproduire et d'expliquer des marqueurs comportementaux importants du vieillissement cognitif, comme les interactions Âge × Phase d'apprentissage, Âge × Interférence ou Âge × Difficulté. Ces auteurs ont également montré que leur modèle pouvait reproduire l'augmentation de la variabilité intra- et interindividuelle (i.e., plus l'âge augmente, plus les différences entre les individus augmentent et moins la performance de chaque individu est stable) et la diminution des inter-corrélations entre les habiletés intellectuelles (i.e., phénomène dit de *dé-différenciation***).

L'ensemble de ces phénomènes liés à l'âge peut s'expliquer de manière simple dans le cadre de la théorie de la neuromodulation. Le paramètre critique des simulations, comme nous l'avons vu, est le paramètre de Gain, ou paramètre *G*. Les simulations des effets du vieillissement ont pu être conduites en faisant varier ce paramètre, les réseaux simulant les jeunes ayant une valeur élevée de ce paramètre et ceux simulant les âgés ayant une valeur moins élevée.

Une diminution du paramètre *G*, capturant les variations au niveau des neuromédiateurs (en particulier les systèmes catécholaminergiques), entraîne une réaction en

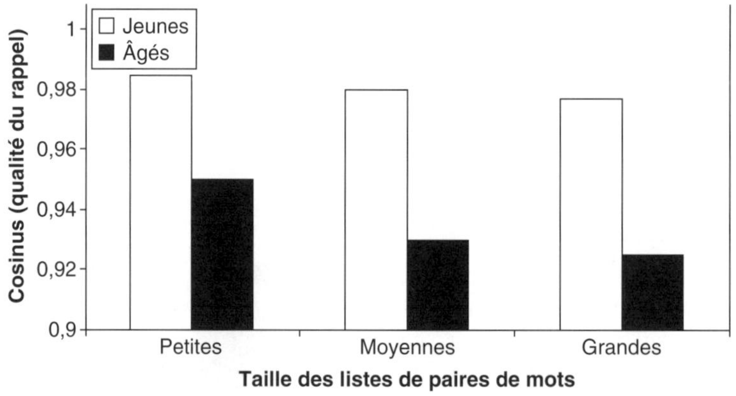

Figure 14

Illustration de l'interaction Âge x Difficulté dans les modélisations computationnelles de Li et al. (1999) : cosinus (montrant la qualité du rappel) entre items rappelés par le modèle et rappel attendu.
Ces données de simulation reproduisent les données d'expérimentation montrant que la différence jeunes-âgés augmente pour le rappel de listes contenant davantage de paires de mots.

chaîne depuis les niveaux de départ neurochimiques jusqu'aux niveaux les plus intégrés, à savoir les niveaux cognitifs et comportementaux. En effet, le déclin des fonctions catécholaminergiques (e.g., réduction de la densité des récepteurs dopaminergiques) avec l'âge entraîne une diminution de la réactivité neuronale (i.e., les neurones répondent moins rapidement et efficacement aux stimulations), augmente le bruit neuronal (i.e., les neurones s'activent spontanément de plus en plus fréquemment) et entraîne une diminution de la qualité des représentations corticales correspondant aux stimulus à traiter. Ces événements provoquent une réduction des capacités de traitement et conduisent le système cognitif à être de moins en moins performant.

5 Conclusions générales

Dans tous les domaines cognitifs étudiés dans les précédents chapitres, nous avons vu que les psychologues ont adopté une perspective mécanique de la cognition. Ces travaux conçoivent la cognition en termes de traitement de l'information et cherchent à découvrir les mécanismes cognitifs élémentaires (ou la suite/la liste des étapes de traitement) et les effets du vieillissement sur ces mécanismes. Comme nous l'avons déjà vu, l'intérêt d'une telle approche est double. D'abord, elle contribue à une connaissance fondamentale de la cognition et du vieillissement cognitif. Ensuite, par voie de conséquence, elle produit des connaissances utiles pour mieux aider les personnes âgées à contrecarrer les effets délétères de l'âge.

Même si d'importants progrès ont été accomplis ces 20 dernières années, l'état actuel des connaissances concernant les effets du vieillissement sur la cognition et les mécanismes qui produisent ces effets laisse encore sans réponse bon nombre de questions. Ces questions représentent des défis importants pour les recherches à venir. Certaines de ces questions sont purement empiriques (i.e., les données permettront d'y répondre) ; d'autres sont théoriques (i.e., les modèle computationnels ou non computationnels apporteront leurs éclairages).

5.1 *Des questions empiriques*

Pour avoir une image encore plus précise des effets du vieillissement, les recherches à venir vont s'orienter dans au moins trois directions. D'abord, elles chercheront à mieux comprendre les stratégies utilisées pour accomplir les différentes tâches cognitives. Par ailleurs, elles étudieront les bases neurales des mécanismes mnésiques. Enfin, elles nous renseigneront sur les mécanismes de compensation que les personnes âgées mettent en œuvre pour conserver une bonne mémoire ou rester fonctionnels sur le plan cognitif aussi longtemps que possible.

Pour savoir si, au cours de la vie adulte, les aspects stratégiques de la mémoire évoluent, les psychologues conduisent des recherches à au moins deux niveaux. Au niveau conceptuel, il est possible de distinguer plusieurs aspects stratégiques, chacun à explorer indépendamment (Lemaire & Siegler, 1995) : le répertoire, la distribution, l'exécution et la sélection stratégiques. Comme nous l'avons vu au Chapitre 6, le répertoire stratégique concerne le type de stratégies que les gens mettent en œuvre (e.g., font-ils des images mentales ou pas ? Les jeunes et les âgés cherchent-ils à mémoriser de la même manière ?). La distribution stratégique caractérise la fréquence avec laquelle les différentes stratégies sont utilisées (e.g., les jeunes se donnent-ils plus fréquemment que les âgés des indices de récupération ?). L'exécution stratégique concerne l'efficacité des mécanismes impliqués dans chaque stratégie (e.g., lorsque les participants fabriquent des images mentales, la qualité et la saillance de leurs images mentales varie-t-elle avec l'âge ? La vitesse avec laquelle ces images mentales sont fabriquées est-elle constante ?). Enfin, la sélection stratégique concerne les mécanismes à la base du choix entre les stratégies (e.g., sur quoi s'appuient les participants pour choisir d'utiliser la répétition mentale de maintien : le type de matériel, leur aisance avec cette stratégie ? Les jeunes et les âgés s'appuient-ils sur les mêmes éléments ?). Ces différentes dimensions sont importantes, car elles nous renseignent sur ce que font réellement les participants (les différences liées à l'âge peuvent-elles être, au moins en partie, expliquées par le fait que les jeunes et les âgées n'accomplissent pas les tâches cognitives de la même manière ?) et comment ils le font (mêmes si les jeunes et les âgés utilisent les mêmes stratégies, les différences liées à l'âge pourraient-elles provenir en partie du fait que les deux groupes ne sélectionnent et n'exécutent pas les stratégies sur chaque item avec la même efficacité ?).

L'autre direction dans laquelle pourront s'orienter les recherches visant à caractériser les aspects stratégiques du vieillissement mnésique concerne les méthodes utilisées. Les psychologues pourront utiliser des méthodes directes (comme recueillir des protocoles verbaux — ou demander aux gens comment ils s'y prennent — lorsque les protocoles verbaux sont appropriés) ou des méthodes indirectes (comme étudier l'impact des caractéristiques du matériel à mémoriser ; e.g., caractéristiques phonologiques vs. sémantiques déclenchant des stratégies d'auto-répétition de maintien ou d'élaboration) quand les méthodes directes sont inutilisables.

L'étude des bases neurales des mécanismes cognitifs contribuera aussi à une meilleure connaissance du vieillissement cognitif. Cette étude continuera, comme elle le fait à présent, à utiliser des données de la pathologie recueillies chez des patients amnésiques. Elle s'orientera aussi vers l'utilisation de plus en plus répandue des techniques d'imagerie cérébrale (voir Cabeza, Nyberg, & Park, 2004). En effet, les progrès techniques permettent maintenant de réaliser des études dans lesquelles le décours temporel des processus mnésiques peut être pisté avec précision (e.g., technique des potentiels évoqués) et des études où les réseaux cérébraux mobilisés par différents processus ou dans différentes tâches cognitives peuvent être mis à jour (e.g., tomographie par émission de positons ou technique d'imagerie par résonance magnétique fonctionnelle). En comparant les données recueillies chez des participants jeunes et âgés avec ces techniques d'imagerie, il sera possible de déterminer si les mêmes réseaux cérébraux sont impliqués chez les jeunes et les âgés pour accomplir une même tâche cognitive.

Les données déjà disponibles suggèrent que les adultes âgés n'utilisent pas les mêmes réseaux cérébraux pour accomplir les tâches cognitives. Ainsi, par exemple, Cabeza *et al.* (1997a ; 1997b ; voir revue de Cabeza, 2002) ont observé une réorganisation fonctionnelle du cerveau en fonction de l'âge. Dans une tâche de mémoire épisodique, les adultes âgés utilisaient les deux hémisphères cérébraux alors que les jeunes n'en n'utilisaient qu'un. Plus spécifiquement, les auteurs ont observé qu'au cours du rappel d'items préalablement appris, l'activation du cortex préfrontal était latéralisée à gauche chez les jeunes et bilatérale chez les âgés qui performent au même niveau que les jeunes. Les aînés moins performants, ou qui montrent un net déficit à la tâche mnésique, ont tendance à activer les mêmes régions que les jeunes. C'est un peu comme si, chez la personne âgée qui réussit bien la tâche, l'activation bilatérale venait compenser le déclin neuronal associé à l'âge. Ce phénomène a été répliqué dans d'autres domaines de la cognition, comme la résolution de problèmes arithmétiques (Fabre & Lemaire, 2005 ; El Yagoubi *et al.*, 2003, 2005 ; voir Cabeza *et al.*, 2004, pour une synthèse).

Enfin, les études à venir sur le vieillissement cognitif nous permettront de savoir comment les personnes âgées parviennent à vivre une vie quotidienne normale et autonome, bien que leurs performances cognitives diminuent. Ces études mettront à jour les mécanismes de compensation utilisés par les personnes âgées pour garder une mémoire fonctionnelle. Ces études utiliseront diverses techniques. Ainsi, les techniques d'imagerie ont déjà permis de montrer que, par exemple, pour obtenir des performances pratiquement équivalentes aux jeunes, les personnes âgées mobilisent des réseaux cérébraux moins spécialisés, et en mobilisent davantage, que les personnes jeunes lorsqu'elles accomplissent une tâche de mémoire (e.g., Cabeza, 2002 ; Gutchess *et al.*, 2005). Ainsi, les études comportementales ont déjà permis d'observer que les personnes âgées ont tendance à noter par écrit du matériel qu'elles savent difficile à mémoriser ou des actions à accomplir dans le futur dont elles pensent qu'elles auront du mal à se souvenir au moment où il sera nécessaire (e.g., Dixon & Bäckman, 1995 ; Salthouse & Maurer, 1996). Notre meilleure compréhension des mécanismes de compensation, en plus de contribuer à une connaissance approfondie des mécanismes cognitifs généraux, sera précieuse pour mieux réfléchir aux aides concrètes et efficaces à apporter aux personnes âgées pour qu'elles conservent le plus longtemps possible leur autonomie.

5.2 Des développements théoriques attendus

La plupart des recherches conduites en vieillissement cognitif ont jusque là été de nature empirique. Certains peuvent concevoir cela comme une première étape nécessaire qui permet de rassembler l'ensemble des phénomènes qu'une théorie du vieillissement se doit d'expliquer. Nous avons toutefois vu, dans ce Chapitre 7, que des propositions théoriques relativement élaborées ont déjà été faites. Ces propositions ont donné lieu soit à des théories verbales, soit à des théories computationnelles. Les modèles computationnels, qui instancient les théories computationnelles, offrent d'importants avantages dont les recherches théoriques futures vont continuer de bénéficier. Ces avantages sont les suivants :

1. Les modèles computationnels fournissent une explication claire et non ésotérique de la mécanique cognitive, c'est-à-dire des mécanismes responsables des phénomènes observés. Les phénomènes observés sont vus comme le résultats d'une suite de mécanismes qu'il convient d'identifier et non comme le fruit d'un processus mystérieux et non étudiable ou non formulable (voire non formalisable).
2. Les modèles computationnels sont spécifiques et précis. Les explications computationnelles ne sont pas vagues et imprécises. Par exemple, dans le modèle SPAN, la

notion de vitesse de traitement de l'information signifie très précisément la vitesse d'activation des informations en MDT ; cette vitesse est même paramétrée dans le modèle (i.e., il existe explicitement un paramètre dans le modèle qui en donne une expression quantitative précise). Dans la théorie de la neuromodulation, le paramètre *G* formalise les variations de la neuromodulation. Les modèles computationnels ne laissent donc pas dans le flou des notions aussi importantes que les « ressources de traitement » ou la « mémoire de travail ».

3. Les modèles computationnels ne sont pas forcément limités à des tâches, des phénomènes ou des domaines particuliers ou simples. À ce titre, ils peuvent aider le chercheur à réaliser une bonne évaluation des théories complexes. Une théorie augmente en complexité quand les phénomènes qu'elle analyse augmentent eux aussi en complexité, c'est-à-dire quand ils résultent de nombreux facteurs qui interagissent entre eux. L'un des intérêts des modèles computationnels provient du fait que, comme ils sont simulés informatiquement, il est possible de voir le résultat d'un modèle proposant deux paramètres et de le comparer à un modèle proposant trois paramètres. Il est aussi possible d'étudier les effets de l'interaction entre plusieurs paramètres. À l'heure actuelle, rien ne permet d'écarter l'idée de la mise au point d'une théorie unifiée du vieillissement cognitif, comme Newell (1990) le proposait pour la cognition. Cette théorie unifiée devrait pouvoir expliquer avec un nombre le plus restreint possible de postulats le nombre le plus important possible de phénomènes liés au vieillissement.
4. Les modèles computationnels permettent d'évaluer la cohérence interne d'une théorie. Une théorie comporte une incohérence interne si au moins deux de ces postulats sont contradictoires. Il est parfois difficile de savoir si deux postulats sont contradictoires tant qu'ils n'ont pas été implémentés sur ordinateur et paramétrés. En modélisation, il est tout simplement impossible d'implémenter une théorie qui présente une incohérence interne.
5. La nécessité et la suffisance d'une théorie peuvent être aisément évaluées dans les modèles computationnels. La nécessité concerne le fait que le(s) mécanisme(s) postulé(s) est (sont) requis pour que se produise le phénomène analysé. Autrement dit, sans ce(s) mécanisme(s), le phénomène ne peut survenir. S'il survient sans la mise en œuvre de ce mécanisme, c'est que ce mécanisme n'est pas nécessaire au phénomène. La suffisance concerne le fait que, seul le mécanisme envisagé produit le phénomène observé ; aucun autre mécanisme n'est nécessaire. Par exemple, dans SPAN, la vitesse d'activation des informations a dû être postulée pour simuler la différence jeunes — âgés à l'épreuve des codes et était suffisante (pas besoin d'autres mécanismes). Dans la théorie de la neuromodulation, la neuromodulation est un paramètre nécessaire pour obtenir les différences jeunes — âgés. L'existence des paramètres de stimulation et de biais montre que ce paramètre n'était pas suffisant.

Ces avantages sont exactement les caractéristiques que nous devons attendre d'une théorie du vieillissement (mais aussi de n'importe quelle théorie). Les deux théories computationnelles décrites dans ce chapitre montrent qu'il est possible de construire une théorie computationnelle du vieillissement et de l'implémenter sur ordinateur, dans des domaines comme la MDT ou la mémoire épisodique. Cette possibilité n'est pas restreinte à ces domaines (voir Mireles & Charness, 2002, pour un modèle connexionniste du rôle modulateur de l'expertise dans le vieillissement cognitif ou Viskontas,

Morrison, Holyoak, Hummel, & Knowlton, 2004, pour un modèle neurocomputationnel du raisonnement analogique). Chacun des domaines cognitifs est assez mûr pour que soient tentées plus de recherches en modélisation computationnelle des effets de l'âge. Notre compréhension des mécanismes responsables du vieillissement cognitif n'en sera que plus profonde.

Résumé

1 En vieillissement, il existe deux familles de théorie : des théories non computationnelles et des théories computationnelles. Une théorie est computationnelle lorsqu'elle est implémentée sur ordinateur et que la simulation informatique tente de reproduire les résultats empiriques. Une théorie non computationnelle n'est pas implémentée sur ordinateur.

2 Selon la théorie du vieillissement proposée par Salthouse, le ralentissement cognitif contribue au déclin de la cognition avec l'âge par deux mécanismes : le mécanisme du temps limité (selon lequel le temps consacré aux processus précoces est trop long et ne permet pas d'exécuter les processus tardifs dans des conditions de durée optimale) et le mécanisme de simultanéité (selon lequel l'information issue des processus précoces de traitement est de moindre qualité ou déjà oubliée lorsqu'interviennent les traitement les plus tardifs).

3 Il existe deux types de ralentissement : un ralentissement global et un ralentissement spécifique. Le ralentissement global touche tous les processus impliqués dans une tâche, tandis que le ralentissement spécifique concerne un ou plusieurs processus en particulier et peut (ou non) s'ajouter au ralentissement global.

4 Pour étudier le ralentissement lié à l'âge, les chercheurs peuvent utiliser plusieurs méthodes comme les graphes de Brinley. Sur ces graphes, on représente les performances des jeunes sur l'axe des abscisses et celles des âgés sur l'axe des ordonnées. La droite de régression prédisant les performances des âgés à partir de celles des jeunes permet d'estimer l'importance du ralentissement (par le coefficient de la droite de régression).

5 Selon SPAN, le déclin du vieillissement cognitif provient d'un ralentissement de la diffusion de l'activation dans le système cognitif, ce qui entraîne un ralentissement des autres mécanismes cognitifs et une diminution des capacités de la MDT.

6 Selon la théorie de la neuromodulation, le déclin des performances avec l'âge provient entre autre des déficiences au niveau des neurotransmetteurs, ce qui entraîne une cascade d'événements comme l'augmentation du bruit neuronal désordonné, une transmission et une représentation corticales de l'information déficitaires et une réduction des capacités de traitement.

7 Étant donné leur niveau de précision et leurs exigences d'implémentation, les théories computationnelles devraient contribuer à mieux comprendre le vieillissement cognitif. Les travaux futurs feront aussi avancer nos connaissances sur la nature des variations stratégiques qui accompagnent le vieillissement, sur les bases neurales du vieillissement cognitif et sur les mécanismes de compensation utilisés par les personnes âgées pour faire face à la diminution de leur efficience cognitive.

Des questions pour mieux retenir

1. En science, quels sont les deux objectifs généraux des recherches conduites par les chercheurs sur les phénomènes étudiés ? Quels sont ces deux objectifs en psychologie du vieillissement cognitif ?
2. Quelles sont les deux familles de théories proposées en vieillissement cognitif ?
3. Qu'est-ce qui distingue une théorie computationnelle par rapport à une théorie non computationnelle ?
4. Quelles sont les trois fonctions principales d'une théorie ?
5. Qu'appelle-t-on mécanismes généraux et mécanismes spécifiques ?
6. Quels sont les deux principes utilisés pour évaluer la supériorité d'une théorie par rapport à une théorie rivale ?
7. Quelle est la chaîne des événements proposés dans le cadre de la théorie du ralentissement de Salthouse pour rendre compte du vieillissement cognitif ?
8. Citez et définissez les deux mécanismes clés dans la théorie du ralentissement cognitif proposée par Salthouse ?
9. Pourquoi la théorie de Salthouse n'est elle pas une théorie computationnelle ?
10. Que veulent dire les lettres dans SPAN ?
11. Quels sont les trois postulats principaux de la théorie SPAN proposée par Byrne ?
12. Dans l'implémentation computationnelle de SPAN, quel est le paramètre critique ?
13. Quelles tâches cognitives SPAN a-t-il permis de modéliser en détail ?
14. Que montrent les résultats des simulations conduites avec SPAN ?
15. Selon SPAN, quelle est la chaîne des événements impliqués dans l'épreuve des codes ?
16. Par quelle suite de processus SPAN explique-t-il l'épreuve d'empan calculatoire ?
17. Dans la théorie SPAN, le ralentissement s'explique-t-il par un déclenchement et une exécution moins rapide de tous les processus cognitifs ? Sinon, qu'est-ce qui explique ce ralentissement ?
18. En quoi la théorie de la neuromodulation proposée par Li *et al.* est-elle une théorie computationnelle ?
19. Rappeler les trois postulats principaux de la théorie de la neuromodulation ?

Des questions pour mieux retenir (suite)

20. Par quelle suite d'événements la théorie de la neuromodulation explique-t-elle la dégradation des performances cognitives avec l'âge ?
21. Dans l'implémentation computationnelle de la théorie de la neuromodulation proposée par Li *et al.*, quel est le paramètre qui joue un rôle central ?
22. En quoi la théorie de la neuromodulation est-elle une théorie connexionniste ?
23. Comment circule l'information dans la théorie de la neuromodulation ?
24. Quels sont les trois phénomènes importants simulés dans le cadre de la théorie de la neuromodulation ?
25. Quelles sont les questions empiriques importantes en vieillissement cognitif auxquelles les recherches à venir tenteront de répondre ?
26. Quelles sont les cinq grandes caractéristiques d'une théorie computationnelle ?
27. En quoi consiste la diminution de l'asymétrie hémisphérique avec l'âge ?
28. Pourquoi est-il raisonnable de penser que le vieillissement cognitif est un domaine assez mûr pour envisager la mise au point de modèles computationnels ?

Des questions pour mieux réfléchir

1. Formulez une question empirique de recherche importante et laissée encore sans réponse dans le domaine du vieillissement cognitif. Puis, proposez un protocole de recherche pour répondre à cette question. Vous formulerez non seulement la méthode, mais aussi les hypothèses et prédictions testées.
2. En quoi est-il possible de dire que SPAN est une implémentation computationnelle de la théorie du ralentissement cognitif proposée par Salthouse ? En quoi est-ce impossible de le dire ?
3. Comment les recherches en neurosciences cognitives du vieillissement contribueront-elles à mieux connaître les effets de l'âge sur la cognition ? Comment les résultats de ces recherches pourront-ils être introduits dans les projets de modélisation computationnelle à venir ?

Des questions pour mieux réfléchir (suite)

4. Supposons un chercheur voulant déterminer si la réduction de l'asymétrie hémisphérique avec l'âge provient de la mise en œuvre de mécanismes de compensation ou de stratégies cognitives différentes. Quel type de protocole expérimental pourrait-il mettre au point et quelles données pourrait-il recueillir pour le déterminer ?
5. À votre avis, pourquoi les personnes âgées non malades parviennent-elles à fonctionner de manière autonome dans la vie quotidienne, voire même de manière performante, malgré une diminution importante des habiletés cognitives de base ?
6. En vieillissement, une stratégie de recherche consiste à étudier les effets globaux de l'âge, l'autre à étudier les effets de l'âge sur des mécanismes cognitifs spécifiques. L'une de ces deux approches vous parait-elle plus appropriée, intéressante et pertinente ? Si oui, laquelle et pour quelles raisons ?

Des lectures pour aller plus loin

Birren, J.E., & Schaie, W.K. (1996). *Handbook of the psychology of aging.* (4e ed.), New York : Academic Press.

Cabeza, R., Nyberg, L.L., & Park, D.C. (2004). *Cognitive neuroscience of aging : Linking cognitive and cerebral aging.* Oxford : Oxford University Press.

Craik, F.I.M., & Salthouse, T.A. (2000). *The handbook of aging and cognition* (2nd ed.), Mahwah, New Jersey : Lawrence Erlbaum Associates.

Dixon, R.A., & Bäckman, L. (1995). *Compensating for psychological deficits and declines.* Mahwah, New Jersey : Lawrence Erlbaum Associates.

Perfect, T.J., & Maylor, E.A. (2000). *Models of cognitive aging.* Oxford : Oxford University Press.

Salthouse, T.A. (1991). *Theoretical perspectives on cognitive aging.* Hillsdale, New Jersey : Lawrence Erlbaum Associates, Inc.

Mots clés

- Bruit neuronal
- Dé-différenciation (phénomène de)
- Distinctivité corticale
- Graphe de Brinley
- Graphe des traces
- Interférence pro-active

- Mécanisme de la simultanéité
- Mécanisme du temps limité
- Principe d'économie explicative
- Principe de puissance explicative
- Ralentissement cognitif
- SPAN
- Théorie
- Théorie computationelle
- Théorie non computationnelle

PARTIE 2

Réserve cognitive et vieillissement cognitif

Sommaire

CHAPITRE 8
Niveau scolaire et vieillissement cognitif 229

CHAPITRE 9
Style de vie, activités professionnelles et vieillissement cognitif 257

CHAPITRE 10
Expertise et vieillissement cognitif 285

CHAPITRE 11
Entraînement cognitif et vieillissement cognitif 317

CHAPITRE 12
Condition physique et vieillissement cognitif 359

CHAPITRE 8
Niveau scolaire et vieillissement cognitif

Sommaire

1. **Niveau de scolarité et vieillissement cognitif : résultats des études épidémiologiques et longitudinales** 231
2. **Le niveau d'éducation formelle comme modérateur des différences liées à l'âge sur la performance cognitive : résultats des études transversales** 240
3. **Hypothèses concernant l'effet de l'éducation sur le vieillissement cognitif** 250

Dans ce chapitre, vous allez

1. Comprendre comment le niveau scolaire influence la performance aux tests cognitifs.
2. Savoir pourquoi les chercheurs s'intéressent au rôle du niveau d'éducation sur le vieillissement cérébral.
3. Connaître quels sont les domaines cognitifs les plus sensibles au niveau de scolarité d'un individu.
4. Apprendre quels sont les types de relation qu'on peut observer entre le déclin cognitif associé à l'âge et le niveau de scolarité.
5. Étudier les hypothèses relatives aux bienfaits de la scolarité sur le vieillissement cognitif.

Il est admis depuis longtemps que le niveau d'éducation formelle influence le profil de performance cognitive à diverses épreuves cognitives et intellectuelles, tant en situations expérimentales de laboratoire que dans les tests utilisés dans un contexte d'évaluation clinique. Cette observation a amené plusieurs auteurs à considérer la performance cognitive telle qu'évaluée par les psychologues cognitivistes comme une mesure du niveau éducationnel d'une personne. Dans une perspective moins extrémiste, il est maintenant établi que toutes les fonctions cognitives, et donc la performance aux épreuves qui les mesurent, ne sont pas également affectées par le niveau de scolarité. Bien que la question du rôle de l'éducation sur la performance cognitive demeure d'actualité et mérite d'être prise en compte dans ce chapitre, ce qui intéresse les chercheurs dans le domaine du vieillissement cognitif concerne davantage le rôle potentiellement modulateur du niveau de scolarité formelle sur le profil de déclin cognitif.

Plus précisément, les questions qui intéressent ces chercheurs sont nombreuses. Est-ce que l'impact du niveau scolaire sur la plupart des tests cognitifs est le même tout au long de la vie ? Est-ce que le niveau de scolarité peut prédire le déclin cognitif lié à l'âge ? Le niveau de scolarité a-t-il un effet protecteur du déclin cognitif ? Le cas échéant, cette protection est-elle équivalente pour tous les domaines ou les fonctions cognitives ? Quelle est la nature de l'effet, protecteur ou non, du niveau scolaire ? S'agit-il d'un mécanisme compensatoire de nature cognitive ? On pourrait penser, par exemple, qu'un individu très scolarisé ait développé un répertoire de stratégies plus élaborées et qu'en cas de pertes neurologiques liées au vieillissement, il puisse tirer profit de stratégies non apprises par une personne ayant peu fréquenté l'école. Ou est-ce que l'effet protecteur, s'il en est, du niveau scolaire est en fait le résultat d'un effet de protection neuronale, c'est-à-dire que la stimulation cognitive soutenue dans les premières décennies de la vie d'un individu a contribué à un développement neuronal différent (e.g., plus de connexions synaptiques) qui permettra au cerveau de compenser des pertes encourues lors du vieillissement.

Dans ce chapitre nous aborderons l'étude du niveau de scolarité dans le contexte du vieillissement cognitif en dissociant les plans d'étude longitudinaux et transversaux. Cette distinction est souhaitable pour deux raisons. D'abord, les deux plans d'études posent des questions différentes et possèdent des forces et faiblesses bien distinctes (voir Chapitre 1 pour une distinction entre ces plans expérimentaux). Ensuite, étant donné leurs exigences méthodologiques, les études longitudinales et transversales utilisent en général des mesures distinctes de la cognition de sorte que leur contribution pour mieux comprendre la relation entre scolarité et cognition est différente et complémentaire.

Dans la première partie, nous aborderons les études longitudinales qui cherchent à prédire, chez un grand groupe d'individus, le profil de déclin et son rythme en fonction du niveau scolaire préalable de l'individu. Dans la seconde partie, nous présenterons les études transversales qui ont évalué les différences de performance cognitive entre individus de niveaux de scolarité différents, afin d'évaluer son impact sur la cognition chez les adultes jeunes et âgés. Les deux types d'études sont essentiels pour bien cerner l'effet du niveau de scolarité sur le déclin cognitif. En effet, un plan longitudinal comporte plusieurs avantages méthodologiques puisque les données risquent moins d'être influencées par les différences individuelles, ou les effets de cohortes. Par contre, de telles études sont coûteuses et les chercheurs optent généralement pour une évaluation sommaire des fonctions cognitives, nous renseignant peu sur la nature des mécanismes ou des fonctions cognitives qui pourraient être influencées par le facteur à l'étude. Les études transversales, quant à elles, impliquent généralement des mesures souvent plus raffinées et élaborées de la cognition, nous permettant de mieux préciser la nature de la relation entre cognition et éducation, même s'il demeure difficile de comprendre les changements intra-individuels à partir des différences inter-individuelles.

1 Niveau de scolarité et vieillissement cognitif : résultats des études épidémiologiques et longitudinales

1.1 *La contribution du niveau de scolarité sur le fonctionnement cognitif global dans les études longitudinales*

Dans cette section, nous traitons des études qui tentent de prédire le déclin cognitif des personnes âgées en évaluant des groupes de participants importants suivis pendant plusieurs années. Dans ces études longitudinales, on procède à l'évaluation des participants à un moment donné (temps 1), puis on évalue à nouveau les participants après quelques années (temps 2, temps 3....). Comme les participants sont souvent très nombreux, il est impossible d'avoir recours à une évaluation cognitive détaillée qui pourrait s'échelonner sur plusieurs heures, voir plusieurs sessions. Ainsi, pour évaluer la cognition de façon économique, ces études ont souvent recours à des test cliniques d'intelligence, brefs pour la plupart, ou encore à des tests de l'état mental général comme l'examen abrégé de l'état mental (*Mini-Mental State Examination*, voir Tableau 1). Certaines études utilisent des tests neuropsychologiques tels qu'employés en clinique. D'autres, plus rares, ont recours à des tests informatisés de vitesse de traitement de type temps de réaction. Il importe donc d'être prudent lorsqu'on tente de faire le lien entre les observations empiriques rapportées dans ces études et les études du vieillissement cognitif dans une perspective de psychologie cognitive fondamentale. En effet, les tests cliniques et neuropsychologiques sont souvent multidéterminés et influencés par davantage de processus cognitifs ou de variables individuelles non cognitives que ne le sont les tests de laboratoire très contrôlés. Quoiqu'il en soit, ces études demeurent une importante source d'information pour quiconque s'intéresse aux modulateurs du vieillissement cognitif.

De nombreuses études longitudinales ont été conduites au cours des dernières décennies et plusieurs parmi celles-ci sont toujours en cours. Dans une étude longitudinale, une cohorte d'individus représentatifs de la population étudiée est invitée à participer à une étude d'envergure dans laquelle de nombreuses données sont collectées. L'objectif des chercheurs est d'étudier la relation entre les différentes mesures ciblées, comme par exemple entre l'âge et la performance cognitive à des tests cliniques. L'intérêt de ces recherches est d'inclure un grand nombre d'individus évalués dans un premier temps et de les réévaluer après plusieurs années. Ces études ont donc l'avantage de comparer le déclin cognitif chez un même groupe d'individus plutôt que de comparer des groupes d'âges différents comme dans les études transversales, diminuant ainsi l'impact des différences individuelles ou des effets de cohorte (i.e., effets pouvant être associés aux facteurs environnementaux propres à une période spécifique de l'histoire, comme pendant les années de guerre, ou encore d'être né avant l'apparition des ordinateurs).

Schaie et Hofer (2001) dressent une liste de 24 études longitudinales encore en cours en 2001 dans le monde. Dans certains cas, le délai entre la première évaluation (niveau de base) et le suivi s'étend sur plus de 40 ans (e.g., the Seattle Longitudinal Study lancée en 1956). Dans une revue récente, Anstey et Christensen (2000) rapportent 14 études longitudinales qui ont montré une relation entre le niveau de scolarité et le déclin cognitif. Le délai entre l'évaluation du niveau de base et le suivi s'échelonnait dans certains cas jusqu'à 45 ans. Évidemment, ces études différaient sur de nombreux facteurs. D'abord, elles ont été conduites dans différents pays, comme l'Australie (Canberra Longitudinal Study ; Christensen *et al.*, 1997), la France (PAQUID ; Dartigues *et al.*, 1992), les Pays-Bas (The Amsterdam Study, Schmand *et al.*, 1997), le Canada (Vicotria Longitudinal Study, Hultsch *et al.*, 1998 et World War II Veterans Study ; Arbuckle *et al.*, 1998), le Japon (Koganei Study ; Shichita *et al.*, 1986) et les États-Unis (e.g., MacArthur Study of Sucessful Aging, Albert *et al.*, 1995 ; Nun Study, Butler *et al.*, 1996). De plus, l'échantillon étudié variait de quelques centaines à plus de dix milles personnes dans certains cas, suivies pendant des périodes très variables, allant de 1 à 45 années selon les études. Bien sûr, les tests utilisés variaient aussi grandement d'une étude à l'autre puisque certaines études évaluaient divers aspects de la cognition à l'aide de tests de mémoire ou des fonctions langagières et de mémoire de travail, alors que d'autres se contentaient de rapporter les résultats d'un examen mental général comme le MMSE.

Malgré des divergences importantes entre les études longitudinales, la recension des écrits de Anstey et Christensen (2000) a permis de mettre en évidence que le niveau scolaire est l'un des principaux prédicteurs, sinon le meilleur prédicteur du déclin cognitif associé à l'âge avancé. Il semble donc qu'il existe bien une relation entre le niveau scolaire et la performance cognitive chez la personne âgée. Toutefois, cette relation dépend du type de mesures cognitives obtenues. Les études utilisant les examens de l'état mental général abrégé (e.g., MMSE) montrent en général un effet protecteur de la scolarité. Lorsqu'un plus large éventail de tests est utilisé, les tests sollicitant les fonctions langagières et les connaissances générales, donc les habilités dites cristallisées, ont tendance a être plus protégées contre les effets du vieillissement chez les personnes plus scolarisées. Nous verrons plus tard dans ce chapitre comment les études transversales utilisant des mesures cognitives expérimentales plus fines permettent de mieux comprendre ce phénomène. Bien que les études utilisant des examens de l'état mental général abrégé n'offrent pas le même niveau d'analyse sur le plan cognitif, ces tests ont l'avantage d'être courts et sont donc bien adaptés aux études longitudinales qui incluent souvent des milliers de participants. Il faut retenir que ces tests nous informent peu quant à la nature des processus cognitifs à l'étude. En effet, le MMSE par exemple, le test le plus répandu pour mesurer l'état cognitif général des personnes âgées, sollicite différents processus cognitifs selon les questions posées. Toutefois, seul le score global est retenu pour fins d'analyse, ce qui ne permet pas de connaître la nature des items manqués, et donc, quels aspects de la cognition sont touchés.

Le Mini-Mental State Examination (MMSE voir Tableau 1) est un examen mental permettant d'évaluer de façon rapide l'état mental des personnes âgées (Folstein, Folstein, & McHugh, 1975). Il s'agit d'un questionnaire comportant certaines épreuves mentales relativement faciles (e.g., rappeler 3 mots) qui permet également de quantifier le niveau de fonctionnement cognitif d'un adulte. Il inclut des items d'orientation temporelle (e.g., quelle est la date d'aujourd'hui ?) et spatiale (e.g., où sommes nous ?), de langage (e.g., répétition de mots), de compréhension de consignes (e.g., plier une feuille de papier), de rappel immédiat (e.g., rappeler une liste de trois mots), ainsi que de copie de dessin. La version la plus répandue du MMSE permet de calculer un score sur 30 points. Un résultat de 27 et plus est généralement considéré dans les études comme témoignant d'un fonctionnement cognitif normal. Un score de 21-26 suggère la présence de démence légère, qui devra être confirmée par des tests neuropsychologiques plus précis et un examen médical plus poussé. Un score de 10 à 20 suggère une démence modérée et un score de moins de 10 peut signifier une démence grave (Folstein *et al.*, 1975). Toutefois, le MMSE est sensible au niveau de scolarité complété par les participants et donc son utilisation dans le cadre d'un examen de dépistage des troubles cognitifs doit tenir compte des caractéristiques personnelles de chaque patient. Ainsi, dans une étude de normalisation impliquant plus de 18 000 américains, on rapporte par exemple un score moyen de 22 chez les aînés de 65-69 ans qui ont complété moins de 4 années de scolarisation alors que les 65-69 qui ont complété un niveau collégial ou universitaire obtiennent un score moyen de 29 (Crum, Anthony, Bassett, & Folstein, 1993).

L'utilisation du MMSE dans les études cliniques et expérimentales est très répandue car il offre plusieurs avantages. Les avantages du MMSE sont :

- Son administration est courte (moins de 15 minutes).
- Comme il est très répandu, on peut comparer des groupes entre différentes études.
- Des données normatives sont disponibles afin de contrôler pour le niveau de scolarité et pour l'âge.

Les désavantages du MMSE sont :

- Il s'agit d'une évaluation globale de l'état mental qui ne permet pas de documenter les déficits cognitifs avec précision.
- Il ne peut pas remplacer un diagnostic clinique.
- Il ne permet pas de déterminer la pathologie sous-jacente aux pertes cognitives.

Un exemple d'étude longitudinale utilisant le Mini-Mental State Examination comme mesure de l'état mental est celle de Lyketsos, Chen et Anthony (1999). Ces chercheurs ont suivi un groupe de 1488 participants âgés de 18 à 70 ans pendant une période de 11.5 ans. Les participants ont en fait été testés en 1981-82 et évalués à nouveau en 1993-1996. Le test cognitif utilisé était le MMSE, dont le score maximal est 30 points. Les chercheurs ont observé dans toute la cohorte une diminution moyenne de 1.41 point au MMSE pendant la période de l'étude. Comme on peut s'y attendre, plus les participants étaient âgés, plus leur score au MMSE diminuait au cours des 11.5 années. Ainsi, les participants du groupe de 41-50 montrent un déclin moyen de 1.25, comparativement au groupe de référence dans cette étude, celui des 18-30 ans qui n'ont décliné que de 0,98 points. Les groupes des 61-70 ans et des 71 ans et plus ont respectivement décliné de 2.62 et 3.23 au cours des 11.5 années. En ce qui concerne le niveau de scolarité formelle, les auteurs de l'étude ont observé que, avec ou sans l'âge chronologique comme contrôle statistique, les participants qui avaient plus de 8 années d'éducation formelle montraient moins de diminution au MMSE que les participants moins

Fonctions	Tâches	Exemples
Orientation (2 items, 10 points)	• Répondre à des questions d'orientation spatiale • Répondre à des questions d'orientation temporelle	• Dans quelle ville sommes-nous ? » • Quel jour de la semaine sommes-nous ? »
Enregistrement (1 item, 3 points)	Rappeler immédiatement trois mots lus par l'expérimentateur	« Veuillez répéter les mots suivants : Maison, vert, chapeau »
Attention et calcul (1 item, 5 points)	Épeler un mot à l'envers ou compter à rebours	• « Pouvez-vous épeler le mot RESTE à l'envers ? (ETSER) » • « Pouvez-vous compter à rebours par 4 à partir de 50 »
Évocation (1 item, 3 points)	Nommer les 3 mots mentionnés à la phase d'enregistrement	« Pouvez-vous nommer à nouveau les 3 mots que vous avez répété précédemment ? »
Langage (5 items, 8 points)	• Identifier des objets communs sur demande • Répéter une expression • Exécuter une consigne verbale en trois temps • Exécuter une consigne écrite • Écrire une phrase	• « Pouvez-vous me dire ce que c'est (en pointant une chaise) ? » • « Pouvez-vous répéter l'expression *L'appétit vient en mangeant* ? » • « Prenez ce livre avec la main droite, ouvrez-le puis déposez-le sur le plancher » • « Croisez vos jambes » • « Écrivez la phrase *Je mange une pomme* »
Visuo-constructive (1 item, 1 point)	Reproduire un dessin	Copie de deux pentagones dont deux côtés s'entrecroisent

Tableau 1

Liste des fonctions cognitives évaluées, des tâches et exemples du MMSE.

scolarisés. La Figure 1 montre le déclin moyen au MMSE chez les groupes de divers niveaux scolaires dans l'étude de Lyketsos *et al.* (1999). Les auteurs ont observé que les gens ayant 8 ans et moins de scolarité déclinent en moyenne de 2.5 points environ, alors que les participants de l'étude qui ont complété 12 ans et plus de scolarité ne déclinent que de 1 point environ. L'étude de Lyketsos *et al.* tend donc à confirmer que les aînés plus scolarisés ont tendance à montrer un déclin cognitif moindre lorsqu'on les examine sur une période d'environ dix années.

aînés + scolarisés = moins de ↓ cognitive sur 10 ans.

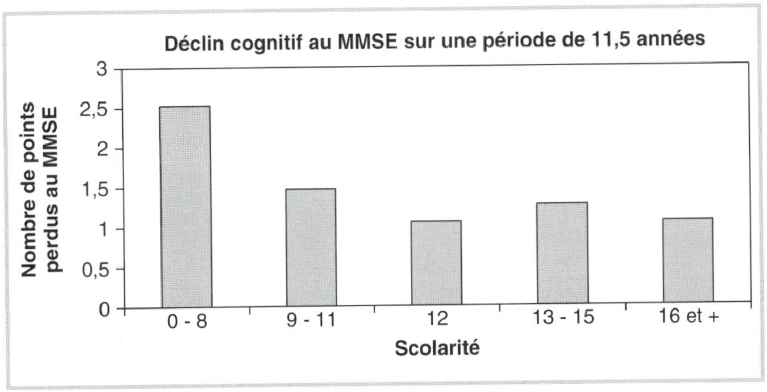

Figure 1

Déclin moyen au MMSE sur une période de 11.5 ans en fonction du nombre d'années de scolarité (d'après Lyketsos, Chen, & Antony, 1999).

Les aînés ayant un niveau de scolarité élevé montrent un déclin cognitif moindre que les aînés plus faiblement scolarisés.

1.2 *Le niveau d'éducation formelle permet-il de prédire le déclin cognitif associé à l'âge ?*

Il semble donc que, dans les études longitudinales, lorsque la cognition est évaluée par un test général ou par un index de performance combinant la performance à divers tests, le niveau d'éducation permette de prédire non seulement la performance au Temps 1 mais également celle observée aux évaluations ultérieures. Les observations de l'étude *MacArthur Studies of Successful Aging* (Albert *et al.*, 1995), une étude américaine, qui a produit plusieurs articles scientifiques au cours des dernières années, illustre bien cette relation entre la cognition et la scolarité. Dans cette étude, les chercheurs ont utilisé une mesure cognitive combinant différentes épreuves de mémoire verbale et non verbale, une mesure d'intelligence générale et des habiletés non verbales. Dans cette vaste étude longitudinale, les chercheurs ont remarqué que, lorsqu'on tente de prédire le déclin cognitif d'un individu âgé au cours d'une période de 2 à 3 ans à l'aide des facteurs individuels tels que le niveau de scolarité, des indices d'activités physiques ou de santé cardiorespiratoire, le niveau de performance cognitive initial et le niveau de scolarité sont les deux meilleurs prédicteurs de la différence de performance aux tests cognitifs entre le début et la fin de l'étude, donc sur une période de 2.5 années (Albert *et al.*, 1995). La Figure 2 montre les principales variables qui permettent de prédire le déclin cognitif global sur une période de 2.5 années dans l'étude d'Albert *et al.* (1995).

Si certaines études font apparaître un effet protecteur de la scolarité, d'autres études ne vont pas dans ce sens. Par exemple, dans un rapport récent du programme de recherche PAQUID conduit par une équipe de recherche de Bordeaux impliquant 547 personnes âgées de 65 à 94 ans (Winnock *et al.*, 2002), le niveau de scolarité est corrélé à de meilleurs résultats à un examen abrégé de l'état mental (Mini Mental State Evaluation) à l'origine, donc en tout début d'étude. Toutefois, la scolarité ne permet pas de prédire le déclin cognitif sur une période de 1 à 10 ans.

Il demeure que les chercheurs s'entendent généralement pour dire que les personnes ayant suivi un plus haut niveau de scolarité bénéficieraient en quelque sorte d'une *protection*** contre le déclin cognitif associé à l'âge. Cette affirmation vient surtout des études dans lesquelles ont tient compte du risque de développer certaines maladies du

Figure 2

Lors d'une étude évaluant la valeur prédictive de plusieurs facteurs individuels sur la cognition, Albert et al. (1995) ont observé que le niveau de scolarité était le meilleur prédicteur du « déclin cognitif ».

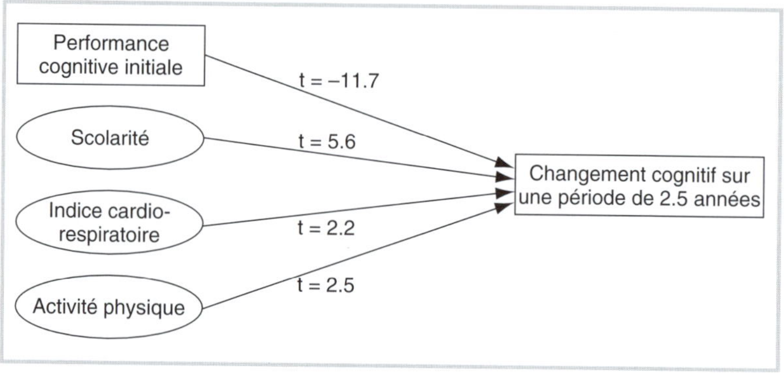

pourrait aussi avoir effet protecteur sur développ. de démences.

vieillissement qui affectent la cognition, comme des troubles cognitifs légers ou la démence. Les effets de la stimulation cognitive liée à une éducation poussée ne semblent donc pas seulement importants dans le domaine du vieillissement normal. Être actif sur le plan cognitif pourrait également avoir un effet protecteur contre les maladies dégénératives associées au vieillissement (Canadian Study of Health and Aging, Lindsay *et al.*, 2002).

1.3 *L'effet du niveau de scolarité dans les différents domaines cognitifs*

Plusieurs chercheurs ont critiqué cet effet de supériorité lié au niveau de scolarité en soulignant que les tests utilisés par les psychologues sont des tests trop souvent inspirés par les activités scolaires. En d'autres termes, la critique de ces auteurs suggère que les épreuves cognitives sont en fait des mesures du niveau de scolarité et non du fonctionnement intellectuel au sens propre. Une façon de répondre à cette critique est de comparer différentes épreuves cognitives. Par exemple, en comparant les épreuves d'*intelligence dite fluide*** à des épreuves de connaissances ou d'*intelligence cristallisée***, on remarque que, s'il existe un effet protecteur du niveau de scolarité, celui-ci est surtout observé dans les épreuves d'intelligence cristallisée. C'est ce qu'ont observé, par

Figure 3

Les études universitaires sont exigeantes sur le plan intellectuel, mais leur impact peut parfois aller bien au-delà des attentes des étudiants.

En effet, les résultats des études longitudinales suggèrent que le déclin cognitif associé au vieillissement normal et pathologique est moins prononcé chez les personnes les plus scolarisées.

exemple, Christensen et collaborateurs (1997) dans un échantillon de personnes âgées de 70 à 79 ans et évaluées sur un période de 3.6 années. Dans cette étude, les participants avaient soit de 0-9 années de scolarité, de 10-13 années de scolarité ou 14 ans et plus de scolarité formelle. Plusieurs tests cognitifs ont été utilisés par les chercheurs. Christensen *et al.* (1997) ont utilisé un test de l'état mental général (MMSE) et des tests tels que le test de Similitudes de la WAIS-R (3 items cotés 0, 1 ou 2 pour un score total de 6) et d'Information (Scores variant de 0 à 4). Les performances au MMSE et aux tests de Similitudes et d'Information sont présentées à la Figure 4. Dans le domaine de l'intelligence fluide, les chercheurs ont utilisé plusieurs tests dont ceux présentés à la Figure 5 ; un test de comparaison de symboles dans lequel le participant doit dire une lettre qui correspond à un symbole selon une clé de réponse (la performance équivaut au nombre d'items complétés en 90 s), un test de mémoire épisodique et un test de temps de réaction au choix dans lequel le participant appuie sur la touche gauche ou droite selon que la lumière de gauche ou de droite s'allume.

Les résultats présentés aux Figure 4 et 5 ont permis d'observer que le niveau de scolarité ne permettait pas de prédire le déclin de performance aux tests mesurant les habiletés dites fluides comme la vitesse de traitement de l'information. Par contre, la performance aux épreuves mesurant l'état mental général de même que les habiletés verbales (tests de Similitudes de la WAIS) pouvait être prédite par le niveau de scolarité. Ainsi, quand tous les autres facteurs, tels que la santé, l'âge, etc. sont maintenus constants (par contrôle statistique), un individu ayant complété 9 ans et moins de scolarité devrait perdre plus d'un point au MMSE au cours d'une période de 3.6 années, alors qu'un individu ayant 15 années de scolarité et ayant le même score au MMSE au début de l'étude devrait perdre moins d'un demi point.

Cette distinction entre les types de processus dits fluides et ceux dits cristallisés comme processus sensibles au niveau d'éducation d'un individu a aussi été observée dans une étude canadienne conduite auprès des soldats vétérans par des chercheurs de l'université Concordia et qui s'est échelonnée sur une période de 45 ans (Arbuckle, Maag, Pushkar, & Chaikelson, 1998, chez des participants de 62 à 79 ans).

Il semble donc évident d'une part que le niveau de scolarité joue un rôle important dans la performance aux différentes épreuves cognitives, mais que son potentiel de prédiction des changements cognitifs associés à l'âge dépend des aspects du fonctionnement intellectuel à l'étude. On peut alors supposer que l'effet du niveau de scolarité sur la cognition, et son rôle modulateur sur le déclin cognitif s'il en est, soit spécifique à certaines fonctions cognitives. Il est toutefois difficile de vérifier cette hypothèse dans les études longitudinales qui utilisent souvent des mesures trop générales du fonctionnement intellectuel. Cette question sera donc abordée dans la section suivante du chapitre qui traite des études transversales.

On peut évidemment se demander si cette relation entre le niveau scolaire et la performance cognitive, ainsi que son déclin avec l'âge, ne cache pas l'influence d'autres facteurs étroitement associés à la formation scolaire d'un individu, comme son emploi ou son statut socio-économique. Nous verrons en détails dans le chapitre suivant que certaines études dans le domaine du vieillissement cognitif se sont directement intéressées à la question du type d'emploi. En ce qui a trait au statut socio-économique, peu d'études ont directement évalué l'impact de ce facteur sur le vieillissement cognitif. Par exemple,

Figure 4

Performances aux tests verbaux mesurant l'intelligence cristallisée et au MMSE en fonction du niveau de scolarité et du moment d'évaluation (d'après Christensen et al., 1997).

Ces résultats montrent que les personnes âgées plus scolarisées déclinent moins sur une période de 3.6 années et que les scores augmentent avec la scolarité.

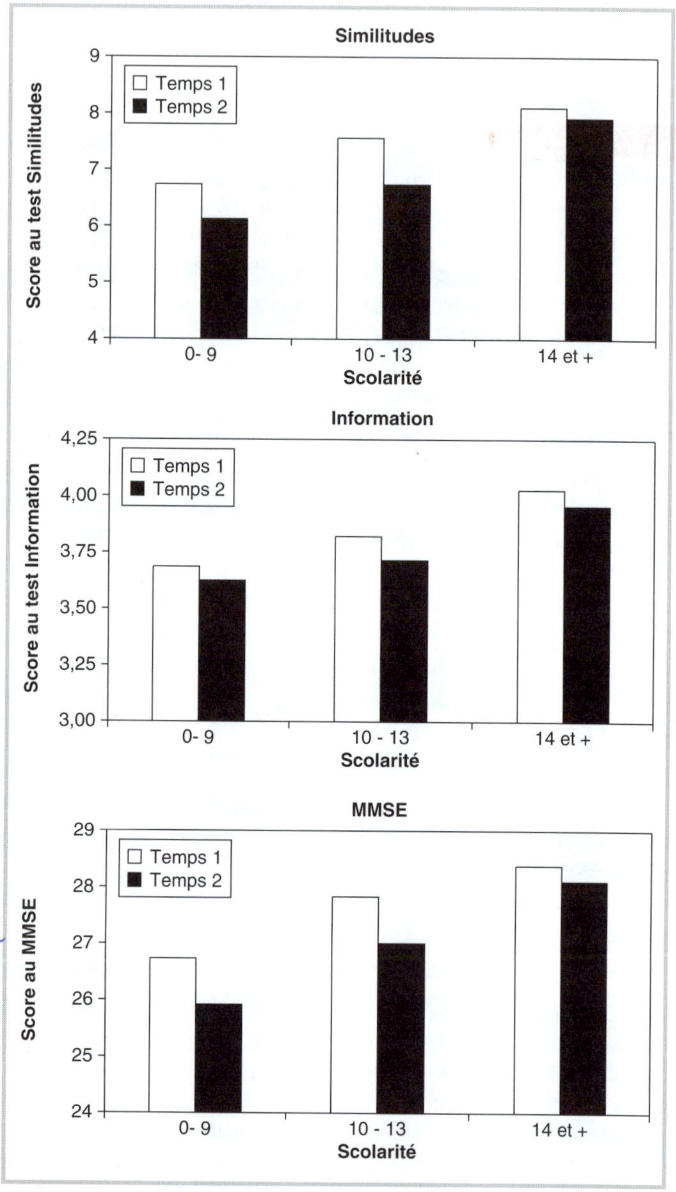

niveau scolaire est relié au revenu d'un individu.

dans l'étude de Albert *et al.* (1995) citée plus haut, les auteurs observent que le niveau scolaire est directement lié au revenu d'un individu. Toutefois, leur modèle ne permet pas d'évaluer la contribution relative de ces facteurs sur la cognition.

Dans une étude récente, Cagney et Lauderdale (2002) ont voulu évaluer l'impact du niveau socio-économique et de la scolarité sur le vieillissement cognitif. L'objectif des auteurs était de vérifier si ces facteurs ont un impact indépendant ou non sur le profil de vieillissement cognitif. Les participants de cette étude étaient âgés de 70 ans et plus, et certains de plus de 85 ans. Les participants provenaient de trois groupes ethniques

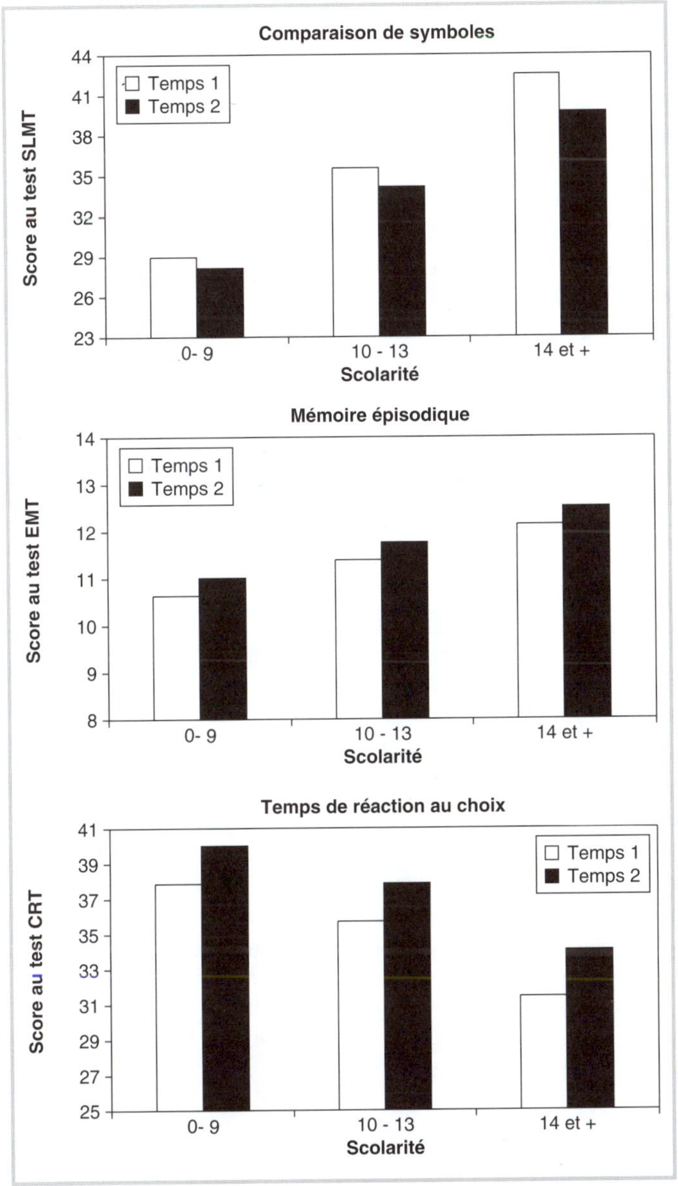

Figure 5

Performances aux tests mesurant l'intelligence fluide en fonction du niveau de scolarité et du moment d'évaluation (d'après Christensen et al., 1997).

Ces résultats ne montrent pas de différence de déclin cognitif en fonction du niveau scolaire, malgré une augmentation des scores avec la scolarité (SLMT ; Symbol letter modality test, EMT ; Episodic Memory test, CRT ; Choice reaction time).

différents. Ils pouvaient s'identifier eux-mêmes comme latino-américains, afro-américains ou blancs. Dans cette étude, les performances cognitives étaient évaluées à l'aide de trois composantes :

1. Mémoire : Un test de rappel libre de dix mots concrets (immédiat et avec délai) ;
2. Mémoire de travail : Compter à rebours de 7 en 7 à partir de 100 ;
3. Connaissance (nommer le président et le vice-président des États-Unis), langage (nommer deux mots communs) et orientation (donner le jour et la date et compter à rebours à partir de 20).

L'intérêt des chercheurs de cette étude était de prédire la performance cognitive selon le niveau scolaire et le statut socio-économique. En général, le statut socio-économique est quantifié par le revenu d'un ménage, ou d'un individu. Toutefois, cette mesure peut poser problème, puisque certaines personnes peuvent avoir eu un plus haut niveau de vie, à une certaine époque, que leur revenu annuel ne le laisse croire. Prenons, par exemple, le cas d'une dame de 75 ans qui aurait passé une grande période de sa vie au foyer pour prendre soin de sa famille et de ses enfants. Peut-être a-t-elle par la suite entamé une carrière et trouvé un emploi ? Si cet emploi est plus ou moins récent, il est possible que son revenu annuel ne témoigne pas de sa richesse et de son niveau de vie réel. Pour contourner ce problème, Cagney et Lauderdale (2002) on tenu compte de deux indices socio-économiques, le revenu annuel et la richesse, c'est-à-dire l'ensemble des avoirs (e.g., valeur de la maison, fonds de pension, argents placés à la banque etc.).

La Figure 6 présente les résultats les plus frappants de cette étude. D'abord, précisons que la relation scolarité-performance cognitive est identique dans les groupes évalués, soit les latino-américains, les afro-américains et les caucasiens. Pour tous les individus, et tous les aspects de la cognition évalués, avoir complété un plus haut niveau de scolarité amène de meilleures performances cognitives. Cette observation est importante, car, dans cette étude, le statut socio-économique, tant le revenu que la richesse d'une personne, variait grandement selon l'appartenance à un groupe ethnique. À titre d'exemple, alors qu'environ 28 % des blancs avaient un revenu annuel entre 25 et 50 milles dollars, seulement 15 % des afro-américains et 11 % des latino-américains pouvaient compter sur un revenu annuel équivalent. De même, 11 % des blancs gagnaient plus de 50 milles dollars annuellement contre 4 % et 5 % seulement des afro-américains et des latino-américains respectivement. En ce sens, le fait que les performances cognitives varient de façon importante en fonction du niveau scolaire dans les trois groupes d'individus signifie que la scolarité a vraiment un impact majeur sur le vieillissement cognitif, peu importe l'origine et le statut socio-économique d'un individu. De plus, les chercheurs ont vérifié l'impact du niveau scolaire en ajoutant comme contrôle statistique la richesse et le revenu annuel du ménage. L'ajout de ces deux variables n'a que faiblement modulé la relation scolarité-performance cognitive. Même en contrôlant statistiquement les différentes mesures socio-économiques, la relation entre le niveau scolaire et les performances cognitives chez les personnes âgées demeure très forte.

2 Le niveau d'éducation formelle comme modérateur des différences liées à l'âge sur la performance cognitive : résultats des études transversales

Les études longitudinales considérées dans la section précédente suivent le patron de déclin cognitif des mêmes individus sur plusieurs années et permettent donc de mesurer le déclin cognitif lié à l'avancement en âge sans être contaminé par les effets de cohorte. Cet avantage est particulièrement important lorsqu'on s'intéresse à l'effet de

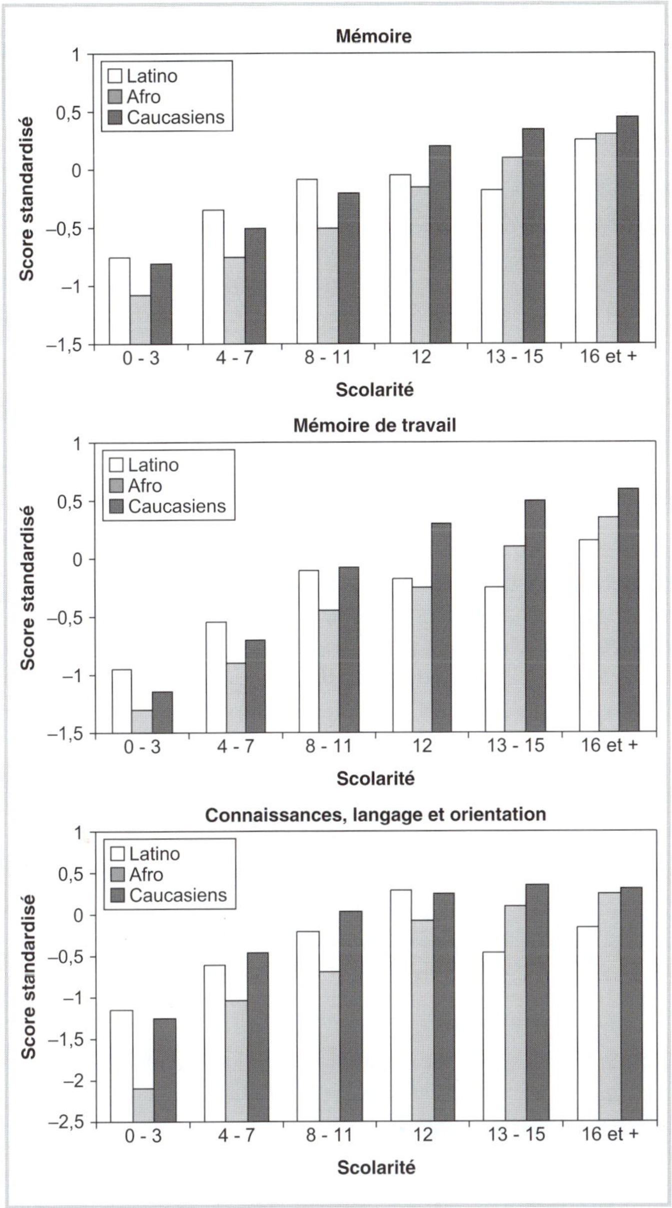

Figure 6

Performances aux tests de mémoire épisodiques, mémoire de travail, connaissances, langage et orientation en fonction du niveau scolarité et de l'appartenance ethnique.

Ces résultats montrent une relation scolarité-performance cognitive identique dans les groupes évalués, soit les Latino-Américains, les Afro-Américains et les Caucasiens (d'après Cagney & Lauderdale, 2002).

la scolarité sur le vieillissement cognitif puisque les systèmes d'éducation ont connu de nombreux changements au cours des dernières décennies, à tout le moins dans les pays industrialisés. L'utilisation d'un plan longitudinal est donc essentielle pour étudier l'impact de la scolarité sur le vieillissement cognitif. Toutefois, les études longitudinales qui se sont intéressées à l'effet de l'éducation, bien qu'elles soient nombreuses, ne permettent pas une analyse détaillée des processus cognitifs qui pourraient ou non bénéficier de la scolarité. En effet, comme il a déjà été mentionné, les contraintes temporelles dues au fait que les études longitudinales incluent souvent des centaines de participants rendent impossible une investigation en profondeur. Les études transversales qui comparent des groupes de personnes jeunes et âgées deviennent donc importantes pour mieux comprendre les effets spécifiques de l'éducation sur les différentes fonctions cognitives.

Dans les études transversales qui s'intéressent à l'impact du niveau d'éducation formelle sur le vieillissement cognitif, on compare des groupes de participants jeunes et âgés ayant atteint différents niveaux de scolarité. Ainsi, l'effet positif ou négatif de la scolarité sur le vieillissement cognitif devrait se traduire par une interaction ou l'absence d'interaction entre la scolarité et l'âge, c'est-à-dire qu'on s'attend généralement à ce que les participants très scolarisés montrent une moins grande différence de performance aux épreuves cognitives par rapport aux jeunes, alors que la différence liée à l'âge devrait être plus importante entre les groupes à faible niveau de scolarité.

2.1 Les différents patrons de relation entre la scolarité et le vieillissement cognitif

Il semble évident que l'effet d'une expérience précoce et enrichissante dans la vie d'un individu, comme la scolarisation en bas âge, ait un effet complexe sur la cognition. De façon générale, elle semble favoriser la performance aux épreuves cognitives, et dans certains cas, protégerait les individus des effets délétères du vieillissement sur la cognition. Il demeure difficile de dresser un portrait de l'effet de l'éducation formelle sur la cognition et son déclin avec l'âge car peu d'études ont comparé des individus de niveaux de scolarité différents à différentes épreuves cognitives. L'effet différentiel du niveau de scolarité en fonction des tâches utilisées et touchant différents domaines cognitifs a été mis davantage en évidence dans les études qui ont comparé de nombreuses épreuves cognitives. Par exemple, Capitani, Barbarotto et Laiacona (1996) remarquent que le déclin cognitif lié à l'âge est parallèle entre les personnes de différents niveaux de scolarité dans les épreuves de fluidité verbale et mémoire spatiale, des épreuves qui demandent un haut niveau de contrôle attentionnel. Ceci ne signifie pas que la scolarité n'affecte pas la cognition évaluée par ces tests. Un déclin parallèle suggère ici que, même si, en général, les gens plus scolarisés performent mieux aux tests, ils ne sont pas plus protégés par les effets délétères du vieillissement. Par ailleurs, dans d'autres tests, particulièrement ceux qui nécessitent des connaissances verbales comme la mémoire verbale, les personnes ayant un niveau de scolarité moindre montrent un patron de déclin cognitif plus accentué. Il semble donc que, chez un même groupe de participants, différentes épreuves cognitives conduisent à des relations distinctes entre le niveau de scolarité et la performance cognitive. Ces observations permettent de s'interroger sur les types de relations potentielles entre scolarité et vieillissement cognitif.

Dans une vaste étude conduite en Amérique du Sud, Ardila, Ostrosky-Solis, Rosselli et Gomez (2000) ont utilisé une batterie élaborée de tests neuropsychologiques pour couvrir un vaste éventail de domaines cognitifs et ont évalué 806 participants de différentes régions du Mexique en quatre groupes de niveau de scolarité (illettrés, 1-4, 5-9 et 10 années et plus d'éducation formelle) et d'âge différents (16-30, 31-50, 51-65 et 66-85 ans). En comparant les groupes extrêmes sur le plan de la scolarité, c'est-à-dire les individus illettrés et ceux qui ont complété plus de 10 années de scolarité, les auteurs ont identifié quatre patrons de résultats différents, indiquant quatre relations possibles entre le niveau de scolarité complété et le déclin cognitif lié à l'âge (parallélisme, protection, confluence ascendante et confluence descendante). De plus, ces patrons de résultats diffèrent selon le domaine cognitif évalué.

1. Le *parallélisme*** indique un déclin équivalent en fonction de l'âge chez les groupes ayant différents niveaux de scolarité et a été observé lors d'une épreuve de copie de dessin, qui évalue les habiletés visuo-constructives (Figure 7).
2. La *protection*** désigne le fait que les individus ayant complété un haut niveau de scolarité sont protégés en quelque sorte des effets délétères de l'âge, tel que démontré en rappel de mots (Figure 8).
3. La *confluence ascendante*** désigne le fait que les personnes plus faiblement scolarisées semblent s'améliorer avec l'âge, plus particulièrement entre le début et la moitié de l'âge adulte, ce qui ne semble pas le cas pour les personnes plus scolarisées. Cette relation a été observée dans une épreuve d'empan de chiffres à rebours (Figure 9),

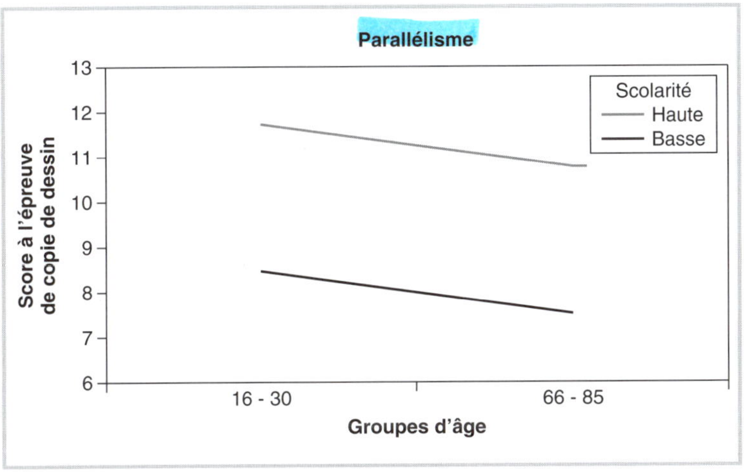

Figure 7

Résultats à une épreuve de copie de dessin (d'après Ardila et al., 2000).

Bien que la performance soit modulée par le niveau de scolarité, les scores diminuent de la même façon dans le temps.

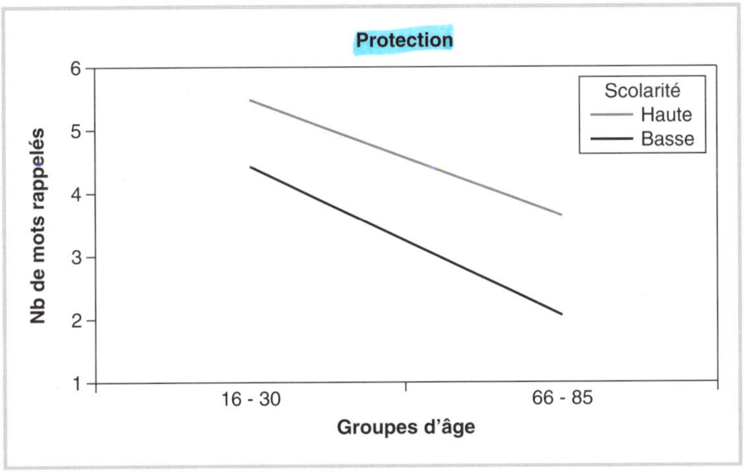

Figure 8

Résultats à une épreuve de rappel de mots (d'après Ardila et al., 2000).

L'effet de l'âge sur la performance au rappel est moins prononcé chez les participants ayant complété un haut niveau de scolarité.

dans laquelle les personnes moins scolarisées semblent mieux performer à l'âge adulte moyen, par comparaison aux jeunes adultes. Il y aurait donc une amélioration chez les faiblement scolarisés, mais pas chez les hautement scolarisés.

4. La *confluence descendante*** désigne une diminution de la performance des personnes hautement scolarisées et s'approchant ainsi de la performance des personnes ayant un niveau de scolarité plus bas, tel qu'observé lors d'une épreuve de fluidité verbale (Figure 10). Dans ce test, les gens hautement scolarisés perdent leur avantage sur les gens faiblement scolarisés avec l'avancement en âge.

2.2 *Niveau de scolarité et vieillissement attentionnel*

En général, les études suggèrent une relation positive entre le niveau de scolarité et la performance cognitive chez la personne âgée. Toutefois, il est généralement observé que toutes les fonctions cognitives ne sont pas sensibles au niveau d'éducation.

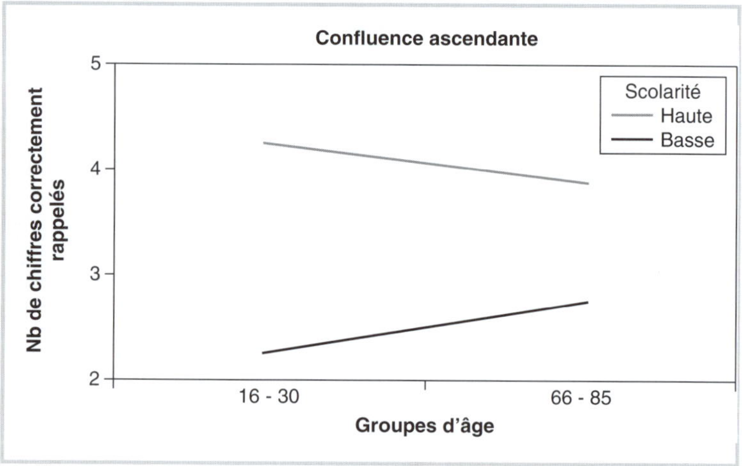

Figure 9

Résultats à une épreuve d'empan de chiffres à rebours (d'après Ardila et al., 2000).
La performance des groupes de niveaux de scolarité différents tend à se rapprocher dans le temps du fait d'une amélioration du groupe faiblement scolarisé.

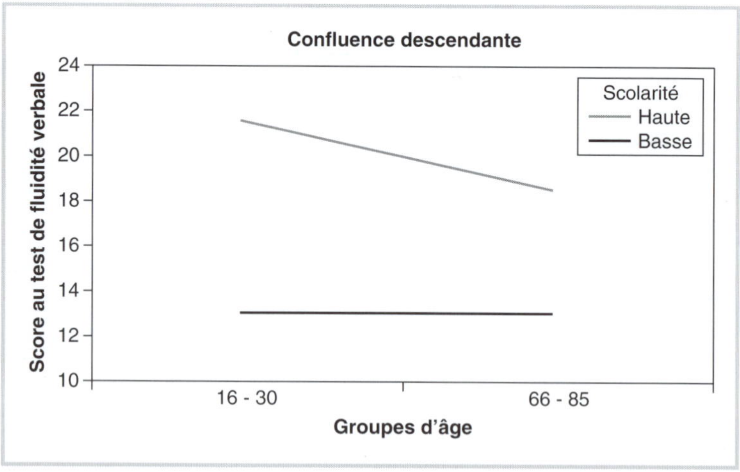

Figure 10

Résultats à une épreuve de fluidité verbale (d'après Ardila et al., 2000).
La performance des groupes de niveaux de scolarité différents tend à se rapprocher dans le temps du fait d'un déclin du groupe hautement scolarisé.

attent° ≠ influencée par scolarité.

Par exemple, peu d'études ont montré un effet bénéfique du niveau de scolarité sur le vieillissement cognitif dans le domaine de l'attention. Pourtant, il semble que les individus de niveaux scolaires différents ne performent pas de la même façon aux tests d'attention. Par exemple, Bruyer *et al.* (1995) ont comparé des jeunes et des aînés de trois niveaux de scolarité différents à l'épreuve de Stroop. Dans cette étude, les niveaux de scolarité étaient définis de la façon suivante : un faible niveau si le participant n'a complété qu'un niveau primaire (individu ayant été à l'école jusqu'à l'âge maximum de 12 ans), un niveau moyen si un niveau secondaire a été suivi (âge maximum : 18 ans) et un haut niveau si le participant est allé jusqu'à un niveau collégial ou universitaire. L'épreuve de Stroop impliquait trois conditions : 1) Lire les mots « rouge », « vert » ou « bleu » écrits en noir (condition lecture) ; 2) Nommer la couleur d'un carré rouge, vert ou bleu (condition dénomination) ; 3) Nommer la couleur de l'encre des mots écrits en rouge, en vert ou en bleu, sans se laisser distraire par la signification du mot (condition interférence). Les auteurs observent que les individus de différents niveaux de scolarité ont des patrons de performance différents et que ces patrons varient selon l'âge. Chez les jeunes, à part un faible désavantage des gens faiblement scolarisés à la lecture, le niveau de scolarité n'affecte pas la performance à l'épreuve de Stroop. Chez les aînés, par contre, un haut niveau de scolarité semble protéger les participants de l'effet du vieillissement dans la condition dénomination et interférente (Figure 11).

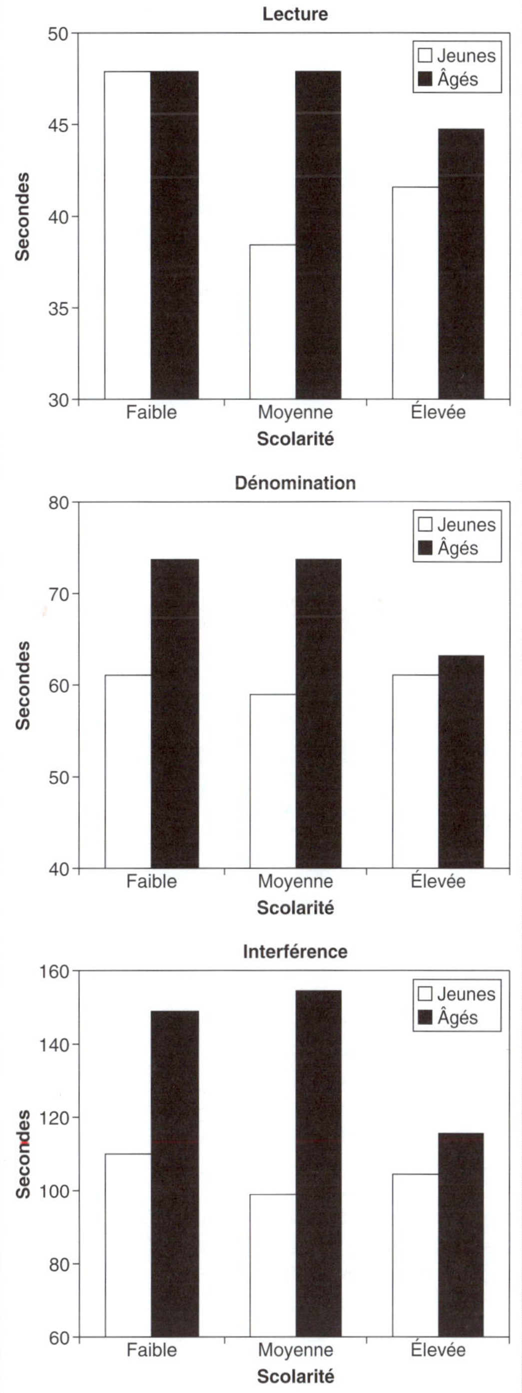

Figure 11

Temps moyen pour accomplir chacune des conditions de l'épreuve de Stroop (d'après Bruyer et al., 1995) en fonction du niveau de scolarité. À part un faible désavantage des gens faiblement scolarisés à la lecture, la performance chez les jeunes n'est pas affectée par le niveau de scolarité. Par contre, chez les aînés, un haut niveau de scolarité semble protéger les participants de l'effet du vieillissement dans la condition dénomination et interférence.

Par contre, Bruyer *et al.* rapportent également que l'effet de l'éducation n'est pas aussi clair lorsqu'on calcule un index individuel d'interférence qui tient compte du niveau personnel de performance dans la condition de dénomination. Il est donc possible que l'effet de l'éducation dépende en partie du niveau de performance à la tâche. Ainsi, lorsqu'on tient compte du niveau personnel de performance à la condition de dénomination, il demeure important de noter qu'aucune différence n'a été observée entre les groupes d'aînés de niveaux de scolarité différents, suggérant qu'un faible niveau de scolarité n'entraîne pas un ralentissement dans toutes les conditions de la tâche de Stroop et que l'effet du niveau de scolarité plus marqué dans la condition qui sollicite l'inhibition (condition interférence) pourrait s'expliquer en partie par une différence entre les participants à un facteur cognitif plus général (comme la vitesse cognitive). Il est donc possible que la différence entre les groupes de différents niveaux d'éducation soit confondue à une augmentation générale de la latence de réponse avec l'âge. En d'autres termes, les différences liées au niveau scolaire seraient plus marquées chez les participants plus ralentis.

2.3 *Niveau de scolarité et vieillissement mnésique*

Dans le domaine de la mémoire, il semble que la scolarité ait un effet protecteur. Mathy et Van der Linden (1995) ont en effet observé une claire interaction entre la scolarité et l'âge (Figure 12). En utilisant une épreuve de rappel d'histoire, les auteurs remarquent que les individus ayant complété moins d'années de scolarité rappellent moins d'items (propositions contenues dans l'histoire) que les jeunes participants ou que les aînés ayant suivi un haut niveau de scolarité. Par ailleurs dans cette même étude, une épreuve de reconnaissance n'a pas montré d'effet bénéfique du niveau de scolarité. Il semblerait donc que, même à l'intérieur d'un domaine cognitif donné, en l'occurrence la mémoire, l'effet de l'éducation formelle sur la performance cognitive et son impact possible sur le déclin cognitif lié à l'âge varie selon les épreuves et donc vraisemblablement selon les processus cognitifs impliqués. Dans l'exemple cité plus haut, le test de reconnaissance nécessite en effet moins d'efforts et moins de stratégies de récu-

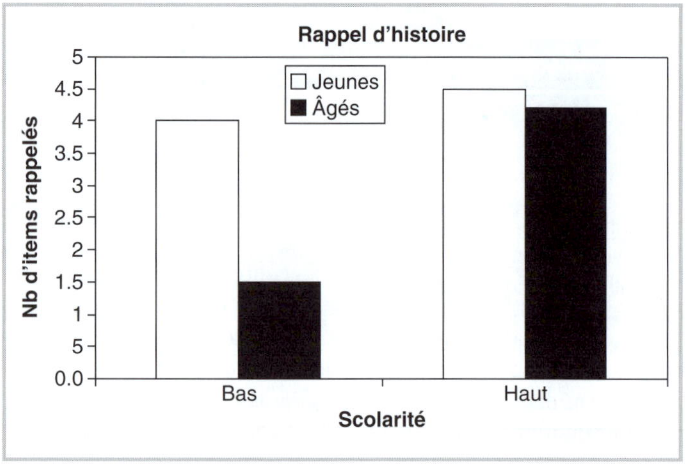

Figure 12

Nombre d'items correctement rappelés dans une épreuve de rappel d'histoire (d'après Mathy & Van der Linden, 1995) en fonction de l'âge et du niveau de scolarité. Les individus ayant complété moins d'années de scolarité rappellent moins d'items que les participants ayant complété un plus haut niveau de scolarité.

pération lors du rappel que le test de rappel libre Ainsi, on pourrait conclure que le processus de récupération est moins touché par le vieillissement chez les gens très scolarisés, alors que le processus d'encodage de l'information serait peu affecté par le niveau de scolarité.

On peut se demander également si tous les phénomènes mnésiques sont influencés par l'éducation formelle de façon similaire. Il faut se rappeler que la mémoire est un phénomène cognitif complexe et qu'elle permet la rétention à court, moyen ou long terme de l'information (voir Chapitre 5). Les études de l'effet de l'éducation sur le vieillissement cognitif suggèrent que l'impact du niveau d'éducation sur le vieillissement cognitif varie selon le matériel utilisé. Par exemple, dans les tests de mémoire verbale à court terme, les participants ayant atteint un niveau d'éducation moins élevé montrent une performance réduite par rapport aux gens fortement scolarisés mais sans que cette relation soit affectée par l'âge. Grégoire et Van der Linden (1997), par exemple, ont utilisé une tâche d'empan de chiffres, dans laquelle les participants doivent rappeler, dans l'ordre de présentation, une série de chiffres dictés par l'expérimentateur. Deux chiffres sont d'abord présentés, puis le nombre de chiffres dans la série augmente progressivement jusqu'à ce que le participant ne puisse plus rappeler les chiffres sans faire d'erreurs. Le nombre de chiffres rappelés correctement tourne habituellement autour de 7 plus ou moins 2. En règle générale, lorsqu'on compare des individus qui ont suivi des niveaux de scolarité différents, les plus scolarisés tendent à avoir de meilleurs empans, donc à rapporter plus de chiffres sans erreurs, mais cette différence ne varie pas selon l'âge. La Figure 13 présente les résultats à une tâche d'empan et une tâche d'empan à rebours dans l'étude de Grégoire et Van der Linden. Dans cette étude, plusieurs groupes de différentes tranches d'âge ont été évalués. Les plus jeunes participants étaient âgés de 16-17 ans et les plus âgés de 75-79 ans. Les niveaux de scolarité variaient de

1. égal ou moins d'un certificat primaire,
2. un certificat primaire complété mais pas un niveau secondaire,
3. un diplôme d'études secondaires,
4. diplôme secondaire plus 1 ou 2 années d'études,
5. diplôme secondaire et trois années ou plus d'études post-secondaires.

Si l'on s'attarde au groupe de jeunes adultes (25-34 ans) et aux adultes âgés de 65 à 69 ans, on remarque que la scolarité est un modulateur important de la performance aux tests d'empan. Toutefois, cette relation reste stable avec l'âge.

Cet effet différentiel de l'éducation sur le vieillissement cognitif entre la mémoire à long terme et la mémoire à court terme a amené certains auteurs à suggérer que le rôle de l'éducation sur le vieillissement cognitif dépendrait de la complexité de la tâche de mémoire. En effet, une tâche de reconnaissance, peu influencée par le niveau de scolarité, demande moins d'efforts qu'une tâche de rappel libre. Les tâches de mémoire à court terme en revanche, sont souvent exigeantes pour les participants. Cette hypothèse a été testée dans une étude récente de Bherer, Belleville et Peretz (2001). Les auteurs ont voulu vérifier, dans un même type de mémoire, en l'occurrence la mémoire à court terme, le rôle du niveau de scolarité sur le déclin cognitif lié à l'âge. Dans cette étude, les auteurs on utilisé le paradigme de Brown-Peterson. Ce paradigme offre l'avantage de pouvoir manipuler la difficulté de la tâche de mémoire en changeant les exigences de la

Figure 13

Performances aux tâches d'empan à l'endroit et à rebours chez les jeunes et les âgés en fonction du niveau scolaire (d'après Grégoire et Van der Linden, 1997).

Ces résultats indiquent que les individus ayant un niveau de scolarité plus élevé performent mieux aux tests d'empan mais que cette relation ne change pas avec l'âge.

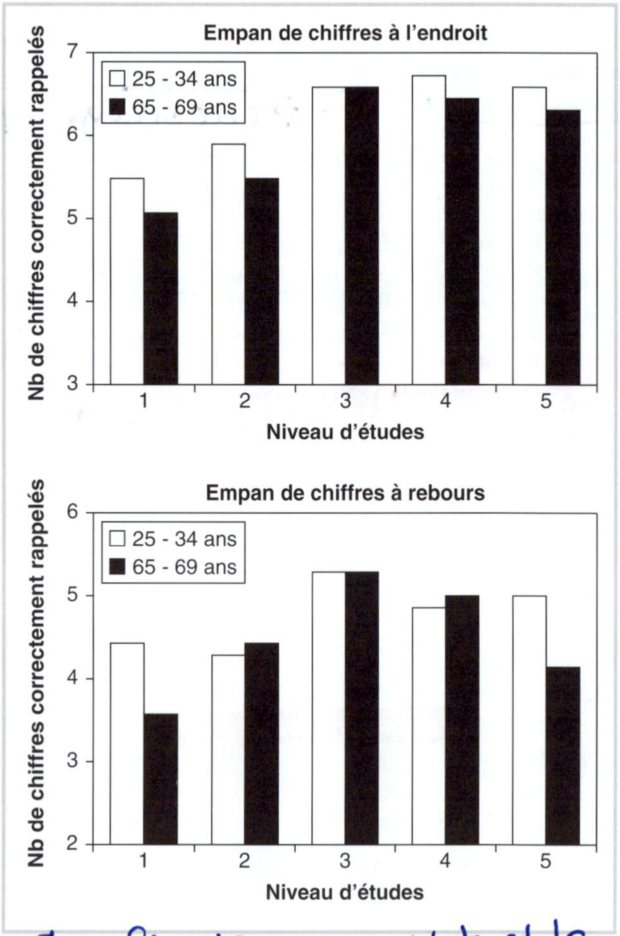

tâche interférente. Dans une tâche de Brown-Peterson typique, on présente un trigramme de consonnes au participant. Le participant doit maintenir brièvement en mémoire la série de trois consonnes pendant un délai variable. Un indicateur sonore indique au participant de rappeler les consonnes après 0, 10, 20 ou 30 secondes. Pour manipuler les demandes de la tâche, on peut demander aux participants de faire une tâche concurrente pendant l'intervalle de temps. Comme la tâche interférente empêche l'utilisation de stratégies pour maintenir l'information active, comme l'autorépétition, plus la tâche est complexe, moins de consonnes peuvent être rappelées. En fait, le nombre d'items rappelés diminuera progressivement avec l'augmentation du délai de rappel.

Dans leur étude, Bherer *et al.* (2001) ont comparé les participants dans trois conditions de tâches interférentes : 1) Aucune interférence, donc aucune tâche imposée au participant pendant le délai variable ; 2) Une tâche dite articulatoire, dans laquelle les participants doivent simplement répéter la syllabe BLA tout au long de l'intervalle ; 3) Une tâche d'addition dans laquelle le participant devait additionner 1 à un nombre qui lui était présenté (variant de 0 à 98). Enfin, les auteurs ont comparé des personnes jeunes et âgées dont le niveau de scolarité variait selon deux catégories, moins de 13 années d'études et 13 années ou plus de scolarité. Ce critère a été choisi parce qu'il correspondait, au moment de l'étude, au nombre d'années médian de scolarité de la population canadienne. Cette étude a montré plusieurs résultats intéressants concernant l'effet de la scolarité sur la cognition (Figure 14).

- La performance des participants varie selon leur niveau de scolarité, puisque les participants ayant plus de 13 années de scolarité ont de meilleures performances en rappel.
- La scolarité a un effet plus important que l'âge sur la performance à la tâche de Brown-Peterson, puisque l'âge n'a pas d'effet direct.
- La différence de performance entre les groupes de niveaux de scolarité différents augmente selon la complexité de la tâche interférente. Ainsi, chez les jeunes comme chez les âgés, la différence en faveur des plus scolarisés est plus marquée avec une tâche interférente complexe (addition) qu'avec une tâche simple (articulation).

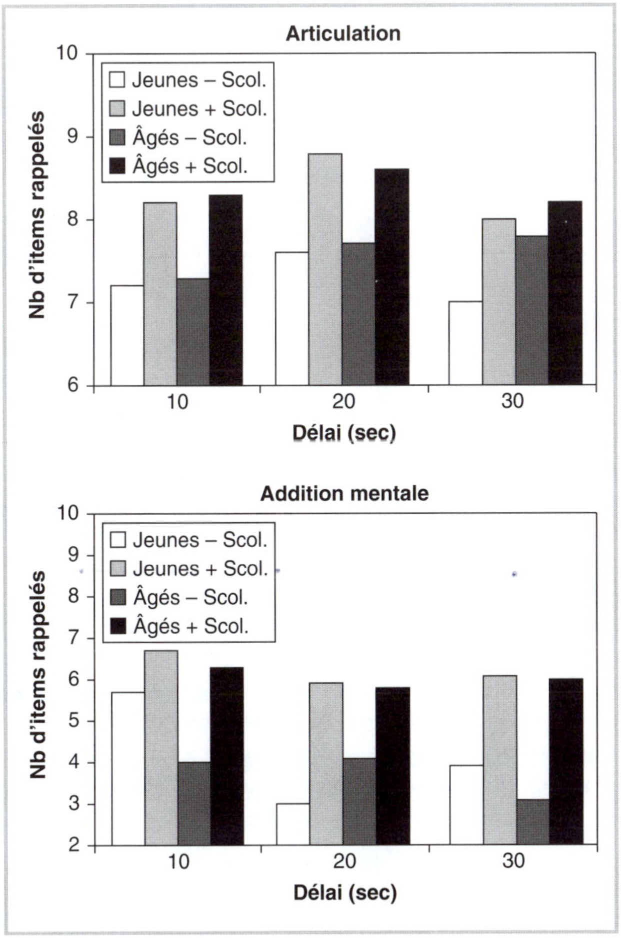

Figure 14

Nombre d'items rappelés dans les conditions interférentes d'articulation et d'addition mentale (d'après Bherer et al., 2001) en fonction du délai temporel, de l'âge et du niveau de scolarité (plus ou moins d'années de scolarité que la médiane de la population canadienne). Il est à noter que le nombre d'items rappelés diminue en fonction de la complexité de la tâche, mais aussi que le niveau de scolarité influence davantage la performance que l'âge.

L'étude de Bherer *et al.* confirme ainsi que la scolarité n'affecte pas le vieillissement cognitif de la même façon dans les domaines de l'attention et de la mémoire à court terme. Toutefois, la scolarité a un effet direct sur la performance cognitive à la tâche de Brown-Peterson, une tâche mesurant la mémoire à court terme et la mémoire de travail. De plus, l'impact de la scolarité semble plus marqué lorsque la tâche interférente est plus complexe, soulignant ainsi que l'éducation formelle a un impact majeur sur la cognition.

Il semble donc que la scolarité ait un impact important sur la cognition de façon générale. Lorsque la performance intellectuelle est évaluée par des tests généraux, la scolarité permet même de prédire le rythme de déclin cognitif associé à l'âge. Toutefois, l'impact de la cognition n'est pas le même dans tous les domaines de la cognition. De plus, les processus cognitifs ne sont pas tous aussi sensibles au niveau scolaire d'un individu. Enfin, à l'intérieur d'une même sphère cognitive, ou lorsqu'on teste une même fonction, la difficulté des tests peut faire en sorte que le niveau scolaire ait plus ou moins d'impact sur la performance.

3 Hypothèses concernant l'effet de l'éducation sur le vieillissement cognitif

Il existe deux types d'hypothèses, qui ne sont pas mutuellement exclusives, pour expliquer la relation observée entre le niveau de scolarité et le patron de déclin cognitif associé à l'âge : l'hypothèse de la compensation et l'hypothèse de la réserve neuronale.

3.1 *L'hypothèse de la compensation*

Selon l'*hypothèse de la compensation***, les connaissances acquises au cours des années d'éducation formelle permettent aux aînés de mieux réussir les épreuves cognitives (Christensen *et al.*, 1997). Des connaissances générales accrues leur permettraient de compenser le déclin associé à l'âge dans des aspects plus généraux, comme la vitesse de traitement, en utilisant des stratégies alternatives ou par une plus grande familiarité avec du matériel abstrait, apparenté au matériel scolaire. Selon cette approche, l'effet de la scolarité sur le déclin cognitif ne devrait pas être général mais spécifique à certaines épreuves. Les épreuves qui sollicitent davantage les connaissances générales, comme les mesures du fonctionnement intellectuel global, seraient plus susceptibles de montrer un effet protecteur du niveau de scolarité sur le déclin cognitif associé à l'âge. Ceci peut s'expliquer de différentes façons. D'abord, ces tests sont plus sensibles à l'origine au niveau de scolarité, c'est-à-dire que peu importe l'âge, les individus plus scolarisés ont des performances supérieures aux moins scolarisés. Ces performances supérieures peuvent provenir du fait que les tests sollicitent des connaissances acquises en milieu scolaire ou qu'ils s'apparentent à des épreuves utilisées en milieux scolaires avec lesquelles les personnes plus scolarisées sont plus familières. Une autre explication possible est que les tests plus complexes qui mesurent le fonctionnement intellectuel global permettent davantage l'aménagement de stratégies différentes entre les individus et que les stratégies cognitives propices à la réalisation de tests de performance soient plus développées chez les individus ayant fréquenté l'école pendant plus longtemps.

En revanche, les épreuves mesurant des habiletés cognitives spécifiques comme l'attention et la vitesse de traitement, qui taxent davantage les habiletés fluides, devraient montrer moins d'effet protecteur de la scolarité sur le déclin cognitif. Ici, les mêmes explications s'appliquent. D'abord, ces tests sont moins sensibles au niveau de scolarité tous âges confondus. L'impact des connaissances acquises, des expériences culturelles et des connaissances en général n'a pas ou alors très peu d'impact sur la performance à ces tests. De plus, ces tests offrent moins de chances d'établir des stratégies particulières propres à l'individu. Enfin, ils sont souvent trop abstraits pour reproduire des situations qui s'apparentent aux situations d'évaluation en milieu scolaire et donc les stratégies apprises et développées par les individus plus scolarisés les avantageraient moins par rapport aux personnes moins scolarisées.

L'*hypothèse du rôle compensatoire de la scolarité*** sur le vieillissement cognitif est validée en partie par la littérature scientifique que nous avons traitée précédemment. En effet, nous avons remarqué que, bien que la scolarité influence la performance aux tests de mémoire de travail (Brown-Peterson, empans de chiffres à l'endroit et à rebours), l'avantage des personne plus scolarisées à ces tests est le même peu importe leur âge. Il n'y aurait donc pas de protection évidente du niveau de scolarité. Par ailleurs, les épreuves mesurant le fonctionnement mental général (MMSE) ou celles sollicitant les habiletés mentales plus cristallisées, comme les tests de mémoire verbale, montrent un effet protecteur, c'est-à-dire que les personnes plus scolarisées seraient en général plus épargnées à ces tests, malgré l'avancement en âge.

Les études futures permettront d'évaluer la pertinence de l'hypothèse de la compensation pour expliquer le rôle de la scolarité sur le vieillissement cognitif. Quoiqu'il en soit, il importe de retenir que cette hypothèse stipule que l'impact du niveau scolaire est en quelque sorte indirect en ce sens qu'il n'agit pas directement sur le vieillissement cérébral mais plutôt que la scolarité favorise l'apprentissage et le développement d'un plus vaste répertoire de connaissances déclaratives et procédurales (ou stratégiques) qui permettront à l'individu de compenser le déclin cognitif lié à l'âge.

3.2 L'hypothèse de la réserve cérébrale

Le second type d'hypothèse proposé pour rendre compte de l'effet protecteur de la scolarité sur la cognition (interaction Âge × Niveau Scolaire) situe l'effet bénéfique de la scolarité au niveau des structures cérébrales (Stern, 2003). Cette hypothèse avance que les expériences complexes et stimulantes acquises au fil des années de scolarisation engendrent une réserve neuronale qui prémunirait l'individu des effets néfastes du vieillissement sur le cerveau. Cette protection neuronale viendrait du soutien de réseaux neuronaux plus élaborés, c'est-à-dire contenant plus de connections synaptiques, dus à des apprentissages plus poussés. (Fillit *et al.*, 2002 ; Orrell & Sahakian, 1995 ; Jacobs *et al.*, 1993). Ainsi, malgré des changements neuronaux, morphologiques et physiologiques, une réserve neuronale accrue permettrait de maintenir un certain niveau d'efficience cognitive. Cette hypothèse expliquerait le fait que l'éducation semble protéger les individus des pathologies du vieillissement, comme l'indique les résultats de l'étude canadienne sur la santé et le vieillissement (Arbuckle *et al.*, 1998).

Finalement, il est intéressant de souligner que des données anatomiques confirment en en partie l'*hypothèse de réserve cérébrale*** accrue chez les gens plus scolarisés. En effet, certaines études ont rapporté que, chez des individus apparemment normaux, donc sans troubles cognitifs apparents, il existe une relation positive importante entre la scolarité et l'atrophie cérébrale, suggérant chez ces individus une atteinte neuronale significative malgré l'absence de symptômes sur le plan comportemental (Stern, 2003). Des études moins générales de l'état du cerveau permettent également de mieux comprendre l'impact de la scolarité sur les structures neuronales. Par exemple, Jacobs, Schall et Scheibel (1993) ont examiné des cerveaux humains par autopsie et ont mesuré la taille du champ dendritique de neurones dans l'aire de Wernicke, une région du cerveau associée au langage. Les individus ont été catégorisés comme ayant moins qu'une scolarité de niveau secondaire, une scolarité de niveau secondaire ou une scolarité de niveau universitaire. La taille du champ dendritique augmentait avec le niveau de scolarité.

L'impact du niveau de scolarité sur le cerveau semble donc de plus en plus confirmé. Quoi qu'il en soit, ces données empiriques sont issues d'études corrélationnelles et, en ce sens, bien qu'il soit possible de postuler une relation entre le niveau de scolarité et l'état des structures neuronales des personnes vieillissantes, il ne s'agit en aucun cas de conclure que cette relation est causale. Il demeure impossible de déterminer si la scolarité favorise le développement de réserve neuronale ou à l'inverse, si de meilleures ressources cérébrales à l'origine sous-tendent une meilleure progression scolaire.

Enfin, il ne faut pas négliger l'impact indirect que le niveau scolaire peut avoir sur la cognition via le niveau d'activité physique, le style de vie, le statut socio-économique, etc. Comme nous l'avons vu, le niveau scolaire a clairement un impact considérable sur la cognition et sur certains aspects du vieillissement cognitif. En effet, dans la plupart des études présentées dans ce chapitre, l'impact du niveau scolaire reste important même lorsqu'on contrôle le niveau de santé, le bien-être et qu'on compare des gens de niveau socio-économique équivalent. De plus, lorsqu'on compare des individus ayant des niveaux socio-économiques différents, comme dans l'étude de Cagney et Lauderdale (2002), la relation scolarité-performance cognitive est la même dans tous les groupes, favorisant les personnes ayant plus de scolarité. Toutefois, il est évident que le niveau scolaire a une influence directe sur le style de vie, comme sur le type d'emploi par exemple. Pour cette raison, certains auteurs ont parfois souligné l'importance d'un troisième type d'hypothèse, l'hypothèse de l'artéfact, selon laquelle la scolarité aurait un effet sur la cognition via différents facteurs socio-démographiques qui en sont tributaires. Toutefois, comme le suggère l'étude de Cagney et Lauderdale (2002) et comme nous le verrons plus en détail dans le chapitre suivant, il semble que le style de vie d'un individu ait un impact en partie indépendant du niveau scolaire, même si les deux facteurs semblent avoir un impact favorable sur la cognition et sur le vieillissement cognitif.

Résumé

1 Le niveau d'éducation permet de prédire le déclin cognitif dans les études longitudinales. La performance des personnes hautement scolarisées aux tests mesurant l'état mental général semble préservée des effets de l'avancement en âge.

2 Dans les études transversales, les personnes hautement scolarisées montrent parfois des performances qui se rapprochent de celles des jeunes adultes suggérant que la scolarité peut servir de facteur de protection contre le vieillissement cognitif, à tout le moins dans certains domaines cognitifs.

3 Il existe au moins quatre patrons de relation entre la scolarité et le vieillissement cognitif : le parallélisme, la protection, la confluence ascendante et la confluence descendante.

4 Le niveau scolaire n'a pas d'effet systématique sur la performance aux tests d'attention et lorsqu'il a un impact, son influence n'interagit pas avec l'âge.

5 Le niveau de scolarité a un effet général aux tâches de mémoire, les personnes plus scolarisées montrant de meilleures performances. De plus, le rôle de la scolarité est plus important pour les tâches plus complexes.

6 Deux types d'hypothèses ont été proposés pour expliquer le rôle de la scolarité dans le vieillissement cognitif. Selon la première hypothèse, les connaissances acquises permettraient de compenser le déclin cognitif associé à l'âge dans certaines fonctions cognitives. Selon la seconde hypothèse, la stimulation cognitive soutenue pendant les années scolaires aurait permis le développement d'une réserve cérébrale qui protège l'individu contre les effets délétères du vieillissement sur le système nerveux.

Des questions pour mieux retenir

1. Que permettent de conclure les études longitudinales quant au rôle du niveau de scolarité sur le vieillissement cognitif ?
2. Que mesure le Mini-Mental State Examination ?
3. Quels sont les avantages du MMSE ?
4. Quels sont les désavantages du MMSE ?
5. Comment se distinguent les études longitudinales et transversales ?
6. Comment les observations en provenance des études transversales se distinguent des résultats aux études longitudinales quant à la relation entre la scolarité et le vieillissement cognitif ?
7. Est-ce que toutes les fonctions cognitives sont sensibles à l'effet de l'éducation ?
8. Quels sont les patrons de relation observés entre le niveau de scolarité et le déclin cognitif ?

Des questions pour mieux retenir (suite)

9. Quels tests, ou quels types de tests, démontrent chacune des relations possibles ?
10. Décrire en détail une étude ayant montré des interactions Âge x Scolarité de nature différente selon le domaine cognitif testé ?
11. Comment l'hypothèse de compensation explique-t-elle l'interaction Âge × Scolarité ?
12. Commen l'hypothèse de réserve neuronale rend-t-elle compte du déclin cognitif moins important chez les individus les plus scolarisés ?
13. Quelles sont les évidences empiriques en accord avec chacune des hypothèses ?

Des questions pour mieux réfléchir

1. Peut-on vraiment mesurer le rôle de l'éducation formelle sur le fonctionnement cognitif ? Si oui, comment ? Sinon, pourquoi ?
2. Est-il possible qu'un niveau de scolarité plus élévé entraîne des différences individuelles importantes dans les habitudes de vie qui pourraient expliquer l'effet apparent du niveau de scolarité sur le déclin cognitif ?
3. Quels pourraient-être ces facteurs ?
4. Peut-on vraiment dissocier la contribution de ces facteurs de la contribution unique de la scolarité ? Si oui, comment ?
5. Est-il préférable d'étudier le rôle modulateur de la scolarité sur des épreuves intellectuelles globales ou sur des tâches cognitives ciblées ? Justifiez votre préférence.

Des lectures pour aller plus loin

Anstey, K., & Christensen, H. (2000). Education, activity, health, blood pressure and apolipoprotein E as predictors of cognitive change in old age : A review. Gerontology, 46, 163-177.

Schaie & Hofer (2001). Longitudinal Studies in Aging Research. Handbook of the Psychology of Aging. J.E. Birren & K.W. Schaie. 5th Edition. Academic Press.

Kramer, A.F., Bherer, L., Colcombe, S., Dong, W. & Greenough W.T. (2004). Influence of Structured and Unstructured Environments on Cognitive and Brain Plasticity During Aging. *The Journals of Gerontology Series A : Biological Sciences and Medical Sciences* 59 :M940-M957.

Stern, Y. (2002). What is cognitive reserve ? Theory and research application of the reserve concept. *Journal of the International Neuropsychological Society, 8*, 448-460.

Stern, Y. (2003). The concept of cognitive reserve : A catalyst for research. *Journal of Clinical and Experimental Neuropsychology, 25*(5), 589-593.

Mots clés

- Confluence ascendante
- Confluence descendante
- Hypothèse de la compensation
- Hypothèse de la réserve cérébrale
- Intelligence cristallisée
- Intelligence fluide
- Parallélisme
- Protection

CHAPITRE 9

Style de vie, activités professionnelles et vieillissement cognitif

Sommaire

1. **Un questionnaire pour mesurer les activités de loisir stimulantes sur le plan cognitif** 259

2. **Peut-on prédire le vieillissement cognitif selon le niveau de stimulation cognitive ? Résultats des études longitudinales** 260

3. **Le niveau de stimulation cognitive peut-il modérer les différences liées à l'âge ? Résultats des études transversales** 271

4. **Hypothèses concernant l'effet bénéfique des activités stimulantes sur la cognition des personnes âgées** 280

Dans ce chapitre, vous allez

1. Comprendre comment un style de vie actif et stimulant peut influencer le patron de déclin cognitif associé à l'âge.
2. Découvrir les indicateurs d'un style de vie actif étudiés par les chercheurs dans le domaine du vieillissement cognitif.
3. Savoir comment les chercheurs en cognition mesurent le niveau d'implication dans les activités stimulantes.
4. Étudier les données empiriques suggérant que des activités de détente stimulantes contribuent à prévenir le vieillissement cognitif.
5. Comprendre les relations entre un type d'emploi exigeant sur le plan intellectuel et le vieillissement cognitif.

Dans le chapitre précédent, nous avons vu comment la scolarité, une expérience d'apprentissage qui arrive tôt dans la vie d'un individu, peut influencer le vieillissement cognitif. La logique derrière ces études, et donc l'hypothèse qui est testée, est qu'un engagement continu dans des activités intellectuelles soutenues nous protégerait contre un déclin cognitif éventuel. Plusieurs chercheurs ont critiqué cette approche et se sont demandés si le niveau de scolarité rend bien compte du niveau de stimulation cognitive. La question est pertinente car ce n'est pas parce qu'une personne, âgée aujourd'hui de 70 ans, a suivi vingt années de scolarité avant l'âge de 30 ans, qu'elle participe toujours couramment à des activités stimulantes. On peut aussi se poser la question sous l'angle inverse : ce n'est pas parce qu'une personne a peu fréquenté l'école dans sa jeunesse qu'elle ne participe pas de façon soutenue à des activités intellectuellement enrichissantes et stimulantes. L'étude des activités et des habitudes de vie est extrêmement importante pour comprendre le vieillissement cognitif car, comme nous verrons dans ce chapitre, les recherches actuelles tendent à montrer que les activités de loisir jouent aussi un rôle modulateur important sur le déclin cognitif, ce qui permet de croire que le déclin cognitif associé au vieillissement pourrait être modéré si les personnes âgées demeuraient engagées dans des activités de loisir soutenues. Selon ces études, une partie du déclin cognitif associé à l'âge pourrait s'expliquer par le manque de stimulation cognitive. Ces observations ont conduit à la formulation de l'hypothèse du désengagement, souvent désignée dans la littérature anglophone sous les termes Use-it-or-lose-it. En d'autres termes, un processus cognitif, ou plus globalement des habiletés intellectuelles, qui ne serait pas suffisamment sollicité deviendrait moins efficace avec l'avancée en âge.

Dans ce chapitre, nous allons voir comment les chercheurs en psychologie cognitive ont testé l'hypothèse du désengagement pour expliquer le déclin cognitif associé au vieillissement normal. Nous verrons qu'il peut être difficile de mesurer et de quantifier les activités de loisir et les activités professionnelles. Nous étudierons aussi les relations entre niveaux d'activités stimulantes et déclin cognitif associé à l'âge. Pour étudier le rôle de la stimulation cognitive soutenue sur le vieillissement cognitif, les chercheurs se sont intéressés à deux indicateurs d'activités cognitives. D'abord, ils ont analysé le type d'occupation professionnelle, c'est-à-dire la nature de l'emploi, et les exigences d'un emploi sur le plan cognitif. Un emploi peut exiger peu d'ajustements et de flexibilité mentale s'il implique des routines surapprises, peu d'ajustement à des nouvelles situations, peu de contacts humains, etc. À l'inverse, certains emplois nécessitent de prendre continuellement des décisions et peuvent placer l'individu fréquemment en situation de résolution de problèmes. Un tel emploi peut être considéré comme plus stimulant sur le plan intellectuel, puisqu'il requiert plus de flexibilité mentale et exige une performance intellectuelle constante. Le deuxième indicateur de stimulation cognitive qui est aussi fréquemment utilisé est le degré d'implication dans des activités de détente stimulantes sur le plan cognitif, que l'on mesure à l'aide de questionnaires ou simplement en recrutant des individus membres de clubs de jeux ou d'activités particulières. Dans ce cas, il est évident que le niveau d'implication peut grandement varier d'un individu à l'autre, contrairement au type d'emploi ou au niveau scolaire, dans lesquels l'assiduité et la réussite sont contrôlées par l'environnement. En effet, une faible performance scolaire ou professionnelle peut entraîner l'exclusion d'un programme d'étude ou un congédiement. Ce genre de contrôle strict n'est pas nécessairement exercé dans les activités de loisirs. Le niveau d'implication dans les activités de loisir pourrait être relativement faible pour une personne qui pratique un sport ou un jeu en dilettante et de façon occasionnelle, ou très élevé chez une autre personne passionnée par ses hobbies. Le niveau d'implication dans les activités de loisir doit donc être pris en compte par les chercheurs qui s'intéressent aux relations entre stimulations cognitives et vieillissement cognitif.

Comme dans le chapitre précédent, nous allons traiter dans ce chapitre de l'influence des activités stimulantes sur la cognition des personnes âgées telles qu'étudiées dans les plans de recherche longitudinaux et transversaux. L'intérêt des études longitudinales est encore ici de tester l'hypothèse selon laquelle les activités cognitives soutenues permettent de prédire, chez un même groupe d'individus, le niveau de déclin cognitif qui survient au cours de quelques années. L'intérêt des études transversales est plutôt de mesurer les différences de performances cognitives entre individus de différents groupes d'âge, variant généralement de plusieurs décennies, et ayant des niveaux d'activités intellectuelles distincts. Dans ce type d'études, l'objectif est de tester l'hypothèse selon laquelle l'activité intellectuelle soutenue est un médiateur des différences observées entre les groupes d'âges aux épreuves cognitives. En d'autres termes, la question que les chercheurs se posent est la suivante : est-ce que l'engagement soutenu dans des activités intellectuelles stimulantes peut moduler ou modérer les différences liées à l'âge dans les performances cognitives ?

1 Un questionnaire pour mesurer les activités de loisir stimulantes sur le plan cognitif

Une difficulté inhérente à l'étude des activités intellectuelles est bien sûr de mesurer et de quantifier les activités professionnelles ou de détente. Dans le chapitre précédent, le niveau d'éducation offrait l'avantage de pouvoir être quantifié facilement, puisque toutes les personnes, à tout le moins pour une cohorte donnée, participent aux mêmes activités scolaires et doivent atteindre le même niveau de performance, c'est-à-dire réussir les mêmes tests pour satisfaire aux exigences scolaires. Dans le cas des activités de stimulation continue, il n'est pas certain que tous les participants aux activités recherchent le même niveau de performance, y consacrent le même temps et/ou les mêmes efforts. Pour une personne donnée, l'arrivée de la retraite peut être l'occasion de se consacrer pleinement à une activité qui la passionne, comme jouer au golf ou participer avec assiduité à des clubs de jeux, comme les échecs. Pour une autre, une activité cognitivement stimulante pourrait servir de prétexte pour rencontrer des gens et avoir des interactions sociales fréquentes (e.g., fréquentation d'un club de bridge). La nature des activités peut également varier grandement et parfois il sera impossible de bien cerner le niveau d'implication de l'individu et le niveau de stimulation intellectuelle simplement par des questionnaires. Par exemple, une personne âgée fréquentant nos laboratoires disait passer plusieurs heures par jour à utiliser un ordinateur et naviguer sur Internet depuis sa retraite. Cette personne entretenait même son propre site web. Il s'agit évidemment d'une activité cognitivement stimulante qui placera cette personne en meilleure position pour aborder des tâches cognitives, souvent informatisées. Pourtant, certains questionnaires d'activités intellectuelles (voir Tableau 1) n'abordent pas la question de l'utilisation de l'ordinateur, un outil de stimulation intellectuelle important et très utilisé dans notre société actuelle.

Wilson et ses collaborateurs (Wilson, Barnes & Bennett, 2003) ont développé et évalué un questionnaire mesurant les activités de loisirs et de détente (voir Tableau 1). En général, ces questionnaires comportent un nombre limité de questions. Le plus souvent, ces questions sont dérivées de questionnaires plus élaborés, mais aussi plus longs à remplir. À partir de longs questionnaires répertoriant les activités stimulantes et décrivant le style de vie des individus, l'équipe de Wilson a isolé les questions qui permettent de mieux discriminer les individus sur les différents aspects du style de vie qui intéressent les chercheurs. Malgré les limites de cette approche, les études qui se sont intéressées au style de vie des personnes âgées ont permis d'établir des relations importantes entre le style de vie et certains aspects du vieillissement cognitif, nous permettant ainsi de mieux comprendre comment l'activité cognitive soutenue peut influencer le patron de déclin cognitif associé à l'âge.

Dans le questionnaire proposé par Wilson et ses collaborateurs, le participant doit simplement indiquer la fréquence avec laquelle il fait une activité stimulante, comme lire le journal, lire un roman, jouer à des jeux, écrire une lettre, etc. Le participant répond sur une échelle de 1 à 5. Un score de 1 signifie qu'il fait l'activité une fois par année environ, 2 signifie plusieurs fois par année, 3 plusieurs fois par mois, 4 plusieurs fois par semaine et 5 signifiait que le participant pratiquait l'activité tous les jours ou presque. Un autre aspect intéressant du questionnaire proposé par Wilson est que les questions touchent plusieurs époques de la vie d'une personne et non pas seulement les années récentes. Le questionnaire permet donc de quantifier les activités cognitives d'une personne à plusieurs périodes importantes de sa vie. Dans leur étude, Wilson et ses collaborateurs ont évalué les propriétés psychométriques du questionnaire. Les chercheurs ont ainsi pu établir la stabilité des réponses aux questions sur une période de 4 semaines, avec un coefficient de corrélation test re-test de .79, ce qui suggère que le questionnaire permet de mesurer fidèlement la fréquence des activités cognitives au cours de la vie d'un individu. Comme nous le verrons plus loin dans ce chapitre, le questionnaire de Wilson et ses collaborateurs a également permis de mieux comprendre la relation entre stimulations cognitives et déclin cognitif associé au vieillissement normal.

2 Peut-on prédire le vieillissement cognitif selon le niveau de stimulation cognitive ? Résultats des études longitudinales

2.1 *Le rôle du type d'emploi sur le vieillissement cognitif*

Une étude américaine récente offre un cadre de référence intéressant pour illustrer l'impact du type d'emploi sur le vieillissement cognitif. Schooler, Mulatu et Oates (1999) ont voulu examiner s'il existe une relation réciproque entre la demande intellectuelle imposée par le type d'emploi et le fonctionnement intellectuel d'un individu. Dans cette étude, Schooler et ses collaborateurs ont analysé les données d'un échantillon représentatif de la population américaine évalué en 1964, 1975 et ensuite en 1994/

	Tous les jours ou presque tous les jours (5)	Plusieurs fois par semaine (4)	Plusieurs fois par mois (3)	Plusieurs fois par année (2)	Une fois par année ou moins (1)
À 6 ans					
Se fait faire la lecture					
Joue à des jeux					
Raconte des histoires					
À 12 ans					
Va à la bibliothèque					
Lit le journal					
Lit des revues					
Lit des livres					
Écrit des lettres					
Joue à des jeux					
À 18 ans					
Va à la bibliothèque					
Lit le journal					
Lit des revues					
Lit des livres					
Écrit des lettres					
Joue à des jeux					
À 40 ans					
Lit le journal					
Lit des revues					
Lit des livres					
Écrit des lettres					
Joue à des jeux					
Présentement					
Lit le journal					
Lit des revues					
Lit des livres					
Écrit des lettres					
Joue à des jeux					

Tableau 1

Questionnaire utilisé par Wilson, Barnes et Bennett (2003) pour mesurer le niveau d'activités stimulantes au cours de la vie.

1995. Lors d'une entrevue, les chercheurs ont évalué le type d'emploi en tentant de dissocier les emplois complexes des emplois non complexes. Un emploi complexe, selon les chercheurs, est un emploi qui nécessite un jugement indépendant et qui requiert de prendre des décisions dans des situations conflictuelles et ambiguës. Par opposition, un emploi moins complexe implique davantage de situations connues et répétitives. Pour juger de la complexité d'un emploi, les chercheurs ont dérivé un facteur de complexité en regard des réponses à de nombreuses questions visant à caractériser la tâche des employés et leur niveau d'interaction avec des personnes, du matériel ou des données. Pour caractériser un emploi, les chercheurs se sont d'abord inspirés du dictionnaire des titres et des occupations (*Dictionary of Occupational Titles*, U.S. Department of Labor). Ils ont également demandé aux participants d'estimer le nombre d'heures passées à travailler avec des personnes, du matériel ou des données, en plus de leur demander de juger la complexité d'ensemble de leur travail. Schooler et ses collaborateurs ont ensuite voulu déterminer s'il existait une relation entre la complexité de l'emploi occupé et le fonctionnement intellectuel des personnes et surtout, si cette relation se maintient avec l'avancée en âge. Pour ce faire, les auteurs ont évalué le fonctionnement intellectuel de deux façons. D'abord, la flexibilité intellectuelle était évaluée par une entrevue structurée nécessitant de porter des jugements sur des situations complexes (e.g., « Quels sont les arguments auxquels vous pouvez penser pour et contre les publicités de cigarettes à la télévision ? »). La seconde mesure du fonctionnement intellectuel était dérivée de tests cognitifs standardisés évaluant la mémoire (rappel immédiat de 20 mots), les habiletés verbales (fluidité verbale), les habiletés mentales primaires, les habiletés visuo-spatiales, etc.

Les 233 participants de l'étude de Schooler *et al.* (1999) étaient âgés entre 41 et 83 ans, l'âge médian du groupe étant de 57 ans. Les résultats principaux de cette étude sont illustrés par la Figure 1. On peut constater que dans l'étude de Schooler *et al.* (1999), la complexité de l'emploi permet de prédire le fonctionnement intellectuel lors de l'évaluation de 1974. Les auteurs ont aussi remarqué que lors de la première évaluation, le fonctionnement intellectuel permet de prédire et avec encore plus de force, la complexité de l'emploi. Il existerait donc une relation bidirectionnelle entre la complexité d'un emploi, et donc la stimulation intellectuelle qui y est associée, et le fonctionnement intellectuel d'une personne. Cette relation bidirectionnelle signifie que la complexité de

Figure 1

Portion simplifiée de l'analyse structurale montrant la relation entre complexité de l'emploi et flexibilité mentale (d'après Schooler et al., 1999). La complexité de l'emploi influence positivement le fonctionnement intellectuel et cette relation augmente avec l'âge. La relation bidirectionnelle observée à l'évaluation de 1974 devient unidirectionnelle en 1994/1995, suggérant que la complexité de l'emploi influence la trajectoire possible du vieillissement cognitif. Les nombres dans la figure sont des coefficients standardisés de l'équation structurale.

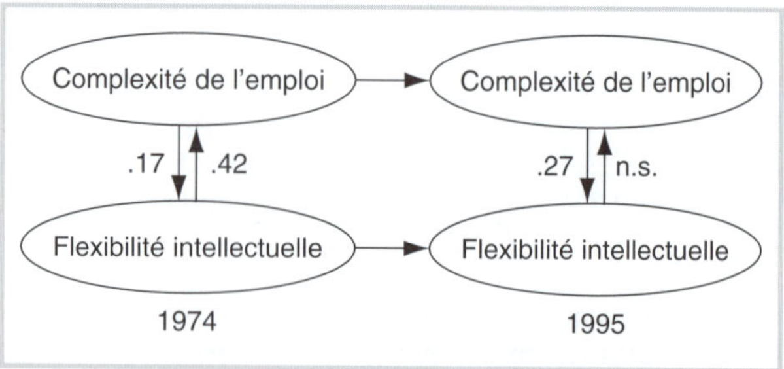

l'emploi permet de prédire le niveau de fonctionnement intellectuel mais peut aussi vouloir dire que la performance intellectuelle permet de prédire significativement le type d'emploi occupé par un individu. Ainsi, alors que les participants de l'étude de Schooler étaient de jeunes adultes, la relation bidirectionnelle entre le type d'emploi et la performance intellectuelle ne permettait pas de prédire si la performance intellectuelle conduisait à un emploi complexe ou si un emploi complexe favorisait une meilleure performance intellectuelle.

Le résultat le plus important de l'étude de Schooler et ses collaborateurs est que la force de la relation entre la complexité de l'emploi et la cognition augmente avec l'âge, devenant plus importante lors de l'évaluation de (1994/1995). De plus, lors de cette dernière évaluation, la performance intellectuelle ne permet plus de prédire la complexité de l'emploi. Ainsi, la nature de la relation entre la complexité de l'emploi et la performance intellectuelle change au fil des ans. Chez la personne âgée, la complexité de l'emploi prédirait significativement le fonctionnement intellectuel de façon unidirectionnelle, c'est-à-dire que la performance cognitive ne détermine pas le type d'emploi occupé, mais le type d'emploi prédit la performance intellectuelle. Il semble donc y avoir une relation directe entre la complexité de l'emploi occupé par un individu et sa trajectoire de vieillissement cognitif, suggérant que la stimulation cognitive inhérente au type d'emploi permet de maintenir optimal le fonctionnement cognitif d'une personne. Du moins, c'est le cas lorsque la cognition est évaluée à l'aide d'un index global incluant plusieurs mesures cognitives.

Christensen, Henderson, Griffiths et Levings (1997) ont également exploré le rôle du type d'emploi sur le vieillissement cognitif dans un plan d'étude longitudinale mais sur une moins longue période (5 années) que Schooler *et al.* (1999). Les chercheurs ont évalué 26 personnes âgées membres de différentes académies (Académie des sciences, des sciences sociales, membre de la Société Royale, etc.) sur différents aspects du fonctionnement cognitif. Pour plusieurs de ces personnes, il n'était pas rare de travailler de 10 à 12 heures par jour à l'écriture de manuscrits ou l'édition de revues scientifiques par exemples. Les chercheurs ont utilisé plusieurs tests psychométriques mesurant les habiletés intellectuelles dites cristallisées, comme par exemple le NART (National Adults Reading Test) dans lequel les participants doivent lire des mots difficiles à prononcer phonétiquement et le test de Similitudes de la WAIS-R. Les habiletés intellectuelles fluides étaient mesurées par le test des symboles, dans lequel les participants doivent donner la lettre correspondant à un symbole à partir d'une clé de réponse (voir Chapitre 2). En plus de ce test de vitesse de traitement de l'information, les participants réalisaient le test des Matrices de Raven en guise de test de raisonnement non verbal. Finalement, les chercheurs ont également évalué la mémoire verbale et non verbale et l'état mental général à l'aide du MMSE (voir Chapitre 8). La performance des membres de l'élite intellectuelle à ces tests a ensuite été comparée à celle de personnes retraitées de la fonction publique, communément appelées des cols bleus. L'étude de Christensen *et al.* impliquait également un groupe de jeunes étudiants au niveau du doctorat dans les mêmes domaines d'études que les membres de l'élite académique.

Les résultats observés par Christensen et ses collaborateurs ne sont pas aussi convainquants que ceux de Schooler *et al.* (1999) quant au rôle protecteur d'un emploi stimulant. En effet, même si les membres du milieu académique réussissaient mieux la plupart des tests, le déclin observé aux tests était tout à fait comparable chez les personnes âgées appartenant aux deux groupes, soit les gens du milieu académique et les cols bleus. En fait, les seules tendances rapportées par les auteurs sont que les cols bleus ont tendance à s'améliorer aux tests de Similitudes et au NART, de même qu'au MMSE. La Figure 2 montre les résultats à quelques tests utilisés par Christensen et ses collaborateurs. Les chercheurs ont également observé que, dans à peu près tous les tests, les jeunes étudiants au niveau du doctorat réussissaient mieux que leurs aînés du milieu académique. Les résultats de cette étude longitudinale suggèrent donc que les personnes âgées du milieu académique ne sont pas mieux protégées des effets du vieillissement que les cols bleus.

Plusieurs hypothèses peuvent être avancées pour rendre compte des résultats contradictoires entre l'étude de Christensen *et al.* (1997) et celle de Schooler *et al.* (1999) que nous avons étudiées précédemment. D'abord, dans l'étude de Christensen *et al.*, toutes les personnes âgées, peu importe leur emploi, étaient comparables au niveau des activités de la vie de tous les jours et aucun changement n'a été observé dans le niveau d'activité au cours de la période de l'étude. Comme nous le verrons dans la section suivante de ce chapitre, le niveau d'activités stimulantes a un impact important sur la cognition et pourrait moduler l'impact du niveau de scolarité, et donc possiblement du type d'emploi occupé, sur le vieillissement cognitif. Une seconde hypothèse concerne la durée de l'étude. Il est possible que la période de 5 ans d'observation dans l'étude de Christensen et ses collaborateurs ne soit pas suffisamment longue pour faire ressortir des déclins différentiels dans les tests cognitifs utilisés.

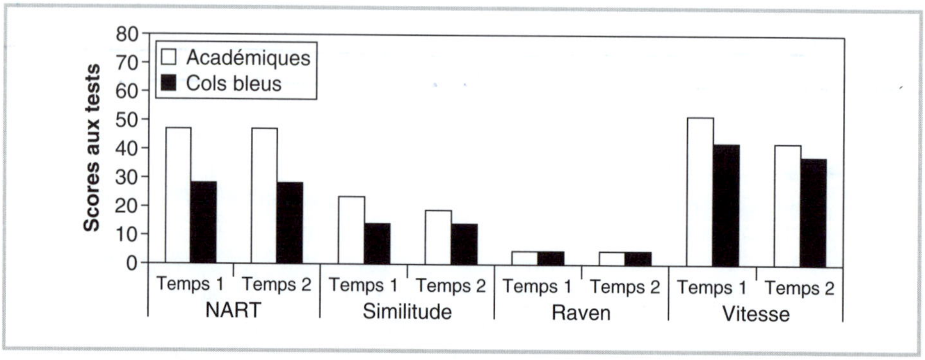

Figure 2

Performance à certains tests mesurant les habiletés cristallisées (NART, Similitudes) et fluides (Matrices de Raven et le test des symboles pour évaluer la vitesse de traitement de l'information) (d'après Christensen et al., 1997).

Ces résultats ne montrent aucun effet protecteur du type d'emploi sur le déclin cognitif observé sur une période de 5 ans puisque la performance décline de façon équivalente chez les personnes âgées du milieu académique et les cols bleus.

2.2 Le rôle des activités de détente et des loisirs sur la cognition

Les études longitudinales sur le vieillissement cognitif se sont également intéressées à l'impact des activités de loisir, intellectuellement stimulantes, sur le déclin cognitif lié à l'âge. Dans ce type d'études, on mesure le niveau de stimulation cognitive selon un score dérivé de questionnaires portant sur différentes activités, comme le type de lecture (e.g., revues, livres) et les passe-temps (e.g., jouer d'un instrument de musique). Ce questionnaire peut être très sommaire comme celui de Wilson et ses collaborateurs présenté dans le Tableau 1, ou plus complexe et exhaustif, comme dans l'étude de Hultsch, Hertzog, Small et Dixon (1999). Dans le cadre de l'étude longitudinale de Victoria, Hulstch et ses collaborateurs ont mesuré le niveau d'activité et le style de vie des individus en utilisant un questionnaire d'autoévaluation dans lequel les participants devaient indiquer la fréquence avec laquelle ils pratiquaient des activités sur une échelle en 9 points (jamais, moins d'une fois par an, une fois par an, 2-3 fois par an, à chaque mois, 2-3 fois par mois, une fois semaine, 2-3 fois par semaine, quotidiennement). Plus d'une soixantaine d'activités étaient proposées. Le fonctionnement cognitif était évalué à l'aide d'une gamme de tests psychométriques standardisés combinés à des mesures expérimentales de type temps de réaction et couvrants divers domaines cognitifs (mémoire, langage, vitesse, attention, etc.). Les résultats les plus importants concernent la mémoire de travail qui était évaluée à l'aide d'un test dans lequel les participants devaient retenir un mot clé dans chaque phrase d'une série de phrases. Les mots clés de chaque phrase formaient une nouvelle phrase que le participant devait rappeler. Le nombre de phrases augmentait de 3, 4, 5 et 6 phrases par série et le test impliquait trois essais pour chaque série. Les chercheurs ont également utilisé une tâche de tracking de chiffres dans laquelle le participant doit rappeler le dernier, l'avant-dernier ou l'antepenultième chiffre d'une liste de longueur variable. Enfin, la mémoire de travail était aussi évaluée avec deux tâches classiques de mémoire de travail, soit l'empan de chiffres et l'empan de calcul (voir chapitre 2 pour une présentation détaillée de ces tests d'empan).

Dans leur étude, Hulstch et ses collaborateurs ont évalué 250 participants à trois reprises sur une période de 6 ans. Ils ont donc pu examiner les relations entre performances cognitives et styles de vie tout en vérifiant s'il existe une relation entre les changements cognitifs et les changements d'habitudes de vie. Cette étude a permis de mettre en évidence plusieurs résultats importants concernant la relation entre le style de vie et le déclin cognitif associé à l'âge.

- Toutes les mesures cognitives montrent un déclin significatif sur une période de 6 ans, à l'exception du test de Vocabulaire et de rappel d'histoire.
- Dès la première évaluation, on note une relation significative entre les performances cognitives et l'engagement dans de nouvelles activités intellectuellement stimulantes.
- Il existe une relation entre la durée de l'étude et les activités stimulantes dans le sens où l'engagement dans de nouvelles activités stimulantes tend à diminuer chez les participants pendant la période de 6 ans qu'a duré l'étude.

- Le niveau initial de nouvelles activités stimulantes et le changement dans ces activités au cours de l'étude sont significativement associés à la performance en mémoire de travail et au changement dans la performance cognitive générale. Plus précisément, les individus qui participent à des activités stimulantes sur le plan intellectuel ont moins de chance de montrer un déclin cognitif et ceux qui maintiennent cet engagement pendant la période de l'étude ont aussi moins de chance de montrer des signes de déclin cognitif lié au vieillissement.

Le point le plus marquant de cette étude est non seulement qu'il existe une relation entre le niveau d'activités stimulantes intellectuellement et les performances cognitives mais aussi le changement de niveau d'activités stimulantes, c'est-à-dire le fait de s'engager ou de maintenir de nouvelles activités stimulantes (e.g.., apprendre une nouvelle langue) est associé à un moindre déclin cognitif pendant cette période. La Figure 3 illustre la relation entre la poursuite d'activités stimulantes et les performances cognitives, évaluées selon la performance aux tests de mémoire de travail, dans l'étude de Hultsch et ses collaborateurs. De plus, la performance en mémoire de travail était reliée de façon importante à la performance aux autres épreuves cognitives et donc, par voie de conséquences, le maintien de la performance en mémoire de travail grâce aux activités stimulantes favorisaient le maintien de la performance cognitive générale. Ces résultats signifient que les individus qui participent à des activités intellectuelles stimulantes, donc qui imposent un certain défi d'apprentissage, sont moins susceptibles de montrer un déclin cognitif et ceux qui maintiennent cet engagement dans les activités stimulantes sont aussi moins susceptibles de montrer un déclin cognitif avec l'avancée en âge.

Cette étude, comme d'autres du même genre, a fait l'objet de certaines critiques liées à la direction des associations observées (Arbuckle *et al.*, 1998 ; Gold *et al.*, 1995). Néanmoins, il demeure que, dans l'étude de Hultsch *et al.*, le niveau de changement cognitif entre la première et la dernière mesure permet de prédire presque aussi bien l'implication dans de nouvelles activités stimulantes que le niveau d'activité permet de prédire le fonctionnement cognitif. Une telle relation bidirectionnelle entre le niveau d'activités

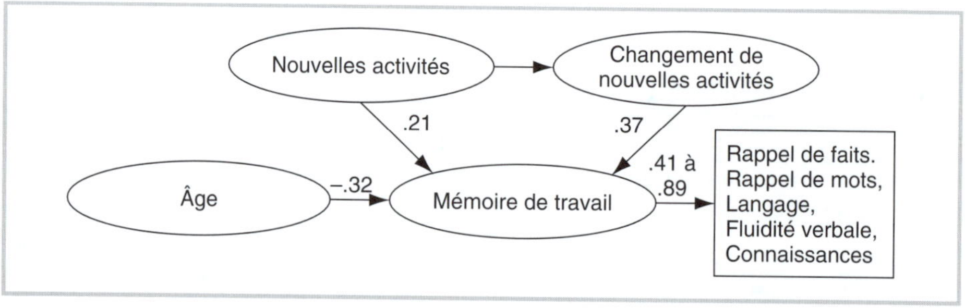

Figure 3

Une portion simplifiée du modèle proposé pour rendre compte des données de l'étude longitudinale de Victoria évaluant la relation entre les activités stimulantes et le déclin cognitif associé à l'âge pendant 6 ans (d'après Hultsch et al., 1999).

Ces résultats suggèrent qu'un style de vie actif ainsi que l'engagement dans de nouvelles activités stimulantes auraient un impact positif sur la mémoire de travail, augmentant ainsi les performances cognitives générales.

stimulantes et les performances cognitives est évidemment embarrassante et complique l'interprétation des résultats. Il est toujours possible en effet que les personnes âgées demeurent actives dans la mesure où leurs performances cognitives leur permettent de maintenir un bon niveau d'activité. Une autre critique de ce genre d'études, et particulièrement de celle citée ici, concerne l'échantillon de participants, puisqu'une forte proportion de participants dans l'étude de Hultsch et ses collaborateurs était hautement scolarisée. En effet, le nombre d'années de scolarité moyen était de 16 années dans cette étude canadienne, ce qui est nettement supérieur au niveau moyen du pays qui se situe entre 12 et 13 années de scolarité. Aucune donnée actuellement disponible ne permet encore de conclure que la relation observée entre les activités stimulantes et les performances cognitives se généralisent à la population, et surtout chez les individus ayant un niveau scolaire moins élevé.

La question de la relation entre le niveau de scolarité et le style de vie est complexe. Il est possible que l'éducation formelle en bas âge soit associée d'une façon ou d'une autre au niveau d'activités intellectuelles au cours de la vie. On peut imaginer différents types d'influences entre le niveau de scolarité, les activités intellectuelles et la vitalité cognitive. Un meilleur niveau de scolarité peut sensibiliser les individus à la lecture ou encore conduire à des emplois plus stimulants ou plus exigeants sur le plan intellectuel. Il est aussi possible qu'un meilleur niveau de scolarité conduise à un emploi plus lucratif permettant la poursuite d'activités réservées aux individus bénéficiant d'une certaine aisance financière. En effet, l'affiliation à certains clubs ou encore la participation aux activités culturelles et artistiques peut parfois être très onéreuse.

Il serait aussi possible que le fait de participer à plus d'activités stimulantes permette aux personnes qui les pratiquent de se prémunir contre les effets néfastes du vieillissement cognitif chez les individus qui n'ont pas suivi une formation scolaire aussi poussée, et donc qui n'ont pas eu l'occasion de développer le même niveau de réserve cérébrale. En revanche, l'effet serait moins marqué chez les individus qui auraient atteint un niveau très avancé de stimulation intellectuelle dans leur jeune âge. En d'autres termes, chez les gens qui ont plusieurs années de scolarité, l'effet bénéfique de la stimulation cognitive aurait, en quelque sorte, atteint un plateau.

Une autre étude très récente permet de mieux comprendre l'effet de la stimulation cognitive et de la scolarité sur le vieillissement cognitif. L'originalité de cette étude de Kliegel, Zimprich et Rott (2004) est qu'elle cherche à déterminer si les activités intellectuellement stimulantes à l'âge adulte et le niveau de scolarité dans le jeune âge vont avoir des effets indépendants ou combinés sur le vieillissement cognitif. Les auteurs postulent deux hypothèses pour expliquer l'influence du niveau scolaire et des activités intellectuelles sur le vieillissement cognitif. D'abord, les facteurs scolarité et style de vie pourraient avoir des effets indépendants sur le déclin cognitif. Empiriquement, le niveau de scolarité et le niveau d'activités intellectuelles permettraient donc de prédire le déclin cognitif de façon relativement indépendante. Une deuxième hypothèse postule que l'éducation formelle et le style de vie sont associés. Selon cette dernière hypothèse, le niveau de scolarité déterminerait l'engagement dans des activités stimulantes et donc le niveau de scolarité aurait un effet indirect sur le déclin cognitif. Selon cette hypothèse, le niveau d'engagement dans des activités stimulantes modulerait la relation entre le niveau de scolarité et le déclin cognitif à un âge avancé. En d'autres termes, une personne plus scolarisée aurait tendance à maintenir des activités intellectuelles plus stimulantes se protégeant ainsi des effets délétères du vieillissement sur la cognition. Toutefois, le simple fait d'avoir suivi une formation scolaire poussée ne suffirait pas à maintenir la performance cognitive des aînés qui ne demeurent pas actifs sur le plan intellectuel. Kliegel *et al.* (2004) ont voulu tester leurs hypothèses chez des participants très âgés, ce qui constitue d'ailleurs une autre originalité de cette étude. Ils ont donc évalué des centenaires ou des individus proches de leur centième anniversaire. Le niveau d'activités stimulantes a été évalué selon des critères analogues à ceux utilisés par Hultsch *et al.* (1999) rapportés plus tôt dans ce chapitre. Les chercheurs se sont intéressés notamment à l'adoption de nouvelles activités stimulantes (comme apprendre une nouvelle langue) et aux activités de voyages, ainsi qu'à l'âge jusqu'auquel ces activités ont été pratiquées. La performance cognitive était évaluée à l'aide du test d'état mental général MMSE (voir présentation au Chapitre 8).

Les résultats observés par Kliegel et ses collaborateurs sont fascinants. Les auteurs ont observé que le niveau d'éducation formelle combiné au niveau d'activités intellectuelles stimulantes à l'âge de 80 ans permet de prédire le déclin cognitif observé chez ces participants âgés maintenant de près de cent ans. Toutefois, le résultat le plus frappant est qu'environ un quart de l'effet du niveau de scolarité s'explique par le niveau d'engagement dans des activités stimulantes. Le niveau d'activités stimulantes serait donc un médiateur important de l'effet positif de la scolarité sur le maintien des fonctions cognitives chez les personnes centenaires. La Figure 3 présente le modèle théorique proposé par Kliegel et ses collaborateurs pour rendre compte de la relation entre le niveau de scolarité, les activités cognitives et la performance cognitive à un âge très avancé. En d'autres termes, le niveau de scolarité atteint chez le jeune adulte peut influencer le vieillissement cognitif, mais cette relation sera plus ou moins importante selon qu'un individu maintient ou non des activités cognitives stimulantes au cours de sa vie. Malgré une limite importante de cette étude, qui consiste à mesurer le statut cognitif à l'aide d'un test de l'état mental général, il s'agit d'une des rares études récentes à évaluer directement le rôle indépendant ou complémentaire de la scolarité et des activités intellectuellement stimulantes.

Il semble donc que le niveau d'engagement dans les activités stimulantes sur le plan cognitif soit associé à un moindre déclin cognitif chez la personne âgée normale. On peut dès lors se demander si l'activité intellectuelle protège contre les atteintes pathologiques de la cognition associées au vieillissement, comme la maladie d'Alzheimer, pour ne nommer que la plus connue. Cette question renvoie à la notion de réserve cognitive ou

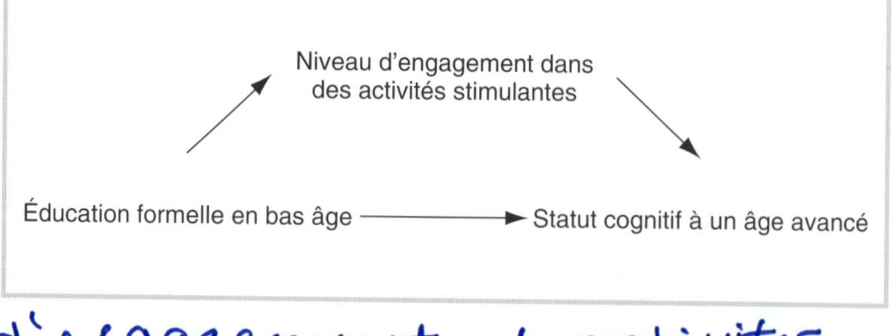

Figure 4

Modèle heuristique de Kliegel et al. (2004).

Le niveau d'engagement dans des activités stimulantes est un médiateur important de l'effet positif du niveau scolaire sur le maintien des fonctions cognitives chez les personnes centenaires.

neuronale abordée dans le chapitre précédent. Les études qui se sont intéressées à cette question sont très récentes et doivent donc être interprétées avec précaution jusqu'à ce qu'elles soient reproduites. Quoiqu'il en soit, la tendance actuelle suggère que la stimulation cognitive via la lecture et les jeux intellectuellement stimulants est associée à un plus faible taux de démence de type Alzheimer et à une meilleure vitalité cognitive.

Une étude récente de Wilson, Mendes de Leon, Barnes, Schneider, Bienias, Eveans et Bennett (2002) permet d'espérer que la stimulation cognitive puisse réduire les risques d'apparition de symptômes associés aux pathologies du vieillissement. Les chercheurs ont suivi 801 membres du clergé, des prêtres, des frères et des sœurs de religion Catholique de divers endroits aux États-Unis, sur une période de 4.5 années. Les participants ont rempli un questionnaire analogue à celui présenté plus tôt dans ce chapitre afin de quantifier le niveau d'engagement dans des activités stimulantes (voir Tableau 1). Les réponses aux questions variaient de 1 (une fois par année) à 5 (quotidiennement), et donc un score élevé indique un niveau d'activité cognitive plus soutenue. L'évaluation cognitive ciblait plusieurs domaines comme la mémoire épisodique, la mémoire sémantique, la mémoire de travail, la vitesse perceptive et les habiletés visuo-spatiales. Pour chaque domaine, plusieurs tests psychométriques normalisés étaient utilisés. Par exemple, la vitesse de traitement de l'information était évaluée à l'aide de deux tests : le test de Substitution de symboles et le test de Comparaison de nombres. Les chercheurs ont ensuite compilé un score Z standardisé pour chaque domaine afin de pouvoir mieux comparer les résultats des différentes épreuves.

L'étude de Wilson *et al.* (2002) a mis en évidence plusieurs résultats importants. Les chercheurs ont en effet observé que le style de vie protège contre l'apparition de symptômes d'un déclin cognitif pathologique, analogues à ceux observés dans la maladie d'Alzheimer. En ce qui concerne la relation entre le déclin cognitif et l'activité cognitive soutenue, notons d'abord que les participants de cette étude étaient plutôt actifs intellectuellement, avec un score moyen de 3.57 au questionnaire, les scores variants entre 1.57 et 4.71. La performance cognitive globale (score standardisé impliquant tous les tests cognitifs) se situait entre –1,765 et 1.374, un score plus élevé indiquant une meilleure performance cognitive. Dès le début de l'étude, les chercheurs ont noté une relation entre les activités stimulantes et la cognition, puisque chaque point additionnel au questionnaire d'activités était associé à 0.128 point de plus au score standardisé de performance cognitive globale. De plus, ce score global de performance cognitive diminuait de 0.043 par année pendant l'étude, indiquant un déclin cognitif avec l'âge. Par contre, pour chaque point additionnel au niveau des activités cognitives, les chercheurs ont noté une diminution de 47 % du déclin cognitif qui, rappelons-le, est de 0.043 annuel. En d'autres termes, 1 point de plus aux activités cognitives signifiait 0.020 point de moins de déclin cognitif global annuel (0.020/0.043 = 0.47). La Figure 5 présente le déclin annuel observé sur une période de 4.5 années au score global de performance cognitive pour tout le groupe de participants, ainsi que pour les individus les plus actifs et les moins actifs du groupe dans l'étude de Wilson et ses collaborateurs. On peut voir, par exemple, qu'en moyenne, une personne qui se situait au 10e centile (voir Figure 5) de la distribution du groupe sur le questionnaire d'activités, donc une personne beaucoup moins active que le groupe de référence, déclinait de 0.046 par année au score cognitif global.

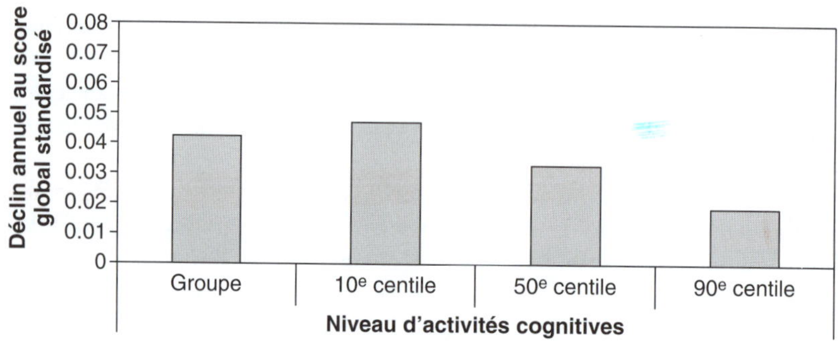

Figure 5

Déclin annuel sur la performance cognitive globale en fonction du niveau d'activités cognitives stimulantes (d'après Wilson et collaborateurs, 2002).
Ces résultats montrent que les personnes les plus actives déclinent moins sur le plan cognitif.

Enfin, lorsqu'ils se sont intéressés aux scores standardisés pour chacun des 5 domaines cognitifs, Wilson et ses collaborateurs ont également pu observer qu'une augmentation de 1 point aux questionnaires d'activités cognitives était associé 60 % moins de déclin de la mémoire de travail et de 30 % moins de déclin de la vitesse de traitement de l'information. Ces résultats sont valides même après avoir appliqué un contrôle statistique pour tenir compte des effets de l'âge, du sexe des individus et de leur niveau d'éducation, de leurs troubles de mémoire au premier moment d'évaluation et d'autres facteurs de risque liés à la maladie d'Alzheimer.

En résumé, les études longitudinales suggèrent que le style de vie et l'engagement dans des activités stimulantes intellectuellement préservent en quelque sorte l'individu contre les effet délétères du vieillissement à tout le moins sur certaines fonctions cognitives. De plus, l'effet bénéfique de la stimulation cognitive soutenue serait en partie

Figure 6

La période de la retraite peut être vue comme un moment privilégié pour se consacrer à des activités de détente stimulantes cognitivement, comme la lecture par exemple.
Les études longitudinales suggèrent d'ailleurs que les personnes qui maintiennent un style de vie actif et stimulant déclinent moins sur plusieurs aspects du fonctionnement cognitif.

indépendant de celui du niveau scolaire. Comme nous en avons discuté dans le chapitre précédent, les études longitudinales ont l'avantage d'inclure de grands groupes de participants suivis pendant de nombreuses années, ce qui nous permet de tester l'effet des facteurs à l'étude chez un même groupe d'individus. Toutefois, pour assurer la faisabilité de ce type d'études d'envergure, on a recours à des évaluations cognitives plutôt sommaires qui ne nous permettent pas de préciser, sur le plan cognitif, la nature de la relation entre les activités stimulantes et le déclin cognitif. Pour cette raison, les résultats des études transversales dans lesquelles on utilise des paradigmes issues de la psychologie cognitive expérimentale sont également très importants pour mieux comprendre l'effet des facteurs environnementaux sur le vieillissement cognitif.

3 Le niveau de stimulation cognitive peut-il modérer les différences liées à l'âge ? Résultats des études transversales

3.1 *Le type d'emploi*

L'amplitude du déclin cognitif associé à l'âge est plus importante dans les études transversales qui comparent des groupes de participants dont l'âge diffère sur plusieurs décennies. Ce type d'études permet donc de mieux détecter les différences liées à l'âge. Plus intéressant encore, les études transversales offrent en général la possibilité de mieux documenter le fonctionnement cognitif des participants, par l'utilisation de tests ou de tâches expérimentales plus raffinées. Par ailleurs, rappelons-nous que ce type d'études comporte quelques limites, notamment à cause de sa grande susceptibilité aux effets de cohortes (voir Chapitre 1). Qui plus est, dans le contexte qui nous intéresse, ces études sont peu nombreuses.

Dans les études transversales qui examinent le rôle du type d'emploi sur la cognition, les chercheurs comparent la performance d'individus de différents groupes d'âges ou occupant différents types d'emploi sur diverses mesures cognitives. L'étude de Shimamura, Berry, Mangels, Rusting et Jurica (1995) est un exemple intéressant de ce type d'études. Les chercheurs ont évalué 72 professeurs d'université séparés en trois groupes d'âges. Un groupe de jeunes professeurs d'un âge moyen de 38 ans, un groupe de professeurs âgés en moyenne de 52 ans et un groupe de professeurs seniors de 65 ans en moyenne. Pour établir une comparaison, les auteurs ont également évalué des groupes contrôles de jeunes adultes étudiants, qui constituent un groupe type de participants jeunes dans les études en vieillissement cognitif. Dans cette étude, les participants âgés de 20 ans en moyenne avaient complété 14 années de scolarité. Le groupe contrôle de personnes âgées, avaient en moyenne 67 ans et 16 années de scolarité. Il s'agissait de personnes apparemment en bonne santé et autonome, encore ici un groupe typique de personnes âgées participant aux études sur le vieillissement cognitif.

Un aspect intéressant de cette étude est d'avoir comparé des individus ayant complété un haut niveau de scolarité, qui occupent un emploi relativement complexe, mais surtout d'avoir utilisé un éventail d'épreuves cognitives connues pour leur sensibilité au vieillissement. Les chercheurs ont utilisé une épreuve de temps de réponse mesurant la vitesse de traitement de l'information. La tâche de temps de réaction était composée de blocs de temps de réaction simple à un mot ou à un symbole et des blocs de temps de réaction au choix, dans lesquels le participant devait répondre à une de 2 ou de 4 touches associées à l'un des 2 ou 4 mots (condition mots) ou l'un des 2 ou 4 symboles (condition symboles). Les participants ont également réalisé une tâche de mémoire à long terme, nécessitant l'apprentissage de paires de noms (un nom de la paire est présenté pour susciter le rappel du second nom), une tâche de rappel d'histoires courtes relatant des faits scientifiques ou anthropologiques ainsi que le rappel d'histoires normalisées de la WAIS (*Weschler Adult Intelligence Scale*). Enfin, Shimamura et ses collaborateurs ont également évalué la performance à une tâche de mémoire de travail dite *d'auto-ordonnancement***, qui nécessite de pointer tour à tour une série de patrons visuels sans revenir aux patrons précédemment pointés. La difficulté de la tâche d'auto-ordonnancement réside donc dans le fait de maintenir en mémoire les derniers patrons visuels pointés afin d'éviter d'y revenir.

L'hypothèse d'un effet protecteur lié au type d'emploi prédisait un moindre déclin de la performance associé à l'âge chez les professeurs, comparativement au groupe d'aînés contrôles. Les résultats observés confirment que les activités professionnelles peuvent protéger contre le déclin cognitif associé à l'âge mais seulement dans certaines épreuves cognitives. Les Figures 7, 8, 9 et 10 présentent les principaux résultats de cette étude. D'abord certains tests ont montré des effets typiques du vieillissement quelle que soit l'occupation professionnelle, c'est-à-dire que les personnes âgées étaient désavantagées à ces tests par rapport aux jeunes, autant dans le groupe de professeurs que dans le groupe de participants témoins. On peut voir à la Figure 7 que le même patron de résultats est obtenu en fonction de l'âge lorsqu'on compare les professeurs et les contrôles jeunes et âgés en moyenne de 65 ans à la tâche de temps de réaction. Dans les deux groupes, l'augmentation du nombre de choix de réponse dans la condition symboles (les symboles étaient des flèches indiquant la direction de la réponse) entraîne une augmentation du temps de réponse et cet effet de difficulté de la tâche est plus prononcé chez les âgés. Donc, qu'ils aient ou non un emploi académique, les participants de l'étude de Shimamura et ses collaborateurs montrent un patron typique de ralentissement cognitif associé à l'âge.

Shimamura *et al.* (1995) ont également observé que le statut professionnel ne change pas le profil de déclin cognitif pour le rappel de noms. Le pourcentage de rappel de paires de noms était en général plus élevé chez les jeunes adultes, montrant un effet caractéristique du vieillissement normal sur la mémoire épisodique. La Figure 8 montre les résultats observés à trois essais consécutifs à la tâche de rappel de paires de noms. Les paires étaient constituées d'un nom d'homme et d'un nom de femme (e.g., *Edward* & *Nancy*). On peut constater que la performance s'améliore avec le nombre d'essais à la tâche de rappel, mais que les âgés performent toujours moins bien que les jeunes. Toutefois, comme pour la vitesse de traitement, cette différence liée à l'âge était la même chez les professeurs et chez les sujets témoins.

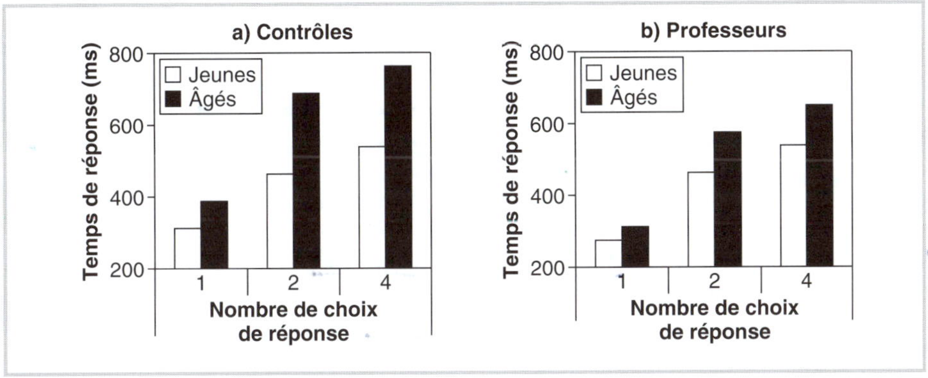

Figure 7

Temps de réaction (ms) dans la condition symboles en fonction du nombre de choix de réponse chez les participants (a) contrôles et chez les (b) professeurs (d'après Shimamura et al., 1995).
Ces résultats montrent le même effet de ralentissement cognitif lié à l'âge chez les participants ; peu importe l'occupation professionnelle.

Par contre, Shimamura et ses collaborateurs ont observé que parmi les personnes âgées (65 ans et plus), les professeurs montrent moins d'interférence proactive dans la tâche de mémoire de travail. Dans la tâche d'auto-ordonnancement, l'interférence proactive désigne la confusion entre les items d'un bloc donné et ceux présentés lors d'un bloc précédent. L'interférence proactive fait en sorte que les participants ne savent plus s'ils ont pointé les patrons visuels au cours d'un bloc donné. Dans une étude précédente, les auteurs avaient observé que les personnes âgées ont tendance à montrer plus d'interférence au second bloc d'essais dans la tâche d'auto-ordonnancement, comme si les âgés avaient du mal à discriminer les essais du premier et du second bloc (Shimamura &

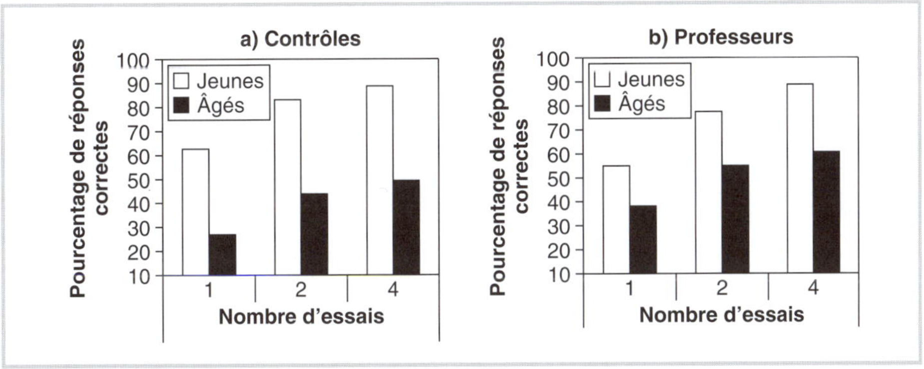

Figure 8

Pourcentages de rappels corrects chez les participants (a) contrôles et les (b) professeurs à la tâche de rappel d'une paire de noms (d'après Shimamura et al., 1995).
Ces résultats indiquent que l'occupation professionnelle ne protège pas les personnes âgées des effets du vieillissement sur la mémoire épisodique, dans la mesure où les différences jeunes-âgés sont comparables chez les professeurs et les participants contrôles.

Jurica, 1994). Dans l'étude qui nous intéresse, impliquant des professeurs et des participants témoins, les âgés témoins ont également montré une augmentation des erreurs entre le premier et le second bloc d'essais, reproduisant les observations antérieures des auteurs. Toutefois, les professeurs âgés n'ont pas montré cet effet. Ces derniers ont plutôt montré une diminution du nombre d'erreurs entre le premier et le second bloc, comme le font en général les jeunes. Ces résultats sont présentés à la Figure 9.

Les résultats de Shimamura *et al.* (1995) ont montré que les professeurs âgés semblaient également avantagés à la tâche de rappel d'histoires. Dans cette épreuve, les professeurs de tous âges ont des performances équivalentes en rappel, comme si l'âge n'entraînait aucune détérioration en mémoire verbale, alors que chez les participants contrôles, les chercheurs ont observé une différence significative liée à l'âge et ce, peu importe le matériel à rappeler (histoires relatant des faits scientifiques, anthropologiques ou les histoires de la WAIS). La Figure 10 illustre ces résultats d'après lesquels l'occupation professionnelle favorise une performance plus proche de celle des jeunes adultes à une tâche de rappel d'histoires, puisque les personnes âgées qui sont professeurs d'université obtiennent des performances équivalentes à celles des jeunes professeurs et contrôles.

En résumé, l'étude de Shimamura et ses collaborateurs suggère que, même dans les études transversales, le type d'emploi occupé peut avoir un impact sur les performances cognitives des personnes âgées. Toutefois, le rôle du type d'emploi ne serait pas le même pour toutes les sphères de la cognition. En effet, alors que les tests de rappel d'histoire et de mémoire de travail montrent un net avantage chez les professeurs âgés, en comparaison aux participants témoins du même âge, cet avantage n'est pas observé aux tests de temps de réaction et en rappel de paires de noms. Il est possible donc que l'effet bénéfique d'un emploi complexe n'affecte pas certains facteurs généraux et fondamentaux de la cognition, comme la vitesse de traitement de l'information, mais que l'impact du type d'emploi touche d'autres aspects de la cognition, comme la mémoire de travail. Il est aussi possible que l'effet du type d'emploi se limite à des tâches pour lesquelles des stratégies complexes peuvent être mises en œuvre pour améliorer la performance, comme dans le rappel d'histoire. Une autre explication possible est que les tâches de vitesse de traitement sont parfois abstraites pour les participants et ne ressemblent pas

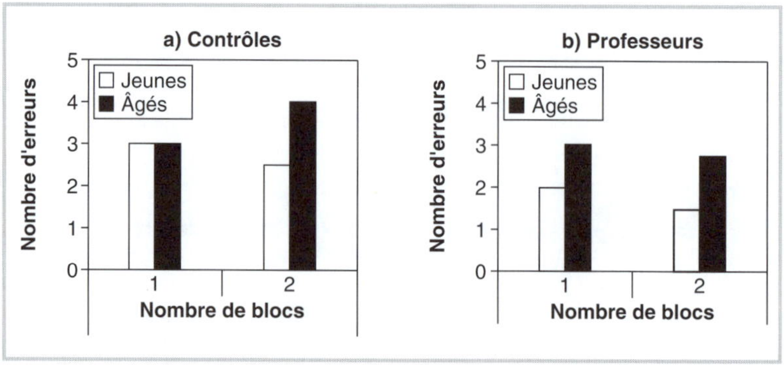

Figure 9

Erreurs produites à la tâche d'auto-ordonnancement par les (a) contrôles et les (b) professeurs dans les deux premiers blocs d'essais.
Ces résultats indiquent que les professeurs âgés se situent environ au même niveau de performance dans les deux blocs que les jeunes contrôles.

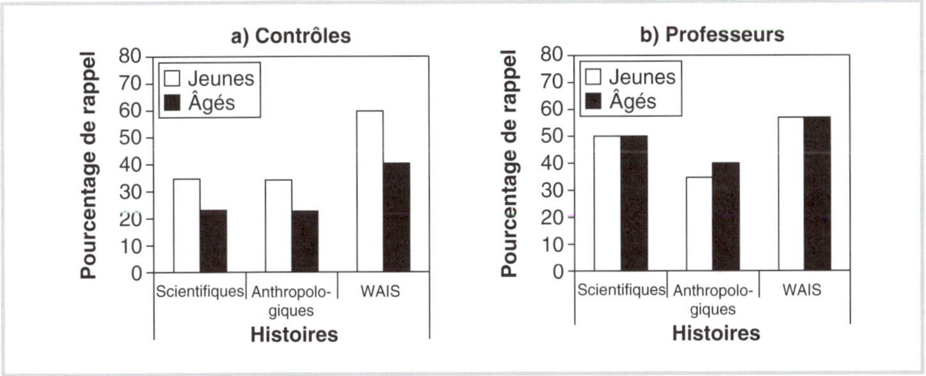

Figure 10

Pourcentages de rappel d'éléments clés dans les histoires scientifiques et anthropologiques, ainsi que dans les histoires logiques et la WAIS, pour les participants (a) contrôles et les (b) professeurs (d'après Shimamura et al., 1995).

Ces résultats indiquent que les professeurs âgés rapportent plus d'éléments clés que les âgés contrôles dans une tâche de mémoire épisodique avec du contenu verbal.

à des activités cognitives que rencontrent les professeurs dans leur travail, d'où l'absence d'avantage chez ces derniers par rapport aux participants témoins. Dans cette perspective, le rappel d'histoires et le contrôle de l'interférence en mémoire de travail solliciteraient davantage des processus cognitifs qui sont fréquemment mis en œuvre dans le travail académique.

3.2 *Les activités de loisir et de détente*

Peu d'études transversales se sont intéressées à l'impact potentiel de la stimulation cognitive soutenue, via des activités non professionnelles ou non associées au niveau de scolarité, sur les différences liées à l'âge dans les aspects généraux de la cognition. Les quelques rares études qui ont été consacrées à cette question montrent des résultats mitigés.

Salthouse, Berish et Miles (2002) n'ont pas observé que les individus pratiquant davantage d'activités stimulantes sont préservés contre les effets négatifs du vieillissement cognitif. Les chercheurs ont évalué 204 personnes âgées de 20 à 91 ans. Les participants devaient remplir un questionnaire personnel sur la fréquence de participation à des activités stimulantes. Il s'agissait en fait de rapporter le nombre d'heures consacrées à une activité donnée, par exemple conduire une auto ou la pratique d'un instrument de musique, au cours d'une semaine type. Pour chaque activité, les participants devaient également évaluer la demande cognitive imposée par la tâche sur une échelle de 1 à 5. Un score de 1 signifiait que l'activité ne demandait pas d'effort cognitif (e.g., dormir), un score de 3 signifiait une demande modérée (e.g., lire le journal) et un score de 5 voulait dire que la tâche était très exigeante cognitivement (e.g., faire sa déclaration d'impôts). La Figure 11 présente quelques résultats clés au questionnaire utilisé par Salthouse et ses collaborateurs. Bien que les résultats rapportés par les chercheurs ne permettent pas d'illustrer les différences liées à l'âge dans le niveau d'activités et la demande cognitive imposée par ces activités, les analyses corrélationnelles ont permis aux chercheurs d'observer que le niveau d'implication dans les activités exigeantes sur le plan cognitif tend à diminuer avec l'âge et que les personnes âgées ont tendance à trouver que certaines activités sont plus exigeantes comparativement aux jeunes adultes (e.g., regarder la télévision). De plus, une originalité de l'étude de Salthouse était de dériver un index de stimulation cognitive fondé sur le nombre d'heures consacrées à chaque activité et la demande imposée par l'activité, telle qu'évaluée par le participant. Ainsi, par exemple, un participant qui passait 10 heures à regarder la télévision, une activité qu'il trouvait modérément stimulante (score de 3), et 5 heures à lire un roman, une activité plutôt exigeante (score de 4), aurait eu un score de stimulation cognitive de $(10 \times 3) + (5 \times 4) = 50$.

Les participants de l'étude de Salthouse *et al.* (2002) complétaient également une batterie de tests neuropsychologiques et cognitifs standardisés comme l'assemblage des blocs de la WAIS, les tests des Matrices de Raven (voir Chapitre 3 de ce manuel pour une présentation détaillée) et certains tests de mémoire épisodique de la batterie de mémoire de Weschler, etc. Les auteurs ont ensuite dérivé 4 facteurs cognitifs à partir de ces tests. Les deux premiers facteurs cognitifs représentaient des habiletés cognitives fluides. Le premier facteur était considéré comme une mesure des habiletés visuospatiales et de résolution de problèmes. Le second facteur représentait l'intelligence non verbale plus générale et incluait par exemple le test des Matrices de Raven. Les troisième et quatrième facteurs étaient des indices de performance des habiletés cristallisées. Le troisième facteur mesurait la mémoire, et regroupait donc les tests de mémoire épisodique. Enfin, le quatrième facteur considéré par Salthouse et ses collaborateurs était un facteur d'intelligence verbale qui regroupait les scores aux tests comme l'échelle de Vocabulaire de la WAIS.

Salthouse et ses collaborateurs ont voulu tester l'hypothèse selon laquelle le niveau d'engagement dans des activités stimulantes sur le plan intellectuel modère les effets du vieillissement normal sur la cognition. Les chercheurs ont donc conduit une série d'analyses de régression hiérarchique permettant de dériver les facteurs qui peuvent rendre

Figure 11

Résultats de l'évaluation des activités stimulantes au questionnaire utilisé par Salthouse et ses collaborateurs (d'après Salthouse et al., 2002). La portion (a) indique le nombre d'heures consacrées aux activités stimulantes intellectuellement, alors que la portion (b) montre l'évaluation de la demande cognitive imposée par ces activités selon les participants.

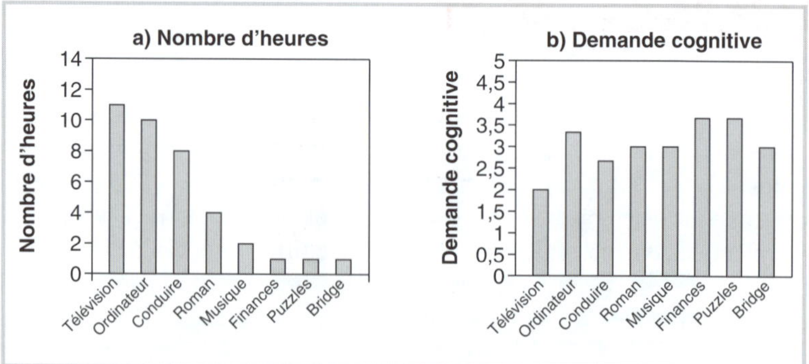

compte de la variance des performances aux quatre facteurs cognitifs décrits précédemment. Ces analyses sont très complexes et ne sont rapportées ici qu'en partie. Le résultat le plus important de l'étude de Salthouse est que le niveau de stimulation cognitive ne change pas l'effet de l'âge observé aux différents facteurs cognitifs. En fait, les analyses de régression ont montré que les quatre facteurs étaient sensibles à l'âge des participants, puisque la variance liée à l'âge était significative dans les quatre facteurs. La Figure 12 montre la proportion de variance associée à l'âge pour chacun des quatre facteurs. Dans les résultats de Salthouse et ses collaborateurs, on peut constater les effets classiques du vieillissement cognitif puisque la variance liée à l'âge est nettement plus marquée sur les facteurs visuo-spatial, intelligence non verbale et mémoire que sur le facteur intelligence verbale. Mais ce qui est le plus frappant, c'est que ces effets du vieillissement ne sont pas modérés par le niveau d'activités cognitives. En effet, les chercheurs ont examiné l'effet de la stimulation cognitive en contrôlant les différences liées à l'âge au niveau des activités cognitives. Si la stimulation cognitive a un effet sur le vieillissement cognitif, la variance liée à l'âge sur les différents facteurs de performance cognitive ne devrait pas être la même avec ou sans la prise en compte des activités cognitives. Pourtant, on peut voir à la Figure 12 que, même en ajustant la performance pour le niveau de stimulation cognitive, la proportion de variance associée à l'âge demeure sensiblement la même pour les quatre facteurs cognitifs.

L'étude de Salthouse et ses collaborateurs n'a pas permis d'observer une relation entre les activités cognitives stimulantes et le vieillissement cognitif. Comment expliquer ces résultats en apparence contradictoires avec les résultats des autres études, notamment celle de Shimamura et ses collaborateurs, selon lesquelles la stimulation cognitive soutenue diminue le déclin cognitif associé à l'âge ? Plusieurs éléments de réponses peuvent être considérés. D'abord, dans l'étude de Salthouse et ses collaborateurs, le niveau d'activités cognitives est évalué à l'aide d'un questionnaire d'auto-évaluation de la fréquence des activités stimulantes. Ce type de mesure est susceptible d'être biaisé par différents facteurs autres que cognitifs, comme la désirabilité sociale, qui peut avoir amené les participants à surévaluer la fréquence et le caractère stimulant de leurs activités de détente. Une autre explication possible de l'absence de relation entre les activités cognitives stimulantes et le maintien de la vitalité cognitive avec l'âge peut avoir trait au type de mesures cognitives utilisées. Les auteurs de cette étude ont utilisé des scores compo-

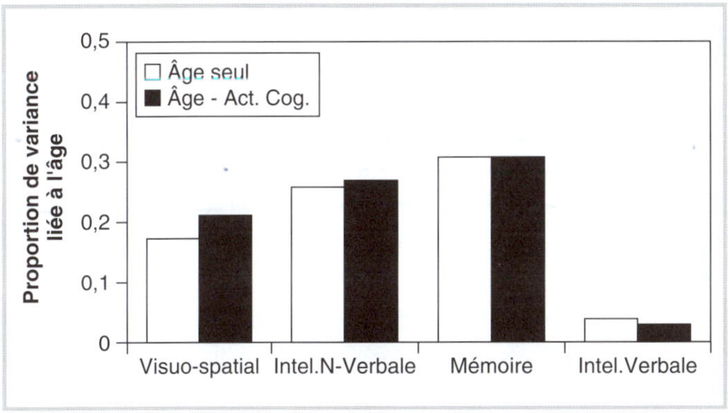

Figure 12

Proportions de variance associée à l'âge avant et après avoir éliminé la contribution du niveau de stimulation cognitive pour quatre facteurs cognitifs. Ces résultats montrent que, même lorsqu'on tient compte du niveau d'activités intellectuellement stimulantes, l'effet de l'âge sur la cognition reste stable (d'après Salthouse et al., 2002).

sites reflétant l'intelligence fluide, la mémoire épisodique et l'intelligence cristallisée. Une autre explication possible est qu'il faut tenir compte non seulement des activités cognitives en cours, c'est-à-dire pendant les derniers mois voire les dernières années, mais aussi des activités stimulantes pratiquées plus tôt dans la vie d'un individu. Ce dernier aspect apparaît crucial car il est fort probable que la stimulation cognitive ait un impact à long terme sur le développement cognitif.

Wilson *et al.* (2003) ont développé un questionnaire spécifique pour mesurer le niveau d'engagement dans des activités de détente stimulantes sur le plan cognitif, tôt dans la vie, à l'âge moyen et à l'âge adulte avancé. Ce questionnaire a été présenté plus tôt dans ce chapitre (voir Tableau 1). Le questionnaire utilisé par Wilson et ses collaborateurs permet d'établir un score de fréquence d'activités. Dans une étude transversale, Wilson et ses collaborateurs ont voulu vérifier s'il existe une relation entre ce score d'activités et le profil cognitif d'individus âgés. En tout, 141 personnes d'un âge moyen de 83.4 ans ont participé à l'étude. L'évaluation cognitive impliquait plusieurs tests qui permettaient de mesurer la performance dans 5 domaines cognitifs différents, la mémoire épisodique, la mémoire sémantique, la mémoire de travail, la vitesse perceptive et les habiletés visuo-spatiales. Les résultats les plus intéressants ont été observés aux épreuves de mémoire épisodique (7 tests de mémoire de mots en rappel et reconnaissance, de rappel d'histoires issues de la WAIS et du test de Boston), ainsi qu'aux épreuves de vitesse cognitive et perceptive (Substitution de symboles et Comparaison de nombres). À l'aide de différents tests, les chercheurs ont créé des scores standardisés pour chaque domaine cognitif en calculant des scores standardisés (score Z) pour chacun des tests. La moyenne de ces scores composites était de 0 avec un écart type de 1.

La Figure 13 montre les résultats les plus frappants de l'étude de Wilson et ses collaborateurs. Cette étude a permis d'observer qu'il existe une relation entre l'activité cognitive soutenue pendant de longues périodes de la vie d'une personne et ses performances cognitives, du moins dans certains domaines cognitifs. Un autre aspect intéressant des résultats observés par Wilson et ses collaborateurs est de montrer que les domaines cognitifs dont le déclin est modulé par l'activité cognitive ne sont pas les mêmes que ceux dont le déclin est modéré par le niveau scolaire. Ainsi, comme l'avait observé Kliegel et ses collaborateurs (2004) dans une étude longitudinale présentée plus tôt dans ce chapitre, la relation entre l'activité cognitive et la cognition serait, en partie au moins, indépendante de la relation entre la scolarité et le déclin cognitif. Les résultats les plus importants à retenir de l'étude de Wilson *et al.* (2003) sont :

- Le niveau d'engagement dans les activités stimulantes est associé au maintien de certaines fonctions cognitives plus que d'autres. En effet, comme on peut le voir dans la Figure 13, les gens qui ont un plus haut score d'activités stimulantes montrent de meilleures performances en vitesse perceptive. Toutefois, les activités cognitives n'ont pas d'effet important sur la performance en mémoire épisodique.
- Le niveau scolaire n'a pas le même effet que le style de vie sur les mesures cognitives. En effet, les gens plus scolarisés ont de meilleures performances en mémoire épisodique, alors que la vitesse perceptive est peu influencée par le niveau scolaire.

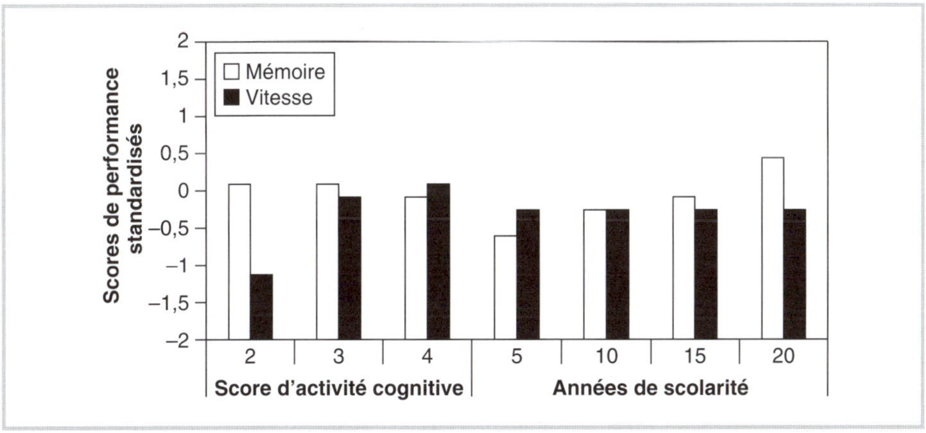

Figure 13

Performances observées aux tests de vitesse de traitement de l'information et aux tests de mémoire en fonction du niveau d'activités stimulantes (portion de gauche) au cours de toute la vie des individus et de leur niveau de scolarité (portion de droite).

Ces résultats montrent que l'activité cognitive et la scolarité n'affectent pas les mêmes fonctions cognitives, bien que ces deux expériences de stimulation cognitive modulent le déclin cognitif associé à l'âge (d'après Wilson et al., 2003).

Les résultats de Wilson et ses collaborateurs ont permis de montrer que les activités cognitives pratiquées pendant toute la vie sont significativement associées à la performance aux épreuves mesurant plusieurs fonctions cognitives dont la mémoire sémantique, la vitesse perceptive et les habiletés visuo-spatiales et ce, indépendamment du niveau de scolarité des participants. En fait, le niveau d'éducation formelle était quant à lui associé à une meilleure mémoire épisodique et sémantique mais n'était pas associé à de meilleures performances en vitesse perceptive. Ces observations suggèrent que le niveau d'activité est corrélé au maintien de certaines fonctions cognitives malgré l'avancement en âge et que la contribution des activités stimulantes semble en partie indépendante de celle du niveau de scolarité.

Il semble donc que les données en faveur du maintien des fonctions cognitives par le biais d'activités cognitives stimulantes nécessitent d'être davantage étudiées. Pour le moment, les études semblent montrer des résultats contradictoires. Quoiqu'il en soit, il demeure que la relation entre le niveau d'activité cognitive provenant des activités de détente et le déclin cognitif soit plus difficilement mis en évidence que la relation entre le vieillissement cognitif et le niveau de scolarité ou le type d'emploi occupé.

4 Hypothèses concernant l'effet bénéfique des activités stimulantes sur la cognition des personnes âgées

4.1 *Résumé des résultats sur l'effet du style de vie sur le vieillissement cognitif*

Plusieurs constats généraux émergent des études qui mettent en relation la performance cognitive des aînés et leur engagement, actuel ou passé, dans des activités stimulantes, que ce soit via le niveau de scolarité, le type d'emploi occupé ou encore les activités de détente pratiquées. D'abord, il semble y avoir une relation positive entre la stimulation cognitive soutenue via des activités de détente et les performances cognitives générales lorsque mesurées par des tests d'état mental ou intellectuel généraux (e.g., MMSE). Deuxièmement, lorsqu'un éventail de mesures cognitives est utilisé, permettant de cibler différents domaines cognitifs, les tests qui sollicitent davantage les fonctions verbales, comme la plupart des tests de mémoire épisodique, sont plus fortement associés au niveau d'activités intellectuelles des participants. Toutefois, et contrairement aux résultats des études portant sur le niveau scolaire, la stimulation cognitive via des activités de loisir est associée à un déclin réduit aux tests mesurant la vitesse de traitement de l'information. Enfin, un style de vie actif semble avoir un impact, au moins en partie, indépendant de l'effet du niveau de scolarité ou du type d'emploi.

4.2 *Les hypothèses de réserve cognitive et de réserve cérébrale*

Deux hypothèses majeures ont été avancées pour expliquer le rôle que peut jouer la stimulation cognitive sur le vieillissement cognitif : l'hypothèse de la réserve cognitive ou de la compensation, et l'hypothèse de la réserve neuronale. Bien que ces deux hypothèses aient été proposées pour rendre compte des résultats provenant des études de la relation entre le niveau scolaire et le vieillissement cognitif, elles sont tout aussi pertinentes pour expliquer la contribution de la stimulation cognitive via d'autres activités de loisir ou professionnelles. Rappelons que l'une de ces hypothèses stipule que la stimulation intellectuelle a un effet compensatoire sur le déclin cognitif lié à l'âge. En fait, les expériences entraîneraient un important bagage de connaissances et de savoirs qui permettent à l'individu de compenser le déclin lié à l'âge par la mise en place de stratégies compensatoires. Bien que les études mentionnent rarement quelles seraient les stratégies compensatoires mises en place, on peut aisément s'imaginer qu'un individu qui a accumulé plus de connaissances dans sa langue maternelle, dû à des habitudes de lectures régulières, soit plus à l'aise dans des tests qui sollicitent les connaissances langagières, comme c'est souvent le cas dans les tâches cognitives, notamment dans le domaine de la mémoire. Le corollaire de cette hypothèse de l'effet compensatoire des expériences stimulantes sur le vieillissement cognitif est que la supériorité des individus plus actifs devrait être spécifique à certains domaines cognitifs, voire à certaines fonctions cognitives. Comme nous l'avons vu au Chapitre 8 concernant le niveau de scolarité, les résultats empiriques tendent à appuyer cette hypothèse puisque l'effet bénéfique du style de vie n'est pas uniforme dans tous les domaines de la cognition, et semble plus évident dans les tests sollicitant les fonctions langagières. Toutefois, à l'inverse de ce que nous avons rapporté dans les études sur l'effet de la scolarité, un style de vie actif semble aussi favoriser la vitesse psychomotrice et perceptive dans certaines études, comme dans l'étude de Wilson et ses collaborateurs (2003). L'étude de Hulstch et ses collaborateurs a aussi montré qu'il existe une relation entre le style de vie, plus précisément entre le fait de s'engager dans de nouvelles activités stimulantes intellectuellement, et le maintien des performances en mémoire de travail, ces dernières étant associées à la performance intellectuelle globale. C'est donc dire que le style de vie pourrait contribuer de façon indépendante du niveau scolaire à maintenir un bon niveau de performance cognitive en vieillissant.

Le deuxième type d'hypothèse situe l'effet de l'éducation au niveau des structures et fonctions du système nerveux central comme nous l'avons vu dans le Chapitre 8. L'hypothèse de la ***réserve cérébrale***[**] (*brain reserve capacity*) suggère que des expériences complexes et stimulantes favorisent le développement d'une réserve neuronale qui aura un effet protecteur contre une atteinte éventuelle du système nerveux. Cet effet protecteur peut provenir d'une plus grande connectivité synaptique liée à un apprentissage soutenu. Au niveau comportemental, cette hypothèse ne prédit pas que l'effet protecteur soit spécifique à certaines fonctions cognitives. En d'autres termes, toutes les épreuves cognitives devraient montrer des signes de réserve cognitive et pas seulement les tests qui nécessitent une contribution importante des connaissances langagières. Une observation empirique en faveur de cette hypothèse est que les personnes ayant un plus haut niveau de scolarité tendent à montrer moins de signes cliniques de la maladie d'Alzheimer. Les études sur le style de vie et l'engagement dans des activités de détentes stimulantes qui ont été présentées dans ce chapitre ont également contribué à mieux comprendre l'impact de la stimulation cognitive soutenue sur le vieillissement cérébral. Entre autres, les études longitudinales ont montré que non seulement le style de vie peut réduire les chances de déclin cognitif global évalué par le MMSE, mais en plus la stimulation cognitive soutenue semble réduire de façon importante le déclin observé au niveau de la mémoire de travail et de la vitesse perceptive, deux fonctions cognitives omniprésentes dans les activités courantes et dans un grand nombre d'activités cognitives complexes.

4.3 *Le problème de la causalité*

Bien que les études rapportées dans ce chapitre, et celles du chapitre précédent portant sur le niveau scolaire, suggèrent que le patron de vieillissement cognitif peut être modulé par la poursuite d'activités intellectuelles soutenues, il demeure difficile d'établir un lien de cause à effet entre la stimulation et la performance cognitive. En effet, il est difficile d'éliminer complètement une interprétation selon laquelle un individu plus alerte sur le plan cognitif risque de s'engager plus souvent dans des activités stimulantes et surtout dans de nouvelles activités stimulantes intellectuellement. À l'inverse, une personne dont les fonctions cognitives sont moins aiguisées pourrait avoir tendance à éviter de participer à des activités stimulantes. Une autre limite importante de ces études est le manque de contrôle (e.g., nombre d'heures, niveau de performance) sur les activités stimulantes et le niveau d'engagement des individus dans ces diverses activités.

Les études rapportées dans ce chapitre demeurent primordiales pour étudier les relations entre les activités stimulantes et le maintien des fonctions cognitives avec l'avancement en âge. Toutefois, elles informent peu sur le potentiel latent du cerveau vieillissant. Les études dont il sera question dans les prochains chapitres, dans lesquelles les personnes âgées s'engagent dans des activités stimulantes structurées et contrôlées en laboratoire permettront d'explorer la question de la plasticité cognitive des personnes âgées. En d'autres termes, il s'agira de vérifier si le potentiel latent d'apprentissage est le même chez la personne âgée en comparaison aux jeunes adultes. De plus, puisque ces études proposent des programmes d'entraînement structurés et contrôlés en laboratoire, elles permettent de tester l'hypothèse d'un lien causal entre la stimulation cognitive et le maintien ou l'amélioration des fonctions cognitives chez les aînés.

Résumé

1. On peut mesurer le niveau d'activités cognitives stimulantes que fait une personne sur la base du type d'emploi qu'elle occupe ou par le biais de questionnaires d'auto-évaluation de la fréquence des activités de détentes stimulantes pratiquées par un individu.
2. Il existe une relation positive entre la stimulation cognitive soutenue, obtenue via les activités de détente, et la performance cognitive générale. De plus, la pratique constante d'activités stimulantes est associée à un moindre déclin cognitif dans les plans d'étude longitudinaux.
3. Lorsqu'un éventail de mesures cognitives est utilisé, permettant de cibler différentes fonctions cognitives, les tests qui sollicitent davantage les fonctions verbales, comme la plupart des tests de mémoire épisodique, sont plus fortement associés au niveau d'activités intellectuelles des participants. De plus, contrairement aux résultats des études portant sur le niveau scolaire, la stimulation cognitive via des activités de loisirs est associée à un déclin réduit aux tests mesurant la vitesse de traitement de l'information.
4. Un style de vie actif semble avoir un impact, au moins en partie, indépendant de l'effet du niveau de scolarité ou du type d'emploi.
5. Tant dans les études longitudinales que transversales, la relation entre les activités stimulantes et le déclin cognitif ne touche pas les mêmes fonctions cognitives que la relation entre le niveau scolaire et le déclin cognitif.

Des questions pour mieux retenir

1. Que permettent de conclure les études longitudinales quant au rôle du type d'emploi sur le vieillissement cognitif ?
2. Que permettent de conclure les études longitudinales quant au rôle du style de vie et des activités stimulantes sur le vieillissement cognitif ?
3. Est-ce que les activités de détente et le type d'emploi affectent la performance aux mêmes épreuves cognitives ?
4. Comment les observations transversales se distinguent-elles des résultats aux études longitudinales quant à la relation entre le type d'emploi et le vieillissement cognitif ?
5. Comment les observations en provenance des études transversales se distinguent-elles des résultats aux études longitudinales quant à la relation entre les activités stimulantes et le vieillissement cognitif ?
6. Selon les résultats des études transversales, est-ce que toutes les fonctions cognitives sont également sensibles à l'impact de la stimulation cognitive soutenue via le type d'emploi ?
7. Est-ce que les études sur les activités cognitives et le vieillissement cognitif appuient l'hypothèse de réserves cognitive et cérébrale ?
8. Dites comment les études sur les activités cognitives et le déclin associé à l'âge appuient l'hypothèse de compensation ?
9. Quelles sont les limites importantes des études rapportées dans ce chapitre ?

Des questions pour mieux réfléchir

1. Est-il possible d'opérationnaliser et de quantifier de manière valide et fidèle le niveau d'activités présent et passé d'un individu ? Si oui, comment établir la fidélité et la validité de ces opérationnalisations ?
2. Peut-il y avoir des facteurs qui interfèrent (i.e., variables confondantes) dans la relation entre le style de vie et le vieillissement cognitif ?
3. Que peut-on prédire quant au rôle de la stimulation cognitive soutenue sur la cognition selon l'hypothèse de la réserve cognitive ?
4. Que peut-on prédire quant au rôle de la stimulation cognitive soutenue sur la cognition selon l'hypothèse de la réserve cérébrale ?
5. Selon les observations empiriques rapportées dans ce chapitre, les personnes âgées devraient maintenir un niveau optimal (i.e., selon leurs moyens) de stimulation cognitive. Comment cela est-il possible ?
6. Énumérez des stratégies qui pourraient s'avérer efficaces pour maintenir la performance cognitive de personnes âgées.

Des lectures pour aller plus loin

Hultsch, D.F., Hertzog, C., Small, B.J., & Dixon, R.A. (1999). Use it or lose it : Engaged lifestyle as a buffer of cognitive decline in aging ? *Psychology and Aging*, **14**(2), 245-263.

Schooler, C., & Mulatu, M.S. (2001). The reciprocal effects of leisure time activities and intellectual functioning in older people : A longitudinal analysis. *Psychology and Aging*, 16(3), 466-482.

Schooler, C., Mulatu, M., & Oates, G. (1999). The continuing effects of substantively complex work on the intellectual functioning of older workers. *Psychology and Aging*, 14, 483-506.

Stern, Y. (2002). What is cognitive reserve ? Theory and research application of the reserve concept. *Journal of the International Neuropsychological Society, 8*, 448-460.

Stern, Y. (2003). The concept of cognitive reserve : A catalyst for research. *Journal of Clinical and Experimental Neuropsychology, 25*(5), 589-593.

Mots clés

- Style de vie
- Activités stimulantes
- Hypothèse de la réserve cognitive
- Hypothèse de la compensation
- Hypothèse de la réserve cérébrale
- Tâche d'auto-ordonnancement

CHAPITRE 10
Expertise et vieillissement cognitif

Sommaire

1. La compensation stratégique et la préservation de la vitesse d'exécution chez les dactylographes 289
2. L'accumulation des connaissances et l'exercice de la mémoire de travail 294
3. L'expertise professionnelle et le vieillissement cognitif : résultats des études avec les pilotes d'avion 297
4. L'effet de la pratique délibérée : comparaison entre musiciens experts et amateurs 306
5. Conclusions des études relatives à l'effet protecteur de l'expertise sur le déclin cognitif 310

Dans ce chapitre, vous allez

1. Comprendre comment l'expertise influence les performances cognitives.
2. Savoir pourquoi les chercheurs s'intéressent au rôle de l'expertise sur le déclin cognitif associé à l'âge.
3. Découvrir quels types d'expertise ont été étudiés par les chercheurs en psychologie du vieillissement.
4. Apprendre quelle est la relation entre l'expertise et le vieillissement cognitif.
5. Étudier les hypothèses relatives à l'effet modérateur de l'expertise sur le vieillissement cognitif.

Nous avons vu dans les chapitres précédents comment la scolarité, une expérience stimulante acquise tôt dans la vie, peut avoir un effet sur certains aspects de la cognition qui perdure même à un âge très avancé. Nous avons aussi étudié comment le style de vie d'un individu, notamment le type d'emploi qu'il occupe peut aussi modérer le déclin cognitif associé à l'âge. Dans ces chapitres précédents, nous avons pu approfondir l'étude des relations entre des expériences antérieures (scolarité) ou actuelles (style de vie) et le déclin cognitif. Dans ce chapitre, nous allons nous intéresser à un autre aspect du style de vie, l'expertise, c'est-à-dire une compétence très élaborée dans un domaine particulier d'activités. Les recherches qui ont tenté de mettre en relation l'impact d'une expertise particulière sur le vieillissement cognitif sont encore peu nombreuses. De plus, par leurs objectifs et leurs méthodes, ces études sont à bien des égards comparables aux études transversales rapportées dans les chapitres portant sur l'effet de la scolarité ou des activités intellectuelles sur le vieillissement cognitif. Par contre, les études rapportées dans ce chapitre sont originales parce qu'elles s'intéressent à une activité donnée, pratiquée de façon intensive pendant une longue période de la vie d'un individu, plutôt qu'à de activités intellectuelles variées. Une autre différence importante entre l'étude de l'expertise et celle du style de vie (Chapitre 9) vient du fait que lorsqu'une personne développe une expertise, elle doit atteindre un niveau de performances dans un domaine d'activités qui répond à des standards très précis (e.g., qualification d'un pilote d'avion). L'étude de l'effet de l'expertise sur la cognition permet donc d'évaluer l'impact des activités continues d'apprentissage et de spécialisation dans une sphère d'habiletés cognitives précises.

Les études sur l'expertise peuvent grandement contribuer à notre connaissance du vieillissement cognitif parce qu'elles tentent de mieux comprendre un paradoxe du vieillissement cognitif. En effet, plusieurs expertises qui ont été étudiées par les psychologues reposent sur des processus complexes (e.g., les échecs). En général, l'expertise ne diminue pas avec l'âge. Au contraire, il n'est pas rare qu'elle se développe et se raffine. Or, les processus cognitifs soutenant l'expertise (e.g., le jeu d'échec sollicite la mémoire, la recherche visuelle, les habiletés visuo-spatiales) déclinent au cours du vieillissement normal. Comment se fait-il qu'en dépit du déclin cognitif associé à l'âge, l'expertise ne décline pas avec l'âge ? L'histoire abonde d'exemples pour illustrer ce paradoxe. Pour n'en citer qu'un seul (rapporté dans Krampe & Ericsson, 1996), Wilhelm Kempff, pianiste allemand, considéré par certains comme l'un des plus grands pianistes du 20ième siècle, a choisi de cesser ses performances publiques lorsqu'il a senti que sa dextérité manuelle et sa mémoire n'étaient plus aussi fidèles. Le célèbre pianiste était alors âgé de 85 ans. Pourtant, à cet âge, on aurait pu s'attendre à ce que le ralentissement psychomoteur et les pertes de mémoire aient nuit depuis plusieurs années aux performances du pianiste. Comment se fait-il qu'une personne de cet âge arrive à maintenir des performances exceptionnelles dans des activités aussi complexes sur le plan cognitif ? L'un des objectifs des études sur l'expertise et le vieillissement cognitif est de mieux comprendre ce paradoxe.

Les recherches sur l'effet de l'expertise dans le vieillissement cognitif ont conduit à deux hypothèses pour expliquer comment les performances peuvent être maintenues malgré le vieillissement cognitif.

Selon la première hypothèse, une expertise acquise pendant une proportion importante de la vie d'un individu peut contribuer à réduire le déclin cognitif associé à l'âge touchant les processus cognitifs élémentaires, comme les processus perceptifs et moteurs, l'attention ou la

Figure 1

Wilhelm Kempff, considéré par certains comme l'un des plus grands pianistes du dernier siècle, a mis fin à ses performances publiques à l'âge de 85 ans.

*mémoire. Cette hypothèse de préservation sélective** rejoint en quelque sorte l'hypothèse du désengagement** (Chapitre 9) selon laquelle une fonction cognitive doit être sollicitée pour favoriser son maintien ou, du moins, freiner son déclin lors du vieillissement.*

*La deuxième hypothèse propose que l'expertise permet de développer des stratégies, générales ou spécifiques à un domaine de la cognition, et que ces stratégies aideront à compenser le déclin cognitif associé à l'âge sur les habiletés cognitives complexes ou les fonctions cognitives élémentaires touchées par le vieillissement. Cette hypothèse de compensation** suggère que les connaissances accumulées permettent aux experts d'accomplir des activités cognitives avec moins d'efforts cognitifs que les jeunes adultes ou les non experts.*

Les chercheurs dans le domaine du vieillissement cognitif ont utilisé deux approches pour tester ces hypothèses. La première approche consiste à comparer les performances cognitives des âgés experts à des non experts afin de déterminer si les premiers sont avantagés par rapport aux seconds à différentes épreuves cognitives plus ou moins proches des situations ou des activités engagées dans le domaine d'expertise. La deuxième approche procède en comparant les performances de jeunes adultes et de personnes âgées, encore une fois expertes ou non expertes, afin de savoir si le déficit cognitif associé à l'âge est moins prononcé entre les groupes de jeunes et âgés experts, en comparaison au déficit associé à l'âge chez les non experts. L'effet de l'expertise se traduit par un maintien des performances cognitives chez les personnes âgées expertes, comparativement aux personnes âgées qui ne détiennent pas cette expertise, au moins dans les tâches impliquant les composantes cognitives concernées par l'expertise. Chez les personnes non expertes, le déclin cognitif habituel devrait être mis en évidence.

Dans le domaine du vieillissement cognitif, l'étude de l'expertise revêt un intérêt particulier pour plusieurs raisons ;

- *Une expertise se développe généralement tôt dans la vie d'un individu, alors qu'il est jeune adulte, mais nécessite également des activités de maintien des acquis. Ainsi, étudier l'expertise permet de mieux comprendre non seulement l'effet d'un apprentissage spécifique tôt dans la vie adulte mais aussi l'effet de la pratique intensive tout au long de la vie sur cet apprentissage.*
- *L'étude comparative de jeunes adultes et de personnes âgées ayant une expertise particulière permet d'étudier l'impact d'une activité intellectuelle de haut niveau sur des aspects précis du vieillissement cognitif.*

- *L'expertise met en œuvre des habiletés cognitives hautement développées et surapprises, mais souvent spécifiques au domaine d'activités concerné. En étudiant l'expertise, on peut donc étudier chez une même personne, l'effet du vieillissement sur des fonctions cognitives normalement sollicitées, non associées à l'expertise, versus des fonctions cognitives constamment sollicitées et pratiquées de façon intensive.*
- *Dans un domaine d'expertise donné, l'habileté des individus et leurs capacités à faire face à de nouvelles situations s'améliorent généralement avec les années, plutôt que de montrer un signe de déclin avec l'âge. Les experts constituent donc un modèle de vieillissement cognitif réussi, au moins pour un domaine cognitif bien spécifique.*

*Plusieurs études dans le domaine du vieillissement cognitif qui se sont intéressées à l'expertise ont adopté l'approche proposée par Charness et appelée équivalence-molaire décomposition-moléculaire** (Charness, 1981 a & b) pour évaluer l'impact de l'expertise sur la cognition. Cette approche comprend trois étapes :*

- *Étape 1 : Il faut sélectionner des individus qui varient grandement au niveau de leur âge et de leurs performances pour une habileté cognitive ou une expertise, mais pour qui la corrélation entre l'âge et l'expertise est près de zéro.*
- *Étape 2 : Il s'agit de tester l'impact de l'âge, de l'expertise, et l'interaction entre l'âge et l'expertise sur les tâches reliées à l'expertise.*
- *Étape 3 : Certaines études récentes ajoutent une troisième étape qui consiste à évaluer l'effet de l'âge et de l'expertise, et une possible interaction entre ces facteurs, sur un ensemble de processus perceptifs et cognitifs qui ne sont pas considérés comme directement pertinents pour l'expertise à l'étude.*

Comme le souligne Salthouse (1984), l'approche qui vise à évaluer l'équivalence molaire et la décomposition moléculaire permet de faire deux prédictions quant aux différences potentielles liées à l'âge au niveau des processus cognitifs élémentaires (décomposition moléculaire) d'une habileté cognitive, en dépit de performances équivalentes entre jeunes et âgés experts (équivalence molaire). La première prédiction proposée par Salthouse est que les composantes cognitives devraient faire apparaître le même déficit associé à l'âge que l'on retrouve chez les personnes âgées dites normales, ici les non expertes. Pour maintenir de bonnes performances, les experts utiliseraient donc des stratégies compensatoires. Dans ce cas, l'avantage de l'expert devrait être spécifique aux tâches sollicitant directement l'expertise étudiée. La seconde prédiction, selon Salthouse, est que des années, voire des décennies, de pratique intensive d'une habileté complexe, et donc des mécanismes élémentaires qu'elle met en œuvre, permettent de maintenir l'efficacité de ces mécanismes qui, en condition normale d'utilisation, donc sans pratique particulière, montreraient un déclin progressif associé l'âge. Dans ce cas, les experts ne devraient pas seulement montrer un net avantage dans les tâches proprement liées à l'expertise mais également dans les tâches cognitives qui sollicitent les mêmes processus fondamentaux. À titre d'exemple, le pianiste professionnel ne devrait pas seulement maintenir une bonne vitesse d'exécution lorsqu'il joue au piano, mais devrait également être avantagé dans les tâches de laboratoire qui mesurent la vitesse de traitement de l'information, comme les tâches de temps de réaction, dans lesquelles les personnes âgées montrent en général un ralentissement important. Dans les sections qui suivent, nous tenterons de passer en revue les principaux résultats des études de l'expertise dans le vieillissement cognitif en considérant ces deux prédictions proposées par Salthouse (1984).

1 La compensation stratégique et la préservation de la vitesse d'exécution chez les dactylographes

1.1 *Le développement d'une stratégie compensatoire*

Dans une série d'études, Salthouse (1984) a analysé en détail les performances de dactylographes professionnels. Dans l'une de ces études, les participants avaient occupé un poste de dactylographe impliquant au moins 10 heures de dactylographie par semaine et pendant 113 à 127 mois. Les participants étaient âgés entre 19 et 72 ans. Salthouse s'est intéressé à différentes mesures de performances, dont la vitesse de frappe lors de la dactylographie (i.e., temps inter-frappe) ainsi qu'à des tâches cognitives comme une tâche de temps de réponses, le test de tapping ou de frappe (nombre maximal de frappe dans un délai de 10 ou 15 secondes) et une mesure de vitesse de traitement de l'information (i.e., test de substitution de la WAIS ; voir Chapitre 3).

Les résultats des études de Salthouse (1984) ont permis de mettre en évidence la dissociation entre la préservation ou l'équivalence molaire et la différence moléculaire. Salthouse a évalué les relations entre, d'une part, l'âge des participants et le temps inter-frappe en situation de copie normale (i.e., dactylographier un texte le plus vite et le plus exactement possible) et d'autre part, entre l'âge et le temps de réaction au choix (i.e., identifier une lettre présenté à l'écran), une mesure typique de vitesse de traitement dans l'étude du vieillissement cognitif. Dans ses deux études, Salthouse a observé que le temps inter-frappe en dactylographie ne variait pas en fonction de l'âge. En effet, pour la première étude par exemple, la droite de la régression linéaire entre le temps inter-frappe et l'âge était *Temps interfrappe =187.8 - .17*années (r = -.06)*. Par contre, la relation entre la vitesse des réponses à la tâche de temps de réaction au choix et l'âge était *TR =483.3 + 2.02*années (r =.46)*, montrant donc un ralentissement typique associé à l'âge. À partir de ces équations de régression, il est possible de prédire la vitesse de frappe des dactylographes et leurs performances à la tâche de temps de réponse au choix. Supposons, par exemple, deux dactylographes, l'un âgé de 30 ans et l'autre de 65 ans. La vitesse de frappe du plus jeune lorsqu'il dactylographie sera de 184 ms (Vitesse de frappe = 187.8-.17*30) et celle du plus âgés de 177 ms (Vitesse de frappe =187.8 - .17*60). Leurs performances respectives à la tâche de temps de réponse sera de 534 ms pour le plus jeunes et 614 ms pour le plus âgés (voir Figure 2). Ainsi, alors que le plus âgé des deux dactylographes ne montre pas de ralentissement par rapport au plus jeune à la vitesse de frappe (en fait il frappe en moyenne 7 ms plus rapidement que son collègue plus jeune), il prend 80 ms de plus à la tâche de temps de réaction.

Dans le contexte d'analyse proposé par Charness, ces résultats suggèrent que l'habileté reliée à l'expertise est préservée avec l'âge (i.e., la vitesse de frappe lors de la copie d'un texte à la dactylo), tout en montrant un déclin lié à l'âge aux processus cognitifs élémentaires sollicités dans cette habileté (i.e., détection d'une lettre en appuyant sur une touche). Ces résultats sont surprenants, car, si on suppose que la vitesse de détection d'une lettre est une composante essentielle de l'habité de dactylographier, on pourrait con-

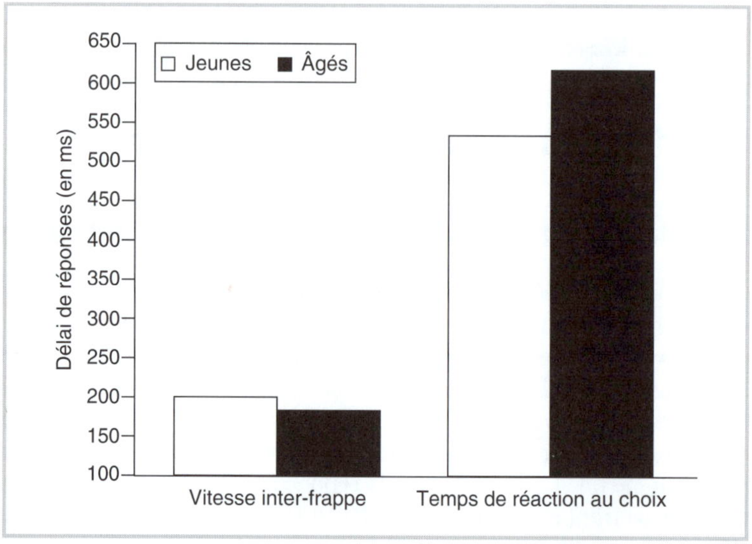

Figure 2

Estimations de la vitesse inter-frappe et du temps de réponse à une tâche de temps de réaction au choix chez un dactylographe jeune et âgé (d'après Salthouse, 1984).

Ces résultats indiquent un ralentissement à la tâche de temps de réponse avec l'âge, alors que la vitesse inter-frappe reste stable.

clure qu'une pratique intensive et répétitive pendant des années de cette composante cognitive ne suffise par à maintenir son efficacité. À titre d'illustration de l'intensité de la pratique, on peut estimer qu'un dactylographe de vitesse moyenne (60 mots/minute) qui travaille 30 heures par semaine exécutera près de 2.7 millions de frappes au cours de l'année (Salthouse, 1984, p. 349). Une activité proche de la tâche de détection de lettres, qui, elle, subit un ralentissement. On peut donc se demander qu'est-ce qui permet aux participants plus âgés d'être aussi rapides en dactylographie alors que leur vitesse de réponse à une tâche de temps de réaction est si ralentie.

Pour répondre à cette question, Salthouse a analysé les performances des dactylographes plus en détail. Il a utilisé un procédé de présentation du texte lors de la copie qui permettait de varier le nombre de caractères présentés à l'avance, donc en pré-visionnement. Avec cette procédure, le participant pouvait voir 1, 3, 5, 7, 9, ou 19 caractères à l'avance à mesure qu'il dactylographie un texte. Cette manipulation est importante car l'habileté à anticiper les lettres est une composante déterminante de la vitesse de frappe. Salthouse a mesuré *l'empan œil-main***, qui correspond au nombre de caractères présentés à l'avance pour que 75 % des temps inter-frappes soient plus rapides que la médiane du temps inter-frappe en condition de dactylographie normale (copie d'un texte). Ensuite, Salthouse a calculé le temps entre la détection visuelle et la frappe, en multipliant l'empan œil-main par la médiane du temps inter-frappe pour une même personne. Pour Salthouse, cette mesure représente le délai entre l'œil, donc la détection de la lettre, et la main lorsque le participant dactylographie. Ce serait donc en quelque sorte l'empan de frappe, ou le délai dont dispose un participant pour préparer une frappe. Une analyse de régression entre l'âge et cet empan de frappe a permis à Salthouse d'observer que ce délai augmente avec l'âge (délai de l'empan = 195 + 9.12*années). Cette équation suggère qu'un participant de 60 ans aurait 254 ms de plus qu'un jeune de 20 ans pour anticiper et préparer une frappe. Salthouse conclut que c'est cette anticipation qui permet aux participants âgés de dactylographier aussi vite que les jeunes. On pourrait penser donc qu'en vieillissant, et en développant leur expertise de dactylographe, les participants les plus expérimentés ont appris cette technique d'anticipation. Conséquemment, ils auraient amélioré leur empan de frappe, leur permettant de compenser pour un ralentissement psychomoteur inévitablement associé au vieillissement.

1.2 *Préservation de la vitesse d'exécution liée à l'expertise*

Dans une série d'études, Bosman (1993, 1994) a en partie reproduit les résultats observés par Salthouse. Bosman a évalué des dactylographes de 21 à 71 ans de divers niveaux d'expertise (i.e., capables de frapper 24-110 mots par minute). Le chercheur a mesuré la vitesse des participants lorsqu'ils copient un court paragraphe et lorsqu'ils doivent taper une seule touche ou encore deux touches en successions rapides. Les performances cognitives à des tâches de laboratoire, qui requièrent les mêmes habiletés, ont été évaluées à l'aide d'une tâche de temps de réaction et de tapping. D'abord, comme dans l'étude de Salthouse, les performances en dactylographie augmentaient avec l'expertise et n'étaient pas associées à l'âge des participants. De plus, les principaux résultats observés par Salthouse ont été reproduits par Bosman à savoir que l'empan de frappe est positivement associé à l'expertise : meilleures étaient les performancees en dactylographie, plus grand était l'empan de frappe. De plus, l'empan de frappe augmentait avec l'âge. Donc, comme l'avait suggéré Salthouse, le maintien des performances des dactylographes malgré l'avancée en âge était, en partie au moins, soutenu par le développement d'un plus grand empan de frappe chez les experts plus âgés. Toutefois, Bosman a observé des résultats différents de Salthouse à une tâche de temps de réaction (i.e., détection d'une lettre) et à la tâche de tapping (i.e., plus grand nombre de frappes en 10 secondes). En effet, Bosman a observé une interaction entre l'âge et l'expertise aux deux mesures de vitesse psychomotrice. C'est-à-dire qu'en plus d'observer que la vitesse psychomotrice augmente avec l'expertise et diminue avec l'âge, comme dans les études antérieures, l'effet du vieillissement sur les performances aux tests de vitesse psychomotrice variait selon le niveau d'expertise des participants. Chez les participants ayant un faible niveau d'expertise, un effet typique de l'âge était observé, donc un ralentissement associé au vieillissement. Par contre, chez les experts, aucun effet de l'âge n'était observé. Les Figures 3 et 4 illustrent les résultats observés par Bosman. Les participants ayant un

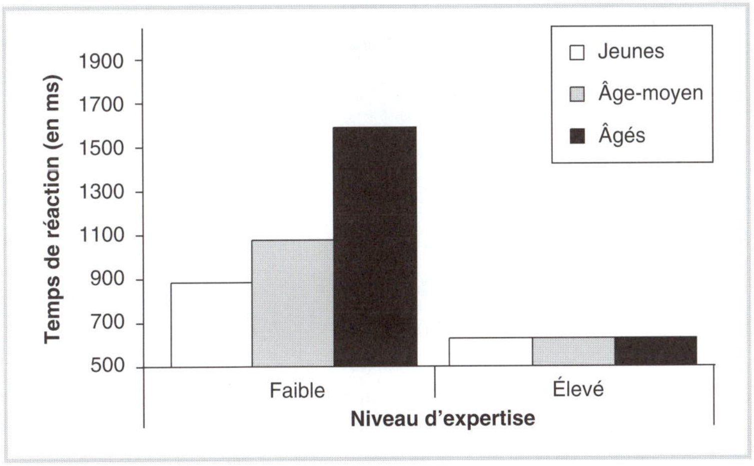

Figure 3

Temps de réponses estimés à partir des droites de régression observées chez les trois groupes d'âges entre les latences des réponses et le niveau d'expertise (vitesse inter-frappe) en dactylographie (d'après Bosman, 1993).

Ces résultats suggèrent que l'expertise peut avoir un effet positif sur le ralentissement cognitif généralement observé au cours du vieillissement.

temps inter-frappe de 300 ms, dont le niveau d'habileté à dactylographier était faible, montraient un ralentissement lié à l'âge puisque les plus jeunes étaient plus rapides que les gens d'âge moyen, eux-mêmes plus rapides que les âgés. Par contre, les individus ayant un haut niveau d'expertise, avec une vitesse inter-frappe de 125 ms environ, ne montraient pas d'effet d'âge à la tâche de temps de réaction (Figure 3) et de *tapping* (Figure 4).

Dans une seconde étude (Bosman, 1993) Bosman s'est intéressée à la vitesse inter-frappe entre deux frappes, lorsque les participants doivent faire seulement deux frappes successives très rapides (soit une par main ou une par doigt de la même main). Cette habileté à exécuter deux frappes en rapide succession, presque de façon concurrente, est une composante essentielle de l'expertise du dactylographe. Bosman a observé que les latences inter-frappes étaient beaucoup plus rapides que les temps pris pour produire la première frappe (i.e., écrire la première lettre de la paire). Pour Bosman ce résultat signifie qu'une partie de la préparation de la seconde frappe intervient en même temps que la préparation et la production de la première frappe. La chercheure a aussi observé que les deux latences, la première frappe et la seconde frappe, étaient liées à l'expertise et à l'âge. La vitesse de frappe était plus rapide chez les experts et ralentissait en fonction de l'âge des participants. Toutefois, alors qu'il n'y avait pas d'interaction entre l'âge et l'expertise pour la vitesse de la première frappe, Bosman a observé une interaction significative entre l'âge et l'expertise dans la latence inter-frappe. Ces résultats suggèrent que l'expertise ne modère pas le ralentissement lié à l'âge dans la vitesse d'exécution de la première frappe. Par contre, l'expertise modère le ralentissement associé à l'âge dans la vitesse de la seconde frappe. La Figure 5 fait apparaître les résultats de Bosman. On peut voir que, chez les experts, (autour de 125 ms de temps inter-frappe en condition de dactylographie normale d'un texte), il n'y a pas de différence entre les groupes d'âges différent.

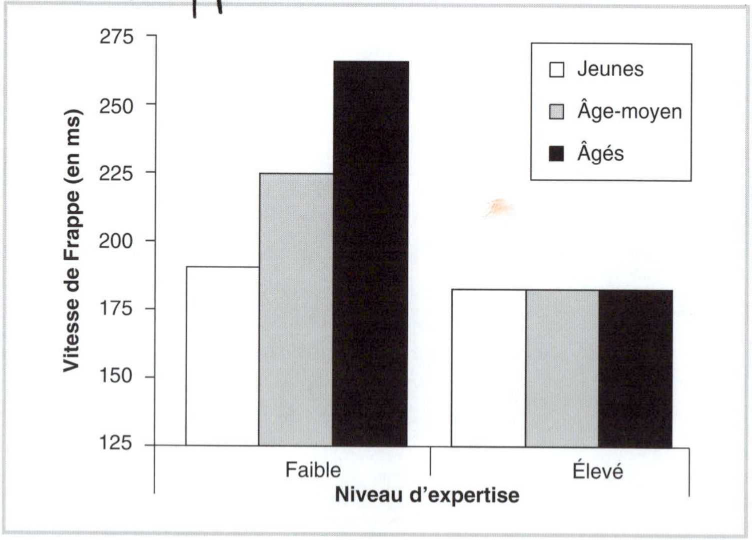

Figure 4

Vitesse de frappe à la tâche de tapping, estimée à partir des droites de régressions obtenues chez les trois groupes d'âges entre les latences des réponses et le niveau d'expertise, en fonction du niveau d'expertise en dactylographie (d'après Bosman, 1993).

Ces résultats suggèrent que l'expertise peut avoir un effet positif sur le ralentissement cognitif généralement observé au cours du vieillissement.

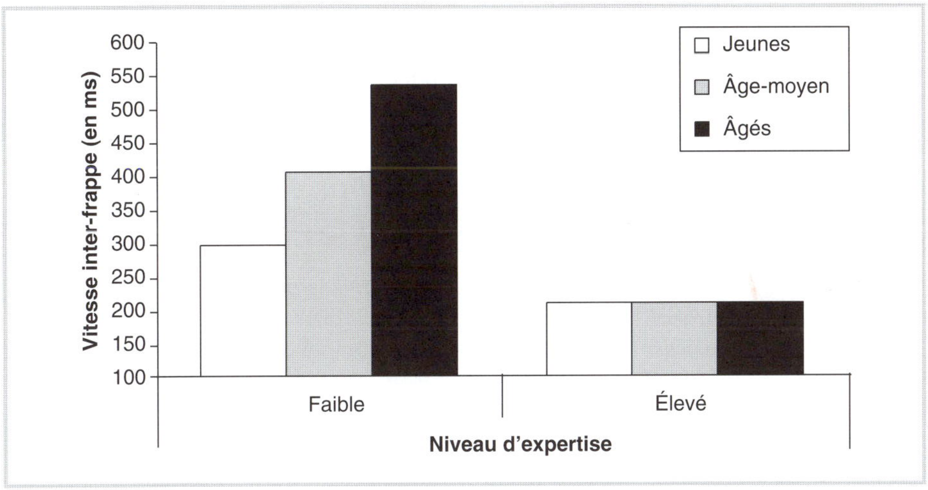

Figure 5

Vitesse inter-frappe en dactylographie entre deux frappes successives produites par deux doigts d'une même main ou de deux mains chez les trois groupes d'âges en fonction du niveau d'expertise (d'après Bosman, 1993).

Ces résultats suggèrent que le maintien d'une rapide exécution de deux frappes successives peut jouer un rôle important dans le maintien des performances en dactylographie malgré l'avancée en âge.

Pour Bosman, si l'expertise ne diminue pas le ralentissement associé à l'âge pour la frappe initiale, c'est que l'expertise ne modère pas l'effet de l'âge sur le processus de traduction de l'information perceptive (détection visuelle de la lettre), donc la vitesse d'association stimulus-réponse, et la préparation de la réponse motrice. Par contre, le fait que les âgés plus experts soient plus rapides à la seconde frappe suggère que le processus d'exécution de la réponse serait préservé par l'expertise. Cette interprétation suggère que l'expertise favorise la préservation de certaines composantes cognitives associées à une tâche psychomotrice.

processus de la réponse préservé.

Salthouse avait proposé que les dactylographes maintiennent un bon niveau de performance malgré l'avancée en âge grâce à une stratégie compensatoire, qui consiste à visualiser et anticiper les frappes qui devront être produites pour mieux les préparer et les exécuter plus rapidement. Selon Salthouse, l'étude des dactylographes suggère donc que l'expertise ne modère pas l'effet de l'âge sur la vitesse psychomotrice. Les données de Salthouse soutiennent donc l'hypothèse de la compensation des performances cognitives par l'expertise. Les résultats de Bosman suggèrent plutôt que les composantes cognitives impliquées dans l'exécution rapide d'une réponse psychomotrice sont préservées par l'expertise, permettant ainsi aux dactylographes experts d'être aussi rapides que les jeunes, même dans des tâches de laboratoire de type temps de réaction. Il semble donc que l'expertise puisse avoir deux types d'effets sur le vieillissement cognitif : un effet compensatoire stratégique et un effet de préservation sélective des composantes cognitives élémentaires.

Salthouse hypothèse de la compensato.

Bosman → croit contraire de salthouse.

2 L'accumulation de connaissances et l'exercice de la mémoire de travail

2.1 *L'effet de l'accumulation de connaissances : études auprès des joueurs d'échecs*

Charness a conduit plusieurs études auprès des joueurs d'échecs qui ont permis de mieux comprendre l'effet de l'expertise sur le vieillissement cognitif (Charness, 1981a, 1981b ; Charness, Reingold, Pomplun, & Stampe, 2001 ; Charness, Tuffiash, Krampe, Reingold, & Vasyukova, 2005 ; Reingold, Charness, Schultetus & Stampe, 2001). Il a évalué l'influence de l'expertise de ces joueurs d'échecs sur différentes composantes cognitives impliquées dans la tâche, comme la mémorisation et la reconnaissance de la configuration spatiale des pièces. Dans une de ces études (Charness, 1981a), les participants étaient âgés de 16 à 64 ans et jouaient depuis en moyenne 23 ans et en moyenne 6.3 heures par semaines. De plus, leur cote de performance selon la Fédération Canadienne des Échecs était supérieure à la moyenne des joueurs répertoriés au Canada. Pour tester si l'expertise a un effet sur les performances cognitives en fonction de l'âge des participants, Charness s'est d'abord assuré qu'il n'y avait aucune corrélation entre l'âge et les performances au jeu d'échec en général, donc entre l'âge et l'expertise à l'étude. Ainsi la première condition dans la démarche proposée par Charness était satisfaite, à savoir que les participants variant en âge étaient équivalents au niveau de l'expertise (équivalence molaire). En d'autres termes, il y avait autant de jeunes experts que d'experts âgés.

Dans son étude, Charness présentait quatre scénarios d'échec et demandait aux joueurs d'échecs de choisir le meilleur mouvement pour une pièce blanche. Les joueurs devaient réfléchir à voix haute et ne pas prendre plus de 10 minutes pour résoudre le problème. Sans en avoir été prévenus, les participants devaient ensuite rappeler (test de rappel libre) la position des pièces des quatre scénarios en plaçant les pièces sur un échiquier vide. Enfin, les participants devaient identifier les quatre scénarios étudiés à travers d'autres scénarios (test de reconnaissance). Les résultats observés par Charness sont les suivants. Le temps mis pour initier un mouvement était corrélé positivement avec le niveau d'expertise (24 % de la variance expliquée) mais négativement avec l'âge (12 % de la variance). Ces résultats indiquaient qu'un joueur plus expérimenté mettait plus de temps à choisir son premier mouvement et que, plus le joueur était âgé, plus il pouvait trouver le premier mouvement rapidement. La qualité du déplacement ou de la solution proposée par le joueur était meilleure chez les joueurs plus expérimentés.

Pour ce qui est des tâches de mémoire de la configuration spatiale des pièces, les performances en rappel libre étaient fortement associées à l'âge (37 % de la variance), puis à l'expertise (22 %) et au temps passé à analyser le problème (7 %). Plus les participants étaient âgés, moins le rappel était bon, plus l'expertise était développée, meilleur était le rappel. De même, un temps d'analyse plus long favorisait un meilleur rappel. Charness s'est donc demandé comment les joueurs d'échecs âgés arrivent à maintenir le même niveau de jeu que les jeunes si leurs performances en mémoire sont moins bonnes que celles des jeunes. Charness a analysé les performances à la tâche de rappel (le participant doit replacer les pièces sur l'échiquier) dc la disposition spatiale en considérant comme un groupe de pièces, toutes les pièces placées à l'intérieures d'une durée de 1.5 à 2.5 secondes. Ces groupements, ou chunks, étaient considérés comme ayant un sens ou un objectif pour le joueur. L'analyse du nombre de chunks rappelés a montré que l'âge, l'expertise et l'interaction des deux facteurs permettaient de prédire 42 % de la variance du nombre de chunks. Généralement, un joueur plus expérimenté rappelait moins de chunks. Mais un joueur plus âgé en rappelait davantage. L'interaction s'expliquait par le fait que l'effet de l'expertise sur le nombre de chunks diminuait avec l'âge. Un complément d'analyse a été fait sur le nombre de pièces contenues dans un chunk. Cette variable corrélait négativement, et de façon très importante ($\underline{r}$=-.83) avec le nombre de chunks. Moins il y a avait de chunks, plus nombreuses étaient les pièces par chunk. Donc, le patron inverse d'effet d'expertise et d'âge a été observé. Les joueurs plus experts rappelaient plus d'items par chunk et les âgés moins d'items par chunk. Ici aussi, Charness a observé une interaction Age × Expertise, dans le sens où l'effet de l'expertise (i.e., une augmentation du nombre de pièces par chunk) était réduit chez les participants âgés.

effet de l'expertise sur le nbre de chunks ↓ avec âge.

Les résultats observés par Charness suggèrent que les meilleurs joueurs d'échecs encodent la disposition spatiale des pièces des différents scénarios rencontrés de façon plus élaborée. Toutefois, cette amélioration avec l'expertise ne compense pas l'effet de l'âge sur les performances aux échecs. Les experts encodent plus d'informations et produisent moins de chunks, mais des chunks plus élaborés lors du rappel. Toutefois, cette relation entre les performances de rappel et l'expertise diminue avec l'âge. Comment rendre compte alors du maintien des performances aux échecs chez les joueurs plus âgés ? De plus, comme le rappel est moins bon en fonction de l'âge des participants, on peut se demander pourquoi Charness n'a pas observé une diminution des performances en fonction de l'âge dans les solutions produites puisque, de toute évidence, la mémoire des situations ou des scénarios de jeu est grandement diminuée chez les

Figure 6

L'étude des joueurs d'échecs a montré que la performance ne diminue pas en fonction de l'âge dans cette forme d'expertise, bien que l'efficacité des processus mnésiques sous-jacents aux performances chez les jeunes diminue chez les âgés.

Cette observation suggère que les joueurs âgés seraient plus sélectifs dans l'information qu'ils traitent pour choisir le meilleur mouvement à effectuer.

joueurs âgés. Pour rendre compte de ces résultats, Charness suggère que les joueurs âgés sont plus sélectifs dans les représentations du jeu et le choix des mouvements. Cette interprétation s'appuie sur le fait que les âgés sont plus rapides pour choisir leur premier déplacement lors de l'analyse des scénarios. Cette plus grande sélectivité aurait l'avantage de réduire la charge en mémoire lors de l'analyse du jeu et de réduire le temps de recherche du bon mouvement. En d'autres termes, selon Charness, l'expertise permet aux joueurs d'échecs de maintenir de bonnes performances de jeu, malgré un déclin cognitif lié au vieillissement touchant les processus mnésiques. Ce maintien peut se faire par le biais d'une stratégie de sélection, dans le sens où les joueurs plus expérimentés isolent plus facilement les scénarios ou les positions importantes de pièces, réduisant ainsi la quantité d'information à traiter.

2.2 *Préservation des performances en mémoire de travail chez les joueurs de Bridge*

Clarkson–Smith et Hartley (1990) ont comparé les performances de joueurs de Bridge à différents tests cognitifs pour évaluer si cette activité permettait de développer ou de maintenir certaines habiletés cognitives spécifiques du jeu de Bridge. À partir d'un échantillon de 300 personnes âgées de 55 à 91 ans, les chercheurs ont identifié 127 joueurs de Bridge. Comme les joueurs variaient au niveau de leur engagement dans cette activité, Clarkson-Smith et Hartley ont ensuite sélectionné 50 joueurs plus sérieux, qui ne jouaient pas seulement pour participer à une activité socialisante mais plutôt pour le caractère compétitif du jeu. Les performances cognitives des joueurs ont été comparées à celles de personnes du même âge qui ne jouent pas au Bridge. Tous les participants réalisaient différents tests cognitifs afin d'évaluer la mémoire de travail, comme la tâche de groupes de lettres dans laquelle on présente au participant deux groupes de 2, 3 ou 4 lettres à l'écran d'un ordinateur. Le participant doit dire quelle lettre était différente entre les deux groupes présentés de façon successive. Deux autres tâches de mémoire de travail étaient utilisées : l'empan de chiffre de la WAIS et l'empan de lecture (rappeler le dernier mot de chaque phrase lue). Les participants réalisaient également des tests de raisonnement verbal et non verbal, dont un test d'analogie entre des mots communs, le test des Matrices Progressives de Raven et le test de complètement de séries de chiffres.

Les résultats observés par Clarkson-Smith et Hartley suggèrent que le fait de pratiquer de façon régulière (au moins une fois semaine à plusieurs fois semaine) le jeu de Bridge permet de maintenir de meilleures performances à certains tests cognitifs. En effet, comme les performances étaient sensibles à l'âge, les chercheurs ont choisi d'utiliser l'âge comme covariable. En d'autres termes, ils ont conduit des analyses en contrôlant la variabilité des performances associée à l'âge. Les chercheurs ont ainsi observé que dans leur groupe de participants âgés de 55 ans et plus, les joueurs de Bridge obtenaient de meilleures performances aux tests de mémoire de travail de groupes de lettres et d'empan de chiffre, ainsi qu'aux tests de raisonnement non-verbal (les Matrices de Raven et les séries de chiffres). La Figure 7 illustre les résultats observés par Clarkson-Smith et Hartley (1990).

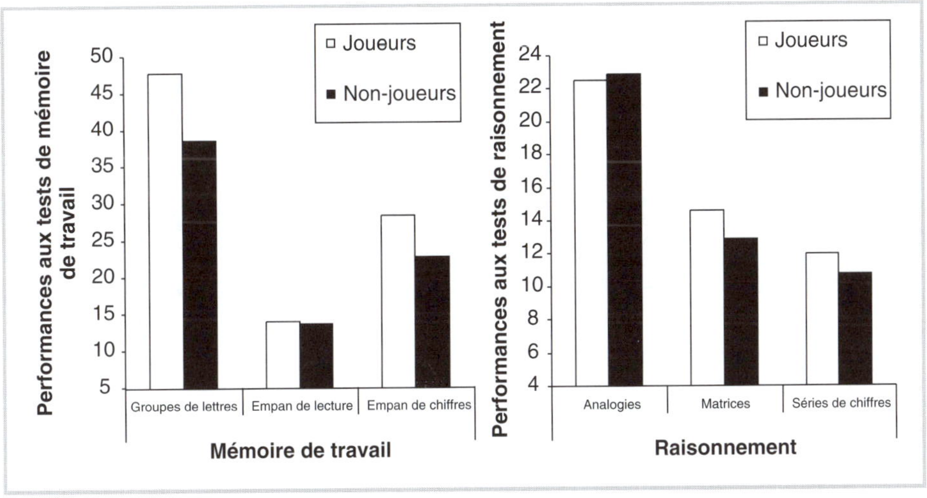

Figure 7

Performances aux tests cognitifs (moyennes ajustées pour l'âge) pour les joueurs de Bridge et les non-joueurs (Clarkson-Smith & Hartley, 1990).

Ces résultats suggèrent qu'une activité cognitive stimulante comme le jeu de Bridge favorise le maintien de certaines fonctions cognitives sollicitées par le Bridge, notamment la mémoire de travail et le raisonnement non verbal.

Comme les études auprès de dactylographes, les résultats aux études sur les adeptes de jeux intellectuellement stimulants, tels les échecs et le Bridge, sont pour le moins ambivalents. L'étude de Charness suggère que l'expertise du joueur d'échecs repose essentiellement sur la mémorisation de différents scénarios de jeu et que cette connaissance plus exhaustive permet aux joueurs expérimentés d'obtenir de meilleures performances malgré l'avancée en âge. Par contre, l'étude de Clarkson-Smith et Hartley suggère qu'une activité qui sollicite différents processus cognitifs sensibles à l'âge peut favoriser le maintien de ces processus de sorte que les performances aux tests cognitifs qui les mesurent seraient maintenues. L'étude de Clarkson-Smith et Hartley se distingue donc de celle de Charness en ce qu'elle suggère que le maintien des performances liées à une activité pratiquée de façon intensive se généraliserait à des tests cognitifs qui sollicitent les mêmes processus cognitifs. → disent que applicable.

3 L'expertise professionnelle et le vieillissement cognitif : résultats des études avec les pilotes d'avion

L'effet de l'expertise sur le vieillissement cognitif a également été étudié chez des professionnels qui ont dû développer une expertise de haut niveau dans des tâches très complexes, souvent exécutées dans des situations très stressantes, où une erreur peut avoir des conséquences désastreuses. Dans les études auprès des pilotes d'avion par exemple, les chercheurs comparent les performances cognitives des pilotes d'avion jeunes et âgés aux performances cognitives des participants contrôles qui n'ont aucune expertise dans le domaine de l'aviation. Évidemment, l'étude des effets du vieillissement cognitif dans ce contexte revêt une importance particulière par ses applications pratiques, par exemple pour déterminer à quel âge un pilote d'avion devrait arrêter d'exercer sa profession et prendre sa retraite. Ces études sont également importantes pour notre compréhension du vieillissement cognitif sur le plan théorique puisque les tâches cognitives effectuées par les pilotes en condition de vol sont complexes et impliquent diverses fonctions cognitives comme l'attention, la mémoire, les habiletés visuo-spatiales, etc. Comme nous le verrons, ces études ont donné des résultats permettant tantôt d'appuyer l'hypothèse de la préservation sélective, tantôt de la compensation stratégique. De plus, les résultats des études auprès des pilotes ont permis d'étudier l'effet du niveau d'expertise en comparant des pilotes qui ont obtenu différents niveaux de qualifications (Taylor *et al.*, 2005). L'étude du niveau d'expertise tente de déterminer si, pour un domaine d'expertise donné, le niveau de connaissances ou de pratique engagée pour atteindre un certain niveau de performance influence le déclin cognitif.

Figure 8

Les études auprès des pilotes d'avion ont grandement contribué à notre compréhension du rôle de l'expertise sur le vieillissement cognitif, car il s'agit d'une habileté cognitive complexe qui sollicite des processus cognitifs très sensibles au vieillissement, comme la vitesse de traitement de l'information, l'attention partagée, la mémoire verbale et les habiletés visuo-spatiales, etc.

3.1 *L'effet modérateur de l'expertise sur le déclin lié à l'âge en attention partagée*

Tsang et Shanner (1998 ; Tsang & Voss, 1996) ont évalué l'habileté des pilotes professionnels à partager leur attention entre deux tâches. Comme nous l'avons vu dans le Chapitre 4, plusieurs aspects de l'attention sont affectés par le vieillissement. Entre autre, les personnes âgées ont souvent plus de difficultés que les jeunes à effectuer deux tâches de façon concurrente, ce qui est généralement interprété comme un déficit associé à l'âge en attention partagée. Tsang et Shanner (1998) ont voulu savoir si les pilotes professionnels, qui doivent constamment diviser leur attention entre diverses tâches impliquant de nombreux stimuli et de nombreuses associations stimulus-réponses, ont de meilleures performances en attention partagée et, le cas échéant, si cet avantage se maintient en vieillissant.

Tsang et Shanner (1998) ont testé 90 participants âgés de 20 à 79 ans, dont la moitié était des pilotes d'avion. Les participants devaient réaliser une série de tâches de laboratoire, comprenant des tâches d'attention et des situations de double-tâche. Les chercheurs ont ainsi pu déterminer si les performances variaient en fonction de l'âge et de l'expertise quand il s'agit de faire une seule tâche en même temps ou quand il faut partager son attention entre deux tâches. Dans l'étude de Tsang et Shanner (1998), l'une des tâches était une tâche de poursuite dans laquelle le participant utilisait une manette pour maintenir un curseur au centre de l'écran, le curseur était continuellement en mouvement au centre de l'écran. Les participants faisaient cette tâche seule ou en effectuant une autre tâche en même temps. La seconde tâche pouvait être l'une des trois tâches suivantes :

1. une autre tâche de poursuite,
2. une tâche d'identification dans laquelle le participant devait dire si un symbole présenté à l'écran était l'aile de gauche ou de droite d'un avion (l'aile apparaissait dans diverses orientations de sorte que la tâche exigeait une rotation mentale),
3. une tâche de recherche en mémoire dans laquelle il faut indiquer si une consonne présentée précédemment et maintenue en mémoire à court terme, est présente dans un ensemble d'items.

L'utilisation de multiples combinaisons de tâches a permis à Tsang et Shanner (1998) de vérifier l'effet de similarité entre tâches. Plus deux tâches à réaliser en même temps se ressemblent, c'est-à-dire plus elles sollicitent des ressources similaires (e.g., deux réponses motrice, deux détections visuelles), plus il est difficile de les effectuer de façon concurrente.

Tsang et Shanner ont observé un effet de complexité de la tâche, car il était plus difficile pour leurs participants d'accomplir les deux tâches de poursuite en même temps que de combiner la tâche de poursuite avec la tâche d'identification visuelle. De même, il était plus difficile de combiner la poursuite et la détection visuelle que de combiner la poursuite et la recherche en mémoire. Globalement, les chercheurs ont aussi remarqué que les performances diminuaient en fonction de l'âge dans la plupart des tâches, en condition où une seule tâche était effectuée ou en condition de double-tâche. De même, les pilotes avaient généralement de meilleures performances que les contrôles dans la plupart des conditions, simple ou double, et avec la plupart des combinaisons de double-tâche (voir Figure 9).

Lorsque les chercheurs ont comparé la performance des pilotes âgés et des participants contrôles (non-pilotes) âgés en condition de double tâche, tout en tenant compte de leurs performances en condition simple pour diminuer l'impact du ralentissement cognitif général (i.e. [double-tâche — tâche simple]/tâche simple), ils ont observé que, dans certaines combinaisons de double-tâche, les performances des pilotes ne déclinaient pas en attention divisée, comme on l'observe en général chez les personnes âgées. Par exemple, lorsque les participants devaient réaliser la tâche de détection visuelle (qui impliquait une composante de rotation mentale) en même temps que la tâche de poursuite, l'effet de l'âge était moins prononcé chez les pilotes. La Figure 9 présente les résultats observés par Tsang et Shanner (1998). On peut voir que l'effet de l'âge en condition d'attention divisée est plus marqué chez les personnes contrôles que chez les pilotes.

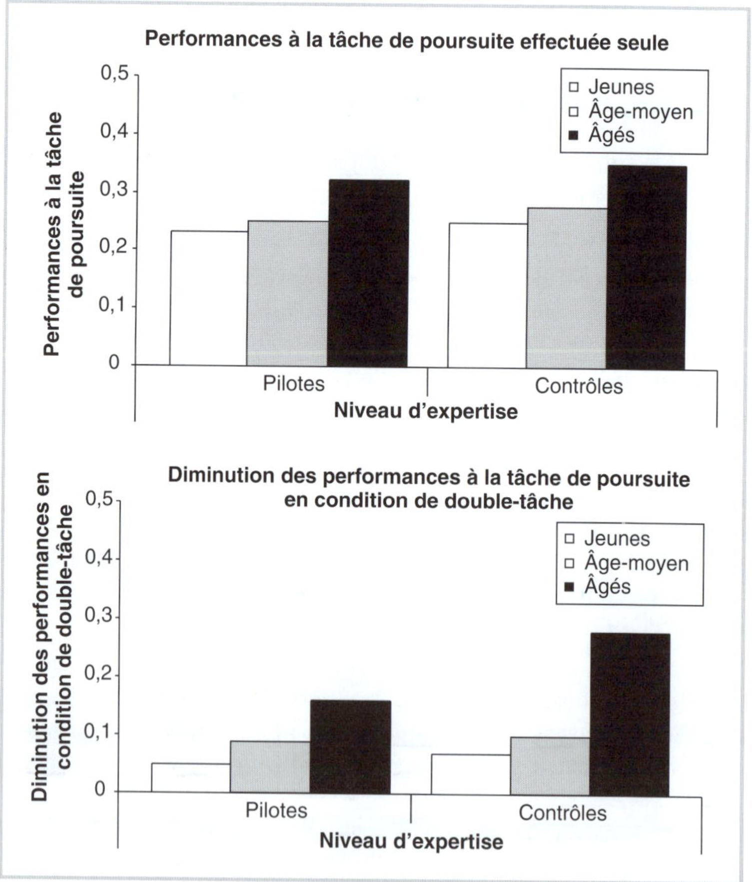

Figure 9

Performances à la tâche de poursuite (racine carrée de la moyenne des erreurs de déviation) réalisée seule ou combinée à la tâche d'identification d'un objet visuel en fonction de l'âge et de l'expertise (d'après Tsang & Shanner, 1998).

Ces résultats indiquent que l'expertise ne modère pas l'effet de l'âge en condition de tâche simple, mais qu'en condition de double-tâche l'effet de l'âge est moins prononcé chez les pilotes que chez les contrôles.

3.2 L'effet modérateur de l'expertise sur le vieillissement cognitif est spécifique au domaine d'expertise

Les travaux de Morrow et ses collaborateurs ont aussi porté sur les pilotes d'avion (Morrow *et al.*, 1992, 1994, 2001). Dans ces études, les chercheurs ont évalué les performances des pilotes dans une série de tâches élaborées pour reproduire certains aspects critiques reliés à leur expertise. Les participants devaient écouter un message indiquant un plan de vol et une trajectoire à suivre. Leurs tâches impliquaient de répéter une trajectoire de vol qu'ils viennent d'entendre, des questions associées au trajet (e.g., positionnement) et de rappeler le plan de vol. Morrow et ses collaborateurs ont comparé des pilotes et des contrôles non experts. Les contrôles étaient des participants qui n'ont aucune expérience particulière dans le domaine de l'aviation mais qui étaient d'âge et de niveau de scolarité comparables aux pilotes. Pour pouvoir participer à l'étude, les participants devaient suivre un court entraînement de 30 minutes afin de se familiariser avec le langage et les procédures d'usage dans le domaine de l'aviation. Morrow *et al.* (2001) ont comparé les performances de trois groupes de participants, des jeunes adultes (moyenne de 38 ans), un groupe de participants d'âge-moyen (55 ans en moyenne) et un groupe de seniors (65 ans en moyenne).

De façon générale, les auteurs ont observé que les performances aux tâches qui simulaient des situations de vol étaient meilleures chez les experts. Toutefois, les chercheurs n'ont pas observé d'interaction entre l'expertise et l'âge dans toutes les mesures de performance, comme le prédirait l'hypothèse de la préservation. En fait, Morrow et ses collaborateurs ont observé que l'effet de l'âge sur l'exactitude lors de la répétition du message, tel qu'observé chez les contrôles, n'était pas réduit chez les pilotes. Pourtant, la répétition du message fait partie intégrante du protocole de vol chez les pilotes. De même, le rappel de la trajectoire de vol qui diminuait en fonction de l'âge chez les participants contrôles n'était pas préservé chez les pilotes âgés. Par contre, les chercheurs ont observé une différence entre les deux groupes de participants au niveau des erreurs plausibles dans la répétition du message. En fait, les pilotes faisaient beaucoup plus d'erreurs plausibles. De plus, l'exactitude des réponses aux questions sur le plan de vol, comme des questions de positionnement par exemple, diminuait moins en fonction de l'âge chez les pilotes que chez les participants contrôles. Les Figures 10 et 11 présentent les résultats observés par Morrow et ses collaborateurs (2001).

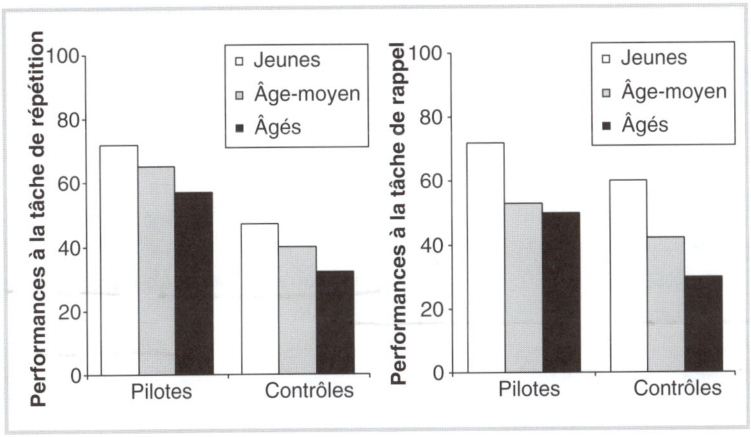

Figure 10

Exactitude de la répétition du message de vol et rappel du message en fonction de l'âge chez les pilotes et les participants contrôles (d'après Morrow et al., 2001).

Ces résultats suggèrent que, même dans une tâche reliée au domaine d'expertise, l'expérience ne modère pas toujours l'effet du vieillissement sur la performance.

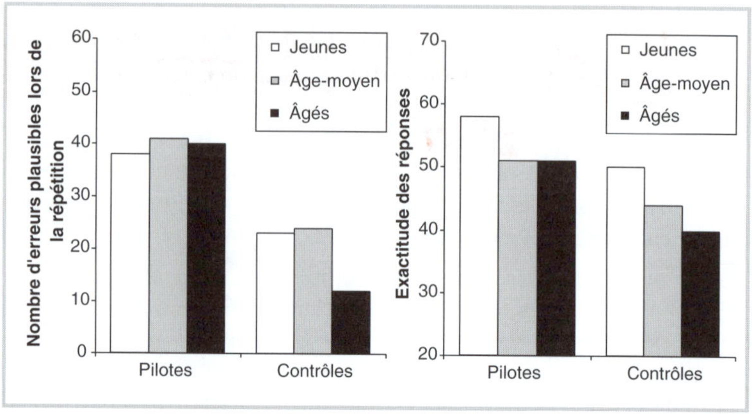

Figure 11

Nombre d'erreurs plausibles (panneau de gauche) et exactitude aux questions (panneau de droite) portant sur le plan de vol en fonction de l'âge chez les pilotes et les participants contrôles (d'après Morrow et al., 2001).

Ces résultats suggèrent que, dans certaines tâches, l'expérience modère l'effet du vieillissement sur les performances.

Les résultats de Morrow et ses collaborateurs, comme ceux de Tsang et Shanner en double tâche, suggèrent que l'expertise peut préserver les performances cognitives des pilotes, de sorte qu'ils ne montrent pas le déclin de performance associé à l'âge observé chez les participants qui n'ont pas leur expertise. Toutefois, cette préservation des performances n'est pas observée dans toutes les tâches liées à l'aviation. En fait, dans l'étude de Morrow et ses collaborateurs, ce sont les tâches qui étaient considérées, par les pilotes, comme étant les plus similaires aux tâches de communication qu'ils doivent effectuer dans leur travail, qui ont permis de montrer une interaction entre l'âge et l'expertise, dans le sens attendu selon l'hypothèse de la préservation.

↳ + préservé dans communicat°

3.3 Le rôle du niveau d'expertise sur le vieillissement cognitif

Taylor et collaborateurs (2005) se sont également intéressés aux effets de l'âge sur les performances des pilotes. Un aspect original de cette étude était de comparer des groupes d'experts de différents niveaux, plutôt que de comparer les performances des experts et des contrôles. Les participants de l'étude de Taylor *et al.* (2005) étaient âgés de 45 à 69 ans. Ils étaient tous pilotes mais variaient selon trois niveaux de qualification atteints :

- *Niveau 1* : vol en condition de visibilité normale,
- *Niveau 2* : qualifié pour voler avec support instrumental en condition de visibilité réduite,
- *Niveau 3* : instructeur certifié ou autorisation de piloter un vol commercial.

Taylor et ses collaborateurs ont évalué les pilotes à l'aide de tâches de communication associées à l'expertise, comme dans l'étude de Morrow *et al.* (2001), mais aussi dans diverses tâches cognitives mesurant, entre autres, la mémoire de travail, la vitesse de traitement de l'information et le contrôle attentionnel (susceptibilité à l'interférence). Pour ces trois composantes cognitives, les chercheurs calculaient un score composite à partir des performances à diverses mesures. Par exemple, la mémoire de travail était évaluée à l'aide de l'échelle d'empan à l'endroit et à rebours de la WAIS-R, ainsi que de l'empan de calcul. La vitesse de traitement était mesurée avec le test de comparaison de patrons de lettres et le test de substitution de la WAIS-R. Le contrôle attentionnel était mesuré avec le test d'alternance attentionnelle de la batterie CogScreen (Kay, 1995), une batterie de tests cognitifs informatisés. Une autre originalité de l'étude de Taylor était de tester les participants en situation de vol simulé. Les chercheurs demandaient aux participants de répéter le message d'instruction de vol qu'ils entendaient dans leurs écouteurs (procédure normale de vol) et de les exécuter à l'aide du simulateur, dans l'ordre habituel d'exécution conforme aux règles de vol.

Les résultats de Taylor et de ses collaborateurs n'ont montré aucun effet protecteur de l'expertise, ni dans les tâches de vol, ni dans les tâches cognitives qui ne sont pas associées au domaine d'expertise. La Figure 12 montre le nombre d'items, c'est-à-dire de consignes de vol, correctement exécutés dans la tâche de communication des instructions de vol. Ces résultats sont estimés à partir des droites de régression entre l'âge et les performances pour chacun des trois niveaux d'expertise de pilotage. On peut voir que les performances s'améliorent en fonction du niveau d'expertise. Les pilotes du Niveau 3 exécutent plus d'items correctement que ceux du Niveau 2, et ceux du Niveau 2 ont de meilleures performances que ceux du Niveau 1. De plus, les performances diminuent avec l'âge. Toutefois, l'effet de l'âge n'est pas modéré par l'expertise (pas d'interaction Age × Expertise).

effet de l'Âge ≠ modéré par expertise.

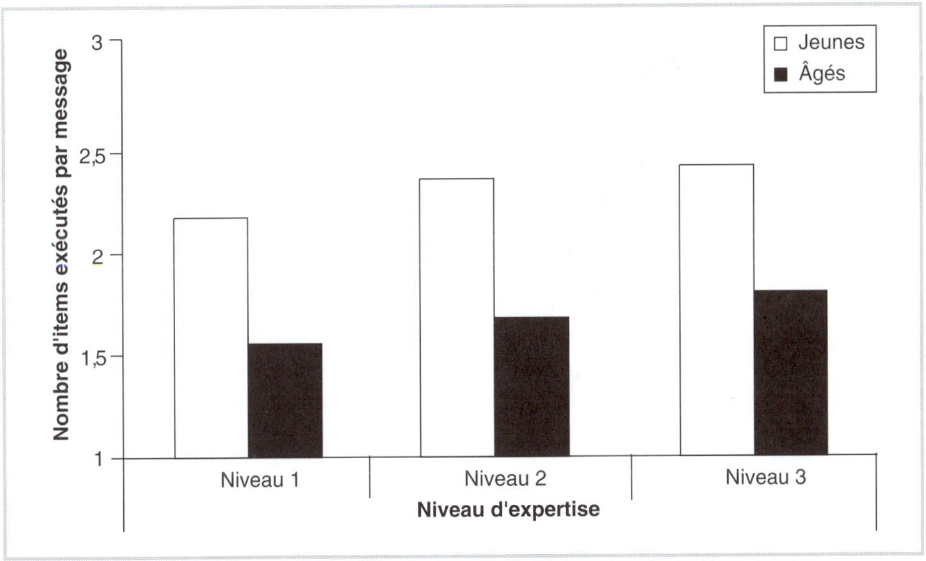

Figure 12

Nombre d'items correctement exécutés par message pendant la tâche de répétition des instructions de vol. Ces résultats sont estimés à partir des droites de régression entre l'âge et la performance pour chacun des trois niveaux d'expertise de pilotage. Ces résultats montrent que les performances diminuent en fonction de l'âge des pilotes et augmentent selon le niveau d'expertise, mais que l'expertise ne modère pas l'effet de l'âge sur les performances cognitives (d'après Taylor et al., 2005).

Taylor *et al.* (2005) ont également tenté de répondre à certaines questions importantes concernant le rôle de l'expertise sur le vieillissement cognitif :

1. Est-ce que l'effet de l'expertise s'explique par le niveau de pratique, puisque, dans le cas des pilotes, les qualifications nécessitent un certain nombre d'heures de vol ?
2. Est-ce que l'effet de l'expertise cache un biais de sélection en faveur des personnes qui possèdent de meilleures capacités cognitives ? Ces personnes seraient donc meilleures aux tests cognitifs non reliés au domaine d'expertise.
3. Est-ce que l'effet de l'âge sur les performances aux tâches de vol s'explique par le déficit lié à l'âge dans les tâches cognitives non associées à l'expertise, comme les tâches de vitesse de traitement de l'information ou de mémoire de travail par exemple ?

Pour répondre à ces questions, les chercheurs ont étudié la relation entre les performances aux tâches de vol et les caractéristiques des participants, comme les heures de vol accumulées, ainsi que les relations entre les performances à la tâche de vol et celles observées aux épreuves cognitives. Concernant la question de la pratique et de l'expertise, Taylor *et al.* (2005) ne rapportent aucune relation entre les performances à la tâche de vol et le nombre d'heures de vol accumulées ou le nombre de vols au cours des derniers mois. Il semble donc que ce qui explique les meilleures performances des pilotes mieux qualifiés ne soit pas simplement le nombre d'heures accumulées mais plutôt le niveau d'apprentissage atteint. Selon Taylor *et al.*, ce serait donc la pratique délibérée dans le but d'approfondir une expertise et qui conduit à l'obtention d'un niveau supérieur de performance, dans le cas des pilotes à des grades de qualification supérieurs, qui conduirait à de meilleures performances. Quant à la question du biais de sélection, les résultats de Taylor n'indiquent encore une fois aucune évidence en faveur d'une supériorité des pilotes plus expérimentés dans les tests de mémoire de travail ou de contrôle attentionnel. Seuls les tests de vitesse ont montré une différence en fonction de l'expertise mais dans le sens inattendu puisque les pilotes moins qualifiés étaient les plus rapides. À titre d'illustration, la Figure 13 montre les résultats des pilotes des trois niveaux de qualification à certaines épreuves typiquement utilisées dans les études en vieillisse-

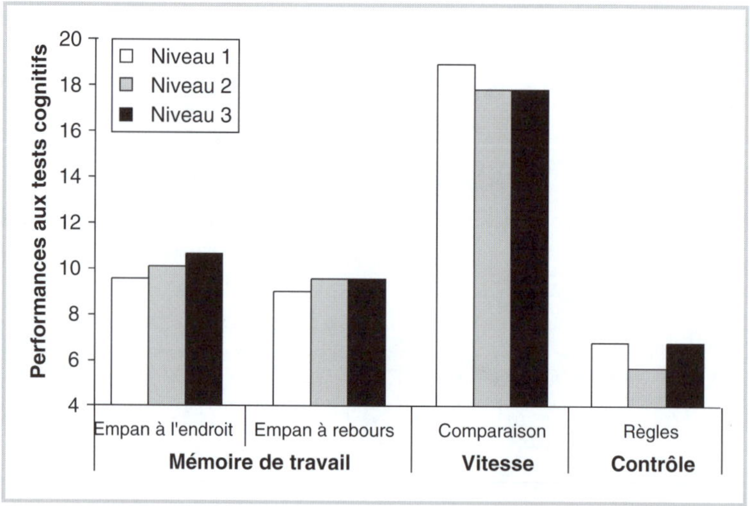

Figure 13

Performances des pilotes aux épreuves de mémoire de travail (empan à l'endroit et à l'envers de la WAIS-R), de vitesse de traitement de l'information (nombre d'items complétés à la tâche de comparaison de patrons) et de contrôle attentionnel (nombre de changements de règles corrects) en fonction du niveau d'expertise.

Ces résultats indiquent que l'expertise n'entraîne pas de meilleures performances aux épreuves qui ne sont pas liées au domaine d'expertise (d'après Taylor et al., 2005).

ment cognitif. On peut voir que les trois groupes de participants ont des performances tout à fait comparables aux tests cognitifs, ce qui suggère que l'expertise n'entraîne pas de meilleures performances aux épreuves qui ne sont pas liées au domaine d'expertise.

La troisième question posée par Taylor et ses collaborateurs concerne les relations entre l'effet de l'âge observé à la tâche de vol et l'effet de l'âge observé aux tests cognitifs non associés au domaine d'expertise. Les chercheurs ont observés que le déclin des performances associées à l'âge dans le domaine d'expertise est associé à un déclin cognitif dans les tâches non reliées au domaine d'expertise. De plus, le déclin lié à l'âge au niveau de la vitesse de traitement et du contrôle attentionnel expliquerait le déclin observé en mémoire de travail. En d'autres termes, le déclin lié à l'âge à la tâche de vol serait dû à une baisse d'efficacité de la mémoire de travail chez les pilotes les plus âgés, elle-même provoquée par une diminution de la vitesse de traitement et du contrôle attentionnel.

3.4 *Conclusion des études chez les pilotes d'avion*

Les résultats des études auprès des pilotes nous permettent de raffiner notre compréhension du rôle de l'expertise sur la cognition. D'abord, comme l'avait observé Morrow et ses collaborateurs, le niveau d'expertise a un impact important sur les performances aux tâches de vol, des tâches associées au domaine d'expertise. Toutefois, les résultats ne sont pas clairs quant à savoir si l'expertise modère l'effet du vieillissement sur les performances cognitives. L'étude de Tsang et Shanner suggère que l'expertise pourrait réduire les différences liées à l'âge en attention partagée. De plus, Morrow et ses collaborateurs ont observé un effet modérateur de l'expertise, en comparaison à des participants contrôles, mais dans certaines tâches seulement. Par contre, Taylor et ses collaborateurs ont observé que les pilotes âgés montrent en général des performances réduites par rapport aux jeunes pilotes dans les tâches de pilotage et ce, peu importe le niveau d'expertise. Enfin, l'expertise ne modère pas l'effet de l'âge sur les tâches cognitives qui ne sont pas liées au domaine d'expertise. Il semble donc que l'expertise ne conduise pas à des meilleures performances en dehors du domaine d'expertise, c'est-à-dire que les effets typiques du vieillissement cognitif sont observés lorsqu'on compare les performances de pilotes jeunes et âgés à des tests cognitifs qui ne reproduisent pas les situations complexes dans lesquelles s'expriment les habiletés cognitives développées par l'expertise (voir Clancy-Dollinger & Hoyer, 1988 ; Clancy & Hoyer, 1994 ; Dollinger & Hoyer, 1995 ; Hoyer & Ingolfsdottir, 2003).

Une autre observation intéressante provient de l'étude de Taylor et ses collaborateurs. Ces derniers ont observé qu'il n'y avait aucune relation entre le nombre d'heures de vol, ou le nombre de vols, et les performances aux tâches de pilotage. Pourtant, les performances aux tâches de vol sont meilleures pour les pilotes plus qualifiés. Selon Taylor *et al.*, ces résultats suggèrent que l'effet du niveau d'expertise ne repose que sur la pratique délibérée, une pratique orientée vers le développement de l'expertise et qui vise l'atteinte d'objectifs de performance. Dans le cas des pilotes, cette *pratique délibérée*[**] a permis d'obtenir des niveaux supérieurs de qualification. Le simple fait de voler, même un très grand nombre d'heures, sans mettre en place des activités d'apprentissage spécifiques et rigoureuses, ne permettrait pas d'atteindre le même niveau de performance.

Comme nous le verrons dans la prochaine section, l'effet de la pratique délibérée sur les performances aux tâches liées à l'expertise a également été observé dans des domaines variés comme dans l'étude des musiciens professionnels et amateurs (Krampe et Ercisson, 1996).

4 L'effet de la pratique délibérée : comparaison entre musiciens experts et amateurs

4.1 *L'effet de l'expertise sur la vitesse d'exécution aux tâches musicales et aux tests cognitifs*

Krampe et Ericsson (1996) se sont intéressés à l'impact de la pratique délibérée sur les performances cognitives en comparant les performances de musiciens amateurs et professionnels à des tâches musicales et à des tâches cognitives non associées au domaine musical. Dans une série d'études, les chercheurs ont comparé des jeunes musiciens âgés en moyenne de 25 ans et des musiciens âgés en moyenne de 60 ans. La moitié des participants était des pianistes amateurs et l'autre moitié était constituée de professionnels diplômés d'une académie de musique et ayant une grande expérience en concerts. Krampe et Ericsson (1996) étaient surtout intéressés à l'effet de l'expertise sur la vitesse d'exécution dans les tâches psychomotrices et à la coordination de réponses, donc à des tâches qui sont très sensibles à l'effet du vieillissement. Les chercheurs ont évalué les performances des pianistes lorsque ceux-ci jouaient une série de notes d'une main ou avec les deux mains (les doigts de chaque main étaient associés à une note blanche du piano pour minimiser les mouvements latéraux). Dans une première expérience, les chercheurs ont manipulé la difficulté de la tâche en demandant aux participants de répondre soit avec une seule main, soit avec les deux mains. Deux niveaux de difficulté étaient testés en reproduction bi-manuelle : la reproduction simultanée de la même séquence avec les deux mains, en miroir, ou la reproduction de différentes séquences simultanément avec les deux mains.

Les résultats observés par Krampe et Ericsson dans leur première étude sont présentés à la Figure 14. On peut voir que les performances sont généralement meilleures pour les pianistes professionnels que pour les amateurs. De plus, dans les deux groupes, professionnels et amateurs, les résultats indiquent un effet typique de l'âge puisque les pianistes les plus âgés répondent plus lentement. Les résultats montrent aussi un effet de la complexité de la tâche. En effet, les participants prennent plus de temps pour produire les séquences de notes avec deux mains qu'avec une seule main et encore plus de temps quand les séries de notes diffèrent pour chaque main. Toutefois, l'effet de la complexité de la tâche varie selon l'expertise et l'âge des participants. En effet, une interaction entre l'âge et l'expertise montre que l'effet de l'âge n'est pas le même chez les pianistes professionnels que chez les amateurs. Alors que les amateurs âgés répondent toujours plus lentement que les amateurs jeunes, Krampe et Ericsson ont observé que seule la condition la plus difficile, c'est-à-dire la production simultanée de deux séquences différentes, montre un effet significatif de l'âge chez les experts.

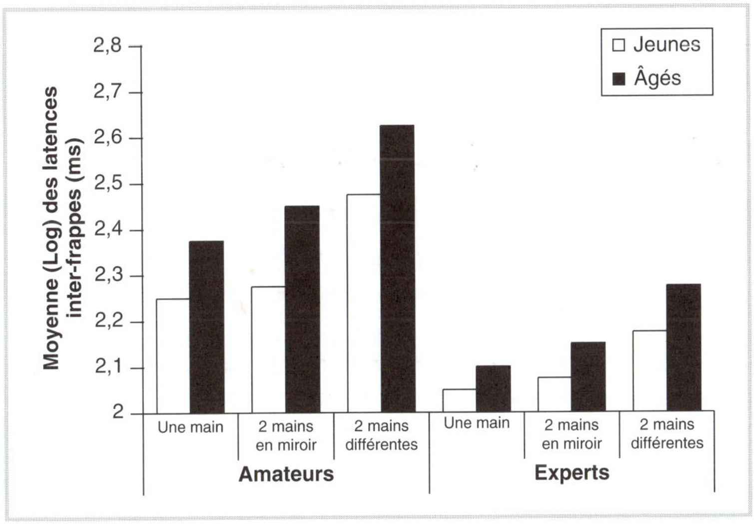

Figure 14

Moyennes (logarithmiques) des latences inter-frappes en fonction de la complexité de la tâche musicale et de l'expertise (d'après Krampe & Ericsson, 1996).

Ces résultats indiquent que le niveau d'expertise peut modérer l'effet de l'âge dans certaines conditions d'une tâche associée au domaine d'expertise.

Comme nous l'avons observé dans la plupart des études dans le domaine de l'expertise, les résultats obtenus par Krampe et Ericsson (1996) à la tâche musicale contrastaient avec ceux observés aux tâches cognitives non reliées à l'expertise. En effet, les chercheurs ont également soumis les pianistes à des tests de vitesse psychomotrice comme le sous-test de substitution de la WAIS, des tâches de temps de réaction et la tâche de tapping. Les résultats les plus intéressants sont ceux observés au tapping. Dans cette tâche, le participant devait produire le plus grand nombre de frappes en 15 secondes, soit d'une seule main, soit en alternance. La tâche était effectuée au clavier du piano. Krampe et Ericsson (1996) ont observé que les experts sont en général plus rapides dans cette tâche, comme l'indique leurs latences inter-frappes (Figure 15). De plus, pour les pianistes professionnels comme pour les amateurs, les temps de latence inter-frappes étaient moins longs en condition alternée, due à la superposition des mouvements des

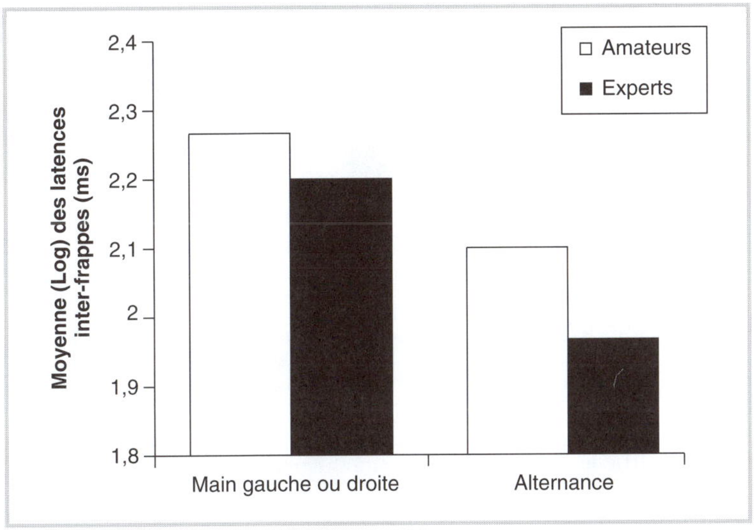

Figure 15

Performances au test de tapping d'une main, ou en alternance entre les deux mains, en fonction de l'expertise (d'après Krampe & Ericsson, 1996).

Ces résultats indiquent que les experts peuvent plus facilement synchroniser l'exécution de réponses motrices avec les deux mains.

deux mains. Il est intéressant de constater que ces performances dépendaient de l'expertise puisque le gain de performance en condition alternée était plus marqué chez les pianistes professionnels. Toutefois, l'effet de l'expertise ne modérait pas l'effet de l'âge dans cette tâche, puisqu'aucune interaction entre l'âge et l'expertise n'a été observée.

pas d'interact° entre âge et expertise.

4.2 La vitesse d'exécution et la mémoire chez les professionnels et les amateurs

Dans une deuxième expérience, Krampe et Ericsson (1996) ont utilisé une tâche analogue à celle de la première expérience, dans laquelle les participants reproduisaient une série de notes d'une seule main, avec les deux mains en miroir, ou reproduisaient une séquence différente pour chaque main. Mais, cette fois, les chercheurs ont ajouté une condition expérimentale dans laquelle les pianistes reproduisaient la séquence de mémoire. Les pianistes avaient préalablement mémorisé la séquence de notes en la répétant à trois reprises avant la phase de reproduction. Les résultats observés dans l'Expérience 2 sont très similaires à ceux observés dans l'Expérience 1, c'est-à-dire que les chercheurs ont encore une fois observé une interaction entre l'âge et l'expertise. Toutefois, l'ajout de la composante mémoire a fait en sorte que les experts âgés ont obtenu des performances équivalentes à celles des jeunes experts peu importe la difficulté de la tâche (Figure 16). Ces résultats sont intéressants car la composante mémoire fait en sorte que la tâche est plus similaire aux conditions de production du pianiste. En effet, en concert, les pianistes jouent de longues séquences musicales de mémoire. Ces résultats vont donc aussi dans le sens des observations de Morrow avec les pilotes selon lesquelles les experts sont d'autant plus favorisés que la tâche ressemble aux conditions réelles de performances.

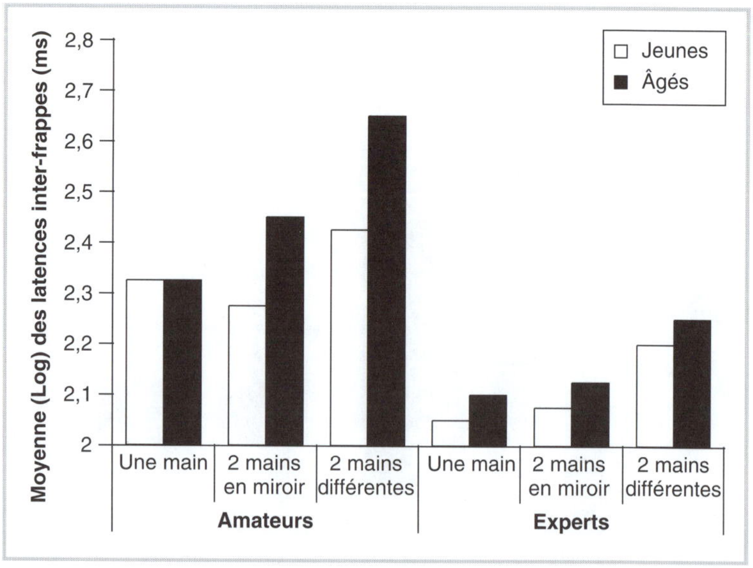

Figure 16

Moyennes (logarithmiques) des latences inter-frappes en fonction de la complexité de la tâche musicale et de l'expertise (d'après Krampe & Ericsson, 1996).

Ces résultats indiquent une fois de plus que le niveau d'expertise peut modérer l'effet de l'âge dans certaines conditions d'une tâche associée au domaine d'expertise.

4.3 *Le rôle de la pratique délibérée dans la préservation sélective*

Les résultats observés par Krampe et Ericsson (1996) sont compatibles avec l'hypothèse dite de *préservation sélective*** selon laquelle l'expertise permet de préserver les habiletés cognitives mais seulement dans les tâches associées au domaine d'expertise, c'est-à-dire dans les tâches qui impliquent des stimuli, un contexte, des associations stimuli-réponses analogues au domaine d'expertise. Pour tester cette hypothèse plus directement, Krampe et Ericsson ont comparé les performances des participants aux tests de vitesse de traitement de l'information avec les performances aux tâches musicales. La Figure 17 fait apparaître les résultats de l'analyse des temps de réponse par item (combinés à la tâche de substitution et à la tâche de temps de réaction au choix) et des latences inter-frappes (combinés pour toutes les conditions de la tâche musicale). On peut voir clairement l'interaction Age × Expertise. Aux tests de vitesse de traitement de l'information, les participants âgés sont généralement plus lents que les jeunes, sans égard à leur expertise musicale. Aux tâches musicales par contre, alors qu'il n'y a pas de différence liée à l'âge chez les pianistes professionnels, on observe un ralentissement lié à l'âge chez les pianistes amateurs

Dans le but de mieux comprendre comment les performances sont maintenues malgré le vieillissement chez les pianistes professionnels, Krampe et Ericsson (1996) se sont également intéressés au nombre d'heures de pratique délibérée effectuées par les pianistes amateurs et professionnels. La pratique délibérée désigne ici la pratique d'activités musicales et d'exercices musicaux conçus pour maintenir et améliorer des aspects spécifiques de leurs performances, comparativement à une pratique de détente ou plus ludique, typiquement observée chez les pianistes amateurs. Les chercheurs ont recueilli des observations très intéressantes. D'abord, dès le milieu de la vingtaine, les pianistes

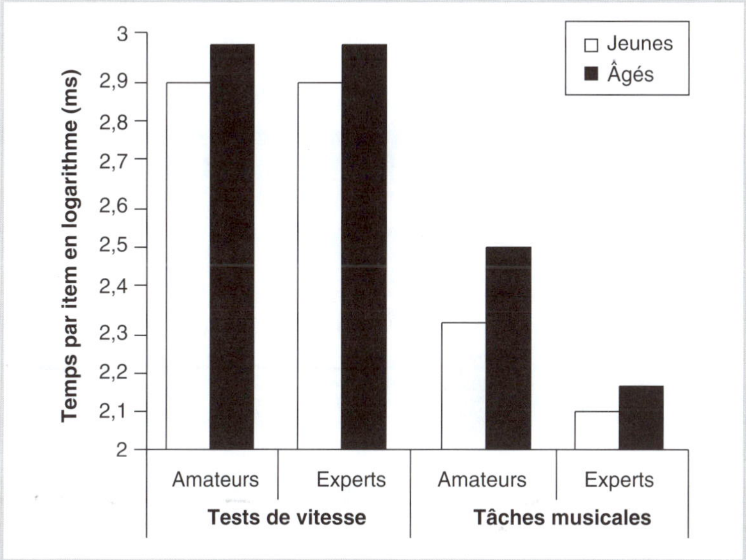

Figure 17

Temps par items (logarithmique) dans les tests de vitesse de traitement de l'information (substitution et temps de réaction au choix) et dans les tâches musicales (une main et deux mains combinées) en fonction du niveau d'expertise (d'après Krampe & Ericsson, 1996).

Ces résultats appuient l'hypothèse de préservation sélective selon laquelle l'expertise préserve seulement les habiletés cognitives associées au domaine d'expertise.

experts avaient accumulé plus du double de pratique délibérée que les amateurs âgés. Les chercheurs estimèrent, via des entrevues et questionnaires, qu'au cours de sa vie, un pianiste professionnel pouvait avoir accumulé près de 60 000 heures de pratique, alors qu'un amateur âgé n'avait accumulé que 10 000 heures. De plus, Krampe et Ericsson (1996) ont observé que la pratique délibérée des 10 dernières années était très déterminante pour les pianistes professionnels âgés. Selon Krampe et Ericsson (1996), ces observations permettent encore une fois d'appuyer l'hypothèse de la préservation sélective, dans le sens où cette hypothèse prédit que le facteur modérateur de l'effet de l'âge sur les performances cognitives est l'effort délibéré pour maintenir et améliorer des habiletés cognitives spécifiques.

5 Conclusions des études relatives à l'effet protecteur de l'expertise sur le déclin cognitif

Bien que l'étude de l'impact d'une expertise sur le vieillissement cognitif ait montré des résultats mitigés, il semble que certaines régularités émergent de la littérature. D'abord, les experts obtiennent de meilleures performances aux tâches liées à leur expertise, ce qui suggère que l'expertise favorise le développement d'habiletés cognitives spécifiques. Dans la plupart des études, l'âge a également un effet sur les performances cognitives, dans le sens d'une baisse des performances au cours du vieillissement. Certaines études ont toutefois montré une interaction entre l'âge et le niveau d'expertise, avec un effet moins marqué, parfois absent, du vieillissement sur les performances cognitives. Il semble donc que l'expertise ait un effet bénéfique sur la vitalité cognitive des personnes âgées. Néanmoins, la présence d'une interaction entre l'âge et l'expertise semble dépendre de plusieurs facteurs :

1. L'effet de la préservation des performances en fonction de l'expertise est plutôt spécifique au domaine d'expertise. En d'autres termes, l'expertise a un effet protecteur sur les performances aux tâches qui sollicitent les habiletés cognitives spécifiques au domaine d'expertise, plutôt qu'un effet général de protection sur la cognition. En effet, il y a plus de chances d'observer un effet protecteur de l'expertise si la tâche reproduit des situations similaires aux conditions de performance rencontrées par les experts en situation écologique, donc à l'extérieur du laboratoire.
2. L'effet protecteur de l'expertise serait le résultat d'une compensation plutôt que d'une protection des mécanismes cognitifs mobilisés par les tâches. Tout se passe comme si l'accumulation et l'élaboration de connaissances épisodiques et conceptuelles permettaient aux experts de compenser le déclin lié à l'âge qui touche les processus perceptifs et moteurs. Cette compensation se ferait via l'acquisition de stratégies (e.g., la préparation et l'anticipation dans le cas des dactylographes de l'étude de Salthouse, 1984) ou en se fondant davantage sur les connaissances générales du domaine d'expertise (e.g., les joueurs d'échecs dans l'étude de Charness, 1981a).
3. L'expertise peut faire en sorte qu'une même tâche sollicite des processus différents chez les experts que chez les novices, ou les participants contrôles. Une tâche pourrait exiger moins de ressources de traitement de l'information chez les experts com-

parativement aux non experts, leur permettant ainsi de montrer moins d'effets du vieillissement. Par exemple, une meilleure connaissance des scénarios possibles dans une partie d'échecs ferait en sorte qu'un expert aura moins d'analyse à effectuer pour trouver le meilleur mouvement dans une situation donnée. Il peut ainsi choisir le mouvement optimal en moins de temps qu'un joueur moins expérimenté, même si les deux joueurs sont comparables sur le plan de la vitesse psychomotrice. De même, un pianiste professionnel ayant accumulé davantage de scénarios de suites de notes et plus habitué à mémoriser des séquences de notes a de meilleures performances quand la situation permet de mémoriser les notes. Sa vitesse d'exécution sera alors facilitée puisqu'elle repose moins sur la vitesse psychomotrice pure, mais davantage sur la mémorisation, l'anticipation et la préparation des séquences de notes à produire.

4. L'effet protecteur de l'expertise (interaction Age × Expertise) dépend en grande partie de la pratique délibérée, que nous avons définie comme l'engagement dans des activités de maintien et de développement des habiletés inhérentes aux tâches du domaine d'expertise. Krampe et Ericsson (1996) chez les pianistes, de même que Taylor *et al.*, (2005) chez les pilotes, ont en effet clairement montré que les performances des experts sont déterminées par le niveau de pratique délibérée des dernières années. Ces résultats suggèrent que la préservation d'une habileté cognitive au cours du vieillissement nécessite la pratique soutenue de cette habileté.

Il y a encore peu d'approches théoriques qui permettent d'intégrer les effets de l'expertise, ou d'autres modérateurs du vieillissement cognitif, sur le déclin cognitif lié à l'âge. Comme le suggèrent Kramer et Willis (2003), il est possible de comprendre les relations entre l'expertise et le vieillissement cognitif en utilisant l'approche de Baltes et ses collaborateurs (Baltes *et al.*, 1999) qui suggère qu'en vieillissant, l'individu fait un compromis entre une maximisation des gains et une minimisation des pertes. L'approche de Baltes repose sur un modèle appelé *Sélection***, *Optimisation*** et *Compensation*** (SOC). Selon le modèle, les mécanismes de sélection, optimisation et compensation permettent de maintenir des performances optimales en vieillissant. Le mécanisme de sélection fait en sorte de réduire le répertoire d'habiletés cognitives impliquées dans une activité plus globale (molaire selon les termes de Charness), donc associée à une expertise, une profession, un sport ou une activité artistique. Un pianiste, par exemple, pourrait devenir sélectif dans le répertoire de pièces qu'il interprète. Le mécanisme d'optimisation désigne le fait qu'une personne âgée tentera de maximiser la structure de l'environnement, donc les conditions de performance, davantage qu'elle ne le faisait à un âge plus jeune, pour maximiser en quelque sorte la portée des habiletés maintenues. Le pianiste pourrait adapter son style, jouer à un rythme différent ou sélectionner davantage son auditoire et s'engager plus sélectivement dans des activités de pratique délibérée pour maintenir les habiletés qu'il a acquises au fil des ans. Enfin, le mécanisme de compensation implique l'utilisation de processus cognitifs et d'habiletés cognitives qui ont été maintenus ou même améliorés au cours des années. Par exemple, l'accumulation de connaissances sémantiques et épisodiques sur une domaine d'activité (e.g., les scénarios possibles aux échecs, les séquences de notes typiques dans certains styles musicaux, etc.) peut aider un individu âgé à atteindre un plus haut niveau de performance, malgré une diminution de la vitesse de traitement et une diminution de la mémoire de travail, car il arrive à résoudre un problème en traitant une moins grande quantité d'information. Même si le modèle de Baltes a été élaboré pour expliquer les changements cognitifs au cours de toute une vie, il semble particulièrement adapté pour rendre compte des effets de l'expertise sur le vieillissement cognitif.

Bien que les études relatives à l'impact de l'expertise sur le vieillissement cognitif peuvent nous aider à mieux comprendre les mécanismes fondamentaux du vieillissement cognitif, elles comportent également certaines limites. Selon Masquier (1997), ces limites sont à ce point importantes qu'elles remettent en question les hypothèses qui découlent des études sur l'expertise et le vieillissement cognitif. La limite la plus importante est sans contredit la possibilité qu'un biais de sélection soit la source de l'effet de protection sélective observée dans certaines études. Comme les études sont pratiquement toutes des études transversales, il est possible en effet que les experts aînés étaient particulièrement doués dans le domaine d'expertise à l'étude, dès leur jeune âge. Ainsi, le fait qu'ils obtiennent des performances plus comparables aux jeunes experts, comparativement à un déficit marqué entre les groupes de jeunes et âgés non experts, soit en fait le résultat de cette habileté supérieure à la base. Toutefois, on peut imaginer qu'un biais de sélection puisse nuire à l'hypothèse de préservation sélective. Par exemple, il est possible que, dans certains domaines, il soit plus difficile aujourd'hui d'atteindre un niveau d'expertise. Les jeunes qui l'atteignent seraient donc des individus exceptionnellement performants, non représentatifs de la population de leur âge, rendant invalide la comparaison avec des experts âgés. Ainsi, la possible préservation d'une habileté cognitive chez l'expert âgé ne permettrait pas de réduire l'écart entre les jeunes et les âgés experts. Bref, comme le souligne Masquier (1997), l'ambivalence des résultats et les limites inhérentes aux plans transversaux de recherche, comme le biais de sélection, rendent délicates les conclusions que l'on peut tirer des études chez les experts. Il est donc impératif de procéder à des études longitudinales dans lesquelles des cohortes d'experts seront suivies pendant plusieurs années. Un plan d'étude longitudinale permettra de quantifier avec justesse l'effet protecteur possible d'une expertise sur le déclin cognitif que connaît un individu en vieillissant.

Résumé

1 L'hypothèse de la préservation sélective propose qu'une expertise acquise pendant la vie peut contribuer à réduire le déclin cognitif associé à l'âge touchant les processus cognitifs élémentaires, comme les processus perceptifs et moteurs, l'attention ou la mémoire.

2 L'hypothèse de la compensation suggère que l'expertise permet de développer des stratégies, générales ou spécifiques à un domaine de la cognition et que ces stratégies permettront de compenser le déclin cognitif associé à l'âge sur les habiletés cognitives complexes ou les fonctions cognitives élémentaires touchées par le vieillissement.

3 Salthouse avait proposé que les dactylographes maintiennent un bon niveau de performance malgré l'avancée en âge grâce à une stratégie compensatoire, qui consiste à visualiser et anticiper les frappes qui devront être produites pour ainsi mieux les préparer et les exécuter plus rapidement.

4 Les résultats de Bosman suggèrent que les composantes cognitives à la base de l'exécution rapide d'une réponse psychomotrice sont préservées par l'expertise, permettant ainsi aux dactylographes experts d'être aussi rapides que les jeunes même dans des tâches de laboratoire de type temps de réaction.

5 L'étude de Tsang et Shanner suggère que l'expertise pourrait réduire les différences liées à l'âge en attention partagée. De plus, Morrow et ses collaborateurs ont observé un effet modérateur de l'expertise, en comparaison à des participants contrôles, mais dans certaines tâches seulement. Par contre, Taylor et ses collaborateurs ont observé que les pilotes âgés montrent en général des performances réduites par rapport aux jeunes pilotes dans les tâches de pilotage et ce, peu importe le niveau d'expertise.

6 Les résultats observés par Krampe et Ericsson (1996) sont compatibles avec l'hypothèse dite de préservation sélective selon laquelle l'expertise permet de préserver les habiletés cognitives mais seulement dans les tâches proches du domaine d'expertise. Aux tests de vitesse de traitement de l'information, les participants âgés sont généralement plus lents que les jeunes, sans égard à leur expertise musicale. Aux tâches musicales par contre, alors qu'il n'y a pas de différence liée à l'âge chez les pianistes professionnels, on observe un ralentissement lié à l'âge chez les pianistes amateurs.

7 Les résultats de Krampe et Ericsson (1996) chez les pianistes, de même que Taylor *et al.*, (2005) chez les pilotes, montrent que les performances des experts sont déterminées par le niveau de pratique délibérée des dernières années. Ces résultats suggèrent que la préservation d'une habileté cognitive au cours du vieillissement nécessite la pratique soutenue de cette habileté.

Des questions pour mieux retenir

1. Que propose l'hypothèse de préservation sélective ?
2. Que propose l'hypothèse de compensation et comment diffère-t-elle de l'hypothèse de la préservation ?
3. Quelles sont les conclusions de l'étude de Charness avec les joueurs d'échec ?

Des questions pour mieux retenir (suite)

4. Est-ce que l'étude de Charness appuie l'hypothèse de préservation ou de compensation ?
5. Quelles sont les conclusions des études auprès des pilotes ?
6. Est-ce que les études avec les pilotes d'avion suggèrent que les performances aux activités liées à l'expertise sont maintenues chez les pilotes âgés ?
7. Est-ce que les études avec les pilotes d'avion conduites par Morrow suggèrent que les performances aux tests cognitifs sont maintenues chez les pilotes âgés ?
8. Est-ce que les études chez les pilotes permettent de trancher en faveur d'une des deux principales hypothèses à l'étude quant aux effets de l'expertise sur le vieillissement cognitif ?
9. Quelles sont les principales conclusions de Krampe et Ericsson (1996) sur l'effet du vieillissement chez les pianistes professionnels ?
10. Pouvez-vous interpréter les résultats de Krampe et Ericsson (1996) dans le contexte des hypothèses de préservation et de compensation ?
11. Selon Krampe et Ericsson, quel est l'élément clé du maintien des habiletés cognitives chez les experts âgés ?
12. Qu'ont apporté les travaux de Charness sur les relations vieillissement et expertise ?
13. Décrire le modèle SOC.
14. Comment le modèle SOC contribue-t-il à comprendre le rôle modérateur de l'expertise dans le vieillissement cognitif ?

Des questions pour mieux réfléchir

1. En quoi les études chez les experts permettent de mieux comprendre l'effet du vieillissement sur la cognition ?
2. Les résultats de ces études sont-ils convaincants quant à la possibilité de modérer l'effet du vieillissement sur la cognition ?
3. Quelle est la limite principale des études relatives à l'effet de l'expertise sur le vieillissement cognitif ?
4. Quel type d'étude nous permettrait de mieux raffiner notre connaissance de la relation entre l'expertise et le vieillissement cognitif ?
5. Imaginez les différents résultats d'une expérience testant l'interaction Age x Expertise dans un domaine cognitif où cette interaction n'a pas encore été étudiée (e.g., calcul mental ; planification ; cognition spatiale).

Des lectures pour aller plus loin

Dollinger, S.M. C., & Hoyer, W.J. (1995). Skill differences in medical laboratory diagnostics. *Applied Cognitive Psychology*, 9, 235-247

Ericsson, K.A. (1996). *The road to excellence.* Lawrence Erlbaum, New Jersey.

Mireles, D.E., & Charness, N. (2002). Computational explorations of the influence of structured knowledge on age-related cognitivc dcclinc. *Psychology and Aging, 17,* 245 259.

Mots clés

- Hypothèse de préservation sélective
- Hypothèse du désengagement
- Hypothèse de compensation
- Approche équivalence-molaire différence-moléculaire
- Empan œil-main
- Empan de frappe
- Pratique délibérée
- Sélection
- Optimisation
- Compensation

CHAPITRE 11
Entraînement cognitif et vieillissement cognitif

Sommaire

1. L'effet de la pratique et de l'entraînement cognitif sur le vieillissement attentionnel 320
2. L'effet de l'entraînement cognitif en mémoire épisodique 339
3. Effet du vieillissement sur l'acquisition de nouvelles habiletés 347
4. Entraînement cognitif avec les tests d'intelligence 349
5. L'étude ACTIVE : une étude d'entraînement cognitif à grande échelle 351
6. Conclusions 353

Dans ce chapitre, vous allez

1. Comprendre les effets de la pratique intensive sur les différentes fonctions cognitives des personnes âgées.
2. Savoir pourquoi les chercheurs s'intéressent à l'effet de l'entraînement cognitif sur le vieillissement cognitif.
3. Découvrir les programmes d'entraînement cognitif développés par les chercheurs pour les personnes âgées.
4. Connaître les domaines de la cognition les plus sensibles à l'entraînement cognitif.
5. Apprendre quels sont les bienfaits de l'entraînement cognitif sur la cognition des personnes âgées.

Dans les chapitres précédents, nous avons vu quelles sont les caractéristiques personnelles d'un individu qui peuvent moduler son profil de déclin cognitif. Ces études sont essentielles pour comprendre les effets du vieillissement sur la cognition. Toutefois, elles souffrent de plusieurs limites tant d'un point de vue scientifique et empirique que d'un point de vue appliqué. D'un point de vue scientifique, elles ne nous permettent pas d'établir une relation de cause à effet entre les facteurs étudiés et le fonctionnement cognitif. Par exemple, le fait de savoir qu'un individu qui participe régulièrement à des activités stimulantes sur le plan cognitif bénéficie d'une meilleure vitalité cognitive à 70 ans ne permet pas d'établir que ce sont ces activités qui le maintiennent alerte (et pas autre chose). Il est en effet possible que ce soit justement le fait qu'une personne soit plus alerte qui fasse en sorte qu'elle peut demeurer plus active. D'un point de vue strictement scientifique, il est primordial de savoir si c'est l'activité ou la stimulation intellectuelle qui influence le déclin cognitif et non l'inverse. On comprend donc aisément l'importance des études d'entraînement cognitif ou de stimulation cognitive pour l'étude du vieillissement cognitif. Ces études sont tout aussi importantes d'un point de vue appliqué. Effectivement, si on arrivait à comprendre comment on peut limiter, voire inverser, les effets du vieillissement cognitif sur différentes fonctions, il serait possible d'établir un programme d'interventions cognitives adapté aux personnes âgées soucieuses de maintenir de bonnes performances cognitives malgré l'avancée en âge et d'adapter ce programme en fonction des aspects de la cognition qui sont les plus touchés chez une personne âgée.

*Si l'étude du vieillissement cognitif remonte à plusieurs décennies (1960-1970), l'utilisation des paradigmes issus de la psychologie cognitive pour tenter d'améliorer les fonctions cognitives des aînés est récente. Au cours des dernières années, plusieurs études ont évalué le potentiel d'amélioration des personnes âgées aux tâches expérimentales montrant un déclin cognitif associé à l'âge. Typiquement, dans ce type d'étude, un groupe de personnes âgées de 65 ans et plus et un groupe de jeunes adultes pratiquent de façon intensive une tâche expérimentale pendant plusieurs sessions. Les performances des deux groupes sont comparées afin d'évaluer si les aînés et les jeunes bénéficient d'un potentiel d'apprentissage comparable, ou, en d'autres termes, si les deux groupes montrent la même plasticité cognitive**. La question qui intéresse les chercheurs ici est de savoir si la pratique intensive permet aux aînés de pallier leur déficit cognitif. Empiriquement, ceci se traduirait par une diminution des différences de performance liées à l'âge avec la pratique intensive.*

*Dans une étude type d'entraînement cognitif, un groupe de personnes âgées participe à un programme de stimulation cognitive en laboratoire. La plupart du temps il s'agit pour ces personnes de pratiquer une tâche informatisée pendant plusieurs heures. Toutefois, plusieurs de ces études n'incluent qu'un groupe de personnes âgées pratiquant la tâche de façon répétée. Dans le meilleur des cas, l'étude compare différents programmes d'entraînement ou inclut un groupe témoin (cohorte observationnelle), ce qui permet de contrôler les effets de la passation répétée de différentes mesures utilisées avant et après l'entraînement cognitif ou l'effet test-retest**, afin d'isoler l'effet réellement lié à l'entraînement. Dans le meilleur des cas encore, l'étude inclut des personnes jeunes, de sorte que l'effet de l'entraînement chez différents groupes d'âges peut être comparé. L'inclusion d'un groupe de jeunes participants permet de quantifier un effet compensatoire de l'entraînement cognitif sur le vieillissement cognitif. Un tel effet permettrait aux personnes âgées de compenser l'effet du vieillissement sur une fonction donnée par l'entraînement intensif en laboratoire.*

Les premières études d'entraînement cognitif en laboratoire ont surtout porté sur la mémoire, source importante de plaintes chez les personnes âgées. Mais aujourd'hui, on dénombre beaucoup d'études d'entraînement cognitif dans le domaine de l'attention, des fonctions exécutives, de la résolution de problèmes et même de récentes études dites multifactorielles, qui touchent différents aspects du fonctionnement cognitif ou psychologique affectés par le vieillissement. Dans ce chapitre, nous présentons les principaux résultats issus des études d'entraînement cognitif auprès des personnes âgées. D'abord, nous abordons les études qui ont voulu améliorer la performance des aînés à l'aide de paradigmes issus de la Psychologie Cognitive fondamentale qui ont montré des différences importantes, ou parfois aucune différence, entre les personnes jeunes et âgées après de nombreuses sessions de pratique intensive. Ensuite, nous décrivons les études d'entraînement en mémoire, sûrement les plus nombreuses, dans lesquelles les participants apprennent à utiliser des stratégies mnémotechniques pour améliorer leur performance aux tests de mémoire épisodique. Enfin, les études d'entraînement cognitif ciblant des fonctions cognitives supérieures sont brièvement présentées, ainsi que les études portant sur de multiples entraînements cognitifs.

Les résultats des études d'entraînement cognitif en laboratoire sont importants pour quiconque veut étudier les effets du vieillissement sur la cognition et ce, pour au moins deux raisons :

- *Ces études nous permettent de mieux connaître les processus cognitifs, ou les mécanismes élémentaires qu'ils impliquent, montrant un potentiel résiduel d'apprentissage.*
- *Deuxièmement, les résultats de ces études nous permettent de documenter l'amplitude du potentiel d'apprentissage et d'évaluer si cette amplitude diminue avec l'avancée en âge. Ce potentiel d'apprentissage est souvent désigné sous les termes de réserve cognitive**.*

34 pages.

1 L'effet de la pratique et de l'entraînement cognitif sur le vieillissement attentionnel

Dans cette section du chapitre, nous présentons les principaux résultats issus des études d'entraînement cognitif en laboratoire dans le domaine de l'attention. Nous traitons de façon distincte les études dans lesquelles les participants ne font que pratiquer de façon répétitive et intensive une même tâche cognitive et les études dans lesquelles une stratégie est induite, ou encore lorsque des consignes particulières, une rétroaction ou des conditions propres à la tâche, visent explicitement à maximiser la performance des participants. Dans ce dernier cas nous parlerons d'études d'*entraînement cognitif*** plutôt que d'études de *pratique intensive***.

1.1 *L'effet de la pratique intensive sur l'attention sélective*

Dans une série d'études récentes, Scialfa et collaborateurs ont évalué le potentiel d'apprentissage des personnes âgées dans des tâches de recherche visuelle (Anandam & Scialfa, 1999 ; Ho & Scialfa, 2002 ; Scialfa, Jenkins, Hamaluk & Skaloud, 2000). Dans une de ces études, Ho et Scialfa (2002) ont cherché à déterminer si les personnes âgées peuvent apprendre une tâche de *recherche visuelle*** dans laquelle la détection de la *cible*** nécessite la conjonction d'attributs visuels élémentaires. Rappelons que, dans ce type de tâche (voir Chapitre 4), lorsque la détection nécessite la conjonction d'attributs, les performances des participants sont sensibles à la quantité de *distracteurs*** entourant la cible, ce qui suggère que la recherche visuelle requiert l'attention volontaire du participant, donc une forme de *contrôle attentionnel***. Plus précisément, dans la tâche utilisée par Ho et Scialfa (2002), les participants devaient détecter une barre oblique-droite blanche (cible) à travers des barres blanches obliquant vers la gauche, ou des barres noires obliquant vers la droite (distracteurs). La Figure 1 présente les stimuli utilisés par Ho et Scialfa (2002). Dans cette tâche, une détection correcte de la cible nécessitait donc de combiner l'orientation de la barre oblique et sa couleur pour la distinguer des distracteurs. Après 4 sessions intensives d'entraînement réparties sur 4 jours et comportant chacune 8 blocs de 30 essais (pour un total de 240 essais), la cible

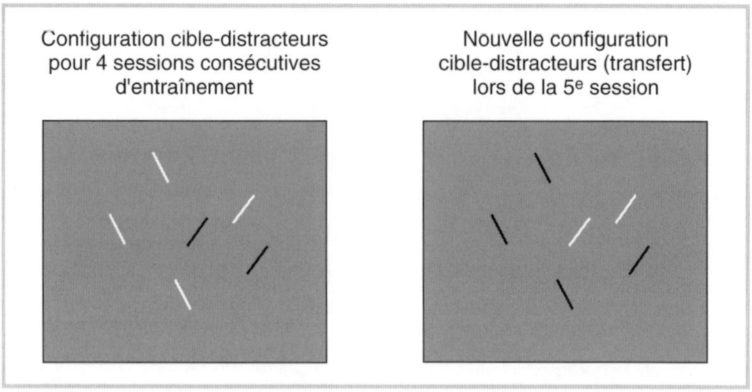

Figure 1

Stimuli utilisés par Ho et Scialfa (2002) comme cible et distracteurs dans une tâche de recherche visuelle.
Après 4 jours d'entraînement, la nature de la cible et des distracteurs était inversée.

et les distracteurs étaient inversés, c'est-à-dire que la cible était maintenant une barre noire obliquant vers la droite présentée à travers des barres noires obliquant vers la gauche ou des barres blanches obliquant vers la droite. Ensuite, les participants étaient entraînés à nouveau avec la nouvelle configuration cible-distracteurs pour 4 jours. Ces deux cycles de 4 jours d'entraînement étaient enfin répétés pour un entraînement d'une durée de 16 jours.

Les résultats observés par Ho et Scialfa (2002) montrent que certains aspects de l'attention volontaire demeurent intacts malgré l'avancée en âge. La Figure 2 présente les résultats observés dans l'étude de Ho et Scialfa (2002) aux Sessions 1, 8 et 16, lorsque la cible était absente ou présente, dans un ensemble de 6 ou 24 items (cible + distracteurs). Ces résultats montrent les effets classiques en recherche visuelle suggérant que la recherche exige de l'attention. En effet, on peut constater que le temps de réponse augmente progressivement avec l'augmentation du nombre de distracteurs et que les réponses sont plus lentes lorsque la cible est absente que lorsqu'elle est présente. Ceci indique que la recherche est *exhaustive*** lorsque la cible est absente car le participant doit analyser tout l'écran. Lorsque la cible est présente, la *recherche est autoterminante*** (voir Shiffrin & Schneider, 1977), c'est-à-dire que le participant cesse la recherche dès qu'il a trouvé la cible, donc après avoir cherché en moyenne à travers la moitié des distracteurs. Quant aux effets du vieillissement, Ho et Scialfa (2002) ont observé que les participants âgés sont toujours plus conservateurs, montrant un plus grand effet du nombre d'items quand la cible est absente. Toutefois, cette différence ne change pas en fonction de la pratique (16 sessions de pratique). En effet, comme on peut le voir à la Figure 2, les deux groupes de participants s'améliorent au même rythme tant au niveau de la vitesse de recherche que de l'exactitude de leurs réponses.

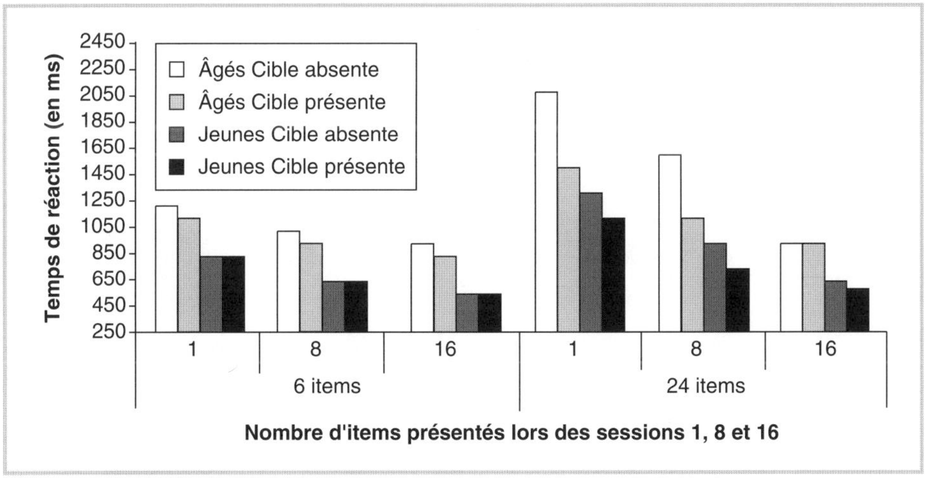

Figure 2

Temps de réaction à la cible en fonction du nombre de sessions (1, 8 et 16) de pratique dans la tâche de recherche visuelle utilisée par Ho et Schialfa (2002).

Ces résultats montrent que l'effet de la pratique sur les mécanismes d'attention sélective qui supportent la recherche visuelle est équivalent chez les personnes âgées et chez les jeunes adultes.

Ho et Scialfa (2002) ont également observé que, quand le rôle des cibles et des distracteurs était inversé, les performances des participants diminuaient. Cette diminution était équivalente chez les deux groupes. Dans une tâche de recherche visuelle comme celle utilisée par Ho et Scialfa, lorsqu'on inverse le rôle des stimuli (cible/distracteurs), la dégradation équivalente des performances chez les jeunes et les âgés signifie que les deux groupes de participants ont atteint un même niveau de *recherche automatique*** pendant les sessions d'entraînement précédant l'inversion des stimuli utilisés comme cible et distracteurs.

Un autre groupe de chercheurs a exploré les effets de la pratique intensive dans des tâches de recherche visuelle chez les personnes âgées (Fisk, Rogers, & Giambra, 1990 ; Fisk, Rogers, Cooper & Gilbert,1997 ; Rogers & Fisk, 1991 ; Rogers, 1992 ; Rogers, Fisk, & Hertzog, 1994). Fisk, Rogers et leurs collaborateurs voulaient évaluer si la recherche s'automatisait selon les mêmes règles chez les aînés et les jeunes. Les chercheurs ont utilisé une tâche de recherche en mémoire, dans laquelle on présente d'abord un ou plusieurs items, dit *ensemble-mémoire*. Ensuite, le participant voyait une cible (un item de l'ensemble-mémoire était toujours présent), et le participant devait dire si cette cible était présentée en haut, au milieu ou en bas d'un écran d'ordinateur. Les stimuli avaient des *rôles constants*, c'est-à-dire que la cible et les distracteurs venaient toujours du même groupe de stimuli. Par exemple, la cible pouvait être un item de la catégorie fruits et les distracteurs des instruments de musique. L'utilisation d'une condition à rôle constant favorise la distinction entre les items ayant différents rôles (cible/distracteurs). Cette condition favorise l'encodage des cibles et de leurs réponses associées, donc la force de différenciation entre les items, ce qui facilite d'autant l'automatisation de la performance. En utilisant une condition où la cible et les distracteurs sont toujours de même nature, ou de la même catégorie, Rogers et Fisk (1990) ont observé des résultats différents de ceux obtenus en recherche visuelle par Ho & Scialfa (2002), puisque ce sont les jeunes qui montrent un meilleur apprentissage, et conséquemment, les jeunes ont un effet négatif plus marqué lorsqu'on change l'identité de la cible et des distracteurs. La Figure 3 montre les temps de réponse observés par Rogers et Fisk (1990)

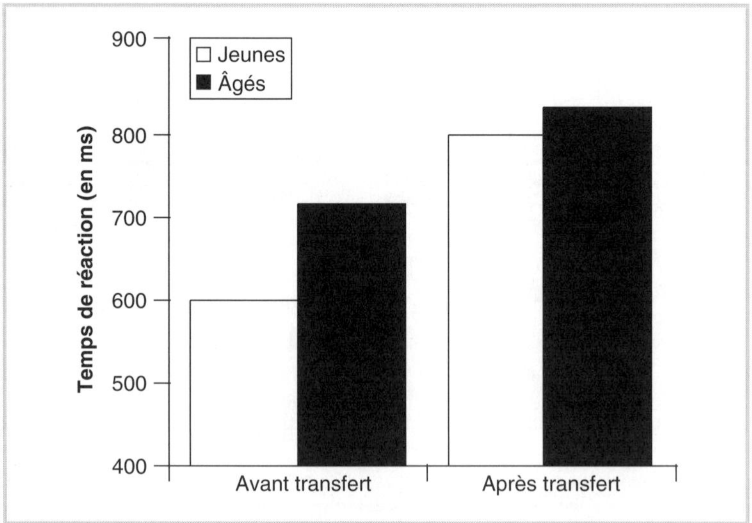

Figure 3

Temps de réaction à la cible avant et après le transfert cible/distracteurs dans la tâche de recherche en mémoire (d'après Fisk & Rogers, 1990).

Ces résultats montrent que l'effet de la pratique sur les mécanismes d'attention sélective est parfois plus marqué chez les jeunes adultes, ce qui suggère que les personnes âgées ont du mal à amplifier la cible et ignorer les distracteurs, même après une pratique intensive.

avant le transfert (changement de la nature des cibles et distracteurs) et après le transfert à la tâche de recherche en mémoire. On peut constater que l'effet de transfert est moins important chez les âgés (i.e., les différences après-avant transfert étaient de 194-ms chez les jeunes et de 110-ms chez les âgés). Ces résultats suggèrent que les personnes âgées ont plus de difficultés que les jeunes à détecter la cible, donc à amplifier l'attention portée à la cible, ou à ignorer les distracteurs, ce qui pourrait provenir d'un déficit d'inhibition chez les personnes âgées (Hasher & Zacks, 1988).

Ce constat nous amène à nous interroger sur l'impact du vieillissement sur la capacité à automatiser l'exécution d'une tâche simple. On peut se demander en effet pourquoi dans certaines tâches les personnes âgées et les jeunes adultes arrivent à apprendre une tâche qui demande de l'attention au même rythme, alors qu'avec d'autres tâches, les aînés n'arrivent pas à un même niveau d'apprentissage que les jeunes ? Il est possible que cette divergence de résultats provienne des différences quant à la nature de la tâche utilisée et donc des processus cognitifs impliqués. Dans les tâches utilisées par Ho et Scialfa (2002) les participants doivent trouver une cible visuelle parmi des distracteurs (recherche visuelle classique) alors que dans les tâches utilisées par le groupe de Fisk et Rogers, il faut souvent chercher une cible en référence au contenu de la mémoire de travail, ce qui implique une contribution de la mémoire (recherche en mémoire, aussi appelée *prospection mnémonique***). Comme les personnes âgées montrent souvent un déclin touchant la mémoire, et notamment la mémoire à court terme, de même qu'une diminution de la vitesse de traitement de l'information, il est peu surprenant qu'une tâche impliquant la contribution de l'attention et de la mémoire soit moins rapidement apprise et moins facilement automatisée par les personnes âgées que par les jeunes. Il semble donc que la nature de la tâche et les contraintes qu'elle impose, ainsi que les processus cognitifs qu'elle implique, soient déterminants pour les bénéfices obtenus par l'entraînement cognitif en laboratoire dans le domaine de l'attention sélective.

Il se pourrait aussi qu'au-delà des différences de vitesse de traitement ou de mémoire de travail, il existe des différences importantes liées à l'âge dans la capacité d'apprentissage de nouvelles habiletés. Plusieurs chercheurs se sont intéressés aux différences liées à l'âge dans les capacités d'apprentissage et dans le rythme d'apprentissage. La question qui intéresse ces chercheurs est de savoir si le vieillissement amène une diminution dans la capacité d'apprendre à effectuer rapidement une tâche cognitive relativement simple, le plus souvent une tâche psychomotrice, et surtout si cet apprentissage survient de la même façon et dans les mêmes conditions expérimentales ou, en d'autres termes, si cet apprentissage repose sur les mêmes processus cognitifs. On peut se demander par exemple si, dans les tâches de recherche visuelle décrites précédemment, certains aspects de la tâche font en sorte que la détection de la cible parmi les distracteurs devienne automatique et, le cas échéant, si l'automatisation apparaît aussi rapidement, donc après la même quantité de pratique, chez les jeunes et les âgés.

La distinction entre les processus automatiques et contrôlés a une longue histoire en Psychologie cognitive et particulièrement dans le domaine de l'attention (Shiffrin & Schneider, 1977). Un *processus automatique*** requiert peu d'attention et son exécution n'est pas influencée par le nombre d'items à traiter. Dans une tâche de recherche visuelle par exemple, lorsque la cible est détectée de façon automatique, le nombre de distracteurs entourant la cible aura peu d'impact sur la vitesse de détection. À l'inverse, un *processus contrôlé*** est influencé par le nombre d'items à traiter et requiert de l'attention. Une théorie actuelle (Logan, 1988, 1992) qui vise à expliquer le développement de l'automaticité suggère qu'après un certain niveau de pratique, les processus cognitifs sollicités par la tâche changent. En début d'apprentissage, la détection se fait de façon contrôlée et stratégique fondée sur un algorithme de recherche. Toutefois, avec la pratique intensive, la présentation répétée d'une cible et de la réponse associée augmentera sa représentation en mémoire et fera en sorte que les réponses ultérieures à la même cible s'appuieront davantage sur une récupération rapide et automatique de la réponse associée en mémoire. Afin de mieux comprendre le potentiel d'apprentissage des personnes âgées, des recherches ont été conduites pour déterminer si l'âge affecte l'automatisation lors de l'apprentissage de nouvelles habiletés.

1.2 Apprentissage, automatisation et attention sélective

Jenkins and Hoyer (2000) ont étudié le développement de l'automaticité chez les personnes âgées. Les chercheurs ont voulu tester l'hypothèse selon laquelle les personnes âgées n'apprennent pas une nouvelle habileté cognitive au même rythme que les jeunes. La tâche utilisée par Jenkins et Hoyer était une *tâche d'énumération*** dans laquelle les participants doivent donner le nombre de cibles présentées à l'écran d'un ordinateur. Les cibles sont des lettres écrites en majuscules qui peuvent être présentées seules, c'est-à-dire sans distracteur, ou entourées de distracteurs (des lettres écrites en italique). La tâche du participant consiste à répondre le plus rapidement possible en appuyant sur une touche du clavier pour indiquer le nombre de cibles présentes. Le nombre de cibles variait de de 6 à 9 présentées seules ou entourées de 3 distracteurs.

Une originalité de l'étude de Jenkins et Hoyer (2000) est de mesurer le rythme d'apprentissage et de tenter de localiser l'apparition d'une réponse automatique. Les chercheurs ont entraîné les participants jusqu'à ce qu'ils atteignent une *asymptote***, c'est-à-dire jusqu'à ce que leurs performances ne s'améliorent pratiquement plus avec la pratique (jusqu'à concurrence de 10 sessions de pratique). Un participant avait atteint une asymptote lorsque son amélioration de performance aux temps de réponses d'une session à une autre était de moins de 5 % de la moyenne d'amélioration totale entre la première et la dernière session de pratique. La variabilité des performances au cours d'une même session devait également être de moins de 25 % par comparaison à la session montrant le plus de variabilité dans les temps de réponses parmi les sessions précédentes. En utilisant ce critère de performance, les chercheurs ont pu montrer plusieurs différences importantes dans l'apprentissage entre les personnes jeunes et âgées (voir les données à la Figure 4) :

- Il existe des différences liées à l'âge dans l'apprentissage d'habiletés puisque moins de personnes âgées atteignent le critère, c'est-à-dire l'asymptote.
- Les participants âgés ont besoin de plus de sessions de pratique pour atteindre l'asymptote.
- La différence entre les conditions où les cibles sont présentées seules ou avec des distracteurs est plus importante chez les âgés et ceux-ci ont besoin de plus de sessions de pratique pour atteindre une asymptote lorsque des distracteurs sont présentés.

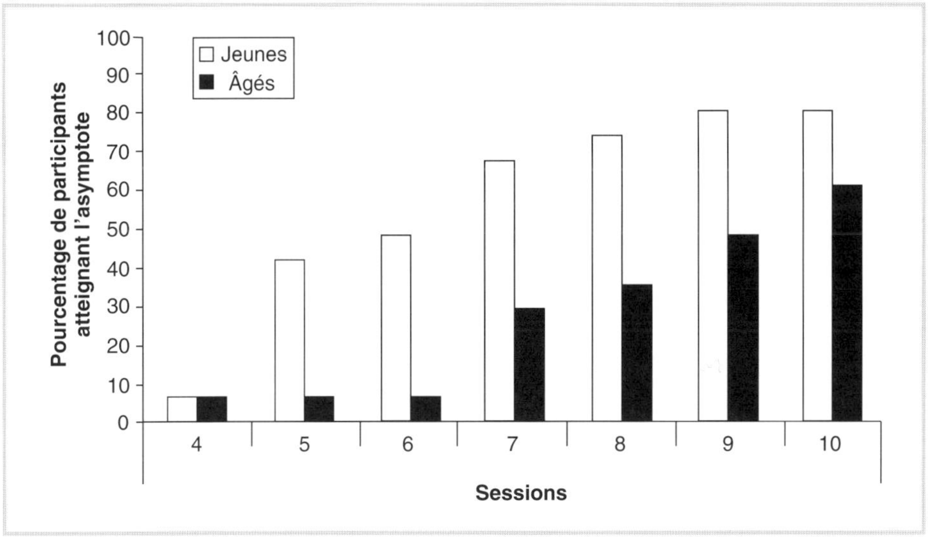

Figure 4

Pourcentage de participants atteignant l'asymptote lors de la pratique intensive à la tâche d'énumération lorsque la cible est présentée à travers des distracteurs (d'après Jenkins & Hoyer, 2000).

Ces résultats indiquent des différences liées à l'âge dans le rythme d'apprentissage puisque les personnes âgées ont besoin de plus de sessions de pratique pour atteindre l'asymptote.

Jenkins et Hoyer (2000) ont aussi testé l'hypothèse selon laquelle la pratique permet d'automatiser la performance, de sorte que l'effet de la quantité d'information à traiter, ici le nombre d'items à compter ou la numérosité, n'ait plus d'effet sur la performance. Les chercheurs ont calculé la pente des temps de réponse en fonction de la numérosité pour chaque participant. Ils ont observé que chez les participants atteignant l'asymptote, le temps de réponse augmente de 167 ms par item chez les jeunes et 242 ms par item chez les âgés lors de la première session de pratique. Toutefois, les pentes observées lors de la dernière session étaient respectivement de 0.6 ms chez les jeunes et de −7.5 ms chez les âgés, indiquant que le temps de réponse ne variait plus en fonction du nombre d'items à énumérer. Par ailleurs, parmi les participants qui n'ont *pas* atteint l'asymptote, les pentes étaient plus prononcées au début de la pratique ; elles étaient respectivement de 222 ms et de 349 ms pour les jeunes et les âgés. De plus, les personnes âgées montraient toujours une pente importante de 60 ms, bien que non significative, à la fin de la pratique, ce qui n'était pas le cas des jeunes adultes (−7 ms).

Une autre observation importante de Jenkins et Hoyer (2000) vient appuyer le fait que les performances deviennent automatiques chez les âgés comme chez les jeunes. Lorsque les participants devaient compléter une tâche de transfert dans une condition où l'identité et/ou la localisation des cibles étaient changées, les performances étaient autant perturbées chez les âgés que chez les jeunes, suggérant que la détection était automatique avant le transfert. Selon Jenkins et Hoyer (2000), l'énumération devient automatique et fondée sur une représentation en mémoire de la cible et de la réponse associée.

En résumé, les résultats aux tâches de recherche visuelle et mnémonique ont montré plusieurs phénomènes importants concernant l'amélioration de l'attention sélective chez les personnes âgées :

- Les personnes âgées comme les jeunes peuvent améliorer leur performance en attention sélective après une pratique intensive.
- Il existe des différences liées à l'âge dans le rythme d'apprentissage puisque les âgés ont besoin de plus de pratique pour atteindre un niveau de performance comparable aux jeunes et pour que la détection devienne automatique. De plus, une proportion plus importante de personnes âgées n'a pas atteint un niveau asymptotique de performance dans l'étude de Jenkins et Hoyer (2000).
- Les mécanismes à la base de l'apprentissage d'habiletés sont les mêmes chez les âgés et les jeunes puisque la détection devient automatique chez les âgés comme chez les jeunes.

1.3 *L'effet de la pratique intensive en attention soutenue*

Nous avons vu dans le Chapitre 4 que l'âge s'accompagne d'une diminution de l'attention soutenue. En effet, dans les tâches de vigilance, où les participants doivent détecter l'apparition d'une cible peu fréquente, les personnes âgées tendent à faire plus d'erreurs de détection, leurs taux de détections sont donc plus faibles et leurs temps de réponse à la cible sont souvent plus élevés. Parasuraman et Giambri (1991) ont voulu tester l'effet de la pratique sur l'attention soutenue. Dans la tâche utilisée par ces chercheurs, un stimulus neutre, un carré de 20 × 20 millimètres, était présenté au centre de l'écran. À l'occasion, le stimulus neutre était remplacé par un carré à peine plus petit, de 17 × 17 millimètres. Le petit carré était la cible que devait détecter le participant en appuyant sur la barre d'espacement sur le clavier de l'ordinateur. Trois groupes de participants âgés de 19 à 27 ans, de 40 à 55 ans et de 70 à 80 ans ont participé à l'étude de Parasuraman et Gambri. Les participants ont réalisé 20 sessions en laboratoire, chacune comportant 3 blocs de 10 minutes. Les chercheurs ont évalué le niveau de vigilance par deux mesures : le taux de détections correctes des cibles et les taux de fausses alarmes (i.e., fois où le participant signalait à tort l'apparition du petit carré).

Les chercheurs ont observé qu'au cours d'une session expérimentale le taux de détections correctes de la cible diminuait avec l'âge et que le taux de fausses alarmes augmentait, reproduisant les observations antérieures selon lesquelles l'attention soutenue diminue avec l'âge. L'objectif de l'étude de Parasuraman et Giambri était de vérifier si la pratique intensive allait modérer cette différence associée à l'âge. Ce qui intéressait Parasuraman et Giambri c'était de voir si la diminution de la vigilance en fonction des trois blocs d'essais à l'intérieur d'une séance de pratique allait varier en fonction de la pratique intensive. Ils ont donc comparé la baisse de vigilance en fonction des blocs après peu de pratique, au cours des sessions 1 et 2, après une pratique modeste (sessions 6 et 7), modérée (sessions 16 et 17) et intensive (sessions 19 et 20). Les résultats obtenus avec peu de pratique ou après une pratique intensive sont présentés à la Figure 5. On peut voir que la pratique a peu d'effet sur le déficit lié à l'âge dans la tâche de vigilance. En effet, la pratique fait en sorte de réduire la diminution de vigilance observée à travers les 3 blocs d'essais d'une même session. Chez tous les participants,

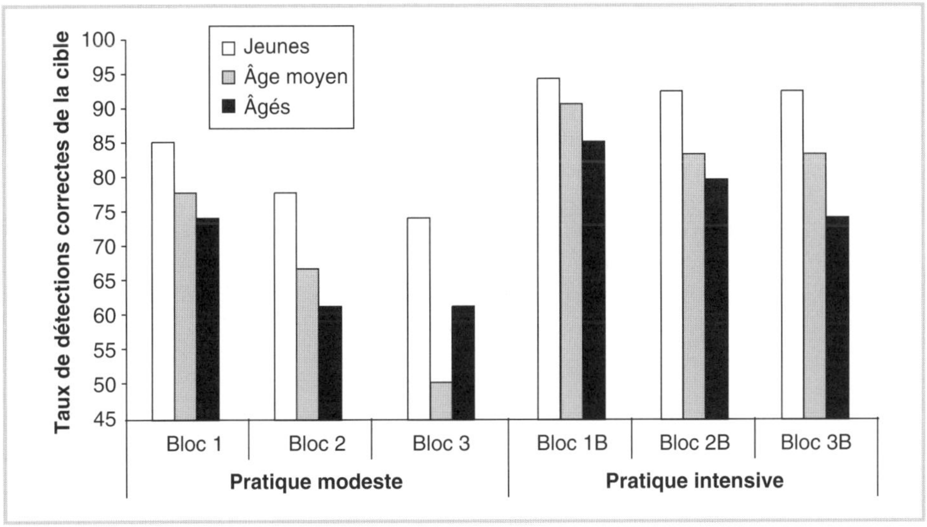

Figure 5

Pourcentages de détections correctes en fonction des blocs d'essais au cours des sessions de pratique dans une tâche de vigilance (d'après Parasuraman & Giambra, 1991).

Ces résultats montrent que la baisse de vigilance en fonction des blocs d'essais normalement observée dans une session expérimentale est réduite après une pratique intensive chez les jeunes adultes et les adultes d'âge moyen, mais pas chez les personnes âgées, suggérant que la pratique ne modère pas les effets de l'âge sur l'attention soutenue.

la baisse de détections correctes dans une même session est moins importante après 19 ou 20 sessions de pratique. Chez les jeunes, la diminution de la vigilance observée au cours d'une session avec peu de pratique disparaît après 20 sessions de pratique. Toutefois, chez les âgés, on observe toujours une diminution de la vigilance en fonction des blocs, même après 20 sessions de pratique.

1.4 *L'effet de la pratique sur l'inhibition*

Le paradigme de Stroop, bien connu pour évaluer l'inhibition, un mécanisme central en attention sélective, a souvent été utilisé pour étudier l'effet du vieillissement normal sur l'attention sélective (voir Chapitre 4). Il existe plusieurs variantes de la tâche de Stroop (d'après Stroop, 1935). Dans une de ces variantes, le participant doit tantôt lire un mot, tantôt nommer la couleur de l'encre d'un mot neutre (ne désignant pas une couleur), ou encore nommer la couleur de l'encre d'un mot qui représente une couleur différente (condition interférente). La condition interférente nécessite d'inhiber la lecture automatique du mot afin de nommer sa couleur. Comme le mot désigne une couleur différente, la lecture automatique du mot interfère avec le processus de dénomination de la couleur de l'encre. Comme nous l'avons vu au Chapitre 4, les personnes âgées montrent un effet d'interférence accru à la tâche Stroop. Davidson, Zacks et Williams (2003) ont donc voulu déterminer si la pratique intensive peut réduire l'effet d'interférence chez les jeunes et les aînés. Dans l'une de leurs expériences, Davidson et ses collaborateurs ont entraîné 24 personnes âgées de 73 ans en moyenne et 24 jeunes adultes de 21 ans en moyenne. Les participants ont complété 12 blocs d'essais incluant des essais contrôles qui nécessitaient de donner la couleur (vert, rouge, jaune, bleu) d'une série de X et des essais d'interférence lors desquels les participants devaient nommer la couleur de mots représentant une couleur différente.

Les résultats observés par Davidson et ses collaborateurs, présentés à la Figure 6, reproduisent les effets connus à la tâche de Stroop, c'est-à-dire une moins bonne performance en condition interférente et une interaction entre l'âge et la condition de la tâche. Les personnes âgées montraient en effet une augmentation plus importante du temps de réponse que les jeunes dans la condition interférente. De plus, la pratique a eu un effet bénéfique sur l'interférence à la tâche Stroop, puisque l'amélioration était plus marquée dans la condition interférente que dans la condition contrôle. Concernant les différences liées à l'âge, la pratique à conduit à une plus nette réduction du temps de réponse chez les personnes âgées que chez les jeunes. Toutefois, la pratique intensive n'a pas modéré l'effet de l'âge à la tâche de Stroop, c'est-à-dire que le désavantage des âgés en condition interférente n'a pas été atténué par la pratique.

L'étude de Davidson a donc révélé que l'inhibition, et donc l'attention sélective, peut être améliorée chez les âgés et chez les jeunes après un entraînement intensif. Leurs performances (vitesse et exactitude de réponses) s'améliorait au même rythme au cours des blocs d'essais à la tâche de Stroop et, donc, l'effet d'interférence, provoqué par le conflit entre la couleur et l'identité d'un mot par lequel on doit donner la couleur de l'encre, était réduit de façon équivalente chez les deux groupes d'âges. Toutefois, l'amélioration équivalente chez les deux groupes signifie également que le déficit d'inhibition lié à l'âge n'était pas atténué par la pratique soutenue.

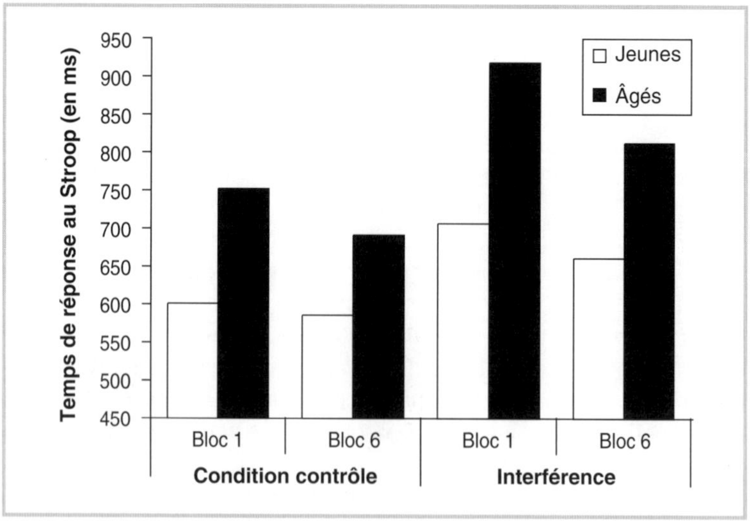

Figure 6

Temps de réaction moyen en fonction du nombre de blocs d'essais dans la tâche de Stroop (d'après Davidson et al., 2003). Ces résultats suggèrent que les habiletés d'inhibition peuvent être améliorées chez les personnes âgées et que cette amélioration survient au même rythme que les jeunes et après le même niveau de pratique.

1.5 L'effet de la pratique sur le switching entre les tâches

Comme nous l'avons vu au Chapitre 4, plusieurs études ont montré que le vieillissement entraîne une diminution des habiletés de transfert attentionnel ou de *switching attentionnel***. En effet, les personnes âgées sont en général moins rapides que les jeunes adultes dans les tâches qui exigent d'alterner l'attention entre différents types de stimulus, entre différentes localisations ou encore entre différentes tâches. Dans les tâches de switching inter-tâches, le participant doit alterner deux types de traitement sur les mêmes stimuli. Une consigne indique au participant laquelle des tâches, ou lequel des deux types de traitement, doit être réalisée. Par exemple, dans une étude de Kramer *et al.* (1999), les chercheurs demandent aux participants de tantôt compter le nombre de chiffres présentés à l'écran d'un ordinateur (e.g., « 555 » la réponse est 3), tantôt de donner l'identité du chiffre (e.g., « 555 » la réponse est 5). Dans cette tâche, les participants vont répondre plus lentement aux premiers essais suivant la consigne de changement de règle. Le paradigme de switching inter-tâches montre en fait qu'il faut du temps pour interrompre une tâche en cours (compter les chiffres) et engager une nouvelle tâche (nommer le chiffre). Après quelques essais dans une nouvelle tâche, la performance se stabilise. Le ralentissement observé aux premiers essais après une consigne de changement de tâche est en général beaucoup plus prononcé chez les personnes âgées que les jeunes, ce qui suggère que le vieillissement amène un déficit des capacités d'alternance attentionnelle.

Kramer *et al.* (1999) on voulu déterminer si le déficit lié à l'âge dans l'alternance inter-tâches peut être modéré par la pratique. Les chercheurs ont comparé les performances de 20 jeunes adultes et 20 personnes âgées à la tâche d'alternance inter-tâches décrite précédemment (compter ou nommer les chiffres). Dans la tâche utilisée par Kramer *et al.* (1999), le participant devait indiquer si le nombre de chiffres, ou la valeur qu'il représente, était inférieur ou supérieur à 5. Les participants ont pratiqué la tâche au cours de trois sessions d'une durée d'une heure à une heure trente. La Figure 7 présente le ralentissement proportionnel engendré par l'alternance (ou le switching) inter-tâches chez les participants jeunes et âgés. Ces données tiennent compte du ralentissement observé pour chaque personne puisqu'il s'agit d'une proportion de ralentissement dû au

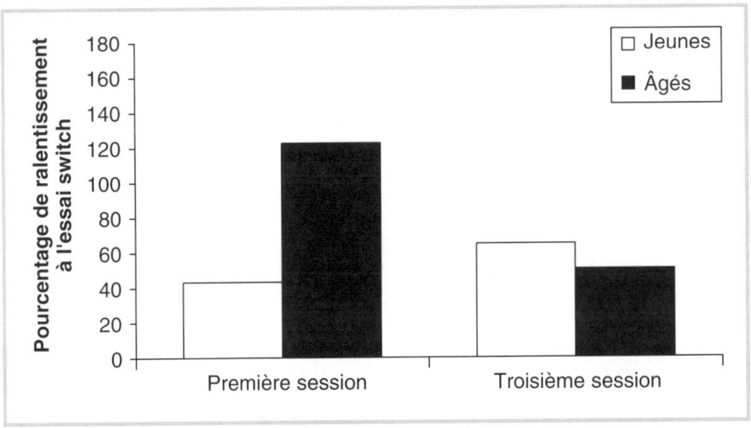

Figure 7

Diminution de l'effet d'alternance inter-tâches en fonction de la pratique chez les personnes âgées et les jeunes adultes (d'après Kramer et al., 1999).

Ces résultats indiquent que le déficit des personnes âgées au switching attentionnel peut être compensé par la pratique.

switching ((TR essai switch — TR essai précédant le switch)/TR précédant le switch * 100). Ces résultats montrent plusieurs phénomènes intéressants :

- Même lorsqu'on tient compte du ralentissement global dû au vieillissement, les personnes âgées montrent un ralentissement plus marqué dans les essais nécessitant d'initier une nouvelle tâche.
- La pratique permet aux personnes âgées de compenser leur déficit initial dans la tâche d'alternance. En effet, on peut voir à la Figure 7 que la proportion de ralentissement provoqué par l'essai switch est équivalente entre les jeunes et les âgés après 3 sessions de pratique.

Les résultats observés par Kramer et ses collaborateurs suggèrent que la simple pratique d'une tâche suffit parfois à contrer les effets du vieillissement sur l'attention. De plus, Kramer *et al.* (1999) ont réévalué les participants de leur étude deux mois après la fin de la dernière séance de pratique et ont observé que la réduction de l'effet switch s'était maintenue pendant 2 mois. Ceci suggère que l'amélioration de l'attention via la pratique en laboratoire se maintient pendant plusieurs mois. Toutefois, dans cette même étude, Kramer *et al.* (1999) ont également mis en évidence un déficit lié à l'âge qui semble résistant à la pratique. En effet, dans les tâches de transfert attentionnel, les chercheurs s'intéressent en général à deux effets principaux qui touchent les personnes âgées : le ralentissement à l'essai switch et le ralentissement global provoqué par la condition de switching attentionnel. Comme nous l'avons vu, le ralentissement à l'essai switch semble s'améliorer de façon marquée par la pratique. Ainsi, dans une condition expérimentale où le participant sait qu'il devra alterner entre deux tâches, sa rapidité d'exécution s'améliore assez vite, qu'il soit jeune ou âgé. Toutefois, lorsqu'on compare la condition de transfert (en moyennant tous les essais de la condition de switching) à une condition où le participant ne fait qu'une seule des deux tâches de façon répétitive, on note un ralentissement important. En fait, les participants sont même en général plus ralentis dans la condition switch, même à un essai qui n'exige pas de transfert attentionnel, comparativement à une condition où ils ne font qu'une seule tâche. Cet effet, qu'on appelle le coût global de switching, est plus important chez les personnes âgées. Les résultats de Kramer *et al.* (1999) indiquent que la différence liée à l'âge dans le coût global de switching résiste à la pratique.

En résumé, il semble que la pratique intensive ait des effets bénéfiques sur l'attention des personnes âgées. Toutefois, les effets sont équivalents chez les jeunes et les âgés, ce qui suggère que la simple pratique répétitive d'une tâche peut parfois être insuffisante pour contrer l'effet du vieillissement normal sur l'attention. Qui plus est, dans certains cas, ce sont les jeunes qui semblent tirer le plus profit de l'entraînement. Enfin, d'autres formes d'attention semblent pouvoir être nettement améliorées chez personnes âgées, leur permettant de combler leur déficit par rapport aux jeunes adultes, comme dans les tâches de switching attentionnel (Kramer *et al.*, 1999). Comment expliquer ces résultats en apparence contradictoires entre les études ?

1. Ces résultats pourraient vouloir dire que le déficit d'attention sélective lié au vieillissement ne peut pas être contrecarré et que l'effet bénéfique de la pratique a certaines limites.
2. Il est possible que les tâches utilisées ne permettent pas d'améliorer des aspects cruciaux qui sont touchés par l'âge.

3. Finalement, il est possible que la simple pratique intensive ne pousse pas les participants à se surpasser, à chercher à performer aux limites de leurs capacités.

Selon cette dernière hypothèse, les bénéfices de l'entraînement cognitif seraient plus importants quand les participants apprennent une stratégie plus efficace, soit parce qu'elle est directement induite par l'expérimentateur ou encore parce que le participant reçoit des informations quant à sa performance (rétroaction en cours d'exécution) lui permettant d'ajuster ses stratégies. Certains chercheurs proposent d'ailleurs de faire la distinction entre les études dans lesquelles les participants ne font que pratiquer intensivement et de façon purement répétitive une tâche cognitive, de celles dans lesquelles les participants reçoivent des consignes particulières, ou une rétroaction suffisamment précise, qui favorisent le développement et la mise en place de stratégies plus efficaces. Pour certains auteurs (e.g., Kramer *et al.*, 2004), le terme *entraînement cognitif*** devrait être réservé au deuxième type d'étude.

Dans les prochaines sections traitant de l'entraînement attentionnel, nous verrons des études qui ont exploité cette approche en induisant des stratégies de performance optimale chez les participants soit via les consignes, soit en utilisant des tâches dans lesquelles le participant recevait une rétroaction adaptée et continue sur sa performance.

1.6 *Entraînement cognitif et attention préparatoire*

Dans une étude d'entraînement à une tâche d'attention préparatoire de nature temporelle, Bherer et Belleville (2004) ont voulu favoriser le développement d'une stratégie de performance optimale chez les participants. Les chercheurs ont manipulé la probabilité d'occurrence des intervalles temporels pour favoriser une réponse plus rapide lors des intervalles moins probables dans une tâche de temps de réponse. Rappelons que dans une *tâche de préparation*, un signal préparatoire est présenté au participant pour lui indiquer le début d'un essai expérimental. Après un délai variable, une cible apparaît et le participant doit répondre le plus rapidement possible en appuyant sur une touche. Dans ce type de tâche, les participants utilisent l'information temporelle, c'est-à-dire le délai entre l'apparition du signal de préparation et l'apparition de la cible, pour se préparer à répondre et ainsi répondre plus rapidement et efficacement à l'apparition de la cible. En règle générale, les participants préparent mieux une réponse pour un événement plus certain, donc qui a une forte probabilité d'occurrence, au détriment des événements incertains. Cet effet s'observe peu importe que l'incertitude soit liée à la nature de la cible, qu'on varie en utilisant plusieurs alternatives possibles dans une tâche de temps de réponse, ou à son moment d'apparition, qu'on manipule en utilisant des intervalles préparatoires variables entre le signal préparatoire et l'apparition de la cible. Nous avons vu au Chapitre 4 qu'il existe des différences liées à l'âge dans les tâches de préparation attentionnelle. Dans une condition où trois intervalles temporels ont la même probabilité d'apparition (e.g., 33 % de chances que le délai soit de 1 seconde, 33 %, que ce soit 3 secondes et 33 % que ce soit 5 secondes) les jeunes et les aînés tendent à mieux se préparer pour les intervalles plus longs, car la probabilité conditionnelle (probabilité qu'un événement survienne compte tenu qu'un autre événement est survenu ou non) augmente avec le passage du temps lors d'un essai donné. Dans ces conditions, les personnes âgées ignorent les intervalles moins probables.

Devant ces résultats, Bherer et Belleville (2004) ont voulu déterminer si les participants âgés peuvent moduler leur préparation après un bref entraînement de quelques blocs d'essais expérimentaux, ce qui leur permettrait ensuite de réussir la tâche de préparation de la même façon que les jeunes. Les chercheurs ont fait en sorte que l'intervalle plus court, donc initialement moins probable, soit mieux préparé pendant l'entraînement. Pour ce faire, ils ont augmenté la probabilité d'apparition du signal cible après cet intervalle, rendant les intervalles plus longs moins probables. En entraînant les participants dans cette condition, Bherer et Belleville (2004) ont observé que ceux-ci peuvent mieux moduler leur préparation lorsqu'ils doivent à nouveau faire une tâche de préparation dans laquelle la probabilité d'apparition des intervalles est équivalente et qui montre un déficit chez les âgés. Les participants contrôles qui n'ont fait que pratiquer la tâche de façon répétitive ne montre pas cette amélioration. En d'autres termes, l'entraînement a permis aux aînés de compenser leur déficit.

Les résultats observés par Bherer et Belleville (2004) apparaissent à la Figure 8. On peut voir qu'avant l'entraînement (bloc 1) les âgés montrent une diminution plus marquée du temps de réponse entre le délai de 1 et de 5 secondes (effet de préparation plus marquée) que les jeunes, comme s'ils ignoraient l'intervalle de 1 seconde (interaction Age × Intervalle). La performance au bloc 4 est la performance obtenue après l'entraînement (ou la pratique pour le groupe contrôle). Chez les participants entraînés (panneau de droite), l'effet de préparation est équivalent entre les jeunes et les âgés. En d'autres termes, tous les participants âgés ont acquis un meilleur contrôle de leur attention préparatoire après l'entraînement. Un aspect important de l'étude de Bherer et Belleville était la comparaison de l'effet de l'entraînement avec l'effet de la simple pratique répétitive de la tâche, grâce à un groupe contrôle qui pratique simplement la tâche. On peut voir en effet dans les résultats présentés à la Figure 8 que les participants qui ne font que pratiquer la tâche (panneau de gauche) ne développent pas une stratégie efficace leur permettant de compenser le déficit associé à l'âge, même après quatre blocs

Figure 8

Temps de réaction à la cible en fonction de l'intervalle préparatoire dans la tâche de préparation temporelle pour un groupe contrôle et un groupe entraîné (d'après Bherer et Belleville, 2004).

Ces résultats montrent que l'effet de préparation (entre les intervalles de 1 et 5 secondes) diminue après l'entraînement (mais pas la pratique) chez les âgés comme chez les jeunes participants. Ces résultats suggèrent que les âgés peuvent améliorer leur attention préparatoire.

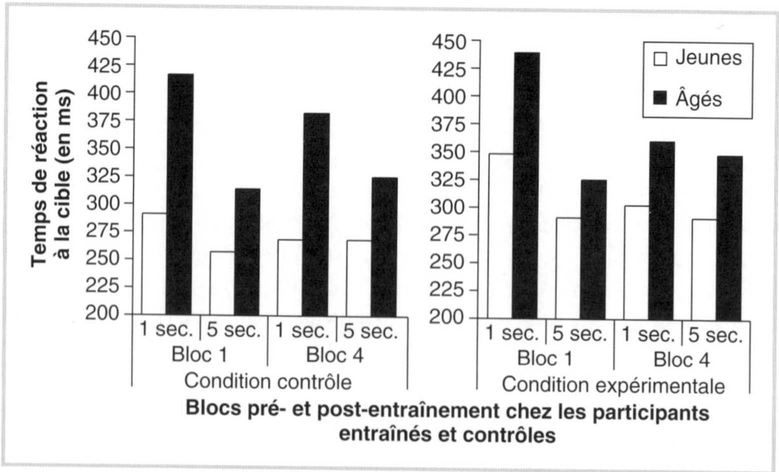

d'essais. Même après 4 blocs d'essais, les âgés contrôles sont plus ralentis au délai de 1 seconde et montrent un effet préparatoire plus marqué que les jeunes (Interction Âge × Intervalle toujours significatif).

1.7 L'entraînement cognitif et l'attention partagée

Plusieurs études ont souligné l'importance des déficits associés à l'âge en attention partagée (voir Chapitre 4, ainsi que Hartley, 1992 ; McDowd & Shaw, 2000). Ces déficits ont souvent été mis en évidence à l'aide du paradigme de double tâche, dans lequel le participant doit effectuer deux tâches ou plus de façon concurrente, chaque tâche impliquant une réponse indépendante. Certains chercheurs ont voulu déterminer si la performance en condition de double tâche pouvait être améliorée via l'entraînement cognitif (Kramer, Larish, Weber, & Bardell, 1999 ; Kramer, Larish & Strayer, 1995). Dans l'une de ces études, Kramer et ses collaborateurs ont comparé deux types d'entraînement cognitif. Un premier type d'entraînement impliquait pour le participant de réaliser deux tâches en même temps, en tentant d'attribuer le même niveau d'attention aux deux tâches. Ce type d'entraînement était appelé *entraînement a priorité fixe***. L'une des tâches (appelée tâche de *monitoring*) exigeait de surveiller et de remettre à jour une jauge continuellement en mouvement et invisible pour le participant. Le participant faisait apparaître la jauge en appuyant sur un bouton du clavier de l'ordinateur pour connaître son évolution. Dès qu'un critère donné était atteint, le participant devait remettre la jauge à zéro. L'autre tâche nécessitait de compléter des équations alphanumériques du type K – 2 = ? (i.e., K-J-I, réponse I), le plus rapidement possible. Ce qui intéressait les chercheurs étaient évidemment de voir comment les personnes âgées pourraient s'améliorer à ce type de tâche après un entraînement intensif. Le second type d'entraînement, appelé *entraînement a priorité variable***, utilisait les mêmes tâches. Mais, on demandait au participant de varier le niveau d'attention alloué à chacune des tâches. Par exemple, on pouvait demander au participant d'attribuer 80 % de son attention à la tâche alphanumérique et donc 20 % à l'autre tâche pour un bloc donné, et inverser les priorités pour le bloc suivant. Dans un autre bloc d'essais, on pouvait lui demander d'attribuer 50 % de son attention à chacune des tâches. Autant dans l'entraînement a priorité variable qu'en priorité fixe, les participants recevaient une rétroaction continue sur la vitesse et l'exactitude de leurs réponses.

La Figure 9 montre l'amélioration des aînés et des jeunes entraînés dans l'étude de Kramer *et al.* (1995). Les résultats observés par les auteurs sont fascinants. En effet, les chercheurs ont noté une amélioration importante de la performance en situation de double tâche chez les âgés qui ont été entraînés en condition de priorité variable, suggérant que les habiletés de partage attentionnel peuvent être nettement améliorées chez les personnes âgées. L'entraînement a priorité variable est celui qui permet la plus importante amélioration, par rapport aux âgés qui ont été entraînés en condition de priorité fixe, ce qui suggère que la modulation ou l'allocation de l'attention entre les tâches aient favorisé le développement d'habiletés de partage attentionnel supérieures. Dans cette condition de priorité variable, les personnes âgées montrent même une amélioration supérieure à celle des jeunes participants dans la tâche alphanumérique.

Figure 9

Amélioration du temps de réponse au cours de l'entraînement en attention partagée pour les participants jeunes et âgés entraînés en condition de priorité fixe et de priorité variable (d'après Kramer et al., 1995).

Ces résultats indiquent que les personnes âgées peuvent apprendre à moduler leur attention entre deux tâches concurrentes.

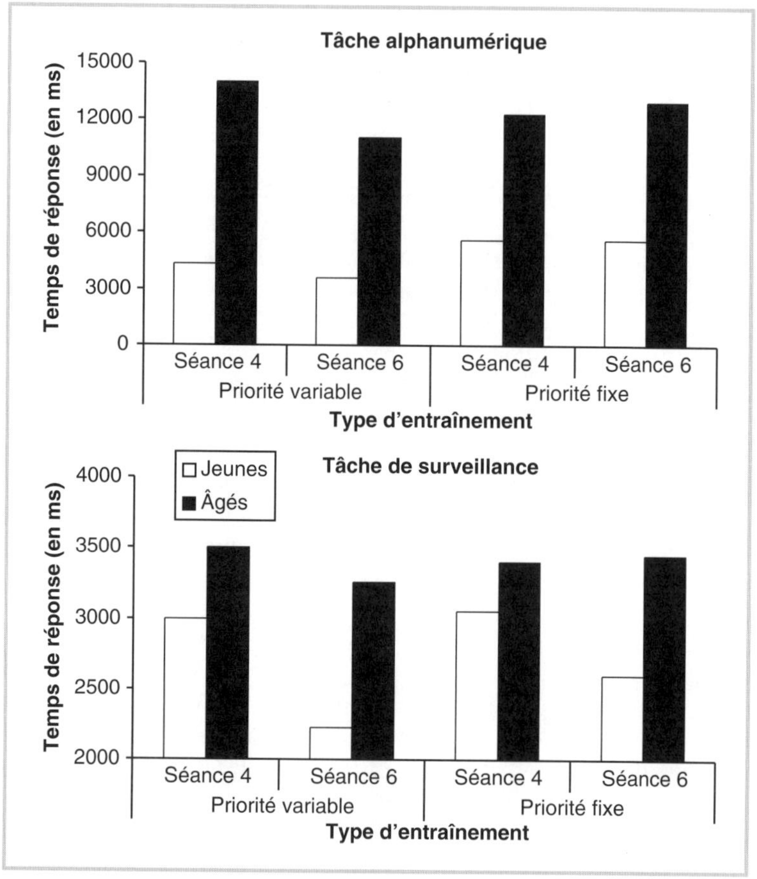

Kramer *et al.* (1999) ont aussi observé que la condition priorité variable est également celle qui a permis le plus de transfert, c'est-à-dire que les habiletés de partage attentionnel développées au cours de l'entraînement se sont transférées à de nouvelles tâches d'attention partagée. Enfin, l'amélioration due à l'entraînement s'est maintenue pendant plusieurs mois après le programme d'entraînement. L'effet bénéfique de l'entraînement cognitif sur l'attention partagée des personnes âgées a également été observé dans d'autres études (Kramer *et al.*, 1999 ; Bherer *et al.*, 2004).

Dans l'étude de Kramer *et al.* (1999), l'utilisation de consignes variables ainsi que d'une rétroaction continue sur la performance aux tâches semble avoir joué un rôle important pour améliorer la performance en double tâche. Une série d'études conduites par Bherer et ses collaborateurs (Bherer, Kramer, Peterson, Colcombe, Erickson, McCarley & Becic, 2004) a permis de confirmer l'effet bénéfique d'un programme d'entraînement cognitif en laboratoire utilisant une rétroaction (feedback) individualisée et adaptée aux consignes de la tâche sur les performances en attention partagée. La Figure 10 montre un participant en train d'effectuer un entraînement cognitif en double tâche, analogue à celui testé par Bherer et ses collaborateurs, dans lequel une rétroaction continue de ses performances est présentée au participant. Dans cette étude, les participants devaient simplement effectuer deux tâches de discrimination, de type temps de réaction, de façon concurrente. Dans l'exemple présenté à la Figure 10, une tâche de discrimination lettre/chiffre (i.e., dire si un chiffre ou une lettre est présentée à l'écran) est réalisée avec la main gauche, et une tâche de discrimination de forme (i.e., dire si un carré ou un cercle apparaît à l'écran) était effectuée avec la main droite. Le participant voyait sa performance, c'est-à-dire sa vitesse de réponse, en condition de double tâche, sur un odomètre, qui passait du rouge, puis au jaune et au vert à mesure que ses performances augmentaient, lui permettant ainsi d'ajuster la vitesse d'exécution des deux tâches en fonction des consignes.

Dans la tâche utilisée par Bherer *et al.* (2004) le participant faisait une discrimination sonore (i.e., dire si un son présenté est aigu ou grave) avec la main gauche, et une tâche de discrimination visuelle (i.e., dire si une lettre présentée à l'écran était un B ou un C) avec la main droite. Le participant voyait sa performance, c'est-à-dire sa vitesse de réponse, en condition de double tâche, sur un histogramme présenté à l'écran, ce qui lui permettait d'ajuster la vitesse d'exécution des deux tâches en fonction des consignes. Une barre correspondant à chacune des tâches était rouge en début d'entraînement, puis devenait jaune si la vitesse de réponse augmentait et enfin devenait verte lorsqu'un critère de performance (le $50^{\text{ième}}$, $63^{\text{ième}}$ ou le $75^{\text{ième}}$ centile de la distribution des réponses en condition de tâche simple) était atteint. Ainsi, plus le participant devenait familier avec la tâche et donc plus il répondait rapidement en condition de tâche simple, plus on lui demandait de répondre rapidement en condition de double tâche.

Le programme d'entraînement développé par Bherer *et al.* (2004) a permis de nettement améliorer les performances des participants en attention partagée, puisque les âgés montraient une augmentation plus marquée que les jeunes du pourcentage de réponses correctes, et une diminution équivalente aux jeunes dans les temps de réponse. Ces résultats, présentés à la Figure 11, montrent que les personnes âgées peuvent grandement bénéficier de l'entraînement en attention partagée lorsque le protocole d'entraînement implique une rétroaction continue permettant aux participants

Figure 10

Une participante âgée en pleine séance d'entraînement en attention partagée (identification visuelle d'une forme géométrique et d'un symbole, lettre/chiffre, de façon concurrente).
Le graphique en forme d'odomètre lui permet d'avoir une appréciation en continu de sa performance et ainsi d'ajuster ses stratégies et les priorités accordées à chaque tâche. L'odomètre passe du rouge, au jaune et ensuite au vert à mesure que la participante s'approche du critère de performance établi.

d'ajuster continuellement leurs performances. On peut également constater que l'amélioration due à l'entraînement est nettement plus importante que le simple fait de refaire la tâche avant et après l'entraînement, comme l'indique l'absence d'amélioration du groupe contrôle, qui n'a participé à aucune séance d'entraînement. Les résultats de Bherer *et al.* (2004) sont importants car Hartley (2001 ; Hartley & Little, 1999) a montré de façon convaincante que le déficit des personnes âgées en condition d'attention partagée est majeur lorsque les tâches concurrentes impliquent toutes les deux une réponses motrices synchronisées, ou en rapide succession. Il semble que l'entraînement cognitif puisse aider à combler ce déficit, même dans les conditions défavorables aux aînés qui impliquent deux tâches motrices.

Un aspect important de l'étude de Bherer *et al.* (2004) a été de montrer que l'effet de l'entraînement en attention partagée peut se transférer à de nouvelles tâches expérimentales. En effet, les chercheurs ont également évalué les participants entraînés à l'aide de nouvelles combinaisons de tâches. La Figure 12 présente les performances des participants entraînés par Bherer *et al.* (2004) lorsqu'ils accomplissent deux tâches concurrentes avec lesquelles ils n'ont jamais été entraînés. De plus, les participants ne reçoivent aucune indication de leurs performances au niveau de la vitesse. Ici, les participants réalisent une nouvelle tâche auditive (Transfert intra-modalité ; juger la qualité d'un son : saccadé ou continu) et une nouvelle tâche visuelle (identifier un chiffre), ou deux tâches visuelles (Transfert intra-modalité ; identifier un chiffre ou discriminer deux patrons visuels). On peut constater que l'entraînement permet aux personnes âgées de mieux réussir ces nouvelles tâches d'attention partagée même en l'absence d'entraînement spécifique avec ces tâches.

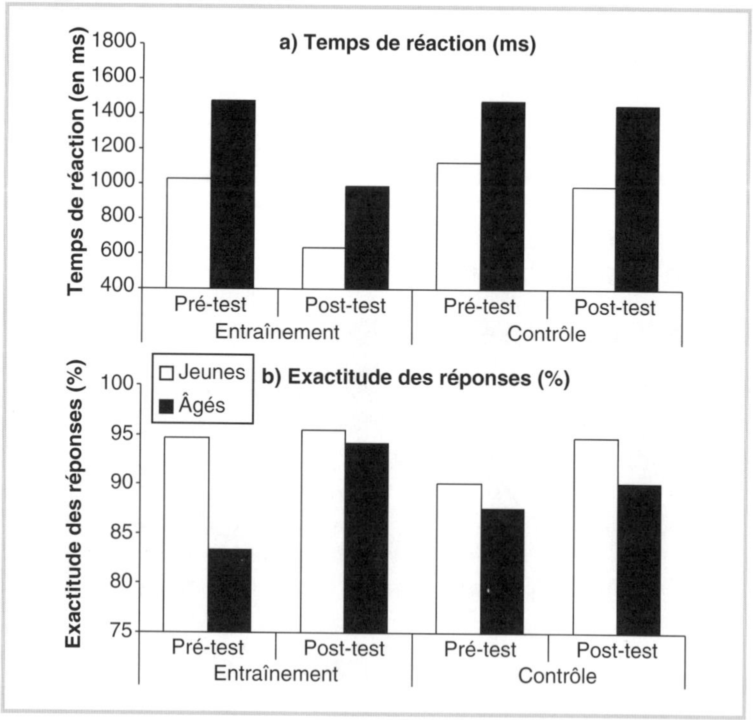

Figure 11

a) Diminution des temps de réponse et b) amélioration de l'exactitude des réponses avant et après l'entraînement en attention partagée (les participants ne reçoivent pas de rétroaction pendant les sessions de pré-test et de post-test).

Ces résultats montrent que l'entraînement permet aux personnes âgées de mieux performer en attention partagée (d'après Bherer et al., 2004).

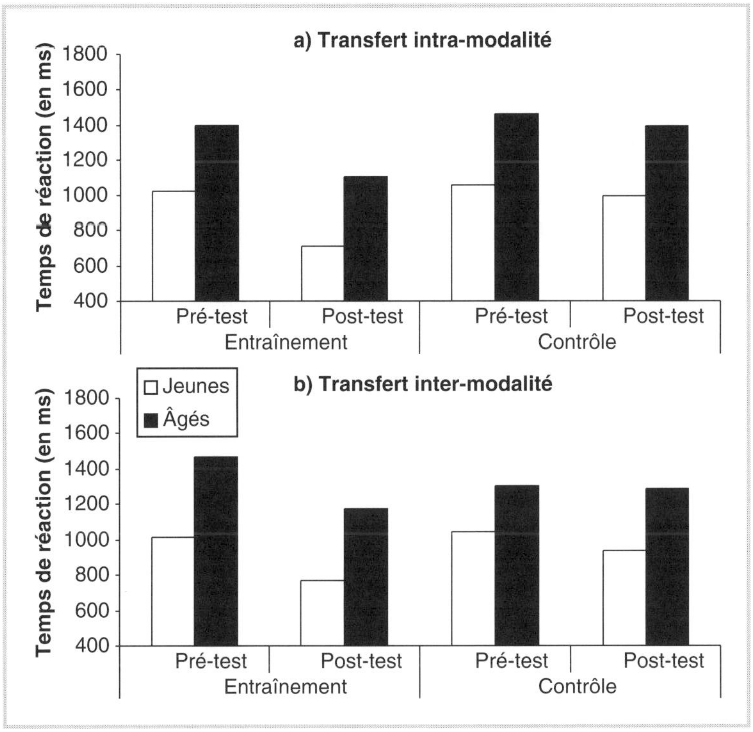

Figure 12

Diminution des temps de réponse aux tâches de transfert, a) intra-modalité et b) inter-modalité, effectuées avant et après l'entraînement en attention partagée (les participants ne reçoivent pas de rétroaction pendant les sessions de pré-test et de post-test).

Ces résultats montrent que l'entraînement permet aux personnes âgées de mieux performer en attention partagée même avec de nouvelles tâches non entraînées (d'après Bherer et al., 2004).

1.8 *L'effet de l'entraînement cognitif en prospection mnémonique*

L'effet bénéfique de l'entraînement cognitif utilisant des consignes qui poussent les limites des performances des participants a également été observé dans le domaine de la recherche en mémoire. En effet, Baron et Mattila (1989) ont entraîné des jeunes adultes et des personnes âgées à une tâche de recherche en mémoire. Dans ce type de tâche, les participants gardent en mémoire à court terme un groupe d'items-cibles et doivent ensuite chercher si l'une des cibles en mémoire est présente dans un ensemble présenté (ensemble-mémoire). L'originalité de cette étude est d'avoir utilisé une procédure de rétroaction sur la vitesse en laissant aux participants un temps limite pour répondre. Après ce délai, le participant était informé qu'il avait mis trop de temps pour répondre. De plus, le délai temporel était réduit progressivement en fonction de la distribution des temps de réponse du participant aux essais précédents. En fait, le délai critère était le 75ième centile de cette distribution. En d'autres termes, à mesure que le participant devenait plus rapide, le délai accordé pour répondre diminuait. Les chercheurs ont également utilisé une condition de double tâche, dans laquelle les participants devaient analyser deux ensembles présentation en même temps. Ils ont pu comparer ainsi une condition de recherche simple à la recherche mnémonique en condition de double tâche.

Les résultats de Baron et Matila (1989) sont présentés à la Figure 13. Au début de l'entraînement les personnes âgées répondaient significativement plus lentement que les jeunes, alors que les deux groupes faisaient très peu d'erreurs. Comme on pouvait s'y attendre, pendant l'entraînement, les participants accéléraient progressivement leurs réponses et produisaient un nombre substantiel de mauvaises réponses. Toutefois, après environ 44 heures d'entraînement, lorsqu'on augmentait le délai alloué pour répondre (assouplissement du critère de performance pour diminuer les erreurs), les aînés s'amélioraient significativement plus que les jeunes au niveau de la vitesse des réponses, tout en ayant un taux d'exactitude de réponses équivalent aux jeunes adultes. On peut voir en effet à la Figure 13 que la différence entre les temps de réponse des jeunes et des âgés diminue entre le premier et le dernier bloc d'essais. De plus, Baron et Mattila (1989) ont montré que cette amélioration des performances s'observe autant quand les participants doivent trouver une cible en mémoire en condition simple (panneau de gauche de la Figure 13) qu'en condition de recherche double (panneau de droite de la Figure 13). Ces résultats indiquent qu'un entraînement qui limite le temps alloué pour répondre amène une amélioration plus marquée de la performance que dans une condition où il n'y a pas de temps limite pour répondre.

En résumé, les études d'entraînement attentionnel montrent que l'entraînement cognitif en laboratoire peut contribuer à améliorer l'attention sélective, l'attention soutenue et l'attention partagée des personnes âgées. Toutefois, dans la plupart des études, l'effet bénéfique de l'entraînement n'a pas permis de modérer les différences liées à l'âge dans les tâches d'attention. En effet, comme l'amélioration est en général équivalente chez les âgés et les jeunes, les différences liées à l'âge demeurent après l'entraînement. C'est ce qui a été observé en attention sélective, dans les tâches de prospection visuelle et mnémonique, et en attention soutenue dans les tâches de vigilance. De plus, dans certains cas, l'apprentissage de nouvelles habiletés semblait demander plus de temps et de pratique chez les personnes âgées que chez les jeunes. Par ailleurs, des effets plus marqués de la pratique on été obtenus chez les personnes âgées dans les tâches qui offraient aux participants une rétroaction en temps réel sur leurs performances, comme dans l'entraînement en attention partagée de Kramer et ses collaborateurs, ou qui contribuaient à pousser les limites de leur performance, comme dans la tâche de prospection mnémonique de Baron et Mattila (1989). L'utilisation de paradigmes qui forcent les participants à repousser les limites de leurs performances ou qui favorisent le déploiement de stratégies plus adaptées à la tâche en cours, et souvent plus audacieuses, pourrait donc être un moyen efficace d'améliorer les performances des personnes âgées dans les tâches d'attention, et donc possiblement de diminuer le déficit d'attention des personnes âgées.

Figure 13

Amélioration du temps de réponse pour dire si une cible était ou non présente dans un ou deux ensembles-mémoire chez les participants jeunes et âgés (d'après Baron & Matila, 1989). Ces résultats montrent que l'entraînement cognitif peut conduire à une amélioration plus marquée chez les personnes âgées que chez les jeunes puisque la différence liée à l'âge est plus marquée dans le premier bloc d'essais que dans le bloc 6.

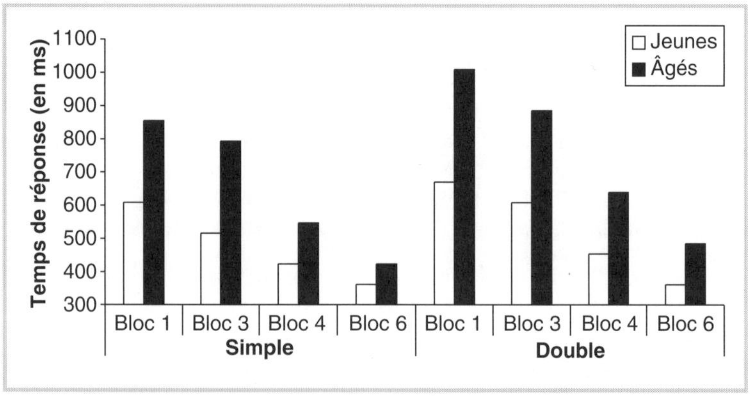

2 L'effet de l'entraînement cognitif en mémoire épisodique

2.1 *Les stratégies mnémotechniques*

Comme les personnes âgées ont des difficultés au niveau de l'encodage et de la récupération d'items en mémoire (voir Chapitre 5), l'entraînement mnémonique vise en général à développer des stratégies d'encodage efficace qui amélioreront le rappel. Il s'agit donc d'aider la personne âgée à utiliser des stratégies mnémotechniques qui favoriseront l'organisation du matériel lors de l'encodage en mettant en relation le matériel à mémoriser et des indices qui serviront à la récupération du matériel. On peut regrouper les *procédés mnémotechniques*** en deux catégories : les *techniques d'imagerie*** et les *stratégies d'organisation*** et d'élaboration du matériel. Le tableau 1 présente les procédés mnémotechniques pour chaque catégorie.

Le principe des techniques d'imagerie est d'utiliser le double encodage, verbal et visuel, pour favoriser le rappel en associant les items à retenir, généralement une liste de mots, à une série d'images mentales (voir Van der Linden, Belleville, & Juillerat, 2000, pour

Procédés	Tâches
	Techniques d'imagerie
• Méthode de la table de rappel	• Associer une série de nombres, sur la base de leur ressemblance physique (e.g., 1 est associé à un poteau). Ensuite les items à rappeler sont associés à ces images.
• Méthode d'imagerie interactive	• Former une image mentale reliant les différents items à retenir entre eux
• Méthode du mot clé	• Associer un mot à retenir à un mot concret facile à imager
• Méthode d'association visage-nom	• Associer une image à une caractéristique physique distinctive d'une personne
• Méthode des lieux	• Associer une série d'items à différents lieux dans un parcours mental
	Stratégies d'organisation
• Organisation hiérarchique	• Organiser les items à retenir selon une structure hiérarchique, des plus englobants aux plus particuliers
• Groupement	• Organiser les items à retenir selon l'appartenance à une catégorie
• Génération d'histoire	• Générer une histoire pour associer les items à retenir

Tableau 1

Liste des procédés mnémotechniques.

une présentation en français). Dans la *méthode de la table de rappel***, une série d'images est associée à une série de nombres, sur la base de leur ressemblance physique (e.g., 1 est associé à un poteau). Ensuite les items à rappeler sont associés à ces images. Il s'agit en fait d'imaginer le premier item à retenir à la première image associée au chiffre 1. Lors du rappel, il suffit d'évoquer les chiffres dans l'ordre, qui susciteront le rappel de l'image associée, elle-même activant le souvenir de l'item à retenir. La *méthode d'imagerie interactive*** consiste à former une image mentale reliant les différents items à retenir entre eux. Plus l'image sera saillante, meilleur sera le rappel. On préconisera donc des images loufoques ou bizarres qui formeront une trace plus durable en mémoire. La *méthode du mot clé*** est une autre technique s'appuyant sur l'imagerie mentale. Il s'agit d'associer un mot à retenir à un mot concret facile à imager. Cette technique peut être efficace entre autres pour retenir un mot difficile à prononcer dans une langue étrangère. Il suffira alors de trouver un mot clé dont l'image évoque la prononciation ou la signification du mot à retenir. Enfin, les deux techniques d'imagerie les plus connues et les plus étudiées avec les personnes âgées sont sans contredit la *méthode d'association visage-nom*** et la *méthode des lieux***. Nous verrons en détails le fonctionnement de ces techniques dans cette section ainsi que les principaux résultats qu'elles ont produit avec les personnes âgées.

Les stratégies d'organisation constituent une autre famille de procédés mnémotechniques. Les stratégies d'organisation reposent sur le principe des réseaux d'informations en mémoire (voir Chapitre 5). Il s'agit en fait de grouper l'information en tirant profit des liens sémantiques entre les items à retenir et en créant des liens épisodiques afin que, lors du rappel, la récupération d'informations partielles favorise l'activation du matériel à rappeler. Les méthodes utilisées dans ce contexte visent donc à maximiser l'organisation du matériel à mémoriser. Par exemple, le rappel d'une liste de mots peut être favorisé via *l'organisation hiérarchique*** des mots ou le *groupement*** par appartenance à des catégories. La *génération d'histoire*** est une autre technique efficace et fréquemment utilisée par les participants. Il s'agit en fait d'inventer une histoire dans laquelle apparaît chacun des mots d'une liste à retenir. Lors du rappel, le participant n'aura qu'à se remémorer l'histoire. Chaque événement de l'histoire servira d'indice qui contribuera à la récupération des mots encodés.

2.2 La méthode des lieux

La méthode des lieux est sûrement la stratégie mnémotechnique la plus utilisée en recherche et la plus étudiée avec les personnes âgées. Dans la méthode des lieux, il s'agit pour le participant d'imaginer le parcours mental d'un endroit très familier, comme sa maison. Lorsque le parcours mental est très bien appris, il suffit d'imaginer chacun des items à apprendre dans un lieu précis. Par exemple, pour apprendre une liste de mots, la technique consiste à placer chaque item dans un lieu distinct, comme un crayon dans le corridor, une casquette sur le lit, un livre sur le divan, etc. Lors du rappel, le participant refait le parcours mentalement. La visite des lieux devrait susciter le rappel des items qui y ont été associés. Les lieux peuvent être choisis par le participant, ou encore déterminés par l'expérimentateur. La Figure 14 montre une participante faisant une tâche de mémoire épisodique avec la méthode des lieux, à l'aide d'un

Figure 14

Une participante apprend la méthode des lieux lors d'une tâche de rappel d'une liste de mots. Elle doit imaginer chaque mot présenté à un lieu indiqué sur la liste présentée à l'écran. La liste des lieux constitue un parcours mental que doit apprendre la participante. Lors du rappel, chaque lieu parcouru devrait susciter le mot qui lui est associé.

logiciel d'apprentissage commercialisé (Logiciel de remédiation cognitive de Psychotech). Dans cet exemple, la liste des lieux est fixe et déterminée par l'expérimentateur. Le participant doit prendre le temps de se faire une image mentale d'un item de la liste à retenir pour chaque lieu proposé.

Kliegl, Baltes et leurs collaborateurs du Max Planck Institute de Berlin sont parmi les premiers chercheurs à avoir entraîné des personnes âgées à l'aide de procédés mnémotechniques, principalement à l'aide de la méthode des lieux (Baltes & Kliegl, 1992 ; Kliegl, Smith & Baltes, 1989, 1990 ; voir aussi Verhaeghen & Marcoen, 1996). Dans l'une de ces études (Kliegl *et al.*, 1989), les chercheurs ont comparé la performance de 18 jeunes adultes d'environ 24 ans à celle de 19 personnes âgées de 72 ans en moyenne au rappel d'une liste de mots, avant et après un entraînement de 20 sessions avec la méthode des lieux. Les participants de l'étude de Kliegl et ses collaborateurs visitaient des sites historiques de la ville de Berlin, soit lors d'un tour guidé (Expérience 1), soit en apprenant à faire le parcours mentalement (Expérience 2). Les participants devaient apprendre à faire parfaitement le parcours mental avant de commencer la tâche de mémoire. Puis, lors de l'encodage de listes de mots, on leur demandait de faire la visite mentale des sites, toujours dans le même ordre, et de créer une image mentale reliant un mot avec un site. On suggérait de trouver une image drôle ou loufoque pour créer une trace plus durable en mémoire. Ainsi, lors du rappel, le participant pouvait refaire le parcours et récupérer les mots à rappeler. Les chercheurs ont constaté que la méthode des lieux permet à tous les participants, jeunes et âgés, d'améliorer leur performance en rappel d'une liste de 30 mots. Les chercheurs ont également utilisé différentes durées de présentation des mots lors de l'encodage (de 1, 3, 5, 10, 15 et 20 secondes par mot). Ils ont ainsi constaté qu'un rythme plus lent de présentation des mots permettait un meilleur rappel avant et après l'entraînement mnésique, ainsi qu'une amélioration plus nette après l'entraînement. De plus, à l'exception de la condition où on présentait les mots à un rythme très rapide (1 s), il n'y avait pas de différence liée à l'âge en fonction du rythme de présentation. La

Figure 15 présente les résultats obtenus avec des durées de présentation de 5, 10 et 20 secondes. On peut constater que le rappel d'une liste de 30 mots est meilleur chez les jeunes que les âgés et que l'entraînement entraîne un meilleur rappel chez tous les participants. Toutefois, la différence liée à l'âge augmente avec l'entraînement. Tout se passe comme si les jeunes bénéficiaient davantage que les âgés de l'entraînement avec la méthode des lieux. Néanmoins, l'un des intérêts de cette étude réside dans le fait que l'entraînement a tout de même permis d'améliorer les performances des âgés.

Dans une étude ultérieure, Baltes et Kliegl (1992) ont voulu déterminer jusqu'à quel point les résultats observés dans leur étude de 1989 étaient robustes. Ils ont demandé à 37 participants de l'étude précédente de suivre un nouveau programme d'entraînement avec la méthode des lieux. Cette fois-ci, les participants ont complété jusqu'à 35 sessions expérimentales. Les résultats observés par les auteurs ont encore une fois montré, au-delà d'une augmentation des performances chez les jeunes comme chez les âgés, une différence liée à l'âge due au fait que les jeunes adultes tirent davantage profit de l'entraînement mnémotechnique, c'est-à-dire que les différences liées à l'âge tendent à augmenter avec l'entraînement.

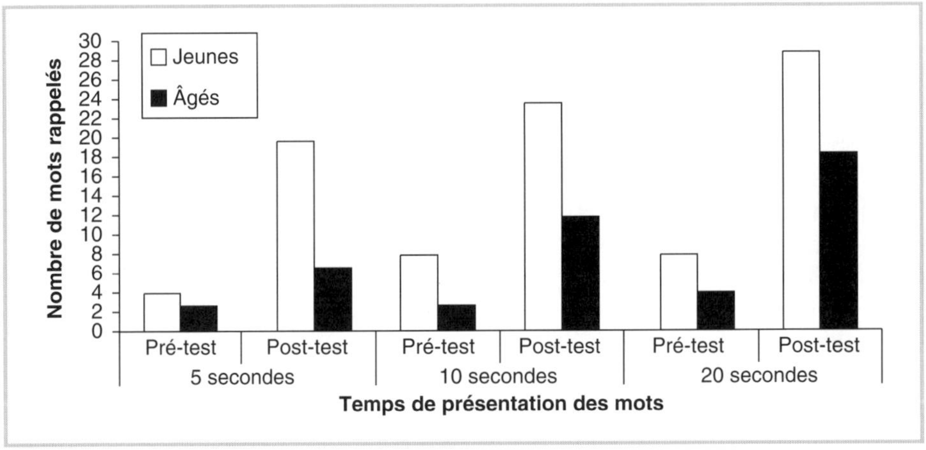

Figure 15

Nombre moyen de mots rappelés avant et après 20 sessions d'entraînement avec la méthode des lieux chez des personnes jeunes et âgées avec des durées de présentation de 5, 10 et 20 secondes (d'après Klieg et al., 1989).

Ces résultats indiquent que les jeunes ont de meilleures performances en rappel et que la différence liée à l'âge tend à augmenter avec l'entraînement mnémonique. Toutefois, les jeunes et les âgés montrent une nette amélioration de la performance en fonction de l'entraînement, peu importe la durée de présentation des mots.

2.3 *La méthode d'association visage-nom*

La méthode d'association visage-nom a été élaborée pour favoriser le rappel du nom d'une personne. Bien que cette technique soit moins répandue en recherche sur le vieillissement cognitif, il est intéressant de s'y attarder pour au moins deux raisons. D'abord, parce qu'elle a donné des résultats intéressants et pertinents pour la compréhension du vieillissement cognitif. Ensuite, parce que l'apprentissage des noms de personnes nouvellement rencontrées est une source de plaintes majeures de la part des personnes âgées. La méthode d'association visage-nom nécessite d'abord d'identifier une caractéristique distinctive de la personne (e.g., un grand nez), puis de trouver un substitut concret *imageable*** du nom de la personne et qui en favorisera le rappel (e.g., Dupont devient le pont). Troisièmement, il faut créer une image mentale associant la caractéristique et le substitut (e.g., un pont à la place du nez). Ainsi, le rappel du nom de la personne se fera en quatre étapes :

1. identifier la caractéristique distinctive,
2. utiliser la caractéristique pour retrouver l'image mentale,
3. reconstruire le substitut du nom à partir de l'image mentale,
4. décoder le nom à partir du substitut.

Yesavage et Rose (1983) ont comparé les performances des participants de trois groupes d'âges après entraînement avec la méthode d'association visage-nom : un groupe de jeunes adultes âgés de 21 à 38 ans, un groupe de personnes d'âge moyen de 44-59 ans et un groupe de personnes âgées de 60-67 ans. Lors du test, les participants avaient une période d'étude pendant laquelle ils devaient apprendre 12 paires de visage-nom. Ensuite, seules les photos de visage étaient présentées et les participants devaient rappeler le nom des personnes. Les résultats obtenus par les auteurs apparaissent à la Figure 16. Ces résultats indiquent que la performance des jeunes est toujours meilleure que celles des participants d'âge moyen ou des personnes âgées. De plus, tous les participants montrent un net effet d'entraînement puisque les performances s'améliorent significativement dans tous les groupes. Enfin, l'amélioration était équivalente entre les groupes, c'est-à-dire que peu importe leur âge, les participants de l'étude de Yesavage et Rose (1983) bénéficiaient de l'entraînement. Il n'y aurait pas de différence liée à l'âge dans l'effet d'un entraînement mnémonique avec la technique d'association visage-nom. Ces résultats signifient également que l'entraînement en mémoire n'a pas permis aux participants plus âgés de compenser leur déficit en mémoire épisodique.

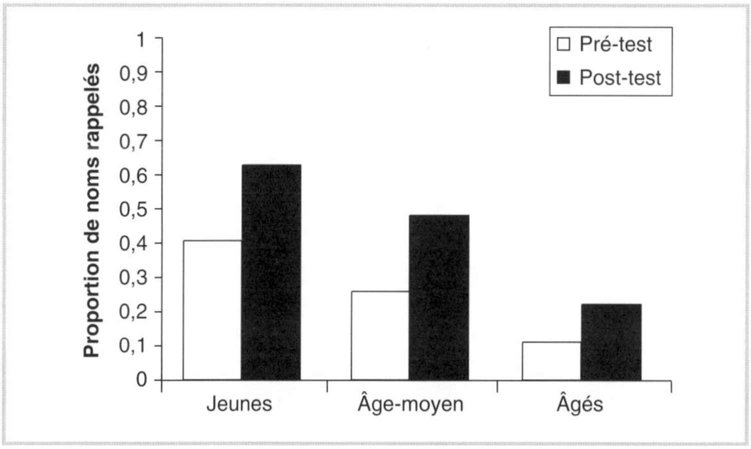

Figure 16

Proportions de noms rappelés avant et après l'entraînement avec la méthode d'association visage-nom chez les jeunes, les participants d'âge moyen et les âgés (d'après Yesavage & Rose, 1983).

Ces résultats montrent que les personnes âgées bénéficient de la stratégie d'association visage-nom pour mieux rappeler le nom de nouvelles personnes.

En résumé, on peut constater que, à la différence des études d'entraînement cognitif dans le domaine de l'attention, les études d'entraînement en mémoire nous amènent à nous interroger sur le potentiel latent d'apprentissage des personnes âgées. Clairement, les participants âgés ne semblent pas bénéficier autant de l'entraînement cognitif que les jeunes pour améliorer leur performance en mémoire épisodique, sauf dans l'étude de Yesavage et Rose (1983) avec la technique d'associations nom-visage. On peut se demander si le fait que les âgés ne bénéficient pas autant de l'entraînement avec les procédés mnémotechniques témoigne d'une limite de leur potentiel d'apprentissage, du moins dans le domaine de la mémoire épisodique. Ces résultats peuvent signifier une diminution du potentiel d'apprentissage associé à l'âge. Dans leurs études, Kliegl et ses collaborateurs ont testé cette hypothèse en appliquant le cadre théorique appelé *le test des limites***. Selon cette approche, l'analyse détaillée des changements développementaux provoqués dans un temps limité, comme dans un étude d'entraînement cognitif qui s'échelonne sur quelques semaines ou quelques mois, nous permet d'étudier systématiquement les variations de performances dans des conditions de privation (minimum de stimulation avant l'entraînement) ou dans des conditions de soutien environnemental optimal, où les performances devraient se situer prêt des limites du potentiel latent de performance. Dans l'approche du test des limites, (Baltes & Kliegl, 1992 ; Kliegl, Smith & Baltes, 1989, 1990 ; Lindenberger & Baltes, 1995), on distingue trois niveaux de performance :

1. le *niveau de performance de base*** qui caractérise le potentiel de l'individu en situation standard, sans stimulation ou soutien environnemental particulier ;
2. le *niveau de réserve de base***, qui désigne le niveau de performance maximal qu'un individu peut atteindre en condition optimale d'évaluation. Dans une étude en mémoire épisodique, cela fait référence à la situation où le participant applique des stratégies mnémotechniques qu'il vient tout juste d'appendre ;
3. la *réserve cognitive développementale*** peut être estimée par la performance maximale atteinte après une intervention visant l'optimisation des performances via l'application de stratégies plus adaptées, l'apprentissage, la pratique, le développement de nouvelles habilités ou encore l'augmentation de la motivation.

En appliquant l'approche du test des limites aux études d'entraînement en mémoire, Baltes et ses collaborateurs constatent que les personnes âgées bénéficient clairement de l'entraînement à l'aide de méthodes mnémotechniques et, donc, qu'il existe toujours, malgré l'avancée en âge, un potentiel latent d'apprentissage, que les auteurs appellent aussi une *réserve cognitive***. Toutefois, il est évident que l'amélioration des performances est plus nette chez les jeunes adultes, ce qui suggère aussi que la plasticité cognitive serait réduite chez les personnes âgées. Selon les études d'entraînement avec les méthodes mnémotechniques, la réserve cognitive diminuerait donc avec l'âge, en admettant bien sûr que les personnes âgées et les jeunes utilisent les méthodes enseignées de façon spontanée et volontaire.

2.4 *Effet du vieillissement sur l'adhérence à l'entraînement et les mécanismes élémentaires sous-tendant la plasticité cognitive*

La question de savoir si le potentiel d'apprentissage demeure le même en vieillissant et si les mécanismes à la base de nouveaux apprentissages sont les mêmes chez les aînés et les jeunes est fondamentale pour comprendre comment les performances en mémoire peuvent être améliorées chez les personnes âgées. On peut se demander par exemple si les personnes âgées bénéficient moins de l'entraînement parce qu'elles n'ont pas les ressources cognitives nécessaires pour en tirer profit ou pour mettre en place les stratégies apprises, ou encore parce qu'elles n'utilisent pas spontanément ces stratégies. L'étude de Verhaeghen et Marcoen (1996) a permis d'apporter des éléments de réponse à ces questions. Ces chercheurs ont comparé des jeunes et des aînés à un entraînement mnésique utilisant la méthode des lieux. Dans cette étude, les participants devaient produire eux-mêmes une liste de lieux, les inscrire dans un carnet et apprendre le parcours mental avant de débuter l'entraînement en mémoire.

L'étude de Verhaeghen et Marcoen (1996) permet de mieux comprendre les différences liées à l'âge en mémoire épisodique sur plusieurs aspects. D'abord, les chercheurs ont examiné les différences individuelles quant à l'utilisation de la stratégie enseignée et ont pu observer des différences importantes dans le groupe des personnes âgées. En effet, certains participants âgés n'utilisaient en fait aucune stratégie. De plus, parmi ceux qui utilisaient la méthode des lieux, certains participants jeunes et âgés n'utilisaient pas correctement la stratégie. La Figure 17 montre la performance des participants jeunes et âgés avec un temps d'étude de 4 minutes pour une liste de 25 mots. Dans leur étude, Verhaeghen et Marcoen (1996) ont comparé des temps d'étude de 2, 4 et 6 minutes, mais les résultats avec un délai de 4 minutes ont montré les différences les plus intéressantes quant à l'utilisation des stratégies. Les données de la Figure 17 montrent plusieurs résultats importants.

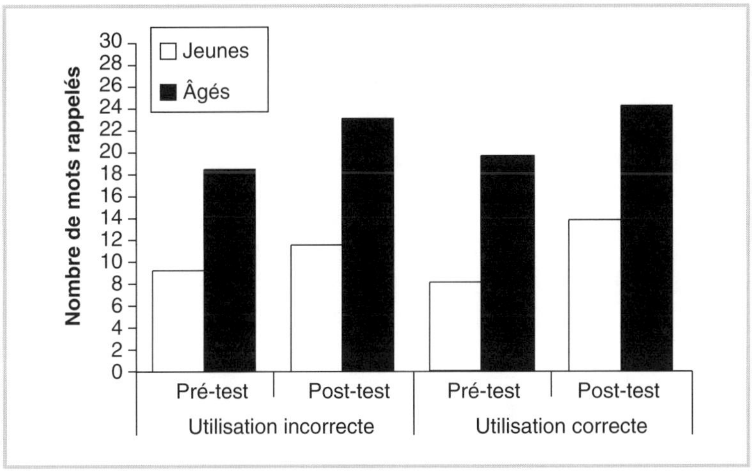

Figure 17

Nombre de mots correctement rappelés sur une liste de 25 mots à l'aide de la méthode des lieux, avec un délai d'étude de 4 minutes par liste.

Ces résultats montrent que les jeunes s'améliorent davantage que les âgés après l'entraînement cognitif et que les participants qui appliquent correctement la méthode des lieux obtiennent de meilleures performances. De plus, plusieurs personnes âgées n'utilisent pas la stratégie enseignée (d'après Verhaeghen & Marcoen, 1996).

- Tel qu'observé dans les études antérieures d'entraînement en mémoire, les jeunes adultes obtiennent généralement de meilleures performances que les aînés avant et après l'entraînement avec la méthode des lieux.
- Un fort pourcentage des participants âgés — 13.5 % pour le temps d'étude de 4 minutes — n'appliquaient pas la méthode des lieux. Ces participants obtiennent des performances nettement inférieures aux participants qui utilisaient la méthode des lieux.
- L'analyse des stratégies d'apprentissage auto-rapportées a montré que plusieurs participants, jeunes et âgés, n'appliquaient pas la méthode des lieux correctement et utilisaient parfois d'autres stratégies, comme le groupement des mots, l'utilisation de mots associés aux mots à apprendre ou la stratégie de génération d'histoire.
- Les participants qui utilisaient correctement la méthode des lieux obtiennent les meilleures performances et progressent davantage.

Verhaeghen et Marcoen (1996) se sont aussi interrogés sur le rôle des différences liées à l'âge dans les mécanismes cognitifs fondamentaux sur les performances lors de l'entraînement en mémoire épisodique. La question qui intéressait les chercheurs concernait les mécanismes qui contribuent à la *plasticité cognitive***. À l'aide d'analyses statistiques appelée analyses structurales linéaires, permettant d'évaluer la force des relations entre différences variables, Verhaeghen et Marcoen (1996) ont cherché à déterminer si les différences individuelles au niveau de la vitesse psychomotrice, la mémoire de travail verbale et visuelle, les capacités à créer des images mentales et à créer des associations en mémoire peuvent expliquer les performances des participants. Verhaeghen et Marcoen (1996) ont observé que, chez les personnes âgées, ce sont la vitesse de traitement de l'information et la capacité de créer des associations en mémoire qui expliquent une grande partie des performances des participants en post-test. Ces observations sont conformes à celles de nombreuses études selon lesquelles les mécanismes qui déterminent la plasticité cognitive d'une personne ou son potentiel d'apprentissage sont également ceux qui sont grandement touchées par le vieillissement normal. Ainsi, une baisse d'efficacité de ces mécanismes pourrait expliquer en partie la moindre amélioration observée chez les âgés après l'entraînement en mémoire épisodique. Rappelons tout de même une autre observation importante de l'étude de Verhaeghen et Marcoen (1996) : les personnes âgées ont moins tendance à utiliser les stratégies mnémotechniques et cette non adhérence au procédé d'entraînement pourrait contribuer également aux résultats rapportés ici.

En résumé, de nombreuses études ont été menées dans le but d'améliorer les performances des personnes âgées aux tests de mémoire épisodique. En général, ces études ont permis de montrer que les performances aux tests de mémoire peuvent être significativement améliorées chez les personnes âgées. Une méta-analyse (qui consiste à rassembler dans la même analyse, des études différentes) sur l'effet de l'entraînement en mémoire épisodique a été conduite par Verhaeghen, Marcoen et Goosens (1992). Dans cette méta-analyse, les auteurs ont évalué la taille des effets d'entraînement mnémonique dans 33 études totalisant 1,539 participants. Verhaeghen et ses collaborateurs ont pu dégager trois conclusions importantes quant à l'effet de l'entraînement en mémoire épisodique :

1. D'abord, l'effet de l'entraînement mnémotechnique est efficace puisque les participants âgés qui ont appris à utiliser des procédés mnémotechniques montrent une amélioration plus marquée des performances en mémoire que les groupes contrôles.
2. Le gain de performance est équivalent peu importe la technique utilisée (méthode des lieux, association visage-nom etc).
3. Plusieurs facteurs modulent les effets de l'entraînement, comme l'âge, le fait que les jeunes adultes bénéficient plus de l'entraînement, l'utilisation d'une phase de pré-entraînement et le fait d'effectuer l'entraînement en groupe plutôt qu'individuellement.

3 Effet du vieillissement sur l'acquisition de nouvelles habiletés

L'effet du vieillissement sur l'acquisition de nouvelles habiletés a également été étudié avec des tâches motrices et psychomotrices impliquant divers niveaux de résolution de problèmes. Bien que ces études ne s'inscrivent pas directement dans un contexte théorique visant à opérationnaliser les différences liées à l'âge sur le plan de la plasticité cognitive, elles sont néanmoins importantes pour quiconque veut mieux connaître l'effet du vieillissement normal sur le potentiel d'apprentissage. Un exemple de ce genre d'étude est celle de Peretti, Danion, Gierski et Grangé (2002) qui ont évalué la capacité des personnes âgées d'acquérir une nouvelle habileté cognitive et motrice de résolution de problème. Peretti et ses collaborateurs ont utilisé l'épreuve de la Tour de Toronto, un test très utilisé en neuropsychologie pour évaluer les fonctions exécutives, la planification et les habiletés de résolution de problème simples. Dans ce test, on présente au participant un bloc sur lequel trois tiges verticales sont fixées. Quatre disques de couleurs différentes (noir, rouge, jaune et blanc) sont placés sur les tiges. Le test consiste pour le participant à organiser les quatre disques selon un arrangement qui lui est présenté. Le participant doit donc déplacer les disques pour passer d'un arrangement à un autre, en suivant deux règles strictes : (a) seulement un disque peut être déplacé à la fois et (b) un disque foncé ne peut jamais être placé sur un disque ayant une couleur plus claire. Plusieurs variables peuvent être analysées pour évaluer les capacités d'apprentissage, comme le nombre de mouvements nécessaires pour atteintre le but, le temps mis pour initier un mouvement et le temps de déplacement. On peut également calculer un indice d'efficacité qui tient compte du nombre de mouvements faits par le participant en fonction du nombre de mouvements minimum pour résoudre le problème.

La Figure 18 montre le nombre de mouvements moyen et le temps moyen de production d'un mouvement pour les âgés et les jeunes en fonction des blocs d'essais. Les résultats obtenus par Peretti et ses collaborateurs montrent que les participants âgés réussissent toujours moins bien la tâche de la tour de Toronto que les jeunes adultes. Ainsi, il existerait une différence liée à l'âge dans les habiletés cognitivo-motrices de résolution de problèmes. Toutefois, les chercheurs ont également observés que les performances des âgés s'améliorent au même rythme que celle des jeunes en fonction des blocs d'essais. Les personnes âgées peuvent donc apprendre une nouvelle habileté à la même vitesse que les jeunes adultes.

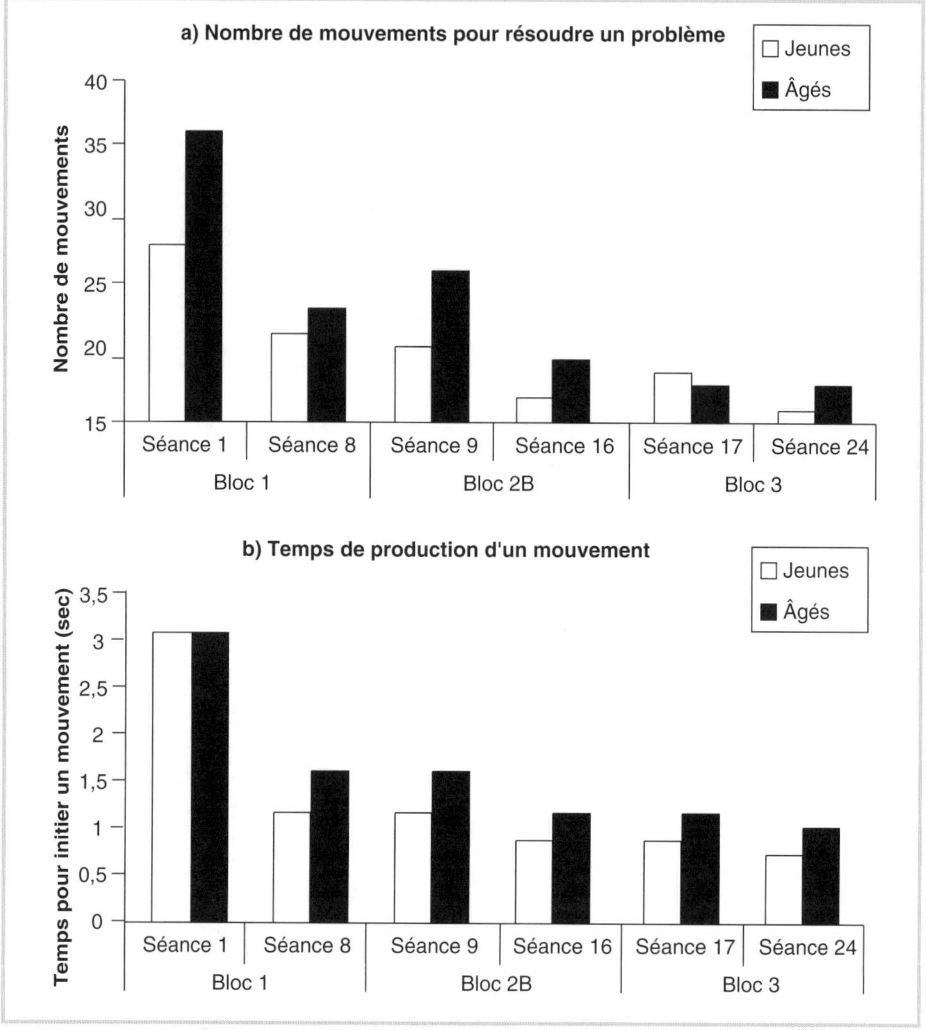

Figure 18

a) Nombre de mouvements et b) temps de production d'un mouvement en fonction des blocs de pratique dans la tâche de la Tour de Toronto (d'après Peretti et al., 2002).

Les participants âgés s'améliorent au même rythme que les jeunes dans cette tâche.

L'étude de Peretti *et al.* (2002) suggère que l'acquisition d'une habileté cognitive et psychomotrice peut se faire au même rythme chez les personnes âgées que chez les jeunes. Des résultats suggérant que les habiletés d'apprentissage sont épargnées dans le vieillissement normal ont également été rapportés dans le domaine de l'apprentissage moteur et perceptivo-moteur (Durkin *et al.*, 1995 ; Howard & Howard, 1989), et cognitif (Charness & Campbell, 1988).

4 Entraînement cognitif avec les tests d'intelligence

Jusqu'à maintenant, nous avons vu dans ce chapitre les résultats des études transversales qui comparent des participants jeunes et âgés à des entraînements avec des tâches issues de la psychologie cognitive expérimentale. Ces études s'échelonnent, en général, sur de courtes périodes de temps, de quelques jours à quelques semaines. De plus, elles ciblent des fonctions cognitives spécifiques. D'autres études ont porté sur le potentiel d'apprentissage des personnes âgées mais à l'aide de tests psychométriques utilisés pour mesurer le fonctionnement intellectuel plus global, plutôt qu'une fonction cognitive précise. Ces études se distinguent également du fait qu'elles s'inscrivent dans le contexte d'une vaste étude longitudinale qui s'échelonne sur plusieurs décennies. Deux groupes de chercheurs pionniers dans le domaine du vieillissement cognitif sont à l'origine de ces études : le groupe de Baltes, Kliegl et leurs collaborateurs de l'institut Max Planck de Berlin en Allemagne, et le groupe de Schaie, Willis et leurs collaborateurs de l'université de Pennsylvanie aux États-Unis. Les résultats de ces études ont permis de montrer que les performances aux tests psychométriques mesurant différents aspects de l'intelligence peuvent être significativement améliorées chez les personnes âgées, au point où elles peuvent combler le déclin observé à ces tests sur plusieurs années. Schaie et Willis (1986), par exemple, ont entraîné les participants de l'étude longitudinale de Seattle à deux types de tests : un test de raisonnement et un test mesurant les habiletés spatiales. L'un des aspects novateurs de cette étude était d'entraîner des participants qui étaient déjà engagés dans une étude longitudinale, depuis 1970, de sorte que les chercheurs détenaient des informations précieuses quant à leur niveau de performance de base à ces tests, ainsi qu'à plusieurs autres mesures d'intelligence. Il leur était donc possible d'apporter un élément d'information important, inaccessible dans un plan d'étude transversal, c'est-à-dire de mesurer le gain de performance chez un individu en fonction de son propre déclin cognitif sur plusieurs années. Ainsi, l'étude de Schaie et Willis (1986) a permis de répondre à la question suivante : est-ce que le déclin cognitif associé à l'âge observé chez un individu à un test psychométrique peut être renversé via l'entraînement cognitif ? Les chercheurs ont d'abord distingué les participants qui ont décliné aux tests de ceux qui n'ont pas montré de déclin sur une période de 14 années. Ensuite, les participants ont été assignés aux types d'entraînement en fonction du déclin qu'ils ont montré aux tests. Les participants ayant souffert d'un déclin aux habiletés spatiales ont été entraînés au test d'habiletés spatiales, les participants qui ont décliné au test de raisonnement ont été entraînés au raisonnement, et les participants qui ont montré un déclin aux deux tests, ou aucune trace de déclin à aucun des tests ont été affectés aléatoirement à l'entraînement soit au test de raisonnement soit au test d'habiletés spatiales. Les tests de raisonnement et d'habiletés spatiales étaient tirés du test des habiletés mentales primaires de Thurstone (Primary Mental Ability ou PMA, 1948 ; voir Chapitre 2 pour une description plus détaillée). Le test de raisonnement était un test de raisonnement inductif dans lequel les participants devaient choisir la lettre ou le chiffre qui complétait une série lettres-chiffres. L'entraînement à ce test consistait à montrer aux participants les principales règles qui servaient à créer les séries. Dans le test d'orientation spatiale du PMA, le participant devait faire la rotation mentale d'objets abstraits, d'objets concrets, de lettres ou chiffres et de formes tridimensionnelles. Le test consiste à choisir parmi trois objets celui qui correspond à l'objet cible ayant subit une rotation. Au cours de l'entraînement à ce test, le participant apprenait à faire la rotation en utilisant différentes stratégies, comme faire la rotation d'objets dessinés, à utiliser un stratégie verbale, comme de donner un nom aux objets abstraits, et à faire la rotation de l'objet en portant attention à une caractéristique précise de l'objet.

De façon générale, Schaie et Willis (1986) ont observé que l'entraînement a conduit à une amélioration significative des performances après entraînement. De plus, les effets de l'entraînement étaient spécifiques, c'est-à-dire que les participants s'amélioraient au test mesurant l'habileté pour laquelle ils ont été entraînés, soit le raisonnement ou les habiletés spatiales. Enfin, l'entraînement a permis à une forte proportion de participants de revenir au niveau de performance initial au début de l'étude, donc de combler en quelque sorte un déclin qui a été observé sur une période de 14 années. La Figure 19 montre le pourcentage de participants ayant montré un déclin dans l'étude longitudinale de Seattle et chez qui Schaie et Willis ont observé des performances, après l'entraînement, égales ou supérieures aux performances qu'ils avaient obtenues lors de l'évaluation de 1970. On peut voir qu'environ 40 % des participants hommes et femmes comblent le déclin cognitif observé aux tests psychométriques d'intelligence fluide (voir Chapitre 2 pour une présentation de la distinction entre intelligence fluide et cristallisée) depuis leur entrée dans l'étude en 1970.

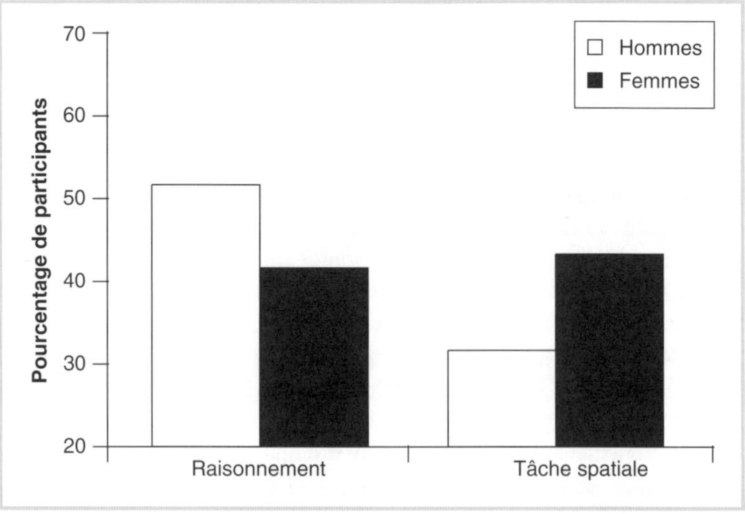

Figure 19

Pourcentages de participants ayant obtenu des performances égales ou supérieures à leurs performances initiales, 14 années avant l'entraînement, aux tests de raisonnement et d'habiletés visuo-spatiales (d'après Schaie & Willis, 1986).

Ces résultats montrent qu'un entraînement aux tests psychométriques peut renverser l'effet du vieillissement sur ces tests spécifiques.

5 L'étude ACTIVE : une étude d'entraînement cognitif à grande échelle

Les études rapportées jusqu'ici font état de résultats pour le moins intéressants quant aux bienfaits de l'entraînement cognitif ou intellectuel sur les performances des personnes âgées aux tests cognitifs. Dans l'ensemble, les personnes âgées tirent profit de l'entraînement et les performances aux tests mesurant la fonction cognitive ciblée par l'entraînement s'améliorent nettement. Quoique fort encourageants, les résultats de ces études engendrent autant de questions que de réponses, et il y a fort à parier que ces questions guideront les efforts scientifiques futurs dans le domaine du vieillissement cognitif.

1. On peut se demander si ces entraînements cognitifs ont un quelconque effet en dehors du laboratoire ou de la situation de testing. En d'autres termes, est-il permis d'espérer que les effets positifs de l'entraînement se transfèrent ou se généralisent à des situations de la vie quotidienne qui requièrent la contribution des fonctions cognitives ciblées par l'entraînement ?
2. Quels sont les effets spécifiques des différents types d'entraînement ? Est-ce qu'un entraînement sur une fonction donnée (e.g., attention sélective) amène une amélioration seulement aux tests qui mesurent cette fonction ? Peut-on espérer des effets bénéfiques d'un entraînement sur une fonction non spécifiquement ciblée ? Pour répondre à cette question, il faut comparer différents types d'entraînements dans une même étude auprès d'un même groupe de participants testés sur plusieurs fonctions.
3. Est-ce que les effets de l'entraînement sont durables ? Peu d'études ont évalué le maintien des habiletés acquises ou des gains observés dans les différents tests au-delà de la durée de l'étude.
4. Peut-on espérer appliquer des programmes d'entraînement cognitif à grande échelle ou est-ce que seules les interventions ciblées, le plus souvent en laboratoire et auprès d'un groupe restreint d'individus, fonctionnent ?

L'étude ACTIVE (*Advanced Cognitive Training for Independent and Vital Elderly*) est un effort scientifique de grande envergure poursuivi aux États-Unis qui a permis d'apporter plusieurs éléments de réponse à ces questions importantes. Cette étude à grande échelle impliquait des milliers de participants de plusieurs villes américaines. Dans cette étude, Ball et ses collaborateurs (2002) ont entraîné 2,832 personnes âgées de 65 à 94 ans pendant 5 à 6 semaines. De plus, 60 % de ces participants ont reçu un entraînement, dit booster, 11 mois après la fin du programme d'entraînement. L'ensemble des participants a été divisé en trois groupes, chacun suivant un entraînement cognitif différent : mémoire épisodique, raisonnement inductif et vitesse de traitement et attention.

- *L'entraînement en mémoire* consistait à apprendre différentes stratégies mnémotechniques, comme l'organisation du matériel en catégories, l'utilisation d'images mentales et l'association entre les items. Les exercices de mémoire étaient effectués avec du matériel de laboratoire typique, comme des listes de mots concrets, des histoires, mais aussi avec du matériel plus écologique, comme des listes d'épicerie.

- *L'entraînement au raisonnement inductif* visait à aider les participants à découvrir les patrons ou les règles de changement dans une série de lettres ou de chiffres. Des variantes avec du matériel plus écologique était également utilisées, comme par exemple suivre un itinéraire de voyage.
- *L'entraînement attentionnel* ciblait l'habileté à identifier et à localiser une cible dans le champ visuel en condition d'attention partagée. La difficulté de la tâche attentionnelle était modifiée en ajoutant des stimuli visuels ou auditifs en guise de distracteurs, en présentant les cibles en périphérie du champ visuel ou encore en augmentant le nombre de tâches devant être réalisées de façon concurrente.

L'étude ACTIVE est originale à bien des égards. D'abord, elle implique un nombre considérable de personnes âgées en bonne santé. Ensuite, elle permet de comparer l'effet de trois types d'entraînements distincts sur plusieurs variables cognitives, la mémoire, le raisonnement et la vitesse de traitement telle qu'évaluée dans une tâche d'attention. De plus, Ball et ses collaborateurs n'ont pas seulement mesuré les bienfaits de l'entraînement sur des tâches cognitives évaluant les trois fonctions entraînées, mais ils ont aussi testé le transfert à des situations de la vie quotidienne telle qu'évalué par des tests et questionnaires mesurant les activités cognitives dans la vie de tous les jours, impliquant du matériel plus écologique, ou analogue à des situations de la vie quotidienne.

Ball et ses collaborateurs ont montré que chacun des trois types d'entraînements amène une amélioration importante des performances aux tests entraînés nettement supérieure à l'amélioration des performances d'un groupe contrôle non entraîné. La Figure 20 montre l'effet de l'entraînement calculé selon la formule suivante : (moyenne du groupe entraîné en post-test — moyenne du groupe contrôle en post-test) — (moyenne du groupe entraîné en pré-test — moyenne du groupe contrôle en pré-test). Les résultats sont ensuite convertis en taille de l'effet en divisant le résultat des différences de moyennes par l'écart-type intra-sujet dans chaque groupe.

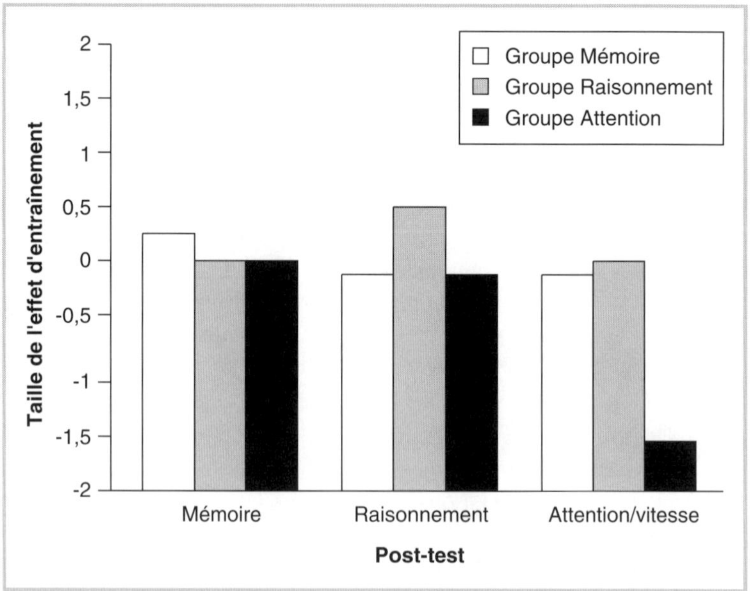

Figure 20

Taille de l'effet d'entraînement pour chaque groupe, respectivement entraîné à la tâche de mémoire, de raisonnement et d'attention (d'après Ball et al., 2002).
Ces résultats indiquent que l'entraînement produit une nette amélioration de la performance dans chaque domaine cognitif entraîné.

En résumé, l'étude ACTIVE a montré que chacun des trois programmes d'entraînement a produit un effet immédiat et spécifique, c'est-à-dire une amélioration des performances aux tests mesurant la fonction entraînée. De plus, l'amélioration des performances a été maintenue pendant une période de deux ans. La plupart des participants ont bénéficié de l'entraînement, puisque 87 % des participants entraînés en attention, 74 % des participants entraînés au raisonnement et 26 % de ceux entraînés en mémoire ont montré un effet tout de suite après l'intervention. De plus, les sessions d'entraînement dites Booster, réalisées 11 mois après le programme d'entraînement initial, ont conduit à une amélioration supplémentaire, à tout le moins pour l'entraînement en raisonnement inductif (chez 72 % des participants) et en attention (chez 92 % des participants). Il est intéressant de noter qu'immédiatement après l'entraînement, l'entraînement attentionnel semblait avoir un effet bénéfique, quoique modeste, sur les mesures écologiques, ce qui suggère que l'entraînement cognitif en laboratoire pourrait avoir des effets bénéfiques au-delà de la situation de laboratoire. Toutefois, cette généralisation de l'effet d'entraînement ne s'est pas maintenue jusqu'au post-test effectué après un intervalle de 2 ans. Quoiqu'il en soit, et bien que les gains soient surtout spécifiques aux fonctions et tests entraînés, l'étude ACTIVE constitue un premier effort scientifique qui a permis de montrer les bienfaits de l'entraînement cognitif à grande échelle, ce qui laisse présager que l'entraînement cognitif pourrait être accessible pour de grands groupes de personnes âgées.

6 Conclusions

Les études transversales suggèrent que les personnes âgées profitent largement de l'entraînement cognitif. Dans certains cas, les participants âgés montrent la même amélioration que les jeunes après l'entraînement et, dans certaines études, l'effet de l'entraînement s'est avéré plus important chez les personnes âgées. Les études longitudinales ont permis de montrer que les effets positifs de l'entraînement permettent aux personnes âgées de renverser le déclin cognitif observé à certains tests psychométriques au cours de nombreuses années, jusqu'à 14 années avant la période d'entraînement. Les résultats des études longitudinales sont importants car ce type d'étude offre l'avantage de contrôler les effets de cohorte qui peuvent conduire à une surestimation du déficit lié à l'âge sur la cognition. Dans l'ensemble, les résultats rapportés dans ce chapitre suggèrent donc que la plasticité cognitive persiste malgré l'avancée en âge. En d'autres termes, les personnes âgées bénéficient d'un potentiel d'apprentissage latent qui ne demande qu'à être exploité. Il demeure toutefois que, dans la plupart des sphères cognitives, l'amélioration des performances suite à l'entraînement est comparable à celle des jeunes et donc les différences liées à l'âge persistent après l'entraînement. Quoiqu'il en soit, ces résultats sont encourageants car ils suggèrent qu'une partie au moins du déclin cognitif lié au vieillissement peut être comblé par l'entraînement cognitif en laboratoire.

Résumé

1 La pratique intensive a un effet bénéfique sur l'attention sélective et l'attention soutenue des personnes âgées. Toutefois, les effets sont équivalents chez les jeunes et les âgés, ce qui suggère que la simple pratique répétitive d'une tâche peut parfois être insuffisante pour contrer l'effet du vieillissement normal sur l'attention.

2 La pratique permet d'améliorer les habiletés de switching entre tâches des personnes âgées, les amenant à combler leurs déficits par rapport aux jeunes adultes.

3 Les résultats des études d'entraînement en attention partagée suggèrent que les bénéfices de l'entraînement cognitif sont plus importants quand les participants apprennent une stratégie plus efficace, soit parce qu'elle est directement induite par l'expérimentateur ou encore parce que le participant reçoit des informations quant à sa performance (feedback en cours d'exécution) lui permettant d'ajuster ses stratégies.

4 Les études d'entraînement attentionnel montrent que l'entraînement cognitif en laboratoire peut contribuer à améliorer l'attention sélective, l'attention soutenue et l'attention partagée des personnes âgées. Toutefois, dans la plupart des études, l'effet bénéfique de l'entraînement n'a pas permis de modérer les différences liées à l'âge dans les tâches d'attention. En effet, comme l'amélioration est en général équivalente chez les âgés et chez les jeunes, les différences liées à l'âge demeurent après l'entraînement.

5 De nombreuses études ont été menées dans le but d'améliorer les performances des personnes âgées aux tests de mémoire épisodique. En général, ces études ont permis de montrer que les performances aux tests de mémoire peuvent être significativement améliorées chez les personnes âgées.

6 Les études d'entraînement avec des tests psychométriques d'intelligence montrent que les personnes âgées bénéficient de l'entraînement cognitif.

7 Dans l'ensemble, les résultats des études d'entraînement cognitif suggèrent que la plasticité cognitive persiste malgré l'avancée en âge. En d'autres termes, les personnes âgées bénéficient d'un potentiel d'apprentissage latent qui ne demande qu'à être exploité.

Des questions pour mieux retenir

1. Que permet de conclure l'étude de Ho et Scialfa sur l'effet de la pratique en attention sélective ?
2. Que permettent de conclure les études de Fisk et Rogers sur les différences liées à l'âge en recherche visuelle ?
3. Que permettent de conclure les études de recherche visuelle sur le développement de l'automaticité ?
4. Quelles sont les principales différences entre les études de pratique intensive et d'entraînement cognitif dans le domaine de l'attention ?

Des questions pour mieux retenir (suite)

5. Comment les études d'entraînement en attention partagée et en préparation à répondre permettent-elles de conclure que les stratégies et la rétroaction sont importantes pour l'efficacité d'un programme d'entraînement cognitif attentionnel ?
6. Quels sont les deux grands types de méthodes mnémotechniques ?
7. Nommez et décrivez les méthodes mnémotechniques ?
8. Quels sont les principaux résultats observés en entraînement en mémoire épisodique avec la méthode des lieux ?
9. Quels sont les principaux résultats observés en entraînement en mémoire épisodique avec la méthode d'association nom-visage ?
10. Quels sont les principaux résultats observés en entraînement cognitif avec les tests psychométriques d'intelligence ?
11. Que permet de conclure l'étude de Ball *et al.* (2002) sur la faisabilité d'un entraînement cognitif à grande échelle ?
12. Les effets d'entraînement cognitif sur des fonctions ciblées persistent-ils dans le temps ? Citer les résultats d'une étude qui permettent cette conclusion.
13. Les effets d'entraînement cognitif sont-ils spécifiques aux fonctions entraînées ou se généralisent-ils à d'autres fonctions ? Comment ceci a-t-il été testé ?
14. L'entraînement cognitif permet-il aux personnes âgées d'annuler les effets du vieillissement ? Si oui, dans quel(s) domaine(s) ? Sinon qu'est-ce qui permet de le dire ?

Des questions pour mieux réfléchir

1. Est-il possible d'optimiser les performances cognitives des aînés ?
2. Comment, dans une étude à grande échelle, est-il possible, selon vous, de déterminer si certaines fonctions cognitives s'améliorent plus que d'autres par l'entraînement cognitif ?
3. Est-ce que les personnes âgées bénéficient toujours de la même (i.e., à tous les âges et pour toutes les fonctions) plasticité cognitive ?
4. Peut-on espérer que les méthodes d'entraînement cognitif nous permettent de contrer les effets du vieillissement cognitif ? Si oui, quels résultats le montreraient ?
5. Énumérez les approches qui pourraient s'avérer efficaces pour maintenir la performance cognitive de personnes âgées.

Des lectures pour aller plus loin

Dixon, A., & Bäckman, L. (1995). *Compensating for Psychological deficits and declines.* Mahwah, New Jersey : Lawrence Erlbaum Associates.

Hill, R., Bäckman, L & Stigsdotter-Neely, A. (2000), *Cognitive Rehabilitation in Old Age.* New York, Oxford University Press.

Kramer, A.F. and S.L. Willis (2003). Cognitive plasticity and aging. *The Psychology of Learning and Motivation.* B. Ross. New York, Academic Press. 43.

Verhaeghen, P. (2000). The interplay of growth and decline : Theoretical and empirical aspects of plasticity of intellectual and memory performance in normal old age. Dans R. Hill, L. Bäckman, & A. Stigsdotter-Neely (Eds.), *Cognitive Rehabilitation in Old Age (pp. 3-22).* New York, Oxford University Press.

Mots clés

- Asymptote
- Contrôle attentionnel
- Distracteurs
- Effet test-retest
- Entraînement à priorité fixe
- Entraînement à priorité variable
- Entraînement cognitif
- Génération d'histoires
- Méthode d'association visage-nom
- Méthode de la table de rappel
- Méthode des lieux
- Méthode d'imagerie interactive
- Méthode du mot clé
- Niveau de performance de base
- Niveau de réserve de base
- Organisation hiérarchique
- Plasticité cognitive
- Pratique intensive
- Procédés mnémotechniques
- Processus automatique
- Processus contrôlé
- Prospection mnémonique
- Recherche automatique
- Recherche autoterminante

- Recherche exhaustive
- Recherche visuelle
- Réserve cognitive
- Réserve cognitive développementale
- Stratégies de groupement
- Stratégies d'organisation
- Switching attentionnel
- Tâche d'énumération
- Techniques imagerie
- Test des limites

CHAPITRE 12
Condition physique et vieillissement cognitif

Sommaire

1. **Les bienfaits de la condition physique et le vieillissement** 361
2. **L'impact du vieillissement sur la condition physique** 362
3. **Santé cardiorespiratoire et vieillissement cognitif** 368
4. **L'impact d'un entraînement physique sur le vieillissement cognitif** 378
5. **L'effet de l'activité physique sur le cerveau** 391

Dans ce chapitre, vous allez

1. Apprendre comment la condition physique d'une personne âgée influence sa performance aux tests cognitifs.
2. Découvrir pourquoi les chercheurs s'intéressent à l'effet de la condition physique sur le vieillissement cérébral.
3. Étudier les aspects du vieillissement cognitif les plus touchés par le niveau de santé physique.
4. Voir comment on mesure la condition physique d'une personne âgée et quels sont les principaux indices de la santé physique.
5. Appréhender les principales hypothèses quant à l'effet de la condition physique sur les performances cognitives des personnes âgées.

Au cours des chapitres précédents, nous avons abordé les différentes études qui cherchent à améliorer le fonctionnement intellectuel des personnes âgées via la stimulation cognitive ou l'aménagement du style de vie, donc des habitudes de vie. Toutefois, il a rarement été question des aspects biologiques du vieillissement, des effets du vieillissement sur la santé physique et de son impact sur la cognition des personnes âgées. Or, de plus en plus d'études ont permis de constater que la santé physique a un impact direct sur la cognition et que son rôle devient de plus en plus important à mesure que l'on vieillit. Dans le présent chapitre, nous allons voir comment la condition physique d'une personne agit sur son fonctionnement cognitif selon les recherches qui ont étudié la relation entre la santé cardiorespiratoire et les performances cognitives. La question de recherche qui guidera notre étude sera de savoir si l'activité physique, et plus précisément la condition physique, est un modulateur du vieillissement cognitif. Nous aborderons cette question à travers les études longitudinales, dans lesquelles un même groupe d'individus est suivi pendant plusieurs années, ainsi que dans les études transversales qui comparent les performances des personnes en bonne santé physique aux performances d'individus plus sédentaires. Ensuite, nous allons voir comment certains chercheurs ont montré que l'entraînement physique, chez des individus sédentaires, peut avoir un impact positif sur la santé cardiorespiratoire des personnes âgées et comment une telle remise en forme s'accompagne de bénéfices quantifiables sur la performance cognitive.

1 Les bienfaits de la condition physique et le vieillissement

Il est bien connu que le vieillissement normal entraîne des changements importants sur les plans biologique et physiologique. Par contre, de nombreuses études ont aussi montré que ces changements ne sont pas les mêmes pour tous les individus. Le vieillissement peut en effet avoir des conséquences plus ou moins néfastes selon qu'une personne souffre de maladie particulière, a une alimentation saine ou malsaine, adopte un style de vie actif (comme nous l'avons vu au Chapitre 9) et demeure physiquement active. En fait, il se pourrait qu'une partie de la détérioration des fonctions et structures physiologiques observée au cours du vieillissement soit le résultat de l'inactivité physique. En effet, depuis plusieurs décennies, les études épidémiologiques et longitudinales ont montré qu'un niveau élevé d'activité physique est associé à une meilleure longévité et à une réduction des risques de maladies cardiovasculaires (Paffenbarger & Hale, 1975 ; Paffenbarger, Wing & Hyde, 1978 ; Blair *et al.*, 1998). La pratique régulière d'une activité physique réduit également l'incidence des maladies liées à l'âge, telles que les maladies coronariennes, le diabète, l'hypertension, l'ostéoporose et même certains types de cancer (Bouchard & Després, 1995 ; Cotman & Engesser-Cesar, 2002). L'activité physique prévient donc l'apparition d'un certain nombre de maladies plus susceptibles de survenir au cours du vieillissement. Enfin, l'activité physique s'accompagne souvent chez les personnes âgées d'un mieux-être physique général, en plus d'entraîner un sentiment de satisfaction. Donc, l'activité physique aurait aussi un impact positif sur le plan psychologique.

Étant donné les nombreux bienfaits de l'activité physique, on ne s'étonnera pas de voir fleurir les nombreux groupes de remise en forme composés de personnes du troisième âge. En effet, de plus en plus de centres sportifs offrent des services spécialement adaptés pour les personnes âgées. Avec l'augmentation de la popularité du conditionnement physique des aînés, on a également vu augmenter le nombre d'études visant à documenter et à mesurer les effets bénéfiques d'une bonne forme physique. Outre les bienfaits sur le plan de la santé, de la mobilité, de l'autonomie et le bien-être psychologique général que l'activité physique peut entraîner, plusieurs études ont également rapporté un impact positif sur la cognition, et plus précisément, sur les performances cognitives des personnes âgées.

Nous avons vu dans la première partie de ce manuel comment le vieillissement chronologique entraîne de nombreux changements sur les performances cognitives, au niveau de l'attention, de la mémoire, de la résolution de problèmes, etc. Toutefois, le vieillissement cognitif n'est pas uniforme et certaines fonctions cognitives sont plus touchées que d'autres avec l'âge. Nous avons également constaté que plusieurs caractéristiques personnelles modèrent les effets du vieillissement. Par exemple, le niveau scolaire atteint dans le jeune âge, le niveau d'activités cognitives stimulantes au cours de la vie, ainsi que le degré d'expertise qu'une personne a dans un domaine particulier, sont toutes des caractéristiques individuelles qui peuvent modifier la trajectoire du vieillissement cognitif. De plus, ces caractéristiques individuelles n'ont pas un impact homogène sur la cognition et certains domaines de la cognition sont plus perméables que d'autres à l'influence de ces facteurs. Comme nous le verrons dans ce chapitre, de nombreuses études ont également montré que la pratique régulière d'une activité physique module le profil de déclin cognitif dont sera atteint une personne âgée. De plus, comme c'est le cas pour les autres caractéristiques individuelles, l'impact de la condition physique ne s'observe pas dans toutes les sphères cognitives et certaines fonctions cognitives semblent plus sensibles que d'autres à la condition physique.

2 L'impact du vieillissement sur la condition physique

2.1 *Comment mesure-t-on la condition physique ?*

Il existe une grande variété de méthodes et de critères pour évaluer la condition physique d'une personne. D'abord, certaines études ont classé les sujets sur la base de leur participation à des exercices, rapportée dans des questionnaires. Plusieurs questionnaires existent pour quantifier le niveau d'activité physique. Par exemple, le questionnaire d'activité physique *SU.VI.MAX.*** de Vuillemin *et al.* (2000) a pour objectif de quantifier le niveau d'activité physique pratiqué au cours des douze derniers mois. Ce questionnaire est présenté au Tableau 1. Il s'agit du questionnaire le plus complet en langue française (Vuillemin *et al.*, 1998).

Il existe plusieurs autres questionnaires, la plupart en langue anglaise, qui visent à mesurer la quantité d'activité physique que pratique une personne âgée. Un numéro spécial de la revue *Medicine & Science in Sports & Exercise* (1997) a été consacré entièrement aux questionnaires disponibles dans la littérature. Chacun des questionnaires est présenté dans sa forme intégrale. La validité et la fidélité des questionnaires, ainsi que les principales études les ayant utilisés, y sont rapportés. Le questionnaire en anglais le plus utilisé est probablement le *Yale Physical Activity Survey*** (Dipietro, 1993). Il s'agit d'un instrument qui a été spécifiquement conçu pour mesurer l'activité physique chez les aînés. Il permet de sonder une grande variété d'activités en passant par les tâches domestiques, les activités récréatives et sportives et inclut l'évaluation de l'intensité (légère, modérée et vigoureuse) des activités rapportées. Les réponses obtenues sont divisées en 5 indices différents (activité rigoureuse, marche loisir, déplacement, debout, assis), qui permettent d'obtenir un index sommaire. Selon Dipietro *et al.* (1993), le *VO_2max*** serait significativement corrélé avec l'index sommaire et l'indice d'activité rigoureuse, alors que Young, Jee et Appel (2000) ont obtenu une corrélation du VO_2max avec les indices déplacement et debout. Le Tableau 2 présente des questions du *Yale Physical Activity Survey.*

L'utilisation de questionnaires pour mesurer le niveau d'activité physique est très répandue dans les études sur le vieillissement. Toutefois, ce type de mesure auto-rapportée peut souvent être biaisé par l'attitude des répondants et est susceptible d'être influencé par la désirabilité sociale. D'autres études ont donc utilisé des mesures directes de la condition physique, comme la consommation maximale d'oxygène à l'effort connue sous l'appellation VO_2max (acronyme de volume maximal d'oxygène absorbé).

Section loisirs

Question 1 — *Activités physiques*

En vous référant à une liste de différentes activités physiques, vous devez énumérer toutes les activités ***pratiquées au moins 10 fois au cours des 12 derniers mois****. Si vous avez pratiqué une activité absente de la liste au moins 10 fois au cours des 12 derniers mois, notez également le nom de cette activité dans le tableau.*

Précisez la fréquence de pratique de chacune des activités reportées dans le tableau.

Nom de l'activité	Nombre de mois	Nombre moyen de fois/mois	Temps moyen passé à chaque fois (en minutes)
Ex. : Marche rapide	4	12	60

Section professionnelle et domestique

Question 8 — *Activité(s) Professionnelle(s)*

*Listez dans le tableau ci-dessous l****es activités professionnelles*** *que vous avez* ***exercées pendant plus d'un mois durant les 12 derniers mois***

Activité professionnelle		Temps de trajet	Temps moyen de travail		Travail pratiqué assis
Profession	Durée (12 derniers mois)	Marche ou vélo (aller et retour)			
	Nombre de mois	Minutes/jour	Jours/sem	Heures/jour	Heures/jour
Ex. : Technicienne	10	15	4	7	6
Ex. : Caissière	3	0	1	8	0

Question 9 — *Travaux domestiques et autre(s) occupation(s) à l'exception des loisirs*

Décrivez dans le tableau ci-dessous vos ***occupations habituelles à la maison (hormis vos loisirs)*** *: ménage, achats, entretien/réparation d'intérieur et d'extérieur, déplacements à pied ou à vélo (en dehors des loisirs et des trajets liés à l'activité professionnelle).*

Activité		Temps de trajet	Temps moyen passé à ces occupations	
Type	Durée (12 derniers mois)	Marche ou vélo (aller et retour)		
	Nombre de mois	Minutes/jour	Jours/sem	Heures/jour
Ex. : ménage	12	0	1	4
Ex. : entretien extérieur	12	0	2	3

Tableau 1

Sections et exemples du Questionnaire d'activité physique de Vuillemin qui vise à quantifier le niveau d'activité d'une personne.

Question 1 (fait partie de l'index *activité rigoureuse*)

Environ combien de fois durant le dernier mois avez-vous participé à des **activités vigoureuses** qui ont duré **au moins 10 minutes** et engendré une augmentation importante de votre respiration, de votre fréquence cardiaque, une fatigue dans vos jambes **ou** vous ont fait transpirer ?

Jamais	☐
Une à trois fois par mois	☐
Une à deux fois par semaine	☐
Trois à quatre fois par semaine	☐
Cinq fois ou plus par semaine	☐
Je refuse de répondre	☐
Je ne sais pas	☐

Question 3 (fait partie de l'index *marche plaisir*)

Pensez aux promenades que vous avez faites durant le dernier mois. Environ combien de fois par mois avez-vous marché pour une période d'**au moins 10 minutes**, **sans vous arrêter**, à un rythme **insuffisant** toutefois pour augmenter votre respiration, votre fréquence cardiaque, engendrer une fatigue dans vos jambes **ou** vous faire transpirer ?

Jamais	☐
Une à trois fois par mois	☐
Une à deux fois par semaine	☐
Trois à quatre fois par semaine	☐
Cinq fois ou plus par semaine	☐
Je refuse de répondre	☐
Je ne sais pas	☐

Question 7 (fait partie de l'index *assis*)

Environ combien d'heures en moyenne avez-vous passé assis durant une journée au cours du dernier mois ?

Jamais	☐
Moins de trois heures	☐
Entre trois et six heures	☐
Entre six et huit heures	☐
Plus de huit heures	☐
Je refuse de répondre	☐
Je ne sais pas	☐

Tableau 2

Exemple de questions du *Yale Physical Activity Survey*.

Spécifiquement, le VO_2max est la quantité maximale d'oxygène qu'un individu est capable de consommer en une minute pendant qu'il effectue un exercice soutenu et avec effort (e.g., marche sur tapis roulant). Il est mesuré en millilitre/kilogramme/minute (mL/kg*min^{-1}) au moyen d'un système complexe et onéreux d'analyseur de gaz absorbés et expirés qui indique la saturation d'oxygène et de dioxyde de carbone contenus dans les gaz expirés. Dans plusieurs études par contre, divers facteurs (e.g., le grand nombre de participants, le manque de ressources, l'accès limité à des équipements sophistiqués, etc.) obligent les chercheurs en psychologie à recourir à des estimations du niveau de VO_2max, au moyen de tests de terrain. Par exemple, le *Rockport one-mile*** (Kline, 1987) est un test de marche rapide ne requérant aucun équipement coûteux, facile à mettre en place, et qui corrèle à .90 avec le VO_2max. Ce test de terrain permet donc d'obtenir une estimation du niveau de VO_2max valide, fiable et satisfaisante pour le chercheur en psychologie qui s'intéresse aux effets de la condition physique sur la cognition au cours du processus de vieillissement. Il s'agit d'un test qui ne nécessite que la marche rapide et qui est donc très utile pour tester les personnes sédentaires ainsi que les individus plus âgés. Pendant le test, les individus parcourent la distance de 1.0 mile (1.609 km) le plus rapidement possible. Le test de marche est administré de façon continue (sans interruption) sur une surface plane et exempte de toute imperfection (i.e., une piste d'athlétisme couverte de 200 ou 400 m). À l'aide d'un chronomètre, on enregistre le temps nécessaire pour effectuer la distance demandée. À la suite de l'exercice, on prend la fréquence cardiaque des sujets sur 60 secondes et ce, immédiatement après qu'ils aient complété la distance d'un mile. À l'aide du poids, de l'âge, du sexe, de la fréquence cardiaque post-exercice et du temps pris pour parcourir 1 mile, on peut estimer la consommation maximale d'oxygène d'une personne en utilisant une équation générale de prédiction du VO_2max. Cette formule a été obtenue par Kline (1987) en mesurant le VO_2max réel et estimé de 343 sujets à l'aide respectivement d'une mesure directe de la consommation maximale d'oxygène et du Rockport. La Figure 1 montre des personnes âgées chronométrées par un entraîneur lors d'une passation du test de Rockport.

La popularité de la mesure du VO_2max ou du VO_2max estimé comme indicateur de la condition physique d'une personne s'explique facilement puisque l'oxygène constitue le comburant indispensable pour le fonctionnement de la voie métabolique aérobie (Préfaut, Fabre, & Masse-Biron, 1998). Le VO_2max représente la capacité fonctionnelle du corps humain à extraire l'oxygène de l'air ambiant et de l'acheminer à l'organisme pour répondre aux demandes métaboliques, donc pour soutenir les efforts physiques. Ainsi, le VO_2max est l'un des meilleurs indicateurs de la condition cardiorespiratoire chez l'humain. La condition cardiovasculaire est largement déterminée par les habitudes d'activité physique. Il s'agit donc d'une mesure physiologique objective de la condition physique et de la santé d'une personne. Une faible condition cardiorespiratoire est associée à de plus hauts risques de maladies cardiovasculaires et un plus haut risque de mortalité.

Figure 1

Dans le test de la condition physique de Rockport, on chronomètre le temps requis par un participant pour parcourir un mile (1609m), puis on prend sa fréquence cardiaque.

Ces données sont ensuite comparées à un groupe de référence afin d'estimer le VO_2max.

2.2 L'effet du vieillissement sur le VO_2max

Plusieurs études ont tenté de mesurer les changements associés au vieillissement normal sur la santé cardiorespiratoire et plus précisément sur la mesure du VO_2max. Les questions qui ont intéressé les chercheurs sont :

- À quel moment la santé cardiorespiratoire commence-t-elle à décliner dans la vie d'une personne ?
- À quel rythme ce déclin survient-il ?
- Quelles en sont les causes ?
- Peut-on contrer le déclin de la santé cardiorespiratoire associé à l'âge ?

Plusieurs études ont apporté des éléments de réponse à ces questions. Hawkins et Wiswell (2003) ont répertorié un grand nombres d'études transversales et longitudinales dans lesquelles ont rapporte le taux de diminution du VO_2max par décennie chez différents groupes de participants. Les participants de ces études étaient soient sédentaires, plutôt actifs, très actifs et dans certains cas, des athlètes de haut niveau. De façon générale, ces études ont mis en évidence une diminution de 10 % du VO_2max par décennie à partir de 25 ans (Heath *et al.*, 1981 ; Hawkins & Wiswell, 2003). Bien que certaines études suggèrent qu'une diminution de 4 à 5 % du VO_2max par décennie reflète un déclin normal associé à l'âge, un déclin de 10 % par décennie serait davantage le reflet du déclin touchant la plupart des individus tous niveaux d'activité confondus, c'est-à-dire les athlètes, les gens actifs et les sédentaires. Toutefois, la diminution du VO_2max n'est pas linéaire et survient de façon marquée chez les personnes sédentaires dès la vingtaine et la jeune trentaine, alors que chez les gens très actifs, la diminution du VO_2max correspond à la diminution de la fréquence des entraînements ou à l'arrêt de l'entraînement. Il existe également des différences individuelles importantes et les résultats observés dans les études dépendent de l'échantillon étudié. Le taux de diminution du VO_2max par décennie est parfois plus marqué lorsque les chercheurs n'ont pas exclus les participants souffrant de diverses maladies. De plus, la diminution du VO_2max par décade semble plutôt avoisiner les 15 % dans les études longitudinales lorsque les participants entrent dans l'étude à un âge plus avancé, ou encore lorsqu'il s'agit d'athlètes qui ont passé d'un niveau compétitif d'entraînement à un niveau plus récréatif. Même si de façon générale, la revue de littérature de Hawkins et Wiswell (2003) suggère que le déclin du VO_2max est plus marqué dans les études longitudinales, dans l'ensemble, les résultats tendent à montrer que le déclin associé à l'âge est bel et bien de 10 % par décennie et que le rythme de déclin est le même chez les personnes sédentaires que chez les gens actifs. La Figure 2 montre le déclin moyen du VO_2max dans les études transversales (21 études) et longitudinales (31 études) répertoriées par Hawkins et Wiswell (2003).

Contrairement à ce que suggèrent les auteurs de l'étude, les résultats observés à la Figure 2 montrent que les personnes sédentaires déclinent plus que les personnes actives sur une période de 10 ans. Toutefois, l'estimation du déclin du VO_2max entre les sédentaires et les personnes actives est compliquée par plusieurs limites des études rapportées dans cette revue de littérature. D'abord, il y a clairement un biais de sélection, puisque, dans la Figure 2, le déclin des sédentaires n'est estimé qu'à partir de 5 études

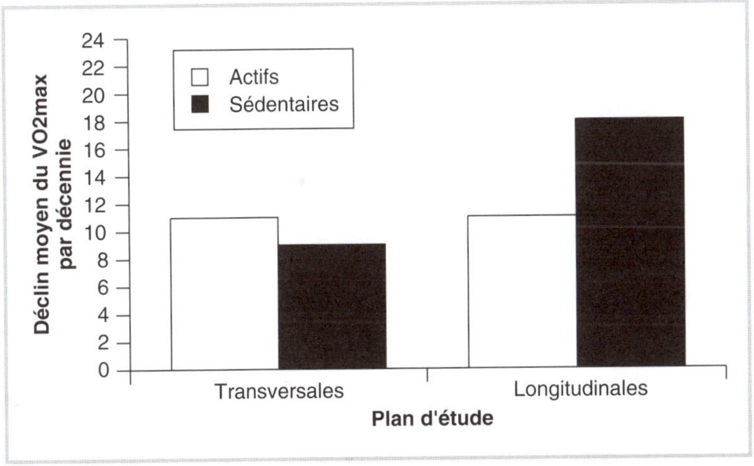

Figure 2

Déclin moyen du VO_2max par décennie dans les études transversales et longitudinales chez les personnes sédentaires (12 études) et actives (40 études) (d'après Hawkins et Wiswell, 2003).

transversales et 7 études longitudinales, contre 16 études transversales et 24 études longitudinales impliquant des gens actifs ou des athlètes. Deuxièmement, même si le déclin relatif (exprimé en %) est souvent équivalent chez les sédentaires et les actifs, le déclin absolu est souvent plus marqué chez les personnes très actives qui ont atteint un plus haut niveau de condition physique avant de connaître un déclin. Enfin, il est évident que les personnes actives sont massivement représentées dans ce type d'étude probablement par intérêt personnel, alors que les sédentaires sont sous-représentés.

Quoiqu'il en soit, et bien que le déclin relatif du VO_2max par décennie soit en apparence comparable entre les sédentaires et les personnes actives, il demeure que l'activité physique favorise une meilleure condition cardiorespiratoire. Dans une étude de Heath *et al.* (1981), par exemple, on rapporte qu'à quantité et intensité égale d'entraînement chez de jeunes athlètes (âge moyen 22 ans) et chez des athlètes vétérans (âge moyen 60 ans), malgré 40 ans d'écart, le VO_2max des vétérans n'était que de 15 % inférieur à celui des jeunes athlètes et deux fois supérieur à celui d'un groupe de sujets aînés sédentaires étudié parallèlement. Dans les études rapportées par Hawkins et Wiswell (2003), les participants actifs ont toujours un niveau de condition cardiorespiratoire supérieur aux personnes sédentaires du même âge.

Enfin, qu'est-ce qui explique le déclin de la santé cardiorespiratoire au cours du vieillissement ? Les mécanismes sous-jacents au déclin du VO_2max avec l'âge sont encore mal connus. Hawkins et Wiswell (2003) proposent deux types de changements chronologiques : centraux et périphériques. Selon ces chercheurs, le *changement central*** le plus important est la diminution de la fréquence cardiaque à l'effort. Le rythme cardiaque à l'effort décline, pour les hommes et les femmes, d'environ 3-5 % par décennie et n'est pas modulé par le degré d'entraînement physique Au *niveau périphérique***, les changements de la composition corporelle jouent certainement un rôle majeur dans la baisse de VO_2max, notamment la diminution de la masse musculaire et des masses maigres et l'augmentation des masses grasses. Certaines études proposent même qu'une fois les changements affectant les masses corporelles pris en compte, la baisse du VO_2max par décennie ne serait que de 4 %.

3 Santé cardiorespiratoire et vieillissement cognitif

3.1 *Résultats des études longitudinales*

3.1.1 L'effet de la condition physique sur l'état mental général

Les études longitudinales qui se sont intéressées à la relation entre la condition physique et le vieillissement cognitif ont montré que les personnes qui maintiennent un bon niveau de santé physique, tel qu'évalué par des indices cardiorespiratoires, présentent moins de déclin cognitif associé à l'âge. Par exemple, Yaffe et ses collaborateurs (2001) ont suivi 5925 femmes de 65 ans et plus pendant un période de 6 à 8 ans. Ils ont évalué leurs performances cognitives à l'aide du MMSE (version modifiée avec un score maximal de 26 ; voir Chapitre 8 pour une présentation détaillée du MMSE). Dans cette étude, la condition physique des participantes était évaluée au début de l'étude, entre 1986-1988, de deux façons. D'abord, on demandait aux participants d'estimer la distance de marche parcourue par jour (en blocs de maisons équivalents à une distance de 160 mètres), dans le cadre d'une activité physique ou simplement dans leurs routines quotidiennes. L'autre mesure de la condition physique était un questionnaire (*Paffenbarger Scale*) visant à estimer le nombre de kilojoules dépensés par semaines en fonction de diverses activités. Les résultats de l'étude étaient équivalents avec les deux types de mesures de l'activité physique. Aussi, nous n'étudierons que les résultats observés avec la mesure de la distance de marche parcourue chaque jour, calculée en nombre de blocs (160 mètres). Le nombre médian de blocs parcourus à la marche par les participantes de l'étude de Yaffe et ses collaborateurs étaient de 49. Dix pourcent des participantes disaient ne pas marcher du tout et 10 % d'entre elles rapportaient parcourir plus de 200 blocs de 160 mètres par semaine. Il est évident que le niveau d'activité physique pratiqué par les femmes de 65 ans et plus est extrêmement variable. La Figure 3 présente le nombre de blocs médian parcourus par semaine par les participantes selon qu'elles se situent dans les 25 % plus actives (entre 113-672 blocs), moyennement actives (entre 50-112 blocs), plutôt sédentaires (entre 23-49 blocs) ou très sédentaires (entre 0-22 blocs).

L'étude de Yaffe et ses collborateurs (2001) a permis de montrer qu'il existe une relation directe entre l'activité physique et les risques de déclin cognitif d'une personne âgée. En effet, alors que les scores au test cognitif étaient sensiblement les mêmes au début de l'étude entre les personnes les plus actives et les moins actives (25.1 dans le quartile des moins actifs et 25.2 pour le quartile des plus actifs), les chercheurs ont observé que les participantes situées dans le quartile des plus actives ont moins de risque de montrer des signes de déclin cognitif au cours de la période de l'étude, soit 7.5 années. La Figure 4 montre le pourcentage de participantes dans chaque quartile de la distribution des scores de condition physique (Figure 3), selon le nombre de blocs parcourus par semaine, ayant montré un déclin cognitif significatif (≥ 3 point au MMSE). Ces résultats indiquent que les personnes moins actives ont plus de chances de montrer des signes de déclin cognitif. De plus, cette relation entre l'activité physique et les chan-

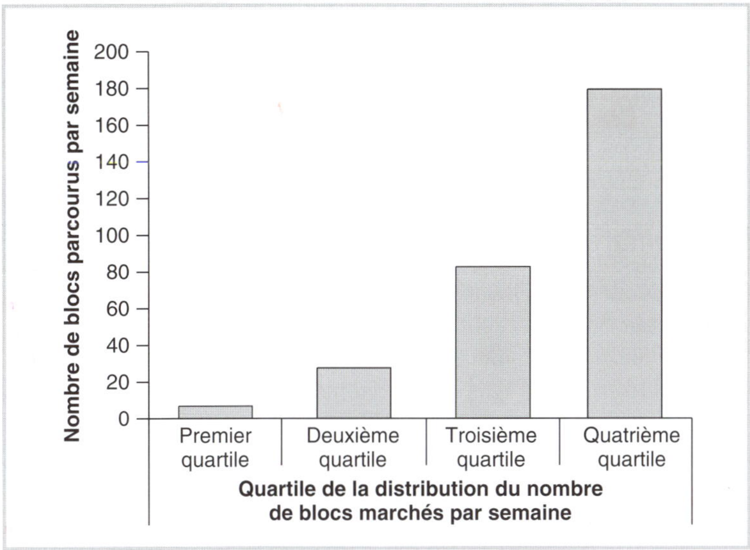

Figure 3

Médianes du nombre de blocs parcourus à la marche par les femmes âgées de 65 ans et plus (d'après Yaffe et al., 2001).

Ces résultats indiquent que le niveau d'activités physiques d'une personne varie considérablement.

ces de montrer un déclin cognitif était la même après avoir contrôlé statistiquement l'âge, le niveau de scolarité, la santé générale, la dépression, les limites fonctionnelles, les problèmes de santé courants chez les personnes âgées (diabète, hypertension, etc.). Une analyse de régression linéaire a permis aux auteurs de confirmer que le nombre de blocs marchés par semaine était associé (coefficient de régression = -0.14) au déclin cognitif après une période de 6-8 ans. Les femmes du premier quartile (Figure 4) avaient un pourcentage de déclin moyen de 4.5 points aux MMSE, alors que les participantes du second, troisième et quatrième quartiles avaient un pourcentage de déclin respectivement de 4.25, 3.5 et 3.25 au cours de l'étude. Ces résultats indiquent que les femmes qui demeurent actives éprouvent moins de déclin cognitif en vieillissant.

celles qui demeuraient actives avaient moins grand déclin cognitif.

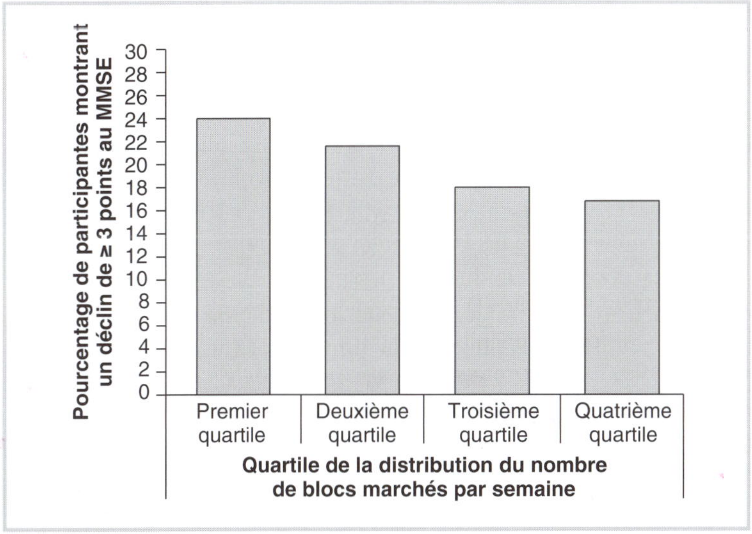

Figure 4

Pourcentages de participantes ayant montré un déclin cognitif significatif au MMSE (≥ 3) en fonction du niveau d'activité physique (d'après Yaffe et al., 2001).

Ces résultats indiquent que les femmes moins actives sont les plus nombreuses à connaître un déclin cognitif significatif.

3.1.2 L'effet de la condition physique sur le déclin cognitif

La relation entre la condition physique et le vieillissement cognitif a également été observée dans l'étude de Barnes, Yaffe, Satariano et Tager (2003). Dans cette étude, 349 participants âgés de 65 ans à la fin de l'étude, physiquement actifs, et ne montrant aucun signe de maladie cardiovasculaire, ont complété un test de VO_2max sur tapis roulant. Sur la base de leurs performances cardiorespiratoires, les participants ont été divisés en trois groupes selon le niveau initial de VO_2max, c'est-à-dire au début de l'étude. Le Groupe 1, moins en forme, a obtenu un niveau maximal de consommation d'oxygène, le VO_2max (mL/kg*min^{-1}), variant de 12.3-18.6 pour les femmes et 14.8-23.4 chez les hommes. Le Groupe 2 affichait des valeurs de VO_2max de 18.7-22.7 pour les femmes et de 23.5-28.9 pour les hommes. Enfin, pour le Groupe 3, le plus en forme, les VO_2max obtenus étaient de 22.8-36.1 pour les femmes et 29.0-45.7 pour les hommes.

Ensuite, les chercheurs ont comparé les trois groupes variant au niveau de la condition physique à des tests mesurant les fonctions cognitives. L'évaluation comprenait un niveau de base au MMSE et un suivi au MMSE après une période de six ans en plus d'une évaluation cognitive détaillée à la fin de l'étude. La question qui intéressait les chercheurs était de savoir si le niveau de condition physique initial permettrait de prédire le déclin cognitif observé sur une période de 6 ans. Barnes et ses collaborateurs ont observé plusieurs résultats intéressants. D'abord, au début de l'étude, il n'y avait aucune différence entre les participants des trois groupes dans les performances au MMSE. Par contre, le score différentiel au MMSE entre le début et la fin de l'étude était directement associé à la condition physique initiale, étant plus élevé pour le Groupe 1, qui perdait en moyenne 0.5 point, moins élevé pour le Groupe 3, qui ne montrait aucun déclin au MMSE, alors que le Groupe 2 se situait entre les deux groupes extrêmes, avec un déclin moyen de 0.2 point. À la fin de l'étude, les chercheurs ont également administré aux participants une batterie de tests neuropsychologiques évaluant la mémoire, l'attention et les fonctions exécutives, comme le test de Traçage de piste partie B, l'épreuve de Stroop, le sous-test de Substitution de la WAIS-III, le test d'apprentissage verbal de 16 mots de Californie (CVLT) et un test de fluidité verbale. Les auteurs ont observé que la condition cardiorespiratoire au début de l'étude était associée positivement à une préservation des fonctions cognitives après une période de 6 ans. La Figure 5 fait apparaître les performances des trois groupes aux tests cognitifs. On peut voir que les participants plus en forme obtiennent de meilleurs résultats à tous les tests. Les différences sont importantes dans les tests d'attention mesurant les habiletés d'alternance (Traçage de piste), l'inhibition (Stroop) et la vitesse de traitement de l'information (Substitution) mais aussi dans les tests de mémoire (rappel immédiat et avec délai).

Ensuite, les chercheurs ont voulu savoir si on peut prédire le déclin cognitif aux tests selon le niveau de condition physique initial, donc au début de l'étude, à l'aide d'une analyse de régression linéaire. Les résultats de cette analyse ont permis de constater qu'une meilleure performance au test de VO_2max est corrélée avec le déclin cognitif observé après 6 ans à tous les tests, une meilleure condition physique entraînant un déclin cognitif moins important. Par ailleurs, lorsque les scores sont ajustés pour l'âge, le genre, le niveau scolaire, l'état de santé, le niveau socio-économique et le niveau de

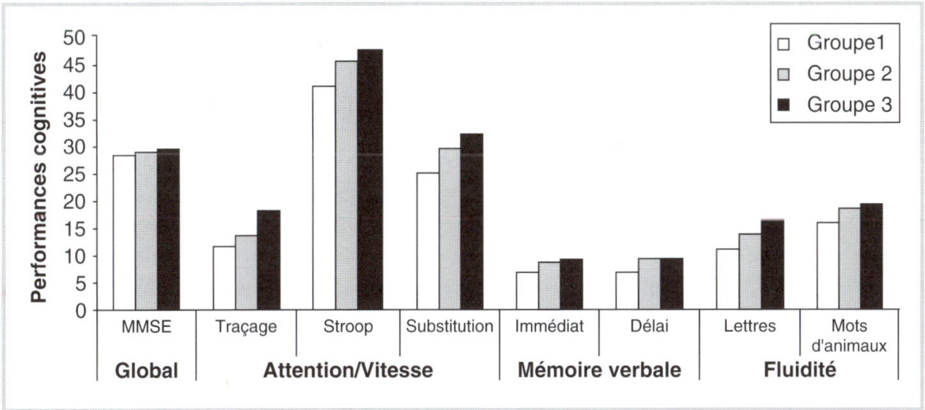

Figure 5

Performances aux tests cognitifs 6 ans après le début de l'étude en fonction du niveau de VO_2max obtenu au début de l'étude (d'après Barnes et al., 2003).

Ces résultats montrent qu'une bonne santé cardiorespiratoire est associée à de meilleures performances cognitives.

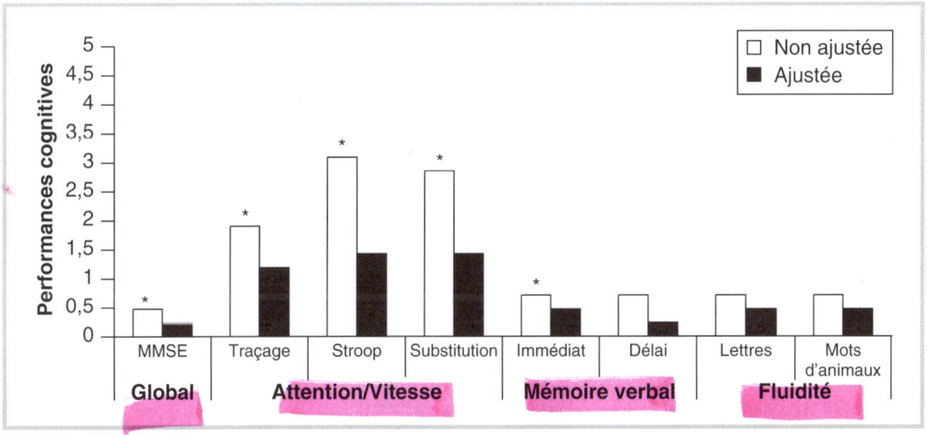

Figure 6

Augmentation de la performance aux différents tests cognitifs observée pour chaque augmentation de 1 écart-type au VO_2max, établi au début de l'étude, avec et sans ajustement pour différentes variables individuelles (e.g., âge, sexe, santé, scolarité, etc.).

Ces résultats montrent la relation entre la santé cardiorespiratoire et les performances cognitives.

base au MMSE, le VO_2max est toujours associé aux changements cognitifs observés au MMSE, aux tests d'attention (Traçage, Stroop, Substitution), ainsi qu'au rappel immédiat. La Figure 6 montre l'augmentation aux scores des tests cognitifs à la fin de l'étude pour une augmentation de l'écart-type au VO_2max évalué au début de l'étude.

3.2 *Résultats des études transversales*

3.2.1 Différences liées à la condition physique dans les tâches de temps de réponse

Dans les études transversales intéressées à l'impact de la condition physique sur le vieillissement cognitif, les chercheurs ont comparé des personnes âgées ayant différents niveaux de santé physique, le plus souvent mesurée par un indice de santé cardiorespiratoire, sur des épreuves cognitives. Ces études montrent une relation entre la condition physique et les performances cognitives et suggèrent qu'un régime d'exercice durant toute une vie peut engendrer une facilitation de certains aspects de la cognition. La première étude dans ce domaine est celle de Spirduso (1975). Spirduso a comparé quatre groupes de joueurs (jeunes et âgés) de sports de raquette ou de handball à des tâches de temps de réaction simple et aux choix : un groupe de jeunes adultes sportifs de 24 ans en moyenne, un groupes d'athlètes âgés en moyenne de 57 ans, un groupe de jeunes non actifs de 25 ans en moyenne et un groupe d'aînés non actifs de 56 ans en moyenne. Les sportifs de cette étude pratiquaient leur sport préféré plus de 2 à 3 fois par semaine depuis de nombreuses années, alors que les non-actifs n'avaient jamais pratiqué un sport de façon sérieuse ou intensive. Spirduso a comparé ces participants à une tâche de temps de réaction simple qui nécessitait d'appuyer le plus rapidement possible sur un touche à l'apparition d'une lumière et une tâche de temps de réaction au choix dans laquelle le participant devait déterminer si la lumière apparaissait à droite, à gauche ou au centre d'un dispositif. Spirduso s'est intéressé au temps de décision, mesuré entre l'apparition de la lumière et l'initiation du mouvement, et au temps de production de la réponse, mesuré par la durée du mouvement. Les résultats de cette étude sont présentés à la Figure 7. De façon générale, les participants plus âgés répondent toujours

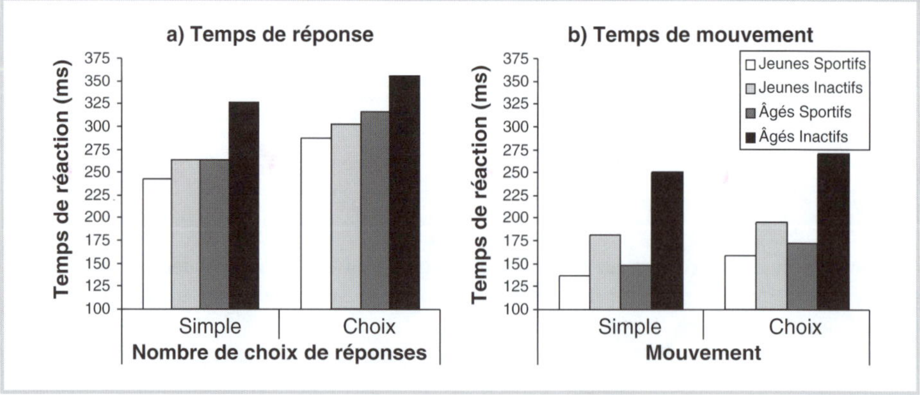

Figure 7

Temps de réponse et temps de mouvement à la tâche de temps de réaction simple et au choix chez 4 groupes de participants répartis en fonction de leur âge (jeune vs. âgé) et de leur niveau d'activité sportive (inactif vs. actif) (d'après Spirduso, 1975).

Ces données montrent que les personnes âgées qui pratiquent régulièrement une activité sportive répondent plus rapidement aux tests cognitifs.

plus lentement aux deux tâches de temps de réaction et les participants sportifs, peu importe leur âge, sont plus rapides que les participants non actifs. Toutefois, dans la tâche de temps de réaction simple, l'effet de l'âge sur le temps de réponse et le temps de mouvement variait selon l'appartenance au groupe sportif ou non actif. En fait, les personnes âgées non actives étaient toujours plus ralenties que les aînés sportifs, ces derniers répondant aussi rapidement que les jeunes non actifs. Ces différences entre les âgés actifs et non actifs étaient également observées dans le temps de mouvement dans la tâche de temps de réaction au choix, mais pas dans les temps de réponse de la condition de temps de réaction au choix.

Clarkson-Smith et Hartley (1989) ont également étudié la relation entre la condition physique et la vitesse des réponses à l'aide de tâches de temps de réaction. Les chercheurs ont recruté leurs participants dans un groupe de 300 personnes âgées de 55 à 91 ans à partir duquel ils ont formé 2 groupes avec les 62 personnes âgées les plus actives et les 62 personnes les moins actives. Les groupes ont été formés sur la base du nombre de calories dépensées par semaine et du nombre d'heures par semaines consacrées à la pratique d'activités physiques intenses. Les participants de l'étude de Clarkson-Smith et Hartley (1989) ont réalisé plusieurs tests cognitifs et neuropsychologiques dont une épreuve de temps de réaction. La tâche de temps de réaction impliquait une condition de temps de réaction simple, une condition de temps de réaction à 2 choix (appuyer sur une touche associée à un choix entre deux lettres) et une condition de temps de réaction à 4 choix. Les chercheurs ont ainsi pu calculer une pente de l'augmentation du temps de réponse en fonction de la complexité de la tâche. Les chercheurs ont observé que les personnes les plus en forme prennent moins de temps à répondre globalement à la tâche de temps de réponse. La Figure 8 montre les temps de réaction moyens pour les deux groupes variant au niveau de l'activité physique. De plus, les personnes plus en forme montrent des performances moins variables, comme l'indique l'écart-type pour chaque groupe dans la Figure 8. Une autre observation importante de l'étude de Clarkson-Smith et Hartley (1989) est que la pente de temps de réaction en fonction de la difficulté de la tâche était plus importante pour les personnes moins acti-

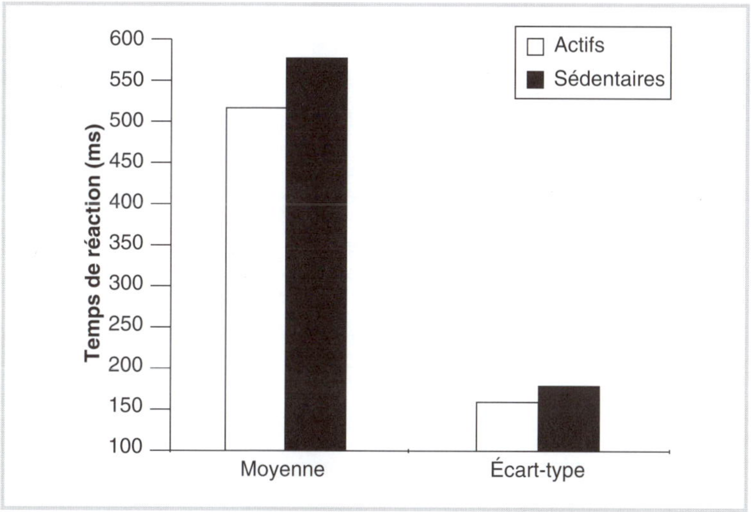

Figure 8

Temps de réaction moyens et écarts-types observés dans chaque groupe de participants aux tâches de temps de réaction (d'après Clarkson-Smith & Hartley, 1989).

Ces résultats indiquent que les personnes plus actives répondent plus rapidement dans les tâches cognitives.

ves. Les pentes du temps de réponse en fonction du nombre de choix étaient respectivement de 2.07 pour les personnes actives et de 2.48 pour les sédentaires. Donc, à mesure qu'une tâche devient complexe et exige plus de ressources cognitives, l'augmentation du temps de réponse en fonction de la difficulté de la tâche est plus marquée dans le groupe de personnes âgées moins actives.

3.2.2 L'effet de la condition physique dans les tâches de raisonnement et de mémoire de travail

Dans leur étude, Clarkson-Smith et Hartley (1989) ont également comparé la performance des participants actifs et sédentaires à diverses épreuves cognitives. Les chercheurs ont comparé les deux groupes au raisonnement verbal avec le test des Analogies, au raisonnement non verbal à l'aide du test des Matrices de Raven (voir Chapitre 2 pour une présentation) et au test des séries (complément de séries de lettres-chiffres). Pour tester la mémoire de travail, Clarkson-Smith et Hartley (1989) ont utilisé un test dans lequel on présente deux séries de lettres, à raison d'une lettre toutes les 1.5 seconde. Le participant doit ensuite comparer les deux séries de lettres en mémoire de travail pour indiquer si une lettre diffère entre les deux séries. Les chercheurs ont également utilisé des tests d'empan classique : l'empan de chiffres de la WAIS et l'empan de lecture, dans lequel il faut retenir le dernier mot de chaque phrase lue. Les résultats observés par Clarkson-Smith et Hartley (1989) sont présentés dans la Figure 9. On peut voir que les personnes âgées les plus actives sont celles qui montrent les meilleures performances à toutes ces épreuves, sauf dans la tâche d'empan de chiffres. Il semble donc que l'activité physique contribue à préserver de bonnes performances dans les tâches de raisonnement et de mémoire de travail.

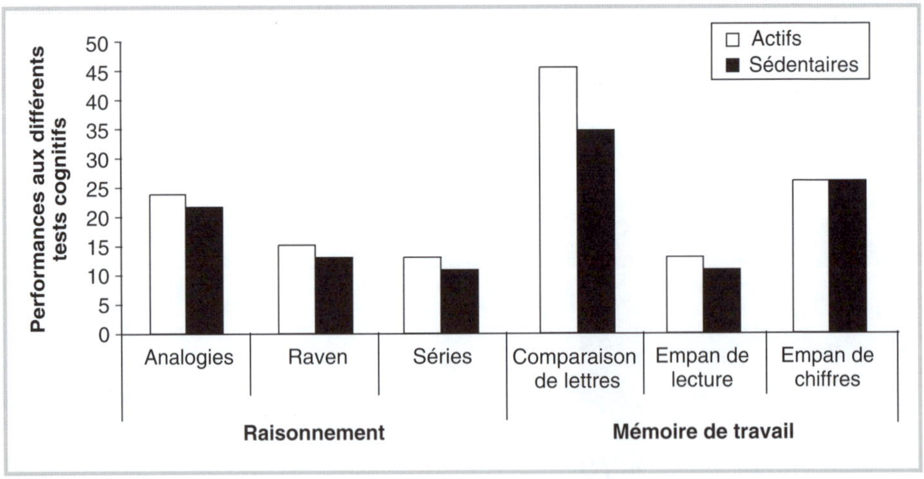

Figure 9

Performances aux tests de raisonnement et de mémoire de travail en fonction de l'activité physique des participants (d'après Clarkson-Smith & Hartley, 1989).

Ces résultats indiquent que l'activité physique contribue à maintenir de bonnes performances en raisonnement et en mémoire de travail.

3.2.3 L'effet de la condition physique dans les tâches visuo-spatiales

Shay et Roth (1992) ont comparé la performance de 105 hommes de différents niveaux de condition physique à une batterie exhaustive de tests neuropsychologiques et cognitifs. Trois groupes de participants jeunes (18-28 ans), d'âge moyen (35-45 ans) et âgés (60-73 ans) actifs et sédentaires ont participé à cette étude. Les participants étaient classés dans le groupe des personnes en bonne condition physique s'ils avaient un score de consommation d'oxygène (ml/kg/min) égal ou supérieur à la médiane de leur groupe d'âge (45, 33 et 25 respectivement pour les jeunes, les personnes d'âge moyen et les aînés). Dans chaque groupe d'âge, les personnes ayant un score inférieur à la médiane du groupe formaient le groupe d'un bas niveau de condition physique. Les chercheurs se sont intéressés aux performances des participants dans quatre domaines cognitifs :

- Les fonctions visuo-spatiales évaluées à plusieurs tests dont la reproduction de figure de la batterie Wechsler Mémoire, le test de substitution de la WAIS-R, la copie de figure de Rey et le rappel différé à la reproduction de figure de la Wechsler Mémoire et la Figure de Rey.
- L'attention et la concentration évaluées aux tests de fluidité verbale, au Stroop et au test de traçage de piste.
- La mémoire verbale, évaluée au test d'empan de chiffres à l'endroit et à rebours et au test de mémoire logique de la batterie Wechsler Mémoire, en rappel immédiat et différé.
- Les fonctions sensorimotrices évaluées entre autres à l'aide du test de tapping (nombre de frappes alternées des deux mains en 10 secondes).

Les résultats partiels observés par Shay et Roth (1992) dans chaque domaine cognitif sont présentés aux Figures 10, 11, 12 et 13. Contrairement à ce qu'on aurait pu prédire, ces résultats ne montrent pas de supériorité des personnes âgées en bonne santé dans la plupart des épreuves cognitives, sauf pour les fonctions visuo-spatiales. En effet, les chercheurs ont rapporté une interaction entre l'âge et la condition physique, à l'avantage des personnes âgées en bonne santé, seulement aux tests de reproduction de figure (copie de Figure du Wechsler Mémoire et de la Figure de Rey, en rappel immédiat et différé). Ces résultats suggèrent qu'une bonne condition physique réduit l'effet du vieillissement cognitif dans certains tests seulement, montrant un net avantage dans les tests mesurant les habiletés visuo-spatiales.

En résumé, les études transversales et longitudinales montrent qu'il existe une relation entre la condition physique, le plus souvent mesurée par un indice de santé cardiorespiratoire, et les performances cognitives des personnes âgées. Les études longitudinales nous ont permis d'établir que non seulement les personnes ayant une meilleure santé cardiorespiratoire avaient de meilleurs scores aux tests cognitifs mais surtout, leurs performances cognitives déclinaient moins et ces résultats sont frappants même sur de courtes périodes de 6-8 années. Les résultats des études transversales sont également importants car ils nous ont permis de préciser la nature de la relation entre la condition physique et la performance cognitive. Il semble qu'une meilleure condition physique favorise de meilleures performances cognitives surtout dans les épreuves de temps de réponse, de mémoire de travail et dans les tâches visuo-spatiales. Il est donc permis de

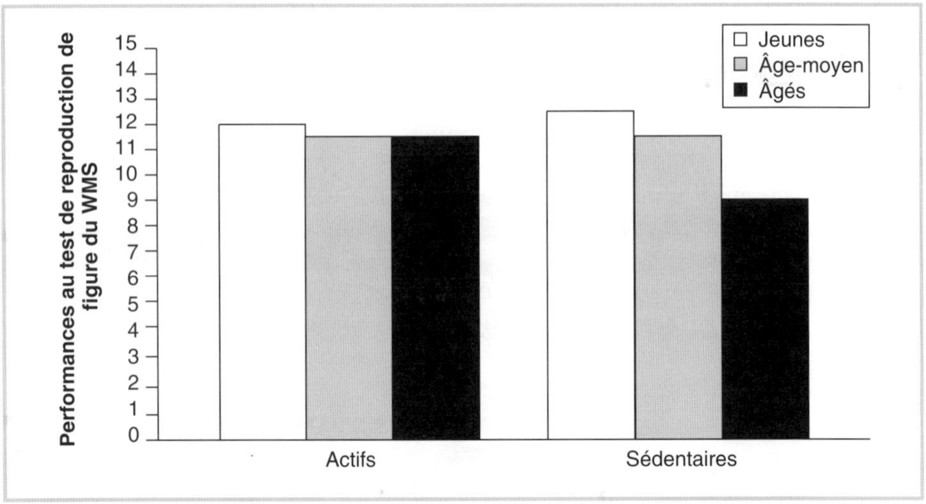

Figure 10

Performances observées au test de copie immédiate et en rappel différé des figures de la batterie Wechsler Mémoire (Wechsler Memory Scale, WMS), mesurant les habiletés visuo-spatiales, en fonction de l'âge (personnes jeunes, d'âge moyen et âgées) et de la condition physique (actifs vs. sédentaires) des participants (d'après Shay & Roth, 1992).

Ces données montrent que les personnes âgées actives maintiennent de meilleures performances au test visuo-spatial.

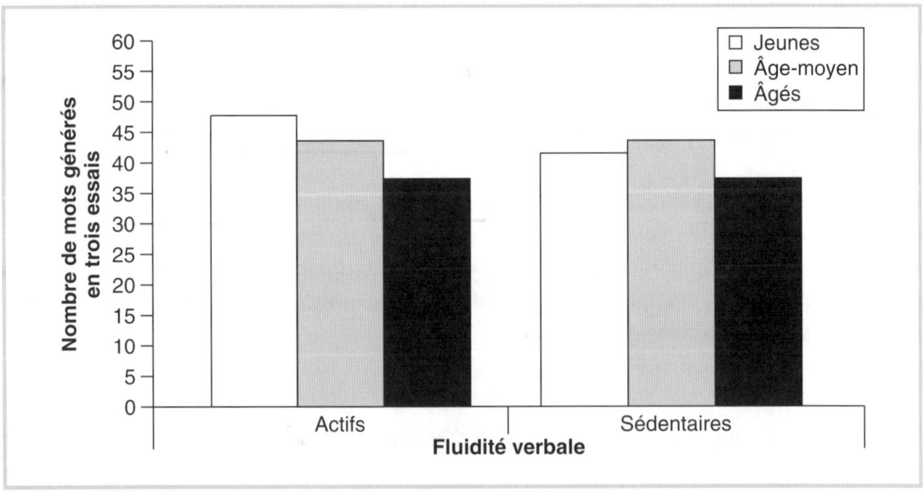

Figure 11

Performances au test de fluidité verbale, mesurant l'attention/concentration, en fonction de l'âge (personnes jeunes, d'âge moyen et âgées) et de la condition physique (actifs vs. sédentaires) des participants (d'après Shay & Roth, 1992).

Le score indique le nombre total de mots générés sur trois essais de 1 minute (les mots devaient commencer par la lettre F, A et S respectivement pour chacun des trois essais). Ces données montrent que l'activité physique n'avantage pas les personnes âgées actives par rapport aux personnes âgées inactives au test de fluidité verbale.

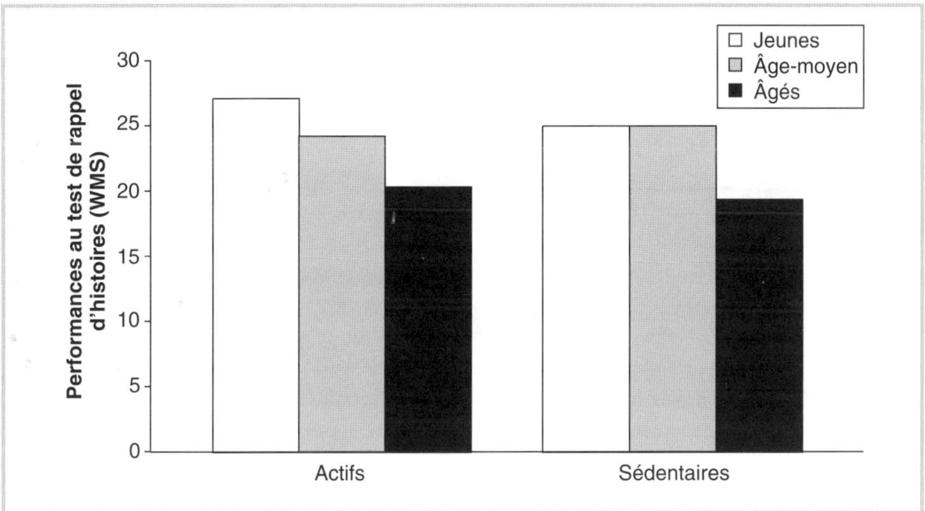

Figure 12

Performances observées au test de rappel d'histoires de la batterie Wechsler Mémoire (Wechsler Memory Scale, WMS), mesurant la mémoire verbale, en fonction de l'âge (personnes jeunes, d'âge moyen et âgées) et de la condition physique (actifs vs. sédentaires) des participants (d'après Shay & Roth, 1992*).*

Ces données montrent que l'activité physique n'avantage pas les personnes âgées actives par rapport aux personnes âgées inactives au test de mémoire épisodique.

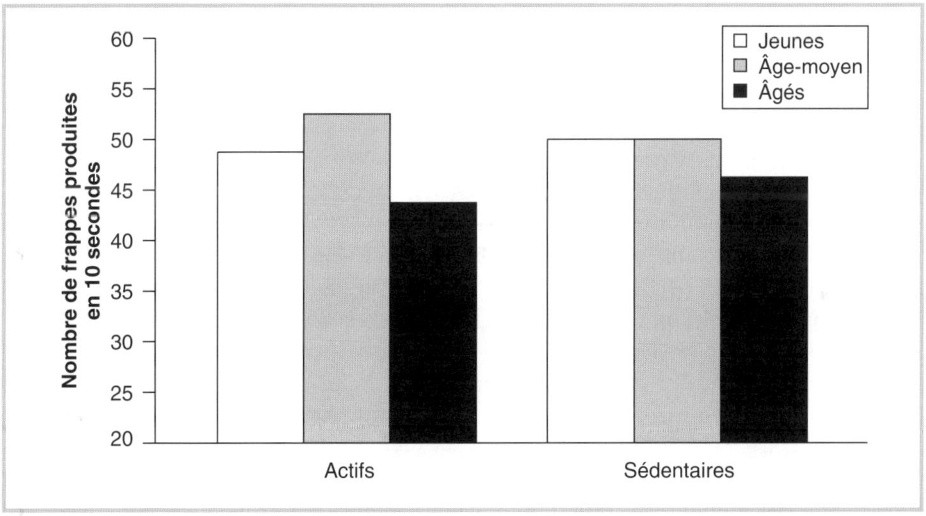

Figure 13

Performances observées à la tâche de frappe (nombre de frappes en 10 secondes), mesurant les habiletés sensorimotrices, en fonction de l'âge (personnes jeunes, d'âge moyen et âgées) et de la condition physique (actifs vs. sédentaires) des participants (d'après *Shay & Roth, 1992).*

Ces données montrent que l'activité physique n'avantage pas les personnes âgées actives par rapport aux personnes âgées inactives à la tâche de frappe.

croire qu'une bonne condition physique pourrait compenser en partie le ralentissement cognitif associé à l'âge et préserver les mécanismes sous-tendant la mémoire de travail et les habiletés visuo-spatiales, des fonctions cognitives très sensibles à l'âge.

Les résultats des études longitudinales et transversales suggèrent donc un lien positif entre la santé cardiorespiratoire et la vitalité cognitive des aînés. Une meilleure condition physique entraîne de meilleures performances cognitives. Toutefois, ces résultats ne permettent pas de confirmer l'existence d'un lien causal entre l'activité physique et la performance cognitive. La relation positive entre l'activité physique et la cognition observée dans ces études pourrait, entre autres, refléter une prédisposition génétique de certaines personnes à garder une meilleure forme en vieillissant, à avoir moins de maladies touchant la santé cardiorespiratoire et donc à garder de meilleures performances cognitives. Aussi, les personnes les plus alertes cognitivement pourraient être celles qui s'engagent dans un mode de vie actif physiquement. Seule la mise en évidence d'un lien causal entre la condition physique et les performances cognitives constituerait une démonstration convaincante que la santé cardiorespiratoire est un moyen efficace d'améliorer la vitalité cognitive des aînés. Cette relation causale serait établie de façon plus convaincante si des personnes âgées relativement sédentaires montraient de meilleures performances cognitives après un entraînement physique ayant permis d'améliorer leur santé cardiorespiratoire. C'est ce que les études d'entraînement cognitif auprès des personnes âgées ont tenté de montrer.

4 L'impact d'un entraînement physique sur le vieillissement cognitif

Plusieurs études ont proposé des programmes d'entraînement de la condition physique adaptés aux personnes âgées. Certaines de ces études ont été élaborées en vue d'améliorer différents aspects de la santé et de la qualité de vie des personnes âgées, dont les performances cognitives. Dans ces études d'intervention, des personnes âgées physiquement inactives, plutôt sédentaires, participent à un programme d'exercices réguliers à une intensité suffisante pour augmenter significativement leur niveau de condition physique. La majeure partie de ces études ont donc vérifié l'impact d'exercices aérobies variés mais accessibles pour les personnes âgées sédentaires, comme la marche, le jogging léger, la course, le vélo stationnaire ou la danse. Dans plusieurs études, les chercheurs sélectionnent des participants dans la communauté qui sont relativement en bonne santé pour leur âge, mais plutôt inactifs, et les assignent aléatoirement dans un groupe d'entraînement ou dans un groupe contrôle. La majorité des études d'intervention rapportées dans ce chapitre utilise une mesure d'absorption d'oxygène pour déterminer le niveau initial de la condition physique, comme le VO_2max, et ainsi quantifier l'amélioration observée au niveau de la santé cardiorespiratoire. L'intérêt des chercheurs dans ce type d'études est de mettre en évidence une amélioration significative de la santé cardiorespiratoire concomitante à une amélioration des performances cognitives. Dans les études les plus rigoureuses, l'amélioration des performances cognitives est comparée à celle d'un groupe contrôle n'ayant pas participé à un programme d'entraînement physique ou ayant participé exclusivement à des exercices de musculation ou de souplesse qui n'entraînent pas spécifiquement une amélioration des fonctions cardiorespiratoires. Ces études sont de plus en plus nombreuses et on peut espérer que leur nombre ne fera qu'augmenter au cours des prochaines années et ce, pour plusieurs raisons. D'abord, compte tenu de l'intérêt toujours croissant de l'étude des facteurs modulant les performances cognitives des personnes âgées, de plus en plus d'études se sont intéressées à la condition de santé des personnes âgées, notamment à la santé cardiorespiratoire, un déterminant important du niveau de santé physique. De plus, les personnes âgées prennent de plus en plus tôt leur retraite et sont de plus en plus à l'aise sur le plan financier. Avec l'arrivée en masse des baby-boomers dans la population du troisième âge, il faut s'attendre à une augmentation importante de la présence des personnes âgées dans l'industrie des sports et loisirs, comme en témoigne l'existence de groupes de personnes âgées dans les centres sportifs et culturels. À titre d'illustration, la Figure 14 montre un groupe de personnes âgées en plein séance d'entraînement aérobie au Club l'APADOR du Complexe Sportif Claude Robillard de la ville de Montréal (Canada), qui offre des programmes d'activités physique à plus de 1000 abonnés.

4.1 *L'effet de l'entraînement aérobie sur l'attention et la vitesse de traitement de l'information*

4.1.1 Effet de l'entraînement sur les performances aux tâches de temps de réaction

Rikli et Edwards (1991) ont entraîné des femmes de 57 à 85 ans, âgées en moyenne de 70 ans pendant une période de 3 ans. Leur programme d'entraînement comportait de la marche rapide et de la danse aérobie, entre des périodes de réchauffement et de repos. Les périodes d'entraînement aérobie duraient 20-25 minutes à chaque séance. Deux groupes de participantes étaient impliqués dans cette étude. Les 31 femmes du groupe entraînement étaient évaluées avant le programme (pré-test), un an

Figure 14

Un groupe de personnes âgées en pleine séance d'entraînement aérobie au Club l'APADOR du Complexe Sportif Claude Robillard de la ville de Montréal (Canada). Près de 1000 personnes âgées sont couramment inscrites aux activités offertes par le club montréalais.

après le début de l'entraînement et à la toute fin de l'entraînement (post-test) qui s'échelonnait sur trois ans. Le taux de participation aux séances d'entraînement était de 80 % pendant toute la durée de l'étude. Les 17 femmes du groupe contrôle ne participaient pas à un programme particulier d'intervention et réalisaient seulement les séances de pré-test et de post-test. Les chercheurs se sont intéressés aux effets de l'entraînement sur différentes mesures de condition physique, comme la flexibilité, la force de préhension, la posture, mais aussi sur deux mesures de vitesse psychomotrice bien connues en psychologie cognitive, soit le temps de réaction simple et le temps de réaction au choix. La tâche de temps de réaction simple utilisée était une tâche de détection de cible visuelle qui consistait à appuyer le plus rapidement possible sur un interrupteur dès l'apparition d'une lumière, avec l'index de la main dominante. Dans la condition temps de réaction au choix, il fallait appuyer sur l'un des deux interrupteurs associés à une lumière, l'index de chacune des deux mains était assigné à une lumière.

Les résultats obtenus par Rikli et Edwards (1991) ont permis de montrer que le programme de conditionnement physique entraîne bien une amélioration des performances aux tâches psychomotrices. En effet, comme on peut le voir à la Figure 15, les participantes du groupe de conditionnement physique répondent plus rapidement aux tâches de temps de réaction simple et au choix après la première année d'entraînement. Les deux tâches de temps de réaction ont montré une amélioration, quoique l'amélioration de la performance était plus marquée dans la condition de temps de réaction au choix. De plus, l'amélioration était significative après un an d'entraînement et aucun changement significatif de la performance n'a été observé par la suite.

Rikli et Edwards (1991) ont également comparé la performance du groupe entraîné à celle du groupe contrôle avant et après les trois années de l'étude. Les résultats de cette comparaison apparaissent à la Figure 16. On peut constater que les participantes du groupe contrôle n'ont pas de meilleures performances aux post-tests psychomoteurs, contrairement aux participants entraînés. Ceci suggère que l'amélioration observée chez les participantes entraînées est bel et bien le résultat du programme d'entraînement, et donc de l'amélioration de leur condition physique grâce à l'entraînement aérobie.

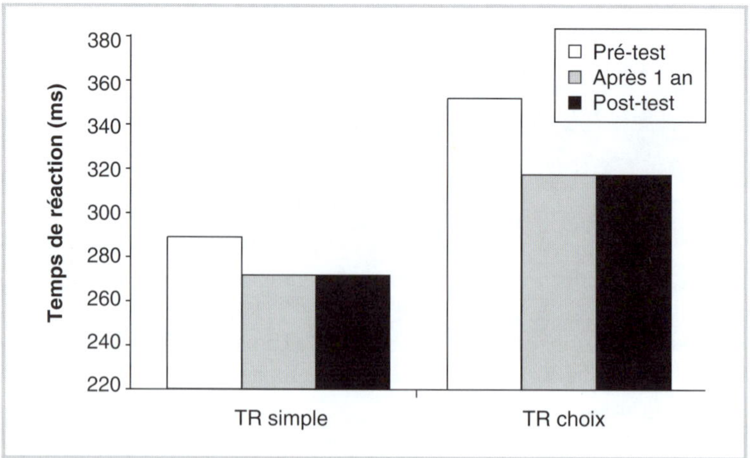

Figure 15

Amélioration des performances aux tâches de temps de réaction simple et au choix après un an de participation à un programme de conditionnement physique aérobie (d'après Rikli & Edwards, 1991).

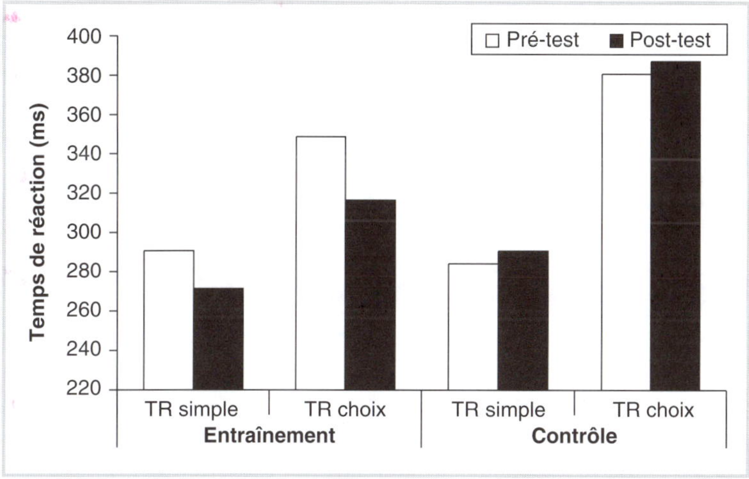

Figure 16

Performances d'un groupe ayant participé à un entraînement aérobie comparativement à celles d'un groupe contrôle en pré-test et post-test aux tâches de temps de réaction simple et au choix (d'après Rikli & Edwards, 1991).

Ces résultats montrent que l'entraînement aérobie améliore les performances aux tâches de vitesse de traitement de l'information.

Les résultats de Rikli et Edwards sont fascinants, car ils montrent qu'un programme d'entraînement visant à améliorer la condition physique des personnes âgées entraîne une amélioration de leurs performances à des tests de vitesse de traitement de l'information. De plus, cette étude montre que les effets bénéfiques de l'entraînement physique sont évidents à court terme. Après seulement un an d'entraînement physique, les performances sont nettement améliorées. Toutefois, les résultats de cette étude soulèvent également plusieurs questions :

- Serait-il possible d'obtenir des effets d'entraînement sur la performance cognitive après des délais plus courts d'entraînement ? Quelle est la durée minimale d'un entraînement efficace ?
- Est-ce que l'entraînement utilisé par Rikli et Edwards (1991) a conduit à une amélioration de la condition physique ? Aucune mesure cardiorespiratoire n'a été utilisée pour quantifier l'effet de l'entraînement.
- Est-ce que l'entraînement aérobie a seulement un effet positif sur la vitesse de traitement de l'information ou est-il possible d'espérer qu'augmenter la condition physique des personnes âgées entraîne de meilleures performances à des tests cognitifs évaluant d'autres fonctions cognitives, comme l'attention ou la mémoire de travail par exemple ?

4.1.2 Effet de l'entraînement sur la vitesse de traitement et l'inhibition

Dustman *et al.* (1984) ont conduit une étude qui a permis d'apporter plusieurs réponses aux questions soulevées par l'étude de Rikli et Edwards (1991). Les chercheurs ont assigné aléatoirement des personnes âgées entre 55 et 70 ans à l'un des trois groupes suivants : *entraînement aérobie*** (13 participants âgés de 60.6 ans en moyenne), *entraînement force et souplesse*** (15 participants de 62.3 ans) et contrôle (15 participants de 57.4 ans). Un entraînement force et souplesse inclut des séances d'étirements et des exercices d'amélioration de la force musculaire. Le programme d'entraînement aérobie impliquait de la marche rapide et du jogging léger. Les programmes d'entraînement s'échelonnaient sur une période de 4 mois, à raison de 3 séances par semaine. Dustman et ses collaborateurs ont mesuré la condition physique de leurs participants par une mesure directe du VO_2max lors d'un test sur tapis roulant ou sur ergocycle. Seuls les participants entraînés ont passé ce test. Les résultats ont montré que les participants avaient des niveaux de condition physique comparables au début de l'étude, avec un score de VO_2max de 19.4 et 22.5 respectivement pour les deux groupes d'entraînement. L'entraînement a conduit à une amélioration nettement plus importante dans le groupe d'entraînement aérobie (de 19.4 à 24.6, une amélioration de 27 % du VO_2max) comparativement au groupe faisant un entraînement de force et souplesse (de 22.5 à 24.5, une amélioration de 9 % du VO_2max).

L'objectif de Dustman *et al.* (1984) était de voir si l'amélioration de la condition physique a un effet bénéfique sur les performances cognitives des personnes âgées. Les chercheurs ont donc comparé les performances des trois groupes de participants de leur étude à l'aide d'une batterie de tests cognitifs avant et après leur programme d'entraînement. Ils n'ont noté aucune amélioration de la performance à un test de performance intellectuelle globale (*Culture Fair Intelligence Scale*) ou au test d'empan de chiffres, évaluant la mémoire à court terme. Par contre, l'entraînement aérobie a conduit à une amélioration significative à plusieurs tests qui n'a pas été observée dans le groupe participant à des exercices de souplesse ou dans le groupe contrôle. On peut voir les résultats à la plupart des tests utilisés par Dustman *et al.* (1984) dans les Figures 17 et 18. Ces résultats indiquent que l'entraînement aérobie était associé à une amélioration significative de la vitesse psychomotrice (sous-test de Substitution de la WAIS-R), du temps de réaction simple (détection d'une cible visuelle) et de l'inhibition (temps de dénomination de la couleur dans la condition d'interférence de l'épreuve de Stroop). Toute-

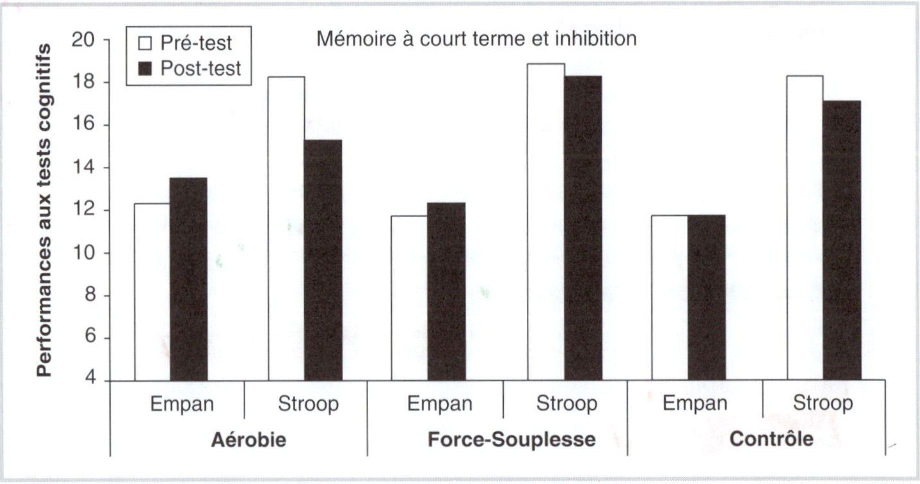

Figure 17

Performances en pré-test et en post-test en fonction du type d'entraînement physique (aérobie ou force et souplesse), comparativement à un groupe contrôle, aux tests de mémoire à court terme et d'inhibition (d'après Dustman et al., 1984).

Ces résultats suggèrent que l'amélioration des fonctions cardiorespiratoires entraîne de meilleures performances cognitives mais seulement au test d'inhibition.

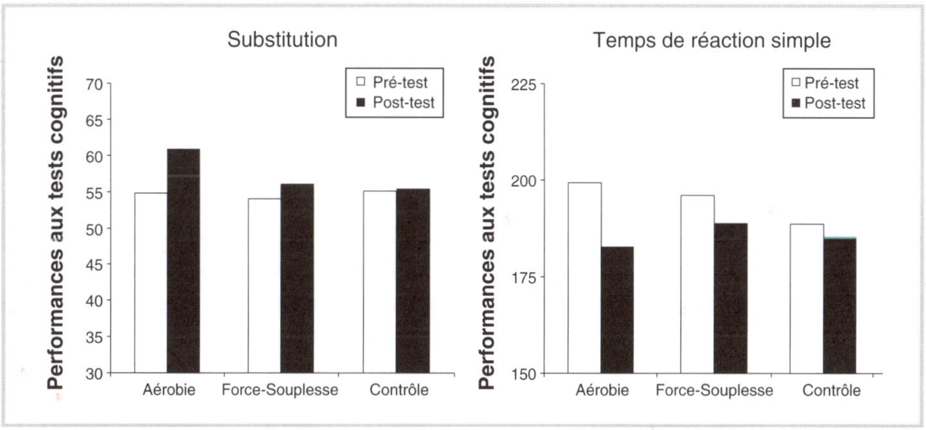

Figure 18

Performances au pré-test et en post-test en fonction du type d'entraînement physique (aérobie ou force et souplesse), comparativement à un groupe contrôle, aux tests de substitution et de temps de réaction (d'après Dustman et al., 1984).

Ces résultats suggèrent que l'amélioration des fonctions cardiorespiratoires entraîne une amélioration des performances aux tests de vitesse de traitement de l'information.

fois, l'entraînement physique semble avoir peu d'effet sur la mémoire à court terme (sous-test d'empan de chiffres de la WAIS-R). Ces résultats suggèrent qu'un entraînement physique qui résulte en une amélioration significative des fonctions cardiorespiratoires aurait un effet significatif, mais sélectif, sur la cognition des personnes âgées.

Les résultats de l'étude de Dustman et ses collaborateurs (1984) nous permettent de répondre à plusieurs questions suscitées par l'étude de Rikli et Edwards (1991). D'abord, il semble que l'entraînement aérobie amène vraiment une amélioration significative des performances aux tests mesurant les fonctions cardiorespiratoires. Dans l'étude de Dustman, seules les personnes entraînées au programme aérobie montraient une amélioration significative des fonctions cardiorespiratoires. De plus, l'amélioration des performances aux tests de santé cardiorespiratoire et cognitifs était significative après seulement 4 mois d'entraînement. Enfin, l'entraînement aérobie a conduit à une nette amélioration des performances cognitives, non seulement aux tests de vitesse psychomotrice (temps de réaction) ou de traitement de l'information (Substitution) mais aussi au test de Stroop, une épreuve qui mesure un aspect contrôlé de l'attention, l'inhibition, qu'on considère également comme un mécanisme élémentaire central impliquées dans les fonctions exécutives (Stuss *et al.*, 1995).

4.1.3 Effet de l'entraînement sur le transfert inter-tâche et l'attention partagée

L'étude de Dustman et ses collaborateurs (1984) suggère que non seulement l'entraînement aérobie favorise de meilleures performances aux test de vitesse, comme la vitesse de détection d'une cible dans les tests de temps de réaction, mais également une amélioration des performances aux tests mesurant le contrôle de l'attention. L'inhibition, un aspect central de l'attention qui est touché dans le vieillissement normal, serait aussi significativement améliorée après un entraînement physique. D'autres études ont permis de mettre en évidence cette relation entre une meilleure condition physique et de meilleures performances dans les tâches exigeant la contribution de l'attention contrôlée. Ces études sont importantes car elles ont permis de mieux comprendre le rôle de la condition physique sur le vieillissement cognitif, plus spécifiquement sur le vieillissement attentionnel. Par ailleurs, dans le contexte du vieillissement cognitif, il est bien connu que l'avancée en âge amène un ralentissement progressif de la vitesse de traitement de l'information (voir Chapitre 3). On peut donc se demander si les gains obtenus après un entraînement physique s'expliquent par un facteur général comme l'amélioration de la vitesse de traitement de l'information, ou simplement par l'amélioration de la vitesse psychomotrice, puisque la plupart des épreuves utilisées sont des tests psychomoteurs nécessitant une réponse motrice rapide. L'étude de Hawkins, Kramer et Capaldi (1992) a permis de montrer qu'en plus d'améliorer la vitesse des réponses aux tâches de temps de réaction, l'entraînement physique amène une amélioration spécifique aux tâches qui sollicitent les processus cognitifs contrôlés, comme dans les tâches d'attention partagée, ou encore les tâches qui nécessitent d'alterner rapidement l'attention d'une tâche à une autre.

Trente-six personnes âgées de 63 à 82 ans ont participé l'étude Hawkins, Kramer et Capaldi (Expérience 2,1992). Elles ont été affectées aléatoirement à un groupe d'entraînement physique et un groupe contrôle. Le programme d'entraînement physique consistait à des exercices aquatiques de type aérobie et de natation d'une durée de 10 semaines. L'hypothèse testée par les chercheurs était que l'amélioration de la condition physique allait avoir un impact plus important dans les tâches dites exécutives. Les mécanismes exécutifs étaient évalués dans cette étude par une tâche d'attention partagée et une tâche de transfert attentionnel, aussi appelée tâche d'alternance. Les participants effectuaient deux tâches de type temps de réaction. Une tâche visuelle dans laquelle les participants devaient appuyer sur une touche à l'aide du majeur ou de l'index d'une main selon que l'une de deux lettres cibles apparaissait à l'écran. La seconde tâche était une tâche de discrimination auditive dans laquelle le participant levait le majeur et l'index de l'autre main pour indiquer si un son était aigu ou grave. Ces deux tâches effectuées en condition simple (une ou l'autre des deux tâches) étaient utilisées comme mesure de base, c'est-à-dire pour établir les performances dans les conditions non-exécutives de la tâche. Les conditions critiques qui intéressaient les chercheurs étaient celles où les participants devaient soit alterner leur attention entre l'une des deux tâches d'un essai à l'autre (condition flexibilité ou transfert) ou faire les deux tâches en même temps (attention partagée). Les résultats observés par Hawkins et ses collaborateurs aux différentes conditions expérimentales sont présentés dans les Figures 19 et 20. En s'attardant d'abord à la Figure 19, on constate que l'entraînement aérobie conduit à une amélioration des performances dans la condition de tâche simple, ce qui est peu surprenant compte tenu des résultats obtenus dans les études que nous avons vues précédemment. Mais ce qui est plus important encore, c'est que cette amélioration est plus massive dans la condition d'attention partagée.

Le même patron de résultats a été observé dans la condition d'alternance entre les tâches. On peut voir à la Figure 20 en effet que même si l'entraînement amène une amé-

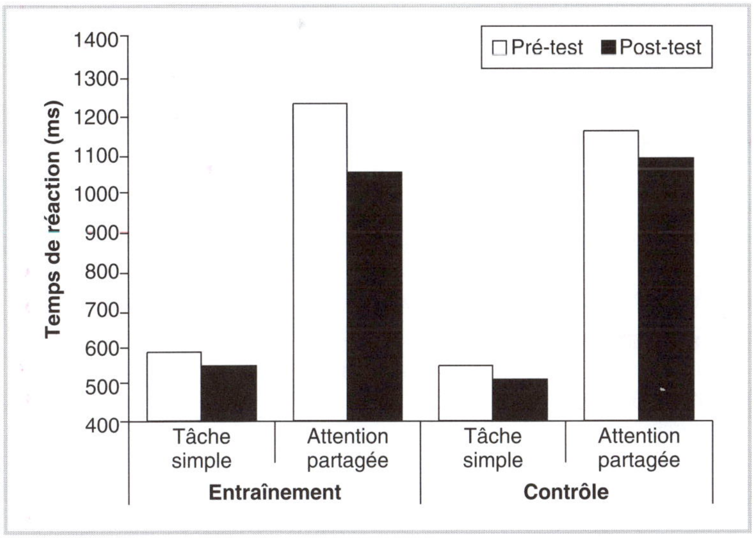

Figure 19

Amélioration des performances en fonction de l'entraînement aérobie dans les tâches de discrimination (auditive et visuelle) effectuées seules ou en condition d'attention partagée (d'après Hawkins et ses collaborateurs, 1992).

Ces résultats indiquent que l'entraînement aérobie améliore les performances en attention partagée.

= amélioratº Fct exéc.

lioration des performances aux tâches simples, l'amélioration est plus importante dans la condition d'alternance entre les deux tâches.

Les résultats de Hawkins et ses collaborateurs suggèrent que l'entraînement physique fait bien plus qu'améliorer la vitesse psychomotrice, mais s'accompagne aussi d'une amélioration plus marquée dans les tâches qui sollicitent des fonctions cognitives dites exécutives, comme l'alternance, ou le switching entre tâches, et l'habiletés à exécuter deux tâches de façon concurrentes. Toutefois, il n'est pas évident que les résultats présentés dans les Figures 19 et 20 constituent des preuves convaincantes que ces habiletés attentionnelles sont spécifiquement améliorées par l'entraînement. En effet, il serait possible que les effets bénéfiques de l'entraînement soient plus importants dans les con-

≠ amélioratº attentº

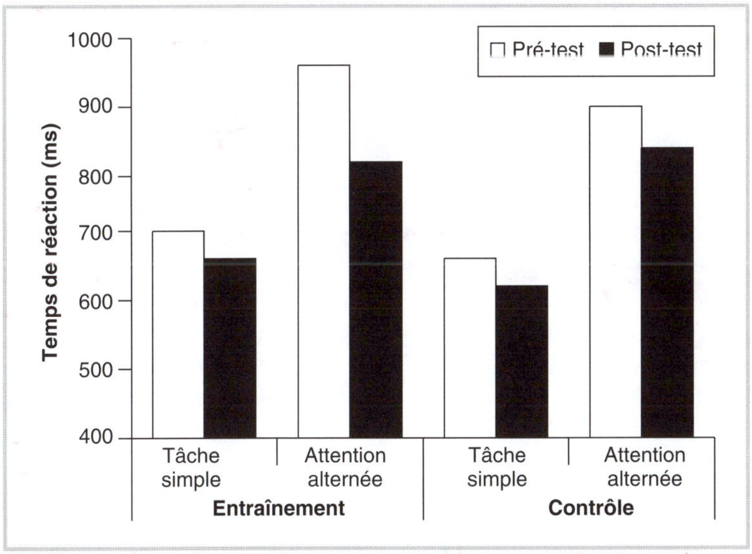

Figure 20

Amélioration des performances en fonction de l'entraînement aérobie dans les tâches de discrimination (auditive et visuelle) effectuées seules ou en condition d'alternance entre les deux tâches (d'après Hawkins et al., 1992).

Ces résultats indiquent que l'entraînement aérobie améliore l'alternance entre les tâches.

ditions de la tâche qui sont plus difficiles. Il est bien connu que, dans les tâches de temps de réaction, les latences de réponse augmentent avec la difficulté de la tâche. Corrélativement, l'amélioration des performances dans la condition difficile par comparaison à la condition facile serait plus marquée sur le temps de réponse absolu dans la condition difficile, mais proportionnellement équivalente dans les deux conditions. Pour montrer de façon convaincante que ce sont bien les fonctions dites exécutives qui bénéficient de l'entraînement, il faudrait montrer que les temps de réponse diminuent plus dans les conditions qui sollicitent les fonctions exécutives que dans les conditions qui ne sollicitent pas ces processus. C'est ce qu'Hawkins et ses collaborateurs ont voulu montrer en calculant l'amélioration proportionnelle des temps de réponse dans la condition de tâche simple comparativement à la condition d'attention partagée ou alternée. Les auteurs ont ainsi montré que l'amélioration des temps de réponse en condition d'attention partagée et alternée est plus importante qu'en condition de tâche simple. La Figure 21 montre les performances relatives observées dans les différentes conditions. Les scores sont calculés de la façon suivante : D'abord on calcule la différence de performances entre la condition difficile (Divisée ou Alternée) et la condition simple. Puis, on divise cette différence par les performances en condition simple, qui indique la performance de base, donc en quelque sorte la vitesse de traitement de l'information. Pour la condition d'attention partagée, l'équation permettant de calculer les performances relatives est :

(TR Attention partagée – TR simple)/TR simple

De même, dans la condition d'alternance attentionnelle entre les deux tâches, l'équation pour calculer les performances relatives était la suivante :

(TR Attention alternée – TR simple)/TR simple

À l'aide de ces équations, Hawkins et ses collaborateurs avaient montré dans une expérience antérieure (Hawkins, Kramer & Capaldi, Expérience 1, 1992) que les performances des personnes âgées étaient particulièrement touchées, par rapport à celle des jeunes adultes, dans les conditions exécutives de la tâche d'attention partagée et d'alternance. Cette équation leur a permis de montrer que la différence entre les groupes d'âge ne peut pas s'expliquer seulement par un facteur général de vitesse. Un effet de ralentissement général aurait conduit à des différences, par exemple, entre la condition d'attention partagée et simple, plus grandes entre les groupes d'âges au niveau des temps de réponses absolus, mais proportionnellement équivalentes. Ce qui intéressait donc les chercheurs dans leur étude d'entraînement physique était de tester l'hypothèse selon laquelle les performances seraient davantage améliorées dans les conditions sollicitant les fonctions exécutives par rapport aux conditions ne sollicitant pas ces fonctions et surtout que cette amélioration serait spécifique au groupe entraîné comparativement au groupe contrôle. Les chercheurs ont donc comparé l'amélioration ou la diminution des scores d'interférence avant et après l'entraînement aérobie dans les deux tâches exécutives, soit la tâche d'attention partagée et la tâche d'alternance. Les résultats qu'ils ont observés sont présentés à la Figure 21. On peut voir que, dans le groupe entraîné, les scores permettant de calculer l'effet de la difficulté de la tâche d'attention partagée et d'alternance diminue de façon importante, ce qui n'est pas le cas du groupe contrôle. Il semble donc que l'entraînement aérobie ait permis d'améliorer les aspects exécutifs de la tâche dans l'étude de Hawkins et ses collaborateurs (1992).

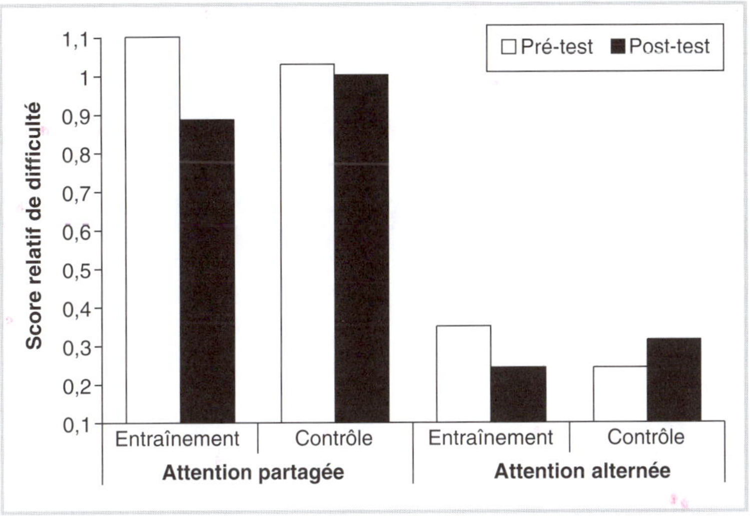

Figure 21

Amélioration des scores de difficulté dans les tâches d'attention partagée et d'alternance attentionnelle en fonction de l'entraînement aérobie (d'après Hawkins et ses collaborateurs, 1992).

Ces résultats suggèrent que l'entraînement aérobie a permis d'améliorer les aspects exécutifs ou le contrôle de l'attention.

Les résultats de Hawkin *et al.* sont importants, car il permettent de préciser la nature de la relation entre la condition physique et la cognition. Selon ces résultats, l'entraînement physique amène une amélioration plus marquée en condition d'attention partagée et en condition d'alternance. De plus, cette amélioration ne peut s'expliquer par une simple amélioration proportionnellement équivalente entre une tâche difficile et une tâche facile. Ce serait donc les aspects exécutifs des tâches cognitives qui sont le plus sensibles à l'amélioration de la condition physique. Toutefois, cette étude comporte une lacune importante qui limite la portée des résultats observés. Aucun indice d'amélioration de la condition physique, à tout le moins de la santé cardiorespiratoire, ne permet d'établir que l'amélioration des performances cognitives est bien liée à une augmentation des capacités cardiorespiratoires.

Dans une étude de grande envergure, Kramer et ses collaborateurs ont observé une relation directe entre l'amélioration de la condition physique et les performances cognitives des personnes âgées (Kramer *et al.*, 2001 ; Kramer *et al.*, 1999). Dans cette étude les chercheurs ont recruté 174 participants sédentaires âgés entre 60 et 75 ans. Les participants étaient affectés à un programme d'entraînement aérobie (marche rapide) ou à un programme d'entraînement de force et souplesse. La recherche de Kramer *et al.* (1999) a eu des répercussions importantes dans l'étude des relations entre la condition physique et la cognition pour au moins deux raisons :

1. La condition physique a été évaluée de façon exhaustive à l'aide de plusieurs indices dont une mesure directe du VO_2max lors d'un test sur tapis roulant et par le test du Rockport, l'un des tests les plus répandus pour estimer la condition cardiorespiratoire des personnes âgées ;
2. Les performances cognitives ont également été évaluées de façon exhaustive à l'aide d'une batterie de tests neuropsychologiques et cognitifs touchant divers domaines de la cognition. Par exemple, la vitesse de traitement de l'information était évaluée avec diverses tâches de temps de réponses, les fonctions exécutives (stop-signal, tâche de

switching, tâche d'auto-ordonnancement), la mémoire de travail (empan verbal et spatial, empan de chiffres à l'endroit et à rebours), la mémoire verbale (apprentissage des mots de Rey), l'attention spatiale, etc.

Les résultats les plus concluants ont été observés avec les tâches qui permettaient de dissocier les composantes exécutives des composantes non-exécutives. Par exemple, dans la tâche d'alternance, les participants faisaient une tâche de jugement de lettre et devaient dire si la lettre présentée était une voyelle ou une consonne. Après un certain nombre d'essais, ils devaient juger si un chiffre présenté était pair ou impair. La comparaison des performances dans la condition d'alternance entre les deux tâches aux performances obtenues aux tâches réalisées seules permet d'isoler la composante exécutive (alternance entre tâches). L'autre tâche exécutive qui a donné des résultats concluants est une tâche de stop-signal. Dans cette tâche, les participants faisaient une tâche de temps de réaction au choix (dire si F ou E apparaît à l'écran en appuyant sur une touche associée à chaque lettre). Dans la condition stop-signal, un son survenait après la présentation de la lettre dans 30 % des essais environ. Si le son était présenté, le participant devait interrompre sa réponse.

Après six mois d'entraînement, Kramer *et al.* (1999) ont pu observer une amélioration significative plus importante à toutes les mesures de condition physique dans le groupe entraîné à la marche comparativement au groupe qui faisait des séances de force et souplesse. Par exemple, le VO_2max (ml/kg/min) des personnes du groupe de marche s'est amélioré de 21.5 à 22.6 alors que celui du groupe contrôle est resté le même (21.8 à 21.2). Au test de Rockport, les personnes entraînées à la marche pouvaient parcourir la distance de 1 mile en 16 minutes plutôt que 17.7 minutes en début d'entraînement. Les participants du groupe contrôle ne se sont pas améliorés significativement non plus au Rockport (18 à 17.2 minutes pour marcher la même distance). Sur le plan cognitif, aucune interaction n'a été observée entre les groupes d'entraînement et les séances d'évaluation pré-test et post-test en mémoire (sauf quelques essais au rappel de mots de Rey), mémoire de travail, vitesse de traitement. Seules deux tâches évaluant les fonctions exécutives ont permis de montrer une amélioration plus marquée chez l'un des deux groupes après l'entraînement, en faveur du groupe de marche. Les résultats sont présentés à la Figure 22. On peut voir que ce sont les tâches qui sollicitent les fonctions exécutives (essais alternés/non-alternés dans la tâche d'alternance et délai stop-signal/TR choix dans la tâche de stop signal) qui montrent une amélioration entre le début et la fin de l'entraînement.

4.2 *L'effet de l'entraînement physique sur la mémoire*

Jusqu'à ce jour, très peu d'études ont montré des effets bénéfiques de l'entraînement physique sur les performances dans les tests de mémoire. Dans l'étude de Kramer *et al.* (2001), les personnes du groupe d'entraînement à la marche ont bien montré une plus nette amélioration que les personnes du groupe contrôle dans le test de rappel de mots de Rey, mais seulement sur certains essais. Les résultats ne semblaient donc pas tout à fait concluants. Toutefois, une étude de Fabre et ses collaborateurs (Fabre, Chamari, Mucci, Massé-Biron, & Préfaut, 2002) a montré une amélioration des performan-

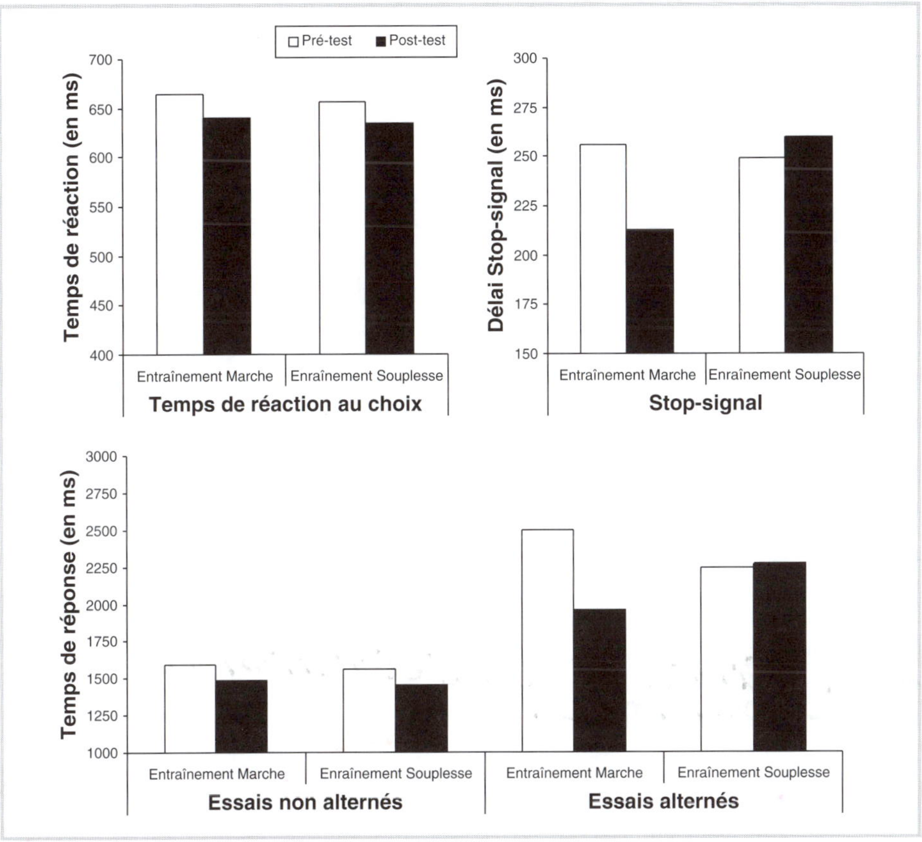

Figure 22

Performances observées aux tests cognitifs de mémoire et d'attention avant et après un entraînement aérobie ou un entraînement visant à améliorer la force et la souplesse (d'après Kramer et al., 1999).
Ces résultats indiquent que le contrôle exécutif est amélioré par l'entraînement aérobie.

ces en mémoire chez les aînés après un entraînement aérobie. Dans cette étude, 32 participants âgés de 60 à 76 ans participaient 1) à un entraînement aérobie, ou 2) à un entraînement mnésique, ou 3) aux deux types d'entraînement, ou encore, 4) ils était assignés au groupe contrôle sans traitement. L'entraînement aérobie, qui consistait en de la marche rapide ou du jogging léger, a permis d'améliorer significativement le VO_2max des participants (amélioration de l'ordre de 11-12 %). Les performances en mémoire étaient évaluées par la batterie de Wechsler mémoire qui permet de mesurer différentes fonctions cognitives à travers différentes échelles mesurant l'orientation, l'apprentissage de paires de mots, l'empan de chiffres, le rappel immédiat et différé d'histoires logiques, la reproduction de figures, etc. Les résultats observés par Fabre *et al.* sont présentés à la Figure 23. On peut voir certaines similitudes avec les résultats de Kramer *et al.* (2001), mais aussi certaines divergences. D'abord, comme l'avaient observé Kramer et ses collaborateurs, l'entraînement ne favorise pas les performances dans les tests de mémoire de travail ou dans le test visuo-spatial. Par contre, contraire-

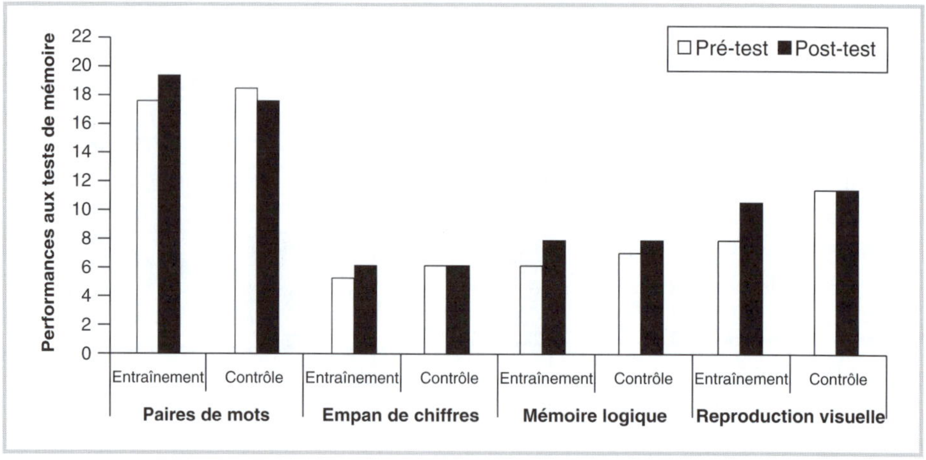

Figure 23

Amélioration des performances à certaines échelles de la batterie mémoire de Wechsler à la suite d'un entraînement aérobie, comparativement aux performances observées dans un groupe contrôle (d'après Fabre et al., 2002).

Ces résultats suggèrent que l'entraînement aérobie pourrait contribuer à améliorer les performances aux tests de mémoire chez les personnes âgées.

selon Fabre → amélioration de la mémoire.

ment aux observations antérieures, l'étude de Fabre *et al.* a permis de montrer une amélioration significative des performances en mémoire verbale aux tests d'apprentissage de paires de mots et aux tests de rappel d'histoires. De plus, le quotient de performance globale à la batterie mémoire (score moyen de 100) s'est amélioré significativement plus dans le groupe entraîné en entraînement aérobie que dans le groupe contrôle.

4.3 Résumé des résultats observés dans les études d'entraînement physique

Il semble donc qu'une intervention visant l'amélioration des fonctions cardiorespiratoires entraîne de meilleures performances cognitives chez les aînés. Cette amélioration s'observe dans diverses épreuves cognitives, mesurant la vitesse de traitement de l'information, l'attention, la mémoire à court terme et parfois la mémoire à long terme. Les résultats les plus concluants ont été observés aux tests mesurant les fonctions exécutives. C'est du moins ce que confirme une récente méta-analyse regroupant 18 études d'intervention chez des sujets âgés de 60 ans et plus (Colcombe & Kramer, 2003). Dans cette étude, les auteurs ont montré qu'une intervention sera davantage efficace si l'étude comporte certaines caractéristiques :

1. Si la population à l'étude est composée de plus de 50 % de femmes.
2. Si le programme d'entraînement combine à la fois entraînement cardiorespiratoire, force musculaire et souplesse.
3. Si les séances d'entraînement durent plus de 30 minutes.

L'étude de Colcombe et Kramer a également montré qu'une intervention d'une durée de quelques mois seulement serait suffisante pour retrouver certaines fonctions cognitives ayant décliné chez la personne âgée. Ces conclusions sont intéressantes et soulignent l'importance de considérer le type d'entraînement utilisé dans les études, la durée de ces entraînements et la possibilité que les effets bénéfiques de l'entraînement diffèrent entre les hommes et les femmes. Les études futures nous permettront de mieux connaître l'impact de la condition physique sur la cognition en fonction des caractéristiques personnelles des individus (e.g., genre, style de vie, etc.).

5 L'effet de l'activité physique sur le cerveau

Bien qu'un nombre croissant d'études suggèrent que l'activité physique ait un effet bénéfique sur la cognition humaine, on connaît encore mal son impact d'un point de vue neurobiologique. Les données provenant des études animales suggèrent qu'un exercice prolongé a des conséquences significatives, à long terme, sur les comportements et la plasticité neuronale. À titre d'exemple, plusieurs études ont rapporté que, chez les rats, certaines neurotrophines, tel que le BDNF (*Brain Derived Neurotrophic Factor*), augmentent à la suite d'une période d'exercices prolongée (Gomez-Pinilla, Dao & So, 1997 ; Gomez-Pinilla, So & Kesslak, 1998 ; Neeper *et al.*, 1995 ; Russo Neustadt *et al.*, 2001). Cette régulation à la hausse du BDNF, combinée à la plasticité vasculaire, engendrerait la *synaptogenèse*** et la *neurogenèse*** dans les régions du cerveau où on trouve généralement peu de prolifération neuronale (Pencea *et al.*, 2001). Une augmentation du nombre de nouvelles cellules nerveuses dans l'hippocampe de la souris (van Praag, Kempermann & Gage, 1999) et du taux de prolifération neuronal dans le gyrus denté des rongeurs (van Praag *et al.*, 1999) a également été observée suite à un exercice physique. Il a aussi été montré que *l'angiogenèse*** (formation de nouveaux capillaires sanguins à partir de vaisseaux sanguins existants) débute rapidement après le début d'un programme d'exercices volontaire (à l'intérieur de 3 jours) et que cette croissance coïncide temporellement avec un niveau élevé de performance physique. De plus, l'angiogénèse est une conséquence naturelle d'une activité physique importante et de l'augmentation concomitante de l'activité neuronale. Le lien entre la condition physique et la cognition chez l'humain pourrait donc s'expliquer en partie par l'augmentation de la vascularisation des tissus du cerveau (Dustman *et al.*, 1990 ; Rogers, Meyer & Mortel, 1990). L'activité physique pourrait également avoir un effet direct sur les neurotransmetteurs. En effet, certains chercheurs ont observé qu'une augmentation de la condition aérobie (engendrée par la course) augmente la capture de choline (précurseur de l'acétylcholine) au niveau cortical et favorise la densité des récepteurs de dopamine dans le cerveau de rats âgés (Fordyce & Farrar, 1991).

Les recherches futures nous permettront de mieux comprendre les effets de la condition physique sur les structures et fonctions du cerveau humain. Certaines études récentes utilisant les méthodes de neuroimagerie cérébrale nous permettent d'observer des différences intéressantes dans l'activité du cerveau entre une personne en bonne santé et une personne sédentaire. Par exemple, une étude récente de Colcombe et ses collaborateurs (2003) a montré que les pertes de la matière grise et de matière blanche

augmentation de la vascularisat° des tissus du cerveau.

Favorise densité récepteurs de dopamine

• diff cérébrales entre personnes en bonne santé et Personnes Sédentaires liées à l'âge sont plus élevées dans les régions frontales, préfrontales et temporales des aînés (Colcombe *et al.*, 2003 ; Raz, 2000) et qu'un meilleur niveau de condition cardiorespiratoire, mesuré à l'aide du VO_2max, est associé à une perte réduite de la matière grise et de la matière blanche dans les aires touchées. Ainsi, la condition cardiorespiratoire aurait des effets significatifs sur les régions corticales qui sont fortement associées à l'intégrité des processus cognitifs soutenant les fonctions exécutives. De tels résultats suggèrent que les effets complexes de l'amélioration et du maintien de la condition physique sur les structures et fonctions du cerveau pourraient jouer un rôle positif de défense contre les déclins cognitifs associés à l'âge (Colcombe *et al.*, 2003).

activités φ améliore
Fonct° exécutives

Résumé

1 Il existe plusieurs questionnaires pour mesurer l'activité physique d'une personne âgée et estimer sa condition physique. Toutefois, ce type de mesure auto-rapportée peut souvent être biaisé par l'attitude des répondants et est susceptible d'être influencé par différents facteurs comme la désirabilité sociale. Pour cette raison, plusieurs études utilisent des mesures directes de la condition physique, comme le volume maximal d'oxygène absorbé par une personne lors d'un effort physique soutenu ou VO_2max. Le VO_2max est la quantité maximale d'oxygène qu'un individu est capable de consommer en une minute pendant qu'il effectue un exercice soutenu et avec efforts (e.g., marche sur tapis roulant).

2 Bien que le déclin relatif du VO_2max par décennie soit en apparence comparable entre les sédentaires et personnes actives, il demeure que l'activité physique favorise une meilleure condition cardiorespiratoire. Une fois tous les facteurs individuels pris en compte, il semble que la baisse réelle des capacités cardiorespiratoires évaluées à l'aide du VO_2max soit de 10 % par décennie.

3 Les études transversales et longitudinales montrent qu'il existe une relation entre la condition physique le plus souvent mesurée par un indice de santé cardiorespiratoire et les performances cognitives des personnes âgées. La performance des personnes en bonne santé physique décline moins et ce, même sur de courtes périodes de 6-8 années.

4 Une bonne condition physique favorise de meilleures performances cognitives surtout dans les épreuves de temps de réponse, de mémoire de travail et dans les tâches visuo-spatiales, des fonctions cognitives très sensibles à l'âge.

5 Un programme d'entraînement cognitif d'une durée de quelques mois seulement serait suffisant pour améliorer certaines fonctions cognitives. La plupart des fonctions cognitives semblent améliorées par l'entraînement aérobie, mais ce sont clairement les tâches qui sollicitent les fonctions exécutives et les aspects contrôlés de l'attention qui montrent les meilleurs gains de performances à la suite d'un entraînement.

Des questions pour mieux retenir

1. Que permettent de conclure les études longitudinales et transversales quant au rythme de déclin cardiorespiratoire avec l'âge ?
2. Comment mesure-t-on la condition physique d'une personne âgée ?
3. Que permettent de conclure les études longitudinales quant au rôle de la condition physique sur la cognition ?
4. Que permettent de conclure les études transversales sur les performances cognitives générales selon la condition physique d'une personne âgée ?
5. Quelles sont les fonctions cognitives qui bénéficient le plus de la condition physique d'une personne âgée ?
6. Que permettent de conclure les études d'entraînement physique sur la performance cognitive globale selon la condition physique d'une personne âgée ?
7. Quelles sont les fonctions cognitives les plus améliorées par l'entraînement aérobie ?
8. Les études sur l'effet de l'entraînement physique sur la mémoire épisodique ont-elles permis de conclure à une amélioration de la mémoire épisodique suite à un entraînement ? Citez les résultats à l'appui de votre réponse.
9. Les études sur l'effet de l'entraînement physique sur la mémoire de travail, les habiletés visio-spatiales et les fonctions exécutives ont-elles permis de conclure à une amélioration de ces fonctions suite à un entraînement ? Citez les résultats à l'appui de votre réponse.
10. Quelles sont les stratégies de recherche adoptées pour évaluer les effets de la condition physique sur la cognition ?
11. Quels types de protocoles ont été utilisés pour déterminer si l'entraînement physique modère le déclin cognitif ?
12. Quels contrôles expérimentaux est-il nécessaire de réaliser dans une recherche relative aux effets de la condition physique ou de l'entraînement cardiorespiratoire sur les performances cognitives ?
13. Existe-t-il un impact (si oui lequel ?) de l'entraînement physique sur le cerveau ? Cet impact a-t-il été observé chez les humains ?
14. Certains processus cognitifs sont-ils davantage épargnés par le vieillissement sous l'effet d'un entraînement (ou de la bonne condition) physique ?
15. Que signifie le VO_2max ? Pourquoi est-ce une mesure si souvent utilisée dans les recherches relatives aux effets de la condition et de l'entraînement physique sur la cognition ?

Des questions pour mieux réfléchir

1. Les études rapportées dans ce chapitre permettent-elles des conclusions claires sur la relation entre la santé et la cognition ? Si oui, quelles sont ces conclusions et comment ont-elles été établies ?
2. La relation entre la santé et la cognition devient-elle plus importante avec l'âge ? Quels résultats le montrent ou pourraient le déterminer ?
3. Peut-on penser que des habitudes de vie plus saines favoriseraient le bien vieillir ? Qu'est-ce qui permettrait de le penser ?
4. Est-ce qu'on pourrait imaginer inscrire l'entraînement physique comme mode d'intervention auprès des aînés pour favoriser leurs performances cognitives ?
5. Comment cela serait-il possible en milieu clinique ou dans le milieu de vie naturel des aînés ?
6. Proposez un programme d'optimisation cognitive générale sur 6 mois incluant une série d'entraînement cognitifs et physiques, ainsi qu'un protocole d'évaluation de l'efficacité de ce programme.

Des lectures pour aller plus loin

Spirduso, Waneen. W. (2005, 2nd Ed). *Physical dimensions of aging.* Champaign, IL : Human Kinetics

ACSM (American College of Sport Medicine) position stand : Exercise and physical activity for older adults (1998). *Medicine and Science in Sports and Exercise, 30,* 992-1008.

Renaud, M. & Bherer, L. (sous presse). L'impact de la condition physique sur le vieillissement cognitif/ Impact of physical fitness on cognitive aging. *Psychologie et Neuropsychiatrie du Vieillissement.*

Périé, H., & Jeandel, C. (1998). *Réussir son avancée en âge. Evaluation des activités physiques en gérontologie.* Paris : Editions Frison-Roche.

Bertsch, J., Lobjois, R., Maquestiaux, F., & Benguigui, N. (2005). Vieillissement cognitif et effets de l'exercice. *Bulletin de Psychologie, Tome 58 (1),* Numéro 475, 39-45.

Jeandel, B. (2004). *Aptitude physique, santé et vieillissement.* Paris : Sauramps Médical.

Mots clés

- Angiogénèse
- Changements centraux
- Changements périphériques
- Entraînement aérobie
- Entraînement force et souplesse
- Neurogénèse
- Rockport one-mile
- SU.VI.MAX.
- Synaptogénèse
- VO_2max
- Yale Physical Activity Survey

GLOSSAIRE

Activation diffusante

Processus à la base de la récupération de l'information en MLT. Chaque concept serait activé et entraînerait l'activation des concepts qui lui sont associés en MLT. L'activation se diffuserait automatiquement d'un concept à l'autre.

Activités stimulantes

Activités qui nécessitent un certain effort mental ou cognitif, par opposition à des activités passives ou sur apprise qui nécessite peu d'effort mental ou d'ajustement à de nouvelles situations.

Affirmation de la conséquente

L'une des quatre règles logiques élémentaires, qui se présente sous la forme « Si A implique B ; B ». Il est impossible d'inférer une conclusion valide de ces deux prémisses. L'énoncé « S'il fait beau, je vais à la plage. Je vais à la plage. Donc, il fait beau. » est un exemple d'affirmation de la conséquente.

Âge médian

Âge qui sépare une population en deux. La moitié de cette population est plus jeune que l'âge médian, l'autre moitié est plus âgée.

Angiogenèse (*angiogenesis*)

Processus ou mécanisme de néovascularisation sanguine prenant naissance à partir d'un réseau capillaire sanguin préexistant.

Apprentissage implicite

Apprentissage (ou extraction) de régularités d'une série de stimulus sans intention ni conscience.

Approche équivalence-molaire différence-moléculaire

Dans l'étude de l'impact d'une expertise sur le déclin cognitif, cette approche, proposée par Charness (1981), consiste à comparer des individus de groupes d'âges différents mais d'un même niveau de performances à une habileté cognitive complexe (équivalence-molaire) et d'isoler des différences au niveau des mécanismes fondamentaux ou des processus cognitifs (différence-moléculaire) qui supportent cette habileté.

Asymptote

En mathématiques et en statistique, l'asymptote désigne une droite dont une courbe se rapproche progressivement sans jamais la rencontrer. En psychologie cognitive, elle désigne le fait que les conditions expérimentales, ou la pratique intensive, n'ont plus d'effet observable sur les performances, généralement la latence des réponses.

Attention

L'attention est le réservoir énergétique de nos activités cognitives et se caractérise par plusieurs fonctions : attention sélective, attention partagée ; switching attentionnel ; concentration ; attention préparatoire.

Attention partagée

Il s'agit de l'une des fonctions de l'attention qui consiste à gérer l'allocation des ressources cognitives entre plusieurs tâches ou plusieurs informations en parallèle.

Attention préparatoire

Il s'agit de l'une des fonctions de l'attention qui consiste à se préparer à traiter un stimulus ou à se préparer à répondre rapidement.

Attention sélective

Il s'agit de l'une des fonctions de l'attention qui consiste à sélectionner (ou choisir) une information cible parmi un ensemble d'informations afin de la traiter plus profondément.

Autorépétition mentale

Activité cognitive qui consiste à se répéter littéralement le matériel ou les stimulus à apprendre.

Changements centraux

Désignent les changements touchant le système nerveux central qui affectent principalement les processus cognitifs (e.g., prise de décision, mémoire, attention) selon l'approche de traitement de l'information.

Changements périphériques

Désignent les changements affectant les voix d'entrée de l'information et de sortie, ou de réponse. Les changements périphériques touchent les processus sensoriels et perceptifs pour les voix d'entrée et généralement les processus moteurs pour les voix de sortie.

(Coefficient de) corrélation

C'est un indicateur chiffré du lien entre deux variables. Cet indicateur (noté *r*) mesure la force du lien entre deux variables. Sa valeur peut aller de −1 à +1. Une valeur de −1 indique un lien négatif fort (quand les valeurs d'une variables augmentent, celles de l'autre diminuent), une valeur de +1 indique un lien positif fort (quand les valeurs d'une variable augmentent, celles de l'autre augmentent aussi), et une valeur de 0 indique que les deux variables n'ont aucun lien.

Compensation

En psychologie cognitive, la compensation désigne le fait qu'une stratégie particulière ou un état du système de traitement de l'information permet un traitement efficace de l'information en dépit d'un déficit touchant un ou des processus cognitifs normalement engagés pour traiter cette information.

Concentration

Il s'agit de l'une des fonctions de l'attention qui nous permet de rester éveillés en déployant des ressources cognitives pendant une durée prolongée sur une tâche ou un stimulus particulier.

Connaissance déclarative

Fait référence à des faits, des informations qu'il est possible de décrire verbalement (e.g., « Paris est la capitale de la France » ; « Ottawa est la capitale du Canada ») et dont l'organisation est flexible et contrôlable par le participant.

Connaissance procédurale

Fait référence à des procédures, c'est-à-dire à des actions déclenchées par une ou plusieurs conditions. Par exemple, en orthographe, accorder un verbe avec son sujet constitue une connaissance procédurale (« si le sujet est au pluriel, alors le verbe l'est aussi »).

Confluence ascendante

Désigne le fait que les personnes plus faiblement scolarisées semblent s'améliorer avec l'âge, plus particulièrement entre le début et la moitié de l'âge adulte, ce qui ne semble pas le cas pour les personnes plus scolarisées. Il y aurait donc une amélioration chez les faiblement scolarisés, mais pas chez les hautement scolarisés.

Confluence descendante

Désigne une diminution de la performance des personnes hautement scolarisées et s'approchant ainsi de la performance des personnes ayant un niveau de scolarité plus bas. Les gens hautement scolarisés perdent leur avantage sur les gens faiblement scolarisés avec l'avancement en âge.

Contrôle attentionnel

Réfère aux mécanismes attentionnels contrôlés ou volontaires, parfois appelés mécanismes endogènes, par opposition aux réactions attentionnelles involontaires ou exogènes (e.g., capture attentionnelle).

Déni de l'antécédente

L'une des quatre règles logiques, qui se présente sous la forme « A implique B ; non A ». Il est impossible de déduire une conclusion valide d'un tel énoncé. Par exemple, « Si tu m'épouses, je serai heureux. Or tu ne m'épouses pas » n'implique pas que « je serai malheureux ».

Distracteurs

En psychologie cognitive expérimentale, le distracteur est un item que le participant doit ignorer, utilisé pour distraire ou nuire à l'attention ou la mémoire du participant. Étudier l'effet d'un distracteur, en fonction de sa nature ou des ses caractéristiques en relation avec celles d'une cible qui doit être traitée, permet de mieux comprendre le fonctionnement de l'attention et de la mémoire.

Distribution stratégique

Une des variations stratégiques qui concerne le pourcentage relatif d'utilisation des stratégies disponibles.

Effet d'amnésie de la source

Effet observé dans une expérience sur la mémoire. Cet effet consiste à observer que nous oublions le contexte dans lequel nous avons stocké une information. Par exemple, nous ne retenons pas le lieu où nous nous trouvions au moment de l'encodage, nous oublions le nom de la personne de qui nous tenons une information.

Effet de cohorte

Effets liés à des expériences sociales et/ou individuelles uniques aux générations comparées et qui peuvent être confondues à des effets d'âge ou masquer des effets d'âge. Par exemple, observer que les capacités de calcul mental des âgés sont supérieures à celles des jeunes ne signifie pas que ces capacités augmentent avec l'âge. Il est possible que les personnes âgées aient mieux appris le calcul mental à l'école que les jeunes.

Effet de la fausse célébrité

Effet observé dans une expérience sur la mémoire. Dans cette expérience, on montre aux participants des photos. Le lendemain, on demande aux gens d'indiquer parmi une série de photos celles correspondant à un personnage célèbre. Les gens ont tendance à dire que les photos vues la veille (de personnages non célèbres) correspondent à des photos de personnages célèbres.

Effet de familiarisation avec la tâche

Caractérise le fait que les performances à une tâche passée une deuxième fois sont influencées par la première passation. Dans une étude longitudinale, par exemple, où les mêmes participants accomplissent la même tâche plusieurs fois, il est possible que les performances obtenues après la première passation soient influencées par le fait d'avoir déjà accompli cette tâche.

Effet d'interférence Stroop

Il s'agit d'un effet expérimental mettant en évidence l'existence de mécanismes d'inhibition. Il est observé lorsque les participants doivent lire un mot écrit soit dans la couleur désignant le mot (e.g., rouge écrit en rouge) soit dans une autre couleur (ex. rouge écrit en vert). Les participants vont plus vite dans le premier que dans le second cas.

Effet de la profondeur de traitement de l'information

Effet expérimental observé dans une expérience de mémoire où l'on demande aux participants d'effectuer des traitements superficiels (e.g., compter le nombre de syllabes dans un mot) ou des traitements profonds (e.g., trouver un synonyme du mot à apprendre). L'effet consiste à observer de meilleures performances au rappel avec des traitements profonds.

Effet de la structure des problèmes

Effet expérimental caractérisé par une différence de performances cognitives en fonction du type de problème à résoudre.

Effet test-retest

Généralement, il s'agit d'une amélioration des performances à une tâche cognitive ou à un test, du simple fait de la pratique ou de la répétition du test.

Empan calculatoire

Il s'agit de l'une des mesures fonctionnelles de la MDT obtenue en demandant au participant de résoudre des séries de problèmes arithmétiques et de retenir le résultat de chaque problème. La taille des séries varie de 2 à 7. Le participant doit réussir au moins deux séries sur trois pour être crédité de la taille correspondante.

Empan de frappe

Mesure utilisée par Salthouse dans l'étude des dactylographes. Il s'agit d'une mesure du délai entre l'œil, donc la détection de la lettre, et la main lorsque le participant dactylographie. Pour Salthouse, il s'agit du délai disponible pour préparer une frappe.

Empan de lecture

Il s'agit d'une des mesures fonctionnelles de la MDT obtenue en demandant au participant de lire des séries de phrases afin de répondre à des questions sur ces phrases et de retenir le dernier mot de chaque phrase. La taille des séries varie de 2 à 7. Le participant doit réussir au moins deux séries sur trois pour être crédité de la taille correspondante.

Empan de mémoire à court terme

Il s'agit d'une mesure de capacité de la mémoire à court terme évaluée en demandant au participant de rappeler en ordre ou en ordre inverse des séries d'items (mots, chiffres). Plus le participant peut rappeler d'items, plus la taille de sa mémoire à court terme est grande.

Empan de mémoire de travail

Il s'agit d'une mesure fonctionnelle de la capacité de la MDT à traiter et retenir temporairement de l'information. Dans les épreuves évaluant la MDT (comme l'empan de lecture ou l'empan calculatoire), les participants traitent de l'information (e.g., lisent des phrases et répondent à des questions sur ces phrases) et retiennent temporairement de l'information (e.g., retenir les derniers mots des phrases).

Empan œil-main

Dans l'étude de Salthouse (1984), il s'agit du nombre de caractères présentés à l'avance pour que 75 % des temps inter-frappes soient plus rapides que la médiane du temps inter-frappe en condition de dactylographie normale (copie d'un texte).

Entraînement aérobie

Programme de conditionnement physique visant l'amélioration des capacités cardiorespiratoires.

Entraînement a priorité fixe

Programme d'entraînement en attention partagée dans lequel le participant doit diviser également ses ressources attentionnelles entre les deux tâches concurrentes.

Entraînement a priorité variable

Programme d'entraînement en attention partagée dans lequel la priorité accordée à une tâche plutôt qu'à une autre varie selon les instructions de la tâche. Généralement, les instructions varient entre les blocs d'essais expérimentaux.

Entraînement cognitif

Protocole ou programme d'amélioration d'une fonction cognitive dans lequel une stratégie est induite, ou dans lequel une consigne particulière, une rétroaction ou des conditions propres à la tâche, visent explicitement à maximiser la performance des participants.

Entraînement force et souplesse

Programme de conditionnement physique visant principalement l'augmentation de la force et de la souplesse musculaire, plutôt que l'amélioration des fonctions cardiorespiratoires.

Épreuve d'aptitude numérique

Il s'agit de l'une des épreuves au test des habiletés mentales primaires. Elle consiste à additionner des nombres à deux chiffres et indiquer si la somme proposée est vraie ou fausse.

Épreuve d'aptitude spatiale

Il s'agit de l'une des épreuves au test des habiletés mentales primaires. Elle consiste à choisir parmi 6 figures géométriques celle qui est la même que la figure cible bien que représentée sous un angle différent.

Épreuve d'arithmétique

Il s'agit de l'une des épreuves verbales au test de la WAIS. Elle consiste à résoudre des problèmes comprenant des nombres du type « Si cinq oranges coûtent 1 euro, combien coûtent dix oranges ? ».

Épreuve d'arrangement d'images

Il s'agit de l'une des épreuves non verbales au test de la WAIS. Le participant a un ensemble de cartes. Chacune comporte une image. Les images doivent être ordonnées de manière à former une histoire.

Épreuve d'assemblage d'objet

Il s'agit de l'une des épreuves non verbales au test de la WAIS. Le participant voit l'image d'une figure qu'il doit reproduire à l'aide de cubes. La surface est recouverte des fragments de l'image (puzzle).

Épreuve des codes

Il s'agit de l'une des épreuves non verbales au test de la WAIS. Le participant voit un tableau de correspondances entre 9 chiffres et 9 symboles dans lequel chaque chiffre correspond à un symbole (par exemple « 1 » = « * », « 2 » = « O »). Puis, le participant voit un tableau de chiffres. Il doit écrire le symbole auquel chaque chiffre correspond. Il doit donc établir le plus de correspondances possible. Cette épreuve est une bonne mesure de la vitesse générale de traitement de l'information.

Épreuve des cubes

Il s'agit de l'une des épreuves non verbales au test de la WAIS. Le participant voit un ensemble de petits cubes (2,5 cm de côté) dont les faces sont peintes soit en rouge et noir, soit en noir et blanc. Ces cubes doivent être arrangés afin de former un motif spécifique.

Épreuve de complètement d'images

Il s'agit de l'une des épreuves non verbales au test de la WAIS. Le participant doit identifier les parties manquantes dans une image représentant des objets communs.

Épreuve de compréhension

Il s'agit de l'une des épreuves verbales au test de la WAIS. Le participant doit répondre à des questions de sens commun du type « Pourquoi devons-nous respecter le code de la route ? ».

Épreuve de fluidité verbale

Il s'agit d'une des épreuves de test des habiletés mentales primaires. Elle consiste pour le participant à dire le plus de mots possible commençant par la lettre S en 5 minutes.

Épreuve d'information

Il s'agit de l'une des épreuves verbales au test de la WAIS. Elle consiste à répondre à des questions de culture générale du type « Quelle est la capitale de la France ? ».

Épreuve de mémoire de chiffres

Il s'agit de l'une des épreuves verbales au test de la WAIS. Elle consiste à répéter une suite de nombres comme lorsque le participant entend « 4-5-2-8-1 » qu'il doit répéter soit à l'endroit (en commençant par 4-5) soit à l'envers (en commençant par 1-8).

Épreuve de raisonnement

Il s'agit de l'une des épreuves au test des habiletés mentales primaires. Elle consiste à choisir parmi un ensemble de lettres proposées celle qui continue la série. Par exemple, le participant voit la série de lettres suivante : DEYFGYHIJKY et doit choisir la lettre qui poursuit la série parmi les lettres suivantes : BMLYX.

Épreuve de signification verbale

Il s'agit de l'une des épreuves au test des habiletés mentales primaires. Elle consiste à choisir le synonyme d'un mot parmi plusieurs mots proposés.

Épreuve de similitudes

Il s'agit de l'une des épreuves verbales au test de la WAIS. Elle consiste à dire en quoi deux objets (e.g., « tournevis » et « marteau ») se ressemblent ou ce qu'ils ont en commun.

Épreuve de vitesse perceptive

Épreuve consistant à évaluer si des paires d'items comprennent exactement les mêmes items ou pas. Par exemple, les participants voient des séries de paires de lettres. Pour chaque paire, ils doivent dire si chaque membre de la paire comprend exactement les mêmes lettres ou pas. Plus les participants sont rapides à ce genre d'épreuve, plus leur vitesse perceptive est grande.

Épreuve de vocabulaire

Il s'agit de l'une des épreuves verbales au test de la WAIS. Elle conssite à donner la signification d'une série de mots (e.g., « prudent », « universalité »).

Exécution stratégique

L'une des variations stratégiques consistant en la vitesse et/ou la précision relative à chaque stratégie lorsqu'elle est mise en œuvre sur un ensemble de problèmes par un ensemble de participants.

Fidélité (Fidélité test-retest)

L'une des qualités d'une mesure. Un test est dit fidèle lorsque deux évaluations indépendantes aboutissent aux mêmes résultats. Ainsi, un participant passant deux fois de suite un test mémoire devrait obtenir des scores comparables si ce test est fidèle.

Fidélité inter-observateurs

Caractérise le fait que deux observateurs indépendants aboutissent à la même observation. Par exemple, si deux individus codent les stratégies utilisées par des individus pour faire du calcul mental, ils devraient observer les mêmes stratégies.

Génération d'histoire

Moyen mnémotechnique pour apprendre une liste d'items dans laquelle le participant apprend à générer une histoire pour grouper ou organiser le matériel à mémoriser.

Hypothèse de la compensation

Hypothèse visant à expliquer l'effet bénéfique de la scolarité sur le déclin cognitif selon laquelle des connaissances générales accrues permettent de compenser le déclin associé à l'âge dans des aspects cognitifs plus généraux, comme la vitesse de traitement, en utilisant des stratégies alternatives ou par une plus grande familiarité avec du matériel abstrait, apparenté au matériel scolaire.

Hypothèse de la réserve cérébrale

Hypothèse selon laquelle les expériences complexes et stimulantes acquises au fil des années engendrent une réserve neuronale qui prémunirait l'individu des effets néfastes du vieillissement sur le cerveau. Cette protection cérébrale ou neuronale viendrait du soutien de réseaux neuronaux plus élaborés, c'est-à-dire contenant plus de connections synaptiques, dus à des apprentissage plus poussés.

Hypothèse de la réserve cognitive

Hypothèse selon laquelle les activités stimulantes et les apprentissages antérieurs permettent à un individu de maintenir d'excellentes performances cognitives en dépit de l'avancement en âge, ou d'une atteinte cérébrale progressive.

Hypothèse du désengagement

Hypothèse selon laquelle une partie du déclin cognitif associé à l'âge s'explique par le manque d'activités cognitives stimulantes sur le plan intellectuel.

Hypothèse de préservation sélective

Cette hypothèse suggère qu'une expertise permet de préserver les habiletés cognitives mais seulement dans les tâches associées au domaine d'expertise, c'est-à-dire dans les tâches qui impliquent des stimuli, un contexte, des associations stimuli-réponses analogues au domaine d'expertise.

Inhibition

Il s'agit d'un mécanisme cognitif par lequel on parvient à s'empêcher de penser à quelque chose qui n'a rien à voir avec la tâche que nous sommes en train d'accomplir ou avec les stimuli que nous sommes en train de traiter. Par exemple, l'inhibition nous permet de dire que le mot « rouge » est écrit en vert sans nous laisser perturber par la lecture automatique du mot « rouge ».

Intelligence cristallisée

Forme d'intelligence fondée sur le bagage de connaissances ou des capacités acquises.

Intelligence fluide

Forme d'intelligence qui désigne l'aptitude à s'ajuster à des situations nouvelles et qui ne s'appuie pas sur des connaissances acquises.

Mécanisme de la simultanéité

Il s'agit de l'un des mécanismes postulés par la théorie du ralentissement cognitif proposée par Salthouse. Selon ce mécanisme, l'information issue des processus précoces de traitement est de moins bonne qualité ou déjà oubliée lorsque le système cognitif déclenche et exécute les traitements tardifs.

Mécanisme du temps limité

Il s'agit de l'un des mécanismes postulés par la théorie du ralentissement cognitif proposée par Salthouse. Selon ce mécanisme, le temps consacré aux processus précoces est trop long et ne permet pas d'exécuter les processus plus tardifs dans des conditions optimales, le temps total disponible pour réaliser une tâche étant limité.

Mémoire autobiographique

Mémoire des souvenirs personnels.

Mémoire déclarative

Selon le modèle ACT d'Anderson, la mémoire déclarative est cette partie de notre MLT où seraient stockées les informations relatives à la fois aux connaissances générales encyclopédiques et aux souvenirs personnels.

Mémoire de travail

Partie de notre système cognitif où sont temporairement traitées et stockées les informations.

Mémoire épisodique

Partie de la mémoire où sont stockées les informations relatives à des épisodes (e.g., contexte dans lequel nous avons appris des informations ; informations apprises comme liste de mots).

Mémoire explicite

La mémoire explicite est cette partie de la mémoire qui est sollicitée lorsque nous cherchons intentionnellement et consciemment à récupérer des informations en MLT que nous y avons préalablement stockées.

Mémoire implicite

La mémoire implicite est cette partie de notre mémoire qui est sollicitée lorsque nous utilisons des informations que nous avons préalablement stockées sans nous rendre compte que nous réutilisons ces informations.

Mémoire procédurale

Selon le modèle ACT d'Anderson, la mémoire procédurale stockerait en MLT nos connaissances procédurales, c'est-à-dire nos connaissances relatives à la manière de faire quelque chose.

Mémoire prospective

Partie de la mémoire où sont stockées les informations relatives à des choses à faire et à des informations à rappeler dans un futur (proche ou éloigné).

Mémoire rétrospective

Partie de la mémoire où sont stockées des informations (connaissances procédurales ou déclaratives) préalablement stockées.

Mémoire sémantique

Partie de la mémoire où sont stockées nos connaissances générales et encyclopédiques sur le monde et le langage.

Mesures d'empan

Les mesures d'empan sont des mesures des capacités de la mémoire à court terme (capacité limitée de stockage) ou de la mémoire de travail (traitement et stockage temporaires des informations).

Méthode d'association visage-nom

Stratégie mnémotechnique qui consiste à associer une image à une caractéristique physique distinctive d'une personne afin de favoriser le rappel de son nom.

Méthode de la table de rappel

Stratégie mnémotechnique qui consiste à associer une série de nombres, sur la base de leur ressemblance physique (e.g., 1 est associé à un poteau). Ensuite les items à rappeler sont associés à ces images.

Méthode des lieux

Stratégie mnémotechnique qui consiste à associer une série d'items à différents lieux dans un parcours mental.

Méthode d'imagerie interactive

Stratégie mnémotechnique qui consiste à former une image mentale reliant les différents items à retenir entre eux.

Méthode du journal

Méthode d'étude de la mémoire autobiographique qui consiste à demander aux individus de remplir tous les jours un journal pendant une certaine période en dressant la liste de ce qu'ils ont fait dans la journée. Au bout d'un certain temps, les participants viennent au laboratoire avec leur journal. Un investigateur les questionne sur les événements notés dans leur journal afin de voir comment les participants se souviennent des événements.

Méthode du mot clé

Stratégie mnémotechnique qui consiste à associer un mot à retenir à un mot concret facile à imager.

Méthode expérimentale

Méthode de recueil des données empiriques permettant de comparer le comportement (ou les performances cognitives) de deux groupes d'individus, comparables en tous points sauf sur un seul. Ce point est supposé être responsable de la différence de comportement entre les deux groupes.

Modus ponens

L'une des quatre règles logiques qui se présente sous la forme « A implique B ; A ; donc B ». L'énoncé « Si le soleil brille, je bronze. Or le soleil brille. Donc je bronze » est un exemple de modus ponens.

Modus tollens

L'une des quatre règles logiques, qui se présente sous la forme « A implique B ; non B ; donc non A ». L'énoncé « Si le soleil brille, je bronze. Or je ne bronze pas. Donc le soleil ne brille pas » est un exemple de modus tollens.

Neurogenèse

Formation de nouveaux neurones dans le système nerveux central.

Niveau de performance de base

Dans l'approche du test des limites de Baltes et ses collaborateurs, le niveau de performance de base désigne le potentiel de l'individu en situation standard, sans stimulation ou soutien environnemental particulier.

Niveau de réserve de base

Dans l'approche du test des limites de Baltes et ses collaborateurs, le niveau de réserve de base désigne le niveau de performance maximal qu'un individu peut atteindre en condition optimale d'évaluation.

Observation naturelle

Méthode qui consiste à collecter des informations sur ce qui se passe, sans intervention (ou avec intervention moindre) de l'observateur. Par exemple, un chercheur étudiant le rôle de l'alcool sur l'agressivité et qui irait observer, dans un bar, les comportements agressifs utiliserait l'observation naturelle.

Optimisation

Mécanisme par lequel une personne âgée tentera de maximiser la structure de l'environnement, donc les conditions de performance, davantage qu'elle ne le faisait à un âge plus jeune, pour maximiser en quelque sorte la portée des habiletés maintenues.

Organisation hiérarchique

Stratégie mnémotechnique qui consiste à organiser les items à mémoriser selon une structure hiérarchique, des plus englobants aux plus particuliers.

Paradigme de double tâche

Ce paradigme est utilisé pour étudier la MDT et son implication dans diverses tâches cognitives. Dans ce paradigme, le participant est d'abord soumis à une tâche cognitive dite tâche principale seule (e.g., résoudre un problème arithmétique), puis à une tâche cognitive dite tâche secondaire seule (e.g., produire une séquence aléatoire de lettres comme « cawxzlse ». Enfin, le participant accomplit les deux tâches ensembles. Les performances à chacune des deux tâches principale et secondaire passées isolément sont alors comparées à celles obtenues à ces deux tâches réalisées ensemble.

Parallélisme

Désigne un déclin équivalent en fonction de l'âge chez les groupes ayant différents niveaux de scolarité.

Plans longitudinaux

Plans d'étude permettant d'évaluer l'évolution des performances d'un même groupe d'individu sur une période prolongée. Les mêmes participants sont testés plusieurs fois pendant cette période.

Plans séquentiels

Plans d'étude qui combinent plans longitudinaux et plans transversaux. Par exemple, des participants âgés de 20 et de 60 ans seront testés deux fois de suite à 10 ans d'intervalle.

Plans transversaux

Plans d'étude où sont comparés deux groupes indépendants de participants. Par exemple, comparer les performances mnésiques d'un groupe de participants âgés en moyenne de 20 ans et d'un autre groupe de participants âgés en moyenne de 80 ans est un plan transversal.

Plasticité cognitive

Potentiel d'apprentissage et donc d'amélioration des performances cognitives.

Pratique délibérée

Type de pratique proposée par Krampe et Ericsson (1996) pour expliquer le maintien des performances musicales des pianistes professionnels et qui désigne la pratique d'activités musicales et d'exercices musicaux conçus pour maintenir et améliorer des aspects spécifiques de leurs performances, comparativement à une pratique de détente ou plus ludique, typiquement observée chez les pianistes amateurs.

Pratique intensive

Pratique répétitive d'une tâche cognitive sans stratégie ou indication particulière visant à moduler la performance des participants.

Prémisse

Se dit des premières phrases d'un énoncé ou, plus généralement, d'une information à partir de laquelle seront réalisées des inférences (déductives ou inductives).

Problème

Situation dans laquelle une personne cherche à atteindre un but et doit trouver (ou choisir) les moyens pour y parvenir.

Problème bien défini

Il s'agit d'un problème dans lequel la situation de départ et le but à atteindre sont clairement établis. Par exemple, « combien font 4×3 ? » est un problème bien défini.

Problème de la Tour de Londres

Problème utilisé pour étudier les capacités de planification. Dans ce problème, les participants voient des billes de couleurs différentes posées sur des tiges. Ils doivent déplacer les billes d'un état initial à un état final en ne déplaçant qu'une bille à la fois. Avant d'effectuer les déplacements, ils doivent mentalement planifier l'ensemble des déplacements.

Problème mal défini

Problème dans lequel l'état initial et l'état final du problème sont partiellement (ou ne sont pas) spécifiés.

Procédés mnémotechniques

Stratégies de mémorisation s'appuyant sur l'imagerie mentale ou l'organisation du matériel à apprendre et qui visent à mieux encoder l'information et/ou à faciliter la récupération en générant des indices de rappel.

Processus automatique

Désigne les processus cognitifs qui s'exécutent de façon involontaire et qui sont peu influencés par la quantité d'information à traiter.

Processus contrôlé

Désigne les processus cognitifs qui s'exécutent volontairement qui demandent de l'attention et qui sont sensibles à la quantité d'information à traiter.

Profil classique de vieillissement cognitif

Il s'agit d'une évolution caractéristique des performances cognitives avec l'âge au test de la WAIS qui consiste en une stabilité des performances verbales en parallèle à une diminution des performances non verbales avec l'âge.

Prospection mnémonique

Recherche d'information en mémoire à court terme.

Protection

Désigne le fait que les individus ayant complété un haut niveau de scolarité sont protégés en quelque sorte des effets délétères de l'âge.

Protocoles verbaux

Verbalisations des participants en cours de réalisation d'une tâche (protocoles verbaux concurrents) ou après l'avoir accomplie (protocoles verbaux différés). Ces verbalisations sont analysées comme n'importe quelle autre source de données comportementales pour comprendre comment un participant accomplit une tâche cognitive.

Psychologie

Étude des comportements et des processus mentaux qui sous-tendent les comportements.

Psychologie du développement

C'est une sous-discipline de la psychologie qui s'attache à comprendre l'évolution avec l'âge aussi bien chez les enfants qu'au cours de la vie adulte des comportements et des processus qui les engendrent.

Psychologie du vieillissement cognitif

Partie de la psychologie du développement qui s'attache à comprendre l'évolution de la cognition au cours de la vie adulte. Elle cherche à comprendre ce qui change et ce qui ne change pas avec l'âge dans nos capacités cognitives.

Raisonnement déductif

Partie du raisonnement qui consiste à tirer des conclusion vraies et valides à partir d'informations (ou prémisses) vraies.

Raisonnement inductif

Partie du raisonnement qui consiste à tirer une règle ou conclusion générale à partir d'exemples particuliers.

Recherche automatique

En recherche visuelle, la recherche automatique désigne la détection automatique, donc sans effort mental, de la cible à travers les distracteurs.

Recherche autoterminante

Désigne une recherche visuelle qui cesse dès que la cible est détectée.

Recherche exhaustive

Désigne une recherche visuelle de tout le champ visuel. Typiquement, en l'absence de la cible dans une tâche de recherche visuelle, le participant fera un balayage complet du champ visuel avant de répondre que la cible est absente.

Recherche visuelle

Tâche dans laquelle le participant doit détecter une cible à travers des distracteurs.

Règle de production

Unité de base dans un système de production modélisant le fonctionnement cognitif. Une règle de production (ou règle condition-action) comporte deux parties : une partie condition (précisant les circonstances dans lesquelles la règle s'applique) et une partie action (dressant la liste des actions à accomplir lorsque sont remplies les conditions).

Réserve cognitive

Potentiel latent d'apprentissage.

Réserve cognitive développementale

Dans l'approche du test des limites (Baltes, 1999), potentiel d'apprentissage estimé par la performance maximale atteinte après une intervention visant l'optimisation des performances via l'application de stratégies adaptées, l'apprentissage, la pratique, le développement de nouvelles habilités ou encore l'augmentation de la motivation.

Rockport one-mile

Test de marche rapide permettant d'estimer le VO_2max des personnes âgées pour quantifier leur niveau de santé cardiorespiratoire.

Sélection

Mécanisme permettant de réduire le répertoire d'habiletés cognitives impliquées dans une activité plus globale, donc associée à une expertise, une profession, un sport ou une activité artistique.

Stratégie

Procédure ou suite de procédures permettant d'atteindre un but. Les stratégies comprennent toutes les méthodes utilisées par les sujets pour accomplir une tâche cognitive.

Stratégie de groupement

L'une des stratégies mnémotechniques basées sur l'organisation du matériel à mémoriser et qui consiste à organiser les items selon l'appartenance à une catégorie.

Stratégies d'organisation

Ensemble des méthodes mnémotechniques basées sur l'organisation du matériel à mémoriser.

Style de vie
Dans les études en psychologie cognitive du vieillissement, le style de vie désigne le niveau d'implication dans des activités stimulantes sur le plan cognitif.

SU.VI.MAX.
Questionnaire d'activité physique développé par Vuillemin et collaborateurs (2000) pour quantifier le niveau d'activité physique pratiqué au cours des douze derniers mois.

Switching attentionnel
Il s'agit de l'une des fonctions de l'attention qui permet au système cognitif de traiter en alternance différents stimuli ou d'accomplir plusieurs tâches.

Synaptogénèse
Formation de nouvelles connections synaptiques, c'est-à-dire de nouveaux contacts entre deux neurones.

Tâche d'auto-ordonnancement
Tâche dans laquelle le participant doit pointer tour à tour une série de patrons visuels sans revenir aux patrons précédemment pointés. La difficulté de la tâche d'auto-ordonnancement réside donc dans le fait de maintenir en mémoire les derniers patrons visuels pointés afin d'éviter d'y revenir.

Tâche d'énumération
Tâche utilisée par Jenkins et Hoyer (2000) dans laquelle les participants doivent donner le nombre de cibles présentées à l'écran d'un ordinateur.

Tâche de production
Type de tâche utilisée dans de nombreuses activités cognitives (comme le raisonnement, la résolution de problème, l'écriture, langage) au cours de laquelle le participant doit trouver une solution.

Taux de fertilité
Nombre d'enfants qu'une femme met au monde au cours de sa vie.

Tâche de raisonnement verbal
Tâche dans laquelle le participant doit faire des déductions ou des inductions sur du matériel verbal (mot, phrase ou texte).

Tâche du repas empoisonné
Tâche utilisée pour étudier le raisonnement inductif. Dans cette tâche, les participants apprennent que l'un des plats servis à un repas est empoisonné. Ils doivent trouver quel est ce plat en posant des questions auxquelles on ne lui répond que par « oui » ou par « non ».

Tâche de *switching* inter-stimulus
Tâche utilisée pour étudier nos capacités à traiter en alternance différentes sources d'information. Dans cette tâche, les participants doivent focaliser leur attention sur une partie du stimulus pendant plusieurs essais et sur l'ensemble du stimulus pendants les essais suivants.

Tâche de *switching* inter-tâches
Tâche utilisée pour étudier nos capacités à traiter en alternance différentes sources d'information. Dans cette tâche, les participants doivent accomplir en alternance deux types de tâches et jongler entre ces deux tâches.

Tâche de vérification
Type de tâche utilisée dans de nombreux domaines cognitifs (e.g., raisonnement, résolution de problème, langage). Le participant doit dire si une réponse ou solution proposée est correcte compte tenu des prémisses.

Techniques d'imagerie

Méthodes mnémotechniques basées sur la formation d'une représentation mentale imagée de l'item à retenir ou de l'item et d'un indice qui servira à faciliter le rappel de l'item à mémoriser.

Test des habiletés mentales primaires (ou PMA)

Test mis au point par Thurstone dans les années 1940 pour évaluer l'efficience intellectuelle à partir de 5 sous-tests, chacun évaluant une habileté intellectuelle spécifique. Les 5 sous-tests sont : la signification verbale ; l'aptitude spatiale ; la fluidité verbale ; l'aptitude numérique ; le raisonnement.

Test des limites

Approche développée par Baltes et ses collaborateurs selon laquelle l'analyse détaillée des changements développementaux provoqués dans un temps limité, nous permet d'étudier systématiquement les variations de performances dans des conditions de privation (minimum de stimulation avant l'entraînement) ou dans des conditions de soutien environnemental optimal, où les performances devraient se situer près des limites du potentiel latent de performance.

Test des matrices de Raven

Test mis au point par Raven pour évaluer l'intelligence générale. Dans ce test, les participants voient une matrice comportant 9 cases (réparties sur 3 lignes × 3 colonnes). Huit de ces 9 cases présentent une figure ; la dernière case est vide. Les figures sont ordonnées de sorte à suivre une règle que le participant doit découvrir. Le participant doit choisir, parmi 8 figures présentées, celle qui complète la série.

Test multi-factoriel

Test d'intelligence qui conçoit l'intelligence comme constituée de plusieurs habiletés indépendantes. La WAIS et la PMA sont deux exemples de tests multi-factoriels utilisés pour évaluer ces habiletés indépendantes.

Test uni-factoriel

Test d'intelligence qui voit l'intelligence comme comprenant une capacité générale, commune à toutes les capacités intellectuelles. Le test des matrices de Raven est l'un des tests uni-factoriels utilisés pour évaluer nos capacités intellectuelles générales.

Validité d'une mesure

Qualité d'une mesure qui caractérise le fait qu'un test évalue bien la capacité qu'il est censé évaluer et pas une autre capacité. Par exemple, une épreuve de rappel de mots préalablement stockés est une évaluation valide de la mémoire ; un jugement esthétique sur ces mots n'est pas une mesure valide de la mémoire.

Validité externe

Se dit de la conclusion d'une recherche qui peut être généralisée à d'autres conditions ou d'autres participants que ceux testés dans l'étude d'où cette conclusion a été tirée.

Validité interne

Se dit de la conclusion d'une recherche quant à la cause d'un comportement étudié lorsque ce comportement n'est pas le résultat d'un autre facteur.

Variable dépendante

Aspects mesurés du comportement qui dépend du facteur manipulé ou contrôlé. Par exemple, dans une étude où un chercheur détermine si le temps de lecture des mots fréquents est plus court que celui des mots rares, le temps de lecture est la variable dépendante.

Variable indépendante

Facteur manipulé ou contrôlé dont on suppose qu'il est la cause du comportement étudié. Dans une étude où un chercheur détermine si le temps de lecture des mots fréquents est plus court que celui des mots rares, la fréquence des mots est la variable indépendante.

Variations stratégiques

Ensemble des variations comportementales ou de performances caractérisant une dimension relative aux stratégies utilisées. Ces variations comprennent le répertoire (quelles stratégies sont utilisées ?), la distribution (avec quels pourcentages les stratégies sont-elles utilisées ?), l'exécution (avec quels niveaux de précision et de rapidité les stratégies sont-elles mises en œuvre ?) et la sélection stratégique (comment sont choisies les différentes stratégies sur chaque problème ?).

VO_2max

Quantité maximale d'oxygène, généralement mesurée en millilitre/kilogramme/minute ($mL/kg*min^{-1}$), absorbée en une minute lors d'un exercice soutenu et avec effort (e.g., marche sur tapis roulant).

WAIS/WAIS-R

Test mis au point par Wechsler pour évaluer les habiletés intellectuelles. Il incarne une conception multifactorielle de l'intelligence et comprend, en conséquence, plusieurs épreuves (verbales et non verbales), chacune destinée à évaluer une habileté.

Yale Physical Activity Survey

Questionnaire spécifiquement conçu pour mesurer l'activité physique chez les aînés à travers une grande variété d'activités comme les tâches domestiques, les activités récréatives et sportives, et permettant d'évaluer l'intensité (légère, modérée et vigoureuse) des activités rapportées.

BIBLIOGRAPHIE

Albert, M. S., Jones, K., Savage, C. R., Berkman, L., Seeman, T., Blazer, D., *et al.* (1995). Predictors of cognitive change in older persons : Macarthur studies of successful aging. *Psychology and Aging, 10*(4), 578-589.

Allen, J. J., Iacono, W. G., Laravuso, J. J., & Dunn, L. A. (1995). An Event-Related Potential Investigation of Posthypnotic Recognition Amnesia,,. *Journal of Abnormal Psychology, 104*(3), 421-430.

Allen, M., & Badecker, W. (2002a). Inflectional Regularity : Probing the Nature of Lexical Representation in a Cross-Modal Priming Task. *Journal of Memory and Language, 46*(4), 705-722.

Allen, M., & Badecker, W. (2002b). Stem Homographs and Lemma Level Representations. *Brain and Language, 81*(1-3), 79-88.

Allen, P. A., Ashcraft, M. H., & Weber, T. A. (1992). On mental multiplication and age. *Psychology and Aging, 7*, 536-545.

Allen, P. A., Smith, A. F., Jerge, K. A., & Vires-Collins, H. (1997). Age differences in mental multiplication : Evidence for peripheral but not central decrements. *Journal of Gerontology : Psychological Sciences, 52b*(2), 81-90.

Allen, P. A., Weber, T. A., & Madden, D. J. (1994). Adult age differences in attention : Filtering or selection ? *Journal of Gerontology : Psychological Sciences, 49*, 213-222.

Anandam, T. T., & Scialfa, C. T. (1999). Aging and the development of automaticity in feature search. *Aging, Neuropsychology, and Cognition, 6*, 117-140.

Anderson, J. E., & Holcomb, J.P. (1995). Auditory and visual semantic priming using different stimulus onset asynchronies : An event-related brain potential study. *Psychophysiology, 32*, 177-190.

Anderson, J. R., & Lebiere, C. (1998). *The Atomic Components of Thought.* Hillsdale, NJ : Erlbaum.

Anderson, J. R., Matessa, M., & Douglass, S. (1995). The ACT-R theory and visual attention. In J. I. L. Moore, J.F. (Ed.), *Proceedings of the Seventeenth Annual Conference of he Cognitive Science Society* (pp. 61-65). Mahwah, NJ : Erlbaum.

Anstey, K., & Christensen, H. (2000). Education, activity, health, blood pressure and apolipoprotein e as predictors of cognitive change in old age : A review. *Gerontology, 46*(3), 163-177.

Arbuckle, T. Y., Cooney, R., Milne, J., & Melchior, A. (1994). Memory for spatial layouts in relation to age and schema typicality. *Psychology and Aging, 9*, 467-480.

Arbuckle, T. Y., Maag, U., Pushkar, D., & Chaikelson, J. S. (1998). Individual differences in trajectory of intellectual development over 45 years of adulthood. *Psychology and Aging, 13*(4), 663-675.

Ardila, A., Ostrosky-Solis, F., Rosselli, M., & Gomez, C. (2000). Age-related cognitive decline during normal aging : The complex effect of education. *Arch Clin Neuropsychol, 15*(6), 495-513.

Arenberg, D. (1968a). Concept problem solving in young and old adults. *Journal of Gerontology, 23,* 279-283.

Arenberg, D. (1968b). Imput modality in short-term retention of old and young adults. *Journal of Gerontology, 23,* 462-465.

Arenberg, D. (1982). Changes with age in problem solving. In F. I. M. Craik & S. Trehub (Eds.), *Aging and cognitive processes.* New York : Plenum.

Arenberg, D. (1982). Estimates of age changes on the Benton Visual Retention Test. *Journal of Gerontology, 37,* 87-90.

Atchley, P., & Kramer, A. F. (1998). Spatial cuing in a steroscopic display : Attention remains « depth-aware » with age. *Journal of Gerontology, 53B.*

Babcock, R. L., Laguna, K. D., & Roesch, S. C. (1997). A comparison of the factor structure of processing speed for younger and older adults : Testing the assumption of measurement equivalence across age groups. *Psychology and Aging, 12,* 268-276.

Ball, K., Berch, D. B., Helmers, K. F., Jobe, J. B., Leveck, M. D., Marsiske, M., *et al.* (2002). Effects of cognitive training interventions with older adults : A randomized controlled trial. *Jama, 288*(18), 2271-2281.

Balota, D. A., Black, S. R., & Cheney, M. (1992). Automatic and attentional priming in young and older adults : Reevaluation of the two-process model. *Journal of Experimental Psychology : Human Perception & Performance., 18*(485-502).

Baltes, P. B., & Kliegl, R. (1992). Further testing of limits of cognitive plasticity : Negative age differences in a mnemonic skill are robust. *Developmental Psychology, 28,* 121-125.

Baltes, P., & Lindenberg, U. (1997). Emergence of a powerful connection between sensory and cognitive function across the adults lifespan : A new window to the study of cognitive aging. *Psychology and Aging, 12,* 12-21.

Baltes, P. B., Cornelius, S. W., Spiro, A., Nesselroade, J., & Willis, S. L. (1980). Integration versus differentiation of fluid/crystallized intelligence in old age. *Developmental Psychology, 6,* 625-635.

Baltes, P. B., & Staudinger, U. M. (1993). The search for a psychology of wisdom. *Current Directions in Psychological Science, 2*(3), 75-80.

Baltes, P. B., Staudinger, U. M., & Lindenberger, U. (1999). Lifespan psychology : Theory and application to intellectual functioning. *Annual Review of Psychology, 50,* 471-507.

Baltes, P. B., Staudinger, U. M., Maercker, A., & Smith, J. (1995). People nominated as wise : A comparative study of wisdom-related knowledge. *Psychology & Aging, 10*(2), 155-166.

Barnes, D. E., Yaffe, K., Satariano, W. A., & Tager, I. B. (2003). A longitudinal study of cardiorespiratory fitness and cognitive function in healthy older adults. *Journal of the American Geriatrics Society, 51*(4), 459-465.

Baron, A., & Mattila, W. R. (1989). Response slowing of older adults : Effects of time-limit contingencies on single- and dual-task performances. *Psychology and Aging, 4*(1), 66-72.

Bastin, C., & Meulemans, T. (2002). Are time-based and event-based prospective memory affected by normal aging in the same way ? *Current Psychology Letters : Behaviour, Brain & Cognition, 7*(105-121).

Bastin, C., & Van der Linden, M. (2003). The contribution of recollection and familiarity to recognition memory : A study of the effects of test format and aging. *Neuropsychology, 17*(1), 14-24.

Bayen, U. J., & Murnane, K. (1996). Aging and the use of perceptual and temporal information in source memory tasks. *Psychology & Aging, 11*(2), 293-303.

Bherer, L., & Belleville, S. (2004). Age-related differences in response preparation : The role of time uncertainty. *Journals of Gerontology Series B : Psychological Sciences and Social Sciences, 59*(2), P66-P74.

Bherer, L. & Belleville, S. (2004). The effect of training on preparatory attention in older adults : evidence for the role of uncertainty in age-related preparatory deficits. *Aging, Neuropsychology, and Cognition,* 11(1), 37-50.

Bherer, L., Belleville, S., & Peretz, I. (2001). Education, age, and the brown-peterson technique. *Dev Neuropsychol, 19*(3), 237-251.

Bherer, L., Kramer, A. F., Peterson, M. S., Colcombe, S., Erickson, K., McCarley, J. S., *et al.* (2004). Cognitive plasticity and aging : The effect of laboratory-based dual-task training on attentional control, *10th Cognitive Aging Conference.* Atlanta, GA.

Birren, J. E. (1965). Age changes in speed of behavior : Its central nature and physiological correlates. In A. T. Welford & J. E. Birren (Eds.), *Behavior, aging, and the nervous system* (pp. 191-216). Springfield, IL : Charles C. Thomas.

Birren, J. E. (1974). Translations in gerontology : From lab to life : Psycholophysiology and speed of response. *American Psychologist, 29,* 808-815.

Birren, J. E., & Schaie, K. W. (1996). *Handbook of the psychology of aging* (4th ed.). New York : Academic Press.

Blair, S. N., Applegate, W. B., Dunn, A. L., Ettinger, W. H., Haskell, W. L., King, A. C., *et al.* (1998). Activity counseling trial (act) : Rationale, design, and methods. Activity counseling trial research group. *Medicine & Science in Sports & Exercise, 30*(7), 1097-1106.

Bonin, P. (2003). *Production verbale des mots. Approche cognitive.* Bruxelles : De Boeck Université.

Boone, K. B., Ghaffarian, S., Lesser, I. M., Hill-Gutierrez, E., & Berman, N. G. (1993). Wisconsin card sorting test performance in healthy, older adults : relationship to age, sex, education, and IQ. *Journal of Clinical Psychology, 49,* 54-60.

Bors, D. A., & Forrin, B. (1995). Age, speed of information processing, recall, and fluid intelligence. *Intelligence, 20*(229-248).

Bosman, A. A. (1993). Age-related differences in the motoric aspects of transcription typing skills. *Psychology & Aging, 8*(87-102).

Bosman, A. A. (1994). Age and skill differences in typing related and unrelated reaction time tasks. *Aging and Cognition, 1,* 310-322.

Bosman, E. A., & Charness, N. (1996). Age-related differences in skilled performance and skill acquisition. In F. Blanchard-Fields & T. M. Hess (Eds.), *Perspectives on cognitive change in adulthood and aging* (pp. 428-453). New York : McGraw-Hill.

Bouchard, C., & Despres, J. P. (1995). Physical activity and health : Atherosclerotic, metabolic, and hypertensive diseases. *Research Quarterly for Exercise and Sport, 66*(4), 268-275.

Botwinick, J. (1965). Theories of antecedent conditions of speed of response. In A. T. Welford & J. E. Birren (Eds.), *Behavioral aging and the nervous system* (pp. 67-87). Springfield : Charles C. Thomas.

Bowles, N. L., Obler, L. K., & Poon, L. W. (1989). Aging and word retrieval : Naturalistic, clinical, and laboratory data. In L. W. Poon & D. C. Rubin & B. A. Wilson (Eds.), *Everyday cognition in adulthood and late life.* New York : Cambridge University Press.

Bowles, N. L., & Poon, L. W. (1985). Effects of priming in word retrieval. *Journal of Experimental Psychology : Learning, Memory, and Cognition, 11*(2), 272-283.

Brébion, G., Smith, M. J., & Ehrlich, M.-F. (1997). Working memory and aging : Deficit or strategy differences. *Aging, Neuropsychology, & Cognition, 4*(1), 58-73.

Brigham, M. C., & Pressley, M. (1988). Cognitive monitoring and strategy choice in young and older adults. *Psychology and Aging, 3*, 249-257.

Bruyer, R., Van der Linden, M., Rectem, D., & Galvez, C. (1995). Effects of age and education on the stroop interference. *Archives de Psychologie, 63*, 257-267.

Bucciarelli, M., & Johnson-Laird, P. N. (1999). Strategies in syllogistic reasoning. *Cognitive Science, 23*(3), 247-303.

Bunce, D. J., Barrowclough, A., & Morris, I. (1996). The moderating influence of physical fitness on age graidents in vigilance and serial choice responding tasks. *Psychology and Aging, 11*, 671-682.

Bunce, D. J., Warr, P. B., & Cochrane, T. (1993). Blocks in choice responding as a function of age and physical fitness. *Psychology and Aging, 8*, 26-33.

Burke, D. M. (1997). Language, aging and inhibitory deficits : Evaluation of a theory. *Journal of Gerontology : Psychological Sciences, 52B*, P254-P264.

Burke, D. M., White, H., & Diaz, D. L. (1987). Semantic priming in young and older adults : Evidence for age constancy in automatic and attentional processes. *Journal of Experimental Psychology : Human Perception & Performance., 13*(79-88).

Byrne, M. D. (1998). Taking a computational approach to aging : The SPAN theory of working memory. *Psychology and Aging, 13*(2), 309-322.

Cabeza, R. (2001). Functional neuroimaging of cognitive aging. In R. Cabeza & E. Kingstone (Eds.), *Handbook of functional neuroimaging of cognition* (pp. 331-377). Cambridge, MA : MIT Press.

Cabeza, R. (2002). Hemispheric asymmetry reduction in old adults : The HAROLD model. *Psychology and Aging, 17*(1), 85-100.

Cabeza, R., Grady, C. L., Nyberg, L., McIntosh, A. R., & al., e. (1997). Age-related differences in neural activity during memory encoding and retrieval : A positron emission tomography study. *Journal of Cognitive Neuroscience, 17*, 391-400.

Cabeza, R., McIntosh, A. R., Tulving, E., Nyberg, L., & Grady, C. L. (1997). Age-related differences in effective neural connectivity during encoding and recall. *Neuroreport, 8*, 3479-3483.

Cabeza, R., & Nyberg, L. (1997). Imaging Cognition : An Empirical review of PET studies with normal subjects. *Journal of Cognitive Neuroscience, 9*, 1-26.

Cabeza, R., & Nyberg, L. (2000). Imaging cognition : II. An empirical review of 275 PET and fMRI studies. *Journal of Cognitive Neuroscience, 12*(1-47).

Cabeza, R., Nyberg, L., & Park, R. (2004). Functional neuroimaging of cognitive aging. In R. C. A. Kingstone (Ed.), *Handbook of functional neuroimaging of cognition.* Cambridge, MA : MIT Press.

Cabeza, R., Nyberg, L. L., & Park, D. C. (2004). *Cognitive Neuroscience of Aging : Linking Cognitive and Cerebral Aging.* Oxford : Oxford University Press.

Canestrani, R. E. J. (1968). Age changes in acquisition. In G. A. Talland (Ed.), *Human aging and behavior.* New York : Academic Press.

Capitani, E., Barbarotto, R., & Laiacona, M. (1996). Does education influence the age-related cognitive decline ? A further inquiry. *Developmental Neuropsychology, 12*(2), 231-240.

Card, S., Moran, T., & Newell, A. (1983). *The psychology of human-computer interaction.* Hillsdale, NJ : Erlbaum.

Carlson, M. C., Hasher, L., Connelly, S. L., & Zacks, R. T. (1995). Aging, distraction, and the benefits of predictable location. *Psychology and Aging, 10*(427-436).

Cepeda, N. J., Kramer, A. F., & Gonzalez de Sather, J. C. M. (2001). Changes in executive control across the life span : Examination of task-switching performance. *Developmental Psychology, 37*(715-730).

Cerella, J. (1985). Information processing rates in the elderly. *Psychological Bulletin, 98,* 67-83.

Cerella, J. (1990). Age and information-processing rate. In J. E. Birren & K. W. Schaie (Eds.), *Handbook of the psychology of aging* (3rd ed., pp. 201-233). San Diega, CA : Academic Press.

Cerella, J., & Fozard, J. L. (1984). Lexical access and age. *Developmental Psychology, 20,* 235-243.

Cerella, J., Poon, L. W., & Fozard, J. L. (1981). Mental rotation and age reconsidered. *Journal of Gerontology, 38,* 447-454.

Cerella, J., Poon, L. W., & Fozard, J. L. (1982). Age and iconic read-out. *Journal of Gerontology, 37,* 197-202.

Charness, N. (1981a). Aging and skilled problem solving. *Journal of Experimental Psychology : General, 110*(1), 21-38.

Charness, N. (1981b). Search in chess : Age and skill differences. *Journal of Experimental Psychology : Human Perception and Performance, 7,* 467-476.

Charness, N. (1982). Problem solving and aging : Evidence from semantically rich domains. *Canadian Journal on Aging, 1*(1-2), 21-28.

Charness, N. (1987). Component processes in bridge bidding and novel problem-solving tasks. *Canadian Journal of Psychology, 41*(2), 223-243.

Charness, N., & Campbell, J. I. D. (1988). Acquiring skill at mental calculation in adulthood : A task decomposition. *Journal of Experimental Psychology : General, 117,* 115-129.

Charness, N., Krampe, R., & Mayr, U. (1996). The role of practice and coaching in entrepreneurial skill domains : An international comparison of life-span chess skill acquisition. In K. A. Ericsson (Ed.), *The road to excellence : The acquisition of expert performance in the Arts and Sciences, Sports and Games* (pp. 51-80). Mahwah, NJ : Erlbaum.

Charness, N., Reingold, E. M., Pomplun, M., & Stampe, D. M. (2001). The perceptual aspect of skilled performance in chess : Evidence from eye movements. *Memory and Cognition, 29*(8), 1146-1152.

Charness, N., Tuffiash, M., Krampe, R., Reingold, E. M., & Vasyukova, E. (2005). The role of deliberate practice in chess expertise. *Applied Cognitive Psychology, 19,* 151-165.

Chasseigne, G., Grau, S., Mullet, E., & Cama, V. (1999). How well do elderly people cope with uncertainty in a learning task. *Acta Psychologica, 103,* 229-238.

Chasseigne, G., Lafon, P., & Mullet, E. (2002). Aging and rule learning : The case of the multiplicative law. *American Journal of Psychology, 115*(3), 315-330.

Chasseigne, G., Mullet, E., & Stewart, T. R. (1997). Aging and multiple cue probability learning : The case of inverse relationships. *Acta Psychologica, 97,* 235-252.

Cherry, K. E., & LeCompte, D. C. (1999). Age and individual differences influence prospective memory. *Psychology & Aging, 14*(1), 60-76.

Cherry, K. E., & Stadler, M. A. (1995). Implicit learning of a nonverbal sequence in younger and older adults. *Psychology and Aging, 10,* 379-394.

Chiarello, C., Church, K. L., & Hoyer, W. J. (1985). Automatic and controlled semantic priming : Accuracy, response bias, and aging. *Journal of Gerontology, 40*(593-600).

Christensen, H., Henderson, A. S., Griffiths, K., & Levings, C. (1997a). Does ageing inevitably lead to declines in cognitive performance ? A longitudinal study of elite academic. *Personality and Individual Differences, 23,* 67-78.

Christensen, H., Korten, A. E., Jorm, A. F., Henderson, A. S., Jacomb, P. A., Rodgers, B., *et al.* (1997b). Education and decline in cognitive performance : Compensatory but not protective. *Int J Geriatr Psychiatry, 12*(3), 323-330.

Clancy, S. M., & Hoyer, W. J. (1994). Age and skill in visual search. *Developmental Psychology, 30,* 545-552.

Clancy-Dollinger, S. M., & Hoyer, W. J. (1988). Effects of age and skill on domain specific search. In V. L. Patel & G. J. Groen (Eds.), *Proceedings of the tenth conference of the Cognitive Science Society* (pp. 398-404). Hillsdale, NJ :: Erlbaum.

Clancy-Dollinger, S. M., & Hoyer, W. J. (1995). Skill differences in medical laboratory diagnostics. *Applied Cognitive Psychology, 9,* 235-248.

Clarkson-Smith, L., & Hartley, A. A. (1989). Relationships between physical exercise and cognitive abilities in older adults. *Psychology and Aging, 4*(2), 183-189.

Clarkson-Smith, L., & Hartley, A. A. (1990). The game of bridge as an exercise in working memory and reasoning. *J Gerontol, 45*(6), P233-238.

Clarys, D., & Isingrini, M. (2001). Les états subjectifs de conscience dans l'étude du vieillissement mnésique : rôle des ressources de traitement. *Revue de Neuropsychologie, 11*(1), 113-114.

Clarys, D., Isingrini, M., & Gana, K. (2002). Mediators of age-related differences in recollective experience in recognition memory. *Acta Psychologica, 109,* 315-329.

Clarys, D., Isingrini, M., & Haerty, A. (2000). Effects of attentional load and ageing on word-stem and word-fragment implicit memory tasks. *European Journal of Cognitive Psychology, 12*(3), 395-412.

Clay, H. M. (1954). Changes of performance with age on tasks of variying complexity. *British Journal of Psychology, 45,* 7-13.

Cleeremans, A. (2003). The Unity of Consciousness : Binding, Integration, and Dissociation. In O. U. Press (Ed.) (pp. 288) : Hardcover.

Cleeremans, A., & Content, A. (1997). Current directions in implicit learning : Where is it that we were suppose to go again ? *Psychologica Belgica, 37*(1-2), 1-7.

Cleeremans, A., Destrebecqz, D. J., & Boyer, M. (1998). Implicit learning : News from the front. *Trends in Cognitive Sciences, 2,* 406-416.

Cohen, G. (1979). Language comprehension in old age. *Cognitive Psychology, 11,* 412-429.

Cohen, G., & Faulkner, D. (1989). Age differences in source forgetting : Effects on reality monitoring and on eyewitness testimony. *Psychology & Aging, 4*(4), 10-17.

Colcombe, S., & Kramer, A. F. (2003). Fitness effects on the cognitive function of older adults : A meta-analytic study. *Psychological Science, 14*(2), 125-130.

Colcombe, S. J., Erickson, K. I., Raz, N., Webb, A. G., Cohen, N. J., McAuley, E., *et al.* (2003). Aerobic fitness reduces brain tissue loss in aging humans. *Journals of Gerontology Series A : Biological Sciences and Medical Sciences, 58*(2), 176-180.

Colcombe, S. J., Kramer, A. F., Erickson, K. I., Scalf, P., McAuley, E., Cohen, N. J., *et al.* (2004). Cardiovascular fitness, cortical plasticity, and aging. *Proceedings of the National Academy of Sciences of the United States of America, 101*(9), 3316-3321.

Collette, F., Salmon, E., Van der Linden, M., Chicherio, C., Belleville, S., Degueldre, C., Delfiore, G., & Franck, G. (1999). Regional brain activity during tasks devoted to the central executive of working memory. *Cognitive Brain Research, 7*(3), 411-417.

Collette, F., & Van der Linden, M. (2002). Brain imaging of the central executive component of working memory. *Neuroscience and Behavioral Reviews, 26*(2), 105-125.

Comalli, P. E. J., Wapner, S., & Werner, H. (1962). Interference effects of Stroop color-word test in childhood, adulthood, and aging. *Journal of Genetic Psychology, 100*, 47-53.

Connelly, S. L., & Hasher, L. (1993). Aging and inhibition of spatial location. *Journal of Experimental Psychology : Human Perception & Performance., 19*, 1238-1250.

Connelly, S. L., Hasher, L., & Zacks, R. T. (1991). Age and reading : The impact of distraction. *Psychology & Aging, 6*(4), 533-541.

Connelly, S. L., Hasher, L., & Zacks, R. T. (1993). Age and reading : The impact of distraction. *Psychology and Aging, 6*(533-541).

Cotman, C. W., & Engesser-Cesar, C. (2002). Exercise enhances and protects brain function. *Exercise and Sport Sciences Reviews, 30*(2), 75-79.

Coulon, N., Comblez, V., Lamerand, H., & Toe, P. (1995). Effet de l'âge sur les capacités d'inhibition d'une interférence de type Stroop. *Bulletin de Psychologie, XLIV : 422*, 38-40.

Craik, F. I., & Lockhart, R. S. (1972). Levels of processing : A framework for memory research. *Journal of Verbal Learning and Verbal Behavior, 11*(6), 671-684.

Craik, F. I., & Tulving, E. (1975). Depth of processing and the retention of words in episodic memory. *Journal of Experimental Psychology : General, 104*(3), 268-294.

Craik, F. I., & Watkins, M. J. (1973). The role of rehearsal in short-term memory. *Journal of Verbal Learning and Verbal Behavior, 12*(6), 599-607.

Craik, F. I. M. (1971). Age differences in recognition memory. *Quaterly Journal of Experimental Psychology, 23*, 316-323.

Craik, F. I. M. (1977). Age differences in human memory. In J. E. Birren & K. W. Schaie (Eds.), *Handbook of the psychology.* New York : Van Nostrand Reinhold.

Craik, F. I. M. (1986). A functional account of age differences in memory. In F. Klix & H. Hagendorf (Eds.), *Human memory and cognitive abilities* (Vol. 409-422). Amsterdam : Elsevier.

Craik, F. I. M., & Salthouse, T. A. (Ed.). (2000). *The handbook of aging and cognition (2nd ed.).* Mahwah, NJ, US : Lawrence Erlbaum Associates.

Craik, F. I. M., Anderson, N. D., Kerr, S. A., & Li, K. Z. H. (1995). Memory changes in normal ageing. In A. D. Baddeley & B. A. Wilson & F. N. Watts (Eds.), *Handbook of memory disorders* (pp. 211-241). New York : Wiley.

Craik, F. I. M., & Byrd, M. (1982). Aging and cognitive deficits : The role of attentional resources. In F. I. M. Craik & S. Trehub (Eds.), *Aging and cognitive processes.* (pp. 191-211). New York : Plenum Press.

Craik, F. I. M., & Jennings, J. M. (1992). Human memory. In F. I. M. Craik & T. A. Salthouse (Eds.), *The handbook of aging and cognition* (pp. 51-110). Hillsdale, NJ : Erlbaum.

Craik, F. I. M., & Massani, P. A. (1967). Age differences in the temporal integration of language. *British Journal of Psychology, 58*, 291-299.

Craik, F. I. M., & Salthnouse, T. A. (2000). *The Handbook of Aging and Cognition* (2nd ed.). Mahwah, New Jersey : Lawrence Erlbaum Associates.

Craik, F. M., & Anderson, N. D. (1999). Applying cognitive research to problems of aging. In D. Gopher & A. Koriat (Eds.), *Attention and Performance. Cognitive regulation of performance : Interactions of theory and application* (Vol. XVII, pp. 583-615). Cambridge, MA : MIT Press.

Crum, R. M., Anthony, J. C., Bassett, S. S., & Folstein, M. F. (1993). Population-based norms for the mini-mental state examination by age and educational level. *Jama, 269*(18), 2386-2391.

Curran, T. (1997). Effects of aging on implicit sequence learning : Accounting for sequency structure and explicit knowledge. *Psychological Research, 60,* 24-41.

Daneman, M., & Carpenter, P. A. (1980). Individual differences in working memory and reading. *Journal of Verbal Learning and Verbal Behavior, 19*(4), 450-466.

Davidson, D. J., Zacks, R. T., & Wiliams, C. C. (2003). Stroop interference, practice, and aging. *Aging, Neuropsychology and Cognition, 10*(2), 85-98.

Davies, D. R., & Parasuraman, R. (1982). *The psychology of vigilence.* London : Academic Press.

de Ribaupierre, A., & Ludwig, C. (2000). Attention divisée et vieillissement cognitif : Différences d'âge dans 5 épreuves duelles de mémoire de travail. In D. B. A. Syssau (Ed.), *Le vieillissement cognitif normal : vers un modèle explicatif du vieillissement* (pp. 27-51). Bruxelles : DeBoeck Université.

Dede, G., Caplan, D., Kemptes, K., & Waters, G. (2004). The relationship between age, verbal working memory, and language comprehension. *Psychology & Aging, 19*(4), 601-616.

Dempster, F. N. (1992). The rise and fall of the inhibitory mechanism : Toward a unified theory of cognitive development and aging. *Developmental Review, 12*(45-75).

Didierjean, A., & Cauzinille-Marmèche, E. (1997). Eliciting self-explanations improves problem solving : What processes are involved ? *Current Psychology of Cognition, 16,* 325-351.

Didierjean, A., & Cauzinille-Marmèche, E. (1998). Reasoning by analogy : Is it schema mediated or case-based ? *European Journal of Educational Psychology, 13,* 385-398.

Didierjean, A., Cauzinille-Marmèche, E., & Savina, Y. (1999). Learning from examples : Case-based reasoning in chess for novices. *Current Psychology of Cognition, 18,* 337-361.

Dipietro, L., Caspersen, C. J., Ostfeld, A. M., & Nadel, E. R. (1993). A survey for assessing physical activity among older adults. *Medecine & Science in Sports & Exercise, 25*(5), 628-642.

Dixon, R. A., & Bäckman, L. (1995). *Compensating for psychological deficits and declines.* Mahwah, NJ : Lawrence Erlbaum Associates.

Dobbs, A. R., & Rule, B. G. (1989). Adult age differences in working memory. *Psychology and Aging, 4,* 500-503.

Dollinger, S. M., & Hoyer, W. J. (1996). Age and skill differences in the processing demands of visual inspection. *Applied Cognitive Psychology, 10,* 225-239.

Dulaney, C. L., & Rogers, W. A. (1994). Mechanisms underlying reduction in stroop interference with practice for young and old adults. *Journal of Experiment Psychology : Learning, Memory, and Cognition., 20,* 470-484.

Dulaney, P. F., Reder, L. M., Staszewski, J. J., & Ritter, F. (1998). The strategy-specific nature of improvement. The power law applies by strategy within task. *Psychological Science, 9,* 1-7.

Durkin, M., Prescott, L., Furchgott, E., Cantor, J., & Powell, D. A. (1995). Performance but not acquisition of skill learning is severely impaired in the elderly. *Archives of Gerontology and Geriatrics, 20,* 167-183.

Dustman, R. E., Emmerson, R. Y., Ruhling, R. O., Shearer, D. E., Steinhaus, L. A., Johnson, S. C., *et al.* (1990). Age and fitness effects on eeg, erps, visual sensitivity, and cognition. *Neurobiology of Aging, 11*(3), 193-200.

Dustman, R. E., Ruhling, R. O., Russell, E. M., Shearer, D. E., Bonekat, H. W., Shigeoka, J. W., *et al.* (1984). Aerobic exercise training and improved neuropsychological function of older individuals. *Neurobiology of Aging, 5*(1), 35-42.

Duverne, S., & Lemaire, P. (2004). Age-Related Differences in Arithmetic Problem-Verification Strategies. *Journals of Gerontology : Series B : Psychological Sciences & Social Sciences, 59B*(3), P135-P142.

Earles, J. L., Connor, L. T., Frieske, D., Park, D. C., Smith, A. D., & Zwahr, M. (1997). Age differences in inhition : Possible causes and consequences. *Aging, Neuropsychology, and Cognition, 4*, 45-57.

Einstein, G. O., Holland, L. J., McDaniel, M. A., & Guynn, M. J. (1992). Age-related deficits in prospective memory : The influence of task complexity. *Psychology & Aging, 7*(3), 471-478.

Einstein, G. O., & Mc Daniel, M. A. (1990). Normal aging and prospective memory. *Journal of Experimental Psychology : Learning, Memory, & Cognition, 16*, 717-726.

Einstein, G. O., McDaniel, M. A., Manzi, M., Cochran, B., & Baker, M. (2000). Prospective memory and aging : Forgetting intentions over short delays. *Psychology and Aging, 15*(671-683).

Einstein, G. O., McDaniel, M. A., Williford, C. L., Pagan, J. L., & Dismukes, K. (2003). Forgetting of intentions in demanding situations is rapid. *Jounral of Experimental Psychology : Applied, 9*, 147-162.

Einstein, G. O., Smith, R. E. M., Mark A., & Shaw, P. (1997). Aging and prospective memory : The influence of increased task demands at encoding and retrieval. *Psychology & Aging, 12*(3), 479-488.

El Yagoubi, R., Lemaire, P., & Besson, M. (2003). Different brain mechanisms mediate two strategies in arithmetic : evidence from Event-Related brain Potentials. *Neuropsychologia, 41*, 855-862.

El Yagoubi, R., Lemaire, P., & Besson, M. (2005). Effects of aging on arithmetic problem-solving : An event-related brain potential study. *Journal of Cognitive Neuroscience, 17*(1), 37-50.

Ergis, A.-M., Gely-Nargeot, C., & Van der Linden, M. (2005). *Les troubles de la mémoire dans la maladie d'alzheimer.* Marseille : Solal.

Evans, J. S. B. T. (1977). Toward a statistical theory of reasoning. *Quarterly Journa of Experimental Psychology, 29*(4), 621-635.

Eysenck, M. W. (1974). Age differences in incidental learning. *Developmental Psychology, 10*, 936-941.

Fabre, L., & Lemaire, P. (2006). Age-related differences in automatic stimulus-response associations : Insights from young and older adults' parity judgment. *psychonomic Bulletin & Review.*

Farkas, M. S., & Hoyer, W. J. (1980). Processing consequences of perceptual grouping in selective attention. *Journal of Gerontology, 35*, 207-216.

Ferrand, L. (2001). *Cognition et lecture. Processus de base de la reconnaissance des mots écrits chez l'adulte.* Bruxelles : De Boeck Université.

Ferraro, F. R., & Moody, J. (1996). Consistent and inconsistent performance in young and elderly adults. *Developmental Neuropsychology, 12*(4), 429-441.

Fillit, H. M., Butler, R. N., O'Connell, A. W., Albert, M. S., Birren, J. E., Cotman, C. W., *et al.* (2002). Achieving and maintaining cognitive vitality with aging. *Mayo Clin Proc, 77*(7), 681-696.

Fisk, A. D., Fisher, D. L., & Rogers, W. A. (1992). General slowing alone cannot explain age-related search effects : Reply to Cerella (1991). *Jouranl of Experimental Psychology : General, 121*, 73-78.

Fisk, A. D., Rogers, W. A., Cooper, B. P., & Gilbert, D. K. (1997). Automatic category search and its transfer : Aging, type of search, and level of learning. *Journals of Gerontology Series B : Psychological Sciences and Social Sciences, 52*(2), P91-P102.

Fisk, A. D., Rogers, W. A., & Giambra, L. M. (1990). Consistent and varied memory/visual search : Is there an interaction between age and response-set effects ? *Journal of Gerontology : Psychological Sciences, 45*(3), P81-P87.

Fisk, J. E., & Sharp, C. (2002). Syllogistic reasoning and cognitive ageing. *Quarterly Journal of Experimental Psychology, 55A*, 1273-1293.

Fleischman, D. A., & Gabrieli, J. D. E. (1998). Repetition priming in normal aging and Alzheimer's disease : A review of findings and theories. *Psychology and Aging, 13*(1), 88-119.

Fleischman, D. A., Wilson, R. S., Gabrieli, J. D. E., Bienias, J. L., & Bennett, D. A. (2004). A longitudinal study of implicit and explicit memory in old persons. *Psychology & Aging, 19*(4), 617-625.

Folk, C. L., & Hoyer, W. J. (1992). Aging and shifts of visual spatial attention. *Psychology and Aging, 7*, 453-465.

Folk, C. L., & Lindcourt, A. E. (1996). The effects of age on guided conjunction search. *Experimental Aging Research, 22*(99-118).

Folstein, M. F., Folstein, S. E., & McHugh, P. R. (1975). « mini-mental state ». A practical method for grading the cognitive state of patients for the clinician. *J Psychiatr Res, 12*(3), 189-198.

Fontaine, R. (1999). *Manuel de psychologie du vieillissement*. Paris : Dunod.

Fontaine, R., Isingrini, M., Gauthier, M., & Cochez, A. (1991). Aging memory : Nature and evolution. *Cahier de Psychology Cognitive/European Bulletin of Cognitive Psychology, 11*, 385-398.

Fontaine, R., & Pennequin, V. (2000). Effect of aging on inferential reasoning about class inclusion. *Cahiers de Psychologie Cognitive/Current Psychology of Cognition, 19*(4), 453-482.

Fordyce, D. E., & Farrar, R. P. (1991). Physical activity effects on hippocampal and parietal cortical cholinergic function and spatial learning in f344 rats. *Behavioural Brain Research, 43*(2), 115-123.

Forster, J. K., Behrmann, M., & Stuss, D. T. (1995). Aging and visual search : Generalized cognitive slowing or selective deficit in attention ? *Aging and Cognition, 2*(279-299).

Frensch, P. A., Lindenberger, U., & Kray, J. (1999). Imposing structure on an unstructured environment : Ontogenetic changes in the ability to form rules of behavior under conditions of low environmental predictability. In A. D. Firederici & R. Menzel (Eds.), *Learning. Rule extraction and representation* (pp. 139-162). Berlin : de Gruyter.

Frensch, P. A., & Minert, C. S. (1994). Effects of presentation rate and individual differences in short-terms memory capacity on an indirect measure of serial learning. *Memory & Cognition, 22*, 95-110.

Gaeta, H., Friedman, D., Ritter, W., & Cheng, J. (2001). An event-related potential evaluation of involuntary attentional shifts in young and older adults. *Psychology & Aging, 16*(1), 55-68.

Gardner, H. (1985). *The Mind's new science : A history of the cognitive revolution*. New York : Basic Books.

Geary, D. C., Frensch, P. A., & Wiley, J. G. (1993). Simple and complex mental subtraction : Strategy choice and speed-of-processing differences in younger and older adults. *Psychology and Aging, 8*, 242-256.

Geary, D. C., & Whiley, J. G. (1991). Cognitive addition : Strategy choices and speed-of-processing differences in young and elderly adults. *Psychology and Aging, 6*(3), 474-483.

Giambra, L. M. (1993). Sustained attention in older adults : Performance and processes. In J. Cerella & J. Rybash & W. Hoyer & M. L. Commons (Eds.), *Adult information processing : Limits on loss* (pp. 259-272). San Diego, CA : Academic Press.

Giambra, L. M., & Quilter, R. E. (1988). Sustained attention in adulthood : A unique large-sample longitudinal multicohort analysis using the Macworth Clock-Test. *Psychology and Aging, 3*, 75-83.

Giffard, B., Desgranges, B., Kerrouche, N., Piolino, P., & Eustache, F. (2003). The Hyperpriming Phenomenon in Normal Aging : A Consequence of Cognitive Slowing ? *Neuropsychology, 17*(4), 594-601.

Gilinsky, A. S., & Judd, B. B. (1994). Working memory and bias in reasoning across the life span. *Psychology and Aging, 9*, 356-371.

Gold, D. P., Andres, D., Etezadi, J., Arbuckle, T., Schwartzman, A., & Chaikelson, J. (1995). Structural equation model of intellectual change and continuity and predictors of intelligence in older men. *Psychology and Aging, 10*(2), 294-303.

Gomez-Pinilla, F., Dao, L., & So, V. (1997). Physical exercise induces fgf-2 and its mrna in the hippocampus. *Brain Research, 764*(1-2), 1-8.

Gomez-Pinilla, F., So, V., & Kesslak, J. P. (1998). Spatial learning and physical activity contribute to the induction of fibroblast growth factor : Neural substrates for increased cognition associated with exercise. *Neuroscience, 85*(1), 53-61.

Gordon-Salant, S., & Fitzgibbons, P. J. (1986). Selected cognitive factors and speech recognition performance among young and elderly listeners. *Journal of Speech, Language, and Hearing Resources, 40*, 423-431.

Gordon-Salant, S., & Fitzgibbons, P. J. (1997). Selected cognitive factors and speech recognition performance among young and elderly listeners. *Journal of Speech, Language, & Hearing Research, 40*(2), 423-431.

Gottsdanker, R. (1982). Age and simple reaction time. *Journal of Gerontology, 37*(3), 342-348.

Graf, P. (1990). Life-span changes in implicit and explicit memory. *Bulletin of the Psychonomic Society, 28*(4), 353-358.

Graf, P., & Ohta, N. (2002). *Lifespan development of human memory.* Cambridge, MA : MIT Press.

Graf, P., Shimamura, A. P., & Squire, L. R. (1985). Priming across modalities and priming across category levels : Extending the domain of preserved functionin amnesia. *Journal of Experimental Psychology : Learning, Memory, and Cognition, 11*, 386-396.

Granick, S., Kleban, H. H., & Weiss, A. D. (1976). Relationships between hearing loss and cognition in normally hearing aged person. *Journal of Gerontology, 42*, 345-346.

Greenwood, P. M., & Parasurama, R. (1994). Attentionnal disengagement deficit in nondemented elderly over 75 years of age. *Aging and Cognition, 1*, 188-202.

Greenwood, P. M., Parasurama, R., & Alexander, G. E. (1997). Controlling the focus of spatial attention during visual search : Effects of advanced aging and Alzheier disease. *Neuropsychology, 11*(3-12).

Greenwood, P. M., Parasurama, R., & Haxby, J. V. (1993). Changes in visuospatial attention over the adult lifespan. *Neuropsychologia, 31*, 471-485.

Grégoire, J., & Van der Linden, M. (1997). Effect of age on forward and backward digit spans. *Aging, Neuropsychology and Cognition, 4*, 140-149.

Griggs, R. A., & Cox, J. R. (1982). The elusive thematic-materials effect in Wason's selection task. *British Journal of Psychology, 73*(3), 407-420.

Gutchess, A. H., Welsh, R. C., Hedden, T., Bangert, A., Minear, M., Liu, L., & Park, D. C. (2005). Aging and the neural correlates of successful picture encoding : Frontal activations compensate for decreased medial temporal activity. *Journal of Cognitive Neuroscience, 17*, 84-96.

Guttentag, R. E. (1984). The mental effort requirement of cumulative rehearsal : A developmental study. *Journals of Experimental Child Psychology, 37*, 92-106.

Guttentag, R. E. H., R. Reed. (1988). Adult age differences in memory for imagined and performed actions. *Journals of Gerontology : Series B : Psychological Sciences, 43*(4), P107-P108.

Haaland, K. Y., Vranes, L. F., Goowin, J. S., & Garry, P. J. (1987). Wisconsin card sorting test performance in a healthy elderly population. *Journal of Gerontology, 42*, 345-346.

Hale, S. (1990). A global developmental trend in cognitive processing speed. *Child Development, 61*(3), 653-663.

Hale, S., & Myerson, J. (1996). Experimental evidence for differential slowing in the lexical and nonlexical domains. *Aging, Neuropsychology, & Cognition, 3*(2), 154-165.

Harnishfeger, K. K. (1995). The development of cognitive inihibition. Theories, definitions, and research evidence. In F. N. Dempster & C. J. Brainerd (Eds.), *Interference and inhibition in cognition.* San Diego : Academic Press.

Hartley, A. A. (1986). Instruction, induction, generation, and evaluation of strategies for solving search problems. *Journal of Gerontology, 41*, 650-658.

Hartley, A. A. (1992). Attention. In F. I. M. Craik & T. A. Salthouse (Eds.), *The handbook of aging and cognition* (pp. 3-49). New Jersey : Lawrence Erlbaum Associates.

Hartley, A. A. (2001). Age differences in dual-task interference are localized to response-generation processes. *Psychology and Aging, 16*(1), 47-54.

Hartley, A. A., & Anderson, J. W. (1983). Task complexity, problem representation, and problem-solving performance by younger and older adults. *Journal of Gerontology, 38*, 72-77.

Hartley, A. A., Kieley, J. M., & Slabach, E. H. (1990). Age differences and similarities in the effects of cues and prompts. *Journal of Experiment Psychology : Human Perception and Performance, 16*, 523-537.

Hartley, A. A., & Little, D. M. (1999). Age-related differences and similarities in dual task interference. *Journal of Experimental Psychology : General, 128*, 416-449.

Hartley, A. A., & McKenzie, C. R. M. (1991). Attention and perceptual contributions to the identification of extrafoveal stimuli : Adult age comparisons. *Journal of Gerontology : Psychological Sciences, 46*(P202-P206).

Hartley, J. T., Stojack, C. C., Mushaney, T. J., Annon, T. A. K., & Lee, D. W. (1994). Reading speed and prose memory in older and younger adults. *Psychology and Aging, 9*, 216-223.

Hasher, L., Stolzfus, E. R., Zacks, R. T., & Rypma, B. (1991). Age and inhibition. *Journal of Experimental Psychology : Learning, Memory, and Cognition, 17*, 163-169.

Hasher, L., & Zacks, R. T. (1979). Automatic and effortful processes in memory. *Journal of Experimental Psychology : General, 108*, 356-388.

Hasher, L., & Zacks, R. T. (1984). Automatic processing of fundalental information : The case of frequency of occurrence. *American Psychologist, 39*, 1372-1388.

Hasher, L., & Zacks, R. T. (1988). Worhing memory, comprehension, and aging : A review and a new view. In G. H. Bower (Ed.), *The psychology of learning and motivation : Advances in research and theory* (Vol. 12). New York : Academic Press.

Hasher, L., Zacks, R. T., & May, C. P. (1999). Inhibitory control, circadian arousal, and age. In D. Gopher & A. Koriat (Eds.), *Attention and Performance. Cognitive regulation of performance : Interaction of theory and application* (Vol. XVII, pp. 653-675). Cambridge, MA : MIT Press.

Hashtroudi, S., Johnson, M. K., & Chrosniak, L. D. (1989). Aging and source monitoring. *Psychology & Aging, 4*(1), 106-112.

Hashtroudi, S., Johnson, M. K., & Chrosniak, L. D. (1990). Aging and qualitative characteristics of memories for perceived and imagined complex events. *Psychology & Aging, 5*(5), 119-126.

Hashtroudi, S., Johnson, M. K., Vnek, N., & Ferguson, S. A. (1994). Aging and the effects of affective and factual focus on source monitoring and recall. *Psychology & Aging, 9*(1), 160-170.

Hawkins, H. L., Kramer, A. F., & Capaldi, D. (1992). Aging, exercise, and attention. *Psychology and Aging, 7*, 643-653.

Hawkins, S., & Wiswell, R. (2003). Rate and mechanism of maximal oxygen consumption decline with aging : Implications for exercise training. *Sports Medicine, 33*(12), 877-888.

Hayslip, B., Jr, & Sterns, H. L. (1979). Age differences in relationships between crystallized and fluid intelligence and problem solving. *Journal of Gerontology, 34*, 404-414.

Hayslip, B., Jr. (1989). Alternative mechanisms for improvements in fluid ability performance among older adults. *Psychology and Aging, 4*, 122-124.

Heath, G. W., Hagberg, J. M., Ehsani, A. A., & Holloszy, J. O. (1981). A physiological comparison of young and older endurance athletes. *Journal of Applied Physiology, 51*(3), 634-640.

Heaton, R. K. (1981). *Wisconsin Card Sorting Test Manual.* Odessa, Fla : Psychological Assessment Resources.

Hertzog, C. (1989). Influences of cognitive slowing on age differences in intelligence. *Developmental Psychology, 25*, 636-651.

Hertzog, C., & Bleckley, M. K. (2001). Age differences in the structure of intelligence : Influences of information processing speed. *Intelligence, 29*(3), 191-217.

Hertzog, C., & Schaie, K. W. (1986). Stability and change in adult intelligence : I. Analysis of longitudinal covariance structures. *Psychology & Aging, 1*(2), 159-171.

Ho, G., & Scialfa, C. T. (2002). Age, skill transfer, and conjunctino search. *Journals of Gerontology : Series B : Psychological Sciences, 57B*, P277-P287.

Houde, O. (2000). Inhibition and cognitive development : Object, number, categorization, and reasoning. *Cognitive Development, 15*(1), 63-73.

Howard, D. V. (1988). Implicit and explicit assessment of cognitive aging. In M. L. Howe & C. J. Brainerd (Eds.), *Cognitive development in adulthood : Progress in cognitive development research.* New York : Springer-Verlag.

Howard, D. V., Heisey, J. G., & Shaw, R. J. (1986). Aging and the priming of newly learned associations. *Developmental Psychology, 22*(1), 78-85.

Howard, D. V., & Howard, J. H. (1992). Adult age differences in the rate of learning serial patterns : Evidence from direct and indirect tests. *Psychology & Aging, 7*, 232-241.

Howard, D. V., & Howard, J. H. J. (1989). Age differences in learning serial patterns : Direct versus indirect measures. *Psychology and Aging., 4*(3), 357-364.

Howard, D. V., Howard, J. H. J., Japikse, K., Di Yanni, C., Thompson, A., & Somberg, R. (2004). Implicit sequence learning : Effects of level of structure, adult age, and extended practice. *Psychology and Aging, 19*(1), 79-92.

Howard, D. V., McAndrews, M. P., & Lasaga, M. I. (1980). Semantic activation during memory encoding across the adult life span. *Journal of Gerontology, 36*, 707-714.

Howard, J. H., & Howard, D. V. (1997). Age differences in implicit learning of higher order dependencies in serial patterns. *Psychology and Aging, 12*(4), 634-656.

Howard, J. L., & Howard, D. V. (1996). The aging of implicit and explicit memory. In F. Blanchard-Fields & T. M. Hess (Eds.), *Perspectives on cognitive change in adulthood and aging* (pp. 221-254). New York : McGraw-Hill.

Hoyer, W. J., Cerella, J., & Onyper, S. V. (2003). Item learning in cognitive skill training : Effects of item difficulty. *Memory & Cognition, 31*(8), 1260-1270.

Hoyer, W. J., & Ingolfsdottir, D. (2003). Age, skill, and contextual cuing in target detection. *Psychol Aging, 18*(2), 210-218.

Hoyer, W. J., Rebok, G. W., & Sved, S. M. (1979). Effects of varying irrelevant information on adult age differences in problem solving. *Journal of Gerontology, 14*, 553-560.

Hultsch, D. F. (1975). Adult age differences in retrieval : Trace-dependent and cue-dependent forgetting. *Developmental Psychology, 11*, 197-201.

Hultsch, D. F., Hertzog, C., Small, B. J., & Dixon, R. A. (1999). Use it or lose it : Engaged lifestyle as a buffer of cognitive decline in aging ? *Psychology and Aging, 14*(2), 245-263.

Hultsch, D. F., Masson, M. E. J., & Small, B. J. (1991). Adult age differences in direct and indirect tests of memory. *Journal of Gerontology : Psychological Sciences, 46*, P22-P30.

Humphrey, D. G., & Kramer, A. F. (1997). Age differences in visual search for feature, conjunction, and triple-conjunction targets. *Psychology and Aging, 12*, 704-717.

Hyde, T. S., & Jenkins, J. J. (1973). Recall for words as a function of semantic, graphic, and syntactic orienting tasks. *Journal of Verbal Learning and Verbal Behavior, 12*(5), 471-480.

Inglis, J., & Caird, W. K. (1963). Age differences in successive responses to simultaneous stimulation. *Canadian Journal of Psychology, 17*, 98-105.

Isingrini, M., Fontaine, R., G., A., & Sauger, V. (1990). Vieillissement et déficit mnémonique : effet des indices catégoriels et spécifiques dans le rappel d'une liste de mots. *L'Année Psychologique, 90*, 551-528.

Isingrini, M., Fontaine, R., Metras, F., Bonneau, D., & Rey, S. (1994). Vieillisssement et codage imagé en mémoire : effet de la nature du stimulus et d'une consigne d'imagerie. *L'Année Psychologique, 94*, 369-384.

Isingrini, M., Fontaine, R., Taconnat, L., & Duportal, A. (1995). Aging and encoding in memory : false alarms and decision criteria in a word-pair recognition task. *The Internationnal Journal of Aging and Human Development, 41*, 79-88.

Isingrini, M., Vazou, F., & Leroy, P. (1995). Dissociation of implicit memory tests : Effect of age and divided attention on category exemplar generation and cued recall. *Memory & Cognition, 23*, 462-467.

Jacobs, B., Schall, M., & Scheibel, A. B. (1993). A quantitative dendritic analysis of wernicke's area in humans. Ii. Gender, hemispheric, and environmental factors. *J Comp Neurol, 327*(1), 97-111.

Jacoby, L. L. (1978). On interpreting the effects of repetition : Solving a problem versus remembering a solution. *Journal of Verbal Learning and Verbal Behavior, 17*(6), 649-667.

Jacoby, L. L. (1999). Deceiving the elderly : Effects of accessibility bias in cued-recall performance. *Cognitive Neuropsychology, 16*(3-5), 417-436.

Jacoby, L. L., & Dallas, M. (1981). On the relationship between autobiographical memory and perceptual learning. *Journal of Experimental Psychology : General, 110*(3), 306-340.

Jeannerod, M. (1997). *The cognitive neuroscience of action.* Cambridge : Blackwell Pusblishers.

Jenkins, L., & Hoyer, W. J. (2000). Instance-based automaticity and aging : Acquisition, reacquisition, and long-term retention. *Psychology and Aging, 15*(3), 551-565.

Jennings, J. M., & Jacoby, L. L. (1993). Automatic versus intentional uses of memory : Aging, attention, and control. *Psychology & Aging, 8*(2), 283-293.

Johnson, M. M. S. (1990). Age differences in decision making : A process methodology for examining strategic information processing. *Journal of Gerontology : Psychological Sciences, 45*, P75-78.

Johnson-Laird, P. N., Savary, F., & Bucciarelli, M. (2000). Strategies and tactics in reasoning. In W. Schaeken & G. De Vooght & A. Vandierendonck & G. D'Ydewalle (Eds.), *Deductive and reasoning and strategies* (pp. 209-240). Mahwah, New Jersey : Lawarence Erlbaum Associates.

Juhel, J., & Auffray, C. (1998). L'inhibition cognitive chez la personne âgée : une recherche de validation conceptuelle. *Revue Européenne de Psychologie Appliquée, 48*(1), 27-32.

Juhel, J., Salicé, G., & Auffray, C. (2000). Fonctionnement exécutif et inhibition cognitive : étude différentielle chez la personne âgée. In D. Brouillet & A. Syssau (Eds.), *Le vieillissement normal. Vers un modèle explicatif du vieillissement.* Buxelles : De Boeck Université.

Kane, M. J., Hasher, L., Stolzfus, E. R., Zacks, R. T., & Connelly, S. L. (1994). Inhibitory attentional mechanisms and aging. *Psychology and Aging, 9*, 103-112.

Kaplan, C. A., & Simon, H. A. (1990). In search of insight. *Cognitive Psychology, 22*(3), 374-419.

Kausler, D. H., & Kleim, D. M. (1978). Age differences in processing relevant versus irrelevant stimuli in multiple item recognition learning. *Journal of Gerontology, 33*, 87-93.

Kausler, D. H., & Puckett, J. M. (1981a). Adult age differences in memory for modality attributes. *Experimental Aging Research, 7*, 117-125.

Kausler, D. H., & Puckett, J. M. (1981b). Adult age differences in memory for sex of voice. *Journal of Gerontology, 36*, 44-50.

Kay, G. G. (1995). *Cogscreen aeromedical edition : Professionnal manual.* Odessa, FL : Psychological Assessment Ressources.

Keane, M. T. G., Gabrieli, J. D. E., Monti, L. M., Fleischman, D. A., Cantor, J. H., & Noland, J. S. (1997). Intact and impaired conceptual memory processes in amnesia. *Neuropsychology, 11*, 59-69.

Kieley, J. M., & Hartley, A. A. (1997). Age-related equivalence of identity suppression in the Stroop color-word task. *Psychology & Aging, 12*(1), 22-29.

Kirasic, K. C. (1991). Spatial cognition and behavior in young and elderly adults : Implications for learning new environments. *Psychology and Aging, 6*, 10-18.

Kirasic, K. C., Allen, G. L., Hobson, S. H., & Binder, K. S. (1996). Aging, cognitive resources, and declarative learning. *Psychology and Aging, 11*(4), 658-670.

Kliegel, M., Zimprich, D., & Rott, C. (2004). Life-long intellectual activities mediate the predictive effect of early education on cognitive impairment in centenarians : A retrospective study. *Aging and Mental Health, 8*(5), 430-437.

Kliegl, R. (1995). From presentation time to processing time : A psychophysics approach to episodic memory. In W. Schneider & F. E. Weinert (Eds.), *Memory performance and competencies : issues in growth and development* (pp. 89-110). Mahwah, NJ : Lawrence Erlbaum.

Kliegl, R., Mayr, U., & Krampe, R. T. (1994). Time-accuracy functions for determining process and person differences : An application to cognitive aging. *Cognitive Psychology, 26*, 134-164.

Kliegl, R., Smith, J., & Baltes, P. B. (1989). Testing-the-limits and the study of adult age difference in cognitive plasticity of a mnemonic skill. *Developmental Psychology, 2*, 247-256.

Kliegl, R., Smith, J., & Baltes, P. B. (1990). On the locus and process of magnification of age differences during mnemonic training. *Developmental Psychology, 26*, 894-904.

Kliegl, R., Smith, J., Heckhausen, J., & Baltes, P. B. (1987). Mnemonic training for the acquisition of skilled digit memory. *Cognition and Instruction., 4*(4), 203-223.

Kline, G. M., Pocari, J. P., Hintemeister, R., & al., e. (1987). Estimation of vo2max from a 1-mile track walk, gender, age, and body weight. *Medicine & Science in Sports & Exercise, 19,* 353-359.

Kok, A. (1999). Varieties of inhibition : manifestations in cognition, event-related potentials, and aging. *Acta Psychologica, 101*(2-3), 129-158.

Kotary, L., & Hoyer, W. (1995). Age and the ability to inhibit distractor information in visual selective attention. *Experimental Aging Research, 21,* 159-171.

Kramer, A. F., Bherer, L., Colcombe, S. J., Dong, W., & Greenough, W. T. (2004). Environmental influences on cognitive and brain plasticity during aging. *Journals of Gerontology Series A : Biological Sciences and Medical Sciences, 59*(9), M940-M957.

Kramer, A. F., Hahn, S., Cohen, N., Banich, M., McAuley, E., Harrison, C., Chason, J., Vakil, E., Bardell, L., Boileau, R. A., & Colcombe, A. (1999). Aging, Fitness, and Neurocognitive Function. *Nature, 400,* 418-419.

Kramer, A. F., Hahn, S., & Gopher, D. (1999). Task coordination and aging : Explorations of executive processes in the task switching paradigm. *Acta Psychologica, 101,* 339-378.

Kramer, A. F., Hahn, S., McAuley, E., Cohen, N.J., Banich, M.T., Harrison, C., Chason, J., Boileau, R.A., Bardell, L., Colcombe, A., and Vakil, E. (2001). Exercise, aging, and cognition : Health body, healthy mind ? In W. A. Rogers & A. D. Fisk (Eds.), *Human factors interventions for the health care of older adults* (pp. 91-120). Mahwah, NJ : Erlbaum.

Kramer, A. F., Humphrey, D. G., Larish, J. F., Logan, G. D., & Strayer, D. L. (1994). Aging and inhibition : Beyond a unitary view of inhibitory processing in attention. *Psychology and Aging, 9,* 491-512.

Kramer, A. F., Larish, J. F., & Strayer, D. L. (1995). Training for attentional control in dual task settings : A comparison of young and old adults. *Journal of Experimental Psychology : Applied, 1,* 50-76.

Kramer, A. F., Larish, J., Weber, T., & Bardell, L. (1999c). Training for executive control : Task coordination strategies and aging. In D. Gopher & A. Koriat (Eds.), *Attention and performance xvii.* Cambridge, MA : MIT Press.

Kramer, A. F., Martin-Emerson, R., Larish, J. F., & Andersen, G. J. (1996). Aging and filtering by movement in visual search. *Journal of Gerontology : Psychological Sciences, 51B,* P201-P216.

Kramer, A. F., & Strayer, D. L. (2001). Influence of Stimulus Repetition on Negative Priming. *Psychology and Aging, 16*(4), 580-587.

Kramer, A. F., & Willis, S. L. (2002). Enhancing the cognitive vitality of older adults. *Current Directions in Psychological Science, 11*(5), 173-177.

Kramer, A. F., & Willis, S. (2003). Cognitive plasticity and aging. In B. Ross (Ed.), *Psychology of learning and motivation* (Vol. 43). New York, NY : Academic Press.

Krampe, R. T., & Ericsson, K. A. (1996). Maintaining excellence : Deliberate practice and elite performance in young and older pianists. *Journal of Experimental Psychology : General, 125,* 331-359.

Kray, J., Li, K. Z. H., & Lindenberg, U. (2002). Age-related changes in task-switching components : The role of task uncertainty. *Brain and Cognition, 49*(363-381).

Kray, J., & Lindenberg, U. (2000). Adult age differences in task switching. *Psychology & Aging, 15*(1), 126-147.

Lair, C. V., Moon, W. H., & Kausler, D. H. (1969). Associative interference in the paired-associate learning of middle-aged and old subjects. *Developmental Psychology, 1*(5), 548-552.

Lathela, K., Niemi, P., & Kuusela, V. (1985). Adult visual choice-reaction time, age, sex and preparedness : A test of Welford's problem in a large population sample. *Scandinavian Journal of Psychology, 26*, 357-362.

Lehman, D. R., Lempert, R. O., & Nisbett, R. E. (1988). The effects of graduate training on reasoning : Formal discipline and thinking about everyday-life events. *American Psychologist, 43*(6), 431-442.

Lehman, H. C. (1953). The ages of scheduled participants at the 1948 APA Annual Meeting. *American Psychologist, 8*, 125-126.

Lehman, H. C. (1954). Men's creative production rate at different ages and in different countries. *Scientific Monthly, New York, 78*, 321-326.

Lehman, H. C. (1960a). Age and outstanding achievement in creative chemistry. *Geriatrics, 15*, 19-37.

Lehman, H. C. (1960b). The age decrement in outstanding scientific creativity. *American Psychologist, 15*, 128-134.

Lemaire, P. (1999a). *Le Vieillissement Cognitif.* Paris : Presses Universitaires de France.

Lemaire, P. (1999b). *Psychologie cognitive.* Paris-Bruxelles : De Boeck Université.

Lemaire, P., Arnaud, L., & Lecacheur, M. (2004). Adults' age-related differences in adaptivity of strategy choices : Evidence from computational estimation. *Psychology and Aging.*

Lemaire, P., Duverne, S., & El Yagoubi, R. (2002). Le développement des stratégies en situation de résolution de problèmes arithmétiques. In J. Bideaud & H. Lehalle (Eds.), *Le développement des activités numériques chez l'enfant.* Paris : Hermès.

Lemaire, P., & Fayol, M. (1995). When plausibility judgments supersede fact retrieval : The example of the odd^even effect on product verification. *Memory and Cognition, 23*(1), 34-48.

Lemaire, P., & Lecacheur, M. (2001). Older and younger adults' strategy use and execution in currency conversion tasks : Insights from French Franc to Euro and Euro to French Franc conversions. *Journal of Experimental Psychology : Applied, 3*, 195-206.

Lemaire, P., & Lecacheur, M. (2002a). Age-related differences in children's computational estimation strategy use and execution. *Journal of Experimental Child Psychology.*

Lemaire, P., & Lecacheur, M. (2002b). Children's strategy use in spelling. *Developmental Science, 5*(1), 43-48.

Lemaire, P., & Lecacheur, M. (2004). Five rule effects in young and older adults' arithmetic : Further evidence for age-related differences in strategy selection. *Current Psychology Letters : Behavior, Brain & Cognition., 12*(1), 220304.

Lemaire, P., Lecacheur, M., & Farioli, F. (2000). Children's strategies in computational estimation. *Canadian Journal of Experimental Psychology, 54*(2), 141-148.

Lemaire, P., & Reder, L. (1999). What affects strategy selection in arithmetic ? An example of parity and five effects on product verification. *Memory & Cognition, 22*, 364-382.

Lemaire, P., & Siegler, R. S. (1995). Four aspects of strategic change : Contributions to children's learning of multiplication. *Journal of Experimental Psychology : General, 124*(1), 83-97.

Li, J. Z., Lindenberger, U., Rünger, D., & Frensch, P. A. (1999). Adult age differences in sequential action control (Manuscript in preparation).

Li, K. Z. H. (1999). Selection from working memory : On the relationship between processing and storage components. *Aging, Neuropschology, and Cognition, 6*, 99-116.

Li, S. C. (2002). Connecting the many levels and facets of cognitive aging. *Current Directions in Psychological Science, 11*(1), 38-43.

Li, S. C., Aggen, S. H., Nesselroade, J. R., & Baltes, P. B. (2001). Short-term fluctuations in elderly people's sensorimotor functioning predicting text and spatial memory performance : The MacArthur Successful Aging Study. *Gerontology, 47*(100-116).

Li, S. C., & Lindenberg, U. (1999). Unifying cognitive aging : From neuromodulation to representation to cognition. *Neurocomputing, 32-33*, 879-890.

Li, S. C., Lindenberg, U., Hommel, B., Ascherslebn, G., Prinz, W., & Baltes, P. (2004). Transofrmations in the couplings among intellectual abilities and constituent cognitive processes across the life span. *Psychological Science, 15*(3), 155-163.

Li, S. C., Lindenberger, U., & Frensch, P. A. (2000). Unifying cognitive aging : From neuromodulation to representation to cognition. *Neurocomputing, 32-33*, 879-890.

Light, L. L. (1990). Interactions between memory and language in old age. In J. E. B. a. K. W. Schaie (Ed.), *Handbook of the psychology of aging, third edition* (pp. 275-290) : New York : Academic Press.

Light, L. L., & Anderson, P. A. (1983). Memory for scripts in young and older adults. *Memory & Cognition, 11*, 435-444.

Light, L. L., & Prull, M. (1995). Aging, divided attention, and repetition priming. *Swiss Journal of Psychology, 54*, 87-101.

Light, L. L., & Singh, A. (1987). Implicit and explicit memory in young and older adults. *Journal of Experimental Psychology : Learning, Memory, and Cognition, 13*(4), 531-541.

Light, L. L., Singh, A., & Capps, J. L. (1986). Dissociation of memory and awareness in young and older adults. *Journal of Clinical and Experimental Neuropsychology, 8*(1), 62-74.

Light, L. L., & Zelinski, E. M. (1983). Memory for spatial information in young and old adults. *Developmental Psychology, 19*, 901-906.

Light, L. L., Zelinski, E. M., & Moore, M. M. (1982). Adult differences in reasoning from new information. *Journal of Experimental Psychology : Learning, Memory, and Cognition, 8*, 435-447.

Lindcourt, A. E., Fold, C. L., & Hoyer, W. J. (1997). Effects of aging on voluntary and involuntary shifts of attention. *Aging, Neuropsychology, and Cognition, 4*(1).

Lindenberg, U., & Baltes, P. (1995). Testing-the-limits and experimental simulation : Two methods to explicate the role of learning in development. *Human Development, 38*, 349-360.

Lindenberg, U., Mayr, U., & Kliegl, R. (1993). Speed and intelligence in old age. *Psychology and Aging, 8*, 207-220.

Lindenberger, U., & Baltes, P. (1994). Aging and intelligence. In R. J. Sternberg (Ed.), *Encyclopedia of human intelligence* (Vol. 1, pp. 52-66). New York : Mac Millan Publishing Company.

Lindenberger, U., & Baltes, P. B. (1994). Sensory functioning and intelligence in old age : a strong connection. *Psychology and Aging, 9*(3), 339-355.

Lindenberger, U., & Baltes, P. B. (1995). [cognitive capacity in advanced age : Initial results of the berlin aging study]. *Z Psychol Z Angew Psychol, 203*(4), 283-317.

Lindenberger, U., & Baltes, P. B. (1997). Intellectual functioning in old and very old age : Cross-sectional results from the Berlin Aging Study. *Psychology and Aging, 12*, 410-432.

Lindsay, J., Laurin, D., Verreault, R., Hebert, R., Helliwell, B., Hill, G. B., *et al.* (2002). Risk factors for alzheimer's disease : A prospective analysis from the canadian study of health and aging. *Am J Epidemiol, 156*(5), 445-453.

Lipman, P. D. (1991). Age and exposure differences in acquisition of route information. *Psychology and Aging, 6*(128-133).

Lipman, P. D., & Caplan, L. J. (1992). Adult age differences in memory for routes : Effects of instruction and spatial diagram. *Psychology and Aging, 7*, 435-442.

Little, D. M., & Hartley, A. A. (2000). Further evidence that negative priming in the Stroop color-word task is equivalent in older and younger adults. *Psychology and Aging, 15*(1), 9-17.

Logan, G. D. (1992). Shapes of reaction time distributions and shapes of learning-curves : A test of instance theory of automatization. *Learning, Memory and Cognition, 18*, 883-914.

Loveless, E. N., & Sandford, A. J. (1974). Effects of age on the contingent negative variation and preparatory set in a reaction-time task. *Journal of Gerontology, 29*, 52-63.

Lyketsos, C. G., Chen, L. S., & Anthony, J. C. (1999). Cognitive decline in adulthood : An 11.5-year follow-up of the baltimore epidemiologic catchment area study. *Am J Psychiatry, 156*(1), 58-65.

MacRae, P. G., Spirduso, W. W., & Wilcox, R. E. (1988). Reaction time and nigrostriatal dopamine function : The effect of age and practice. *Brain Research, 451*, 139-146.

Madden, D. J. (1988). Adult Age Differences in the Effects of Sentence Context and Stimulus Degradation During Visual Word Recognition,. *Psychology and Aging, 3*(2), 167-172.

Madden, D. J., Connelly, S. L., & Pierce, T. W. (1994). Adult age differences in shifting focused attention. *Psychology and Aging, 9*(528-538).

Madden, D. J., & Gottlob, L. R. (1997). Adult age differences in strategic and dynamic components of focusing visual attention. *Aging, Neuropsychology, & Cognition, 4*(3), 185-210.

Madden, D. J., Pierce, T. W., & Allen, P. A. (1993). Age-Related Slowing and the Time Course of Semantic Priming in Visual Word Identification. *Psychology and Aging, 8*(4), 490-507.

Madden, D. J., Pierce, T. W., & Allen, P. A. (1996). Adult age differences in the use of distractor homogeneity during visual search. *Psychology and Aging, 11*(454-474).

Madden, D. J., Turkington, T. G., Provenzale, J. M., Denny, L. L., & al., e. (1999). Adult age differences in the functional neuroanatomy of verbal recognition memory. *Human Brain mapping, 7*, 115-135.

Madden, D. J., Turkington, T.G., Provenzale, J., Denny, L.L., Hawk, T.C., Gottlob, L.R., & Coleman, R.E. Adult age differences in functional neuroanatomy of verbal recognitinon memory. *Human Brain Mapping, 7*, 115-135.

Majerus, S., Van der Linden, M., & Belin, C. (2001). *Relations entre perception, mémoire de travail et mémoire à long terme.* Marseille : Solal.

Marquié, J.-C. (1997). Vieillissement cognitif et expérience : L'hypothèse de la préservation. *Psychologie Française, 42(4)*, 333-344.

Masunaga, H., & Horn, J. (2001). Expertise and age-related changes in components of intelligence. *Psychology and Aging, 16*, 293-311.

Mathey, S., & Postal, V. (2003). Vieillissement et acces au lexique : Etude dans une tache de decision lexicale. / Aging and lexical access : Study using a lexical decision task. *Bulletin de Psychologie, 56*(1(463)), 49-55.

Mathy, P., & Van der Linden, M. (1995). Effet de l'âge et du niveau scolaire sur la sensibilité à l'interférence proactive dans la mémorisation de récits. *Bulletin de psychologie, 48*(420), 498-501.

May, C. P., Kane, M. J., & Hasher, L. (1995). Determinants of negative priming. *Psychological Bulletin, 118*(1), 35-54.

Maylor, E. A. (1993). Aging and forgetting in prospective and retrospective memory tasks. *Psychology & Aging, 8*(3), 420-428.

Maylor, E. A. (1996). Age-related impairment in an event-based prospective-memory task. *Psychology & Aging, 11*(1), 74-78.

Maylor, E. A. (1998). Changes in event-based prospective memory across adulthood. *Aging, Neuropsychology, & Cognition, 5*(2), 107-128.

Mc Daniel, M. A., Einstein, G. O., Stout, A., & Morgan, Z. (2003). Aging and maintaining intentions over delays : Do it or lose it. *Psychology and Aging, 18*(4), 823-835.

McCrae, R. R., Arenberg, D., & Costa, P. T. (1987). Declines in divergent thinking with age : Cross-sectional, longitudinal and cross-sequential analyses. *Psychology and Aging, 2*, 130-137.

McDowd, J. M. (1997). Inhibition in attention and aging. *Journal of Gerontology : Psychological Sciences, 52B*, 265-273.

McDowd, J. M., & Craik, F. I. M. (1988). Effects of aging and task difficulty on divided attention performance. *Journal of Experiment Psychology : Human Perception and Performance, 14*, 267-280.

McDowd, J. M., & Oseas-Kreger, D. M. (1991). Aging, inhibitory processes, and negative priming. *Journal of Gerontology : Psychological Sciences, 46*, 340-345.

McDowd, J. M., & Shaw, R. J. (1999). Attention and aging : A functional perspective. In F. I. M. Craik & T. A. Salthouse (Eds.), *Handook of aging and cognition* (2nd ed., pp. 221-292). Hillsdale, NJ : Erlbaum.

McDowd, J. M., & Shaw, R. J. (2000). Attention and aging. In F. I. M. Craik & T. A. Salthnouse (Eds.), *The handbook of aging and cognition* (2nd ed., pp. 221-292). Mahwah, NJ : Erlbaum.

McGeorge, P., Crawford, J. R., & Kelly, S. W. (1997). The relationships between psychometric intelligence and learning in an explicit and an implicit task. *Journal of Experimental Psychology : Learning, Memory, and Cognition, 23*, 239-245.

McGeorge, P., Taylor, L., Della Sala, S., & Shanks, M. F. (2002). Word stem completion in young adults, elderly adults, and patients with Alzheimer's disease : Evidence from cross-modal priming. *Archives of Clinical Neuropsychology, 17*(4), 389-398.

McHugh, R. B., & Owens, W. A. (1954). Age changes in mental organization — a longitudinal study. *Journal of Gerontology, 9*, 296-302.

Meinz, E. J. (2000). Experience-based attenuation of age-related differences in music cognition. *Psychology and Aging, 15*, 197-312.

Meinz, E. J., & Salthouse, T. A. (1998). Is age kinder to females than to males ? *Psychonomics Bulletin and Review, 5*, 56-70.

Meulemans, T. (1995). *L'apprentissage implicite. Une approche cognitive, neuropsychologique développementale.* Marseille : Solal.

Meulemans, T., Collette, F., & Van der Linden, M. (2004). *Neuropsychologie des fonctions exécutives.* Marseille : Solal.

Meyer, B. J. F., Russo, C., & Talbot, A. (1995). Discourse comprehension and problem solving : Decisions about the treatment of breast cancer by women across the life-span. *Psychology and Aging, 10*, 84-103.

Mireles, D. E., & Charness, N. (2002). Computational explorations of the influence of structured knowledge on age-related cognitive decline. *Psychology and Aging, 17*(2), 245-259.

Mitchell, D. B., Brown, A. S., & Murphy, D. R. (1990). Dissociations between procedural and episodic memory : Effects of time and aging. *Psychology & Aging, 5*(2), 264-276.

Mitchell, D. B., Hunt, R. R., & Schmitt, F. A. (1986). The generation effect and reality monitoring : Evidence from dementia and normal aging. *Journal of gerontology, 41*, 79-84.

Morrow, D. G., Leirer, V., Altiere, P., & Fitzsimmons, C. (1994). When expertise reduces age differences in performance. *Psychology and Aging, 9,* 134-148.

Morrow, D. G., Leirer, V. O., & Altieri, P. A. (1992). Aging, expertise, and narrative processing. *Psychol Aging, 7*(3), 376-388.

Morrow, D. G., Menard, W. E., Stine-Morrow, E. A. L., Teller, T., & Bryant, D. (2001). The influence of expertise and task factors on age difference in pilot communication. *Psychology and Aging, 16,* 31-46.

Mouloua, M., & Parasuraman, R. (1995). Aging and cognitive vigilance : Effects of spatial uncertainty and event rate. *Experimental Aging Research, 21,* 17-32.

Mumford, M. D., & Gustafson, S. B. (1988). Creativity syndrome : Integration, application, and innovation. *Psychological Bulletin, 103*(1), 27-43.

Myers, D. E., & Kieas, D. E. (1997). A computational theory of executive processes and multiple-task peformance : Part 1. Basic mechanisms. *Psychological Review, 104,* 3-65.

Myerson, J., Hale, S., Wagstaff, D., Poon, L. W., & Smith, G. A. (1990). The information loss model : A mathematical theory of age-related cognitive slowing. *Psychological Review, 97*(475-487).

Nagahama, Y., Fukuyama, H., Yamuchi, H., Katsumi, Y., Magata, Y., Shibasaki, H., & Kimura, J. (1997). Age-related changes in cerebral blood flow activation during a card sorting test. *Experimental Brain Research, 114,* 571-577.

Naveh-Benjamin, M., & Craik, F. I. M. (1995). Memory for context and its use in item memory : Comparisons of younger and older persons. *Psychology & Aging, 10*(2), 284-293.

Nebes, R. D., & Brady, C. B. (1993). Phasic and tonic alertness in Alzheimer's disease. *Cortex, 29,* 77-90.

Neeper, S. A., Gomez-Pinilla, F., Choi, J., & Cotman, C. (1995). Exercise and brain neurotrophins. *Nature, 373*(6510), 109.

Nigg, J. T. (2000). On inhibition/desinhibition in developmental psychopathology : Views from cognitive and personality psychology and a working inhibiton taxonomy. *Psychologica Bulletin, 126,* 220-246.

Nigg, J. T., Butler, K. M., Huang-Pollock, C. L., & Henderson, J. M. (2002). Inhibitory Processes in Adults With Persistent Childhood Onset ADHD. *Journal of Consulting and Clinical Psychology, 70*(1), 153-157.

Nissen, M. J., & Bullemer, P. (1987). Attentional requirements of learning : Evidence from performance measures. *Cognitive Psychology, 19*(1), 1-32.

Oberauer, K., Demmrich, A., Mayr, U., & Kliegl, R. (2001). Dissociating retention and access in working memory : An age-comparative study of mental arithmetic. *Memory & Cognition, 29,* 18-33.

Oberauer, K., & Kliegl, R. (2001). Beyond resources : Formal models of complexity effects and age differences in working memory. *European Journal of Cognitive Psychology, 13*(1/2), 187-215.

Oberauer, K., & Oberauer, K., Demmrich, A., Mayr, U., & Kliegl, R.(2001). Dissociating retention and access in working memory : An age-comparative study of mental arithmetic. Memory & Cognition, 29, 18-33. (2002). Access to information in working memory : Exploring the focus of attention. *Journal of Experimental Psychology : Learning, Memory, and Cognition, 28,* 411-421.

Oberauer, K., SüB, H. M., Schulze, R., Wilhelm, O., & Wittmann, W. W. (2000). Working memory capacity — facets of a cognitive ability construct. *Personality and Individual Differences, 29,* 1017-1045.

Oberauer, K., Süß, H.-M., Wilhelm, O., & Wittman, W. W. (2003). The multiple faces of working memory : Storage, processing, supervision, and coordination. *Intelligence, 31,* 167-193.

Oberauer, K., Wendland, M., & Kliegl, R. (2003). Age differences in working memory — the roles of storage and selective access. *Memory & Cognition, 31,* 563-569.

Oken, B. S., Kishiyama, S. S., & Kaye, J. A. (1994). Age-related differences in visual search task performance : Relative stability of parallel but not serial search. *Journal of Geriatric Pscyhiatriy and Neurology, 7,* 163-168.

Orrell, M., & Sahakian, B. (1995). Education and dementia. *Bmj, 310*(6985), 951-952.

Paffenbarger, R. S., & Hale, W. E. (1975). Work activity and coronary heart mortality. *The New England Journal of Medicine, 292*(11), 545-550.

Paffenbarger, R. S., Jr., Wing, A. L., & Hyde, R. T. (1978). Physical activity as an index of heart attack risk in college alumni. *American Journal of Epidemiology, 108*(3), 161-175.

Parasuraman, R., & Giambra, L. M. (1991). Skill development in vigilance : Effects of event rate and age. *Psychology and Aging, 6,* 155-169.

Parasuraman, R. (1998). *The attentive brain.* Cambridge, MA : The MIT Press.

Parasuraman, R., Nestor, P., & Greenwood, P. (1989). Sustained-attention capacity in young and old adults. *Psychology and Aging, 4,* 339-345.

Park, D., & Schwarz, N. (Eds.). (2000). *Cognitive Aging. A Primer.* Philadelphia : Psychology Press.

Park, D. C., Puglisi, J. T., & Smith, A. D. (1986). Memory for pictures : Does an age-related decline exist ? *Psychology and Aging, 1,* 11-17.

Park, D. C., Puglisi, J. T., & Smith, A. D. (1986). Memory for pictures : Does an age-related decline exist ? *Psychology & Aging, 1*(1), 11-17.

Park, D. C., & Shaw, R. J. (1992). Effect of environmental support on implicit and explicit memory in younger and older adults. *Psychology & Aging, 7*(4), 632-642.

Park, D. C., Smith, A. D., Lautenschlager, G., Earles, J., Friesked, D., Zwahr, M., & Gaines, C. L. (1996). Mediators of long-term memory performance across life-span. *Psychology and Aging, 11*(4), 621-637.

Park, J.-H., & Nunes, T. (2001). The development of the concept of multiplication. *Cognitive Development, 16,* 763-773.

Park, J.-W., Yoon, S.-O., Kim, K.-H., & Wyer, J., Robert S. (2001). Effects of Priming a Bipolar Attribute Concept on Dimension Versus Concept-Specific Accessibility of Semantic Memory. *Journal of Personality and Social Psychology, 81*(3), 405-420.

Park, N. W., Conrod, B., Rewilak, D., Kwon, C., Gao, F.-q., & Black, S. E. (2001). Automatic activation of positive but not negative attitudes after traumatic brain injury. *Neuropsychologia, 39*(1), 7-24.

Park, S., Puschel, J., Sauter, B. H., Rentsch, M., & Hell, D. (2002). Spatial selective attention and inhibition in schizophrenia patients during acute psychosis and at 4-month follow-up. *Biological Psychiatry, 51*(6), 498-506.

Parkin, A. J., & Lawrence, A. (1994). A dissociation in the relation between memory tasks and frontal lobe tests in the normal elderly. *Neuropsychologia, 31,* 1523-1532.

Parkinson, S. R. (1980). Aging and amnesia : A running span analysis. *Bulletib of the Psychonomic Society, 15,* 215-217.

Pencea, V., Bingaman, K. D., Wiegand, S. J., & Luskin, M. B. (2001). Infusion of brain-derived neurotrophic factor into the lateral ventricle of the adult rat leads to new neurons in the parenchyma of the striatum, septum, thalamus, and hypothalamus. *Journal of Neuroscience, 21*(17), 6706-6717.

Perbal, S., Droit-Volet, S., Isingrini, M., & Pouthas, V. (2002). Relationship between age-related changes in time estimation and age-related changes in processing speed, attention and memory. *Aging, Neuropsycholgy and Cognition,, 9,* 201-216.

Peretti, C. S., Danion, J. M., Gierski, F., & Grange, D. (2002). Cognitive skill learning and aging : A component process analysis. *Archives of Clinical Neuropsychology, 17*(5), 445-459.

Perfect, T. J. (1994). What can Brinley plots tell us about cognitive aging ? *Journals of Gerontology : Series B : Psychological Sciences, 49*(2), P60-P64.

Perfect, T. J., & Maylor, E. A. (2000). *Models of cognitive aging.* New York : US : Oxford University Press.

Perfect, T. J., & Rabitt, P. M. (1993). Age and the divided attention costs of category exemplar generation. *British Journal of Developmental Psychology, 11*(131-142).

Plaie, T., & Isingrini, M. (1999). Vieillissement et codage imagé en mémoire : effet de la nature du stimulus, d'une consigne d'imagerie et du temps de présentation. *Archives de Psychologie, 67,* 167-178.

Plude, D. J., & Doussard-Roosevelt, J. A. (1990). Aging and attention : Selectivity, capacity, and arousal. In E. A. Lovelace (Ed.), *Aging and cognition : Mental processes, self-awareness, and interventions* (pp. 97-133). Amsterdam : North-Holland.

Plude, D. J., & Hoyer, W. J. (1981). Adult age differences in visual search as a function of stimulus mapping and information load. *Journal of Gerontology, 36,* 598-604.

Plude, D. J., & Hoyer, W. J. (1985). Attention and Performance : Identifying and localizing age deficits. In N. Charness (Ed.), *Aging and human performance* (pp. 47-99). London : Wiley.

Préfaut, C., Fabre, C., & Masse-Biron, J. (1998). Aptitude physique aérobie et vieillissement. Effets de l'entraînement. In H. Périé & C. Jeandel (Eds.), *Réussir son avancée en âge. Évaluation des activités physiques en gérontologie.* (pp. 27-39). Paris : Frison-Roche.

Puglisi, J. T., & Morrell, R. W. (1986). Age-related slowing in mental rotation of three-dimensional objects. *Experimental Aging Research, 12*(4), 217-220.

Puglisi, J. T., & Morrell, R. W. (1986). Slowing in mental rotation of three-dimensional objects. *Experimental Aging Research, 12,* 217-220.

Puglisi, J. T., Park, D. C., & Smith, A. D. (1987). Picture associations among old and young adults. *Experimental Aging Research, 13*(1), 115-116.

Puglisi, J. T., Park, D. C., Smith, A. D., & Dudley, W. N. (1988). Age differences in encoding specificity. *Journals of Gerontology : Series B : Psychological Sciences, 43*(6), P145-150.

Quilter, R. E., Giambra, L. M., & Benson, P. E. (1983). Longitudinal age changes in vigilance over an eighteen year interval. *Journal of Gerontology, 38,* 51-54.

Rabinowitz, J. C., & Ackerman, B. P. (1982). General encoding of episodic events by elderly adults. In F. I. M. Craik & S. Trehub (Eds.), *Aging and cognitive processes.* New York : Plenum.

Rabinowitz, J. C., & Craik, F. I. M. (1986). Prior retrieval effects in young and old adults. *Journal of Gerontology, 41,* 368-375.

Rabitt, P. M. (1965). An age decrement in the ability to ignore irrelevant information. *Journal of Gerontology, 20,* 233-238.

Rabitt, P. M. (1984). How old people prepare themselves for events which they expect. In H. Bouma & D. G. Bouwhiuis (Eds.), *Attention and Performance X : Control of Language Processes* (pp. 115-129). London : Lawrence Erlbaum Associates.

Rabitt, P. M. (2000). Measurement indices, functional characteristics, and psychometric constructs in cognitive aging. In T. J. Perfect & E. A. Maylor (Eds.), *Models of cognitive aging.* New York : Oxford University Press.

Raz, N. (2000). Aging of the brain and its impact on cognitive performance : Integration of structural and functional findings. In F. I. M. Craik & T. A. Salthouse (Eds.), *The handbook of aging and cognition* (pp. 1-90). New Jersey : Lawrence Erlbaum Associates.

Reichle, E. D., Carpenter, P. A., & Just, M. A. (2000). The neural bases of strategy and skill in sentence-picture verification. *Cognitive Psychology., 40,* 261-295.

Reingold, E. M., Charness, N., Schultetus, R. S., & Stampe, D. M. (2001). Perceptual automaticity in expert chess players : Parallel encoding of chess relations. *Psychon Bull Rev, 8*(3), 504-510.

Rikli, R. E., & Edwards, D. J. (1991). Effects of a three-year exercise program on motor function and cognitive processing speed in older women. *Research Quarterly for Exercise and Sport, 62*(1), 61-67.

Rogers, R. L., Meyer, J. S., & Mortel, K. F. (1990). After reaching retirement age physical activity sustains cerebral perfusion and cognition. *Journal of the American Geriatrics Society, 38*(2), 123-128.

Rogers, W. A. (1992). Age differences in visual search : Target and distractor learning. *Psychology and Aging, 7*(4), 526-535.

Rogers, W. A., & Fisk, A. D. (1991). Are age differences in consistent-mapping visual search due to feature learning or attention training ? *Psychology and Aging, 6*(4), 542-550.

Rogers, W. A., Fisk, A. D., & Hertzog, C. (1994). Do ability-performance relationships differentiate age and practice effects in visual search ? *Journal of Experimental Psychology : Learning, Memory, and Cognition, 20*(3), 710-738.

Rouleau, N., & Belleville, S. (1996). Irrelevant speech effect in aging : An assessment of inhibitory processes in working memory. *Journal of Gerontology : Psychological Sciences, 51B,* P356-P363.

Rowe, E. J., & Schnore, M. M. (1971). Item concreteness and reported strategies in paired-associate learning as a function of age. *Journal of Gerontology, 26*(4), 470-475.

Rubin, D. C., & Schulkind, M. D. (1997). The distribution of important and word-cued autobiographical memories in 20-, 35-, and 70-year-old adults. *Psychology and Aging, 12,* 524-535.

Russo-Neustadt, A., Ha, T., Ramirez, R., & Kesslak, J. P. (2001). Physical activity-antidepressant treatment combination : Impact on brain-derived neurotrophic factor and behavior in an animal model. *Behavioural Brain Research, 120*(1), 87-95.

Ruth, J.-E., & Birren, J. E. (1985). Creativity in adulthood and old age : Relations to intelligence, sex and mode of testing. *International Journal of Behavioral Development., 8*(1), 99-109.

Rybash, J. (1996). Aging and implicit memory : A cognitive neuropsychological perspective. *Developmental Neuropsychology, 12,* 127-178.

Salmon, E., Van der Linden, M., Collette, F., Delfiore, G., Maquet, P., Degueldre, C., Luxen, A., & Franck, G. (1996). Regional brain activity during working memory tasks. *Brain, 119*(1617-1625).

Salthouse, T. A. (1984). Effects of age and skill in typing. *Journal of Experimental Psychology : General, 113,* 345-371.

Salthnouse, T. A. (1993). Influence of working memory on adult age differences in matrix reasoning. *British Journal of Psychology, 84,* 171-199.

Salthnouse, T. A. (1996). General and specific speed mediation of adult age differences in memory. *Journal of Gerontology : Psychological Sciences, 51B,* P30-P42.

Salthouse, T. A., Berish, D. E., & Miles, J. D. (2002). The role of cognitive stimulation on the relations between age and cognitive functioning. *Psychology and Aging, 17*(4), 548-557.

Salthnouse, T. A., Fristoe, N. M., Lineweaver, T. T., & Coon, V. E. (1995). Age and attention : Does the ability to divide decline ? *Memory and Cognition, 23,* 59-71.

Salthnouse, T. A., Fristoe, N. M., McGuthry, K. E., & Hambrick, D. Z. (1998). Relation of task switching to speed, age, and fluid intelligence. *Psychology and Aging, 13,* 445-461.

Salthnouse, T. A., & Miles, J. D. (2002). Aging and time-sharing aspects of executive control. *Memory and Cognition, 30,* 572-582.

Salthouse, T. A. (1984). Effects of age and skill in typing. *Journal of experimental psychology : General, 113*(3), 345-371.

Salthouse, T. A. (1987). The role of representations in age differences in analogical reasoning. *Psychology and Aging, 2*(4), 357-362.

Salthouse, T. A. (1991). *Theoretical perspectives on cognitive aging.* Hillsdale, NJ : Erlbaum.

Salthouse, T. A. (1992). Why do adult age differences increase with task complexity ? *Developmental Psychology, 28*(5), 905-918.

Salthouse, T. A. (1993). Speed and knowledge as determinants of adult age differences in verbal tasks. *The Journals of Gerontology : Psychological Sciences, 48,* P29-36.

Salthouse, T. A. (1994). How many causes are there of age-related decrements in cognitive functioning ? *Developmental Review, 14,* 413-437.

Salthouse, T. A. (1996). The processing-speed theory of adult age differences in cognition. *Psychological Review, 103,* 403-428.

Salthouse, T. A. (2001). Attempted decomposition of age-related influences on two tests of reasoning. *Psychology & Aging, 16*(2), 251-263.

Salthouse, T. A. (2004). What and When of Cognitive Aging. *Current Directions in Psychological Science, 13*(4), 140-144.

Salthouse, T. A., Atkinson, T. M., & Berish, D. E. (2003). Executive Functioning as a Potential Mediator of Age-Related Cognitive Decline in Normal Adults. *Journal of Experimental Psychology : General, 132*(4), 566-594.

Salthouse, T. A., & Babcock, R. L. (1991). Decomposing adult age differences in working memory. *Developmental Psychology, 27,* 763-776.

Salthouse, T. A., & Becker, J. T. (1998). Independent effects of Alzheimer's disease on neuropsychological functioning. *Neuropsychology, 12*(2), 242-252.

Salthouse, T. A., & Coon, V. E. (1994). Interpretation of differential deficits : The case of aging and mental arithmetic. *Journal of Experimental Psychology : Learning, Memory, and Cognition, 20,* 1172-1182.

Salthouse, T. A., Fristoe, N. M., Lineweaver, T. T., & Coon, V. E. (1995). Age and attention : Does the ability to divide decline ? *Memory and Cognition, 23,* 59-71.

Salthouse, T. A., Fristoe, N. M., McGuthry, K. E., & Hambrick, D. Z. (1998). Relation of task switching to speed, age, and fluid intelligence. *Psychology and Aging, 13*(3), 445-461.

Salthouse, T. A., Hancock, H. E., Meinz, E. J., & Hambrick, D. Z. (1996). Intrrelations of age, visual acuity, and cognitive functioning. *Journal of Gerontology : Psychological Sciences, 51B,* P317-P330.

Salthouse, T. A., Kausler, D. H., & Saults, J. S. (1988). Utilization of path-analytic procedures to investigate the role fo processing resources in cognitive aging. *Psychology and Aging, 3,* 158-166.

Salthouse, T. A., & Kersten, A. W. (1993). Decomposing adult age differences in symbol arithmetic. *Memory & Cognition, 21,* 699-710.

Salthouse, T. A., Legg, S. E., Palmon, R., & Mitchell, D. R. D. (1990). Memory factors in age-related differences in simple reasoning. *Psychology and Aging, 5,* 9-15.

Salthouse, T. A., & Maurer, J. J. (1996). Aging, job performance, and career development. In J. E. Birren & K. W. Schaie (Eds.), *Handbook of the psychology of aging* (pp. 353-364). New York : Academic Press.

Salthouse, T. A., McGuthry, K. E., & Hambrick, D. Z. (1999). A framework for analyzing and interpreting differential aging patterns : Application to three measures of implicit learning. *Aging, Neuropsychology, and Cognition, 6*(1), 1-18.

Salthouse, T. A., & Meinz, E. J. (1995). Aging, Inhibition, Working Memory, and Speed. *Journal of Gerontology : Psychological Sciences, 50B*(6), P-297-P306.

Salthouse, T. A., & Mitchell, D. R. B. (1990). Effects of age and naturally occurring experience on spatial visualization performance. *Developmental Psychology, 26,* 845-854.

Salthouse, T. A., Mitchell, D. R. D., Skrovronek, E., & Babcock, R. (1989). Effects of adult age and working memory on reasonning and spatial abilities. *Journal of Experimental Psychology : Learning, Memory, and Cognition, 15,* 507-516.

Salthouse, T. A., & Prill, K. A. (1987). Inferences about age impairments in inferential reasoning. *Psychology and Aging, 2*(43-51).

Salthouse, T. A., Rogan, J. D., & Prill, K. A. (1984). Division of attention : Age differences on a visually presented memory task. *Memory and Cognition, 12,* 613-620.

Sanders, R. E., Murphy, M. D., Schmitt, F. A., & Walsh, K. K. (1980). Age differences in free recall rehearsal strategies. *Journal of Gerontology, 35,* 550-558.

Sauzeon, H., N'Kaoua, B., & Claverie, B. (2001). The effect of self-generated category cues on organizated processing in the recall performance of young, middle-old and old adults. *Current Psychology Letters : Behavior, Brain & Cognition., 5,* 65-78.

Sauzeon, H., N'kaoua, B., Lespinet, V., Guillem, F., & Claverie, B. (2000). Age effect in recall performance according to the levels of processing, elaboration, and retrieval cues. *Experimental Aging Research, 26*(1), 57-73.

Schacter, D. L. (1987). Implicit memory : History and current status. *Journal of Experimental Psychology : Learning, Memory, and Cognition, 13*(3), 501-518.

Schacter, D. L., Alpert, N. M., Savage, C. R., Rauch, S. L., & Albert, M. S. (1996). Conscious recollection and the human hippocampal formation : evidence from positron emission tomography. *Proceedings of the National Academy of Sciences USA, 93,* 321-325.

Schacter, D. L., Cooper, L. A., & Valdiserri, M. (1992). Implicit and explicit memory for novel visual objects in older and younger adults. *Psychology & Aging, 7*(2), 299-308.

Schacter, D. L., Dobbins, I. G., & Schnyer, D. M. (2004). Specificity of priming : A cognitive neuroscience perspective. *Nature Reviews Neuroscience, 5*(11), 853-862.

Schacter, D. L., Koutsaal, W., & Norman, K. A. (1997). False memories and aging. *Trends in Cognitive Sciences, 1*(229-236).

Schacter, D. L., Relman, E., Uecker, A., Polster, M. R., Yun, L. S., & Cooper, L. A. (1995). Brain regions associated with retrieval of structurally coherent visual information. *Nature, 376,* 587-590.

Schaie, K. W. (1973). Methodological problems in descriptive developmental research on adulthood and aging. In J. R. Nesselroade & H. W. Reese (Eds.), *Life-span developmental Psychology : Methodological issues* (pp. 253-280). New York : Academic Press.

Schaie, K. W. (1984). Historical time and cohort effects. In K. A. McCluskey & H. W. Reese (Eds.), *Life-span developmental psychology : Historical and generational effects* (pp. 1-45). New York : Academic Press.

Schaie, K. W. (1989). Perceptual speed in adulthood : Cross-sectional studies and longitudinal studies. *Psychology and Aging, 4*(443-453).

Schaie, K. W. (1994). The course of adult intellectual development. *American Psychologist, 49*(4), 304-313.

Schaie, K. W., & Baltes, P. B. (1975). On sequential strategies in developmental research and the Schaie-Baltes controversy : Description or explanation ? *Human Development, 18*, 384-390.

Schaie, K. W., & Hofer, S. M. (2001). Longitudinal studies in aging research. In J. E. Birren & K. W. Schaie (Eds.), *Handbook of the psychology of aging* (Fifth ed., pp. 53-77). New York, NY : Academic Press.

Schaie, K. W., Plomin, R., Willis, S. L., Gruber-Baldini, A., & Dutta, R. (1992). Natural cohorts : Familiy similarity in adult cognition. In T. Sonderegger (Ed.), *Psychology and aging : Nebraska symposium on motivation, 1991* (pp. 205-243). Lincoln : University of Nebraska Press.

Schaie, K. W., & Willis, S. L. (1986). Can decline in adult intellectual functioning be reversed ? *Developmental Psychology, 22*, 223-232.

Schaie, K. W., & Willis, S. L. (1991). Adult personality and psychomotor performance : Cross-sectional and longitudinal analyses. *Journal of Gerontology : Psychological Sciences, 46*, 275-284.

Schaie, W. K. (1996). Intellectual development in adulthood. Cambridge : Cambridge University Press.

Schelstraete, M.-A., & Hupet, M. (2002). Cognitive aging and inhibitory efficiency in the Daneman and Carpenter's working memory task. *Experimental Aging Research, 28*(3), 269-279.

Schooler, C. (1987). Cognitive effects of complex environments during the life span : A review and theory. In C. Schooler & K. W. Schaie (Eds.), *Cognitive functioning and social structure over life course.* Norwood, NJ : Ablix.

Schooler, C., Mulatu, M. S., & Oates, G. (1999). The continuing effects of substantively complex work on the intellectual functioning of older workers. *Psychology and Aging, 14*(3), 483-506.

Schooler, C., Neumann, E., Caplan, L. J., & Roberts, B. R. (1997). Continued inhibitory capacity throughout adulthood : Conceptual negative priming in younger and older adults. *Psychology & Aging, 12*(4), 667-674.

Scialfa, C. T., Esau, S. P., & Joffe, K. M. (1998). Age, target-distractor similarity, and visual search. *Experimental Aging Research, 24*, 337-358.

Scialfa, C. T., Jenkins, L., Hamaluk, E., & Skaloud, P. (2000). Aging and the development of automaticity in conjunction search. *Journal of Gerontology : Psychological Sciences, 55B*(P27-P46).

Scialfa, C. T., Jenkins, L., Hamaluk, E., & Skaloud, P. (2000). Aging and the development of automaticity in conjunction search. *Journals of Gerontology : Series B : Psychological Sciences & Social Sciences, 55B*(1), P27-P46.

Scialfa, C. T., & Joffe, K. M. (1997). Age differences in feature and conjunction search : Implications for theories of visual search and generalized slowing. *Aging, Neuropsychology, & Cognition., 4*(3), 227-246.

Scialfa, C. T., & Joffe, K. M. (1997). Age differences in feature and conjunction search : Implications for theories of visual search as a function of target eccentricity. *Aging, Neuropschology, and Cognition, 4*, 227-246.

Scialfa, C. T., & Joffe, K. M. (1998). Response times and eye movements in feature and conjunction search as a function of target eccentricity. *Perceptioin & Psychophysics, 60*, 1067-1082.

Scialfa, C. T., & Joffe, K. M. (1998). Response times and eye movements in feature and conjunction search as a function of target eccentricity. *Perception & Psychophysics, 60*(6), 1067-1082.

Scialfa, C. T., Kline, D. W., & Lyman, B. J. (1987). Age differences in target identification as a function of retinal location and noise level : Examination of the useful field of view. *Psychology and Aging, 2*, 14-19.

Scialfa, C. T., Kline, D. W., & Lyman, B. J. (1987). Age differences in target identification as a function of retinal location and noise level : Examination of the useful field of view. *Psychology & Aging, 2*(1), 14-19.

Scialfa, C. T., & Margolis, R. B. (1986). Age differences in the commonality of free associations. *Experimental Aging Research, 12,* 95-98.

Shay, K. A., & Roth, D. L. (1992). Association between aerobic fitness and visuospatial performance in healthy older adults. *Psychology and Aging, 7*(1), 15-24.

Shiffrin, R. M., & Schneider, W. (1977). Controlled and automatic human information processing : Ii. Perceptual learning, automatic attending, and a general theory. *Psychological Review, 84,* 127-190.

Shimamura, A. P., Berry, J. M., Mangels, J. A., Rusting, C. L., & Jurica, P. J. (1995). Memory and cognitive abilities in university professors : Evidence for successful aging. *Psychological Research, 6*(5), 271-277.

Siegler, R. S. (1995). How does change occur : A microgenetic study of number conservation. *Cognitive Psychology, 28*(3), 225-273.

Simonton, D. K. (1988). Age and outstanding achievement : What do we know after a century of research ? *Psychological Bulletin, 104*(2), 251-267.

Simonton, D. K. (1989). Age and creative productivity : Nonlinear estimation of an information-processing model. *International Journal of Aging & Human Development., 29*(1), 23-37.

Simonton, D. K. (1990). Creativity in the later years : Optimistic prospects for achievement. *Gerontologist, 30*(5), 626-631.

Simonton, D. K. (1997). Creative productivity : A predictive and explanatory model of career trajectories and landmarks. *Psychological Review, 104,* 66-89.

Sliwinski, M., Buschke, H., Kuslansky, G., Senior, G., & Scarisbrick, D. (1994). Proportional slowing and addition speed in old and young adults. *Psychology and Aging, 9*(1), 72-80.

Smith, A. D. (1977). Adult age differences in cued recall. *Developmental Psychology, 13,* 326-331.

Somberg, B. L., & Salthouse, T. A. (1982). Divided attention abilities in young and old adults. *Journal of Experimental Psychology : Human Perception & Performance., 8*(651-663).

Souchay, C., Insingrini, M., Clarys, D., Taconnat, L., & Eustache, F. (2004). Executive functioning and judgment-of-learning versus feeling-of-knowing in older adults. *Experimental Aging Research, 30,* 47-62.

Spieler, D. H., Balota, D. A., & Faust, M. E. (1996). Stroop performance in healthy younger and older adults and in individuals with dementia of the Alzheimer's type. *Journal of Experimental psychology : Human Perception and Performance, 22,* 462-479.

Spirduso, W. W. (1975). Reaction and movement time as a function of age and physical activity level. *Journal of Gerontology, 30*(4), 435-440.

Staudinger, U. M., & Baltes, P. B. (1996). Interactive minds : A facilitative setting for wisdom-related performance ? *Journal of Personality & Social Psychology, 71*(4), 746-762.

Staudinger, U. M., & Smith, J. B., P. B. (1992). Wisdom-related knowledge in a life review task : Age differences and the role of professional specialization. *Psychology & Aging, 7*(2), 271-281.

Stine, E. A. L., Cheung, H., & Henderson, D. (1995). Adult age differences in the on-line processing of new concepts in discourse. *Aging & Cognition, 2*(1), 1-18.

Stine, E. L., & Wingfield, A. (1987a). Levels upon levels : Predicting age differences in text recall. *Experimental Aging Research, 13,* 179-183.

Stine, E. L., & Wingfield, A. (1987b). Process and strategy in memory for speech among younger and older adults. *Psychology and Aging, 2,* 272-279.

Stine, E. L., Wingfield, A., & Poon, L. W. (1986). How much and how fast : Rapid processing of spoken language in later adulthood. *Psychology and Aging, 1*, 303-311.

Stine-Morrow, E. A. L., Loveless, M. K., & Soederberg, L. M. (1996). Resource allocation in on-line reading by younger and older adults. *Psychology and Aging, 11*(3), 475-486.

Stoltzfus, E. R., Hasher, L., Zacks, R. T., Ulivi, M. S., & Goldstein, D. (1993). Investigation of inhibition and interference in younger and older adults. *Journal of Gerontology, 48*(179-188).

Strauss, M. E., Wagman, M. I., & Quaid, K. A. (1983). Preparatory interval influences on reaction-time of elderly. *Journal of Gerontology, 38*(1), 55-57.

Streufert, S., Pogash, R., Piasecki, M., & Post, G. M. (1990). Age and management team performance. *Psychology and Aging, 5*, 551-559.

Stroop, J. R. (1935). Studies of interference in serial verbal reactions. *Journal of Experimental Psychology, 12*, 643-662.

Surwillo, W. W., & Quilter, R. E. (1964). Vigilance, age, and response time. *American Journal of Psychology, 77*, 614-620.

Taconnat, C., Isingrini, M., & Vanneste, S. (2003). Effet production et vieillissement : les traitements sémantiques spécifiques et relationnels mis en jeu. *L'année Psychologique, 103*, 199-221.

Taconnat, L., & Isingrini, M. (2004). Cognitive operations in the generation effect on a recall test : Role of aging and divided attention. *Journal of Experiment Psychology : Learning, Memory, and Cognition.*

Talland, G. A. (1967). Short-term memory with interpolated activity. *Journal of Verbal Learning and Verbal Behavior, 6*(1), 144-150.

Taylor, J. L., O'Hara, R., Mumenthaler, M. S., Rosen, A. C., & Yesavage, J. A. (2005). Cognitive ability, expertise, and age differences in following air-traffic control instructions. *Psychol Aging, 20*(1), 117-133.

Tipper, S. P. (1991). Less attentional selectivity as a result of declining inhibition in older adults. *Bulletin of Psychonomic Society, 29*, 45-47.

Titus, P. A., & Everett, P. B. (1996). Consumer wayfinding tasks, strategies, and errors : An exploratory field study. *Psychology and Marketing, 13*, 265-290.

Touron, D. R., Hoyer, W. J., & Cerella, J. (2004). Cognitive skill learning : Age-related differences in strategy shifts qnd speed of component operations. *Psychology and Aging, 19*(4), 565-580.

Tsang, P. S., & Shaner, T. L. (1998). Age, attention, expertise, and time-sharing performance. *Psychology and Aging, 13*, 323-347.

Tsang, P. S., & Voss, D. T. (1996). Boundaries of cognitive performances as a function of age and flight experience. *International Journal of Aviation Psychology, 6*, 359-377.

Tun, P. A., & Wingfield, A. (1994). Speech recall under heavy load conditions : Age, predictability, and limits on dual-task interference. *Aging, Neuropsychology, and Cognition, 1*(29-44).

Tun, P. A., & Wingfield, A. (1995). Does dividing attention become harder with age ? Findings from the Divided Attention Questionnaire. *Aging and Cognition, 2*, 39-66.

Tun, P. A., Wingfield, A., Stine, E. L., & Mecsas, C. (1992). Rapid speech processing and divided attention : Processing rate versus processing resources as an explanation of age effects. *Psychology and Aging, 7*, 546-550.

Van der Linden, M., Belleville, S. & Juillerat, A.-C. (2000). L'optimisation du fonctionnement cognitif dans le vieillissement normal et dans la maladie d'alzheimer. In *Psychologie clinique de la personne âgée* (pp. 99-126). Ottawa : Masson.

van Praag, H., Christie, B. R., Sejnowski, T. J., & Gage, F. H. (1999a). Running enhances neurogenesis, learning, and long-term potentiation in mice. *Proceedings of the National Academy of Sciences of the United States of America, 96*(23), 13427-13431.

van Praag, H., Kempermann, G., & Gage, F. H. (1999b). Running increases cell proliferation and neurogenesis in the adult mouse dentate gyrus. *Nature Neuroscience, 2*(3), 266-270.

Verhaegen, P. (2000). The parallel in beauty's brow : Time-accuracy functions and their implications for cognitive aging theories. In T. J. Perfect & E. A. Maylor (Eds.), *Models of cognitive aging.* Oxford : Oxford University Press.

Verhaegen, P., & Basak, C. (2005). Aging and switching of the focus of attention in working memory : Results from a modified N-Back task. *The Quarterly Journal of Experimental Psychology, 58A*(1), 134-154.

Verhaegen, P., & De Meersman, L. (1998a). Aging and the negative priming effect : A meta-analysis. *Psychology and Aging, 13,* 435-444.

Verhaegen, P., & De Meersman, L. (1998b). Aging and the Stroop effect : A meta-analysis. *Psychology and Aging, 13,* 120-126.

Verhaeghen, P., & Marcoen, A. (1996). On the mechanisms of plasticity in young and older adults after instruction in the method of loci : Evidence for an amplification model. *Psychology and Aging, 11*(1), 164-178.

Verhaeghen, P., Marcoen, A., & Goossens, L. (1992). Improving memory performance in the aged through mnemonic training : A meta-analytic study. *Psychology and Aging, 7*(2), 242-251.

Verhaegen, P., Steitz, D. W., Sliwinski, M. J., & Cerella, J. (2003). Againg and dual-task performance : A meta-analysis. *Psychology & Aging, 19*(3), 443-460.

Verhaegen, P., Vandenbroucke, A., & Dierckx, V. (1998). Growing slower and less accurate : The effects of age on time-accuracy functions for recall from episodic memory. *Experimental Aging Research, 24,* 3-19.

Verhaeghen, P., & Cerella, J. (2002). Aging, executive control, and attention : a review of meta-analyses. *Neuroscience & Biobehavioral Reviews, 26*(7), 849-857.

Verhaeghen, P., Cerella, J., & Basak, C. (2004). Working Memory Workout : How to Expand the Focus of Serial Attention From One to Four Items in 10 Hours or Less. *Journal of Experimental Psychology : Learning, Memory, & Cognition, 30*(6), 1322-1337.

Verhaeghen, P., & Marcoen, A. (1994). Production deficiency hypothesis revisited : Adult age differences in strategy use as a function of processing resources. *Aging & Cognition, 1*(4), 323-338.

Verhaeghen, P., Marcoen, A., & Goossens, L. (1992). Improving memory performance in the aged through mnemonic training : A meta-analytic study. *Psychology & Aging, 7*(2), 242-251.

Verhaeghen, P., Marcoen, A., & Goossens, L. (1993). Facts and fiction about memory aging : A quantitative integration of research findings. *Journals of Gerontology : Series B : Psychological Sciences, 48*(4), P157-P171.

Verhaeghen, P., & Salthouse, T. A. (1997). Meta-analyses of age-cognition relations in adulthood : Estimates of linear and nonlinear age effects and structural models. *Psychological Bulletin, 122*(3), 231-249.

Verhaeghen, P. C., John. (2002). Aging, executive control, and attention : A review of meta-analyses. *Neuroscience & Biobehavioral Reviews, 26*(7), 849-857.

Versace, R., Nevers, B., & Padovan, C. (2002). *La mémoire dans tous ses états.* Marseille : Solal.

Viskontas, I. V., Morrison, R. G., Holyoak, K. J., Hummel, J. E., & Knowlton, B. (2004). Relational integration, inhibition, and analogical reasoning in older adults. *Psychology & Aging, 19*(4), 581-591.

Vuillemin, A., Denis, G., Guillemin, F., & Jeandel, C. (1998). Revue des questionnaires d'évaluation de l'activité physique. *Revue d'Epidémiologie et de Santé Publique, 46*(1), 49-55.

Vuillemin, A., Oppert, J. M., Guillemin, F., Essermeant, L., Fontvieille, A. M., Galan, P., *et al.* (2000). Self-administered questionnaire compared with interview to assess past-year physical activity. *Medicine & Science in Sports & Exercise, 32*(6), 1119-1124.

Walsh, D. A., & Hershey, D. A. (1993). Mental models and the maintenance of complex problem-solving skills in old age. In J. Cerella & J. Rysbash & W. Hoyer & M. Commons (Eds.), *Adult information processing : limits on loss* (pp. 453-584). San Diego : Academic Press.

Walsh, D. A., & Prasse, M. J. (1980). Iconic memory and attentional processes in the aged. In L. W. Poon & J. L. Fozard & L. S. Cermak & D. Arenberg & L. W. Thompson (Eds.), *New's directions in memory and aging : Proceedings of the George A. Talland Memorial Conference.* Hillsdale : Lawrence Erlbaum Associates.

Wason, P. C. (1960). On the failure to eliminate hypotheses in a conceptual task. *Quarterly Journal of Experimental Psychology, 12,* 129-140.

Waters, G., & Caplan, D. (2001). Age, working memory, and on-line syntactic processing in sentence comprehension. *Psychology & Aging, 16,* 128-144.

Waters, G., & Caplan, D. (2002). The relationships between age, processing speed, working memory capacity, and language comprehension. *Journals of Gerontology : Series B : Psychological Sciences, 57,* P289-P311.

West, R. L. (1996). An application of prefrontal cortex function theory to cognitive aging. *Psychological Bulletin, 120,* 272-292.

West, R. L., & Bell, M. A. (1997). Stroop colour-word interference and electroencephalogram activation : evidence for age related decline of the anterior attention system. *Neuropsychology, 11,* 421-427.

Williams, B. R., Ponesse, J. S., Schachar, R. J., Logan, G. D., & Tannock, R. (1999). Development of inhibitory control across the life span. *Developmental Psychology, 35*(1), 205-213.

Wilson, R., Barnes, L., & Bennett, D. (2003). Assessment of lifetime participation in cognitively stimulating activities. *Journal of Clinical and Experimental Neuropsychology, 25*(5), 634-642.

Wilson, R. S., Mendes De Leon, C. F., Barnes, L. L., Schneider, J. A., Bienias, J. L., Evans, D. A., *et al.* (2002). Participation in cognitively stimulating activities and risk of incident alzheimer disease. *Journal of the American Medical Association, 287*(6), 742-748.

Wingfield, A., & Lindfield, K. C. (1995). Multiple memory systems in the processing of speech : Evidence from aging. *Experimental Aging Research, 21,* 101-121.

Wingfield, A., & Stine, E. L. (1986). Organizational strategies in immediate recall of rapid speeds by young and elderly adults. *Experimental Aging Research, 12,* 79-83.

Wingfield, A., Stine, E. L., Lahar, C. J., & Aberdeen, J. S. (1988). Does the capacity of working memory change with age ? *Experimental Aging Research, 14*(103-107).

Wingfield, A., & Stine-Morrow, E. A. L. (2000). Language and speech. In F. I. M. Craik & T. A. Salthouse (Eds.), *The handbook of aging and cognition* (2nd ed., pp. 359-416). Mahwah, NJ : Erlbaum.

Winnock, M., Letenneur, L., Jacqmin-Gadda, H., Dallongeville, J., Amouyel, P., & Dartigues, J. F. (2002). Longitudinal analysis of the effect of apolipoprotein e epsilon4 and education on cognitive performance in elderly subjects : The paquid study. *J Neurol Neurosurg Psychiatry, 72*(6), 794-797.

Yaffe, K., Barnes, D., Nevitt, M., Lui, L. Y., & Covinsky, K. (2001). A prospective study of physical activity and cognitive decline in elderly women : Women who walk. *Archives of Internal Medicine, 161*(14), 1703-1708.

Yagamuchi, S., Tsuchiya, H., & Kobayashi, S. (1995). Electrophysiological correlates of age effects on visuospatial attention shift. *Cognitive Brain Research, 3*, 41-49.

Yesavage, J. A., & Rose, T. L. (1983). Concentration and mnemonic training in elderly subjects with memory complaints : A study of combined therapy and order effects. *Psychiatry Research, 9*(2), 157-167.

Young, D. R., Jee, S. H., & Appel, L. J. (2001). A comparison of the yale physical activity survey with other physical activity measures. *Medicine & Science in Sports & Exercise, 33*(6), 955-961.

Zacks, R. T., Hasher, L., & Li, K. Z. H. (1999). Human Memory. In F. I. M. Craik & T.A. Salthouse (Eds.), *The handbook of aging and cognition* (2nd Ed.). Mahwah, N.J. : Erlbaum.

WEBOGRAPHIE

Quelques sites web sur le vieillissement

Sites relatifs de quelques revues scientifiques spécialisées en vieillissement

http://www.apa.org/journals/pag/ *(Psychology & Aging)*

http://www.tandf.co.uk/journals/titles/0361073X.asp *(Experimental Aging Research)*

http://www.tandf.co.uk/journals/titles/13825585.asp *(Aging, Neuropsychology and Cognition)*

http://gerontologist.gerontologyjournals.org/ *(The Gerontologist)*

http://www.cagacg.ca/english/510_e.php *(Canadian Journal of Aging)*

http://psychsoc.gerontologyjournals.org/ *(The journals of Gerontology)*

http://ajgp.psychiatryonline.org/ *(American Journal of Geriatric Psychiatry)*

http://www.cota.org.au/aja/aja.htm *(Australasian Journal on Ageing)*

http://www.springerpub.com/store/home_cg.html *(Contemporary Gerontology)*

http://www.apa.org/journals/dev/ *(Developmental Psychology)*

http://www.triangle.co.uk/eda/ *(Éducation and Ageing)*

http://www.tandf.co.uk/journals/titles/03601277.asp *(Éducational Gerontology)*

http://www.baywood.com/journals/previewjournals.asp?id=0091-4150 *(The International Journal of Aging and Human Development)*

http://jah.sagepub.com/content/vol14/issue4/ *(Journal of Aging and Health)*

http://www.humankinetics.com/JAPA/journalAbout.cfm *(Journal of Aging and Physical Activity)*

http://gort.ucsd.edu/newjour/j/msg02788.html *(Journal of Aging Studies)*

http://www.sagepub.com/journal.aspx?pid=1 (*Journal of Applied Gerontology*)

http://kapis1.wkap.nl/journalhome.htm/0169-3816 (*Journal of Cross-Cultural Gerontology*)

http://www.blackwellpublishing.com/journal.asp?ref=0002-8614 (*Journal of the American Geriatrics Society*)

http://roa.sagepub.com/ *(Research on Aging)*

Sites d'informations générales et de quelques sociétés savantes ou fondations sur le vieillissement

http://aging.senate.gov/*(The U.S. Senate Special Committee on Aging)*

http://agingsociety.org *(National Academy on an Aging Society)*

http://www.aoa.gov/*(Administration on Aging)*

http://ellisonfoundation.org/*(The Ellison Medical Foundation)*

http://ilcusa.org/*(International Longevity Center)*

http://infoaging.org/(*American Federation for Aging Research*)

http://lpi.oregonstate.edu/*Linus Pauling Institute)*

http://nihseniorhealth.gov/*National Institutes of Health)*

http://sageke.sciencemag.org/*(Science of Aging Knowledge Environment)*

http://scienceoflongevity.com/(*Science of Longevity Foundation)*

http://www.aagpgpa.org/*(American Association for Geriatric Psychiatry)*

http://www.afar.org/(*American Federation for Aging Research)*

http://www.agelessanimals.org/*(Emerging Area of Aging Research : Long-lived Animals)*

http://www.aging-institute.org/(*Institute for the Study of Aging*)

http://www.americanaging.org/(*American Aging Association ; AGE*)

http://www.americangeriatrics.org/*(The American Geriatrics Society)*

http://www.asaging.org/*(American Society on Aging)*

http://www.chu-rouen.fr/ssf/processphys/vieillissement.html *(Catalogue des Index des Sites Médicaux Francophones)*

http://www.bsra.org.uk/*(British Society for Research on Ageing)*

http://www.canadian-health-network.ca/servlet/ContentServer ?cid=1048161679943&pagename=CHN-RCS%2FPage%2FGTPageTemplate&c=Page&lang=Fr (*Réseau Canadien de la Santé)*

http://www.cdc.gov/nchs/*(National Center for Health Statistics)*

http://www.cihr-irsc.gc.ca/f/8671.html *(Institut du vieillissement des Instituts de recherche en santé du Canada)*

http://www.criugm.qc.ca *(Centre de recherche, Insititut Universitaire de Gériatire de Montréal*

http://www.fis.org/*(Foundation for Infinite Survival)*

http://www.geron.org/(*The Gerontonlogical Society of America*)

http://www.infoaging.org/(*American Federation for Aging Research*)

http://www.kronosinstitute.org/(*Kronos Longevity Research Institute*)

http://www.mednwh.unimelb.edu.au/(*National Ageing Research Institute, Inc.*)

http://www.neuromedia.ca/

http://www.ncoa.org/*(The National Council on The Aging)*

http://www.nia.nih.gov/*(The National Institute on Aging)*

http://www.vieillissement.org/*(L'Institut Européen du Vieillissement)*

http://www.science-generation.com/poin09.php *(Science Génération)*

http://www.worldhealth.net/*(American Academy of Anti-Aging Medicine)*

Sites relatifs à la maladie d'Alzheimer

http://www.alz.org/ *(Alzheimer's Association)*

http://www.alzheimer.ca/french/index.php *(Societé Alzheimer)*

http://www.francealzheimer.org/ *(France Alzheimer)*

http://www.survivre-alzheimer.com *(Survivre avec une maladie d'Alzheimer)*

Sites santé

http://hin.nhlbi.nih.gov/ *(National heart, lung, and blood Institute)*

http://www.cfsan.fda.gov/ *(U.S. Dept. of Health and Human Service)*

http://www.eatright.org *(American Dietetic Association)*

http://www.health.gov/dietaryguidelines/ *(Healthier-US)*

http://www.hsph.harvard.edu/nutritionsource/ *(Harvard School of Public Health)*

http://www.mayoclinic.com/findinformation/ *(Mayo Clinic)*

http://www.nal.usda.gov/fnic/ *(Food and Nutrition Information Center)*

http://www.yourdiseaserisk.harvard.edu/ *(The Harvard Center for Cancer Prevention)*

Sites activités et stimulations mentales

http://www.elderhostel.org/welcome/home.asp *(Elderhostel)*

http://www.nytimes.com/pages/crosswords/ *(Mots croisés du New York Times)*

http://www.thirdage.com/living/games/sbt1/ *(Third Age)*

INDEX DES AUTEURS

A

Ackerman 139
Albert 232, 235-236, 238
Albertson 148
Allen 178
Altiere 129
Amieva 147
Anandam 320
Anderson 126-127, 139, 208
Annon 130
Anstey 232
Anthony 233
Antony 235
Appel 362
Arbuckle 130, 232, 237, 252, 266
Ardila 242-244
Arenberg 169, 185
Arnaud 175, 178, 180
Arnsten 40
Aschersleben 55
Ashling 140
Auriacombe 147

B

Babcock 63
Bäckman 40, 219
Ball 351-352
Balota 147
Baltes 55, 62-64, 186-188, 190, 311-312, 341-342, 344, 349
Barbarotto 242
Bardell 333
Barnes 260-261, 269, 370-371
Baron 337-338
Bassett 233
Bastin 122, 151
Baylen 140
Bayley 57
Becic 334
Bherer 61
Belleville 247, 331-332
Benali 152
Bennett 148, 260-261, 269
Berish 275
Berkowitz 57
Berry 271
Besson 181
Bherer 247-250, 331-332, 334-337
Bienias 148, 269
Birren 185, 199
Blair 361
Bleckley 64
Bonin 146
Boon 177
Bosman 291-293
Botwinick 57
Bouchard 361
Bowles 147
Boyer 142
Brown 148
Bruyer 245-246
Bucciarelli 164
Bullemer 142
Bunce 138
Burke 147
Butler 232
Byrne 205-206

C

Cabeza 218-219
Cagney 238, 240-241, 252
Campbell 131-132, 154, 348
Canestrari 138
Cantor 148
Capaldi 384, 386
Capitani 242
Caplan 130
Card 208
Cattel 53
Cerella 133, 199, 201, 203
Chaikelson, 237
Chamari 388
Charness 131-132, 154, 220, 288-289, 294-297, 310-311, 348
Chasseigne 133, 154
Chen 233, 235
Cherry 143, 151
Chiarello 147
Christensen 232, 237, 239, 250, 263-264
Clancy 305
Clarkson 296
Clarkson-Smith 297, 373-374
Clarys 140, 148
Claverie 139
Clay 172, 174
Cleeremans 142
Cochez 139
Cohen 139-140
Colcombe 334, 390-392
Coon 178, 208-209

Cooper 148, 322
Cornelius 63-64
Costa 185
Cotman 361
Court 51
Craik 135, 139-140, 215
Crawford 143, 151
Crott 63
Crum 233
Cunningham 57
Curran 143

D

Dallas 126
Danion 347
Dao 391
Dartigues 147, 232
Davelaar 140
Davidson 327-328
Denney 130
Dennis 184-185
Desgranges 147, 152
Després 361
Destrebecqz 142
Di Yanni 144
Didierjean 147
Dierckx, 200
Dipietro 362
Dixon 219, 265
Dollinger 305
Douglass 208
Dumke 183
Dunlosky 135-136
Durkin 348
Dustman 381-383, 391
Dutta 61
Duverne 175, 181-183
Dywan 141

E

Edwards 379-381
Einstein 149, 151
El Yagoubi 181, 219
Engesser-Cesar 361
Ercisson 306
Erickson 334
Ericsson 307-311
Eustache 140, 147, 152
Evans 162-163
Eveans 269
Everett 130
Eysenck 136-137

F

Fabre 147, 164, 219, 365, 388-390
Fabrigoule 147
Farrar 391
Faulkner 140
Ferrand 146
Ferrer-Caja 55, 64
Fillit 251
Fisher 201
Fisk 168, 201, 322-323
Fitzgibbons 130
Fitzsimmons 129
Fleischamn 148
Folstein 232-233
Fontaine 139, 168
Fordyce 391
Frensch 143

G

Gabrieli 148
Gage 391
Gardner 185
Gauthier 139
Geary 176, 178
Giambra 322, 327
Giambri 326
Gierski 347
Giffard 147
Gilbert 322
Gilinsky 168
Gold 266
Gomez 242
Gomez-Pinilla 391
Goosens 346
Gordon-Salant 130
Grady 139
Graf 148
Grangé 347
Granick 63
Green 57
Grégoire 55, 61, 247-248
Griffiths 263
Gruber-Baldini 61
Guillem 139
Gustafson 184
Gutchess 219
Guthrie 143
Guttentag 140
Guynn 151

H

Haaland 177
Haarman 140
Haerty 148
Hale 199, 361
Hamagami 55
Hamagmi 64
Hamaluk 320
Hambrick 63, 143
Hancock 63
Hartley 130, 176-177, 296-297, 333, 336, 373-374
Hasher 142, 323
Hashtroudi 140
Hasselmo 40
Hawkins 366-367, 384-387
Heath 366-367
Heaton 177
Henderson 263
Henri 151
Heron-Chown 52
Hertzog 64, 135-136, 185, 265, 322
Ho 320-323
Hofer 232
Holland 151
Holyoak 221
Hommel 55
Horn 53, 64
Howard 142-144, 146, 148, 348
Hoyer 133, 305, 324, 326
Hulstch 265
Hultsch 32, 135, 232, 265-268
Hummel 221
Hunt 139-140
Huteau 50
Huteau & Lautrey 50
Hyde 127, 361

I

Ingolfsdottir 305
Isingrini 137-140, 148

J

Jacobs 252
Jacoby 126, 141, 148
Jacqmin-Gadda 147
Japikse 144
Jee 362
Jenkins 127, 320, 324-326
Jenning 148
Johnson 140, 176
Johnson-Laird 164
Judd 168
Juillerat 339
Jurica 271, 274

K

Kaplan 163
Kausler 135, 140, 215
Kay 303
Keane 148
Kelly 143
Kempermann 391
Kerrouche 147
Kesslak 391
Kieras 208
Kirasic 130
Klahr 184
Kleban 63
Kleim 135
Kliegel 267-268, 278
Kliegl 200, 203-204, 341-342, 344, 349
Kline 364-365
Knowlton 221
Koustaal 140
Kramer 177, 311, 329-331, 333-334, 338, 384, 386-391
Kramp 307
Krampe 200, 203-204, 294, 306, 308-311

L

Lafon 133, 154
Lafont 147
Laguno 63
Laiacona 242
Lair 215
Larish 333
Lauderdale 238, 240-241, 252
LaVoie 148
Lawrence 177
Lebière 126
Lecacheur 165-167, 178-180, 192
LeCompte 151
Lee 130
Lehman 184-185
Leirer 129
Lemaire 147, 164-167, 175-176, 178-183, 192, 212, 217, 219
Leon 269
Lespinet 139
Levings 263
Li 40, 55, 57, 130, 142, 210-212, 214-216, 223
Lieberman 63
Light 130-131, 139, 148-149, 168
Lin 176
Lindenberger 55, 62-63, 344
Lindfield 130
Lindsay 236
Lipman 130
Little 336
Logan 324
Lyketsos 233, 235

M

Maag 237
Mac Rae 40
MacLeod 151
Macready 138
Mangels 271
Mantyla 151
Marcoen 341, 345-346
Martin 151
Masquier 312
Massani 139
Masse-Biron 365
Massé-Biron 388
Matessa 208
Mathey 139
Mathy 246
Mattila 337-338
Maupoux 168
Maurer 219
Maylor 135, 151
Mayr 200, 203-204
McArdle 55, 64
McCarley 334
McCrae 185
McDaniel 149, 151
McDowd 215, 333
McGeorge 143
McHugh 63, 232
Meggisson 156
Meinz 63
Mendes 269
Meulemans 151
Meyer 208, 391
Miles 275
Miller 185
Miner 143
Mireles 220
Mitchell 139, 148
MMSE 370-371
Monti 148
Moon 215
Moore 168
Moran 208
Morrison 221
Morrow 129, 301-302, 305, 308
Mortel 391
Mucci 388
Mulatu 61, 260
Mullet 133, 154
Mumford 184
Murnane 140
Murphy 148
Murphys 134
Mushaney 130
Myerson 199, 203

N

N'Kaoua 139
Nagaham 177

Naveh-Benjamin 140
Neeper 391
Nesselroade 63-64
Newell 208, 220
Nisbett 57
Nissen 142
Noland 148
Norman 140
Nyberg 218

O

Oates 260
Oats 61
Oden 57
Onyper 133
Orrell 251
Ostrosky-Solis 242
Owens 57, 63

P

Paffenbarger 361
Parasuraman 326-327
Park 130, 148, 218
Parkin 177
Pencea 391
Pennequin 168
Peretti 347-348
Peretz 61, 247
Perfect 201
Peterson 334
Phillips 151
Piolino 147, 152
Plaie 139, 168
Platel 147
Plomin 61
Pomplun 294
Poon 130, 147, 199
Portal 139
Préfaut 365, 388
Prill 169, 171, 173
Prinz 55
Puckett 140
Puglisi 130
Pulgisi 139
Pushkar 237

R

Rabinowitz 135, 139
Raven 51
Raz 38, 392
Reder 176
Reichle 164-166, 192
Reingold 294
Rhodes 177
Rikli 379-381
Roesch 63
Rogers 201, 322-323, 391
Rogoff 130
Romaninuk Michael 186
Rose 343-344
Rosselli 242
Roth 375-377
Rott 267
Rowe 139
Rubin 122
Russo Neustadt 391
Rusting 271
Ruth 185
Rybash 148

S

Sahakian 251
Salthous 154
Salthouse 63, 143, 168-171, 173, 178, 199, 208-209, 219, 275-277, 288-291, 293, 310
Sanders 134
Satariano 370
Sauzeon 139
Savary 164
Schacter 140, 148
Schaie 36, 58-61, 64, 185, 232, 349-350
Schall 252
Scheibel 252
Schmand 232
Schmitt 134, 139
Schneider 269, 321
Schnore 139
Schooler 61, 260, 262-264
Schultetus 294
Scialfa 320-323
Shanner 299-300, 302, 305
Sharp 168
Shaw 148-149, 333
Shay 375-377
Shichita 232
Shiffrin 321
Shimamura 148, 271-275, 277
Shulkind 122
Siegler 57, 175, 178-179, 182, 217
Simon 163
Simonton 184-185
Singh 148-149
Skaloud 320
Sliwinski 203
Small 265
Smith 128, 130, 135, 149, 187, 199, 296, 341, 344
So 391
Somberg 144
Souchay 140
Spirduso 372
Spiro 63-64
Squire 148
Stadler 143
Stampe 294
Staudinger 55, 187-190
Steitz 203
Stern 251-252
Stine 130, 139
Stine-Morrow 130
Stojack 130
Strayer 333
Stroop 327, 375
Stuss 383

T

Taconnat 137-138, 140
Tager 370
Taylor 298, 303-305, 311
Thompson 144
Thornton 183
Thurstone 349
Titus 130
Touron 133
Tsang 129, 299-300, 302, 305
Tuffiash 294

U

Usher 140

V

Valdiserri 148
Valerie 147
Van der Linden 122, 246-248, 339
van Praag 391
Vandenbroucke 200
Vasyukova 294
Verhaeghen 200, 203-204, 341, 345-346
Viskontas 220
Voss 129, 299
Vuillemin 362-363

W

Waddell 130
Wagstaff 199
WAIS 374
WAIS-III 370
WAIS-R 375, 382
Ward 135
Wash 134
Wason 162
Weber 333
Wechsler 53
Weiss 63
West 151
Wiggs 148
Wiley 176, 178
Williams 327
Willis 61, 63-64, 311, 349-350
Wilson 148, 176-177, 260-261, 265, 269-270, 278-279, 281
Wing 361
Wingfield 130, 139
Winnock 235
Wiswell 366-367
Woodcock 55, 64
Worden 156

Y

Yaffe 368-370
Yesavage 343-344
Young 362

Z

Zack 142
Zacks 323, 327
Zelinski 130-131, 168
Zimprich 267

INDEX

A

absorption d'oxygène 378
Académie des sciences 263
acquisition
  d'une habileté cognitive 348
  de nouvelles habiletés 347
  de stratégies 310
activation 205-206, 340
  automatique 153, 198
  des connaissances 207
  diffusante 147
activités
  cognitives complexes 281
  de détente 259
  de loisir 41, 260
  intellectuelle 268
  intellectuelle de haut niveau 287
  physique 367, 391
  professionnelle 259
  récréative 362
  rigoureuse 362
  stimulante 264-271, 281
ACT-R 126, 208
adhérence à l'entraînement 345
administrateur central 75-76
Advanced Cognitive Training for Independent and Vital Elderly 351
affirmation de la conséquente 162
âge médian 17
Âge x 168
Âge X Complexité 173
Age x Expertise 295, 309
aire de Wernicke 252
aléatorisation 27
algorithme de recherche 324
alternance 386
alternance attentionnelle 303, 329, 387
alternative possible 331
amateur 308
amélioration
  de la vitesse de traitement 384
  de la vitesse psychomotrice 384
  proportionnelle 386
analyse
  conceptuelle de la tâche 64
  corrélationnelle 276
  de régression linéaire 369-370
  structurales linéaires 346
angiogenèse 391
anticipation 310-311
anxiété 61
apprentissage 214-215
  auto-rapporté 346
  de paires de mots 389
  explicite 197
  implicite 142-145, 197
  incident 130
  intentionnel 130
  moteur 348
  perceptivo-moteur 348
  verbal de 16 mots de Californie 370
approche 288
  fonctionnelle 124
  structurale 124
aptitude
  numérique 58
  spatiale 58
architecture cognitive 187
arithmétique 54
arrangement
  d'images 54, 55
assemblage
  d'objets 54-55
  des blocs de la WAIS 276
association en mémoire 346
asymptote 324
attention 40-41, 72, 250-251, 265, 286, 298, 319, 370, 375-376, 390
  divisée 335-336, 387
  partagée 197, 299, 333, 338, 384
  sélective 323, 327, 338, 351
  soutenue 326, 338
  spatiale 388
automatisation de la performance 322
auto-ordonnancement 272-273
auto-répétition
  de maintien 135, 218
  mentale 75, 127, 134-135

B

batterie
  de mémoire de Weschler 276
  de tests neuropsychologiques 276, 387
BDNF 391
bénéfice de l'entraînement cognitif 331
biais 312
  de réponse 212-213
  de sélection 312
boucle phonologique 75, 77, 81

Brain Derived Neurotrophic Factor 391
brain reserve capacity 281
bridge 296-297
Brown-Peterson 251
bruit neuronal 211

C

calcul 37
calepin visuo-spatial 77, 81
capacité
- à créer des images mentales 346
- cognitive 15
- intellectuelle 15
- mnésique 21, 25

capacités intellectuelles 15
caractéristique distinctive 343
causes du comportement 28
cellule nerveuse 38
centenaire 268
10e centile 269
cerveau 36-38, 391
champ dendritique de neurones 252
changement
- anatomique 37-38
- central 367
- cognitif 33-34, 37
- développemental 344
- neuronal 39
- périphérique 367
- physiologique 39

chunk 295
cible 320-321
- visuelle 323

code 54
coefficient de corrélation 25
cohorte observationnelle 318
col bleu 263
comparaison de nombres 278
compensation 15, 310-311
- stratégique 298

compenser le déclin cognitif 253
complètement
- d'images 54-55
- de séries de chiffres 296

complexité 168
comportement 36
composante
- cognitive élémentaire 293
- exécutive 388
- non-exécutive 388

composition corporelle 367
compréhension 54
- des mots 58
- du langage 37, 75, 81

concentration 375-376
concept
- sous-ordonné 125
- sur-ordonné 125

condition 368
- cardiorespiratoire 365, 367
- de dactylographie normale 290
- de double-tâche 299, 300
- de switching attentionnel 330
- exécutive 386
- interférente 327
- physique 368
- simple 300

configuration spatiale des pièces 294
confluence
- ascendante 243, 253
- descendante 244, 253

conjonction d'attributs visuels élémentaires 320
connaissance
- conceptuelle 310
- déclarative 206
- épisodique 310
- générale 310
- procédurale 125, 132, 152, 206

connection synaptique 251
connectivité synaptique 281
consommation
- maximale d'oxygène 365
- maximale d'oxygène à l'effort 362

contenu verbal 275
contrôle 27
- attentionnel 302, 304-305, 320
- de l'interférence en mémoire de travail 275
- exécutif 389

contrôlé de l'attention 383
conversion monétaire 178-179
coordination 37
- de réponses 306

copie immédiate 376
corrélation 25-26, 62-64, 73, 87
cortex 37
cortex frontal 40
coût global de switching 330
créativité 183-186, 190, 197
- exceptionnelle 184, 186
- ordinaire 184-186

Culture Fair Intelligence Scale 382
culture générale 62
CVLT 370

D

dactylographe 289, 310
déclin
- cognitif 41, 251, 253
- cognitif avec l'âge 64
- intellectuel 15
- lié à l'âge 305

dé-différenciation 62, 216
déficit
- d'attention 338
- d'inhibition 323, 328

dégradation équivalente des performances 322
degré d'implication dans des activités de détente stimulantes 258
délai 370
déni de l'antécédente 162
détection
- visuelle 299
- visuelle de la lettre 293

développement
- cognitif 15
- de la cognition 15

diabète 361, 369
Dictionary of Occupational Titles, U.S. Department of Labor 262
dictionnaire des titres et des occupations 262
différé d'histoires logiques 389
différence
- individuelle 37, 60-62, 345-346, 366
- inter-individuelle 61, 64, 73
- intra-individuelle 64

différence moléculaire 289
discrimination
sonore 335
visuelle 335
distinctivité corticale 211
distracteur 320, 323-324, 352
distribution
des temps de réponse 337
stratégique 136, 175-177, 218
donnée fiable 21
dopamine 39-40, 210-212
double tâche 80, 88
durée de la vie 18

E

échec 297
échelle
d'empan à l'endroit et à rebours de la WAIS-R 302
de Vocabulaire de la WAIS 276
éducation formelle 250, 267
effet
bénéfique d'un entraînement 351
combiné 267
compensatoire 280
compensatoire de l'entraînement cognitif 318
d'amnésie de la source 141
d'amorçage 146-147
d'interférence 328
de cohorte 31, 37, 56, 231, 240, 271
de complexité de la tâche 299
de familiarisation 37
de la structure des problèmes 162
de période 34
de phase terminale 57
de préparation 332
de protection sélective 312
de similarité entre tâche 299
Flynn 31
indépendant 267
positif de la scolarité 268
protecteur 310
protecteur de l'expertise 311
protecteur de la scolarité 251
protecteur du niveau de scolarité 250
test-retest 318
unique de l'âge 86
effets de familiarisation à la tâche 34
empan 73, 88
calculatoire 74
de calcul 265, 303
de chiffres de la WAIS 296
de chiffres 265, 374 375, 382
de chiffres à l'endroit et à l'envers 251
de chiffres de la WAIS-R 383
de frappe 290
de lecture 73-74, 296, 374
verbal 388
empan à l'endroit et à l'envers de la WAIS-R 304
empan œil-main 290
empar spatial 388
emploi
complexe 262
non complexe 262
encodage 134, 137, 339
encoder 137
endroit 375, 388
ensemble présentation 337
ensemble-mémoire 322
entraînement
à priorité fixe 333
à priorité variable 333
aérobie 381, 387, 389
attentionnel 338, 352
au raisonnement inductif 352
cognitif 27, 318-320, 331, 344
en mémoire 319, 351
en mémoire épisodique 346
force et souplesse 381
mnémonique 339, 342
mnésique 341, 345
physique 41
entretien
directif 24
structuré 24
EPIC 208
épreuve
cognitive 390
de comparaison de lettres 85
de performance 54-55
de Stroop 370, 382
des codes 84-85, 205, 208-209
des cubes 54-55
verbale 54
équivalence molaire 294
équivalence-molaire décomposition-moléculaire 288
erreur
de détection 326
plausible 301
espace 37
état
mental général 253, 368
mental général à l'aide du MMSE 263
étude
corrélationnelle 252
dites multi-factorielles 319
épidémiologique 361
longitudinale 32-34, 37, 57-60, 63, 230, 237, 253, 278, 312, 361, 368, 378
longitudinale de l'Université de Duke 57
longitudinale de Seattle 349, 350
Longitudinale de Victoria 265-266
psychométrique 52
séquentielle 37
transversale 37, 58, 60, 63, 230, 253, 271, 278, 312, 349, 372
transversale et longitudinale 366-367
étude longitudinale de Victoria 32
exécution stratégique 175, 179, 218
expérience stimulante 286
expertise médicale 187
explication 64

F

façon contrôlée 324
facteur

de protection 253
visuo-spatial 277
facteur G 62
famille de procédés mnémotechniques 340
fatigabilité 61
fausse célébrité 141
fédération canadienne des échecs 294
fiable 22
fidèle 22
fidélité 22
inter-observateurs 22
test-retest 22
fidélité inter-observateurs 22
flexibilité 380
flexibilité mentale 258
fluence verbale 58, 62
fluide 264
fluidité verbale 58, 262, 370, 375-376
fonction(s)
cardiorespiratoire 383
cognitives élémentaires 287
cognitives supérieures 319
exécutive 319, 347, 370, 383, 387, 392
sensorimotrice 375
fonctionnement
cognitif 271
intellectuel global 250
mental général 251
force
de différenciation 322
de préhension 380
fréquence
cardiaque à l'effort 367
de participation à des activités stimulantes 275

G

génération d'histoire 340
graphe
de Brinley 201, 203-204
des traces 203
graphie 37
groupe témoin 318
groupement 295, 340
gyrus denté 391

H

habileté
cognitives complexes 287
cognitives fluides 276
cognitives spécifiques 310
cognitivo-motrice 347
cristallisée 264
d'alternance 370
de résolutions de problème 347
fluide 251
mentales primaires 262
verbale 262
visuo-spatiale
visuo-spatiales 262, 269, 276, 278, 279, 298
habiletés intellectuelles dites cristallisées 263
hippocampe 391
hypertension 361, 369
hypothèse
de compensation 287
de l'artéfact 252
de la cause commune 88
de la compensation 250, 280
de la préservation 301-302
de la préservation sélective 298, 310
de la réserve cérébrale 251, 281
de la réserve cognitive 280
de la réserve neuronale 250, 280
de préservation sélective 287
de réserve cérébrale 252
du désengagement 258, 287
du rôle compensatoire de la scolarité 251

I

identification visuelle 299
ignorer les distracteurs 323
image mentale 122, 135-136
imagerie mentale 75
indice
cardiorespiratoire 368
d'amélioration 387
de performance des habiletés cristallisées 276
de récupération 139
inférence
déductive 197-198
inductive 197-198
information 54, 237
déclarative 207
partielle 340
procédurale 207
inhibition 327
institut Max Planck 349
intelligence
cristallisée 62, 64, 189, 197, 236, 278
dite fluide 236
fluide 62, 64, 189, 197, 237, 278
non verbale 276-277
verbale 276-277
interaction
Âge X Complexité 129, 215
Age X Expertise 303, 311
Age X Intervalle 332-333
Âge X Niveau Scolaire 251
entre l'âge et l'expertise 306, 308, 310
interférence pro-active 214-215, 273
intervalles préparatoires variables 331
interview 24
items-cibles 337

J

jogging léger 381, 389

K

kilojoules 368

L

langage 87, 265
latences inter-frappes 309
lien
épisodique 340
sémantique 340
limite fonctionnelle 369

lobe 37
frontal 37-39
pariétal 37
temporal 37, 39
logique
expérimentale 26, 28
quasi expérimentale 28

M

maintien 123
cognitif avec l'âge 64
maladie
cardiovasculaire 361, 370
coronarienne 361
d'Alzheimer 269-270, 281
marche
loisir 362
rapide 381, 389
matière
blanche 391-392
grise 391-392
matrices de Raven 264, 374
matrices progressives de Raven 296
Max Plank Institute de Berlin 341
maximisation des gains 311
MDT 72-76, 78-82, 88, 197, 205, 207-208, 220
mécanisme 219
cognitif fondamental 346
de compensation 219
de la simultanéité 200
de séquençage 204
de simultanéité 201
du temps limité 199-201
élémentaire 288
mental 36
médiateur 268
mémoire 14-15, 23, 32, 34, 41, 62, 65, 119-121, 124, 145, 214, 217, 219, 262, 265, 277, 298, 308, 319, 352, 370
à court terme 247, 250, 323, 337, 390
à long terme 73, 247, 390
autobiographique 121, 152
de chiffres 54
de travail 71-73, 83, 250-251, 265-266, 269, 273, 278, 281, 296, 302, 304-305, 311, 374, 388-389
de travail verbale et visuelle 346
déclarative 119, 125, 131, 133
épisodique 87, 124, 214, 218, 220, 269, 275-276, 278, 280, 351
explicite 126, 148
implicite 126, 148
logique 375
non verbale 263
procédurale 119, 125, 131, 133
prospective 81, 148-152, 197
rétrospective 149, 197
sémantique 124, 269, 278, 279
spatiale 130
verbale 263, 274, 375, 388
mémorisation 294, 311
mesure
de condition physique 380
de vitesse de traitement de l'information 289
expérimentale 265
méta-analyse 73
méthode
choix/non-choix 178-179
d'association 340
d'association visage nom 342
d'expérimentation 121
d'imagerie interactive 340
d'observation 121
de la table de rappel 340
des lieux 340-341, 345
du mot clé 340
expérimentale 121
scientifique 20
méthodologie 21
MHP 208
Mini-Mental State Examination 231, 253
minimisation des pertes 311
MLT 73, 75
MMSE 237, 251, 264, 280-281, 368
mode de vie actif physiquement 378
modèle computationnel 217, 219
modus ponens 162
modus tollens 162
mortalité
expérimentale 33, 37, 59
infantile 18
moteur 286

N

NART 263-264
National Adults Reading Test 263
neurogenèse 391
neuromédiateur 39
neurone 39
neurotransmetteur 210
neurotrophine 391
niveau
d'activité physique 362
d'activités intellectuelles 280
d'activités stimulantes 258
d'éducation 253, 270
d'engagement 278
d'engagement dans des activités stimulantes 269
de formation initiale 61-62
de formation scolaire 151
de performance de base 344
de réserve de base 344
de stimulation cognitive 258
de traitement de l'information 127
scolaire 28
nouvelles activités stimulantes 266
numérosité 325

O

observation 33
naturelle 23-24
standardisée 24
systématique 24
opération
cognitive 199, 209
mentale 65, 190
optimisation 311
organisation

des informations en MLT 146
hiérarchique 340
orientation 389
ostéoporose 361

P

Paffenbarger Scale 368
paradigme
de Brown-Peterson 247
de double tâche 333
de la double tâche 80-81
de Stroop 327
parallélisme 243, 253
parcours mental 341
Pennsylvanie 349
pensée divergente 185
perfectionnisme 61
performance
intellectuelle globale 281, 382
perspective contextualiste 186
perte neuronale 40
phénomène mnésique 247
plainte mnésique 24
plan
d'étude longitudinale 32, 263, 312
d'étude longitudinaux et transversaux
de recherche longitudinaux et transversaux 230, 259
de vol 301
longitudinal 34-35
séquentiel 34
transversal 29-30, 35, 57, 312
planification 37, 347
plasticité
cognitive 318, 346
neuronale 391
vasculaire 391
PMA 65, 130, 350
posture 380
potentiel
d'apprentissage 320, 345, 347
évoqué 218
latent d'apprentissage 344
poursuite 299
pratique
délibérée 304-305, 309-311
intensive 318, 320, 322, 326
soutenue 328
prémisse 162, 168
préparation 292, 310-311
attentionnelle 331
de la réponse motrice 293
préservation ou l'équivalence molaire 289
préservation sélective 293, 309
Primary Mental Ability ou PMA 349
principe
d'économie explicative 198
de puissance explicative 198
prise de décision 73, 160
probabilité
conditionnelle 331
d'apparition 331
problème 188
bien défini 159, 161, 167, 183
de l'échiquier mutilé 163
des tableaux numériques 172, 174
du passage de sa vie en revue 188
mal défini 159-161, 190
procédé mnémotechnique 339, 341, 344, 347
processu
processus
articulatoire 75
attentionnel 15
automatique 323
cognitifs élémentaires 286, 289
contrôlé 324
d'exécution de la réponse 293
de séquençage 203
de traduction de l'information perceptive 293
mental 15
perceptif 286
production 292
du langage 37
professionnel 308
profil
classique du vieillissement cognitif 55
de vieillissement cognitif 59
prolifération neuronale 391
propagation
de l'activation 208-209
propriété psychométrique 260
prospection mnémonique 323
protecteur 236
protection 235, 243, 253, 310
neuronale 251
protocole verbal 176, 218
psychologie 15, 26, 184, 191
cognitive 65-66, 146, 164
cognitive expérimentale 349
du développement 15
du vieillissement 40
du vieillissement cognitif 15
psychométrie 40, 61-62, 64-65, 88, 130, 145, 185
psychomotrice 348
impliquant 347

Q

questionnaire
d'activité physique 363
d'activités cognitives 270
portant sur différentes activités 265

R

raisonnement 58, 62, 65, 87, 160, 162, 190, 198, 205, 221, 352, 374
déductif 162, 168, 173
inductif 81, 87, 168-169, 173, 177, 351
non verbal 296
spatial 198
syllogistique 81
verbal 164, 296
ralentissement
cognitif 83, 86-87, 89, 199, 209
général 201, 204-205
global 330
proportionnel 329
spécifique 203

rappel 123, 130, 134, 138-139
d'histoires 246, 265, 275, 377
des informations contextuelles 140
différé 376
immédiat 262, 370, 389
indicé 128
libre 129
rebours 375, 388
recherche 321
automatique 322
en mémoire 322-323, 337
visuelle 322
visuelle classique 323
visuo-spatiale 76
reconnaissance 138, 246, 294
classique 128
récupération 139
d'items en mémoire 339
règle de production 125, 206
régression hiérarchique 86-87
relation
causale 378
scolarité-performance cognitive 252
remédiation cognitive de Psychotech 341
répertoire
de connaissances déclaratives et procédurales 251
de connaissances stratégiques 251
stratégique 175-176, 217
répétition mentale de maintien 134, 218
réponse
correcte 335
motrice synchronisée 336
représentation
en mémoire 325
mentale 65, 210
reproduction de figures 389
réseau
connexionniste 212, 214
mémoire 125
réserve
cérébrale 253
cognitive 268, 319, 344
cognitive développementale 344
neuronale 251, 269
résolution de problèmes 41, 73, 87, 133, 159-162, 164-165, 177, 190, 197, 205, 219, 319, 347
ressource
attentionnelle 145, 150
cognitive 15, 180, 345, 374
de traitement 71-72, 88-89
mentale 197
similaire 299
rétroaction
continue 334-335
en cours d'exécution 331
Rockport 365
Rockport one-mile 364
rôle
complémentaire de la scolarité et des activités intellectuellement stimulantes 268
constant 322
du type d'emploi sur le vieillissement cognitif 263
indépendant 268
rotation mentale 75, 350
routine surapprise 258
running span 76

S

sagesse 160, 186-187, 189-190
santé
cardiorespiratoire 41, 368, 378-379, 387
physique 379
scolarité 286
score
composite 277
de difficulté 387
global standardisé 270
standardisé 278
score Z standardisé 269
sélection 311
stratégique 175, 179-181, 218
série lettre-chiffre 349
signal préparatoire 331
signification verbale 58
similitude 54, 237, 263-264
situation
de double-tâche 299
de résolution de problèmes 258
sous-test de substitution 307, 370
soutien environnemental optimal 344
souvenir personnel 121
SPAN 195-196, 205-210, 219-220
stimulation cognitive soutenue 281
stockage 123, 134
stratégie 122, 135, 137, 162, 164-165, 175-181, 183, 188, 197, 217, 287, 345
alternative 250
cognitive propice 251
compensatoire 280, 293
d'encodage 135-136, 138
d'organisation 339-340
de production 135
de rappel 139-140
enseignée 345
mnémotechnique 319, 339, 351
verbale 165
visuelle 165
structure des habiletés intellectuelles 62
style
de vie 41, 260, 269, 281, 286
de vie actif 361
SU.VI.MAX 362
substance
blanche 38
grise 38
substitut concret imageable 343
substitution 370, 382-383
de la WAIS 289
de symbole 278
susceptibilité à l'interférence 302
switching 329, 388
attentionnel 329
inter-tâches 329
symptômes associés aux pathologies du vieillissement 269
synapse 39

synaptogenèse 391
système
central exécutif 75
expert 186-187, 189

T

tâche 76
concurrente 336
contexte 149-150
d'alternance 384
d'amorçage 146
d'attention divisée 386
d'auto-ordonnancement 388
d'empan à rebours 247
d'empan de chiffres 247
d'encodage 77
d'énumération 324
d'estimation calculatoire 180
de Brown-Peterson 248, 250
de complètement de racine 148
de décision lexicale 83
de discrimination 335
de frappe 377
de groupe de lettres 296
de mémoire 253
de mémoire à long terme 272
de mémoire de travail 272
de mémoire épisodique 340
de mémoire prospective 149
de mise à jour 76
de monitoring 333
de parcours mental 76
de poursuite 299
de préparation 331
de production 161
de raisonnement verbal 164
de rappel 77, 122, 128
de rappel d'histoires 272, 274
de réaction à des séries 142, 144
de reconnaissance 122, 140, 200
de Stroop 87
de substitution 309
de suites numériques 171
de temps de réaction 272, 288, 290-291, 307
de temps de réaction au choix 309
de temps de réaction sériel 142
de temps de réponse 289, 372
de temps de tapping 291
de tracking de chiffres 265
de transfert 325
de vérification 161
de vigilance 326
des 4 cartes de Wason 162-163
dite articulatoire 248
domestique 362
du repas empoisonné 169
du tri de cartes de Wisconsin 177
interférente 248
motrice 347
principale 89
prospective 151
psychomotrice 293, 306, 323
secondaire 80-81
stroop 328
taille des effets d'entraînement mnémonique 346
taux
d'exactitude de réponse 338
de détection correcte 326
de fausse alarme 326
de fertilité 19
technique
d'association nom-visage 344
d'imagerie 339
d'imagerie cérébrale 218
du journal 121
temps
de décision 372
de production 372
de réaction 265, 335, 383
de réaction à 2 choix 373
de réaction au choix 272, 372, 380
de réaction simple 272, 372-373, 380, 382-383
de réponse 335
inter-frappe 289
test(s) 22
cognitifs standardisés 262, 276
d'attention 253
d'état mental 280
de Boston 278
de comparaison de nombres 269
de comparaison de patrons de lettres 303
de performance 251
de raisonnement 349
de rappel libre 294
de reconnaissance 294
de Rockport 365, 387
de substitution de la WAIS-R 303
de substitution de symboles 269
de tapping ou de frappe 289
de temps de réaction 274
de traçage de piste 370
de vitesse psychomotrices 307
de Wechsler 53, 61
des analogies 374
des habiletés mentales primaires 53, 58, 61, 349
des habiletés mentales primaires (PMA) 56
des limites 344
des matrices 170
des matrices de Raven 51-52, 55, 263, 276
des séries 374
des symboles 263-264
en rappel de paires de noms 274
intellectuels généraux 280
multi-factoriel 50, 53, 55, 62-63, 197
multifactoriel
psychométrique 263, 349
psychométriques normalisés 269
psychométriques standardisés 265
standardisé 50
uni-factoriel 50-51, 63
valide 23
visuo-spatial 389

théorie 196-198, 210, 219
computationnelle 196, 219
computationnelle de la neuromodulation 210
de la neuromodulation 195-196, 210, 216, 220
du ralentissement 196
du ralentissement cognitif 195, 199-201
non computationnelle 195-196
unifiée du vieillissement cognitif 220
tomographie par émission de positons 218
trait de personnalité 62
traitement
cognitif central 83
de l'information 65
périphérique 83
profond 200
symbolique 37
visuel 37
trajectoire de vol 301
transfert 323, 352
attentionnel 329-330, 384
type d'emploi 260, 262

U

Use-it-or-lose-it 258

V

valide 21
validité 22-23
écologique 24
externe 23-24
interne 23-24
variable
cognitive 352
confondue 27
dépendante 27
indépendante 27
vieillissement 258
attentionnel 384
cérébral 36, 40
cognitif 247, 253
de la population 19
démographique 16
visage-nom 340
visuo-spatiales 375
vitesse 265
cognitive 246
d'association stimulus-réponse 293
d'exécution 306, 308, 311
de réponse 290
de traitement 62, 88-89, 251, 311
de traitement de l'information 71-72, 83-86, 199, 237, 269, 274, 280, 288, 302, 304, 309, 323, 370, 381, 387, 390
de traitement et attention 351
de traitement telle qu'évaluée dans une tâche d'attention 352
inter-frappe entre deux frappes 292
perceptive 269, 278-279, 281
psychomotrice 291, 311, 346, 380, 382
psychomotrice et perceptive 281
psychomotrice pure 311
vitesse de traitement 305
VO_2max 362, 364-367, 370-371, 378, 382, 387, 392
vocabulaire 54, 265
vol simulé 303

W

WAIS 54-56, 65, 84, 130, 208, 272, 274-275, 278, 307
WAIS-R 237, 263
Wechsler mémoire 375, 377, 389
Weschler Adult Intelligence Scale 272

Y

Yale Physical Activity Survey 362, 364

Z

zone sous-corticale 38

TABLE DES MATIÈRES

AVANT-PROPOS 7

PARTIE 1
Le vieillissement cognitif

CHAPITRE 1
L'ÉTUDE DU VIEILLISSEMENT COGNITIF 13

1. La psychologie du vieillissement cognitif 15
2. Le vieillissement démographique 16
3. Méthodologies en vieillissement cognitif 20
   3.1 *Approche scientifique du vieillissement cognitif* 20
   3.2 *Qualités d'une mesure* 22
   3.3 *Données d'observation, données d'expérimentation en vieillissement cognitif* 23
      3.3.1 DONNÉES D'OBSERVATION 23
      3.3.2 CORRÉLATION ET EXPÉRIMENTATION 25
   3.4 *Les plans de recherche en vieillissement cognitif* 28
      3.4.1 LES PLANS TRANSVERSAUX 29
      3.4.2 LES PLANS LONGITUDINAUX 32
      3.4.3 LES PLANS SÉQUENTIELS 34
4. Vieillissement cérébral 36
   4.1 *Changements anatomiques* 37
   4.2 *Changements physiologiques* 39
5. Organisation du livre 40
   5.1 *Organisation chapitre par chapitre* 40
   5.2 *Les thèmes centraux* 41

CHAPITRE 2
VIEILLISSEMENT ET PSYCHOMÉTRIE 49

1. Évolution avec l'âge des scores aux tests uni-factoriels 51
2. Évolution avec l'âge des scores aux tests multi-factoriels 53
   2.1 *Le test de Wechsler (WAIS-R/WAIS-III)* 53
   2.2 *Le test des habiletés mentales primaires (PMA)* 56
3. Vieillissement cognitif et différences individuelles 60
   3.1 *Combien d'habiletés se détériorent avec l'âge ?* 60
   3.2 *Comment évolue la structure des habiletés intellectuelles avec l'âge ?* 62
4. Approche psychométrique : intérêts et limites 63

CHAPITRE 3
VIEILLISSEMENT ET RESSOURCES DE TRAITEMENT 71

1. La mémoire de travail 73
   1.1 *Mesures d'empan* 73
   1.2 *Mesures fonctionnelles* 75
      1.2.1 MODÈLE DE BADDELEY 75
      1.2.2 ÉVALUATIONS DES COMPOSANTS DE LA MDT 76
      1.2.3 ÉVALUATIONS PAR LE PARADIGME DE LA DOUBLE TÂCHE 80

2. La vitesse de traitement de l'information 83
2.1 *Évaluations de la vitesse de traitement de l'information et de son évolution avec l'âge* ... 83
2.2 *Rôle du ralentissement dans le vieillissement cognitif* 86
3. Vieillissement et ressources de traitement : conclusions 88

CHAPITRE 4

VIEILLISSEMENT ET ATTENTION 93

1. L'attention sélective 95
2. L'attention partagée ou attention divisée .. 102
3. La flexibilité attentionnelle 106
4. La concentration 109
5. L'attention préparatoire 112
6. Vieillissement et attention : conclusions ... 114

CHAPITRE 5

VIEILLISSEMENT ET MÉMOIRE 119

1. Rappels sur la mémoire 121
1.1 *Méthodes d'étude de la mémoire* 121
1.1.1 MÉTHODES D'OBSERVATION 121
1.1.2 MÉTHODE EXPÉRIMENTALE 121
1.2 *Les principaux phénomènes mnésiques* 124
1.2.1 PLUSIEURS SYSTÈMES MNÉSIQUES 124
1.2.2 COMMENT FONCTIONNE LA MÉMOIRE ? 126
2. Effets importants de l'âge sur la mémoire . 127
2.1 *Matériel verbal* 128
2.1.1 EFFET DE L'ÂGE SUR LE RAPPEL DE MOTS ISOLÉS 128
2.1.2 EFFETS DE L'ÂGE SUR LE RAPPEL DE TEXTES 129
2.2 *Informations spatiales* 130
2.3 *Connaissances procédurales* 131
2.4 *Stratégies d'encodage* 134
2.5 *Stratégies de rappel* 139
2.6 *Apprentissage implicite* 142
3. Effets moins importants de l'âge sur la mémoire 145
3.1 *Organisation des informations en MLT* 146
3.2 *Mémoire implicite* 148
3.3 *Mémoire prospective* 148
4. Vieillissement et mémoire : conclusions 152

CHAPITRE 6

VIEILLISSEMENT ET RÉSOLUTION DE PROBLÈMES 159

1. Généralités sur la résolution de problèmes 161
1.1 *Les distinctions et les tâches utilisées* 161
1.2 *Effets expérimentaux* 162
1.2.1 EFFETS DE LA STRUCTURE DES PROBLÈMES 162
1.2.2 EFFETS DES STRATÉGIES 164
2. Vieillissement et situations problèmes bien définies 167
2.1 *Vieillissement, raisonnement déductif et structure du matériel* 168
2.2 *Vieillissement, raisonnement inductif et structure du matériel* 169
2.3 *Vieillissement, résolution de problèmes arithmétiques et structure du matériel* 172
2.4 *Vieillissement et stratégies* 175
2.4.1 EFFETS DU VIEILLISSEMENT SUR LE RÉPERTOIRE STRATÉGIQUE 176
2.4.2 EFFETS DU VIEILLISSEMENT SUR LA DISTRIBUTION STRATÉGIQUE 176
2.4.3 EFFETS DU VIEILLISSEMENT SUR L'EXÉCUTION STRATÉGIQUE 178
2.4.4 EFFETS DU VIEILLISSEMENT SUR LA SÉLECTION STRATÉGIQUE 180
3. Vieillissement et situations problèmes mal définies 183
3.1 *Vieillissement et créativité* 183
3.1.1 CRÉATIVITÉ EXCEPTIONNELLE 184
3.1.2 CRÉATIVITÉ ORDINAIRE 185
3.1.3 CONCLUSIONS 186
3.2 *Vieillissement et sagesse* 186
4. Vieillissement et résolution de problèmes : conclusions 190

CHAPITRE 7

THÉORIES DU VIEILLISSEMENT COGNITIF 195

1. Contraintes empiriques à la théorisation . 197
2. Une théorie non computationnelle : la théorie du ralentissement cognitif 199
   2.1 *Postulats de la théorie du ralentissement cognitif* 199
   2.2 *Validations empiriques* 200
   2.3 *Ralentissement cognitif global ou spécifique* 201
3. Une théorie computationnelle symbolique : SPAN 205
   3.1 *Postulats de la théorie SPAN* 205
   3.2 *Implémentations computationnelles* 207
   3.3 *Résultats des simulations* 208
4. Une théorie computationnelle non symbolique : la théorie de la neuromodulation de Li et collaborateurs 210
   4.1 *Les postulats de la théorie de la neuromodulation* 210
   4.2 *Implémentation computationnelle de la théorie* 211
   4.3 *Résultats des simulations* 214
5. Conclusions générales 217
   5.1 *Des questions empiriques* 217
   5.2 *Des développements théoriques attendus* 219

PARTIE 2

Réserve cognitive et vieillissement cognitif

CHAPITRE 8

NIVEAU SCOLAIRE ET VIEILLISSEMENT COGNITIF 229

1. Niveau de scolarité et vieillissement cognitif : résultats des études épidémiologiques et longitudinales 231
   1.1 *La contribution du niveau de scolarité sur le fonctionnement cognitif global dans les études longitudinales* 231
   1.2 *Le niveau d'éducation formelle permet-il de prédire le déclin cognitif associé à l'âge ?* 235
   1.3 *L'effet du niveau de scolarité dans les différents domaines cognitifs* 236
2. Le niveau d'éducation formelle comme modérateur des différences liées à l'âge sur la performance cognitive : résultats des études transversales 240
   2.1 *Les différents patrons de relation entre la scolarité et le vieillissement cognitif* 242
   2.2 *Niveau de scolarité et vieillissement attentionnel* 244
   2.3 *Niveau de scolarité et vieillissement mnésique* 246
3. Hypothèses concernant l'effet de l'éducation sur le vieillissement cognitif 250
   3.1 *L'hypothèse de la compensation* 250
   3.2 *L'hypothèse de la réserve cérébrale* 251

CHAPITRE 9

STYLE DE VIE, ACTIVITÉS PROFESSIONNELLES ET VIEILLISSEMENT COGNITIF 257

1. Un questionnaire pour mesurer les activités de loisir stimulantes sur le plan cognitif 259
2. Peut-on prédire le vieillissement cognitif selon le niveau de stimulation cognitive ? Résultats des études longitudinales 260
   2.1 *Le rôle du type d'emploi sur le vieillissement cognitif* 260
   2.2 *Le rôle des activités de détente et des loisirs sur la cognition* 265
3. Le niveau de stimulation cognitive peut-il modérer les différences liées à l'âge ? Résultats des études transversales 271

3.1 *Le type d'emploi* 271
3.2 *Les activités de loisir et de détente* 275
4. Hypothèses concernant l'effet bénéfique des activités stimulantes sur la cognition des personnes âgées 280
4.1 *Résumé des résultats sur l'effet du style de vie sur le vieillissement cognitif* 280
4.2 *Les hypothèses de réserve cognitive et de réserve cérébrale* 280
4.3 *Le problème de la causalité* 281

Chapitre 10

EXPERTISE ET VIEILLISSEMENT COGNITIF 285

1. La compensation stratégique et la préservation de la vitesse d'exécution chez les dactylographes 289
1.1 *Le développement d'une stratégie compensatoire* 289
1.2 *Préservation de la vitesse d'exécution liée à l'expertise* 291
2. L'accumulation de connaissances et l'exercice de la mémoire de travail 294
2.1 *L'effet de l'accumulation de connaissances : études auprès des joueurs d'échecs* 294
2.2 *Préservation des performances en mémoire de travail chez les joueurs de Bridge* 296
3. L'expertise professionnelle et le vieillissement cognitif : résultats des études avec les pilotes d'avion 297
3.1 *L'effet modérateur de l'expertise sur le déclin lié à l'âge en attention partagée* 299
3.2 *L'effet modérateur de l'expertise sur le vieillissement cognitif est spécifique au domaine d'expertise* 301
3.3 *Le rôle du niveau d'expertise sur le vieillissement cognitif* 302
3.4 *Conclusion des études chez les pilotes d'avion* 305
4. L'effet de la pratique délibérée : comparaison entre musiciens experts et amateurs 306
4.1 *L'effet de l'expertise sur la vitesse d'exécution aux tâches musicales et aux tests cognitifs* 306
4.2 *La vitesse d'exécution et la mémoire chez les professionnels et les amateurs* 308
4.3 *Le rôle de la pratique délibérée dans la préservation sélective* 309
5. Conclusions des études relatives à l'effet protecteur de l'expertise sur le déclin cognitif 310

Chapitre 11

ENTRAÎNEMENT COGNITIF ET VIEILLISSEMENT COGNITIF 317

1. L'effet de la pratique et de l'entraînement cognitif sur le vieillissement attentionnel 320
1.1 *L'effet de la pratique intensive sur l'attention sélective* 320
1.2 *Apprentissage, automatisation et attention sélective* 324
1.3 *L'effet de la pratique intensive en attention soutenue* 326
1.4 *L'effet de la pratique sur l'inhibition* 327
1.5 *L'effet de la pratique sur le switching entre les tâches* 329
1.6 *Entraînement cognitif et attention préparatoire* 331
1.7 *L'entraînement cognitif et l'attention partagée* 333
1.8 *L'effet de l'entraînement cognitif en prospection mnémonique* 337
2. L'effet de l'entraînement cognitif en mémoire épisodique 339
2.1 *Les stratégies mnémotechniques* 339
2.2 *La méthode des lieux* 340
2.3 *La méthode d'association visage-nom* 342
2.4 *Effet du vieillissement sur l'adhérence à l'entraînement et les mécanismes élémentaires sous-tendant la plasticité cognitive* 345

3. Effet du vieillissement sur l'acquisition de nouvelles habiletés ... 347
4. Entraînement cognitif avec les tests d'intelligence ... 349
5. L'étude ACTIVE : une étude d'entraînement cognitif à grande échelle ... 351
6. Conclusions ... 353

CHAPITRE 12

CONDITION PHYSIQUE ET VIEILLISSEMENT COGNITIF ... 359

1. Les bienfaits de la condition physique et le vieillissement ... 361
2. L'impact du vieillissement sur la condition physique ... 362
   2.1 *Comment mesure-t-on la condition physique ?* ... 362
   2.2 *L'effet du vieillissement sur le VO_2max* ... 366
3. Santé cardiorespiratoire et vieillissement cognitif ... 368
   3.1 *Résultats des études longitudinales* ... 368
      3.1.1 L'EFFET DE LA CONDITION PHYSIQUE SUR L'ÉTAT MENTAL GÉNÉRAL ... 368
      3.1.2 L'EFFET DE LA CONDITION PHYSIQUE SUR LE DÉCLIN COGNITIF ... 370
   3.2 *Résultats des études transversales* ... 372
      3.2.1 DIFFÉRENCES LIÉES À LA CONDITION PHYSIQUE DANS LES TÂCHES DE TEMPS DE RÉPONSE ... 372
      3.2.2 L'EFFET DE LA CONDITION PHYSIQUE DANS LES TÂCHES DE RAISONNEMENT ET DE MÉMOIRE DE TRAVAIL ... 374
      3.2.3 L'EFFET DE LA CONDITION PHYSIQUE DANS LES TÂCHES VISUO-SPATIALES ... 375
4. L'impact d'un entraînement physique sur le vieillissement cognitif ... 378
   4.1 *L'effet de l'entraînement aérobie sur l'attention et la vitesse de traitement de l'information* ... 379
      4.1.1 EFFET DE L'ENTRAÎNEMENT SUR LES PERFORMANCES AUX TÂCHES DE TEMPS DE RÉACTION ... 379
      4.1.2 EFFET DE L'ENTRAÎNEMENT SUR LA VITESSE DE TRAITEMENT ET L'INHIBITION ... 381
      4.1.3 EFFET DE L'ENTRAÎNEMENT SUR LE TRANSFERT INTER-TÂCHE ET L'ATTENTION PARTAGÉE ... 383
   4.2 *L'effet de l'entraînement physique sur la mémoire* ... 388
   4.3 *Résumé des résultats observés dans les études d'entraînement physique* ... 390
5. L'effet de l'activité physique sur le cerveau ... 391

GLOSSAIRE ... 397

BIBLIOGRAPHIE ... 413

WEBOGRAPHIE ... 445

INDEX DES AUTEURS ... 449

INDEX ... 455

TABLE DES MATIÈRES ... 465

La collection **«Ouvertures psychologiques»** se décline en **trois séries**

	Série Préparer l'examen	Série LMD	Série Internationale
ARON Serge, PASSERA Luc			
Les sociétés animales. Évolution de la coopération et organisation sociale		✓	
BANDURA Albert			
Auto-efficacité. Le sentiment d'efficacité personnelle [2e édition]			✓
BAGGIO Stéphanie			
Psychologie sociale	✓		
Statistiques descriptives	✓		
BARLOW David H., DURAND V. Mark			
Psychopathologie. Une perspective multidimensionnelle [2e édition]			✓
BEE Helen			
Psychologie du développement. Les âges de la vie			✓
BLAYE Agnès, LEMAIRE Patrick (sous la direction de)			
Psychologie du développement cognitif de l'enfant		✓	
BONIN Patrick			
Production verbale de mots. Approche cognitive		✓	
Psychologie du langage. Approche cognitive de la production verbale de mots		✓	
BORN Michel			
Psychologie de la delinquance [2e édition]		✓	
CAMPAN Raymond, SCAPINI Felicita			
Éthologie. Approche systémique du comportement animal		✓	
DANCEY C., REIDY J. (traduction: GAUVRIT N.)			
Statistiques sans maths pour psychologues. SPSS pour Windows			✓
DUMAS Jean E.			
Psychopathologie de l'enfant et de l'adolescent [3e édition]		✓	
FERRAND Ludovic			
Cognition et lecture. Processus de base de la reconnaissance des mots écrits chez l'adulte		✓	
Psychologie cognitive de la lecture. Processus de reconnaissance de mots écrits		✓	
GAUVRIT Nicolas			
Stats pour psycho. 500 exercices corrigés. Questions-réponses récapitulatives. Résumés des cours	✓	✓	
GODEFROID Jo			
Psychologie. Science humaine et science cognitive		✓	
HANSENNE Michel			
Psychologie de la personnalité [3e édition]		✓	
KOUABENAN Dongo Rémi, CADET Bernard, HERMAND Danièle, MUÑOZ SASTRE María Teresa			
Psychologie du risque. Idenifier, évaluer, prévenir		✓	

	Série Préparer l'examen	Série LMD	Série Internationale
LEMAIRE Patrick			
Psychologie cognitive [2e édition]		✓	
Abrégé de psychologie cognitive	✓		
LEMAIRE Patrick, BHERER Louis			
Psychologie du vieillissement. Une perspective cognitive		✓	
Psychologie des femmes			✓
MYERS Anne, HANSEN Christine H			
Psychologie expérimentale [2e édition]			✓
PERVIN A. Lawrence, JOHN P. Oliver			
La personnalité. De la théorie à la recherche			✓
REED Stephen K.			
Cognition. Théorie et applications			✓
ROBINSON Bernard			
Psychologie clinique. De l'initiation à la recherche [2e édition]		✓	
ROSSI Jean-Pierre			
Psychologie de la mémoire. De la mémoire épisodique à la mémoire sémantique	✓	✓	
ROSSI Sandrine, VAN DER HENST Jean-Baptiste			
Psychologies du raisonnement		✓	
SIEGLER Robert S.			
Intelligences et développement de l'enfant. Variations, évolution, modalités			✓
Enfant et raisonnement. Le développement cognitif de l'enfant			✓
STERNBERG Robert J.			
Manuel de psychologie cognitive. Du laboratoire à la vie quotidienne			✓
TAVRIS Carol, WADE Carole			
Introduction à la psychologie. Les grandes perspectives			✓
WESTEN Drew			
Psychologie. Pensée, cerveau et culture			✓
WORKMAN Lance, READER Will (traduction : PAROT Françoise)			
Psychologie évolutionniste. Une introduction			✓

- 6h30
- 5
- 4
- 3
- 2
- 1
- 12
- 11
- 10
- 9
- 8
- 7h30